東亞民俗學稀見文獻彙編
第二輯

第四卷第七～十二號

民俗學

第七冊

民俗學

第四卷　第七號

昭和七年七月

民俗學會

民俗學會會則

第一條　本會を民俗學會と名づく
第二條　本會は民俗學に關する知識の普及並に研究者の交詢を目的とす
第三條　本會の目的を達成する爲めに左の事業を行ふ
イ　毎月一回雜誌「民俗學」を發行す
ロ　毎月一回例會として民俗學談話會を開催す
　但春秋二回を大會とす
ハ　隨時講演會を開催することあるべし
第四條　本會の會員は本會の趣旨目的を贊成し會費（半年分參圓　壹年分六圓）を前納するものとす
第五條　本會會員は例會並に大會に出席することを得るものとす　講演會に就いても亦同じ
第六條　本會の會務を遂行する爲めに會員中より委員若干名を互選す
第七條　委員中より幹事一名、常務委員三名を互選し、幹事は事務を執行し、常務委員は編輯庶務會計の事務を分擔す
第八條　本會の事務所を東京市神田區北甲賀町四番地に置く

附　則

第一條　大會の決議によりて本會則を變更することを得

委　員

石田幹之助　宇野圓空　折口信夫
金田一京助　小泉鐵　小山榮三
松村武雄　松本信廣（以上在京委員）
秋葉隆　移川子之藏　西田直二郎
（以上地方委員）

前號目次

昭和七年七月十日發行

民俗學

第四卷

第七號

目次

年中行事（四）

——民間行事傳承の研究——

折口信夫

八、祓除

祓除は日本の神道の第一義となつてゐる。此あるが爲に神道が存するとさへ言へる。此に就いては、學者の間に誤解がある様だ。卽、はらへといふのは、上から官吏・人民に課して祓はしめる處の、幾分か强制的なもので、自ら行ふ時は、はらふである。私ははらへは後世風で、大昔からあつたものではないと思ふ。此事を年中行事に關聯させ言うて見たい。

祓へには吉事祓へと凶事祓への二種がある。凶事祓へは觸穢の時・惡い事をした時に、自ら水中に入つて身を清める事であつたが、時代の下るのにつれて次第に形式化して來て、ちよつと身に水を洗ぐだけとなり、更に後には、祓への唱へ言だけで清淨な元の身になると考へる様になり、神主に依賴して大祓祝詞の一部分である處の、中臣祓を唱へて貰ふ様になつた。六月晦日の大祓への神事は、神道では混同して祓へと言うて禊ぎと言はないが、其性質からして此は禊ぎと言ふべきである。文獻に據れば、祓へと禊ぎとは別であるが、旣に早く誤解があつたのだ。醍醐天皇の延喜年間に定められた延喜式の祝詞の中に大祓祝詞がある。此は禊ぎの祝詞であるにも拘らず祓へと稱してゐる。此を見ても、かうした事は云へるのだ。

1 祓へは、咒言を唱へ菅・麻の様な淸淨な草で祓へば、犯した罪が消滅して淸淨な身となるといふ信仰で、禊ぎとは別な信仰であつたのが、早くから歩み寄つて來て、禊ぎをしなければならない時に祓へをすればよいと考へた。から合流した二信仰に就いて考察して見て、私は、日本民族の中で、祓への信仰をもつて來たのは北方から來た漢人種であり、禊ぎの信仰をもつた人は南方から來た、卽、禊ぎと祓へは種族が異つた人々によつて南と北から將來されたものと考へる。奈良朝以前から祓への日には、村々の宿老・官廷の官吏・貴族・皇族にいたるまで、祓への詞を聽き、神主に菅の葉で祓つて貰うた。そして禊ぎは次第に形式化してしまうて、冷めたい思ひをして水に入る事などは行はなくなつた。殊に十二月に行はれる筈のものは、全く形だけとなつて、水に漬かるのに樂な夏の禊ぎが主となつた。禊ぎと祓への混亂によつて、此を夏越しの祓へといふ。平安朝以後夏越しの祓へが、專ら行はれた。此時には水邊に出て行ふのが正式であつたが、今だに諸處の神社でやつてゐる樣に、茅の輪をくゞると水に漬らなくても穢れが去ると思うてゐた。茅・菅・麻の樣な植物の葉に神秘な威力があつて、罪・穢を祓へると考へてゐたのだ。

風そよぐ　奈良の小川の夕ぐれは、禊ぎぞ夏のしるしなりけり

此歌は實際に水邊で禊ぎが行はれてゐるのを見て作つたのではなく、茅の輪をくゞる行事を見て作つたのか、又は全く空想によるものであらう。歲に二度の祓除の風が、夏に固定してくるのには原因がある。此はまた祇園會の原因とも關係がある。

祇園會は正しく言へば、祇園御靈會である。つまり、諸處に在る八坂神社は京の祇園の信仰を傳へた社である。祇園の信仰は、ほゞ室町時代を終りとして、それ以前に、古くから諸國に分布した。關東に於ける祇園信仰は、殊に尾張の津島の社の信仰が擴つたものである。文武天皇の頃から平安朝の初めにかけて、不運な死を遂げた人々が五月の末になると祟りをした。その中で名高いのは、崇道天皇・井上內親王・橘逸成などで、恨みを含んで死んだ故に祟つたのである。平安朝になると、一般に世の人に祟るだけでなく、家筋によつて定つて祟りをするものがあり、宮廷・貴族の家にも其があつた。さうした祟りの烈しいものを御靈の社として祀つたのが、祇園の社である。其最後とも云ふべきは菅原道眞で、人々は祟

りの烈しさを怖れて、天満天神として祀つたのだ。其が後に、神威の强さが良い意味になつて來て、學問の神といふ風にさへ考へられて來た。京の御靈の社は、平安朝初期の人々にとつて、近代的な、大きな祟り神を祀つた社である。春から夏の初めにかけては、多くの祟り神が、跋扈する時で、殊に、花の散る頃が不安であつた。日本では其年の農業の出來不出來を、山に咲く花、或は花の無い時は花に似た性質のもの、卽、雪などをもつてトつた。花は一年の農事の象徴であり、雪は豐年の貢であるとふのは、かうした意味から昔人の實感であつた。はなの中で最大切なものは、櫻花であつた。櫻を家に植ゑ、觀賞するのは、後世のことである。萬葉集に櫻花を觀賞した歌が餘りないのも不思議ではなく、櫻花によつてその歲の農事をトつたので、咲いてもその方の懸念ばかりしてゐて、觀賞するだけの餘裕を萬葉人は持たなかつた。平安朝に移る頃から、他の花の様に櫻花をも樂しむようになつたのである。櫻が散るのを惜しむ歌があるのは、花が早く散ると農事に惡い、といふ危惧の心が展開して、次第に文學化して來て作つたものである。かうした觀點から文學以外のものによつて、日本人の觀賞能力が育てられて來て、日本文學に文學らしい境地を作つて行く過程を見て行かなければならない。農作の象徴としては、櫻が一番大切で、當時の人の心を刺戟し關心を持たせたので、花といへば櫻を指すことになつた。櫻の花の散る時の遲速が、その歲の稻の豐凶を定める、といふ考へから、神經過敏になつて舊三月末から四月の初めへかけて鎭花祭を爲た。鎭花祭は早く行はなくなつてしまうたが、此が變化して京の念佛踊りになつた。鎭花祭の行はれる時分が農村にとつて最大事な時期で、花の散ることの遲速が、自分等の農作に重大關係を持つてゐた。それで、花の散るのを壓へて、散るな〳〵といふ。

やすらはで寢なましものを、さ夜更けて　かたぶくまでの月を見しかな

やすらふといふのは、躊躇することである。鎭花祭のことを又、一名やすらひ花とも言うてゐる。正月上元の踏歌と同様に、此時は村の男女が道に出て隊を組んで、やすらへ花やの句を口々に唱和しながら踊り狂つた。訛つてやすらひ花やと唱へたのが此祭りの名となつて、やすらひ花と云うたのである。田畑の農作の豐凶を、農家の生活の象徴と考へてゐた當時

にあつては、田に稻虫が著くと云ふことは、同時に村方に疫病が流行ることを意味するといふ風に適切にうらとおもてとが合致すると考へてゐた。卽、昔の人は、田の生活と家の生活と同時に考へてゐたのだ。世が進むと、春の末から夏にかけて疫病が流行るので、やすらひ花の祭りが、疫病醮への祭りとなり、昔からある神送りの踊りと融合して、踊つて村境まで行つて、疫病神を送るやうになつた、鎭花祭がゝうなつたのは、平安朝以後の事である。元は花の散らぬことを願うた踊りであつた。世の人に物が訣るやうになつてくると、疫病の原因を尋ねて、死靈の祟りに歸する樣になつて來た。延喜・天曆の聖代といふのも、他の時代に比して、宮廷の經濟狀態が幾分よかつた、といふに過ぎなくて、依然として、都の中に死體を遺棄して腐敗するに任せてゐる有樣であつた。其等の人々の怨魂が祟つて疫病が流行ると考へて、鎭花祭の時には、主として死靈を祓つた。鎭花祭の踊りがだん／＼組織をもつて來て、念佛踊りになつたが、其もなむまいたんぶといふ佛敎の簡單な唱へ言を取り入れて、宗敎味を帶びたゞけの事で、鎭花祭の踊りが變化したに過ぎなかつた。念佛踊りを踊り狂つてゐる中に、宗敎的な自覺を起し、形が整つて來て、時衆卽、融通念佛宗を生み出して來た。奴隷の宗敎が、神學を具へて立派になつたのである。念佛踊りも鎭花祭の行はれる時分に行はれ、地方に擴まつて、秋の稔る頃、人の死んだ時、更に于蘭盆に僧侶を招くことが出來ない人の爲に、村の若衆が念佛踊りをやつた。これは精靈を祀るのではなく、古くは精靈に化けて村の新佛のある家に練り込んで饗應をうけ、村外れまで練つて行つて解散したのであつた。それが後には、精靈を祀ることになつたのである。念佛踊りは、もと三月から四月にかけて行はれた。其形をよく殘してゐるものは、京の嵯峨の大念佛・壬生念佛――今四月の末から五月へかけて行はれる。日本中世の舞踊・演劇の研究には、此を是非見ておく必要がある――と、も一つ壬生から岐れたものであるが、神泉苑の念佛とである。此等は元惡疫退散の爲の踊りであつたのが、次第に演劇的になつたものである。默つて踊つてゐるが、京都の民俗藝術では面白いものである。其中には長い傳統を傳へて洗練せられたものもあるから、卒然として見ても興奮させられるものがある。念佛踊りは又、踊り念物とも呼ばれてゐることを附け加へて話を祓除に戻さなければならない。

惡靈罪穢を祓ふ事は、常に行ふべきで、必しも夏に限つたことではなかつたが、祇園の御靈會は五月の末に加茂川原で行はれてゐる。此は恐らく、六月末に行はれたものが、暦法の混亂から五月末となつたものと思はれる。御靈が威力を逞しくすると困るので、好言をもつて其機嫌を傷はないやうにする、一方で、性慾的な巨人の像を立てゝ踊りながら、御靈を加茂川原へ送り出して流してしまふのである。それだけでは安心出來ずに、御靈を壓へる強い神を考へて、祇園の御靈の神を祭る。其祭りが祇園の御靈會なのだ。祇園の神は、須佐之男命だ、と合理的に説明せられてゐるが、此は天笠に於て、佛教以前からあつて、佛教に取り入れられた天部の神に屬する午頭天王で、正式の經典には見えない神である。日本の陰陽道には、宮廷の陰陽道の博士の司つたものと、民間の寺僧が司つたものとがあつた。僧侶は支那に關して、直接に見聞した知識をもつてゐるので、支那の民間信仰が寺に傳はり、陰陽道と共に佛教と區別することが出來なくなつてゐた。宮廷の陰陽道の博士は、事務に拘はつて學問をも固定させ活氣のないものとした。其爲に僧侶の側の陰陽道が盛んに行はれ、佛教と支那の民間信仰との融合した信仰も擴まつて盛んになつた。午頭天王もかうした佛教と支那在來の信仰とが一になつて生まれた神なのだ。だから佛教・支那の民間信仰の各々を單一に調べ上げても午頭天王の事は訣らない。平安朝以前に僧が宣傳をした爲に後に拔くべからざる勢力をもつに至つた午頭天王の信仰も、實は、佛教的に深い根據をもつたものではない訣である。須佐之男命の信仰が、此と似てゐた爲に習合せられたのだ。

須佐之男命は、田の神で五月頃出て來ると考へられてゐた。命に關する神話を見て訣ることは、天上界の田を荒した贖罪の爲に、地上の田をよくしようといふ考へをもつと同時に、命は荒神《アラブルカミ》であるから、此神の機嫌を取結んでおかなくては、何をされか訣らないといふ畏怖感が見られる。此神は午頭天王と呼ばれる様になる前には、武塔天神と云はれた疫病神であつた。五月頃、北の海から南海への旅次、日が暮れたので、巨旦將來の許へ行つて宿を乞ふたが許して貰へなかつたので、蘇民將來の所へ行つて泊めて貰つた。で、言ふのに、俺は疫病神だが、今宵のお禮に、お前の一族だけは助けてやるから、門口に蘇民將來一族之門と言ふ風に書いて出して置けと言うた、と云ふ話が釋日本紀引用の備後風土記逸文に見えてゐる。信州でも小縣地方には、今だに此信仰が行はれてゐるところであるが、此傳承の後日譚もあつて、後世此信仰が寺方に傳つて、蘇民將來子孫之門と書いたお札を出す處が諸處にある。祇園の信仰はこの樣に變化してゐて、もと須佐之男命かどうか訣らなかつたが、ともかくも田の神で、田植ゑ前から田を守つてくるれと信じてゐた。この時節には、人々が敏感になつてゐるから、此神を非常に大切に扱つた。そして、佛敎式には牛頭天王又は、武塔天神と稱した。其が日本神話に於ける須佐之男命に、ぴつたり當てはまるので、今日では、須佐之男命と信じられるに至つた。此神は、田の神として、田の稻虫を拂ふと共に、病氣をも除いてくれたので、信仰が篤くなり、ひいては御靈をも壓へると考へた。鎭花祭は三月、御靈會は五月、祇園會は六月と言ふ風に行はれる月に開きがあるが、年中行事の研究に當つて、月日に餘り拘泥すると訣らなくなることが多い。大體其行事のなされる時候、或は其行事の前後を中心として考へて見なければいけない。それで、鎭花祭が御靈會であつたのが、變つて祇園の御靈會となつたのだ。

日本では農村生活以外の生活は近年までなかつたと言へる。だから、祇園の信仰は盛んになつたのであるが、更に、此信仰を流布するに力のあつたのは、此信仰に民俗藝術がついて來たことである。其中心になつたのは、神を奉載したやまで、これを車に載せると、山車《ダシ》になる。又やまの形を布で造つたものを桙と云ふ。神を迎へるには、神降臨すべき場所に標山を設け、其やまを車に載せて齋場まで引いて來る。やまは棒で出來てゐるが、昔の桙は棒であるから同じ物と云ふことになる。棒類似の物は澤山あるから、特に神のよるべき木と言ふ事を示す爲に、茅や杉の葉を棒の上部に附けて上に出して置くのでだしと呼ばれた。卽、全體をやまと言ひ、先の方をだし、本の方を桙と別けて呼ぶことも出來たのだ。其が次第に變化して、祭りの時に引出されるものを、ほこと云ひだしと呼び或はやまと言ふ樣になつたが、此は局部の名が全體を示す樣になつたのである。だしを稀にはふねと言ふ處があるが、それは水の中に入れるところから稱へられたのだ。其等のものに次第に飾りがついて來て、現在の樣にいろ／＼な變つた形が出來て來たのである。

祇園祭りにはほことやまと兩方が出て、其祭りの行列の中心となつてゐる。此中で囃しが行はれるのであるが、よく人氣に投じた爲に、平安朝の末から室町時代・江戸時代へかけて、京都の民俗藝術は皆祇園祭りについてしまつた。又、祭りの連中の中で、假裝行列をするものがとり分け目に著いた。これは風流《フリウ》と稱されてゐる。諏訪の古文書に符札觸と見えてゐるのも其で、地方的に訛つたものである。假裝行列を風流と言つたところから、其行列に用ゐる道具や面をも風流といひ又、昔から笠に附けた花の飾もさう呼んだことがある。此時の假裝行列は非常に工夫を凝らしたもので、きらびやかな着物に大刀を三本も佩びたり、見物を刺戟する樣に、はいからで珍らしく、性慾的な感じを起させ、びつくりさせるやうに努めてゐる。此は元、神群行の時に顏を覆ひ姿をやつして歩いた形を眞似て、一層誇張變化したものである。風流は祇園祭りで非常に發達した。此時に出る引屋臺の中で行はれる囃じを祇園囃しと言つた。此囃しは祇園の信仰と共に諸地方へ傳はつて、近世まで各地の民俗藝術に大きな影響を與へてゐる。今から見ると地方によつては全く變化してしまつて、もとの俤のなくなつてゐるものが多い。其ひどく變化したものに、木遣り・石引歌などがある。屋臺を作るのは、大抵祇園囃しを取り入れたもので、惡い神を誘ひ出して加茂川原に流す形にもなるのだ。次第に町々によつて出すほこやまの形が定つて來て、町から社に集り、更に町へ練り出す樣になつた。一體祇園祭りは夏水邊で祓へをする行事が變化して前に述べた樣になつたのである。又其の一方に、古い形が殘つて夏神樂と言つてゐる。神樂と言へば社々の神樂殿で巫女が出て行ふものと考へられてゐるが、あれは里神樂で、宮廷の御神樂は、冬行はれたものである。夏神樂と言ふのは、水邊で祓へを行ふ時に、神主が太鼓で囃すもので、臨時に起つたものである。此が夏祭りのはじめとなつたのだ。村祭りの中で最遲く出來たのは夏祭りで、恐らく平安朝の初め頃からの事であつたらうと思はれる。川原で夏神樂を行つてゐる中に、祭り氣分が湧いて來る。そこで其中心として川原に河社《カハヤシロ》を造つてこれに對して神樂を奏して祓へを行つたのだ。これは頭の前の方にはめかづらをし、後頭部をば法師の樣に剃つた處の法師陰陽師が主として行つたのであるが、時には本道の陰陽師が行ふこともあつたのだ。

十二月十三日頃になると、正月神の來り臨むのを迎へる爲に煤拂ひをする。これを御事始めと言ふ。御事始めは正月十三日になつて終るが、これを御事をさめと言ふ。この二つをこめて御事と言ふ。此時に煤拂ひをする。つまり、此も一種の祓除で、神を迎へる爲に行ふ室壽ぎの式と同じで、室壽ぎに於て壽ぎごとが終つた後に、性慾心的な行爲が行はれたと同じ樣に、煤拂ひが終ると、男女が自由に逢ふのだ。舊幕時代に千代田城內や諸藩で行つた煤拂ひを見ると、煤拂ひ終つて後に、女が男を胴上げしてゐる。此も元は、煤拂ひの祭りの夜、新しい神を迎へる用意をし、いよ〳〵神が來臨すると室にゐる女を凌した事を示してゐるのである。

祓除に關聯して二つほど述べて置かねばならない事があるが、其一つは山開きである。此は山に籠つて男になる式、つまり、成年戒を受けた行事の名殘りである。譬へば、富士山の山開きなど云ふのが其であるが、此は地方により又は、山の高さによつて、行はれる時期に相違がある。單に山へ參詣するのではなく、山籠りをする日で、後には瀧で水垢離を行ふ事が主になつてゐるが、此も元は、神代にいざなぎの尊が御禊ぎを、橘ノ小門の阿波岐《アハギ》原でなされた時に、其場所として、中ツ瀨を選ばれたのでも訣る樣に、行ふ場所が土地によつて、何處の水・何處の瀨と定つてゐて、一ノ瀨・二ノ瀨・三ノ瀨と禊ぎをくり返しながら山に登つたのである。そして、若し禊ぎをするのに適した瀧があれば、其處で行ふのが一番よかつたと思はれる。水を浴びるのは、海水で行ふのと同一効果があるものと考へられたのである。江戸の人々が登つたのは、相州の大山で、此日は先、隅田川の水を浴びて禊ぎを濟ませて、淸淨な身體となつた上で、十里程距離のある大山に參つたのである。この樣に山開きは山籠りであると同時に禊ぎの意味を含んでゐるのである。其外に樣子の變つた禊ぎとしては、上巳・端午の二節供誓文拂ひなどがある。人形を用ゐる行事は、殆、禊ぎと關係があると言へる。此等の物の中、誓文拂ひの事を少し考へて見たい。

誓文拂ひは上方殊に京都・大阪邊から流行し出したもので、其を見習つて他處でも行ふ樣になつたもので、十月二十日頃に行はれる。人間は正直一途には世渡りが出來ない。生活の方便として嘘を言はなければならない時がある、と言ふことを、生活が複雜化するにつれて考へて來た。殊に商人と遊女の階級・職業にある者には、さうした生活法が、場合によつては必要であるとさへ考へられて來た。商人の場合は一々誓文の遣り取りもせなかつたが、遊女の階級にあるものは、月の初めになると、心の變らない約束として、誓文又は誓紙・起誓文などゝ呼ばれるものを男と交はした。交渉が成り立つた時に、一度交はせば其でよい筈のものであるが、互に賴りなく思ふ所から、心遣りに每月交換するに至つたもので、其用紙も特別なものが選ばれた。鎌倉時代から武士が取り交はした、熊野の使はしめの烏の繪のある午王寶印の紙が、其誓文の川紙となつてゐる。若し此紙に誓詞を書いて結んだ約束を、反故にする樣なことがあつた場合には、日本中の天神地祇が神罰を與へ、祟りをする、と書かれてゐる。信仰が衰へるに隨つて、誓紙を交はすことはそれとして、噓も言ひ反故にもした。此形を遊女が最初に眞似て、而も近代まで書いてゐたのである。商人の間では誓文を書く事は少なかつたが、口の上の誓文は常に取り交はしてゐた。此事が偽りならば、神罰によつて白癩になるなどゝ言ひながら破棄する事が非常に多かつた。近松は好んで淨瑠璃の中に誓文を取り入れてゐる。義理堅い一方に意志が弱くて、立てた誓文をえう守り切れない爲に、數々の悲劇が起つてゐる。當時の氣風にもよつたのであるが、やはり、善良な近松の性格がゝうした脚色をさせたのである。書き積まれ、言ひ重ねられた數々の誓文は、明年へ持ち越すことなく、其年限りで帳消しにしなければならなかつた。大阪では、勝曼夫人を祀つた社があつて、遊女が正月に參詣する。色街の行事の一つになつてゐるが、此が、誓文の帳消しをしてくれる神であつた。勝曼夫人は愛染明王である處から、後にはよい旦那を取り持つてくれると信じて詣つてゐる。誓文拂への風は京都に始まつたものと思はれる。四條の新京極は今は電車通りの爲に二つに岐れてゐるが、もとは社が立ち塞がる程に祀つてあつた。此處の南の入り口に、官者殿と呼ばれてゐる社があつて、一年間の誓文をば破棄してくれたのである。官者殿と言ふ意味はよく訣らないが、ひよつとすると、神に近侍してゐる冠者の意味かも知れない。十月二十日、夷講と同じ日に此祭りが行はれる。官者殿へ詣つた者の誓文は消えると信ぜられ、此祭りは誓文拂へと云はれてゐる。社から罪障消滅のお札を受けての歸途には、吳服屋に立ち寄つて切れなどを貰うて來たものと見えるが、其事まで籠めて誓文拂へと呼んでゐる。京・大阪で吳服屋の賣り出しを誓文拂へと言うてゐるのは、この爲である。此時に誓文を燒き拂つたに違ひないと思ふが、近代では燒いた痕を見ない。一月十四日にとり小屋と共に道祖神を燒いて、其持つてゐる、村の人々の惡口を書いた帳面を燒く——伊豆地方の道祖人は手に帳面を持つて、一年中村の人々の惡口を書きつけてゐると云ふ。——行事と十月の誓文拂へとは見た通り似た點がある。これは同樣の信仰によるもので、暦日に拘泥し過ぎて事實を誤解してはならない事を示すものである。誓文拂への樣に過去の約束を解除・破棄する信仰は、誓文拂へに起つたものではない。昔は、商返し《アキカヘ》の詔勅が出ると、賣買・貸借の關係が帳消しになつた。後世人民の疲弊によつて行つた德政と同じである。誓文で作つた罪を火で淸めるのは、祓除の一つの形で、ちやうどこの時分に山の神の講が行はれる時分であつたから、火を用ゐる樣になつたものである。田舍の人の信仰・行事は、定義づけて行つてゐるのではなく、やつてゐる人自身の頭が氣分的に働いてゐるのだから、一つの行事にも、種々な要素が寄つて來る。民間の信仰・行事或は、傳說などを扱ふのにも單純な考へ方をしたのでは、訣らない事になる。山の講がある處から誓文拂へにも火が用ゐられたであらう事を考へなければならない。冬に向つて水を用ゐるのは不便が多いから、火に代へたのだとするのは、訣り易くはあるが、合理會に墮ちる。山の講・御火燒と關聯させて考へるべきである。(未完)

寄合咄

「紀伊の國」の根本唄

明治十七八年頃、神田の萬世橋近くに白梅亭といふ寄席が有て、學生共が夥しく聽聞に出掛た。立花屋橘之助てふ若い女が毎度種々の藝當を演た。紀伊の國入りの都々逸と云のをよい聲で唄ふを、自分生國に緣ある故屢ば傾聽したが、同伴の親友一山直祐（東大法學士と成り、山口縣邊りで、縣廳の部長か何か勤務中頓死した）木村平三郎（是も東大法學士で、坂神邊で判事だつた時、兇賊ビスケンとかを裁判した。是も十餘年前物故す）抔が、ハーのフェイスのコントストラクシヨンが絶好だ抔と、大きな聲で、種々とまぜ返すのに氣を奪はれ、首を誦すれば尾を覺えず、尾を呑込めば首を忘れ、何度聽ても全たくは記憶し得なんだ。在米中川田鷹氏（故甕江先生の長男で、現在阪地の嗣郎博士の兄）に此事を語ると、其は造作もない迚、呻つて聽された儘控え置た。其を取出して見るとこうだ。

わ《ドヾ一》たしのとゝさん船頭でムる

紀伊《ハウタ》の國は牟婁の郡、音無川の水上に、立せ給ふはせんぎよく山、船玉十二社大明神、一の間天照皇太神宮、二の間は矢取りの正八幡、三の間春日の大明神、板子は住吉大明神、帆柱てんとく大日如來、帆は法華經の八の卷、帆綱は綱引天滿宮、おもかぢとりかぢ、大天狗小天狗、積込む荷物は七福神（爰で多少追分け節に似た船唄を吟じたのだが、川田氏も其文句をしつかり記憶し無かつた）

と《ドヾ一》も言はなきや、其日が過ざれぬ。（以上）

是を川田氏より敎はつた刹那、どうも紀伊の國の端唄に比して、佛敎味が多く、稻荷やコン／＼チキの事を毫も含まず、端唄とは丸で別種と勘付たが、其後永く忘れて、一昨年七、八、十月の本誌で、其端唄の起原を說た際も、更に參酌せなんだ。處ろが今年二月號七八頁、饗庭君が引れた小唄文庫の浮れ草の俚謠をよむと、初めの諸文句は、全たく橘之助が唄ふたのに合ひ、風體亦總てよく似ておる。因て饗庭君の御說通り、本とこんな宗敎的の呪誦が、巫女の祈願に用ひられたを、一方海員共が和らげて俗化し、橘之助のドヾ一に挿入された樣な船唄に修成し、他の一方では、通人輩が面白おかしく踊れる樣に、紀伊の國の端唄に點化した事と考ふ。扨誠に御はもじ乍ら、小生未だ曾て浮れ草をみず。此書は何時誰の編で、どこで初板が出たかを饗庭君に御尋ね、其と同時に、君の「呪歌から俚謠へ」を讀で、大に啓發されたる御禮を厚く申し上る。

（六月七日午後二時稿成る）。（南方熊楠）

寄合咄

精靈と道

一

以前靜岡縣周智郡の奥の根《ね》(水窪町字根)といふ村を訪うた時聞いた話に、同地方では陰曆七月一日を期して狩道《かりみち》作りといふ事があり、村の各戸から出て山の道を作る。作るといふのは新たな開鑿を意味するのでなく既設のものを繕ふことで、路面の荒廢したのを修復したり、雜草とか樹枝などの邪魔になるものを刈拂つてゆく作業である。明治初年迄は、畑作を荒す猪や鹿を驅逐する爲に、公儀狩の名で共同の狩が行はれた。陰曆三月二日即ち三月節句の前日で、その名殘りがこの狩道作りであるといふ。(民族三卷一五〇頁拙稿)三月二日の所謂公儀狩が、單純に作物保護の目的から出た行事でなかつたと思ふ事は、この前後に日を期して村毎に狩を催ほす事が、この地方の信仰行事にも殘つて居て、一にシ、マツリなどとも言うたのであるが(拙著花祭後編)、一方狩獵と七月一日の道作りの關係が何にあるか自分には判らなかつた。

所がその後注意すると、七月一日又は七月初めを期して、所謂道を作る風習は、この地方の、信濃から三河の山地にかけて一般に行はれて居て、之が盆行事と密接なる關係がある。普通に盆道《ぼんみち》とか朔日道《ついたちみち》などと言うて居るもので、例へば三河北設樂郡本郷町中在家では、七月七日即ち七夕の日に、村中が出て氏神の道作りをして、その夜は日待があつて一同氏神の社殿に籠つて念佛があり、之を地念佛《ちねんぶつ》といふ。地念佛の地はおそらく地言《ちごと》とが地芝居などの語と關聯があり、外から新に這入つたものに對して、一段と古くから行はれた事を示すものであらう。地念佛が終つてから若者は盆踊りの稽古に取掛るが、之が盆行事の皮切りである。同じ御殿村柿野では之を五日に行ひ、又振草村古戸で行ふかういぬし念佛といふものが矢張りそれに當る。その日はかういぬし樣といふ神を祀る村内七軒の講中間の者が、祠の道を作り掃除をして、夜は頭屋に集つて念佛がある。信濃下伊那郡神原村向方《むかがた》でも矢張り七月一日に道作りがあつた。この地域からは遙かに南方に當る三河南設樂郡の自分の生れた家などでは、七月に入ると屋敷廻りの草を除つて、殊に入口の小徑は隣家の境又は往還迄の間を綺麗に掃除するのが例であつた。盆が來るのに道も作らぬなどと、老人の口小言も屢ゝ耳にしたものである。子供心に、盆と屋敷入口の道を作ることが何の關係があるか譯らなかつた。單に屋敷廻りを掃除する事が、靈迎へを中心とする行事の前程である事はよいとして、一般人の通行する道を殊更繕ふことは、物質觀念のみでは解けない、農家殊に村の家と、それに連絡するショウナ・小路等といふ類の小徑が、軈て屋敷の延長でいふ方にはいろ／＼の意味で信仰的に關聯ある事を閑却しては譯らぬのは當然である。屋敷入口の道が家の祭と至大の關係があり、其處を特別の觀念で見て居た事實は、村の生活に注意すれば自づと判ることである。これから考へられるのは、自分の鄕里等で、氏神を初めその他村内の小社叢祠の類の祭に、所謂宵祭には關係者が唐鍬《とうぐわ》や鶴《つる》嘴《はし》を擔いで出て、第一にその境内への道を作ることであつた。之が偶然から、境内を掃除する次手に、參道をも修繕するといふ類の合理觀に出て居なかつた事は、別にお彼岸道とか節句道などの語が、それぞれの行事を中心に在つたことでも知れる。祭を行ふ前に、新に道を修築する事の目的が、何れにあつたかは、その事實を澤山蒐めて見れば回答は自然に與へられる。一國に神は蒼空又は海の彼方から訪れるのが古代の形式と決めて掛つて、そこからのみ總てを觀測せんとする類の方法は、自から問題に蓋をするやうな結果に陷らぬとは言えぬ。蒼空又は海の彼方が神の來る道の原則であるとしても、之を村々家々に導く爲には、日常人を迎へ請ずると同じ過程の存した事を考へねばならぬ。祭が團體から各個に分れた跡をも考慮に入れる必要がある。茲に事實への接觸の意義の力強い興味がある。

扨前に戻つて、道作りを爲した後は、夕方からさゝやかなお日待があり、御幣餅とか團子などを食べて、夜を更かして歸つて來るのが、自分などの記憶にある祭の夜の一ツの狀景であつた。六月十四日の祇園の祭なども、晝の間は祠を新にする事と、そこへの道作りであつた。七月初めの寺の道作りを初め、春の柴山の道作りも、參詣の便を考へたり、作業の容易を思ふ意圖のみでなく、別にそれに依つて導く對象のあつた事を思ふのである。昨年の十月末の或日に、信濃下伊那郡の波合村を通ると、村の青年が路傍に集つて頻りに道路の修繕を行つて居る。聞くと明日は村の伊良《ゆきよし》神社の例祭で、その日は宵祭りの道作りであるとの事に、村の祭と道作りの關聯を新に想ひ出して、懷かしい氣がしたものである。

二

自分が初めて羽後の飛島を訪うた時、其處の盆行事の精靈迎へが、海岸で松明を焚き、遙かの海洋に向つて喚びかける儀式に、山國の經驗しか有たぬ身には、至大の興奮と感慨を以て聞いた。磯から各自の門の入口へ松明を以て案内して來る。伊豆の内浦では所謂月後れの朔月盆《ついたちぼん》で、その前日又は前々日に迎へ火を焚き、家に依つては墓地から迎へるといふのもあり、送る時を別にしては海との關聯が寧ろ薄らいで居たが、それでも若者の新盆《にひぼん》に限つて、磯に百八の松明をのろしのやうに焚いて居る。信濃の松本近在でも、盆の燈籠は高く、蒼空に喚びかける形式は濃厚であるが、一方墓地から直接に導く形式もある。去年の月後れの盆には、恰も靈迎への日に上伊那郡朝日村の中村寅一さんの家に厄介になつて、同氏と令弟の後から、暗い墓道を辿つて靈迎へのお伴をしたが、提灯の光に照し出される範圍でも、新に草の根を起し夏草を刈り敷いた作業を目のあたり見る事が出來た。萬燈を建てて目標とする一方には、或中心點から、唯の人を導き迎へると同じ形式も遺つて居た。墓場に行つて「精靈様《しようろさま》おぶさりなされ」と手を後に廻して負つて來るなども、その形式の最も露骨のものである。

三河の北設樂郡などでは、精靈迎へは十三日又は十四日に墓地とか寺を對象に行はれたが、別に七月に入ると同時に、山から之を迎へる儀式があつて、二重の靈迎へが行はれて居る。一般に盆花迎へと言はれて居るもので、之には家に依り又は一家《いつけ》とか地類《ちるゐ》に依つて、迎へる山と道が豫め定まつて居る。さうして花を迎へると同時に、一方道を作ることが重要な要素を爲して居る。道作りは形式から言へば、現在では道の刈明けであつた。その日は朝早く鎌とか鉈を用意して出て、家々の定まつた道を踏んで定められた山に行く、目的の地點の、多くは隣村との境をなす峯に上つて薄とか又は女郎花を刈つて來る。その歸りに途中の道を覆うた雜草や木の枝を拂つて出て出る。これを精靈道又は精靈の道作りと言ふが、之には豫め登る時には作業を爲さぬといふのもあつた。「今朝は精靈様の道明けで」などといふ言葉も何度も聞いた。その後で家に緣故のある祠などの道も作り又刈り明ける。中には草刈りの作業を兼ねて、草の上荷に花を束ねて、道々刈明けて出て來る者もある。事情を知らぬ者なら、之を見て單なる田舍人の風流と決めて了ふかも知れぬ。昨年下津具村の夏目一平さんと、同村の奥の村を訪れて、歸りに道を迷ひ峯傳ひに萱原の中を越して來たが、道々肩を沒する程の雜草の山肌に、一筋刈り明けられた道が其方此方にあつて、それを傳つて歸つて來たが、それが悉く精靈迎への道とは決められぬ迄も、斯うして山と家との間に一筋の道が通じたのである。之が一面に所謂山の草刈り路でもあつた。正月の松迎へ又は初の山入りに、御竈木の名殘でもある若木を伐つて來て、後は薪を取りに入る。それと同じ形式とも言える。今では次第に變化したが、玆三四十年前迄は、この地方の農村で、草刈りは夏の作業の重要の一ツであつた。深夜に山に上つて、村の娘などが一駄の草を刈つても未だ東が白んで來ぬ、刻を間違へたなどと言ひながら、そこで一睡りする內やう／＼東が白んだのに、やつと山を降つたなどと言ふ談も、珍らしい事件ではない、それ程朝早く山に入つた。これなども農村人の時間の觀念に疎い結果と、一方作業の繰り廻しに無頓着とのみは斷ぜられぬかも知れぬ。さうしてその道である。

正月の松迎へは無論のこと、彼岸とか三月の節句五月の水口祭等にも、山に入つて樒とか山吹、つゝじ等の花を採つて來るのも、略ぼ定まつた道があつた事が、自分の生れた家等では言ひ得た。更に山と生活との關聯には、人が死んだ場合、死骸を其處に捨てる等の事もあつたらしい、現に三河の富山村字山中《やまなか》の百人塚はそれと傳へられて居る。

之から思ふのは、盆行事の採集等も、精靈を送る場合は作り物があつたりして案外注意せられて居るが、迎へる方は迎へ火を中心にして、送ることに直接關聯せる現象を除く外は、案外呑氣に觀察してゐた點がありはしないか。盆踊りとか靈祭の形式のみでなく、その前後の現象に深く注意する必要があると、自分などは思つて居る。採集は既定理論への補足が目的ではなかつた。盆と市の關係とか、或はその期に狩を爲し又漁をする事なども、もつと多くの事實を蒐める希望は容されないであらうか。(七、七、一〇早川孝太郎)

鹿島だち

鹿島の神の鹿島立ち以來、戰があると日本では、戰の神がよく戰場へ掩護に赴かれる。信州の諏訪樣が武神として中頃大きな尊信を贏ち得た一つは、嘉暦年間例の死夷の管領安藤太一族の間に家督相續の爭ひがあつて鎌倉へ訴へ出た時、長崎高資が相方から賄賂を取つて容易に裁きが下らない。その內に各ゝの部下が國元で二黨に分れて爭擾し、鎌倉から遂に討手を向けることになつたが、懸軍萬里、何しろ奧州もいやはての外が濱のことであるから、征戰意のごとくならず年を超えて、何時鎭まるあても見えず、昔の前九年のいくさの時のやうなことになりはせぬかと、時人安からず思ふところに、『或夜、當社寶殿の上より明神大龍の姿を現じて黑雲に駕して辰巳の方をさして向ひ給ける。諏訪郡の內、山河・大地・草木・湖水、皆光明に映徹せり。同夜同時に奧州に現じ給けるとぞ後日には注進せし。爰に秀長が從人忽に城郭を破布して甲を脫ぎ弓の絃をはづして官軍に降參す。三軍萬歲を稱して則關東に歸りける』と、その時代のものである諏訪大明神繪詞に見えてゐる。

我々の代になつても日淸・日露の戰の頃には、鄕土の縣社の八幡樣が白馬に乘つて御出かけになつたとか、深更に、神輿が音を立てゝ御出征になつたとかいふやうな噂を聞いてゐたものではあつたが、物滌り、星移り、田舍でも小作爭議だの無産黨の政見發表演說會だのといふ世になつたと思つてゐると、今度の滿洲事變に、昔ながらのさういふ信仰だけは、少しも變るところなく依然として舊態を保存するのが如何にも不思議だ。次の文は、岩手縣紫波郡日詰町在住の弟からの手紙、本年の一月三十日附のものだ。

『此頃每晚神樣が滿洲に發たれます。昨夜も三つか四つの神様が行かれたやうです。去年の暮あたりからですが、此處十日ばかりの間は毎晩です。而かも先には夜中でしたが、此頃は九時か十時頃からもう神樂ばやしで通られます。何せ、御承知の通り田舍には迚も澤山神樣があるものです。縣社・村社から、所々の家に、內神さんがあるんで、これが迚も多いんです。此等の神樣が、誰かの枕神に立つんです。巫女《いたこ》へ行つて聞きます。巫女は神樣が滿洲へ行きたいのだと云ひます。それツ！　てんで近所の人々總がゝりで用意をして馬に神樣をつけて志賀理和氣神社（式內神社の奥州最北の舊社）まで御送りするのです。こゝに皆一先づ神樣たちは寄つてそして滿洲に行かれるさうです。神樣は滿洲まで一時間で行かれるとみんなが云つてます。馬は夫々皆獨特の裝があるさうです。質素で神秘的で、それでゐて少々ユモラスな、兎に角、馬の背には幣束だけついてゐるわけです。けれど人によつてはその馬の背に兵器樣のものをどつさり積んだ樣に見えたり、或は米俵をウンとつんだ樣子が見えたりするさうです。多くの人には幣束しか見えないさうです。大抵の神樣は馬二三頭に旗・太鼓・かね・笛のデコデンチャコチャ・デコデンチャコチャといふ神樂囃しで靜々と行かれる。だれが見ても御道具を背負つた筈の馬は、グッショリ汗をかいて居るさうです。四五日前に、川向ひの館神《たてがみ》さん（館森神社）の御出でだと大騷でした。何せ馬四十六頭といふ御告げだつたさうです。所が白山は五十四頭といふのですから尙大變です。馬を曳く人だけでも、馬の口を兩方から一人づゝで、一頭に二人、それにその馬糧を背にする人夫一人、つまり最少限馬一頭に人三人はかゝるのです。かうした行列が寒中眞夜中靜々と行進するのです。神樂囃しの行進曲で。而も館神樣の如き、山の絕頂までお迎へに馬をあげるに路を（雪路を）こしらへ直して、それは〳〵大變なさわぎなのです。私の家の倉働きの源吉は、暮の事でしたが、晚飯後、今晚一晚お暇下さい。朝暗い內に歸つて參りますといふのです。何か出來たかと聞いたら、內神さんが弟の枕神に立つて滿洲に行きたいと云はれたさうで今晚御起て申すんで、といふ話で、ほほうと云つて私はやりました。源吉の家では、內神さんを本式にお起て申したさうです。本式といふのは、馬の止るところまで行くんださうです。或所まで行くと決して馬は動かなくなる。そこで神さんをお送りして歸るのです。源吉の家は私の家から一里ばかり南です。そこから南をさして例の神樂囃しで御送りし、石鳥谷も過ぎて、一里塚があります、そこで馬が止まつたさうです。

今私もはじめて（此頃一週間ばかり私は寢て居りました、扁桃腺で）見て來ましたよ。炬燵にあたつて、大學新聞の河合氏の國家社會主義批判を讀んでゐたら、遠く神樂囃しの音が聞えて來るので、此度こそ見のがすものかと、炬燵を跳び出して町を四五町下りました。と、今しも遥か向う、紫波橋の上のあたりに提灯が點々として近づいて來ます。笛の音は迚もメロデアスです。それにデコデンチャコチャは心よい伴奏になつてます。春のやうに柔い晩です。町の人々も澤山出てゐます。私は暗い他家《よそ》の薪を積んだ所に寄りかゝつて待つて居りました。いゝ年頃の田舍の物識り爺といふ風なのが、山屋（この村は赤石村の內で、私の町からは東方の山奥三里もあるさうです。水田なんか無いらしいんです。春になると野生のワサビを賣りに來ます）衛生組合といふ提灯を下げて兩側の群集をキョロ〳〵見ながら得意氣にやつて來ました。町の誰かゞ、今晩はどちらで？と敬虔に尋ねると、はア今晩はうちの本家の內神さん……八幡さんでがんす、と云つてました。十間ばかり置いて赤澤尋常高等小學校といふ提灯を持つた人や、長い旗を持つた人、それから空の鞍を置いた馬一頭、つづいて幣束を立てた馬六頭、それから神樂囃、馬の兩側には手綱持ち二人づゝに其の附添五六人づつが行つたわけです。兩側の町の人達は拍手をうつて拜みました。

今二十六日夜九時半頃、此を書いてゐると又神樂囃が聞えます。今晩もこれで三回目の神樣の御出征です。』

欄外追記『陣が丘の八幡樣（東鑑に、賴朝が立寄つて父祖のあとを偲んだ陣が丘蜂の社）は、日露戰爭の時は、滿洲で負傷されたのださうです。その時社前に血が流れてあつたといふことです。』（金田一京助）

らうかぐつ（廊下履）

スリッパ型履物の項に記した廊下履の事を、ふと彼の朝夷巡島記（續帝國文庫第七編）から見出したので、書付けて置く。同書第四編卷之二、中輯第卅三、修羅五郎經任の愛妾文字楊が浴室から出て行く條に

童女等を前に立。後に立して出てゆく。音囂しき廊下履（らうかぐつ）。おのが局へいそがしぬ。

と見え又同卷之三、中輯第卅五、文字楊が經任の許に赴く條に

文字楊聽て身を起し。……さはとて打衣脫更れば。童女等がこころ得て。並居（ならべすゑ）たる廊下履。裳揭て先に立。金蓮の步。……件の少女共侶に後廳へ赴けば。

と見えてゐる。

同書第四編は文政三年の序がある。所謂廊下履は唯の上草履をむづかしく云つたのに過ぎなかつたのかも知れぬ。

〔昭和七・六・廿五、宮本勢助〕

〔正誤　前號寄合咄『文政年代のスリパ型履物』中の、「神事行錄」は「神事行鐙」の誤りなり、但し鐙は燈につくりても差支へなしと〕

大葛山ゆき（二）

明石貞吉

(二)　**高田五三郎の說話**　高田五三郎は年越の夜正月三日間の食物を事務所（おだいどころとも云ふ）へ行つて請ふたが、借金のために與へられなかつた。妻に云ひつけて五合の米を粥にして年越をしたが、ついに泣寢入りしてしまつた。赤い牛が自分の寢ている前にゐると思つてさめた。どこかと思つてみたら三百貫（坑道の名稱、今もこの場所が殘つてゐる、五三郎が三百貫の金をとつたので三百貫といふさうである、一說）だと思つて、ほんとうに夢から覺めた。朝、夜のうちに三百貫へ行つたら、朱の絲のように鎚が通つてゐた。笠掛け（黑い椀の笠の中で碎いた鑛石の粉末を、水にひたしながら、ゆるやかにゆると、金鑛が沈んで笠の內にのこり、石は流されてしまふ。このことを笠がけといふ。笠は椀のふたのことをいふ方言、この笠がけは現今も鑛石の分量をしらべるに用ひてゐる。）それをおだいどころへもつて行つて正月の米や魚をもらつて正月をし、五三郎は後に、ここを掘つて一年に金七十貫を掘り三年間つゞいた。ぬけ金はこの倍あつたと傳へられてゐる。と。

(三)　**別說、五三郎**　この山に傳へられる、五三郎の話といふのがも一つある。五三郎がカリゴと共に坑內に入つて掘つてゐた。突然、岩の間にまつかに光る黃金塊が見えた。カリゴはそれを奪つて山を逃れようとして必死となつて掘つたが岩間から、その黃金塊が取れてこない。五三郎が、それをみて山神樣に念じたところ、さしも大きな黃金塊がぽつたりと落ちた。と。この話は上述高田五三郎の話の主人公と同名なのがおもしろい。菅江眞澄秀酒企乃溫濤にも、これと少しく異る萬會物語をのせてある。

（三）**からめぶし**　ここで歌はれるからめぶしをきいた。

〽からめからめど、おやぢがせめる、なんぼからでも（からんでも）からみたでならぬ。（からみ切れぬの意）（囃子方）ドッコイ〱ドッコイナ、おやぢの借金、年賦ですませ（かへせ、の意）

〽金《キン》のべごこ（手コ）に錦《ニシキ》の手綱、おらも引きたい引かせたい。（囃子方）ドッコイ〱ドッコイナ、にぎつたたづなはうつかりはなすな。

〽なほり出てくる皆しきのかづ、金《カネ》はかなばにふじの山。

〽おろせじや萬貫、からめじや千貫、おやぢの借金、年賦ですませ。

〽烏鳴くなく、とごや（床屋、熔鑛爐のことをいふ）の屋根で、お山はんぢようとなくからす――以上は古くから歌つたといふもの――。

〽田舍なれども南部の山は西も東もかねの山（又ハ花）

〽なほり出てくる坑夫はいさむ、ましておやぢが、なほいさむ。

（囃子方）ほり出せほり出せ、ほり出すお金《カネ》はお國の名物。――これは新しく歌はれたと云ふもの――。

からめぶしは、石の臺の上で鑛石をからみながら、その調子につれて歌つたもの。これには、小牧（たくはしらぎ銀山と云ふた）鑛山といふ、毛馬內の錦木の方向にある山で出來たものと、南部即ちこの鑛山の裏の方の山で出來たものと二種あると云はれ、又阿仁合の、さんまい鑛山にて出來たとも云はれてゐる。

昔はセツト（槌のことをいふ）ぶしといふのもあつたと、今は、ハツパ節といふのを歌ふ。

（亖）**金山見學**　大葛山事務所の木村初太郎氏（四十才）の案內をうけることが出來、ぼくらは、金山の見學に入つた。谿流を樹間に見ながら、眞夏の太陽を山の一面にとかしこんだ――ぼくは、草いきれを感じてゐた――澤を登つてゐた。鑛石から出た色が赤く、河床にみられた。かうして澤の頂に近くなつて坑道口が見えた。
黄金の出る山、古い山と一方に思ふ故か、鑛道から捨てられた石《ジリ》の白い生々しさが、山頂から谿流へ流れて輝いてゐるのを見たとき、外の鑛山とは異つたものに思はれた。

大葛山ゆき（明石）

坑道口から數十間、ぼくらは寒さに肌をふるはせた。幅一間以上もあり高さ丈餘の廊下にはハシラも、矢木も、ノノギもなく、しかもこれは昔掘つたタガネの跡が實に整然と、壁面のやうに見られた。それから二叉に分れ、右へ、そこが三百貫といふ切リハだつた。今も二三人の坑夫がなほ掘つてゐた。坑道の、フマへから下へ握るのださうだ。これにはウシをしてゆくのであるらしい。それからなほいろ／＼の坑内を見たが、まづ、下の坑道から上の坑道へぬける暗くつめたい縦の孔をガンギバシゴで十數本、百數十尺をのぼつたこと。又今掘つてゐるところも、やうやく人が匍つてゆくほど、岩層にそうて斜めに鎚押をしてゐること、岩の押すところには短い二尺位の木を當ててゐること。掘つたところには、新にほつた土砂を埋めてゐたこと、下へ掘つてゐるところは水で苦しむこと等をみた。要するに一本一本の坑道ではなく、ムカデのやうに、斜に、上へ、下へと坑道がのびてゐ、その一本一本の坑道がなほ上のと下のとつながつてゐるのを知つた。彼等は、それでゐて、自分等の上には誰がゐるかをよく知つてゐるのであつた。彼等は鑛石を肉眼で、その黄金の分量をあてゝゐた。僕等は又、幅、一尺二三寸、高さ一尺五六寸と思はれる、今はもう崩れてゐる古い坑道の入口から、竹火の燃えさし、を拾つてきた。坑道から出たとき、それは別の坑道だつた。外は重苦しいかゞやきで、坑内のそれと比して、黄色いどんらんな生《ライフ》をいとなむ植物のいきに滿ちてゐた。坑内のじめ／＼した冷寒、植物のそれに比しては死のやうな生氣が、ぼくの頭いつぱいすぎた。

坑内から、さつきぼくらが見たハツパの響が、斷續した。坑夫がもう出て來てゐた。彼等はおとなしい眼つきで、ぼく等を見た。

(四) ともご　友子といふ組織は、同業者の失業の時の救濟が、主たる目的であり、作用ともなつてゐる。これも元は全々派生的な作用だつたかも知れないが、しかし、そんなわけで、現今も、各鑛山に、奬勵せられて、この組織、友子なるものが維持されてゐる。

この鑛山に傳はる話では、昔、德川樣が、敗戰なされて、駿州は日景澤といふところの鑛山に隱れなされた。鑛山の坑夫は、よく彼をかばつたので、後、その恩に感ぜられて、以後、坑夫は野武士である、と申され、他の人間よりは上に、野の武士と申されたと。

この鑛山の坑夫、荒谷作良といふ人が駿州日景澤に宿つたとき、偶然、自分たちが、今までもつてゐた、山中御定法とは少し異るが、それに類するものを見ることを得た。それでこゝは話に傳へられた日景澤であるから、これが、德川公から頂戴の御定法だらうと考へて、寫して持ちかへり、この山の人たちへも示したといふ。（日景澤の御定法は章末に掲ぐ）

これが大正拾四年のことである。そして彼等によると友子といふ組織が何かしら、德川公から頂いた野武士といふ稱號のもつ威嚴と、密な關係を感じられる。その自覺は彼等の作法、態度に、一般人と異る、だてな風、言葉がこの地の方言でないこと、作法の固いこと等からくるのであるらしくそれが友子といふ組織に於て維持されてゐるから、さう考へるのかも知れない。

まづ、友子になるしかたから記述しようと思ふ。

今は少年勞働が禁ぜられてゐるが、昔は、少年の頃から山に入つた。それにはまづ、この友子に入る必要があつた。即ち、この少年が子供として、親といふものが選ばれる、この親は人格のある年輩者がなる。それで子供同志は、依母《エボ》兄《ヒナ》、依母《エボ》舍弟《シャディ》と稱せられ、肉親の親、兄弟同樣の固い緣が結ばれる。

これが、取立といふ式で公然と世間、他の友子の人々にも、親子、兄弟の關係を發表する。この取立には、世話人が四人選ばれる。大抵は、年の暮れ近く、新に取立てられる友子十人ほどが一緒に式を擧げるのであるがその宴は、費用は、子供が五割、親が三割、依母兄は二割といふ程度でもつ。又立會人も一割をもつといふが、この割合は大體でその時に決定される。

大葛山ゆき（明石）

式のとき、盃が、親と子供、子供同志、依母兄と依母舍弟との間に交はされるが、この盃は、世話人が、兩方から二つの盃をうけて、式場の中央で結び交はせるしぐさをしてから、その盃がその人の手にかへされる。この時は大謠《オホウタヒ》が歌はれる。

友子たるものが、いたづら（惡事）をすれば山法のはらひ、と云つて、國境まで送られ、追放される。舍弟は、親分、兄分が死んだときには三年間に石碑《セキドウ》を立てる義務があり、はたさなければ、そしられ、はづかしめられる。又他山の浪人（訪れてくる失業者）には三日の食を供給し、次の鑛山まで行く費用を出さなければならぬ。浪人はかうして、餘生を暮して行くといふ。この浪人は友子たるものに限つて許される特典でもあるのですが、その對面の挨拶は、浪人の方から、手を疊について、

手前、親方とたのみまするは御存知でもムいませうが某國の產、何の某でムいます。手前、兄分とたのみまするは、御存知でもムいませうが、某國の產、何の某でムいます。金掘を以て世を渡る考へでムいます、何分よろしくお願申ます。

主人は、

さようでムいますか、と云つて、手を上げてもらつて、季節の、暑さ、寒さの挨拶を申しのべて、それから自分の出生名前をのべよろしくと云ふ。

友子は、親分、目上の人にもの云ふときには、野天である場合でも蹲んで手を土についてから言ふ。親分は、盃にのせてもつて來たものを受けると、盃を逆さに伏せて片手でわきへ押して返す。昔は、牛の肉など食つてゐたのはこの坑夫だけであつたといふ。次に、取立の時の樣子を明かにするために取立面附《メエヅケ》を、かかげることにしようと思ふ。これは式場の欄間の下に、はり出される。

秋田縣北秋田郡大葛、大澤鑛山の友子掘子取立面附《メエヅケ》の大要、上述、佐藤春治さんのもつてゐたものを寫す。半紙のつぎ合せたもので書いてゐる。

掘子取立面附

秋田產　石倉忠五郎
舍弟　石井　由藏
秋田產　佐藤　嘉一
舍弟　大間　良雄
…………
（以下同様に六組を書きならべてある、略）

立會人

秋田產　野崎　末吉殿
同　荒川　忠吉殿
…………
（以下同様に十五人列擧してゐる。略）
…………
同　三浦　長雄殿　見逃立會

隣山立會人

赤澤　度利　友子　一同

掘子世話人

秋田產　福田市太郎
陸中住人　廣瀨　太郎

大正拾四年　拾貳月參拾壹日　大間淸太郎　橋本　安藏

大澤　鑛山

大葛山ゆき（明石）

大苅山ゆき（明石）

大　直　利

千　鶴

萬　龜

これに見逃立會とは、いたづらをしたために立會は出來ない人間だが、ゆるして見逃して立會出來ることになつたもので、その代り、取立面附には、ハリ紙に見逃立會と書かれる。

次に大工取立（掘子は少年を取立てる時だが、これは一人前の坑夫）面附をのべると、大體掘子のそれと同樣であるが、

まづ、掘子取立面附　の掘子を大工に代へる。舍弟とあるは　子分何國產となる。掘子世話人とあるのが、大工世話人となる。

即ち、この取立は大工、掘子が新に生れるといふ考へがあるのであるために、友子となつたことによつて出生條例といふものが與へられる。これをもてば浪人となつても、生きて食つてゆかれる。ここに出成條例の例をあげよう。

中老立會人

陸中國住人　戸館　末吉殿
陸中國住人　戸館　三郎殿
同　產　奈良　義實殿
同　產　田口勘次郎殿

山中總立會

秋田產　——殿　　秋田產　——殿

（七十四人列擧、略）

大工世話人

南部産　山本　吉五郎殿
秋田産　澤田石徳太郎殿

掘子世話人

岩代産　大澤　弘平殿
南部産　工藤　七太郎殿

自坑夫世話人

羽後國住人　伊藤　金之助殿
陸中國住人　北舘　清殿

鎚分

陸中國住人　伊藤　次郎殿

出生條例

第一條

當山ニ於テ出生致セシ坑夫タル者ハ常ニ能ク其職親兄ヲ父兄ノ如ク尊敬ス毫モ不遜ノ行爲有ルヘカラス殊ニ取立世話人後見人ノ思儀忘却セス充分尊敬ヲ専旨スヘキ事

第二條

當山ニ於テ出生致セシ坑夫タル者ハ滿三ケ年三ケ月十日間ハ他行ヲ許ササル事

一、自身又ハ父兄ノ病氣及軍籍ニ關スル事其他使役鑛山ノ都合不得止場合ニ於テハ相當ノ手續キ及ヒ病氣ノ證明書ヲ提出ノ上許可ヲ受クヘキ者トス

一、自坑夫ニ在リテハ本免狀ヲ鎚分ニ於テ其職全成ヤ否ヤヲ看ンカ爲三ケ年間預リ置キ本條第一ノ場合ニハ是ヲ與フヘキ者トス

第三條

今回出生セシ坑夫ハ親分何國ニテ死去致共事實判明シ上速ニ石碑建設佛參報行可致シ萬一違背ノ場合ハ相當ノ處分スル事

第四條

職親兄ヲ輕蔑シ其ノ道ヲ盡サス又職務ヲ怠リ脫走
ヲナス他人迷惑ヲ掛ケタル者ハ友子交際ヲ除名ス
且ツ免狀ヲ取消ス其上全國諸鑛山ニ通知ノ上職業
停止スル事

第五條

五五四

前條項ニ抵觸シタル者ハ他山立會ヲ要セス其ノ山
友子一同協議ノ上除名ヲナス廻狀送達スル事
右之條々堅ク可相守事
昭和四年九月十一日

大葛山ゆき（明石）

以上の如きものが云はば友子の身分證明書のやうなものなのです。この中の第一條は、現代的な個人對個人間を規定する如き語句ですが、直接、彼等について、これを尋ねると、もつと生々しいつながりを友子の親、その兄弟分同志に感じてゐるのです。彼等は又第二條の三年三月十日間といふ規定を尊重してゐます、が、その例外の規定は、時によつて變更されるものらしく、古いことはこれによつては判斷出來ません。第三條の石碑《セキド》を建てる事は實行されてゐます。第四條は古くも實行されたものらしく、さうしたものだと信じてゐるようです。

斯ふした人々、友子といふ組織下に、つながれてゐる坑夫は、坑內にての禁制、山での心得等を、德川家康公から仰出された法度によると信じてゐるのです。以下、彼等が、友子となる式場にて親から敎へられる點をのべます。それは坑內入口の四つ止から、三十六枚目までにそれぞれ、神の名によつてよび、例へば、左正面は天照皇大神宮、右正面は、春日大明神、左二本目は八幡大明神、右二本目は山神社、左三本目は稻荷大明神、右三本目は不動明王、布木は藥師如來（今の人々はここまでしか記憶しません、彼等が少年の頃、老人たちは皆知つてゐたさうです）三十六枚の矢板は天の三十六童子を形取るものなり。とかういふ風に云はれたさうです。又その他坑內にて守る可き、禁ぜられてゐることは、金格子破りは勿論、指定外を掘るべからざること、留木根掘及び危險の場所掘るべからざること、鑿《タガネ》先取ること及び鑿角送るべからざること、等々又或時は坑內に入るときには頰かぶりをしてはいけないことなど（これは頰かぶりでは岩角を危險とするからださうです）も皆、家康公から仰出されたことだと信じてゐるのです。これらのことは今は鑛法、と云つて、友子に屬する者のもつ手帖に刷つてあります。これらはもとは、そのまゝ、老人たちから口傳へに、友子が取立てられる式場で言ひ渡されたものであつたさうです。ぼくらは、この鑛山で、ここの荒谷作良といふ人が、大正拾四年八月七日駿州安倍郡、梅ケ島、日影澤の望月重五郎といふ人の家に宿つたとき、その人はこちらも坑夫だことを知つて見せてくれた家の重寶の一巻をよんで、それが、大葛鑛山にても、老人たちから家康公が坑夫へ下された言葉と似たものだといふことを見て、寫してかへつたといふ。五十三ケ條の御定法なるものを見ました。

ぼくは、かうした鑛山の法律規定書が他にもあると思ひますので、それからは、比較研究してみた方がよいと思ひます。なぜなら、それには賃銀や、その他のことがあるのですから。たゞ、此處には、鑛山の法規が家康公によつて仰出されたこと、坑夫は野武士の位をもらつたこと、それから坑内での禁制と家康公の御言葉とが關係づけられてゐること等を云ふに止めやうと思ひます。

その第四十壹條に

定

第四拾壹條

御公儀樣御法度之儀ハ不及申御役人樣方ニ慮外仕間敷候事

とありますのは、やはり幕府の政策の一つとしてされたことゝ思はれます。

(三) ツルギのとめ　ぼくらは、山を下つて歸路についた。途中見た、この山間の地の、河床の岩一枚で、杙《クヒ》を打たふにもうてぬところにせきとめた、せきを説明しよう。

それは寫眞の如く、河の兩岸の岩に支えられて大木が横たへられる。これはツル木《ギ》と云ひます。長い細い棒の頭をこのツル木にもたせて、河床のなめらかな岩にその末をとゞくやうにして、斜に入れ、澤山列をなしてならべます。これをサシキと申します。サシキの上に、玉石を澤山沈めますと、その力でサシ木は浮ばないばかりか、流の力で、固く壓せられ

大葛山ゆき（明石）

ます。流れの力は上流から石を運び、石はサシ木に支えられて、厚く積まれます。かうして水はせき止められます。

この村の出で今年六十九歳になる三浦粂吉といふ人の話しでは

この大葛では、大ワタリドメは、昔しは二十間の巾《ハバ》があり、大サベドメは十五六間の巾であつたが、之は一本のツルギで渡された。今はこのトメは、どちらもないが、金山のエワトリ澤（金山の坑道へゆく澤）には、この人のまだ知らない頃から、斯ふしたツルギを十段以上も横たへたトメがあり水は、二三丈も高くせき止められて、他へ流れ導かれてゐると。大ワタリドメ、大サベドメは三段のツル木で止められた。これに用ふる材は主に杉材。最上はヒバの木であると。

この山をこえて、阿仁合の方面では、澤山に見られると云はれた。

御定法

第壹條
山例五十三ヶ條之儀者駿州日影澤ニ而從家康公様天正年中被爲仰出候事
第貳條
御定法者山師金掘師之儀者野武士位仰附諸國御關所ニ而條見石斗ト爲御通被成候事
第參條
山師金掘何國ニ而見立山仕リ候共從御國主様可被仰仕事
第四條
家康公様被爲仰出候勿論村役人中山先相添共砌不限晝夜早速可爲御催進之事
第五條
家康公様大切御陣以來爲御褒美草判紙四拾八丁目方山師金掘師ニ被下置候事
第六條
御定判有之候共御公儀様ニ而從被遊御貯リ右御定法書ヲ以テ相計者也

金銀山御賣方格令

第七條
五貫文ヨリ貳拾貫文迄御運上不差上之事

大葛山ゆき（明石）

第八條
貳拾壹貫文ヨリ百貫文迄御賣方拾分一
第九條
山先料拾貫文引
第十條
九拾貫文　拾分一
第十一條
大工賃錢九貫文引
第十二條
八拾壹貫文　拾分一
第十三條
八貫百文引　御運上納
差引七拾貳貫文金モ入用德分
第十四條
百貫文ヨリ五百貫文迄
山先料右同斷大工賃錢貳拾一
第十五條
神荷者山神修覆入用諸神社御切穗目三神代
第拾六條
山色荷　山先小遺
第拾七條
砂平荷物　檢斷

大葛山ゆき（明石）

鋪手代
鎚　頭
第十八條
大工荷物
諸役人
壹　所
諸手代
賃　錢
第十九條
掘子荷物
掘　子
岡　廻
諸　働
小使番
第二十條
掛砂荷
鍛　冶
賃　錢
第二十一條
莚　荷
飲　焚
賃　錢
右神荷ョリ未者大工賃錢拾分一引
第二十二條
留大工
壹人ニ付壹ケ月
壹兩貳分給金

第二十三條
償石件頭
壹人に付一ケ月
貳兩ョリ三兩給金
第二十四條
御領並御國主ョリ山中
働ク者ニ御料理御褒美被下置候節御座料
第二十五條
御代頭
四百名御侍
第二十六條
左座元先
貳百名
第二十七條
疊三疊下
山　師
檢　斷
床屋頭
組　頭
覺　石
第二十八條
御代頭
右座
當番手代
第二十九條
疊三疊下
當　番
第三十條

疊壹疊下

第三十一條

鋪內寸法ノ事

山廻
横目
檢斷
手代
鍛冶
留大工
鑓頭
大工

第三十二條

鉛山銅山者下有無例

三法

第三十三條

金格子破之事

第三十四條

柱根不堀事

第三十五條

手鐵角送不事

右三ケ條相背候ハバ怠度可爲山法者也

定法

第三十六條

於山內ニ御判紙之內下草落葉苅取モノ有之候ハバ怠度山例申附ヘク者也

定

第三十七條

鋪內ニ出家無用乍去寺院下苦事

第三十八條

山中出入之者腰之物經可令停止候侍內エハ大小無用ノ事

第三十九條

乞食非人無用之事

第四十條

忌服之者堅ク無用ノ事

右ノ通リ相背候ハバ怠度山例可申候以上

月　日　　山先

定

第四十一條

御公儀樣御法度之儀ハ不及申御役人樣方ニ慮外仕間敷候事

第四十二條

山中火之用心第一之事

第四十三條

喧嘩口論堅ク相愼可申若相背違禮之者於有是者當人ハ不及申双方共早速下山可爲事

第四十四條

大葛山ゆき（明石）

鋪ニ差ニ掛欠番取リ之儀堅ク無用之事

右ノ通リ山内堅ク相守可申候以上

月　日　　檢　斷

第四十五條

ナシ

第四十六條

ナシ

第四十八條

ナシ

第四十九條

ナシ

第五十條

ナシ

第五十一條

不淨ノ金格子ノ事

第五十二條

祝金格子ノ事

第五十三條

金格子立横大事ニ繩ハ不ハキランヲ以テ結ベシ

以上終リ

天保年中德川家康公ガ酸州安倍郡梅ケ嶋村日影澤於テ山例五十三ケ條ヲ右地ノ望月重五郎先祖ニ送リ被下タル實物大正拾四年八月七日梅ケ嶋村產金地調査ノ節荒谷作郎寫取ル者也

伊豆諸島に於ける祭石の事例

本山桂川

古い話だが、明治二十八年八月の「東京人類學雜誌」第一〇巻一一三號に故坪井正五郎博士は「伊豆新島の土俗」を報告してゐられるが、其中に、

大三皇子の兩側には高さ一尺許りの自然石が十許り宛並べてございますが、是は諸末社を代表したものと申すことで、各石の前にはミテグラが一つ宛立てゝござります。（本村新井の側にある小社の神體も小石の四五個を集めたるものなり）。

と見えてゐる。**第一圖**はその折にスケッチされたものゝ一つで、「大三皇子社殿側にある神體石、圍ひ總幅九尺」と說明されてある。

伊豆諸島に於ては現在でも、斯うした祭石の事例を隨所に見出すことが出來る。以下諸圖版は最近私がスケッチ及撮影したものである。

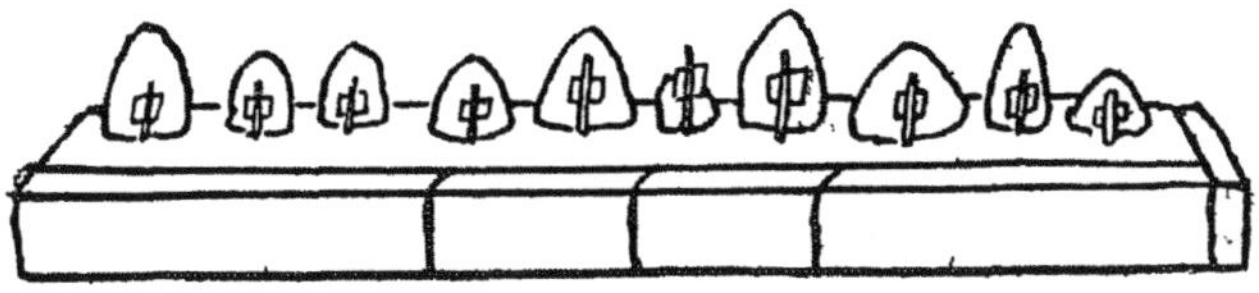

第一圖

第二圖　新島本村役場裏手に爲朝神社といふがある。其社殿の背後左右の隅に、石垣に接して大小一對づゝの自然石が祭られてあつた。（以下單に石と書く、それは總て自然石である）。圖はその向つて左隅のもので、小なるは高さ五寸、大なるは高さ一尺ある。大なるものゝ左肩にヒメノキシ

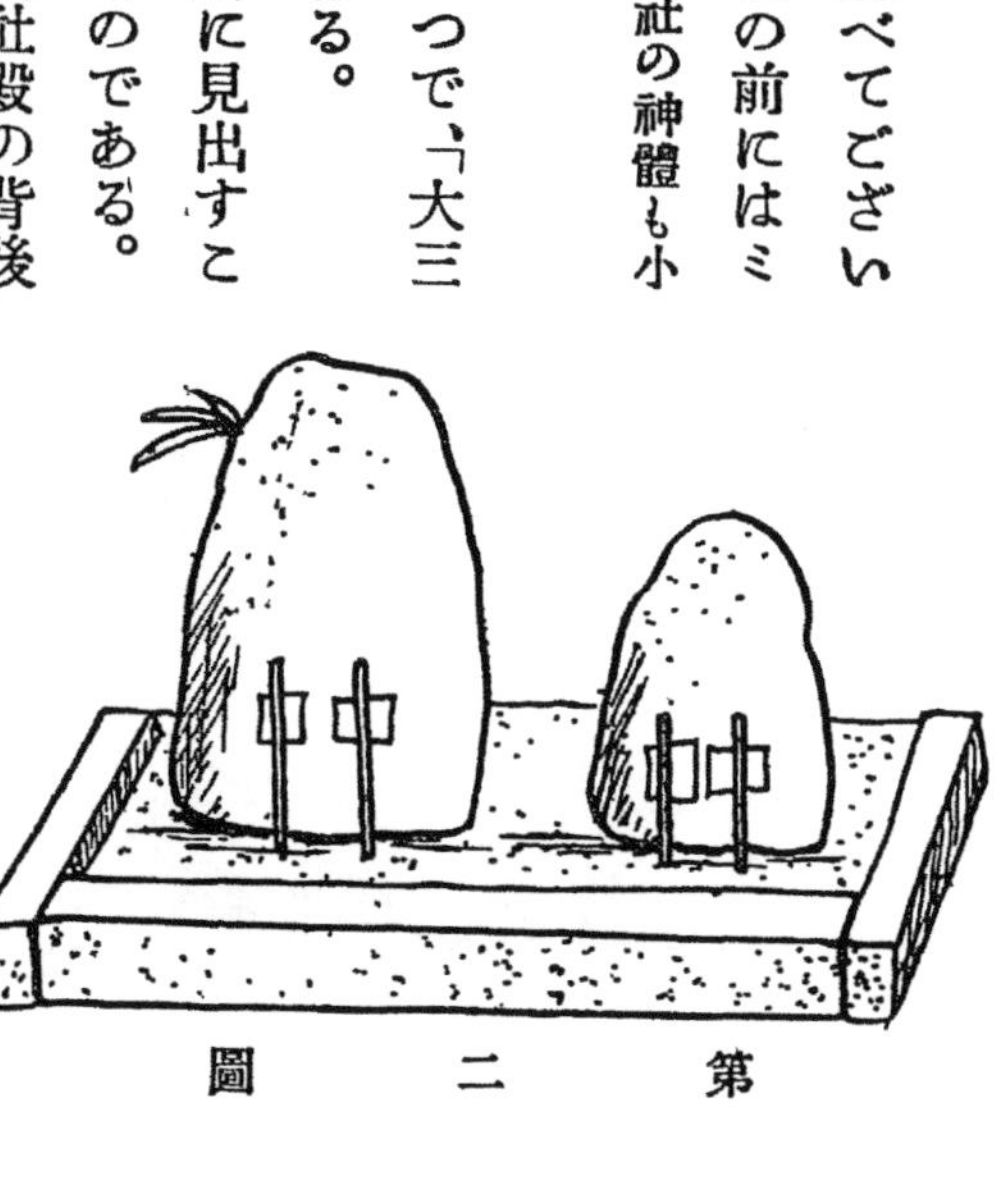

第二圖

右第三圖
左第四圖

伊豆諸島に於ける祭石の事例（本山）

ノブが附着してゐるところを見ると、此石が相當古いものであることがわかる。右隅には大なるもの八寸、小なるもの五寸の高さであつた。

第三圖 同村十三神社の社殿はキジラミ卽ち白蟻の爲めに損はれて、今は粗末な假宮になつてゐるが、其社側に二つの小祠を祀る四阿風の建物があり其の兩隅にかうした石が列んでゐる。他の末社の隅にも屢々見出されるところである。卽ち坪井博士の示されたものと全く同一のものである。

第四圖 之も同社境內の末社の背後にある一例で切石を以て一隅を劃し、中に砂を盛り、其上に大小七個の石が供へてある。此狀態を以て見ると、多分に「地神」の祭祠をも意味するらしい。因に、長崎の墓地には、かうした行き方と同じ心持で必ず「土《ト》神樣《ジサマ》」が祀られてある。

第五圖 （イ）は同社樓門前向つて左側石段橫にあり高さ一尺五寸、頭部にマメヅタがからまつてゐた。石前には八寸に五寸許りの木箱が置いてあるが、多分供物を入れるためのものであらう。

同じく向つて右側には石段の上に（ロ）ミテグラのみが一對立てゝあり、其前に小石が三個供へてあつた。ミテグラは六七寸の篠竹の頭部に三寸に四寸位の白紙一、二枚を挿んだものである。

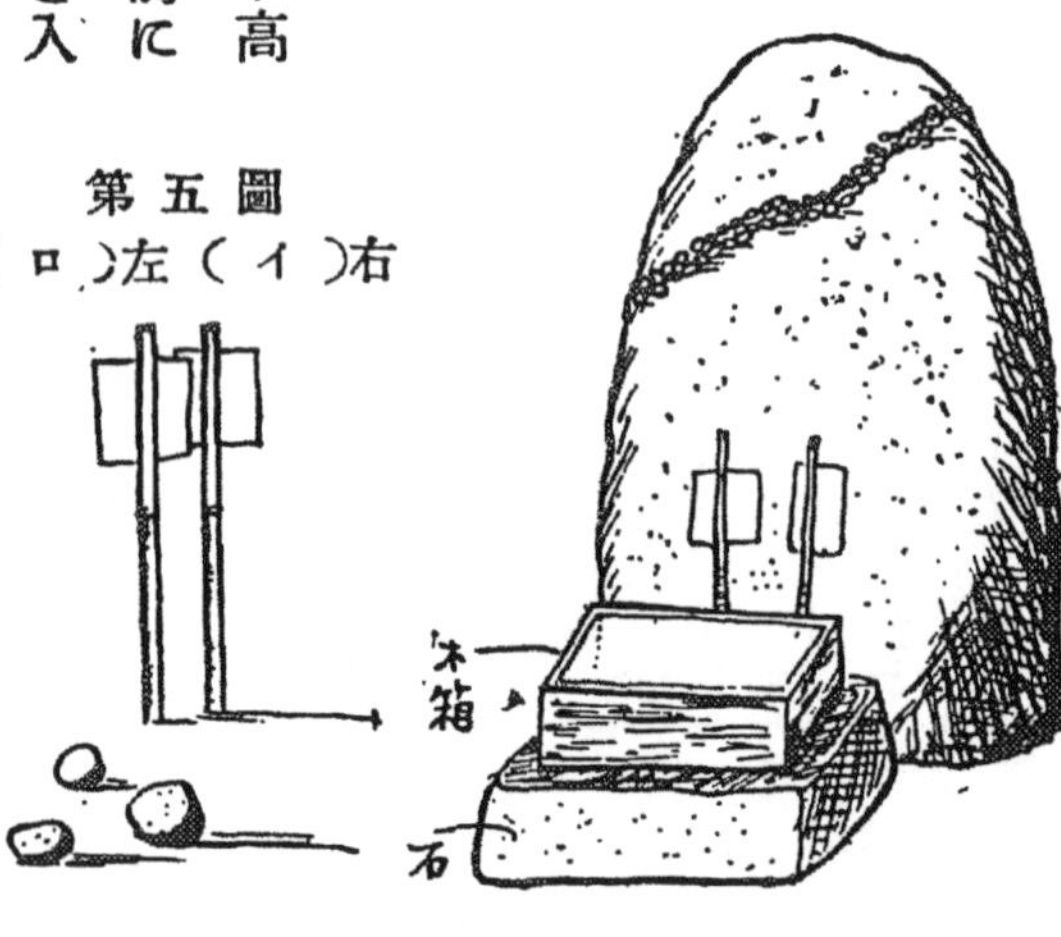

第五圖
（ロ）左（イ）右

第六圖　は有名な三宅島阿古村の富賀神社々殿の背後にある石の一つである。石は二尺餘のものから以下大小各種あつた。こゝではミテグラの篠竹が一尺四五寸の長さになつてゐる。白紙も長目になつてゐて、一見アイヌのイナウを聯想せしめる。

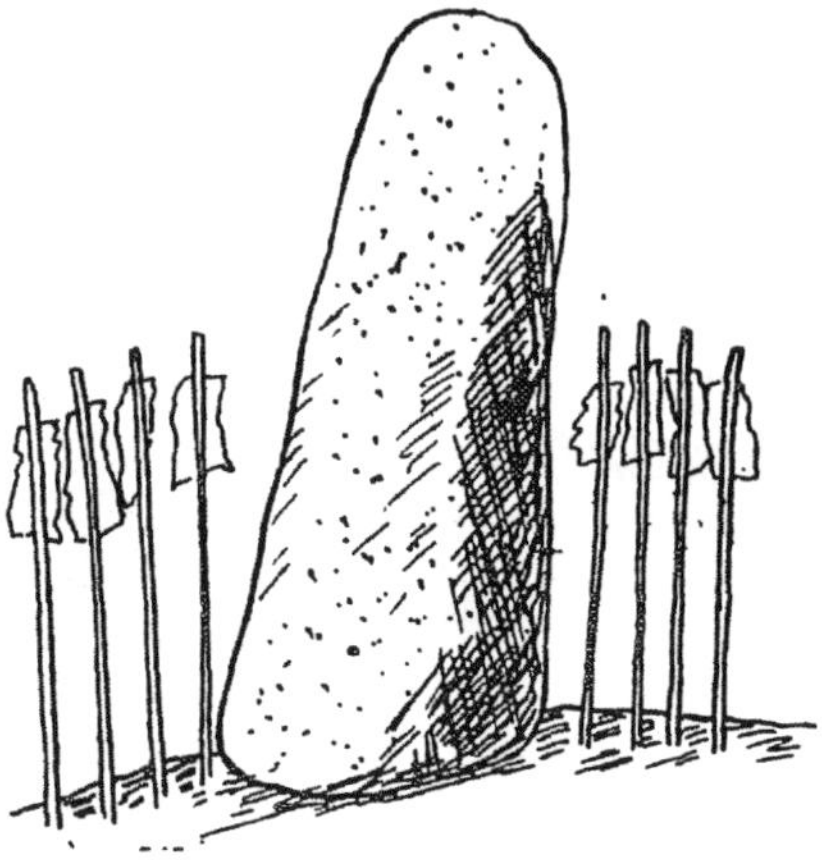
第六圖

第七圖　之は同島阿古村から坪田村に行く途中の路傍で見たもので、低い堀割の隅角の赤土の中に割込めてあつた。平たい丸石を横に鏡餅のやうに重ねもたのである。その石の上には更に小石が數個供へられてあり、時折參拜者のあることを示してゐる。

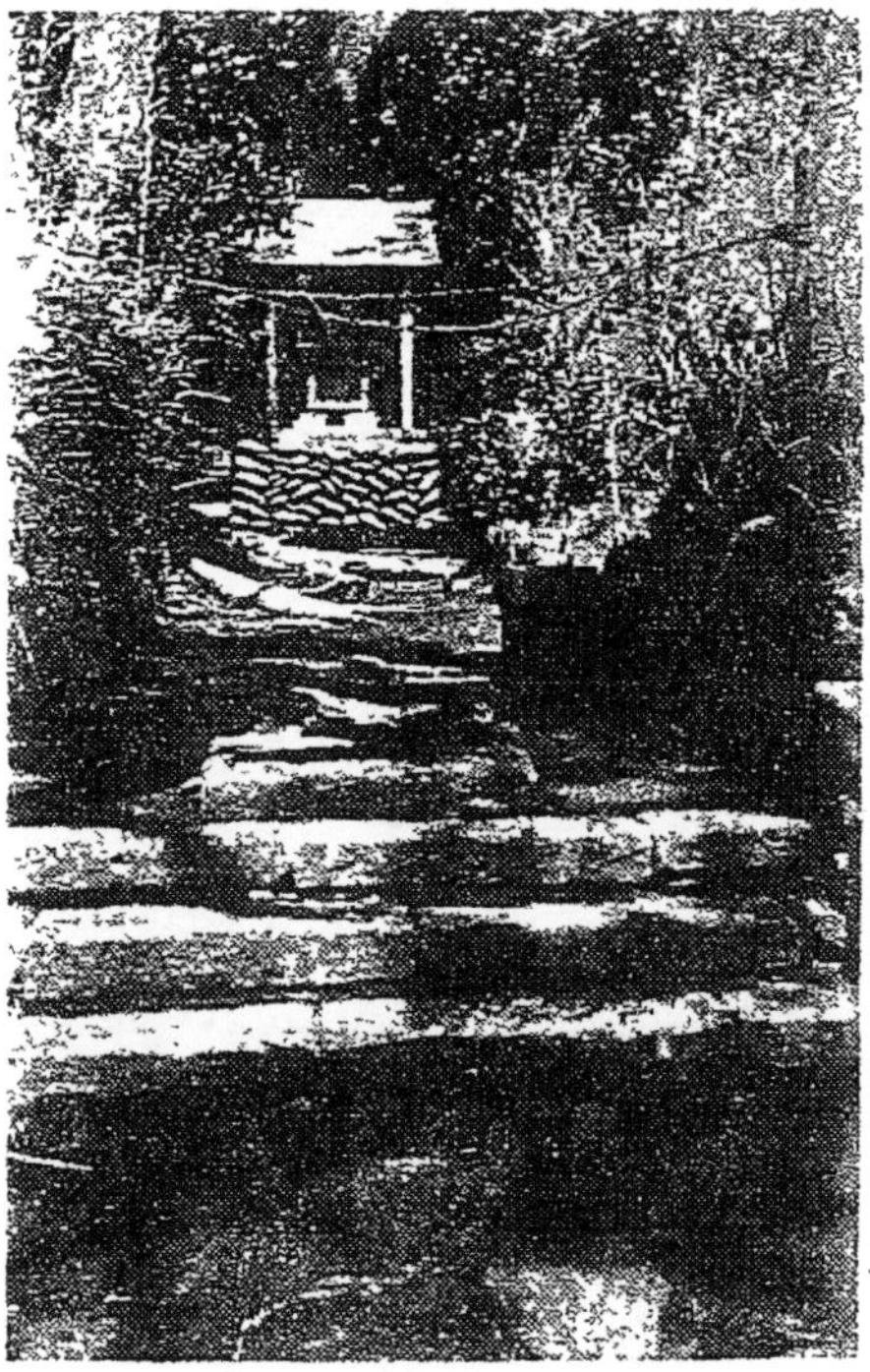
第八圖

第八圖　同じく途の小祠の一つで、神體は石である。更に祠前の階段の上にも中央に供へ石があつた。かうした小祠の中には背後の巨岩そのものを祀つたものと認められるのがあり、一層その趣旨を擴大して山岳其もの丶遙拜所であるらしいものも認められる。これらは多分に、沖繩諸島に於ける御拜《ウガン》の思想と一致するやうである。卽ち伊豆諸島にあつては祭石の信仰が、山岳(火山)、巨岩、樹木等自然崇拜の一つゞきであることが窺はれる。

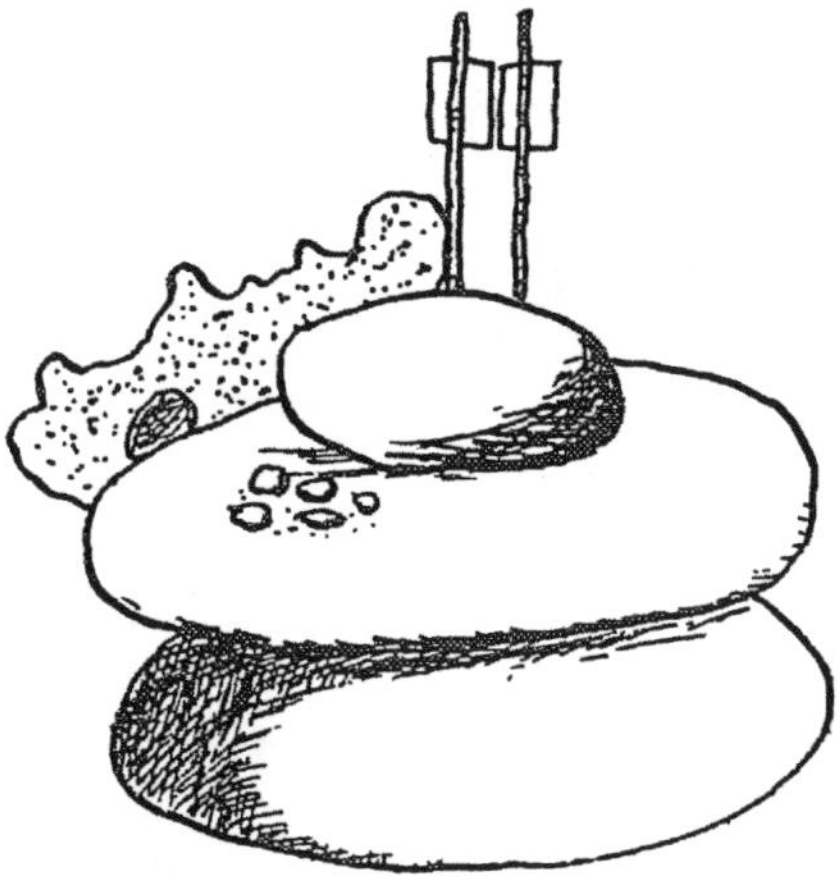
第七圖

伊豆諸島に於ける祭石の事例（本山）

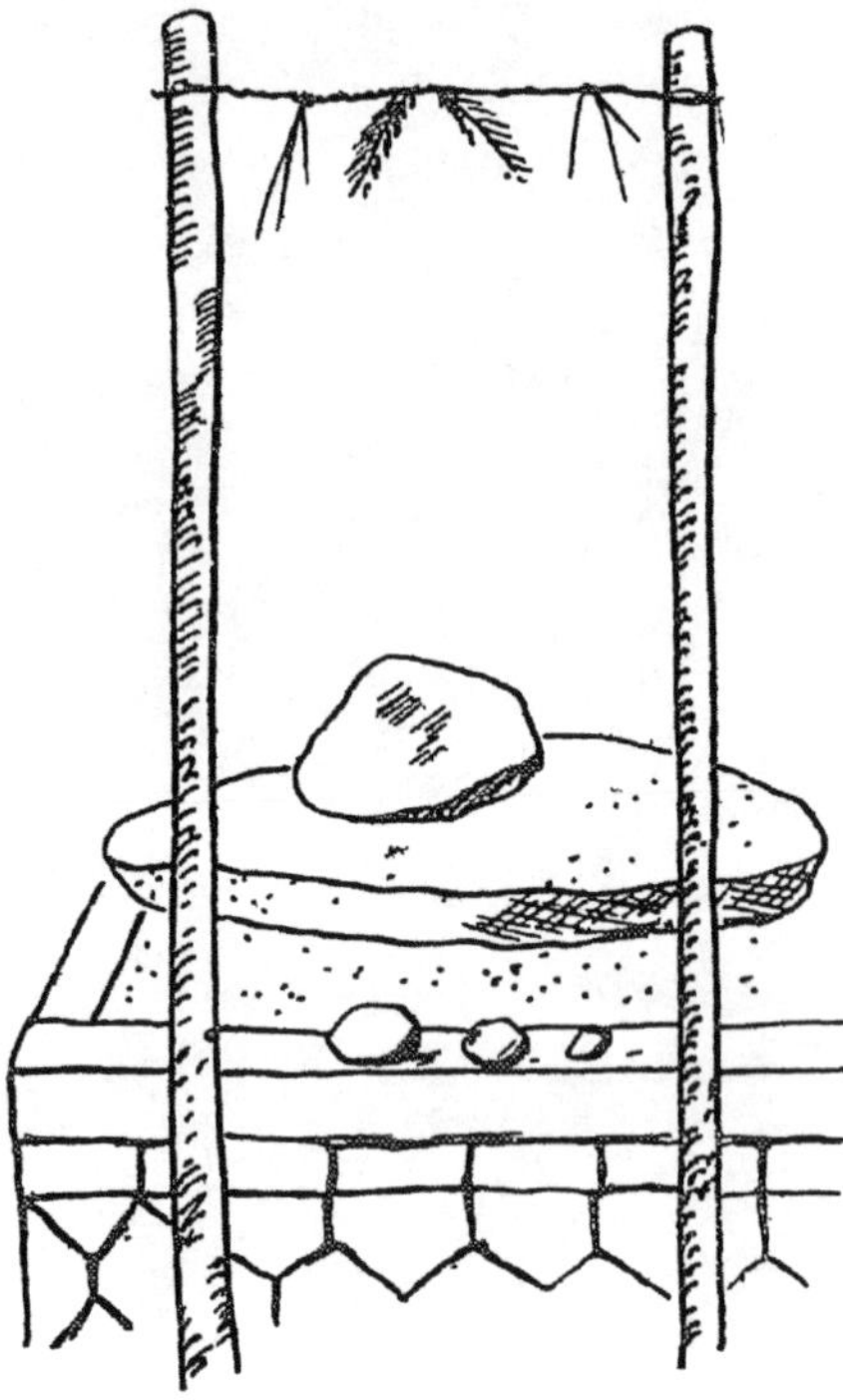

第九圖

第九圖　神津島には波止場の直ぐ上に幽邃な府社物忌奈命神社がある。一島の總鎭守で、土地では「前濱樣」と尊稱してゐる。此拜殿の背後、石段の上には左右に矢張平たい丸石が据ゑてあり、其前には二本の丸太（五尺）を樹て注連が張つてある。尙、丸石の前には數個の小石が供へられてゐる。總じて此の島の人は神社參拜の際。濱に行つて丸い小石を拾ひ、其前に淸い砂を盛つて祠前或は鳥居の根方に供へる。これをシホバナと稱してゐる。內地で華表や石燈籠の上に小石を投げ上げるのは、これで見ると必ずしも石卜の信仰にのみ起因するものではないらしく思はれる。

第十圖　これは同社境內に祭らるゝ末社の一つである。半間四方の井戸側のやうなものを築いて其中に一個丸石が据ゑてある。宛然、鹿島や香取の「要石」のやうである。

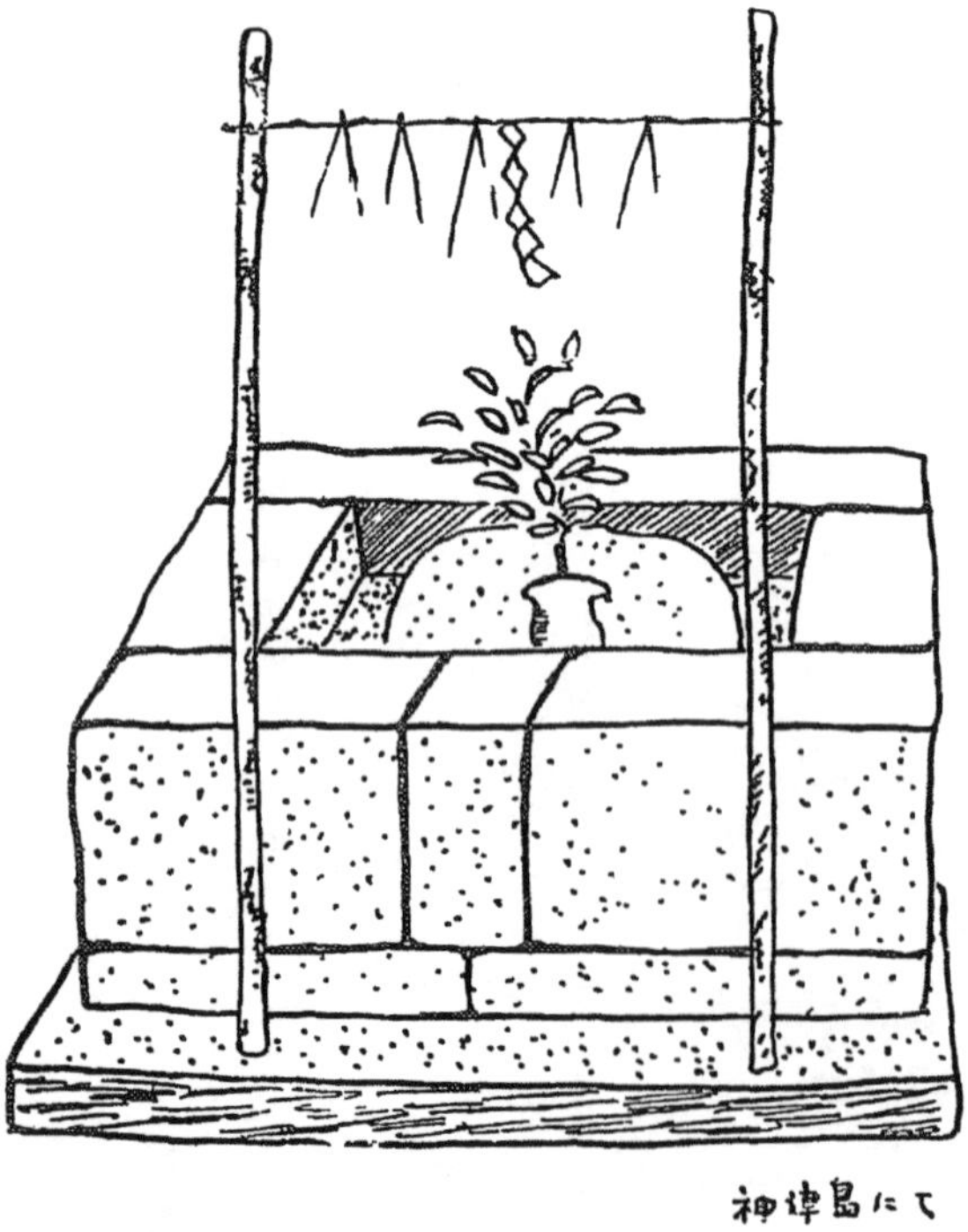

神津島にて

第十圖

第十一圖　神津島に於ける人工的祭石の一つで「猿田彦大神」と刻されてゐる。

第十二圖　同じく神津島の「道祖神」の一つである。

第十一圖

第十二圖

これらもおしなべて前に掲げた自然石祭祀の思想と同列に數へあげることが出來よう。そしてこれらの石標は辻の一角に立ち、島で「廿五日樣」と呼ばれる正月二十五日の「日忌」に於ける祭祀の對照となつてゐることも注意すべきことであらう。（伊豆諸島に於ける信仰一般に就ては別に述べよう）

はらめつき

鮫島守一郎

薩摩國の民間傳承や民間信仰は、一戰爭毎にその影を消して居る。日置村の「はらめつき」も日淸戰爭頃を最後として亡んだこの村の正月の行事であつた。「はらめつき」は、「孕め突き」である。

一體、日置村に限らず、舊島津藩では、藩内の所謂百二都城には、夫々七八歲から十四歲迄の少年達の勉學と身心鍛錬の修養結社として「稚兒《ちご》中《ちゆう》」の制度があつた。

「稚兒」は恐らく寺方から出た稱呼であらう。島津藩では男色關係の年少の方をこの稱呼で呼び、美少年を「よかちご」と言つた。又現在でもさうであるが、寺の法會行事の時天童に扮する幼女（七八歲から十二三迄の女兒。元來は幼童であるべきものを、稚兒輪を結はせる都合から、女兒を用ふるものであらう）を矢張り「稚兒」と言ふ。

「稚兒」といふ語の出所は以上の事情で察せられるがこの語の一般の用語例は敬稱となつて居る。卽舊島津藩では當歲から十四歲迄の士族の少年に對して、平民階級からの敬稱としてこの語を用ひた。但、敬稱としての「稚兒」はこの場合に限らない。同じ士族の男でも婦女子はその交際語として、相手方の男兒を敬ふ場合には矢張この語を用ひる。士族間の男子にあつては、相手方が自分より上位の者の息であつても先づその本名を呼ぶのが普通であつて、先方が飛離れた高位者、或は權勢家の息男である場合に限つてこれを敬稱として用ひる。當敬稱としては「稚兒」の下に樣を附加する。方言の發育は「ちごさあ」である。「ちごさあ」は現在の鹿兒島にもまだ活きて居る。然も舊藩時代からさうであつたが、「ちごさあ」は呼ばれる者の年齡を超越して居る。これは言語の慣用上の感情から來て居るので、十五歲から二十歲迄の男兒は、

「二歳中」(方言、にせざゆう)の一員で敬稱は「にせさあ」であり、二十歳以上で親懸りであれば「若旦那さあ」であるが、二十歳を越え、三十歳を出ても、尙「ちごさあ」である。筆者の如きも數年振に歸鄕して、老年の小作人や、昔下男に居た男、その他からこの古風な封建の遺稱で挨拶せられて、急にちよん髷でも結はせられた樣な氣分になることがある。併しこの稱呼も今十年を出ずして滅びるであらう。

「稚兒」の用語例は斯く多樣であるが、「稚兒中」の意味は、啻、稚兒の身分にある者達の結社といふに過ぎない。結社としての「稚兒中」は、その上位の團體「二歳中《にせちゆう》」に依つて干渉せられ、指導せられ、世話せられるのが原則となつて居る。たゞ茲で判然しないのは「はらめつき」の行事がこの「稚兒中」に依つて行はれる理由である。これは、この行事の内容が「二歳中」などで行ふものとしては、行ふ者の年齢からして自然面映い氣持を傳ふので行《や》れないといふ理由だけでは片附かないことがあるかも知れないが、今は不明である。

「はらめつき」は舊曆の正月十四日に行はれる。「稚兒中」の少年達は十三日に「はらめん棒」を伐りに揃つて山に行く。薩摩の方言の語格から言へば「はらめん棒」は「孕めの棒」であるが、意味は「孕ませる棒」である。この棒は手頃の若木を五六尺の長さに切り、兩端を銳く削り尖がしたもので、黑木の儘のものである。薩摩では薪の擔ひ棒がそつくりこれと同じ恰好であつて、これは木の周りが五六寸位のもので「山おこ」(山桙)と稱せられて居る。「はらめん棒」は「山おこ」より遙に大きい。少年達がやつと扱へる最大限度の大きさに作られるのが通例である。これはさうでなければならぬ譯である。

「はらめつき」は十四日の夕方から夜に掛けて行はれる。「稚兒中」の少年達は薄暮を待つて出掛ける。出掛ける先は「花嫁の來た家」である。この時少年達は度々次の囃唄を歌ふ。

はアらめ　はらめ　はらまぬものは　がうつきがはの　よめぢよだせ　だせよ　だアさぬものは　ないもかいも　つつ
くわつど　ざゞしき　ざしき　ざのもとんこまぞ

はらめつき　(鮫島)

はらめつき（鮫島）

この唄は度々歌はれる許りでなく、「花嫁の來た家」に着いてからも繰返し歌はれる。この唄の文句の中には今は古老に訊いても全然その意味の解らぬものが二三ある。即ち「がうつきがはの」がその一である。この文句は大體「容易に孕まぬ强情な」といふ意味らしいことは確かだ、それをもつと具象的に言つて居る言葉らしい。無論現存の薩摩の方言にはなく、古い方言としても恐らく轉訛したものであらう。「ないもかいも」は「何も彼も」で、「つつくわつど」は「敲き壞はすぞ」であるが、「ざゝしきざしき　ざのまたんこまぞ」が皆目解らない。「ざゞしきざしき」は囃詞であることは解るが、「ざゞしき」は「ざしき」の序詞で、「ざしき」は「座敷」かとも想像されるに過ぎない。「ざのもとんこまぞ」は想像もつかない。先づ數推される限りでは「ざのもとん」は「座の元の」で、「こまぞ」は「子産まそ」で、語尾を濁るのは歌ひ方の語調の都合に依るものかと考へれる。處で「座の元の子産まそ」としても「座の元の」の意味は依然判明しない。方言の用語例を勘へて見ても解らない。「こまぞ」が「子産まそ」であることは奈何やら動かぬ氣がするので、これに依つて「ざのもとん」も朧氣乍らその意味が想像されるに止る。

兎に角「稚兒中」の少年達はこの囃唄を聲を揃へて歌ひ乍ら「花嫁の來た家」に押掛けて行く。「花嫁の來た家で」は、大根膾や燒酎を用意して迎へる。これを「さかむけ」と言ふ。「さかむけ」は「はなむけ」の對語である。

少年達はその家に着くとその家の庭に這入り込んで、先づ『內からいゑもそかい。外からいゑもそかい』（內から祝ひ申さうか。外から祝ひ申さうか。このいゑのゑの發音は正しく we である）と挨拶する。これで判る通り「はらめつき」は正に祝福の行事である。その家では、これに應へて、內からなり、外からなり、好きな樣に答へるが、大抵は、內からと言ふ。少年達は言はれた通り祝ひ始める。

祝ひ方は「はらめん棒」で、土間や庭中を突き散らし、掘返すので、その家の者がうつかりして居ると、庭の植樹から鉢植、花壇、石垣などまで、唄の文句通りに散々につつくわられ、掘返へされて酷い目に遭ふ。だがこの持家の者には、この祝福の難を避ける一つの方法がある。それは

『内からいをつたもす』（内から祝つてたもれ。内から祝つて下さい。をの發音 wo。）と言ひ乍ら、焼酎と膾を手早く出し、「たかんばつちよ」を被つて家の中から飛出して來て、『さあ突け、突け〳〵』と言つて、一緒になつて突くのだ。かうすれば、少年達は間もなく引揚げて行く。「たかんばつちよ」といふのは、竹の皮と割竹と剝ぎ竹とで作つた笠である。形は饅頭型もあれば、菅笠の形をしたのもある。日覆ひ雨除け雨用の被り物で、殊に雨具として百姓に重寶がられる。これを被つて蓑を着けるのが、今に百姓の唯一の雨具となつて居る。故老の話では、昔は「はなめつき」の時も蓑を着けたとも言つて居るから、雨覆ひの裝ひで飛び出して來たものらしい。蓑笠を着けて行ふ正月の行事は外にもある。

以上の如くして、「稚兒中」の少年達は「花嫁の來た家」を次々に祝福して廻つて、夜の十時頃に引揚げる。

この晩花嫁はその家に居ない。皆實家の方へ行つて居る。花婿は家に居たり居なかつたり定つて居ない。

この行事は近年は麓卽士族の鄕中で行はれるのが本體であつたが、何時の頃からか在方でも行はれた。日置村は海沿ひの村だが、士族屋敷は海から十町も隔たつて居る。其接海に沿うて居るのは在方で、その中に帆の港といふ部落がある。半農半漁の部落だが此處でも「はらめつき」が行はれた。此處のも大體前記の樣なものだが、唯違ふ點は、花婿を一同で摑まへて海に漬けることをした。無論在方の「はらめつき」は麓鄕中の樣に「稚兒中」の制はないので、少年と青年とが一團となつて居たと傳へて居る。

以上が日置村の「はらめつき」であるが、この行事が何の爲めに、どんな信仰の下に生れたかは、村人の中では今はもう誰も知つて居ない。奈何言ふ理由《わけ》で「はらめん棒」などゝいふ棒で土間や庭を突き壞すのだらうと古老に訊けば、「へゝゝゝ」と妙な笑を以て答へる許りである。

（附記）「はらめつき」は日置村に限らず、南薩摩一帶に行はれたといふ。北薩摩の方では奈何であつたか、尙大隅の方でも行はれたか奈何か、今日迄の處まだ訊かない。

はらめつき（鮫島）

肥後國阿蘇郡昔話十篇

八木三二

（その一） 小鳥のお話し七篇

（一） たんたんたけじょ

むかしむかし、そこになーい、たんたんたけじょと云ふ兄と、大變親切な弟がゐたのです。此の兄は可愛想にも眼がみえなかつたので、此の弟はことさらに兄さんをば、いつも、いたわつてゐました。そして何時も自分で出來る丈のことをして、この兄さんにつくしてゐました。

毎年舊《フル》の八月頃になると、山では山藷に根がいるです。そして、土地の人達は『八月の二本藷《ニホンイモ》』といつて、親も子も大勢でたべて、よいくらい出來るのですから、人々がみなとりに出かけます。

この感心な弟も、どうかして兄さんに、おいしい山藷をたべさして、上げたいものだと考へて、山に行つて澤山の山藷を掘つて來て、煮て一番おいしいところを兄さんにたべさして、いつも自分は一番うまくない、びわくびのところばかりを喰べてゐました。ところが、この兄さんはもともと目が見えぬのですから、きつと弟の奴、をれにうまくないところを喰べさして、自分が一番うまいのを喰つてゐるにちがひないと、思ひこんで、ついに憎んで、この優しい弟を殺したのださうです。さうして弟のお腹を裂いて見ますと、中から先申したびわくびといふ山藷のわるいところが出てきました。これは悪い事をしてしまつたと、後悔して悲しんでゐるうちに、とう／＼時鳥《ホトトギス》になつてしまひました。

そこで、弟の死骸をば叮嚀に河ばたにうめました。

ところが、雨天の時などに、河の水かさが次第にまして來ますと、このよい弟の死骸が水でながされそうなのです、それだから何時も、心配して川ばたの弟の墓のそばの木にとまつて、流れそうになると、

たんたんたけじょ
弟がこいし
たんたんたけじょ
弟がこいし

といつて、水量《みづかさ》の増すのをかなしむと云ふことです。だからこの阿蘇では餘り緣起のよい鳥ではないと申します。


（註）阿蘇郡宮地町古神にて採取。

柳田國男先生の日本昔話集(上)（日本兒童文庫、東京アルス、昭和五年）九頁に越中の同じく時鳥の昔話を採錄されてあるが、此の話の前半と同一形式である。

なほ阿蘇ではこのほとゝぎすは緣起のよくない、雨の時によく出る陰氣な鳥とします。その上、舊の五月五日即ち端午の節句には、山芋と筍のたいたのを必らず食べますがそれは、たんたんたけじょにならぬためだと申し傳へます。

（二）　ちゆよみ鳥

むかしむかしのその昔、ちゆよみといふ人が野に出て、牛をつないで、をきましたが、水を少しも飲まさずに、草だけを食べさせてゐました。ところが、御承知の樣に、牛は水も飲まなければなりません、草だけでは死んでしまふのです。

或日のこと、このちゆよみのお父さんが「ちゆよみ、牛に水は飲ませたか」と問はれると「はい」と、答へて、いつも

嘘ばかりをいつてゐました。お父さんは、それを本當のことだとばかり思ひ込んでゐたのでした。

ちゆよみが、或日牛の所へ行つて見ますと、牛は水を飲まなかつたので、死んでゐました。ちゆよみはそれを川のはたに埋《い》けました。

そのうちにちゆよみも死んで、その報いに今度はちゆよみ鳥になりました。

そして、いつも川端へ行つて、牛が流れて來はしないだらうかと、みつめてゐました。すると、上の方で、ごーうごーうと水の流れの音がするので、すぐその方へのぼつて見ると、水は一たまもなく、今度は下の方で、ごーうごーう音がするので、行つて見ますと、そこにも、何もありませんでした。

そして、何時も上へのぼる時には、キ、キ、と鳴いてのぼり、下る時には、川の音のやうに、ごーうごーうと言つてくだり、何時も川端に多く居るそうです。

此の鳥が辛夷《こぶし》の花の咲く時分に、野に行くと、ごーうごーうと鳴いて居るといひます。

（三）

みそつちゆ（みそさゞえ）

みそつちゆと、他の鳥が日の出の早い方は、どちらだらうと、二つに別れて、爭ひました。みそつちゆだけは、西の外輪山の方を向いて、「こちらが早く出る」と西の方ばかり向いて、ゐましたところ、他の鳥は、みんな東の方を向いて、「こちらの方が早く出る」、と爭ひながら、日の出を待つてゐましたところ、西の外輪山の端《はた》が少し明かくなつたので、其れを見てゐた、みそつちゆは、大層喜んで、「ほうら、こちらの方が早く出た」と、出しぬけに申しました。すると他の鳥は一勢に、西の方をむきました。すると、すぐに、みそつちゆは、「今度はあつちの方に出た」とやつと上つた、東の方の太陽《ひ》を指したので、他の鳥はみそつちゆの言ふまゝに、顏を向けるばかりでした。

太陽《ひ》がまだ東の外輪山に登らなくても、西の外輪の山端《やまはた》は明かるく、なつてゐるといふことを、みそつちゆは知つてゐたから、他の鳥は、みそつちゆから馬鹿にされたのです。もーす、もーす米《コメ》ん團子《ダゴ》、はょ、くはにゃ、のーなる。おやすみなさい。

（註）(二)(三)の昔話は阿蘇郡古城村東平野の四十七才の男より採錄したるもの。(三)の昔話は、外輪山でとりよろはれた、阿蘇谷火口原の地形と日出と夜明の關係を面白くかたつた處に鄉土的なエトヴァスが出てゐる。

（四） みそつちゆと雉

或日、鳥の中でも勢力のあるほうをん鳥（鳳凰鳥か）が、擺《くつつめわな》にかゝつたので、多くの小鳥が集つて、どうしたら、其の命が助かるだらうと相談した時、雉の言つたことには、「より（擺の繩のこと）に糞をしかけて、その繩をくさらして切つて、命を助けてやらう」と云ふと、今度はみそつちゆが、「そんなに暇どると、其の間に、ほうをん鳥の命がなくなつて、死んでしまふから、一番大きい鳥から、順々に擺の弓弦にのぼれ、そうすりゃ、弓弦がしおれて、わながゆるんで、首が早く拔くる（拔けるの意）」と云つたので、みながその言葉に從つてのぼると、ほうをん鳥の命が助かつたのです。

そこで雉は恥をかいたので、目もとが赤くなり、今でも目のまわりが赤く、なほ、ほうをん鳥が其のかはりに、お目には味のよい肉を與へてやると、いつたので、今でも雉の肉は美味しいそうです。

みそつちゆは、このほうをん鳥の命を助けたゝめに、體が小さくとも、大層賢いので鳥の王と言はれ、冬の寒い時に、此の鳥が出ると、ぬくゝなり、夏のあつい時に出ると、又すゞしくなると云はれてゐるほど、銳敏な賢い鳥です。

（註） 阿蘇郡古城村東平野にて採取、同郡宮地町にては、ほうをん鳥の代りに、くじやくほーおーとも云ふ。

肥後國阿蘇郡昔話十篇　（八木）

（五）　鶉と狸

ある時、鶉と狸と道で出會ひました。鶉が狸に、今日は、お前に殿樣の行列を見せるから、お前は井ぐい（主として木杖を云ふ）にならぬか」と云ひました、そこで狸はその言葉に從つて、じつとして井ぐいになつてゐました、鶉は傲慢にも、その狸の井ぐひの頭の上につんととまりました。

そこへ大きい雲助が六尺棒を一本かたげて、その前をつーと通つて行きました、この雲助が、鶉と狸の滑稽な姿の前を通りすぎても、鶉はつんとすまして、一向に逃げようといたしません。雲助が「この横道《おうどう》な鶉め」と叫んで、手に持つた六尺棒をふり上げて、狸の頭をばうちました。すると、その瞬間に、鶉は飛び逃げました。

雲助はこれを見て笑つて、通り過ぎました。

狸は、腹をかいて（怒つて）、「俺れに、殿樣の行列を見せるとだまして、井ぐいにした、それだから打たれたのだ。それをかまわずに、一番に飛び逃げた。」と云つて、一嚙にと、ピシャーとひっくわへました。

そこで、鶉はどうにも仕方がなく、身うごき一つ出來ませんでした。鶉の云ふには「自分は、母を一人もつてゐるが、何分喰はれてゐては、聲を出して、母上にいとまごひが出來ぬ、どうか、母上を呼んでくれぬか」と悃願したので、狸は「それでは一口をめいてやる（さけんでやる）と答へて、大聲で、叫んで母をよびましたが、その時口があいて、鶉は飛んで逃げました。

そこで又狸が怒つて、鶉のしり尾をくわへました。鶉も一生懸命、こんどこそ逃げねば命がないので、力を出して逃げましたから、そのしり尾が拔けて、今でも尾がないと申し傳へます。

（註）　阿蘇郡宮地町字石田にて採取。

（六）燕と雀

ごかいさんが、御なくなりになつた時、他の鳥はみな、その死期《しにめ》にあふ様に、急いで集まりました。しかし燕だけが、紅《べに》つけ鐵漿《かね》つけ、おしやれをして暇どつて、一番後から行きましたので、間に合《かけあ》はなかつたので、ごかいさんが、「蟲喰《いく》て、土喰《つちく》て、水飲《みづの》ぢ死ね」と遺言されました。

それですから、誰が死んでも、その葬式にいつも伽《とぎ》になつて、紙で作られ、御供をさせられるのだと云ひます。今でもその鳴き聲は、このお遺言の「蟲喰て土喰て水飲ぢ、後には何喰をじー」と鳴きます。

その時、雀は口に、御歯黒をつけたまゝで、急いで第一番に集まりましたので、今でも喙が黒いのです。

（註）阿蘇郡古城村東手野にて採取。又宮地町にも行はれ、それにはごかいさん（御開山様か）が御釋迦様となつてをり、熊本縣鹿本郡稻田村津袋附近にても、同じく傳承されて、雀は一番に集つたので、今でも五穀がなれば、第一に米や麥を喰べることを許され、燕は虫や土や水以外は喰ふことを許されないとなつてゐる。

阿蘇では、葬式の葬列に、白色の紙又は色紙で作つた鳥其他花など色々なものを、持つて供するが、畿内より來た錄者には此の習俗が奇異に感ぜられ、即ちに支那の葬式の Chi Pi をば聯想したが、しかしこれとても、南紀方面にも存してゐる事が已に報告（爐邊叢書雜賀貞次郎牟婁口碑集）されてゐる。

（七）雲雀の話（阿蘇郡黒川村方言のまゝにて）

昔々、或るとこんな《ところにが》、百姓が居つたちつたい《と云云ひます》。其處に一匹馬が居つたち《たといふことで》、雇ちやつた奉公人が、雑炊を飲ませにやんじやつた《ねばならなかつたこと》と《云ふことです》。そりばつてん《そうですがしかし》雑炊飲ますとが《すことが》、きちーもんじやき《面倒なので》、其處《ソコ》んおすさん《主人》が、「雑炊あ《は》、飲ませたか」ちち《と云つて》聞くと、「はい飲ませた」ちゆうち《と云つて》。虚言《ウソゴト》ばつかり言いよつたちちつたい《云つたと申します》。そしたりや《そうしたところが》、そん《その》馬は、咽喉《ノド》が渇くと、雜炊貰い出さんもんじゃき《もらへないから》、とう〱、かつれ死んでしまうたち〻つたい。そりがた〻つて、そん奉公人な死んでしまうたと《と云ふことです》。そん《その》の生れ代りが、今云ふ雲雀ち〻たい《と云ふことです》。そして、そん雲雀がとうてん《とても》、咽喉が渇くち〻ぢゃもんな《と云ふことで》、そして上《ウエ》ん方さん《へ》、舞上《ノボ》ると、下ん方が水のごつ《様に》見え、下ん方に下ると、上ん方が、海のごつ見えち《て》、今でん《も》何時かる、しじゆう、上《ウエ》さん舞上《ノボ》つたり、下さん舞下りたりして、水をば探しておるとちちたい《云ふことです》。そりぢゃき《それですから》、馬《ウマ》ん たゝりが、自分に來て、あげん《あのように》、きちい《ひどい》目にあはにゃんと《ねばならんと申します》。

（註）阿蘇郡黑川村竹原にて採取。

（その二）　田螺と墓のお話三篇

（八）田螺の話（阿蘇郡黑川村方言のまゝにて）

二昔々或るところになー、一人の爺さんが居《オ》んなはつたぁと《と云ふことです》、或日爺さんが田に水掛に行きなはつたところが《行かれたところが》、何處かゝ《る》か「爺々《ヂイヂー》」言ふち〻たい《と云ふことです》。そりで《それで》爺さんが、「おい〱俺《お》りや此け《こゝに》おるぞちつ《と》云ふば〻てん《がしかし》、また「爺々《ヂイヂイ》」言ふもんじゃき《云ふものですから》、爺さんな、かだげちよつた鍬ぢ《で》「みな口」のところば掘り〱返してみなはつたぁと、そしたりゃ其處《ソツ》かる田螺が一ちよ出て來たち〻たい。そしてそん田螺が言ふこつにゃ《云ふことには》、「爺さん〱」私しゅあんたげん《わたしをあなたの家の》養子、もろうち《て》くれんかな」そりで《それゆえ》爺さんな田螺をば「ふとくら《懐中》」ん中に入れち持つてもどつて「水がめ」ん《の》中に入れち《て》置きなはつたぁと。

或日爺さんが町《マチー》酒を買い行きなはらにゃんとに《行かなくてはならぬのに》、困つちよんなはつたところるが、田螺が「爺さん〱心配やしなすな《はしなさいますな》、私しゆ《わたしを》馬ん尻毛ん中にく〻りつけち置いてくだはい《ください》、私が何んでん《でも》買《コー》ち來るき」ち〻言ふき、爺さんなそげんして（前田螺が言つた通りにして）馬ん頭《アタマ》んとこに品物《シナモン》の名《ナ》をはりつけち町使《マチーツカイー》やんなはつたぁと、店に來て田螺が尻のとこぢヂィ〳〵言ふもんじやき馬が止まつたちゝたい《と云ふことですよ》。店ん者《モン》が馬ばかりほー《強め》家《ウ》ちん前に來て止まつちよるが、どうしたつぢやろか、ちゝ《とて》出て見ると、馬ん頭に何か書いちやるきー此りや、こん馬に酒を持たせちやるとぢやろちゝ、酒どつくりゅ・頭にいつけ ち（くびりつけて）田螺がヂィ〳〵云ふとも知らじ《しらないで》居つたと《と云ふことです》、そしたりや馬はそり《それに》たまがつて、えらい《大層》急いで家《ウチー》もどつたぁと、爺さんに偉い喜《ヨロコ》じ此りや、俺《オリ》げん養子もろたつちやいちゝ言ひなはつたと、そこぢ田螺が言ふこつにや「爺さん〳〵しやえらい願がある、今日行た店に三人立派な娘が居つたき、私し一人もろうちぐだはらんか」ちゝ云ふき、爺さんなたまかつて《を私どろいて》「なんの馬鹿か《この馬鹿ものめ》、どうすりやぬし《おまへ》がごつある田螺の嫁《ヨメイ》に來るもんが居るもんか」ちゝ言ふばつてん遮理《シャリ》無理《ムリ》聞かんもんじやき、爺さんなしよなし《仕方なしに》町の店に行きなはつたぁと、そして、どうか、あーた方ん娘を一人田螺の嫁に下はらんかちゝ云ふき、店ん人が、一番姉さまを呼《ヨー》ぢ、「ぬしや、田螺の嫁に行かんか」ちゝ云ふと「誰りが田螺の嫁ぐらい《などに》行《イ》くもんか、ばからし」ちゝ言ふたと、そりでそん次にや、中ん娘を呼《ユー》じ又そげん《そのように》言ふと「姉さんが行かつしやれんとになんの、おどんが行くもんか」ちゝむころさんはつて《あちらの方へ行つて》行つてしまうたぁと。……そりで此ん次にゃ一番すそ娘を呼ぶじ「ぬしや田螺の嫁に行かんか」ちゝ云ふたところが、そん娘は、「お父《トツ》あんの言ひなはるこつぢやき何んでん《ここであるから何んでも》聞かにゃん」ちゝそん田螺の嫁に行つぁと……

そりで夫婦づり《二人つれだつて》、お伊勢參り行くこち《行くこと》いなつたちつたい。だん〳〵行きよると、こんちー《小さい》川がそこにあつたあと、そりで田螺が「おい〳〵俺やえらい「のど」が渇くき、俺りゅ、そん川ん中に入れちくりゝちゝ言ふたき、嫁は「袖」ん中かる田螺を出して水《ミ》ぢ入れちやつたぁと、そして又行きよつたりや、こんたびや、ちつたふてー《少しは大きい》川が有つたちゝたい、そりで又田螺が咽喉が渇くちゝ云ふき、そん川ん中に入れちやると、こんたびにゃ「よい〳〵俺りゅー上《アゲ》ち、其處ん石の上《ウエ》にあげちくり」ちゝ言ふき、石の上に田螺しゅのせたと、そしたりや、田螺が、こんたびや「よい〳〵其處にある うつてんこづち《打出小槌》で俺りゅくらしい《なぐれ》」ちゝ言ふき嫁御がそりで田螺しゅ《しを》びつちやぐと《うちくだくと》 そりが立派な一人の男になつたと、そりで嫁はえらい喜《ヨロコ》じ お伊勢參りかる《から》もどつて爺さんに言ふと、爺さんもえらい喜ぶぢ、仲よう暮したあーと、そりで店ん姉娘連が「あげん立派な人ぢゃつたつなら、おどん《私》が嫁に行きゃよかつた」ちゝ言ふたーあと。

「もし〳〵米んだご　早よくはりや　ひゆるぞー」

(註) 阿蘇郡黑川村竹原にて採取。

肥後國阿蘇郡昔話十篇 (八木)

(九) 田螺と狐

むかしむかしあるとき、田螺が狐にとびぐらひご(かけくらべ)を、しようと云ひ出しました。

狐が田螺に「主《ぬし》は、こさくな(小癪な)足《あし》も、持たぬごとあるもんな、なに云ふ」(足も持たぬ様なものが、何を云ふのだ)と云ひました。しかし田螺もさる者で、「雜言《ぞうごん》はさて置いて、一《いっ》ちよ勝負しゅ」とて、共にならんで、田螺の號令でとび出すことゝしました。

田螺が「一《ヒー》ー二《フー》ーの三《サン》、さぁとぶぞ」とて、狐の尻尾に、ぴつたりとすいついたのです。

そんなことは承知なしに狐はデャンヂャンとんだのです、田螺は相かはらず、その尾にぴつたり、くつゝいてゐます。

狐も一生懸命はしつたものですから、可成りつかれて、あの田螺めが、どこまで來たかと、ふりかへつて見ました。

その拍子に、田螺は、今迄しつかりと、くつゝゐてゐた蓋をあけたので、その體は一間ほど先に、はね落つたのです。

そして、後《うしろ》をむいて自分を探してゐる狐に、「主ゃ《ヌシャ》、そこかい、おどんは、もう此處へ來ちょるぞ」と叫びましたので、狐もふりかへつて見て、自分よりも一間ほど、先にゐる田螺を見て、べそをかき、このとびぐらひごは田螺の勝となりました。

(註) 阿蘇郡宮地町字石田にて採取。

（十）わくど

或る時、八間とびの縞わくど（墓のこと）が、往還（みち、街道）の眞中に出てゐたので、或人が、「早《は》よ、どかんと、牛が來て、ふみしゃぐぞ」（早やく、其處をのかねば、牛にふまれて殺されるぞ）と注告しました。わくどは、「なんの、牛が來たつちゃすぐ飛ぶ」といつて、じよしきしました。

そして、その人が又歸り道に、其處を通ると、このわくどが長く舌を出してゐましたので、「どーか見ろ、さつきあぎやんいつたに、主が、じようしき、ばかりしよつたきー、牛からふまれたぢや、ねーか」と云ふと、わくどは、「なんの、これはうどん食ひのまねをしちょるところ」と云つたそうです。

今でも、此處では『じようしきわくど牛からふまるゝ』と云ふ諺があります。

『じようしき』とは人が注告してくれても、無理にその言葉に從はずに、思ひのまゝにして、失敗することを申すのです、又『もがふ』とも云ひます。

（註）阿蘇郡古城村東平野にて採取、じやうしき（dʒɔ̄ʃiki）は、佐賀縣鹿島郡にては、「つまらぬ遠慮して」などに用ふ。用例、「うめーもんが出ても、じようしきして喰はぬ。」

阿蘇谷の農業神事

松本友記

〔一〕風宮樣

阿蘇宮地町の町はづれ古城街道に近く一小社がある。又、宮地町とへだてゝ外輪山の幽邃なる地、宮川の清流に近く國造神社を去る丁餘の地に一小祠を見る。俚人この二社を共に風宮樣と呼んでゐる。風の害を除かん爲に農耕を重んぜさせ給ひし建磐龍命を奉祀せし社なりと傳ふ。

舊曆の四月四日と七月四日は風宮樣の風祭りで阿蘇谷の農民は決して田畑に出て仕事をせぬ。農家はすべてダンゴや餅をこしらへ、打つれて風宮に詣でる。阿蘇神社からは當日二人の社人と一人の荷持とが、先づ宮地の風宮で祈禱されたる後、社人の一人は裏に出で濱道（水田地帶を濱と云ふ）をたどり中通村と手野部落とを結ぶ道路の中間に出で本道をつたひ手野の風宮に達せられる。も一人の社人は又別な道をとり、卽ち、古城街道をすづと東に迂廻し古城村の小學校をすぎて手野の風宮に達せらるゝ。この兩人の道筋を見るに、廣潤なる火口原の沃野を中に、東と西から遠まわしにせめ立てるやうな道程になつてゐる。この道ゆきの意味は、二人の社人が手を分けて、阿蘇谷に存在する惡風をかりたてゝ追ひ寄せ、最後に手野の風宮に追ひ納めるのだといふ。

手野の風宮近くに二個の横穴古墳があるが土地の人々はこれを風穴《かざあな》と呼んで、風祭りの當日になると、大きな餅をつくり、それを風穴の口に供へる。この餅を、俗に『かざあなふさぎ』と云ひ、惡風を追ひ納めたる後再び出でないやうにするのだといふ。

風祭り當日は勿論、二百十日前後に於ける地方農民の風宮詣りの數はすばらしいもので、二十人三十人と打つれて來る人が常にたへない。祭りの日田畑に出ない嚴肅な信仰と共に、如何に農民の關心が濃きかを痛感せしめられる。

〔二〕霜宮樣

霜宮樣の神事に就ては小野武夫氏が先頃詳しく發表された事は關心をもつ人の誰でも知れる事であらう。今年の御火焚の夜、役犬原の霜宮を訪れ、筆者は夜通し神事の成行を觀ることが出來た。

昔は隨分盛んな行事であつたけれ共、今年など、それは淋しい神事であつた。御一新までは阿蘇宮の本社の方からは、宮川の姓を名のるところの『オシヤケシ』、それに山口の姓を襲ふ『ジニン』といふ神官、それから神樂舞ふ人、卽ち『カンナギ』これには黑田の姓を名のる人々が各々任ぜられ、總數五十四人の神人たちが火焚の宵には霜宮に赴かれたのであつたが今はもうそんなごう勢な面影は見られず、只六七人の人が來られて物淋しい神事が催される。それといふのも、昔は殿樣から夫々神事に任へる人々には扶持が與へられてゐたのがなくなり、商賣が成立たないためにそれ等の人々もそれぞれ商賣がへをしてしまつたためであり、又それに加ふるに、御一新までは霜宮樣には田地五反歩餘の免田があり、それから上る收益で祭事の入費に充當してゐたものが、何かの都合で免田がなくなり、今では資金難に陷り、かくも淋しくなつて來たもので、けいけんなる農業の神事さへも、經濟的要因のために次第に縮少されてゆくのだ。

斯く神事の形式が縮少されるのみならず、地方農民の信仰的な態度も、信仰深い土地の故老を概嘆せしめるものがある。二三年まへまでは火焚の夜は宵の口から大した人出で十月の十八日の宵はそれは素破らしい賑ひであつたといふ。本年は霜宮の本社の境内で、村の青年の相模が開かれ、森に包まれた鎭守の庭に百人にも足らない人垣が小さく作られて時折歡聲があがるけれ共、唯傍にもやしてゐるホタ火の火がたゞ物淋しい夜の情景を照すだけだ。火焚殿の方には若いものはより付かうともしない。十時になつても十一時になつても火はつかなかつた。御假屋では神官達とその近くに六十日の間火焚に奉仕した篭《ひたき》り女《じよ》（或はオトメ）の十三になる娘が。ぐつたりつかれて眠つてゐる。白衣に包まれた娘の疲れ切つた寢姿を見ると、薄暗い軒下から中をのぞいてゐた私には、それが可愛想に思はれてならなかつた。

眞夜中の十二時ごろ太鼓がなり初めた。御天神《てんしん》といふ所に水の尾様迎ひに行つてのかへりだと分る、太鼓は行く折にはたゝかぬが、かへりになる時はたゝくからだ。

以前は十八日の夜の九時か十時ごろには火焚の神事が初まるのであるが本年はそれが一時だ。火うち石を用ひて神官が火をつける。その横には莚が敷かれ、祭壇が設けられそれには、サンボウの上に、コンブ、カヾミモチ、米、御酒、鮮魚柿梨等の果物、野菜等が並べられそれより一段高く後方には又カガミモチと大きな一個のカガミモチと供へられ、その近くには大御幣が七本ならべてある。供物のカヾミモチ、鮮魚はみな七の數である。大御幣の七本は昔は木に紙であつたものが今年は小さい竹に紙になつてゐた。

火が焚きつけられると先づ神官さんがうやうやしく五穀成熟の祈りをなし祝詞をよみ、次に可戀な火焚女は父親と共に祭壇の前にぬかずき禮拜をなし、參列の人々次々に禮拜をなせば、いよいよ神樂が初まる。かくて三十三番の神樂が夜明けまで續けられ、その間三度の『鹽井とり』か行はれる。夜中赤々と薪が燃える。近所の老人たちが眠らずに火を焚いてゐる。實に寂莫にして嚴肅なる場面だ。

十九日の朝四時頃三十三番の神樂も終ると薪は一時に山とつまれ火は火焚殿の屋根に燃え移らん勢である。天井屋根に渡された青笹竹がじりじり言ふ。こゝが火焚のクライマックスの場面である。斯くして火が衰へて『オキ』が灼熱せる敷布をひろげると神官の一人と篭り女と一諸にその火の眞只中を素足で渡る。その折は二人は共に男鹽井で水を被つてゐる。かくて三回火渡りをなす。これが神事のカタストローフなのだ。渡りがすむと人々は爭つた火子のに入り、灰をとる。手足のヒビアカギレの藥になるといふからである。

この霜宮の神事は阿蘇の農民のすべてが關心をもち信仰をもつものなるが、火焚に參與するものは限定されてゐる。火焚にも一のほーり(一の祝)二のほーり、三のほーりとあつて、上役犬原區、下役犬原區、及び竹原の三部落の中から籠り女は神籤で選拔される。大抵一部落から續けて女を出すのでなく年番になつてゐる。年は七才から十三才までの女であつて、小野氏の十五才までは誤聞ならん。籠り女は學童であるために火焚六十日間は學校には勿論御假屋の門外に一步も出ないのであるが、學校ではこれを缺席と認めないことになつてゐる。

火焚は昔は舊七月七日より舊九月九日迄であつたが現在は今は新の八月十九日より十月十九日迄になつてゐる。元々を質せば火焚は年中行はれてゐたが、いつのころからか、(一說には勅使が御出になつてからといふ)六十日に認められたものと傳へられてゐる。六十日といふ數字は何に依つたか分らないけれ共田を植えてから稻の穗出までの日數によつたものらしく思はれる。それとも出穗から成熟までの日數に依つたと言ふが適當かも知れない。

火焚の六十日といふ間、霜宮を中心として東は現在の農學校の手前の橋から、西は濱(俚人水田を濱といふ)、南は竹原區、北は笹原區の墓所まで、この八町四方以內に於ては一切の喧騷は禁ぜられ、馬の調教の時脚につける『勇み』も風呂敷で包み音の立たぬやうにしなければならない程神事の規範は嚴重であつたけれ共今は、もう何のその夫婦喧嘩も平氣の平左だ。霜宮の神事の順序正しい記錄は鄉土科學の小野博士の文に依られたらいと思ふ。　一九三一・一一・三

飛驒國益田郡下呂ノ七夕

林　魁一

飛驒の下呂と云へば、誰も知る溫泉場にして、舊七月六日午後より夕方迄に、道路に沿ひたる檐下、又は道路に沿ひたる店の次の間の入口に、七夕の歌を書きたる五色の紙卽ち短尺を澤山付けたる葉付の青竹二本を三尺程隔てゝ建て、數個の提燈を吊し、又一本の竹のみを建る所もあり。竹の下に机又は台を置き其の上に盆に載せたる梨萍果西瓜南瓜越瓜《きうり》茄子の如き果物と農作物を供へ、又茄子と越瓜に麻木の足四本を付け、玉蜀黍の毛を挿して尾となしたる二匹の馬を供へ、馬上には茄子を切り、又は馬鈴薯を四五個積みて雪達磨の如き人形を作りて載せたるあり、或は俗に云ふ茗荷の花に足を付けて鷄形になし白米數位を散れたるを供へるあり。此の如き人形及び動物の形狀を作るは近年の事にして明治の初年頃にはなかりしと老人は語れり。七夕供物變遷の狀況を知る一材料と云ふべし。夜は提燈に火を付け又は燈火を點ずるものあり。又机の下には殆んど皆一枚の座蒲團あり、其上に七夕の祭主とも云ふべき小兒の座れ居るを見受けたり。

八日夕方に到り西瓜南瓜の外は全部風呂敷に包み竹と共に益田川岸に携へ行き、風呂敷より出して川に流し、小兒は左の如く唱へり。

『たんら　七夕　又　來年ござれ』

小兒なき家は七夕を祭らず。以前は芋葉の露にて墨をすつて、歌を書きしが、現今は此の如き稀なり。又七夕の日には三粒なりとも雨降るを要し、降雨なき時は悪しき事ありと云ひし由なり。小兒なき家には七夕を祭らざるは云ふ迄もなく、本年八月十九日下呂に遊び實地に見たる事を報ぜり。

河内音頭三篇

後藤捷一

大阪府下に行はれる盆踊唄のうち、河内音頭三篇を報告する、何れも中河内郡での採集にかゝり、前二篇は昨夏菅原村の處女會員によつて、秩父宮殿下同妃殿下の台覽に供し奉つた踊に用ゐられたもの、各項末括弧内の町村名は採集地を示す。

佐倉惣五郎傳

佐倉宗吾の由來をたづぬれば、元は平家の落武者で、今は九州肥後の國、阿蘇郡に五ケ庄村じや、村中の人に賴まれて、御殿樣へと訴訟する、あはれなるかや惣五郎どのは、訴訟いたした其とがに、肥後のお國は御拂ぢや、そこで惣吾は下總の國に、印幡郡におきまして、岩橋村と云所、佛願寺とて大寺がござる、孝善和尙と申せしは惣五郎どのゝ伯父なるが、和尙たよりに國を立のきて、中國筋を上ります、播州古跡を見物し、兵庫の濱より早船に乘りて、花の浪花中の島淀屋橋にて宿をとり、是から京都へ三十石の夜船、伏見の里は京橋へようく夜明に着いたす、東海道をとほり過ぎ、花の御江戶馬喰町伊勢屋久兵衛に着にけり、足をすゝいで夕飯たべて、小はぎ町から夜船に乘りて、船橋宿へ着きますとようくたづねた佛願寺のおてら、和尙にあふて惣五郎は、國を立のき其日より、道すがらの物話をいたす。聞て孝善和尙は何か斬をかんじたり、このまゝ寺に逗留いたす、十日廿日も過るなら、高津新田名主には、與左衞門とて實意な人じや、壹人娘におさんとて、人品骨柄いやしない、養子娘の美人でござる、不思議の緣で惣五郎は、庄屋の內へ入聟に、家內睦じく暮する內に、わづか九年の其中に子供が四人出來ました、こゝに一つの騷動がござる、御江戶の上樣は家光公の御代なるが、下總の國は佐倉の城主、堀田樣の人に、惡者達が集つて、佐倉領分二百三十五ケ村、御觸出しの寫しをば、あらかたこれでたづねたら、一つ嫁入緣組きはまれば、聟方よりは金參兩、嫁方よりは金壹兩、牛馬壹疋

河内音頭三篇（後藤）

五匁づゝ懸る、疊一じやうにつきまして、壹ヶ年に五分づゝ、頭一つに一日に壹文づゝぢや、普請棟上するならば、高壹石に拾匁、家督に應じて上納いたすべしと、別座に書いたる役人が、杉山彈正が城代で、郡奉行が牧野越後どのじや、御勘定方は長谷川權右衞門と言ふ人で、惣元締が中村甚太夫どのじや、御町奉行がどなたにも、三浦主計といふ人で、御代官が堀口龜之丞で、銘々六人書印し、封認めて村々へ、封箱に入て刻付の御狀や、見るより庄屋はびつくりすれど、御殿樣の事なれば、是非もなく〳〵次村へと廻す、其翌年の二月に皆々上納するならば、御殿樣にも御悅で御座る、それに附ては役人は、又計略を始めます、村々名主へ觸出しが御座る、是迄度々御用金、上納いたした御褒美に、庄屋庄屋へ裃くださるゝ、來る三月朔日に銘々印形持參して、御町奉行へ明六つ時の御召、聞いて村々庄屋どんは、ほんまかと思ていそがるゝ、此に高津新田岩橋村、惣五郎殿は此度の御觸出しが都合せぬ、合點がゆかじと作病かまへ、其日の午前は代人で、年寄の儀兵衞に言ふくめ、萬事の事を引請て、佐倉の城下へいそがるゝ、も早七つか明六つか、行けば程なく御奉行の大廣間、二百三十五ケ村の庄屋が一々座を作り、御殿樣より御酒を下さるゝ、大盃を引請て、いきもつかず飮みほせば、われも〳〵と銘酊いたす、日の暮れるのを打わすれ、歌よ踊りよ淨瑠璃と、われを忘れて正體ないわ、時分はよしと六人は目錄書を取出て、殘らず印形いたすべき物と、岩橋村の惣五郎が先一番の初筆で、呼び出されて代人の儀兵衞、御書附を手に取て大音上でよみ立る、一此度御殿樣に、御物入が夥しく御座りに付まして、其御奉行として領内の百姓、當年よりは十ケ年御年貢貳割增の儀、仰せ渡され候趣は、きつと承知仕實正なり、明白に然る上は百姓共がいか樣な事を申とも、此儀をとくと言聞かし、違背御座なく上納可致者と、壹人にても不納相成者がござあらば、庄屋年寄罷出、きつと上納可致爲後日如件、聞より名主は仰天致、互に顏を見合て物もいはずに溜淚、これが騷動の始りでござる、數多の庄屋は色かへて我家へ立歸る、明ば三月二日の早天、高津村氏神に將門山へと寄合す、是を目當てに二百三十五ケ村、庄屋年寄始めとし、上を下へと男衆、我も〳〵と寄集つて、松の古木切り倒しのろし上るが數しれず、折には一度にときの聲上る、其有樣を見るならば天に移り地に響き、百姓一揆も恐ろしいものぢや、わづか一夜に觸れまわしとゝのふ人數五萬人、中にとりわけはつめいなものが、岩橋村の惣五郎か瀧口村の六右衞門、勝田村にて重右衞門ござる、高野村の三郎兵衞か、芝田村にて忠藏か、大原村にて半十良で御座る、布市村で市郎兵衞か、此七人がつは者で、數萬の中へ小踊り出て、數多の庄屋どん年寄を一々是へよび出して、三十五ヶ條の願書をしたゝめて、連印さして七人は御江戸表へ直訴に、相談きまれば、惣五郎どのは、胸の中にて一人言、物のたとへに言通り、きじも啼ねば打たれはせまい、二百三十五ヶ村の惣代庄屋となつたのが、是が我身の七難でござる、御殿樣にしたがへば、數萬の百姓大難儀、直訴いたすも仰ながら、心二つに身は一つ、下につくのが人の道、ものを言ねば下々がもめる、言は此世なたらんで家内の者にいき別れ、死る此身はいとはぬけれど、後に殘りし女房や、なんにも知らぬ伜迄、ともに牢屋のくるしみをさせる、思へばかわいやなつかしやと、聲くもらして溜涙、涙拂ひて女房にむかひ、おさん子供は寢ておるか、おこしてくれよとなき聲で、聞いて女房は目に持涙、夫のひざにすり寄て、これ程因果が世にあるか、女房おさんよ顔をよう見てたもれ、今が夫婦の別れじやと、いへばおさんはとりすがり、涙ながらに申惣五郎殿へ、先日あなたが寄合に、御出なされた其時に、子供四人があなたの事を言に附ては目に涙、親子五人が泣くらし、噺の半へ子供目をさまし、父上樣かといふ聲に、兄弟四人が目をひらき、なんにも知らぬこのおさなごが、袖や袂にすがりつき、なにぞおくれと無理いふを、聞に惣吾は四人をいだき、みやげはこんどかへる時、たんとこうてきてやると、言へども是が一生の別れと、思へばかはいやなつかしやと、親子六人泣くばかり、はつと惣吾は氣を取直し、今鳴る鐘は七つの鐘、もうよあけに間もなし、船橋宿迄ゆかねばならぬ、女房さらばと一聲を、後にのこして出て行く。（菅原村）

小栗判官政清傳

○扨は一座の各々樣へ、大盤石の此御代に、泰平に納まる其中に、兎角騷動は色と慾、慾に離れるお方でも、色に氣のない人はない。爰に取分け因果な緣は、小栗判官照手姫、流浪なされる一代記、さて小栗判官政清殿は、都は三條高倉の雲井に近きお身の上、御身に少しの汚れが御座る。帝に勘氣を受けたまひ、壹萬石を添られて、常陸國は茨木郡巴川上に、とつぱた村と言ふ所、黒金御殿が出來まして、丸十三年の其間、判官樣は御流罪に、それはよけれど相模の國に、相模武藏の二ケ國を、御支配なさる軍代は、扨横山將監照元殿は、五人の兄弟おとの姫、戌亥の御殿に隱れなき、照手の姫とはよばばる〻、天地に稀なる氣量なり、女の天下と申します、不思議の緣で政清殿は、數多殿たち引連れて、押婿入をなさるれば、横山將監殿は、いかりの齒をかみならし、おのれ憎い判官め、親にもこたへず大膽不敵、直に二男や三男つれて、戌亥の御殿へ參られて、押入婿の政清殿を、たゞ一討と思へども、やれまてしばし我心、胸でうなづき思案をいたす、七味の毒酒をこしらへて、小栗や家來のとのたちを、打てかゝりて酒盛でござる、それとは知らずに小栗樣、のんだる酒に害されて、十一人がとんころで御座る、數多の死がいをこもにて包み、土葬や火葬に葬れば、後に殘りし照手の姫は、殿御と緣は組みながら、一夜の枕も交さずに、可愛や小栗に死別れ、うつろの舟にのせられて、何國ともなく流されて、後には舞臺は黒幕でござる、東海道で名も高き、藤澤遊行上人の、念佛功力はおそろしものじや、死んだと思ふた小栗樣、二度のゆみよへ歸られる、其有樣を見るならば、手足は動かず目は見えず、たゞすや〳〵と息ばかり、それで藤澤遊行上人樣は、車の施主になり給ひ、木札にしるす目錄は、扨此餓鬼やみと申する者は、南海道は紀伊の國、本宮湯つぼへ入湯に、參りし者で御座ります、志のある人はひと引引けば親の爲、二ひき引けば我子の爲ぢや、三引四引と引くならば、先祖代々菩提の爲ぢや、われも〳〵と手に手を引けば、南無阿彌陀佛で引くもあり、おん〳〵あぼきやうで引も有。南無妙法蓮華經で引くもあり、念佛他力はありがたや、東海道も通りすぎ、廻りまわりて出て來た所が、中山道は美濃の國、青葉の里と申せしは、樽井の宿にかくれなき、六十九繼の宿々で、一二爭ふはたご屋で、其名が萬屋長右衞門、表の方には餓鬼病の車が後に止りて、につちもさつちも動かすに、數多の人が集りて、扨も不思議や此車、我もわれもと評定いたす、家にかゝへしみづしの頭、常陸の小萩と言ふ者が、車の綱を手にとりまして、車はくる〳〵廻り出す、數多の人は見てびつくり、其はよけれど常陸の小萩、主に五月のひま願て、ゑつさらゑんと引く車、尚も思はず近江路の、瀬田の唐橋よろ〳〵と引上て、橋の中場で車を止め、はるかに上をながむれば、石山寺に

秋の月。（同上）

おひさ藤七

○さては一座のみなさまや、申し上げますだんのぎは、おひさ藤七のものがたり、之よりぼつ〳〵述まする、所の大阪の西高津、寺の娘のおひさゝん、内の小吏の藤七と、硯墨よりこい中や、それとは親たちしらぬこと、嫁入さすとのこしらへに、箪笥、長持、狹箱、手水のつかふ盥まで、それときくより藤七は、朝じまいりの留守の間に、おひさの居間へ忍び込み、これないとさんおひさゝん、お前の嫁入り嬉しかろ、あの藤七のおしやること、お前の在所へ行くわいな、わたしの在所に來るからに、たとへ綿くり糸つむぎ、まゝたきかた手に針仕事、しよたいとおもたらするわいな、つれて出やしやれ藤七や、そんならござれとお手をひく、これな藤七ちとまちなされ、出るや出るやよな覺悟がござる、肌に百圓の金子をまいて、下寺町から眞田山、眞田山とは名も高き、頭のはげた白狐、私も二三度だまされた、だまされしやんすなお久さん、たま〳〵出て來た玉造、中のよいのは中道の、ほんに本上のたまつ橋、燒餅名物かわしやんせ、それを食べ〳〵行くときは、むこうに見えるはあらどこや、こゝろの深い深江村、笠を買ふなら深江笠、百で二かへの菅笠や、紅のこまくらもじけびも、それをかむりて行く時は、人目にかゝらん頰かむり、長い堤をはる〴〵と、お手を引いたり引かしたり、三軒茶屋と腰うちかけて、今夜の泊りはどこやいな、松原どまりとあいさゝめ、高い高井田うちこして、長い長田がよこに見て、あとをながむりやみくりやの、長田の新家も打こして、煙立つのはあれや何處や、あれは岩田の瓦屋や、みづはい土橋をわたるとき、空を眺むりや星白夜、東眺むりや枚岡の、どんちやんなさるのはあらどこや、あれは雨乞太鼓鉦、南ながむりや金剛せの、鐘のなるのはなつかしや、西を眺むりや西高津、あれはお久の親里や、わが里見ればなつかしや、北をながむりや松林、松の木影にちよいとかたよりて、松におはぎを打掛け、阿彌陀池いと身を投げる。（八尾町）

61

河内音頭三篇（後藤）

植物名方言

——武藏北多摩郡保谷村——

高橋文太郎

アメフリバナ。アメ	晝顔
プリッパナ	
アカマンマ	いぬたで
アヲヘボ(ノキ)	にはとこ
ウグヒスバナ	1.菫
エノミノキ。エヌキ	榎(あかえのき)
オンバコ	おほばこ
オイランバナ	1.草夾竹桃
カンソウ	のくわんぞう
カヤ	すゝき
ギンナン	銀杏の實
ギンナンノキ	銀杏
グミ	夏茱萸
クロエヌキ	椋(むくえのき)
クロエノミ	椋の實。榎の實は單にエノミといふ
ケンカグサ	2.菫。子供が此花の首を引かけ合つて角力をとらせる。
サツマ	甘藷。里芋は單にイモといふ。
シドメ	草ぼけ
ショッパンピン	1.かたばみ。葉が酸味をもつ。
ショッパン	1.躑躅の葉に出來るチヾレ。肉厚く盛り上り煎餅型をなす。
ジンダンボ(ボー)	樫の實
スモーバナ。スモー	3.菫
トリバナ	
センベ	2.躑躅の葉に出來るチヾレ
タワラグミ	秋ぐみ

タンポサウ。タンポッポ	たんぽぽ
ヂューヤク	どくだみ
チョーチンバナ	螢ぶくろ
チチックヒ	1.からすびしやく（てんなんしやう科）
ヂンヂョウキ	ぢんちようげ
ヂャガタラ	馬鈴薯
チドメ	べんけい草。外皮を薄く剝して傷口に張ると血が止るといふ
ツバネ。ツバメ。	ちがやの花穗
ツクシンボ（ボー）	土筆（つくし）
ツギッパ。スギ。	杉菜。子供が此莖を繼合せ繼ぎ目を當てさせる遊びをする。
テングッパナ	2.草夾竹桃。子供が此花を頰や鼻の先に倒に伏せて著け遊ぶ。
トンボグサ	2.かたばみ。
トウシドメ	ぼけ
ドロックヒ	2.からすびしやく。此草の佛焰苞の中へ泥を入れ吸込む如きを見て子供が遊ぶ。
ドロボー	ぬすびと萩の實（莢果）
ドングリ	櫟の實
トンガラシ	たうがらし
トンモロコシ	玉蜀黍
ドドメ	桑の實
ドドメックワ	赤黑色に熟する大粒の實のなる桑樹。此種の色彩をドドメ色といふ。
ネコヂャラシ	猫柳の花穗
ネムッタノキ	合歡
ネギボーズ。ボーズ。	葱の花穗
ハチス	木槿（もくげ。むくげ）
ペンペングサ	なづな
ホタルグサ	鴨跖草（つゆくさ）
マツダンゴ	松の實
ミヅヒキ	みそはぎ
モチグサ	よもぎ

世界觀と言語（一）

（グレーブナー）

杉浦健一

古代言語形式――古代の言語形態と近代の言語形態との差異が、古代人の思考法と現代人のそれとの相異と一致してゐることは一般の認める所である。現代語の特色である抽象的言語が構成されてゆく原因は、疑ひもなく、言語が歷史の經過と共に本質的發達をすることによる。抽象的言語の大部分は高等文化の發達の中に初めて見られるものである、卽ち之れは主として古代ギリシヤより今日の歐羅巴語に發展するまでに出來たものである。吾々の言語である獨逸語の歷史に於ても、明かに抽象概念が次第に强くなつて行つた跡を見ることが出來る。例へば Wolff なる固有名詞は初めは普通名詞 Wolf（狼）であつたが、漸次抽象化されて Wolff となつた如き、明かに言語構成の變化によつて意味の抽象化を示す標石となるものである。この外に外國語を採用することも意味の抽象化をしなければならない原因となる。

元來古代或は未開な人々の間に使用された技巧のない言語は具體的である。斯かる言語はその言葉の價値に從つて種々の形式を持つた數多くの名稱によつて呼ばれる。これ等には特に一つの動物、又は植物一般をあらはす最も單純な抽象的な言葉さへなくて、ヤム芋や椰子を色々に呼んでゐる例によつても明かである通り、同種の植物に於ても、その用途により、その部分によつて名稱を異にするのである。更に又假りに一つの未開の民族が一般をあらはす名前をして「人間」と云ふ言葉を持つて自分自身を呼んだとしても、事實に於ては彼等の世界觀は小さいため、それが指示するものは一般的なものではない。こゝに於て未開人の言語に於ける意味の多樣な混亂を起すのである。卽ち「人間」と云ふ言葉は先づ最初は狹義の存在形式をあらはす言葉、換言すれば一つの民族の人々を意味するもので、異民族を呼ぶには違つた言葉を持つてゐた。その後廣い世界觀を持つやうになり、實際生活に於て「人類」と云ふ共通な言葉を必要とするやうになつて始めて、人間に共通する一般的概念を表示する言葉が出來た。

多くの文法上の形式は初めは非常に徐々に出來て來たものである。特に文法上の性及びこれに關連する組織に就ては後に詳述する。先づ複數の意味を民族學的に研究すると、斯かる文法上の組織はその初めは直覺によつて、左樣あらはす樣に要求する場合のみ複數とする。從つて複數は強意や繼續をあらはし、又形容詞構成等に役立つ重複を直覺的に行ふ。例へばブッシュマン族の言語に於ては、しば〳〵その意味を強めたり、正確に聽者の耳に訴へたりして、一般に理解させるため文章の全內容が反復される。文章の結辭卽ち接續詞もその原始形體に於ては純粹に形式的又は論理的意味を持つてゐることは稀れである。吾人が今日用ひてゐる “daher” とか “weil” とか云ふ言葉も發生時代には單に「ソコカラ」とか「……する間」と云ふ單なる空間的又は時間的意味を持つてゐた。他方吾人が談話する場合には多くの言葉―數詞、所有をあらはす語、又は此處彼處と云ふ場所を示す語、或あそこから、ここからと云ふ運動の方向をあらはす言葉等―の、あまり主要でないものは不用意に語られる。これと等しくブッシマン族に於ても重要でない所は段々談話態になり、情緒的になるのみならず他方文章の內容と結合して表現するやうになる。

私が既に多くの所で述べた通り、未開人の思考方法によると、事物の實體性を引込めて考慮せず、大體事物を特性及作用から考へる。斯かる思考法が言語にも反映するもので、事物を最も古い記號で表現した場合には種概念を強調せず唯だ一定の特性を持つた性質に從つて表現することが多い。“Weizling”（白いもの）“Gründling”（水底に棲むもの）“Stichling”（トゲのあるもの）が白魚、かますか（鯉科）、トゲ魚の古稱である如き、その適例である。更に又未開人の言語が主部と述部から出來て居らず、若し兩者があつても、その區別が明かでないことがこの傾向を示す證據となる。斯かる有樣にあつては、言葉の意味內容が物によつて命名されても、作用及び經過によつて命名されても、區別がないから差支へない。然し兩者は全く區別がないのではなく、區別なしに扱はれるのは、不變的なものに作用が働く場合、又は作用又は經過自體に何等の根本的な區別もなされない場合等のみに限られる。

接尾言語並に接頭言語、客觀的言語並に主觀的言語―言語と云ふものは、大體數種の特徵を持つてゐる原本的言語から、二三のはつきりした型を持つて構成されるものである。多くの言語の中で、何れの點から見ても相對立してゐる二つの型がある。シュミットはこれを接頭言語並に接尾言語と名づけた。更にこの他に之れとは全く異つた特性を持つてゐるものがある。卽ち尠くとも前述のものとは異つた見解に基く、一對の對立がある。それは心理學的の見解に立脚するもので、ヴントは主觀的言語及客觀的言語と云ふ名によつて對立を説明した。インドゲルマン語を話す歐羅巴人にとつては言語の接頭語と接尾語とが發生的に非常に密接に連絡してゐるから、兩者の特別な言語技術的對立を明かにすることが困難である。然し世界の大多數の言語を見ると主として一二の原型に基く言語技術的對立によつて作られてゐる。言語構造の技術的對立の意味はその一つが、他と一致することに氣付いて、研究する事によつて推察することが出來る。吾々歐羅巴人に最も親しいインドゲルマン語の接頭語並に接尾語の構成技術より見るに、接頭語は主語の前にあつて、これを規定する役を司る。然し所有の二格を示すものの如きは、規定する言葉の後に置かれる。斯くしてしば〳〵接頭語が反對に規定する言葉の後に置かれることもある。これによつて明かである通り實際に於ては、この二つの對立は表現の特色より見れば結局唯だ一つの構成技術より出來てゐる。接頭言語と接尾語とが一致することに氣付き、表現の特色に於て同一形態をなしてゐることを推察して、特にこれを明かにするため、前置詞を吟味して見ると、規定する言葉の前に來るものゝみならず、後に置かれるものを見出す。例へば“wegen”（のために）といふ言葉の如き後置詞ともなることが出來る。前置詞“wegen”は原本的には名詞“weg”（道）の複數方位格に外ならない。例へば“Das Kaisers wegen”（皇軍のために）を初めは“Auf den Weg des Kaisers”と云つた。これと同樣な方法で多くの前置詞（後置詞をも含む）が發生したことが分る。これは獨立の主語が他の名詞としば〳〵結合して使用され、後には斯かる用法は獨立の意味を失つて單なる前置詞となつた。接尾言語（接尾語又は後置詞より廣義に使ふ）は斯かる不變詞となつたものゝ中“des Kaisers wegen”の型にならつて、規定する主語の後に置かれる不變詞であり、接頭言語は“wegen des Kaisers”の型にならつて主語の前にあつて、後に來る主語と共に成立する不變詞である。

言語が發達して論理の徹底した言語が出來た場合にも、規定二格を後に持つ前置詞的使命と規定二格を前に置く後置詞的作用とは、相提携してゐる。以上二種の表現形態を心理學的に研究するに當つて、先づ主語の前に規定詞を置く場合から考へやう。“des Hauses Tür”（家の戸）“des Flusses Ufer”（川の岸）“des Schiffes Mast”（船のマスト）等は前置詞に於ける表現と同樣眞先に客體が置かれて主語を規定するから、一見してそれが最も自然に目に付き、これにつづいて主體が目に付く。斯かる表現法は最も分り易い結合の形式であるが、こゝに於てさへ例へば“des

Vetters Hund"（從兄弟の犬）と云ふ場合などは必ずしも意味がはつきりしてゐない。從つて明確にしやうと思へば、相手に「貴君は私の從兄弟を御存知ですね」と確かめた上で、彼れの犬か云々であると云はなければならない。これに對して主語の後に規定詞を置く場合を考へると、"die Tür des Hauses"（家の戸）の如く問題の主體を眞先にして表現する。これはその意義を直覺的に表現するものである。意識する事物の要點を主觀的な見地から表現するものである。

客觀的言語としての支那語—主觀的言語と客觀的言語との形態の對立は今日可なり純粹な型を持つてゐる二つの言語の對照、比較によつて一番はつきりする。こゝに於ては客觀的言語として支那語、主觀的言語としてはアラビヤ語（アラビヤ語として純粹なものはない、狹義に云へばセム語である）をとつて考へることゝしやう。この二つの言語は未開人の持つ原始的な言語ではない。その形態も先天的に異るものであるよりは寧ろ、次第に進だしい對立をなすやうに發達したものである。扨支那語は發達した言語であつて、言語構成の技術的形式より觀察すれば典型的な接尾言語である。卽ち「山上」「山東」「山西」等の如く主體となる「山」と云ふ言葉に對して、規定詞となる「上」、「東」、「西」が後に置かれてゐる。心理的に考へれば意味が直覺的に了解される。これに對して「人家」、「家門」の如く規定の二格は、規定詞「人」又は「家」が主語「家」又は「門」の前に置かれる、この點に於ては支那語も又全く自然的な形態を持つブッシュマン族の言語を初め多くの未開言語と一致する處がある。然かし斯かる接頭言語を一般化して、主語を規定する形容詞と假定すると、多くの未開言語はそれと意味の異つたものとなる。未開人の規定辭は客觀的觀點に立つて觀察すると甚だ曖昧なものである。然るに支那語に於ける大きさ、色、圓形、四角形その他種々の形容辭はそれぞれの概念に特徴付けられたものとして、意識にあらはれて來る。この概念的に特色付けられた形容辭は更に普遍化の根底となる。支那語に於ては凡ての形容辭は主語の先に置かれる。要するにそれは未開人の規定辭と異り、概念化されたものとして前に置かれる。例へば「黃河」、「泰山」の如きがそれである。

更に未開言語と同樣に支那語は名詞・動詞、その他一般品詞の區別が不完全である。例へば「山上」は旣に述べた通り山の上の意味であるが「上山」となると山に登ることである。然し斯くの如く添加綴も語尾變化もない簡單な語形であるが故に支那語が原始的であると云ふのではない。寧ろこれは原始語が發達した結果單純化したのである。支那語が未開語と同樣な特性を持つと云ふ點で問題となるのは、事物であつても、出來事であつても、それ〲の概念又は感覺的事象を命名する場合「上」と云ふ語を取つて考へれば「上」（この字には頂上、上部、長官等の意味を持つ）に關連する感覺的事實の持つ概念の總べてを同樣な名辭で呼ぶことである。こゝに於て遂にはそれが動詞的機能まで演ずるやうになる。これは文章中の言葉の順序が特に注意すべき表現によつてなされることによる。支那語に於ては一般に吾が歐羅巴語と同樣に動詞は客語であるか、或は客語と結合してゐる。然し表現の方法に於ては非常に特色あるものである。その文章の構造は吾々の隣人トルコ人の膠着語と類似してゐるが、更に一層甚だしく膠着したものである。こゝに於て大體文章、主語、客語の物質的部分が先に置かれて、動詞的表現が後になる。「那箇人把是箇子打他」(あの人がこの子をつれて行つて打つた）の例に於て「把」及び「打」の動詞的表現の部分が物的部分の後に來てゐることで、表現方法の特色が明かに分る。動詞を後に置く文章でも主語と客語との間に全々動詞をなくすることは出來ないので、動詞の代りに一種の助動詞を置く。支那語では行爲をあらはす言葉を文章の最後に置くから、文章の物的要素即ち具體的な樣相を先に總括すると云ふ利益を持つてゐる。從つて動詞表現に於ては複合的叙述を避けて個々の成素に分解することによつて、言語の記述的性質を有効にしてゐる。從つて運動の進行は行爲の中から拔き取つて記述しないことにしてゐる。卽ち人が或るものを持つて來たと云ふやうに、運動の經過を示さずして、人が來て與へたと云ふ。又我のためにとつて來ると云ふ風に表現せず「去把來給我」行つて、取つて、歸つて、私に與へると云ふ。斯くの如く運動の方向を表現することによつて指示名詞の使用を兼ねる。これとか、あれとか云ふ指示代名詞代を用ひず、唯だ人物或は事物を記述するのみでは、その人なり事なりが如何なる處で如何にしたかを生き生きと說明することが出來ない。

支那語の特異な性質としては、等級語と稱する一つづきのつながりをなして叙述されるものがある。支那人は六牛と云ふ代りに六匹の牛又は六頭の牛と云ふ表現をなすやうである。要するに支那の日用語に於て、數詞は決して直接名詞と結合しない、常にその間に上述した匹又は頭に相等する等級語を挿入する。更に人間に於てさへ、箇と云ふ文字を挿入して、一人の人と云ふ場合一箇人、三人の人と云ふ場合三箇人等と云ふ。これが支那人の交易にまで影響して、支那の商業英語と云はれる Pidgeon-English なるものを生じた。これは歐洲人が支那人と貿易する場合一般に箇と云ふ言葉を "fellow" と譯す習慣となつてゐることを云ふのである。一人のクウリーを "One fellow coolie"

と云ふは勿論、更に「この椰子」の實と云ふ時さへ "This fellow cocoanut" と云ふ。斯かる等級語又は數詞を支那人は單に數詞として使用するに止らず、指示詞としても使用する。これは上に揭げた例によつて明かである通り定つてゐる人又は物を指して話しをする時使はれる。この等級語は物によつて皆な違つてゐる。從つて一般に「箇」と云ふ言葉が使用されるなどと考へたら非常な間違ひである。正確に云へば斯かる言葉は、各の物に從つてその表現が違つてゐる。人の場合には「箇」を用ひると云つても、名望ある人の時は「箇」を使はず「位」を使ふ。又机の如く廣い平面を持つものには「張」を使ふ—三張卓子と言ふ如し—椅子のやうに摑むことの出來るものには「巴」を使ひ、長い細ものには「條」を使ふ。これ等多くの表現は圓いとか、平たいとか、又は大きい等と云ふ物の外形と關連するものである。これが前述の支那語の特徴と關係する、卽ち對象を一見した時直ちに總べての現象の個々の部分を詳細に命名するのでなく、先づその一般的形態に統覺して、命名する。支那語の如く記述を本旨とする言語に於ては何よりも先づ長いもの、平面的なもの、立體的なもの、或は圓いもの等と云ふことが注意される。等級語は單に日用語に使用されるのみで、記述用語就中文章用語としては存在しないと云ふことは、その性質とよく一致してゐる。記述用語によつて書かられ文章の中のものは、凡て眼前に存在するまゝのものではない。この種の言語より受ける第一印象が現實的な形態を持つてないと共に、實際の姿をあらはさんとする要求をも持つてゐない。

主觀的言語としてのアラビヤ語—アラビヤ語と又特色ある言語であつて、前述した支那語に對しては、書體が違ふのは勿論であるが、その他の外觀にも違ひのあることが一見して分る。支那語は單綴りで變化しないが、嘗ては語根が變化した痕跡が認められる。語根の變化と云ふのは、或種の動詞特に令動動詞が音韻の所謂音樂的調子(四聲)の區別によつて同じ樣な、意味を辨別したやうに思はれることである。斯かる區別は、今は消失してゐるが、以前には恐らく一種の接尾語であつたのではないかと想像される。今日の樣態に於ては支那語は確かに、單綴りで變化しない言語である。これは既に支那語が客觀的健實性を得たからである。

これに對してアラビヤ語はセム語と同樣一般には所謂三子音主義で特色付けられてゐる。卽ち殆んど總べての語幹は三つの子音を持ち、この間に二つの母音が介入することによつて二綴り語より或る根底形態を作つてゐる。この語幹には色々の種類の前綴並に後綴りが連繫する。これのみならず、語幹自身も亦内的な變化をする、從つてこれ等の言葉は多數の綴りに變形する。

　アラビヤ語の言葉の結合に前述した支那語と相對立する根本原則に從つて起る。即ち支那語が規定辭、二格並に形容詞等を前に置くに對して、アラビヤ語はこれを後に置くが普通である。例へば"ibnu'r-răğuli"(ibnu al răğuli の場合はこれと異なる)(人の子)"al maliku'l-akbaru"(强い王樣)に於て「人の」とか「强い」とかの形容詞を主語の後に置くのを始め、部族名として通俗アラビヤ語である"Beni Hasan"(ハッサンの子)及び"Uled en Nebi"(豫言者の子供)に於ても形容詞が後に來てゐる。アラビヤ語に於ては概念的に重要な言葉程先の方へ押し出される。それ故に文章構成の特徴としては、行爲、經過の記述をする所が最も生き生きと表現される。斯くして重要にして、明白な動詞が原則として文章の先に出る。アラビヤ語はヘブライ語と非常に近いもので、ヘブライ語が舊約聖書の言葉として色々の言葉に飜譯された爲めに、アラビヤ語の特色が各言語の中に影響を及ぼした。それは丁度アラメヤのクリスト教徒の言葉が新約聖書に採用され、それによつて言語の特徴が各國語に採用され、廣く流布したのと同じである。アラビヤ語は、主觀的精神內容の種々の變相を言語構成の變化によつてあらはしてゐる。換言すれば語幹の內で行ふ變化によつて、種々の違つた感情の調子を示すものであると考へる。這般の現象は特に派生的な動詞語に最も明かにあらはれる。例へば"qatala"と云ふ言葉は殺害すると云ふ動詞の根本語形である。近代はこの言葉の第二の子音 t を重複して强い形式"qattala"となし、形を强くすることによつて、直接强い感情を表現するやうになつた。更に又一つの行爲に向つて努力せんとする場合 „qatala" と云ふ動詞に就て考へれば、殺害しやうと努力してゐることを示す場合には"qâtala"と最初の母音を伸ばして表現する。この動詞が受身をあらはす時は"qutila"となつて、音が微かになり母音が引きしまつて來る。更に動詞の法も語幹の變化によつて示される。例へば、直接法現在の動詞"jaqtulu"は接尾母音 u を取り去つて、jaqtul とすることによつて命令法となる。語幹の變化は名詞に於ても行なはれる、特にこれは所謂內部複數を形成するものである。斯くの如き變化をする名詞は大體原本的な集合名詞と見てよい。名詞は普通の語幹の變化によつて複數を作るものと並んで、特別の語尾の變化によつて複數をつくるものとがある。然し多くの場合名詞の複數は語幹の變化、特に母音を長くしたり或は短くしたりすることによつて表現する。例へば"kidhun"(矢)の複數は"kidâhun"となり、"malakun"(ヘブライ語の"melech"王)の複數は mulûkun であり、"răğulun"(人)の複數は"riğâlun"であり

finâgnun(茶碗)の複數は "fanâgînu" となり、"Dangalî" (ダンガリと云ふ部族名)の複數は "Danqalîju" となり、單數の "kitâbun" は複數になると "kutubun" となる。複數が長く變化する場合は音の豐富になることも數多いことの表象と一致するから合理的である。この反對に複數の變化が短縮されることは、一寸矛盾する樣であるが、心理的に考へると云ふ事のまとまつたものは、精神的內容に於て多數のものより多面的であるから短縮化されるとも考へられる。實際アラビヤ語に於ては單一なものの價値觀念が重要な役割をなす。アラビヤ語は文法上の性が比較的明確にされない言語である。然しそれは吾々の國語に於けると同樣男性、女性、中性の名詞を持つてゐる。その上吾々に於てさうであると同じ樣に文法上の女性は僅少の例外を除けば殆んど自然の性と關係しない。文法上の性は原本的には價値を表示するものであつたこと、特にセム語に於ては女性は男性よりも價値の尠いことを示したものであると云ふ說が今日最も有力である。內部複數となるものの中には非常に多くの女性語尾をとるものがあると云ふことなども、正しくこの主張を裏書するものである。卽ち「猿」の單數 "kirudun" が複數となつて "kirudatun" となる如き例は多い。更に又語幹の縮少又は變化が必ずしも價値を尠くするとは云へないことは、縮少によつて愛稱が作られることによつて立證される。その典型的なものとして "kalbun" (犬)から出來た "kulaibun" (犬つこ)と云ふ縮少詞を見れば分る。

言語の本質を判斷するに最も重要な要素の一つはアクセント或は調子である。支那語に就てこれを見ると宛かも一種の音樂的調子を持つてゐるから、一見して高い調子、低い調子、平滑な調子、深い調子等主觀的な感情の表出にあらはれる相異によつて言葉が區別される。支那語に於て音調が發生するとき、上述のやうな種々の調子の作用が重要な働きをなすと共に、一定の言葉に對して一定の調子を撰ぶことが最も大切な役をなしてゐる。然し今日の支那語に於ては、音調が感情によつて變化しないやうに決定してゐる。卽ち音調が言葉と結び付いて定められ、固定してしまつたから、文字そのものは、調子によつて何等特別の精神的刺戟を起さないやうになつた。これに對してアラビヤ語の感情表出に於ては唯だ強い調子のみを示し―文章のアクセントは此處では除いて―一つの言葉或は一群の言葉の最も重要なシラブルにアクセントを置く。(勿論原則としてアクセントは語尾にある)。時に優れて舌觸のよい言語に於ては―多くの謬著語に見られ、トルコ語などがその適例であるが―大體同樣な調子で一つの言葉が發音され、結尾の少し前に至つてアクセントを置く。これに對してアラビヤ語はアクセントを次第に出來るだけ前の方へ引きつけやうとする。アクセントはシラブルの長さによつて付けられる。シラブルの長短を心理學的に考へれば、同じ調子で發音される部分と語尾のアクセントある部分は、シラブルが意識される通りに發音され、この一連の音調は相互に重り合つてしまふことはないのが原則である。初めの方にアクセントが置かれると云ふ現象は、一群のシラブルの中、前から豫め話の中で價値ある要素として、統一的に意識せられる場合に限つて可能である。次に又母音を變化すると云ふことも、斯くの如く統一的に意識せられる素因の中に起ることである。一語又は一群の言葉が直ちに統一的に知覺されず、一つ一つのシラブルが順次に意識されるやうな場合は、自然先のシラブルの餘韻が後のシラブルに影響して、次ぎへ、次ぎへと母音が漸進的に變化されることが可能となる。斯かる現象は實際に於ては、原則として唯だ一樣なアクセントを有するもの、及び語尾にアクセントを有する言語に於てのみ出來ることである。この最も著しいものは所謂母音調音を持つトルコ語である。語尾にアクセントを有するアラビヤ語ではこれ等の漸進的變化と並んで可なり廣い範圍に亘つて母音の後退的變化が行なはれる。例へば人といふ言葉の一格は “imru'un” で、二格になると “imri'in” となり、三格になつて、“imra'an” となつて、語幹の中にある最後の母音が明かに “un”, “in”, “an” と變化するものである。これと同樣な變化はアラビヤ語 “dafian”（あたたかい）が “difian” となる場合、及びヘブライ語 “gadi”（小山羊）が “gidi” となる場合に行なはれる。母音の變化は勢ひ子音にも影響を及ぼして變化を起す、アラビヤ語 “jatšaddaqun”（承認する）が “jašsaddaqun” と變化し、“adâm”（人）が “anâm” となる如きである。總べての後退的變化は先のシラブルを發音した後次のシラブルを順次節々に分けて發音する場合、然かも一群のシラブルの發音が統一される場合にのみ考へられることである。

ネグリート、ブッシマン及びボトクード族の經濟階程

——自然民族及び半開民族の經濟（クノー）——

喜多野清一

移動遊群の定住化

更に食料品獲得の増大は、既に特記したやうに、マラッカ內地部族に於ては一箇所への長期の滯在といふ結果を生ぜしめ、また部分的には耕作に移行した地方集團に於ては、それどころか小村落を作つての定着といふ結果さへ生ぜしめた。勿論奥地諸部族の大部分は尙ほ暑季の間はそれぞれの地區の中を移動し、一ケ所に三日乃至五日以上留ることは極めて稀であるが、寒季には——マライ半島では一月が最も酷寒の月である——移動すること稀で、却つて避寒所を探し求める。果實が熟すると、秋の初めにでも彼等はさうする。

そこで彼等は、彼等の知つてゐるドリアンやペラー樹のある地方に向つて行き、其處へ簡單な樹枝の小舍を建て、果實が食ひ盡されるまでの間其處に滯在する。

小村落狀の植民地を作つて定着すると共に、小舍の內部裝飾にも漸次多くの價値がおかれるやうになる。たゞ二三夜をすごすために作られた小さい樹枝小舍は勿論どんな種類の內部裝飾をも必要とはしない。これに反して既に耕作に移行してゐるところの半定住集團の小さい材工居住は、可成り住心地よく作られてゐる。

人は二種の小舍を區別し得る。小さい僅かに一組の夫婦と子供とが住ふ小舍。それは通常奥行、四、五、六米突と間口が約三米突ある。それから大きい二、三、四組の個別家族の住ふ小舍。それはそれ相當の間口を持つた十乃至十二米突の奥行を持つてゐる

ずつと進歩した卽ち大規模に耕作に移行したそしてマライ人の影響を受けた地方集團は、それどころか屢々六、七八組の個別家族が、屢々二百乃至二百五十人の人數が、一つの屋根の下に住ひ、しかも多くは個々の寢所が竹垣または莚の幕でそれぞれ隔てられてゐる。更に人はこの小舍の中に、マライ人と交換して得た凡百の文明的ガラクタと共

に、若干の土製及び鐵製の料理器具鐵製の斧及び鉈並びに匕首狀の小刀、大形の刻刀、マライ人のサーベル及びこれに類するものを種々と發見する。けれどもすべてこれらの物は外國の製造品である。セマング族もセノイ族も更にまたヤクン族も、ミンコピー族のやうには、土器の自製にまでは進歩してゐない。

セマング及びセノイ族の商業と所有諸關係

これらの叙述から既にわかるやうに、近時ネグリート族と海岸地方に住むマライ人との間の商業は可成り著しくなつたが、しかも多くはまだ本來の商品取引または市場取引ではなくて、むしろ純粹な交換取引である。曾つては、J. Anderson 及び P. J. Begbie が報告してゐるやうに、クブ族とスマトラの森林ウェッダ族との商業取引に等しい『沈默商業』が兩種族の間に行はれてゐた。Begbie は――彼の叙述は第十九世紀の第一回半期に於ての諸關係に關するものである――それについて報じて曰く。（"The Malayan Peninsula, embracing its history, manners and customs" 八頁）

『マライ人と奧地の諸部族との通常の商業は次の如くにして成立する。前者が布切煙草及び小刀をセマング族の滯在地の近所の開けた場所においたまゝすぐに引つ返

す。するとセマング族がやつて來て、彼等の必要とするもの、持ちたく思ふものを選み出し、等價値と思ふものをその場所に殘しておく。これらは主として象牙Gharu（一種の蘆薈。H.C）南洋杉の樹脂、蘆、籐、等々から成つてゐる。通常彼等は、市價を知らないから、それらを餘りにも多量に與へすぎてゐる』

分業は、マラッカのネグリート族に於ては、他の低級狩獵諸民族に於てと大體に於て同一である。たゞ男子が蒐集に關與すること稍々多い――どう見ても生計に對する狩獵の比較的貧弱な意義の結果のやうだ。本來の狩獵活動は全體に於て男子を要求すること極めて僅かであるので、男子は、蒐集に當つて行進中の女子に、さうすることに愉快と趣味を感じる範圍で、助力しはじめた。樹果の取り入れに當つては男子は主要な仕事をさへ行ふ。蓋し高いドリアン樹やベラー樹に攀ぢ登り、果實を搖り落し、もしくは打ち落し、また果樹を一杯につけた枝を切りとるのは男子であるから。女子や子供は下にゐて、下に落ちた果實を拾ひ集めるだけである。

その代り他面に於て女子は、植物性食料品の調理の外に小動物を燒いたり炙つたりするのを引き受ける。だが大きな動物、例へば鹿、小鹿、水牛、は主として男子がその皮を剝ぎ、且つ屢々動物を細分することをも引き受ける。射

た箇所の周圍の肉は通常切り取つて、一緒に食ふことをしない。恐らく中へ射通つた毒矢のため中毒するからであらう。小動物は燒にかゝる前に皮を剝ぐことは稀で、多くは皮ぐるみ消えかけた火の上にのせられる。從つてタスマニア人に於けるとよく似た風に炙られるのである。

Skeat 及び Blagden (“Pagan Races of the Malay Peninsula” 第一卷、三七四頁）が報告してゐるやうに、普遍的原則としてかういふ事が妥當する。卽ち男子は、粗野な力を必要とするやうな一小勞働部分を果し、其の他はすべて女子に殘されると。『野蠻なセマング族遊群に於ては、狩獵は男子に屬し、小舍の築造や料理は女子が引き受けねばならない。かくて既に耕作にまで移行せる部族に於ても、樹木の伐倒、耕作地面の灌木叢の芟除には男子が從事し、それ以上の淸掃や、地ならしや、更にまた播種や刈り入れや、また先を尖らした杖で地面を簡單に軟かにすることをさう稱していゝとすれば土地の再耕も、女子の仕事である。』

同樣に吾々は、他の低級狩獵諸民族の所有觀念を、マラッカの奥地ネグリート族に於ても再發見する。漂泊境域は遊群の全成員の共同財産と見なされる。しかしこの領域で各個人が自分で蒐めたり作つたりしたものは、彼の所有物である。この事は結婚した男女子にもあてはまる。吾々の法律觀念には婚姻による財産の共有といふことは存しない。ところが男子及び女子によつて利用されるある種の家具は共同の所有物と、あるひは恐らくかう言つてもいゝだらう卽ち誰が使つてもいゝ家産と、見なされる。しかしその他の點では各人は彼の單獨の財産を持つてゐる。男子は彼の武器と工具とを、女子は彼女の料理器具、樹皮鞣しの材料及び裝飾品を。

吾々はまた爾餘の低級狩獵諸民族の消費の共産主義をもセマング族セノイ族及びヤクン族の間に再發見する。しかしそれに關する報導は可成り皮相な性質を持つてゐる。卽ち例へば I. Anderson は彼の “Political and commercial considerations relative to the Malay-Penisula” に於て『マライ半島の土着住民、特にセマング族と稱するネグロについて』なる附錄で（四一頁）簡單にかう言つてゐる。『すべての財産が共同的財産である』と。

J. de Morgan は彼の論文 “Moeurs, coutumes et langages des Négritos de l'interieur de la Presqu'île Malaise” (Bulletin de la Société normande de Géographie. 第七卷、四二一頁）に於て、稍々これよりも正確に、かうした共産主義の範圍を特徴づけてゐる。卽ち彼は力說して曰く『個人的財産は存しないが、家族財産がある』と。

勿論これもまた正確な限界づけではない。それによつて共有財産なるものが家族の範圍に、卽ち通常十五人乃至二十五人の人數を含む大家族の範圍にまで、制限されはしたが。何となればこの家族の內部に於ても、武器、工具、裝飾品は決して共有財產ではなく、むしろ齎らされた食料品のみであるのだから。

實際 Rudolf Martin はかう言つてゐるのだ。（"Die Inlandsstämme der Malayischen Halbisel" 八五九頁）

『かうした小さい家族同盟では財產及び經濟の共同體が眼目である。この事は、共有財產しかないといふことを語らうとするものではない。蓋し個人的使用の對象物は個人的財產であるから。しかし狩獵及び根莖探索の收獲は一家族の全成員の間に分たれる。半文化諸部族にあつてはこの事情はなほ共同耕作の形態と收獲物の分配の中に保持されてゐる』

所謂『消費共產主義』は元來、齎らされた野獸にだけしか及ぼされてゐないのに、この場合には蒐集された植物にまで及ぼされてゐる。しかしこれは恰もよし分り切つたことである。何となれば Rudolf Martin が正當にも力說してゐるやうに、大家族は一の經濟共同體を構成してゐる。その成員は相共に移動し、食料探索や狩獵には、少くとも大獵獸や高等獵獸の狩獵に關しては、一緒に出かけ、共同に煮たり燒いたりする。從つて彼等は齎らされた食料に對する彼等の分け前を全員殘らず持つてゐる。

いづれにせよ上記の引用文は、最低の經濟的發展階段に於ては個人的財產は存せず、たゞ共有財產のみがあつたといふ假說の正しさのためには、何等の有利な證明をもなすものではない。それはたゞ單に一種の多少の制限のある家族共產主義の早期の發生を確認するにすぎない。

第六回民俗學大會記事

第六回民俗學大會は前號にて御通告いたしました如く、七月二日（土曜日）の午後一時より東京帝國大學文學部二號館二九番教室で開きました。丁度霖雨の季節に當つて居りましたし、午前中に驟雨氣味の土砂降りのあつた直後のことゝて、それが會衆諸氏の出足を幾分でも弱めはしないかと心配致して居りました。それに色々の都合もありましたので。日取が夏休みに近い七月の二日になつてしまひましたので、學生の方々には最早歸省をせられる方も多からうと思はれますし、丁度この日あたりから試驗がはじまる學校もありましたので、折角柳田先生が御病中にも拘らず、特に學生諸氏の休暇中の採集を慮つて、先生の永年の蘊蓄を傾けて下さるといふ御講演でありますから、若しも前述の樣な理由で來會者諸氏の御來會が少く、先生の御好意に背くやうな結果になつてはとか、それに會場を學校内にしましたことは當會としては始めての試みでありました等とか、それやこれやと會場を開くまで色々の心配がありました。しかし當日は定刻前後から陸續として熱心なる會員諸氏及び斯學に志ざされる方々が多數お集り下さいまして、廣い二十九番教室も殆ど席を餘すところもない程の盛會でありました。而も當日は遠く信州或は新潟縣下から矢ケ崎榮二郎、箱山貴太郎、伊藤英一郎、市川信次の諸氏が御來會下さいました。これは司會當事者にとりまして、この上もない喜でありました。この日のプログラムは先づ折口先生の開會の挨拶からはじまりました。先生は民俗學會の同人は柳田先生の門弟及び斯學に深い同情と好意とをお寄せ下さる斯界の先輩の方々より成立つて居り、毎月一回會誌『民俗學』を發行する外、隨時の小會と今までに大會を五回許り開いて居る。其中一回は京都で、あと一回は昨年信州の松本で、其外は東京で開いて居る。次に日本の民俗學といふものゝ成立ちを考へて見るに。この學問は起らればならぬものであつた。しかもそれが官學として起らず、民間に起つたといふことはやはりこの學問の本質に關聯がある樣に感じられこと、民俗學は或る部分までは柳田先生及其門人の人達によつて育てられ、而して方法としてこの學問に關心を持たれる先輩の方々やこの學問に廣い同情を持つ人々によつて成長して今日に至つた。今後も我々はかうした方々の御助力によつて、日本の在來の學問をかへてみたいし、又かへしてもらいたいものである。數へ樣によつて先生の『石神問答』が生れてから廿年或は廿三年になる。それで今年は先生をめぐつて色々の事業が計劃されてゐる。丁度この本の出た明治四十三年から日本に本當の民俗學は生れたと考へてよいのである。世間は先生並に先生の門下、及先生の學問に關心を持つ人の中に育てられたこの學問を何時の間にか無意識の間に採入れてゐる。鄕土教育なども實はそれによつて起つて來たものである。今後は同人は勿論、靜穩にして居られる先生にももう一度力を入れていたゞき會員諸氏と相協力して少しでも世の中をよくして行きたい。書物を有難つてゐる世の中に、書物を要らぬものとして、書物によつてみる見方の偏見を我々は正さればならぬ。といふ樣なお話があり、柳田先生の御講演に移つた。

先生は、先づこの廿九番教室は色々の意味でなつかしい。歷史地理學會の山人考を、史學會では婚姻史の話をし、この方面でもフォルクローアが新しい方法であることを力説し、次に文學部の學友會で腕力、膂力も、昔は個々の人間の生理學上の差違ではないと考へられて居たこと、この根本になる社會觀が現在の民族心理では分らぬといふことを説いたのもこの教室であつた。さて最近六年間といふものは民俗學が大いに起つて色々の計劃も着手されようとして居るが、それまで、我々はこの學問がこの世の中で占むべき幅、いはゞ外的の位置の論及に力を盡して進んで來た爲に又當然打ち建られねばならぬものを、少しも世間が認めぬので、其の効能を十萬遍も稱へればならなかつた爲に、內容の整頓をおろそかにしてしまつて、今日に至り其分類の必要を感じて居る樣な次第である。資料は意識して採集したものと、偶然にみつかつたものとの、二つがある。實は今まで我々はこの偶然記錄を熟讀珍重し、古い民俗がたつた一つでも何處からか出てくればそれを捻り廻して珍重した感のあるが如く、いくら分類を念頭に置いても、今までの資料は結局偏在的な偶然の資料が多くて、どうしても分類が出來なかつた。然し最近の五六年、殊にこの三年間に於て、やうやく計劃的な資料も前古未曾有といつてもよい位集まつて來たので、自然の勢、どうしても分類といふ問題が顧慮せられねばならなくなつた。一體フォルクローアといふ學問は何處の國でも民間のものの道樂が機會となり、後に大學の人が同情を以て參會して來て居るので、どうも分類といふ樣な問題が疎にせられ勝ちであつた。比較的細密を極めたといはれてゐるスイスのホッフマン クレイヤの廿四の分類法は、それを基礎にして一千四百の質問要項さへ作られて居るが、飜つて其廿四の項目をみるに自己に入用なものだけを列記した樣なもので、論理的なものではない。資料の整理は歸納でなくてはならぬが、分類はインダクテイヴでは始らぬ。どうしても論理的な構成と若干の空想が必要である。しかも分類は今から始めても決して遲くはなく、之をしないで、唯熱心に採集して居たのでは、この學問は唯四分五裂にならればならぬのみならず、少くともいくつかの弊害さへも伴つて來る。例へば採集がいくら分量が多くても一つに傾いて居て子守唄の如きものを三千あつめて自分のやつて居ることが民俗學だと考へてみたり、採集が地方によつて偏頗があつたりするのも、分類が行つてゐなかつた爲に起る。又今まで集つた資料だけで新たなる疑問を解いてゆかうといふ樣な考へなども分類をしないから起る。つまり分類を試みれば、どの部分にどれだけの資料が集り、どの部分がどの位缺けてゐるかといふことが明瞭になつて如上の樣な考へはなくなる。自國の人の生活を同一國民の感覺を通じて窺ふことは、外國人が同じ人間であるといふ共通性から他處の民族の珍らしい生活を記述するのとは自ら態度が異つてくる。だから分類といふことはどうしてもフォルクローアの側から作られねばならぬ。民俗といふ言葉は其意味が色々に解釋され又紛れ易いから、フォルクローアといふ語を用ひるが、本日語る分類法は自分が今までフォルクローアの分類法として、いくつかのものがあらうが、少くとも其一つにはなるであらうと考へてゐたもので、少し前から私には人にも語つてみたこともあるものであるが、此頃では略之がフォルクローアの全體を蓋ふものと思つて居るものである。私の分類は三つである。この三つといふのは私の發明ではなく、バーンも三つを採用し、セビオも結局は三つを採用して居る。或はこの三つといふのは自然のプロセスかとも思ふ。先づ第一は旅人學ともいふべきもので、心ある旅人なら採集の出來るといふものである。珍らしい眼に觸れるものを、雪達磨式に集める、可成廣範圍に亘るもので、先づこれは視覺を通じて得られる物質文化、外形文化といへる。これは所謂民族誌學に該當するものである。第二はリテラテユール オラルともいふべきもので、土地に住んで一通り言葉も了解出來て、言語の力を借りれば採集の出來ぬものである。つまり聽覺を通じてやるものである。この二部門は或る程度の心構へがあれば誰れでも出來ることであるが、次に來る第三部は鄕土人の感覺を通じてみなければどうしても分らぬものである。而もこれだけは白人の企て得ざるところである。例へばバチエラノさんの樣な人でも、結局之に接觸してゐる人はキリスト敎化した。白人の心持の分る土人で、決して純な土人ではない、從つてこの土人からは彼等土人の純粹の感情機能を充分に了解することは出來ない。結局は日本の歴史を明かにするのは日本人でなくてはならず、鄕土は鄕土人の感覺でなければ解けないものがあるのである。イギリスなどでもフォルクローア協會創立五十年に世界の學者の集會もあり、この五十年間の業績も略整算されたが、其結果大體この第一部第二部は採集しつくしてしまつて、今やこの第三部の採集を始めようとして居るが、もう時既におそくどうすることも出來ぬ狀態にある。と三つの分類法と第三部の重要さを述べられ、次いで常民の心理をみようとする學者はふえた。方法もあれば機會もある。新文化は入つて來たが、舊文化と共生し、しかも幾らかの同情を持てば我々にはこの舊文化が理解出來る。今日の混亂はこの二つの不整理から起つて居る。こゝにも我々はフォルクローアを利用することが出來き。二文化の對立より起る人生に對する疑ひ社會生活に對する疑問等を解くことが出來る。珍なるものを集めて喜んで居た時代はすぎた。材料の廣くなる、問題の自由な時代はすぎた。唯これからは民間資料をあつめて柔かな心持と感覺とを以て、正確な腕を揮つて採集の値打と意義を認めてもらいたいと希望され、都會に出て居る學生の方々でも盆と正月の事は知つて居る。然し有形文化の祭禮儀式にも大祭の行事とは感覺の異つた靜かな小祭りがある。これになると學生方のよくしらぬものが多い。所により日待とか、講とか、オコトとかいはれてゐるが、この時には銘々の家で神主の祭り方とはちがつた祭り方をする。卽ち大祭では小さくなつてゐる氏子の神の祀り方が今尙行はれてゐて、かうした飮食を主にした結合、相贊への形式と、頭屋の制度を殘した行事であるが、これは外國の分類表には見られないものである。それから農村の生活は調査が可成屆いてゐるが古い生産法である林業のことは、注意されてゐない。農村人が傍ら行ふ林業は幾か知られてゐるが、林業を主とするもの、又は山の生活を本業とする狩人の生活といふものは調査がされて居ない。それから漁村、殊に漁業を主とする海人の生活も調査されてゐない。それから職人の生活といふものが明らかにされて居ない。これには本人自身の分らぬ職業慣習がある。其外住居、衣服、生産、手段、職業、勞働組織。或は働く勞働者と家との結合として村をみること。親分子分の生活。親緣關係をつくる手段、親分とり、子分とり結婚、例へば祝言といふ樣な盃の取交はしによる相贊の法式。うぶやしないといふ樣な、生れたものを俗員の一人とする方法。葬式の時に飮食をする習慣。共同祈願から個人祈願にめざめてゆく過程としての小中神社の存在。リプレゼンテイション、獅子舞、ものまれ、行列等の舞と踊りとの判然せぬ樣なもの及童戲。更に言語藝術ともいふべき、第二部のもの、ことにこの中でも、となへごとの樣なものも宗教以外のものをあつめても非常に少い。俚諺、殊にこれには壹岐のテーモン、チャーモンの樣なものがまだあるに相違ない。次に語り物として、昔話はフイクシャスなものとして作られてゆくから、型式が尊ばれ言語藝術となつてゆくが、傳説は之に反する傾向があること、更に昔は世間話といふ、一つの話の形式のあつたこと、それから事物の命名法、及方言、ことにこれがツクナシといふ樣な無形の倫理的なものを傳存してくれる點等。種々の例證を擧げて今まで採集の足らざりし項目について豐富の引例によりて說明された。

講演が終つて後、宇野先生より、私は宗教といふものを單なる寺院宗教とみずに、マジコ・ルリジイャスな宗教といふものを生活の全面に見出さうとするものであるが、本日の講演で田舍の小祭り、小中神社の多數の存在といふことから、日本にもさうした例證があることをはつきりしることが出來て愉快でありました。日本の文化を究める上にも、民俗學が單なる物珍らしい物を追ふ時は既に過ぎて、必然的に其組織論と方法的吟味が要求せられて居る今日、斯界の先達である柳田先生から、其分類といふ問題目のもとに將來のフオルクローアの進むべき路を指示していたゞいたことは誠に感謝の外はないとの意味の閉會の挨拶あり、午後四時半散會。

學界消息

○南島談話會例會　は六月二十四日午後七時より青山尙志會舘に於て開かれ、『煙草に關する座談會』があつた。當日は柳田先生より煙草が東洋に移入されたのは西歐の移入よりは遲く、琉球日本にはいつた時代は極く近世のことであるのに非常な勢でこれが愛好された。しかもこれは歐人よりも其度がはげしい。これは或は一つの民族心理上の問題として取扱はるべきものではないか。即ち煙草をのんだ時のある恍惚狀態が、かつての宗教上の恍惚狀態と共通するものがあるのではないかといふことを話され、その例として琉球のノロが煙草を好むこと、彼等の供物に煙草のあること、日本でも煙草を多く用ひたのが遊女であること等を擧げられ、これが單なる想像であるかどうか、煙草のフォルクローアをあつめてみたいと述べられ、それより琉球の喫煙の慣習の話に入り、種々面白い話があつた。

○島の座談會　が七月十日の午後三時頃より神田表猿樂町の長崎樓にて開かれた。この會は山本靖民氏の肝入れで、この四月の中旬に伊豆諸島、新島、神津、三宅、御藏の五島に採訪旅行を試みられた本山桂川氏の土產話を中心にして島の話をしようといふ催しであつた。當日は國學院の方言學會の人々を始め、來會する人多く、本山氏は澤山の寫眞スケッチにより或は土俗品の實物持參されて、この島嶼の民間服飾、造型物、風俗習慣について大變有益な話があつた。話は晝間から始り、晩食前に來會者一同記念撮影をなし特に本山氏の鄕里である長崎の名物たる長崎料理にて一同會食し、其後も夜の九時頃まで、色々と島の話が續いた。尙本山氏の採訪錄は今後本誌に毎月發表される筈である。今月號の伊豆諸島に於ける祭石の事例も其一部である。

學界消息

○柳田國男先生　本月中旬、山梨縣に講演に赴れた。

○折口先生　七月十日より三日間信州へ、十四日より八王子市へ、歸京後三河北設樂郡本鄕町の講演會に赴れる筈。

○金田一先生　八月中に飛驒地方に講演に赴れる筈。

○東條操氏　近く東上。國學院方言學會の座談會に出席される筈。

○民俗藝術　五ノ三

日本祭禮圖譜（祇園山鉾集）
陸中平泉毛越寺の延年舞記錄　本田安次・西角井正慶・北野博美
或る觀方　西角井正慶
粃坂、亂聲、造花　北野博美
切拔帳から
囃詞の研究　中山太郎
信州下伊那川路村の祇園囃子　中島繁男
資料文獻の「多門院日記抄」　森末義彰

○旅と傳說　五ノ六

童話研究二篇　柳田國男
船幽靈　小寺融吉
遠野紀行　本田安次
周防の大島　宮本常一
淡路の話　兒島博一
宇和島の牛鬼其他　和田義一
傳說に殘つた石見の和泉式部　千代延尙壽
卜占に關する私見二三　松谷流翠
播磐の仕事唄補遺　淺田芳郎
民謠と童謠　磯田芳郎
桊三郎樣　原田清
草履かくしの唄二つ　石川錄泥
「本邦生祠の研究」を讀む　中山太郎
「茶角」の阿彌陀　桑原國治
窟屋金水　鷲尾海旭
尾張の山姥　堀場正夫
楊枝藥師の話　雜賀貞次郎
チの音のつく年は　同
伊勢參宮せず　難波殷岳・三柢東泉
既刊郡誌書目解題　大藤時彥

○方言　二ノ六

廣島縣及び瀨戸內海島嶼の方言調査　東條操
廣島愛媛兩方言の境界線　藤原與一
廣島縣方言區劃　村岡淺夫
瀨戸內海島嶼方言資料　山田正紀
新刊紹介「滋賀縣方言集と北飛驒の方言」　山田正紀

○旅と鄕土　一ノ六

安房柏崎　窪田空穗
東海道細見　吉田茂
玩具の話　岡文子
村に於ける爲朝の傳說に就いて　白井潮路
鵜殿の萃に就いて　藪田嘉一郎
下總萬滿寺の唐椀供養　君塚供養
音無祭　瀨山淳之助
傳作の傳說（一）　米澤都良司
靜岡言葉　法月俊郎
讃岐高松方言　陸田稔
本朝國語　矢島曾甬

○福岡　第五十七號

九州北部雜記　高田十郎
あれこれ一つ二つ　櫻田勝德
附錄（古書飜刻）
鳴の羽根かき（完）
修驗三派大綱（完）

福岡縣內を取材の範圍とし、その史實、傳說、民俗等、趣味の鄕土雜誌。菊版、活版二一〇頁、誌代年三圓。表面每月發行なれど實際は一年十回位。有吉憲彰氏主宰。福岡市平尾一、四二一　東西文化社發行。

第五十七號は佐々木滋寬氏採輯の特輯「筑前傳說集」で、筑前一圓に亘る四百八を簡單に骨子だけを述ぶ。八一頁。特價七十錢。

學界消息

○土の香　創刊第四周年記念號

愛知縣のメダカ方言語彙　佐藤　清明
Memoの中から、カジカ其他　鈴木　重光
植物の病氣に關する方言　日野　巖
神の怒つた話　村田　鈴城
「草履隱し」の歌詞　加賀　紫水
播州加古川の戯言考察　玉岡松一郎
方言集作成に就いて　山本　靖民
紀州安樂川村民謠二三　藪　重孝
雛の擬聲(愛媛縣)　杉山　正世
方言の譯語に就いて　太田榮太郎
田縣神社祭禮に就いて　今枝　清風
意味の問題　石黒　魯平
筑前博多の民話　梅林　新市
方言の時代層　矢野　宗幹
土俗夜話　信田　葛葉
肥後南ノ關諺集　能田　太郎

謄寫版七一頁非賣品百五十印刷
愛知縣一宮私書函第八號　土俗趣味社發行

○土俗研究　創刊號

サ。マ。及その一類の敬語接辭　太田榮太郎
佐渡河原田町大晦日　中山德太郎
播州福田村正月習俗　信田　葛葉
民俗資料　小谷　方明
佐渡海府女の伊達姿　不苦樂庵
小石を水面に投げて遊ぶ方言　青柳　秀夫

○木崎

御所櫻と木崎神社　矢田　求
小木名所音頭歌　高　津　生
木崎神社史　畠山　光司

小木町鄕社木崎神社の研究誌で、謄寫版十頁程、毎月發行、非賣品、最近第三十號を發行。

○兵庫縣民俗資料　第二輯

文久本播磨國飾磨郡置鹽村櫃倉神社昔踊哥
兵庫縣下の手鞠唄　太田　陸郎
丹波水上郡地方のこと祭り　太田　陸郎
阿南土俗傳說の雜抄　藤本　典山
兵庫縣印南郡魚橋村方言　河本　正義
播磨植物方言抄　太田　陸郎
神戸地方方言(　)　川邊　賢武
青森縣西津輕郡深浦町方言及びその他　櫻谷　忍

謄寫版刷にして、五十頁以上七十頁。毎輯縣下の民俗鄕土史資料關係資料を附錄として刊行してゆく。本誌は兵庫縣下の事を主としてあつめる物ではあるが、兵庫縣以外のものでもよい。月一冊宛刊行、毎輯一冊三十五錢、發行所神戸市湊區下祇園町四二六、河本正義。

○奥南新報

村の話　五月六月分(四五一―五〇)
ハヤリ水こ　鶴　翁
イタコ石、馬の鞍沼　山佐　毅
國なまり　鶴　翁
早乞ひ　夏堀謹二郎
ゴトクと犬　曲田　達八

○寄稿のお願ひ

○種目略記 民俗學に關係のある題目を取扱つたものなら何んでもよいのです。長さも御自由です。

(1)論文。民俗學に關する比較研究的なもの、理論的なもの、方法論的なもの。

(2)民間傳承に關聯した、又は未開民族の傳說、呪文、歌曲、方言、謎諺、年中行事、生活樣式、慣習法、民間藝術、造形物等の記錄。

(3)民俗採集旅行記、挿話。

(4)民俗に關する質問。

(5)各地方の民俗研究に關係ある集會及び出版物の記事又は豫告。

○規略

(1)原稿には必ず住所氏名を明記して下さい。

(2)原稿掲載に關することは一切編輯者にお任かせ下さい。

(3)締切は每月二十日です。

編輯後記

○

民俗學大會を皆樣の御援助で盛大に行ふことが出來ましたことを厚く御禮申上げます。あいにくの雨天つゞきで、而も學生諸君にとつては學期試驗最中であつたり、既に歸省された人も多い時期でしたので、秘かに集りを心配してをりましたが、わざ〳〵仙臺や信州から來聽された方もある位に熱心な人々が多數御來會下されたことは主催者としても感謝にたへません。

二時間半に亘る柳田先生の眞贄な熱情に富んだ話しと、一語も聞き漏すまいとする熱心な聽衆との意氣がぴつたり合つて近來にない「氣持のよい集り」でした。

柳田先生の教示に富んだ、そして多年の御經驗から體得された銳利な批判は我々に教へ、そして考へさせられるところが多大でした。私なども民俗に對する在來の態度をもう一度反省してみなくてはならないと痛感しました。

先生の御好意を更ねて御禮申し上げます。

○

會員の方で夏休暇中歸省や旅行をなさる方が多いと思ひます。そのときの採集報告、記錄を御寄稿下さることをお願申ます。

○

御忙しい中をさかれて「精靈と道」なる玉稿を御執筆下さいました早川孝太郞氏に厚く御禮申上ます。盆行事に限らず、あらゆるものの採集に當つて、綿密な事實の觀察が如何なる結果をもたらすか、採集の態度、方法と共價値について我々は改めてもう一度考へ直されねばならぬと思ひます。

△原稿、寄贈及交換雜誌類の御送附、入會退會の御申込會費の御拂込、等は總て左記學會宛に御願ひしたし。

△會費の御拂込には振替口座を御利用ありたし。

△會員御轉居の節は新舊御住所を御通知相成たし。

△御照會は通信料御添付ありたし。

△領收證の御請求に對しても同樣の事。

昭和七年七月一日印刷
昭和七年七月十日發行

定價金六拾錢

編輯兼發行者 小山榮三
東京市神田區表猿樂町二番地

印刷者 中村修二
東京市神田區表猿樂町二番地

印刷所 株式會社 開明堂支店

發行所 民俗學會
東京市神田區北甲賀町四番地
振替東京七二九九〇番
電話神田二七七五番

取扱所 岡書院
東京市神田區北甲賀町四番地
振替東京六七六一九番

MINZOKUGAKU

OR

THE JAPANESE JOURNAL
OF
FOLKLORE & ETHNOLOGY

Vol. VII July 1932 No. 7

CONTENTS

PUBLISHED MONTHLY BY
MINZOKU-GAKKAI
4, Kita-Kôga-chô, Kanda, Tokyo, Japan.

民俗學

第四卷 第八號

昭和七年八月

民俗學會

民俗學會會則

第一條　本會を民俗學會と名づく
第二條　本會は民俗學に關する知識の普及並に研究者の交詢を目的とす
第三條　本會の目的を達成する爲めに左の事業を行ふ
イ　毎月一回雜誌「民俗學」を發行す
ロ　毎月一回例會として民俗學談話會を開催す
但春秋二回を大會とす
ハ　隨時講演會を開催することあるべし
第四條　本會の會員は本會の趣旨目的を贊成し（會費半年分參圓壹年分六圓）を前納するものとす
第五條　本會會員は例會並に大會に出席することを得るものとす講演會に就いても亦同じ
第六條　本會の會務を遂行する爲めに會員中より委員若干名を互選す
第七條　委員中より幹事一名、常務委員三名を互選し、幹事は事務を執行し、常務委員は編輯庶務會計の事を分擔す
第八條　本會の事務所を東京市神田區北甲賀町四番地に置く

附　則

第一條　大會の決議によりて本會則を變更することを得

委　員

石田幹之助　宇野圓空　折口信夫
金田一京助　小泉鐵　小山榮三
松村武雄　松本信廣（以上在京委員）
秋葉隆　移川子之藏　西田直二郎
（以上地方委員）

前號目次

昭和七年八月十日發行

民俗學

第四卷

第八號

目次

年中行事（五）

——民間行事傳承の研究——

折口信夫

九、祭禮の分化

此項では、春祭り・夏祭り・秋祭り・冬祭り及び、新嘗祭・神嘗祭を綜合した話をして見度い。

日本の祭りの中で、夏祭りは起りが一番新しく、夏神樂を基礎として、平安朝に入つてから始まつたものである。處で、祭りと言へば夏のものと聯想するやうになつたのには、一つの原因がある。誹諧では京の年中行事を中心として季題を定めてゐるが、祭りの季は、卯月の中又は下の卯の日に行はれる加茂の祭りによつて定めたので、夏のものとなつた。それから祭りと言へば夏のもの、と考へられるやうになつた。加茂祭りは、京では大きな祭りで、其祭神は宮廷から非常に怖れられてゐた。伊勢に次いで大事にせられた事は、皇族を齋院として奉祀せられたのでも訣る。此加茂祭りが夏祭りの導因となつたもので、此祭りは、夏神樂を夏祭りに固定させた大切なものであるが、京を一歩出れば、餘り多くの影響を與へてはゐない。

1 祭りは既に述へた様に、歳末から年始にかけて行はれたもので、常識的には、刈り上げの御禮に神を饗應する、と考へられてゐる。刈り上げの夜に行はれるあき祭り、更に其に引續いて夜半に行はれるのが鎭魂祭としてのふゆ祭りた。ふゆ祭りは、後には魂を殖やす祭り又は、魂を分割する祭りだと考へられて來たが、この祭りの時に身分の上のものは、子分子方に著古した著物を與へてゐる。著物は魂の在處の一つであるから、著物を貰ふといふ事は、其と共に魂が目下の者に密着すると云ふ信仰なのだ。だから、魂の分割を考へるふゆ祭りは、元、魂を身に密着させる祭りであつたのだ。ふゆとふるとは、發音の相違だけで、共に魂を身にふれる・密着させる事を示す語で、單にふる、即、觸る・さはると言ふだけの事ではなかつた。毎年あき祭りに續いて、其夜半に新しい魂が其處の主に來りふると主が復活するのだ。この主の復活の信仰がふゆ祭りの信仰の根本義であつたのだ。後次第に、新しい魂が來りふると、今まで著いてゐた古い魂を、一族のものに分割して與へると云ふ様に考へて來る。この式が、魂祭りである。年の暮れ行き塞つて生きた魂の切り換へをするのだ。その明けの日が初春で、新しい魂がついて復活した國の主として、詔を下されることになる。此やうに魂の動揺してゐる時には、死んだ人の魂がやつて來ると信じてゐる。日本紀を見ると恩賚《ミタマノフユ》とあつて、普通には天恩を被ること〻釋いてゐる。これは魂を衣類に著けて下されるところから、天子の下され物、更に天子の威力といふ事になる。此考へ方には昔の人の矛盾が含まれてゐる。即、刈り上げの時に、神の來臨を待つてあき祭りを行ひ、神が歸つて鎭魂祭を經て初春になるのだが、魂を持つて來るのは誰か、と言ふ事になる。魂は元、祭りの前夜に自ら來たのであつたが、後には初春來る神が持つて來ると云ふ風に考へが變つてくる。神が晝來臨する様になるのは、田植ゑの行事に始まる。あき祭りと言ふのも、だから、神へ刈り上げの御禮をする爲のものではなく、新しく來る春の神を迎へ、其神に夜半、魂の切りかへをして貰ひ、翌朝復活する事になるのである。處が暦法が變化して來て、あき祭りのあきを支那の秋に飜譯した爲に、刈り上げ前後の、唯今の秋の觀念にまでくり上げられて來て、ふゆとの間に間隔が生じて來たふゆの祭りは、暦法の冬に當るので冬祭りと呼ばれた。あきの意味を變へたまう一つの原因に、神嘗祭及び新嘗祭がある。早稻の初穂を宮廷に奉つたものを、皇大神宮・先帝・今上に關係深い外戚の御陵墓に奉つた後に、天子御躬らも召し上がる祭りであるが、此方にあき祭りが近づいて來た。日本の國では、あき・ふゆの區別の明瞭でない十月・十一月・十二月の行事は、結局同じ行事のくり返しと云ふ事になる。此も暦日に拘泥せずに研究を進める必要のある一例である。冬祭りは、田舍では御火燒・山の講を中心としてゐる。火祭りには、まう一つ別の意味が加はつてゐる。即、遠くから寄り來る神に、天降り著く場所を知らせる爲に焚く合圖の火の意味があるのだ。火を燒いて土地を暖めるといふのは、日本在來の信仰によるものではなさゝうだ。神への合圖とする方が、日本風で古い考へだと思ふ。冬祭りは前々から述べてゐる樣に、鎭魂の祭りであるが、此が神樂のもとである。神樂には二通りあつて、一つは、鎭魂祭の時に行はれるもので神遊びとも言はれてゐる。他のは、奈良朝の末頃から石淸水八幡の信仰が盛んになり、其祭りの樣式が宮廷に取り入れられて、神樂となつたものである。冬になると、神樂と日を接して鎭魂祭が行はれるが、同じ信仰である。唯、鎭魂祭では、神遊びが衰へて、宮廷の御神樂が盛んになつて來る。其神樂は神樂歌譜に歌を留めた一方には、今だに年中行事に數へて行はれてゐるが、冬行はれるのが本來の姿である。臨時に他の期節に行ふ神樂は、夏神樂から演繹して來たものである。此二通りの神樂は共に君主の魂を切り換へる行事で、外來の尊い魂を毎年切り換へる形をしなければ、實際に魂が遊離する事はなくても不安に感じたのだ。

十、犒ぎ祭り

前項に關聯して犒ぎ祭りの事を簡單に說かなければならない。犒ぎ祭りと言ふのは秋の祭りで、ねぐは慰傍する・ねぎらふ。萬葉集卷六に、

すめら朕が　うづの御手もて、搔きなでぞ　ねぎ給ふ。うちなでぞ　ねぎ給ふ。

とあるのが其一例である。ねぐのまう一つの用語例に願ぐがある。ねがふは其再活用。願ふ・祈願するの意だ。後者の方が古く、豫め結果に對して、報酬・報恩を約定する意味。其が、約束實現の後に、結果に對する慰勞の爲に誓約通りに報恩する事を示す前者の犒ぐにもなつた。即、立願と願解きとを籠めてねぐと言ふ。兩者同一語で表現する事は矛盾とも思はれるが、古くは意義分化による同音異義であつたのだ、秋祭りに來臨した神に、明年の農作物を豐穰にして下さつたら、

これ〳〵の御禮をしますと願ぎ、春田打ちから農功を積んで、出來秋の作物を以て次の秋祭りに來る神を犒ぎ、その時に再び來年の豐作を願ふのだ。だから、願ぐ・犒ぐはもと同一語であり、犒ぎ祭りは秋の祭りと云ふ事になる。

十一、祭式舞踊及びその藝術化

民俗藝術は、近頃になつて、一般の注目する處となり、隨つて問題になつて來た。其に就いて一般に誤解があるやうだ。即、藝者の歌ふ小唄を民俗藝術でゞもあるかの樣に考へてゐる傾きがあるが、此は誤りである。民俗藝術が藝者の三味線にかゝると、調子や音色が變つて來つて藝事になつてしまふ。土地により、村によつて鄉土の色調を持つた特殊な音樂舞踊がある。其が融合したり又、融合したものが再び特殊化して其土地の匂ひの强いものとなつたりしてゐる。其土の香りの高い音樂舞踊が民俗藝術で、中心をなすものは信仰の力である。歌は別として、踊りのふりやてが變化して來て其に樂器が這入ると次第に藝術化して來る。その著しい例は、室町時代の末頃に三味線が渡來してから、今まで民衆の手に行はれてゐた、單純な樂器による音樂舞踊が忽に藝術化してしまうた如きである。つまり、藝術になつては民俗藝術とは言へないのだ。民俗藝術は、われ〳〵の生活に即してゐるが、藝術は實際生活を遊離してゐる。隨つて、民俗藝術が中途半端な藝術化をすると、其いづれにも屬さない中間物になつてしまふ。此は新しい藝術を生み出す母胎となるもので、その意味に於て注意してよいものである。併しながら、民俗藝術は、其儘で意味があるのだから、其指導をするものは、藝術化をしないやうにする必要がある。所謂民謠作者や舞踊家の作詞・振りつけを經たものではなくして、下手でも土地に根ざし、鄉土に生れたものを續けて行くのが本道の進み方である。東京へも年に一度、日本青年館の催しで、民俗藝術が招かれて來てゐるが、都人に迎へる監督者の考へ方によつて、變形させられる場合が多くて、民俗藝術らしい味の薄いものになつてゐる。土著の人か、其土地への同情ある旅行者にして、はじめて理會出來る鄉土の匂ひの高いものも、鄉土を離れて移出されると、決つて藝術化して來る。けれども、藝術の畠まで持ち込むのには、民俗藝術は資格の乏しい種と、言はなければならない。結局郷土自慢は、民俗藝術を變形・破壞するといふ事になる。藝術化したら民俗藝術ではなくなる、と言ふのは、決して反語ではないのだ。せつかく、東京に出て來ても、ちよつと褒められた爲に藝術化を始めて、元の民俗藝術の形が歪められてしまう。其では民俗藝術そのものにとつて殘念なことだと思ふ。

民俗藝術のみならず、日本の藝術の基礎をなしたのは、祭式舞踊が殆んど全部を占めてゐると言へると思ふ。舞ひと踊りとは、本來、その意味する動作に違ひがあつた。踊りは躍び上る動作。舞ひはうろ〳〵歩き廻る動作であつた。踊りは藝術化する事遲く、平安朝にはまだ祭事であつたが、室町時代から藝術化して來て、德川時代になつて藝術として完成した。蹈歌・鎭花祭の時の踊りが祭事としての踊りで、惡靈を誘ひ出す動作であつた。舞ひは早くから藝術意識を持つたものであるが、元は土地の魂を踏みつける爲の動作で、唱へ言を伴うてゐた。舞ひは神及び神憑きの人のする事であり、踊りは惡靈、又は其代表者、或は通り神の行ふ動作で、間の早いものであつた。通り神の姿をしてゐるものを、踊り神と云ふ。踊り神が長く一地に止ることを嫌つて、村々では踊り神送りと云ふ事を行つてゐる。踊りと舞ひとは、並び行はれてゐたので、說明も種々行はれてゐるが、其等の根本の相違は前述した處にある。私の話では民間の風俗・行事を傳說と結びつけて說いてゆく事があるが、日本の傳說には年中行事から起つてゐるものが少なくない。だから、風俗・行事の研究が傳說の研究に採り入れられなければならないのだ。

踊りの中で、近世の生活に關係の深いものは、盆踊りである。盆踊りについては、歌垣起原說が行はれてゐるが、私はさうは考へない。盆踊りは、室町時代から流行した伊勢の皇大神宮の遷宮の時の伊勢踊り――此踊りは人氣がよくて年中諸國に行はれてゐた。此踊りが廻つて行くと、人々は熱狂して盛んに行つたものである。中心に音頭をとる人がゐて、其人の音頭に隨つて人々は其周圍で踊つた。この式が盆踊りにも見られる――。前述の小町踊り及び念佛踊り――村內の新佛のある家の庭で輪を作つて「なむまいだんぶ」と言ふ句を唱へながら踊る――の方式が融合して出來た踊りである。民俗藝術の一つの特徴は、自分の持つ特質に拘泥する事なく、期會さへあれば、他のものと合流・合體してゆく事である。

5

盆踊りを歌垣の名殘りとする說は問題にならない。そんなにまで古く盆踊りの起原を溯つて考へる事は出來ない。盆踊りの中心になる音頭取りは、傘又は笠傘鉾の樣なものを持つてゐる。其が變化して雨傘を臺に立てたり、櫓を造つたりして、其處で音頭を取つてゐる處もある。此等のものは、伊勢踊りの萬度祓ひを着けた傘鉾から出た物である。それに糸を張り紙を貼ると傘になる。古型を存した盆踊りには、必この形を殘してゐるものである。單なる農村の遊びと見られてゐる盆踊りには、かうした信仰が融合してゐる。其他の民俗藝術も殆、祭式舞踊が基礎・原因となつてゐるのだ。

十二、魂祭り

魂の信仰では、普通生きた魂と死んだ魂とを考へてゐるが、魂に生死はない。古代の人は良い魂と惡い魂と言ふよりも身體に著くと其人の威力となる魂と、病的な禍の源となる魂があると考へてゐた。其が後代で云へば、年末と中元の七夕から盆の頃へかけてに當る時分になると遊離して、人の身を求めて收まらうとする。で、祭りをして威力の根源たる魂は完全に生きた人に著け、病的な魂は身體に著く事なしに歸らせるやうにする。其が盆の行事である。後に生きた魂と、死んだ魂とに分けて考へる樣になると、生きみ魂と魂祭りとに祭りが岐れて來る。徒然草に兼好は、「なき人の來る夜とて、魂祭るわざは、この頃都にはなきを、あづまの方には、なほすることとありし云々」と大晦日の夜の事を述べてゐる。今でも東北地方では、大晦日の魂祭りを行つてゐるが、魂に生き死にはないのだ。信州の下伊那郡では、現に生き盆と言つて、七夕の後、盆の十三日までに子分・子方の者が、親方筋及び親許へ、其健康を祝福しに行く行事をしてゐる。行事は古くからあつたらうが、室町時代頃の田舍では殊に盛んに行はれたものと見える。室町の將軍家でもおめでたごとゝ言うて、此行事を行つてゐる。身分・階級の下のものが、主人の前で「お目出度う」を申して、主人に良い魂を著ける。すると、主人の健康・幸福が增進すると信じてゐたのだ。此信仰は更に溯ると、上の人に自分の家々に傳はる魂を、壽詞を奏上する事によつて獻上する事であつた。此と同時に、主人の魂の切り換へも行はれ、其分割した魂は更に部下に與へられるものと信じてゐた。魂は詞によつて發動した。又握り飯・粢《シトギ》・團子・甘酒など、米で作つたものも魂の象徴だと考へ、殊に鏡餅は其代表的の物であつた。正月になると、まづ其等の物を持參して主人に奉る。魂獻上の詞章を唱へる一方に、魂の象徴をも持つて行く樣になつたのだ。鏡餅を据ゑにゆく記事は、平安朝の末の文獻に現れてゐる。魂の形は擬寶珠の樣な形と考へて、握り飯でも頭を尖らせて擬寶珠の形に作つてゐる。正月又は大晦日に、寺から擬寶珠形をしたみたまの飯、又はみたまさまと稱する物を持つて挨拶に來る。これは正月になると墓から祖先の魂が歸つて來る形である。歲神は半ば神で、半ば祖先の魂と言つた形をとつてゐる。盆にも米を材料として作つた物を配るが、此も元は長上に對して、目下の者が奉つた風であつたのが亂れて、對等者間で相互に贈答するやうになつたのだ。室町時代の武家の間では、おめでたごとの行はれる時に、鹽鯖を持つて禮に行つたもので、今でも諸處に行はれてゐる。誹諧では此を生きみ魂と言ふてゐる。生きみ魂を祝福しにゆく行事なのだ。其時に鹽鯖を持つて行くのには、語の上の誤解があるのだ。御佛飯を最初に少し除いて散飯《サバ》と言てうゐる。此は其邊の精靈に與へる形で、數の中に入らないのだ、商人が利の頭をはねるのをさばを讀むと言ふのも此意味から出てゐる。つまり。御飯のお初穗、即、散飯を持つて行つたのを、語の上の誤解から鯖と解して、鹽鯖を持つて行つたのである。

魂祭りには二通りの意味がある、八日から十三日までの生きみ魂に續いて、十四日から十六日までを于蘭盆と云ふ。頭を下にし足を上にして地獄に墮ちる、倒懸といふ苦相から救ふと云ふ意味で、救倒懸と譯してゐる。釋迦十六弟子の一人目蓮尊者が、生母が地獄で苦しんでゐるのを見て、僧を招いて此を救つたのに始つて、一切の死者の冥福を祈る爲に行ふのだ、と佛敎では說明してゐる。于蘭盆は佛敎では年六回あるのに、何故七月の盆が大切になつたかと言ふと、此時を境にして一年が二つに平分されると言ふ考へが暗々裡にあつて、此時に魂の切り換へが行はれると信じた爲だ。謂はゞ、正月が再び來る譯だ。盆棚は七夕の祭りと同じ信仰によるものである。七夕の時には、都會では著物その他の縫ひ物を、七夕つ女に借してやると考へてゐるが、田舍では棚に畠の作物の初物を供へる事になつてゐる。盆棚も其と同じで、其棚の造りは神を迎へる方式であつた。元、軒下や門の所に棚を造つたのを後、には家の中に佛壇とは別に棚を造つて祭るやうになつた。盆に來る魂には、大きなものと、眷屬のものとある。前者は正面に、後者は其脇に招じる。その考へを延長して、無緣の魂も祭る事になつたが、此魂を家の中へ入れては惡いと考へてゐる。魂は人の身に來りふるものであるから、無緣の魂はない筈であるのに、盆棚を造つて魂祭りをする經驗から、逆に後を祭るべき人のない魂を無緣の魂と考へて來て、此が一族の魂と一緒にやつて來ると、祭つてやらなければ、祟りをすると思うたのだ。正月に死者の魂も來た樣に、中元の魂祭りは、死者の魂を祭る許りではなかつた。生きみ魂と、于蘭盆とは別々にやつてゐたのに、時期を接してゐた爲に一緒になつたのだ。

十三、假作正月

日本人は魂が來ると年が改まると信じてゐた。年に一度は來るに定つてゐたが、一回に限つた事ではなかつた。魂の信仰は純化すると神の信仰になつて、魂の信仰よりも畏しくなる。其一方に亡き人の魂の信仰が分岐して來ると、一年に二度一月と七月とに正月をする事になる、節季拂ひ・盆勘定といふのも此信仰があつたからの約束なのだ。此外に神が臨時に來ると其度に正月にかへると信じてゐた。曆法の上の正月以外の、信仰による正月を假作正月と云ふ。正月から十二月までの間に幾度かの正月が行はれたのである。其等の中で、疫病が流行したり、田畠の出來が惡かつたりした場合に、六月から七月にかけて、門松を立て標め繩を張つて、まう一度正月をして祝ひ直すのは注目すべきである。昔は此時にも、改めて神の來臨を乞うたのである。此假作正月の根本をなすのは、前述した商返しの信仰である。

假作正月に就いては、話をしなければならない事が多いが、既に魂の信仰の話を重ねて來てゐるから、時間の都合上これだけにして話を進める事とする。（未完）

朝鮮の民俗劇

宋錫夏

起言

梓書房刊の、國劇要覽を見ると、それに記載されてゐる朝鮮民俗劇紹介が、あまりに簡略なるためと、未だ朝鮮の民俗劇の如何を知らない人のために、紹介旁々筆を執つたのがこれである。批判するのではないが、同書に載せてゐるものゝ資料の大部分は、鄭寅燮君の『朝鮮の鄕土舞踊』（民俗藝術第一卷九號五五――六四頁）及び東亞日報（一九二七年一月――三月）の『我が故鄕の風俗習慣』（これは其後思想通信社發行の朝鮮及朝鮮民族に日本文で譯されてゐる）に依つたものと思はれるのである。（同書には參考書として「日本地理風俗大系」朝鮮を擧げてある）同書編輯の方としては、頁數の關係及び段取の都合もあつたのであらうが、私をして言はしむれば、項目を入れる以上は、もつと正確と親切氣があつて欲しかつたのである。執筆を鄭寅燮君及孫晋泰君をして、なさしめたならより以上の正確なものが、出來た筈だと思つてゐる。同書には一、農軍行列 二、假面劇 三、牛まね龜まね 四、童舞 五、盆踊の五種を擧げてゐる。以下國劇要覽記載と全然別個に、朝鮮民俗劇の概梗を述べることにするが、いきおい國劇要覽の例を引くことが多いから、讀者諸彥の御諒解がありたいものである。

人形劇

國劇要覽には人形劇については、一言も言及してないが、朝鮮には脚本に依つて、相當體系の整つてゐる人形劇が、存在しつゝあるのである。(一)朴僉知劇　(二)忘釋僧劇　(三)玩具人形劇等であるが、嚴密なる意味からいへば、(一)だけが劇で他は單なる動く人形即ち仕掛人形と、云はるべきものであるが、便宜上それ自身が劇の要素を幾部分かを持つため擧げたものであることをいつて置きたいのである。

(A) 朴僉知劇

これは一般に『コクドカクシ、ノルム』(꼭두각씨노름・Kokdu-kakssi-norum)・『ホングドングチ、ノルム』(홍동지노름・Hongdongji-norum)『バクチユムチ、ノルム』(박첨지노름・Bakchumchi-norum　朴僉知劇)といつてゐる。この名稱は全部人形の名から出てゐるもので、『ノルム』とは遊びと譯されるべきものである。『コクドカクシ』は女の人形で、醜婦と譯されてゐるが、語源としては識者間に『コクド』は日本の『クグツ』支那の『郭禿』と結びつけ傀儡といはれて居のが當を得てゐるやうに思はれるのである。(二)「カクシ」は閣氏と當字を使ひ、若い婦の事で、これは後に單に人妻を指すようにもなり、「アッシ」(아씨・Assi)と同樣にも使はれてゐる。「バクチユムチ」は白髮の老人の人形である。「バク」は朝鮮語で瓢・瓠をいふのであるが、これは乾かして(中味をゑぐり取つた後)水汲杓子に使ふのである。又それから因つて出來た言葉であらうが、木製のものも矢張り「バク」とこふのである。ナムバクアチ(木製杓子・Namu-bakachi)ドレバク(釣瓶・Dure-bak)(慶尙道　Durubak・忠淸道　Darebak・全羅道　Durumbak・咸鏡道　Gablagaji)等である。「バクチユム

チ」の「バク」はこれら人形又は假面を瓠で造つたから、これより出たものであらう。又一方人形の人格化を計るためには、「バク」と同音なる姓「朴」をつけ、朴チユムチ即ち朴僉知とした。僉地とは官職の名であるが、名門の出はあまりならなかつたのみならず、相當な老人になつてからなるのである。だから世間では老人を侮蔑して呼ぶとき、往々僉地といつてゐる。

「ホングドングヂ」は全身赤色裸體の人形であるが、「ホング」（홍 Hong）は「紅」で朝鮮人の姓に多い「洪」と同音であり、「ドングヂ」（동가 Dongji）は官職の名同知であるから、人形の人格化をしたのは「バクチユムチ」同様である。演出は人形座一座があつて、そればかり演出するのでなく、舞童團《ムドングタン》（民衆はサータングペ、クルニツペ、サンデトカム=사당패、걸립패、산대도감=Sahdangpé, Gulnippé, Sandetokam. と呼んでゐる）といふ假面劇、郷士舞踊、曲藝、俗謠、演奏等をしつゝ、巡回興行をする一座の、一科題に挿入されて、演出されるのが、普通であるが、これらは一般に半農半藝人である。

此の劇の發生の起源は人形のそれより推察すると、(二)相當に古いものと思はれるのである。前記の官職の名から、李朝のものであるといふ人があるかも知らないが、それは原形より變化と見るのが、正當であらう。けれども Prof. Pischel がいふ、人形劇は各國に於ける演劇表現の最古の形式だ(三)といふことは、朝鮮には當つはまらぬことだらうと思ふのである。(尤もたゞの假面と人形の場合の發生年代は別問題だ）むしろ假面劇の方が、先ではないかと思ふのである。バクは文獻上からも、新羅に於て既に劇的要素又は形態の區域にまで、根ざすようにならたと思はれるのである。新羅始祖朴赫居世代の瓠公の傳説(四)は、多分に劇的色彩を帶びてゐる。現在慶州地方の民間説話に、義相（或話では元曉で共に新羅の高僧）が托鉢に或家に行つた時、主人のいふには「バリテー」（バクの形をしたお椀）を冠つて踊れば布施をすると云はれ、不快な思ひがしたゝめ、色んな奇蹟を現はしたといふ説話を見ると、瓠の演劇的方面に利用された、形の一つだといへる。

古代人が假面を使用すべく、環境が要求したのは、驅魔・狩獵其の他の理由で、假面の發生も亦これに基くことは周知

の事であるが、新羅に於ても(五)如上の理由で發生し、その當初一番手近な材料として、瓠を使用したことは、現在田舍で使はれてゐる假面の材料が、瓠を多く使ひ、言語上からも、假面をタール（탈）又はタール　バカチ（탈바가치）といつてゐることからも想像され、其が後には木製假面までに發達したと想像される。即ちこの演劇的要素を持つ造形美術品を、バクと呼び從つて其後に發生した、意味のある人形の面も呼んで、バクといつたであらうと考へるのが心理的にも自然でないかと思ふ。丁度瓠（バク）があつたところへ、新しく輸入された南瓜を「ホーバク」（호박・Hobak）と呼んだ心理と、同一ではないかと思ふ。尙現在では形態上の類似から、圓形なるものをも「バク」と呼ぶようになり、人間の頭も「バク」と呼ぶようになつた。

斯の如く朝鮮の人形劇は相當古いものであるけれども、三國時代以前には溯る事はないと思ふ。

舞臺は約二米突平方の處に、柱を各隅に一本づゝ合計四本を立てゝ、幕を繞らして圍んだ後、人形使ひが其幕の內に入つて幕の上方の處に人形の半身を出して、觀客に見せるのであるが、劇の筋は主演者の「バクチユムチ」と他の人形使ひとが、對話の形式で觀客に知らしめるのである。「バクチユムチ」の言葉は竹筒を人形の腹から咽喉まで通して、下方の一端に人形使が口をあてゝ臺詞をやるのである。伴奏は勿論あるが時々脚本と關係のない、テクニックを主とした人形の踊を見せることがある。それは畢竟觀衆の心のだれるのを、防ぐためである。

劇には多分の儒教及び佛教の影響を受けてゐる世話物であるか、諧謔のある悲劇性のものであるかである。この人形劇に關する他の說明は、拙稿「朝鮮の人形芝居」昭和四年四月・人形芝居研究——民俗藝術）を御參照ありたいものである。

（B）忘釋僧劇

忘釋僧劇とはあて字で、망석중희、（マングスクチユングノリ mangsukchung-nori）である。これは人形劇とはいひ得ないと思ふ。なぜなればそれは仕掛人形に過ぎないからである。たゞ伴奏とその興味ある動き方が、演劇發達の一段階と見れば見られないでもないのである。

演出は舊曆四月八日お釋迦樣の誕生日（朝鮮ではパイルノリ Pail-nori といふ。ノリはノルムとほゞ同じ意味）のお祝の餘興として、演出するのが普通であるが、たまには村の定期日市場で演出されることもある。又これは人形といふ言葉を使ふべく、少し躊躇したい氣がする、何んとなれば人の形をしたものは一個即ち五分之一に過ぎず、他は鹿・獐《ノル》・鯉・龍各一個づゝで出來てゐるからである。

演出の方法は、脚本はないのであり、「マングスチユング」人形の胸に穴を二ケ所あけて、四本の紐を四肢の先に結びつけて、後から引く度に、兩手は胸を、兩足は頭を打つだけである。頭部は普通瓢を使ひ四肢は木を使ふのである。鹿・獐は昔は瓢で今は厚ボール紙で造り、關節毎に（首・脚・尾）紐又は釘或は針金等で動くようにして、鹿、獐を平行に並べて、その兩者を紐で各々結び、それを又一線に纒めてひつぱると關節を曲げながら、爭ふまねをするのである。龍及び鯉は紙製で、兩者の間に提灯を吊してそれを動かすと、龍及び鯉は互に提灯を（如意珠のシムボル）各んだり、吐いたりする形を現はす。こんな風にして「マングスチユング」を中心に、左右に分かれて同時に各自の働きをなすのである。

この人形の發生の動機としては、ある時代佛敎に對する、惡宣傳のため今のと異なる形式で、發生しそれが其後佛敎徒のために、破戒僧を目標とした矢張りある種の、逆宣傳に利用されたものではないかと思ふのである。朝鮮で一般民衆又は爲政者に、佛敎が憎惡の感を持たしめたのは、前者は佛敎そのものではなく寧ろ僧侶である、後者は佛敎そのものであつて、それも麗末の例の辛旽の事件あつて以來である。李朝にはいつてからは太宗（1401—1418）以來數回に亙り時の王が佛敎を排斥して、佛敎の學者をして快哉を叫ばしめたのである。マングスチユングノリに就いて、演出者自身ですら高麗朝の發生といふものもあり、李氏朝と稱するものもあるため、それの何れを取るか問題であるが、柳得恭の京都雜誌には

演劇有山戲對戲兩部屬於儺禮都監山戲結柵下張作獅虎曼碩僧舞野戲扮唐女小梅舞曼碩高麗僧名唐女高麗時禮成江上有中國倡女來居者小梅亦有古之美女名

とあるも、明確なる判定を下すは早計である。東亞日報紙上（昭和六年五月）で金在喆氏は、前文中の作獅虎ば假面劇の事

であり、曼碩舞は假面劇に出る僧舞の一種と斷じ、黄眞伊（七）對僧知足の民間說話に因り「マングスクチユング」は知足のあだな「萬石僧」であらうと述べ、傍證として Hulbert 氏（八）の左の文を擧げてゐるが、金氏の說は大體に於いて首肯出來るも筆者としては、より以上の檢討が必要であると思ふわけで論斷を避けたいのである。

In the day of Kwang Ha Kun, immediately following the Japanese invosion a Japanese embassy was in Seoul when a splendid spectacular Buddhist festival took place at which the preists, accompanied by music dragged through the city an image of the Buddha in a standing posture the Japanese envoy thought it desecration to make a standing Buddha and foretold its destruction which took place the next year when it was sent to a country monastery.

（C）玩具人形劇

これ又劇といひ得ないことは、前同樣であるがこれは專ら兒童向にやるのである。演出場所は村の定期日市場か又は村の廣場である。嘗つて慶尙道地方にあつたもので、近頃既に亡びたか、とんと見當らないもので、一人の人形使ひが村から村へと旅をつゞけつゝ、數種類の人形を携へて、先づ自分が一度口で音樂及び臺詞をやりながら、巧妙に操るのである。兒童はそれを見て一枚の錢を彼に渡して、自分も彼同樣やつて見る仕組である。人形の構造に就いて二三例を擧げると、竹製の「U」字形の棒に、糸を各端から二本づゝ通して、その棒の彈力を利用するものであるが、人形は棒と棒との間に綿・紙及び竹の細けづり棒等を材料として造つたもので、その兩棒を手で握ると力の入れ具合に依つて、丁度機械體操でもするかのやうに見えるものである。又或るものは黍の心及び皮でつくつた、道化役者見たいな人形を造り、脚はなく腕を長くして指先に立てゝ踊らすものである。

一、高木教授　淨瑠璃史（金在喆氏引例——東亞日報三七二九號。）

二、文獻通考—傀儡並越調夷賓曲李勣破高麗所進也。同書—窟礧子亦曰魁礧子作偶人以戯善歌舞漢末始用……高麗亦有之。海東釋史卷二十二—按魁礧子卽傀儡而傀儡及越調本皆新羅樂也—光文會版—

三、Prof. Pischel :—The Home of the puppet-play.

四、三國史記卷一　新羅本紀第一。

五、三國遺事卷第二　處容郞望海寺。三國史記卷四四　異斯夫條（これは人形らしい）。東京雜記卷之三異聞「御舞祥審」。

六、東國通鑑四十八　恭愍王。

七、黃眞伊は李朝中宗の時の名妓也、黃進士の娘にして文章容貌共に有名、開城の人也。知足も同時代の僧にした、禪の奥義をきわめむと十年間面壁したが、眞伊の誘惑に陷り、破戒した。俚諺に『十年工夫南無阿彌陀佛』これから出た。

八、Hulbert, Homer :—The Korean Repository, vol. III No. 6. The Korean Alphabet.

假面劇

假面のことを『タール』（탈・Tahl）といひ、假面劇のことは『タール・ノルム』（탈노름・Tahl-norum）といふ。假面劇の一種『山臺劇』を民衆は『山臺都監ノリ』（산대도감놀・Sandetckam-Nori）といふのであるが、文獻には山臺雜劇、儺戯、儺禮、山棚戯といつてゐる。南鮮の釜山、東萊では『ドール・ノルム』（들노름・Dul-norum. 野遊）といひ、金海の駕洛及び慶尚道の南海岸地方では、『オクワンデー』（오광대・Okwang-dé）と呼ぶ假面劇が存在してゐる。

朝鮮の假面劇については、假面そのものゝ發生は、他の國と異ならないところの、動機及び原因を持つことは前に述べた通りである。新羅時代には既に劇の要素を含むものが發達してゐたのである。即ち、舞劍戯[一]・五戯[二]・處容舞[三]・無导[四]等があり、就中處容舞は、長い生命を維持し、高麗・李朝まで續き李朝第四代、世宗、第七代世祖の時には夫々修正[五]を加へたといつてゐるこれは宮中のことであるが、民間にもそれを保存し十數年前まで、慶州妓生あたりでそれをしつてゐたものもゐたといふが、これらは何れも既に滅びしものか、それでなければ他の形式に變つたものである。

（A）山臺劇

支那の古儀式驅儺儀は、高麗朝の初期には明白にそのまゝの形式で輸入され、その通りの行爲が除夜の晩、宮中に行はれたのである。その道化的儀式は、當然に演劇的傾向へ傾き、それが高麗睿宗（六）（1105—1122）の時であり、高麗末葉には完然に演劇化し山臺雜劇（七）と呼ばれるようになつた。李氏朝になつてからもそのまゝ傳はり、世宗朝（1419—1450）の時には、支那使臣の來朝の時には觀覽に供したのである。（八）それは使臣に見せることは、勿論だけれど政府で山臺劇を彼に見せるものは、往々政策が加味されてゐる。るそれは是使臣なるものが、單なる交詢的使命を主とせず、なにかとあら探しに來るようなものであつたから、新國家建立後まもない朝鮮では、彼を途中に迎へて、彼の來る最大用務が那邊にあるかをさぐるのである。道中最後の夜は其一行を、弘濟院（京城より義州街道第一番目の院日本の宿に似てゐる。）にとめて役人をして彼等一行を歡待せしめるのである。其の夜弘濟院の廣場で篝火を焚いて華かに、山臺劇が演ぜられるのであるが、結局は從いて來る人足共を喜ばせるに過ぎないのである。かくの如くこの山臺劇役者は官（山臺都監）に隷屬してゐて、これらの演出費用は全部市民の負擔であつた。仁祖（1623—1649）の時には上奏により、宮中の御儀としては廢止され、專ら民間で興行されるやうになり、一座の維持費用は有志の零細な寄附に依つたものである。寄附金募集の方法としては、春秋二回都印（春は蟬印、秋は虎印）の捺されてゐる證明書を持ち廻つて集めるものであり、其の一座は京城府外の阿峴里に居住してゐて阿峴《エオゲ》山臺と云つたが、社會的地位の最も低い割に、經濟的にめぐまれない關係上、數十年前に解散したのである。この外に京畿道揚州邑內には、別山臺といふのがあるが、この沿革は六七十年前それまで阿峴一座の旅興行の時、まねてやり始めたのがこれであり、それも時代の流れにはどうすることも出來ず、昭和四年の博覽會の時京城東大門外の「ブンオウムル」で興行したのを最後として、これまた解散の餘儀ない運命に逢つたのである。

（イ）假面の種類

一、小僧二個。白粉面、黒髮、黒眉、眼の緣及び口紅、冠物は紙製靑及び赤の花冠（李能和氏は曲冠といふ）（九）

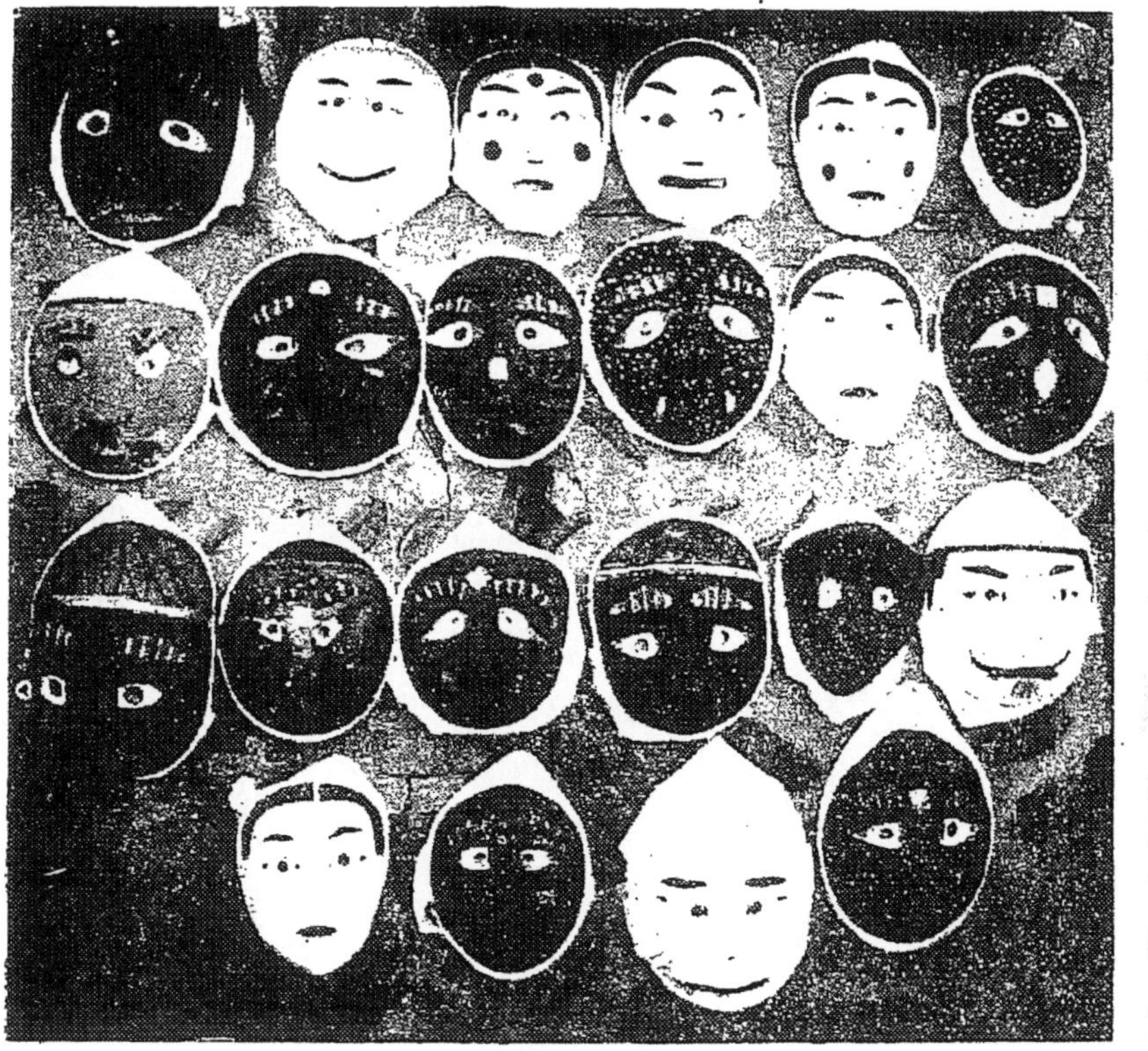

山臺劇假面

二、ニキビ又は疥癬一個。朱褐色面、ニキビは白く大豆大の點、皆があがり裂。

三、墨僧七個。皆異るも似てゐる。赤色、暗褐色。皆は赤、眉白、鼻大、顏に白い點々、口の緣は赤の皺だらけ、そのうち一個は完甫と書いた長方形の冠をかぶる。ニキビと共に八墨僧といふ。

四、蓮葉一個。赤い面、口及び眉は綠、顏に金の橫條、冠は蓮の葉の形を表はす。

五、睫目一個。約二寸位の丸形の眼孔の中に、眞鍮製仕掛をしてその端を口にくわへて動かすと、眼ばたきをする。口、眉、冠は蓮葉假面に似てゐる。

六、倭唐女一個。小僧假面に似てゐる。

七、小知堂一個。白粉面、口紅、目の緣赤、眉黑、髮黑兩頰及び額に丸形赤點（臙脂）

八、老僧一個。黑色面、眉白色點々、口は大、目は白色、眼緣赤、白髯、鼻と耳大、顏に大きな皺。

九、小巫堂女二個。白粉面、口紅、頰にも丸形赤點一個づゝ（臙脂といふ）。

一〇、マルトギ一個。赤面、白眼。黒綠色の大きく突起の眉、額には大きな皺、白或は綠の點々。

一一、猿一個。赤面、眼は金色、主要な部分は毛。

一二、チユイバリ一個。赤面、大きく白い目、鼻大、眉黒と白の斑。特色としては解いたまゝの「ちよんまげ」

一三、生員任一個。生員任は士人。赤面、髯は白く長い毛、眉同、特色として口と鼻が裂けてゐる。即ち三口のシムボルである。

一四、書房任一個。小僧面に似てゐる。

一五、道令任一個。小僧面に似てゐる。

一六、捕盜部將一個。（一名捕盜軍官）黒髯、白面、額には網巾（一種の冠）を表はす線あり、口と目は赤。

一七、翁一個。長い額、白い毛の髯と眉。

一八、嫗一個。黒面、目の緣及び口紅、眉は白、皺あり。

一九、トツキ一個。墨僧に似てゐる。

二〇、トツキ姉一個。倭唐女に似てゐる。

二一、チユイバリの子一個。人形。

以上の如く假面二十八個及人形一つにして、假面は顔全部を覆ふもので、裏は袋の如くなつて冠れるやうになつてゐる。

（ロ）　山臺劇の舞台

山臺劇が舞台を、要するようになつたのは、極最近の十餘年前からで、その舞台なるものも、お粗末のものでなにも組織があるものでなく、從つて背景もない。元は野外劇と云はるべきもので、たゞ役者の樂屋だけは拵らへたものである。これを全部演出するには、丸一日かゝるものであるから、その間に食事及び酒等は時々とるのである。今日のように興行の時、各人より入場料をとらない昔は、小屋か不要なのが當然であらう。

（ハ）　山臺劇の梗概

第一科場。序幕——小僧二人無言で四方の神に芝居興行を告げる舞。

第二科場。疥癬僧登場すると。小僧がその面が醜いと惡口をいふと、疥癬怒る。小僧退場。疥癬獨舞。

第三科場。墨僧一人一人登場して、諧謔な言葉を交換して、一人づゝ別に舞ふ。

第四科場。蓮枼・睫目登場。墨僧一人が睫目の目を覗き怒いて退く、そして舞ふ。他のものも倣ふ。その後蓮葉と睫目が同時に踊る。

山臺劇第七科場

第五科場。完甫以下夫々舞踊をした後、完甫の說教があつて、一齊にお經を讀むのであるが、二人づゝは破戒して俗界に還るのである。最後には其の修道求法の銘約を破つて、完甫一人殘るのを、象徴的に表現す。

第六科場。僧が一人來て完甫に、子・孫・曾孫が山臺劇見物から還つて、急に死んだから治療して吳れとたのむ。完甫が診斷してから、子は酒、孫は周堂神、曾孫は犯房のために死んだし、且又享樂氣《シン》（觀劇を皮肉くる）が體中一パイであるから白鷗詞を唱へれば癒るといつて、歌をうたつても、癒らぬから、新開業の醫師の來診で癒ほす。（新は享樂に通ず）

第七科場。倭唐女及び小社堂が登場舞踊す。僧が穴あき錢一結をやるから、小社堂を吳れと倭唐女にたのみ、結局三結で値が定まる。倭唐女喜んで酒を飲むと、僧怒り、完甫と共に諧謔まじりにしやべつて踊る。

第八科場 。老僧登場。疥癬登場。完甫が老僧の破戒を叱る。老僧は疥癬をなぐる。（此の役は便宜完甫がつとめる）と完甫はそれを怒つて、老僧を眞中に、皆がくるりと圍んで、あらゆる侮辱と毆打をやり各〻退場。老僧一人地面に倒れてゐる。

第九科場。小巫堂二人登場。老僧徐々に起上る。彼等間に淫蕩な行ひがある。履物賣マルトギが猿を負ふて登場。老僧女用の履物を買ひたいといふも、マルトギは掛賣はいやだといふ。マルトギは猿に女一人を誘惑して來いといふ。猿はふざけたのち、自分がお先に失敬したといふ。マルトギはそんなら仕方がないから、お前も雞姦するといつて逐げて退場

第十科場。チユイバリ登場。老僧と彼との間に女の事で葛藤を生じ、結局老僧は女一人だけを連れて退場。チユイバリは女一人を得て男の子まで儲ける。この性生活は、臼搗きて最もシムボライズに表はす。この場が一番猥褻である。

第十一科場。生員任は自分の子たる、書房任及び道令任と下僕のマルトギを連れて登場。旅館が見つからず心配してゐる處へ、マルトギの友人スエトギに邂逅して彼の計ひで宿をとる、がスエトギの態度があまりに不遜であつた。その罪はマルトギにあると無理をいつて彼を罰する。他は皆退場小巫堂及生員任殘り、捕盗部將登場し、三角戀愛關係になり、結局戀の勝利は捕盗部將にあがる。

第十二科場。翁と媼登場。翁は人世無常を嘆く內、年寄の痴話喧嘩になり媼は自殺する。彼等の子供トツキ登場して之を知り急を姉に告げて連れて來る。彼等三人は悲嘆に暮れ亡き人の爲に巫覡の儀式でしめやかに而も盛大に其靈を慰める

（B）　五廣大及び野遊

國劇要覽にある金海の假面であるが、同書にあるやうに、洛東江の汎濫の時に一つの箱が流れて來た。それを拾ふて見るとその中に使用法が書いてあるから、やり始めたといふ事は錯誤だらうと思ふ。一體に南鮮の假面劇も山臺劇同樣、儺禮の系統と思はれるのである。其の本家本元は慶尙南道陜川郡妙山面班浦里（舊草溪郡）であり、その斑浦里假面の創說傳說がそれに似てゐる。金海郡駕洛面竹林里の假面は一八九四年金應六・金誠七等に依つて釜山、東萊の野遊及び斑浦里假面を標準にして創設したもので、名は五大廣といつたものである。（國劇要覽にある地神祭りは假面はかぶらないのが本式で、假裝といふのが妥當であり、純然たる舞踊である。）草溪の假面劇は所謂、洪水拾得物で其の箱を村で保管した所、度々不慮の災禍があるので、箱の中にあつた使用法通り、演出して見た所、災禍が止み村が富裕になつたといつて今まで

21

金海五廣大假面（金海郡駕洛面竹林里）
THE MASK OF OKWANGDÈ
CHUKRIMRI, KARAK-MÖN, KIMHÉ-KUN, COREA.

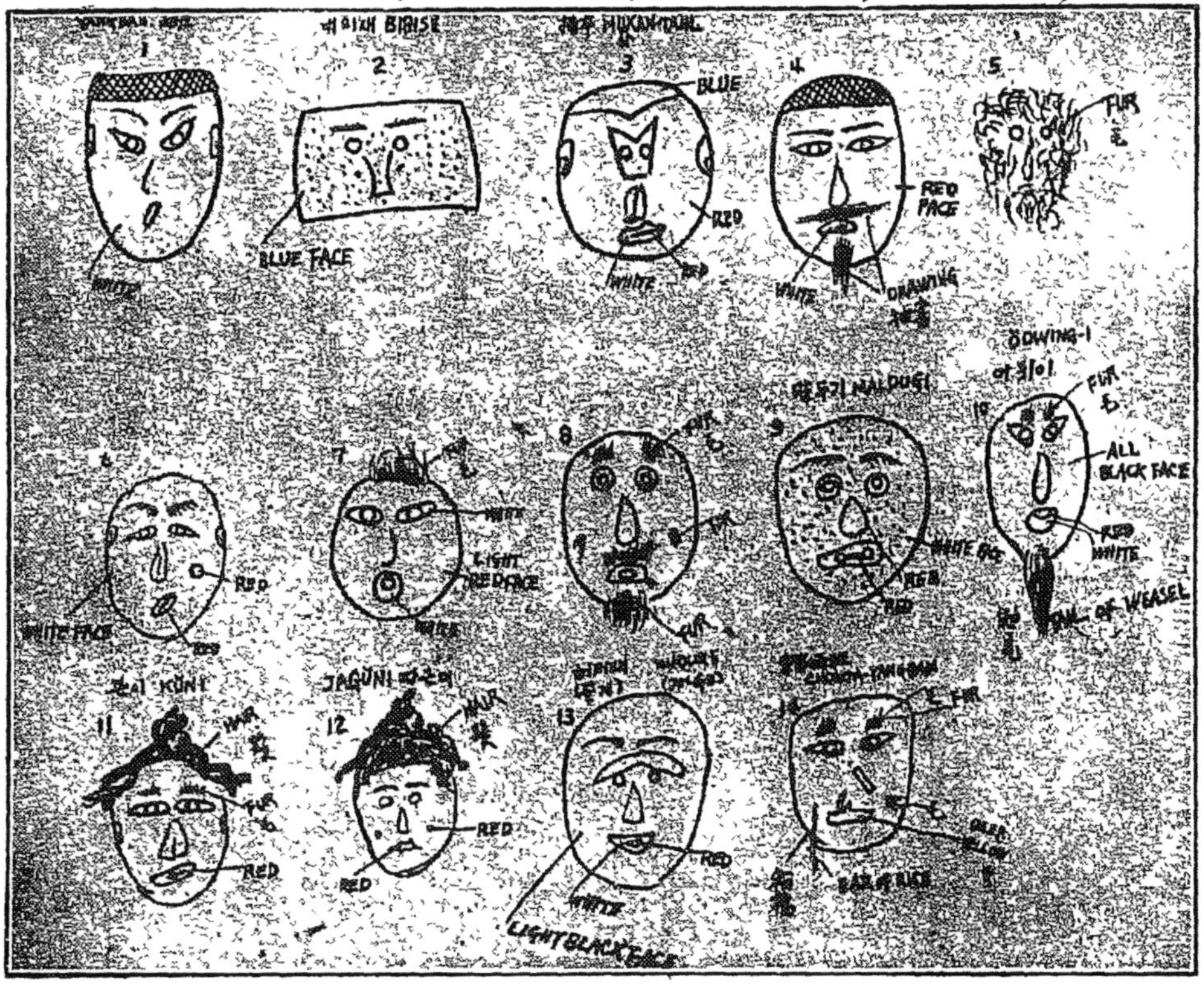

續いてゐる所由である。駕洛假面の材料は瓠である。

（イ）　假面の種類　――五廣大――

一、兩斑一個。白面、口が曲がる。白笠《ベクニノナ》を冠る。

二、ビビセ一個。靑面、黑の點々あり。

三、補卒一個。赤面、額は靑。

四、フドレ六假。赤面が二ケ、白面が一ケ、靑面一ケ、毛面一ケ、暗褐色面一ケ。

五、マルトギ一個。白面、赤鼻、黑眉、顏に黑の點々。

六、オディンイ一個。黑面、長い髯。

七、本妻一個。白面、結つた髮。

八、妾一個。白面、臙脂をつける、口紅、結髮。

九、宗家兩斑一個。黑面、鼻及び口は裂けてゐる。即ち三ロのシムボルである汚い髯（稻穗）二三本ある。

十、僧四個。白色。

十一、獅子一個。これは日本の獅子に似てゐる。赤面、大きな口、たてがみあり。

（ロ）　五廣大及び野遊の舞台

山臺劇の舞台とほゞ同樣なる構成組織を持つてゐる

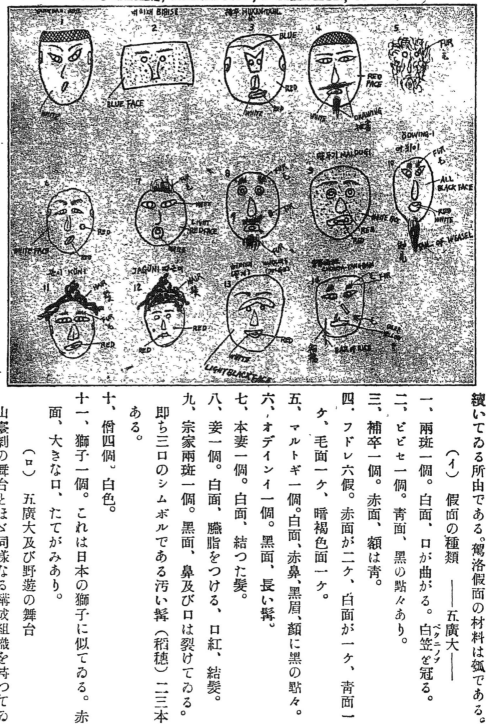

るから省略。

（八）五廣大及び野遊の概梗

假面の數に於いて既に、山臺劇の廿八面に對して十九面しかないのであるから、演出時間にも大分短縮が出來るのである。概梗も山臺劇のやうに、リフアインされてない代りに、それだけ民俗的である。脚本を未だとつてないから、比較的正確な概梗も述べられないけれども、善山（慶尚北道）に住む、宗家（本家）兩斑《ヤンバン》が下僕マルトギを連れて、全鮮遊覽に出る、其の途中に於て、あらゆるものから、侮辱を受ける事。本妻及妾の葛藤による、家庭爭議を描寫せるもの。僧侶の破戒に對して民衆の反感を表はしたもの等である。たゞ一つの特色としては、獅子舞であるが、これは山臺劇に於いて序幕の、四方神に似てゐる思想から出てゐる事である。獅子は赤い顏をして、目はきら〳〵光り、口は大きくて時々ぱくりとあける、そしてたてがみは垂れさがつてゐる。木綿二三疋で身體の部分をつくり、その中に三人が入つて、頭、胴、尾を各々動かすものである。これは獅子は虎をも、殺す事が出來る動物なれば、興行地方のあらゆる、惡い魔・鬼・神・邪を追拂ふためにやり、併せて自分達の興行も無事に出來るまじなひにやるものである。

一、東京雜記卷一風俗。同書卷二人物。
二、三國史記卷三二。
三、三國遺事卷二。樂學軌範卷九。東京雜記。益齋李齊賢詩。
四、三國遺事卷四元曉不羈。樂學軌範卷三。李仁老破閑集。東京雜記卷三異聞　葫蘆歌舞。
五、成俔著　慵齋叢話。
六、東國通鑑卷二十。
七、牧隱集三三卷。
八、增補文獻備考。

九、李能知著　朝鮮佛教道史下卷六五一頁。

結　言

朝鮮の民俗劇の特色は、人形劇に於ても、假面劇に於ても、容易に發見することの出來る思想が三つある。第一は、既に幾度か經驗せる、憎侶の破戒に對する、反感と憎惡である。第二は、一般民衆に對して、若芽を摘む如く壓迫と暴言を加へた、儒教徒に對する反感で、あらゆる場面で、その侮辱の方法を忘れなかつたことである。第三は、性的方面に對して、猥褻に流れる程大膽に表現されてゐることである。假面と原始信仰の關係を、假面劇に於て見るときは、民衆は假面を魔・鬼の驅退的方面に利用したことである。われらは尚ほこれら民俗劇を通じて、演劇發達の段階を容易に眺めることが出來るのである。卽ち單なる信仰的對照物より、野外で簡單に演出し得る劇的歩みへと進み、更に脚本とテーマのある演劇としての形態を備へられ迄に至つたことである。特色としては女役者の無い事と、舞踊を多分に入れたことであり、又それに伴ふ音樂があることは勿論である。北鮮地方の假面劇は、舞童園假面劇と同一であるが、特殊なものがあるとは聞かない、然し約四十年前までは、別にあつたらしい。(一) 大觀すれば人形劇に於ても、假面劇に於ても全鮮を通じて、その主流思想及び方法は同一と認められるのである。

國劇要覽にも出てゐる、蔚山地方（慶尙南道）の農軍行列、北靑（咸鏡南道）の獅子ノリ、黃州（黃海道）の牛まね、長湖院（京畿道利川縣）の龜まね、各地の秋夕ノリ、全羅道の圓舞「カンガンスオルレ」等に就いては他の年中行事と共に他日詳細に考察することにする。（完）

一、Carvendish, A. E. J. :—Korea and the Sacred mountain. London 1894.

寄合咄

長命の話說者

或る者が超自然的に長壽を保つて、おのが生涯に逢遭し見聞した出來事を後の世の人々に語つて聞かせるといふことは、常陸房を始めとして我が國にも決して鮮くなく、また他の民族の間にも屢々見出される民間傳承的な事實である。

さうした話說者は、何故に途方もなく長生をしなくてはならなかつたであらうか。その必要性若くは理由に就いては、我が國の民俗學者の間にも、それ相當の解釋があるやうであり、自分にも些か考へてゐるところがないでもないが、何しろ轉地先のことゝて、確たる文獻的記述によつてものを言ふことの出來ぬ境地に置かれてゐる故、それは他日の問題として、ここでは西の國の『常陸房』を一二人擧げて、愚見を述べるだけに留めて置かう。

西の國にも長命の話說者に關する傳承が少くない。自分が轉地先で讀み耽つてゐるケルト族の傳說の中にも、二人ほど目についてゐる。一人はキールタ（Keelta）であり、他の一人はアシーン（Oisin）である。

二人は共にフィーアンナ族（Fianna）に屬する男性であるが、二人ながら自分の身內や友人達が、或は戰場で斃れ、或は年老いて死んで行つたに拘らず、自分たちだけはひどく長生をして、幸か不幸か、自分たちが信奉してゐるドルイディズム（Druidism）を主調した宗教とは似てもにつかぬ基督教の傳來に接し、イエスの教の熱心な宣布者で、而して異教の說話に強い興味を持つた聖パトリック（St. Patrick）に、來しかたの數々の物語をしたと云はれる。

アシーンが、なみなみの人間に容されぬ底の長壽を受け得たのは、常陸房のやうに、ただ何となく長生が出來たといふのでもなく、また八百比丘尼のやうに人魚の肉を啖つたためでもない。人間の住む世界とは歲月經過の寸尺が違つてゐる世界に行つてゐたからであるとされる。アシーンには、愛蘭文學に通ずるもののよく知つてゐる通りに、神話學に謂ふところの『仙鄕俺留說話』が絡つてゐる。彼はケルト族に於ける浦島子である。フィンやオスカーなどのフィーアン族の一黨と共に、朝明けの山狩に出かけてゐたとき、どこからとなく白馬に騎した麗姬が現れ、アシーンを誘うておのが後に馬背に乘せて去つた。彼は『常若の國』の仙女王ニーアム（Niam）であつた。アシーンが此の仙鄕でニーアムの愛を享樂する間に、人の世の幾百年が流れて、フィンもオスカーも疾くの昔に死に果ててしまふ。そしてアシーンが故鄕忘じ難くして、ダブリンはグラニスモールのスラッシエズの谿谷地に歸つて來たとき、ニーアムの戒を破つて、ぢかにおのが脚を土に觸れしめたため、忽ち頽然たる一老翁となり了して、力なく大地に蹲つてゐると、大勢の人々が物珍らしげに群り集つて來て、フイーアン族の一黨の活動を口にするアシーンを嗤笑して、

『今日では、タルケン（Talkenn）が愛蘭に來て、唯一の神とその子基督とをわし等に說き教へてゐる。聖なるタルケンの率ゐる僧侶たちが尊崇されて、フインやオスカーなどは最早忘れ盡されてゐる。』

とて、イエスの教の有難味を艶賞したが、昔ながらに異教徒であるアシーンは、基督教に對する反感と冷嘲とを籠めて、

『もし汝等の唯一の神がフインやオスカーを屠つたとすれば、その神は一かどの强者《こはもの》と云ふことにしよう。』

と言つたので、群集がいきり立つて、手に手に石を拾ひ上げて、アシーンに投げつけようとしてゐるところに、タルケンが現れてアシーンを親切に取扱ひ、而してアシーンがおもむろに自分が逢着見聞したありし昔の物語を話し出し。而してタルケンはおのが秘書であるブローガン（Brogan）に命じてこれを注意深く筆錄させたといふのである。

自分は此の傳承に『後期的な作爲』の臭みを感ずる。

愛蘭に入り來つて、基督教化運動に從事した人々の異教文化に對する態度には二樣あつた。一は、苟もドルイディズムの色調を帶びた傳承は、無差別に抹消してしまはふとする行方で、聖コラムバ（St. Columba）などの態度はこれであつた。他は異教的信仰そのものには、容赦なく打擊を加へるが、異教文化が產み出した神話や傳說はこれを蒐集し記錄して後世に殘さうと努めるより寬大な、もののわかつた行方である。而して愛蘭にイエスの教を說いた最も早い基督教徒タルケンは、第二の行方を採つた人であつた。タルケンは即聖パトリックである。（タルケンは Adze-head の義で、愛蘭人が聖パトリックに與へた名。恐らく同聖徒の剃髮の形に因んだものであらうと言はれる。）

ところで愛蘭の說話の多くは、アイヌの說話の或るもののやうに、第一人稱で語られてゐる。そこでさうした說話の蒐集者としての基督教徒は、どうしても自身と話者とが親しく相會うてゐることにしなくては、始末に惡い。聖パトリックがアシーンに會うてその口から昔物語を聞取つたとさせるのはこれがためであると思ふ。しかし一方から考へると、アシーンと聖パトリックとの間には、永い年月の隔りがある。かくて何とかしてアシーンを長生させなくてはならぬ。そこでアシーンを『常若の國』に赴かしめたの

である。上に擧げたアシーンの傳說が、一七五〇年頃にミケール・コミン（Michael Comyn）がものした詩によつてのみ知られてゐることは、ティー・ダブリユー・ロルストン（T. W. Rolleston, Myths and Legends of the Celtic Race, P.276）などの指斥した通りである。ところで件のミケール・コミンの詩は、言ふまでもなく古くからの愛蘭傳說――殊に Ossianic poems を粉本としたものであり、而してさうした古い傳承に於ては、アシーンがひどく長生をして四世紀に聖パトリツクに會つたことを說いてはゐるが、アシーンが『常若の國』の女王ニーアムに愛を求められること、而してかの女の國に赴いて淹留してゐたことは、之を說いてゐない。アシーンをして愛蘭の浦島子たらしめてゐるのは、現在のところでは唯ミケール・コミンの詩だけであるらしい。さうすると、アシーンが長生したのを、『常若の國』淹留のためとするのは、後期的な見方であつて、この好漢には、さうした別世界を訪れなくても、長生の出來る資格があるとされてゐたに違ひない。そしてそれがケルト異敎徒の本來の考方であつたのであらう。

も一人の長壽の話說者キールタについても、頗る示唆的な傳承がつき纒うてゐる。聖パトリツクに逢着して基督敎を信ずるに至つたキールタが、或る時コンナクトのイネイを訪れると、海を越えて來る海賊のために每年掠奪の苦を嘗めさせられてゐたデユマの丘の妖精族が、彼に援助を求めた。キールタはその請を容れて侵入者を驅逐してやつたが、その身も重傷を負うた。キールタは妖精族中の豫言者オーウエン（Owen）に對つて、おのが壽命を尋ねた。キールタはその時既に驚くべき高齡に達してゐたが、オーウエンは彼の問に答へて、今後更に十七年生きのびると云つた。しかし妖精族はこれに滿足しないで、キールタの功勞に酬ひんがために、彼等に特有な靈術によつてキールタを靑春に還らしめてやらうと申出た。しかしキールタは之を斥けて言つた『否、呪巫の術を受くることは、神（基督敎の神）の禁ずるところである。眞正にして光榮あるわれ等の造物者がわれに與へたもの以外のものを受くるは、われの欲するところではない』と。

傳承は、長壽を保たしむべくわざわざアシーンを「常若の國』に送り出しながら、他方では何が故にキールタをして若きに返ることを拒ましめたであらうか。それはこれ二人の聖パトリツクに對する交涉關係が異つてゐるからであらう。アシーンは同聖徒が出現するまで生きるために、別世界に赴く必要があつた。キールタが『若返り』の申出に接したのは、既に彼が聖パトリツクに逢つて基督敎徒となり且つ異敎の物語を語り了つた後の出來事である。徒らにその上に長生をする必要はなかつたのである。

しかし實際は、アシーンが『常若の國』に俺留したために長く生きてゐたとされるやうに、キールタも恐らく妖精族の靈術を受けて長生をしたといふ傳承が存してゐたでめらう。而して更に古きに遡れば、アシーンの『常若の國』俺留が、彼の長生の本原的な原因でなかつたやうに、キールタの長生の眞の原因も、妖精族の靈術ではなかつたであらう。もともとは、二人ともただ何となく長生をしたと單純に素朴に信ぜられたのであらう。そしてその原因を說く傳承は、畢竟するに after-thought に過ぎないであらう。さうなるとこれ二人のものの一生は、わが常陸坊などのそれと頗る似通つて來る。但し『ただ何となく』でも長生をしなくてはならなかつた理由に至つては、別に考へなくてはならぬ問題であるが、その點は先に言つたやうに、後日の考察に讓りたい。（松村武雄）

支那のトーテミズムに就て

支那に於けるトーテミズムの痕迹に就てはラウフエル氏「印度支那民族の間に於けるトーテム的痕迹」 Laufer, Totemic Traces among the Indo-Chinese (Journal of American Folklore, 1916) 拙稿「支那古姓とトーテミズム」(史學一卷一、二號、一九二一、一九二二) グラネー氏「古代支那の舞踊と傳說」 Granet, Danses et Légendes de la Chine ancienne, 1926, P. 602—606 マスペロ氏「古代支那」一二二頁 H. Maspero, La Chine antique, 1927, P. 122 等の研究があるが、最近エルケス氏が「支那人及び其緣族に於けるトーテミズム」Eduard Erkes. Der Totemismus bei den Chinesen und ihren Stammverwandten に題する短文をカール・ヴォイレ追憶論文集の中に收めてをる (In Memariam Karl Weule. Beiträge zur Völkerkunde und Vorgeschichte, Leipzig, 1929)

同氏は、先にトーテミズムの支那に於ける存在を否定したフロト氏は、乏しき資料の上に立脚し、かつトーテミズムに對する考へも、間違つてをつたと難じ、支那に於て動物を崇拜する思想の存在を指摘し、トーテミズムの生成の前程とすべき精神狀態既に存すと論じ、支那人はトーテミズムを古き過去に於て經過し、社會的トーテミズムは既にその痕跡極めて稀薄であるが、トーテム祖先に對する信仰なほ殘存せりと云ひ、列子、竹書紀年、史記、左傳、呂氏春秋等に見へたる、感生傳說や、祖先神の動物形態をもつて表現されてをる記事をあげ、また古代の英雄の名に自然物多きことなどを述べ、ついで之等のトーテム動物に對するタブーの存在を指摘し、梁の任昉の述異記を引いて、禹の父鯀が黃熊に變化し、會稽の人鯀を祭るに熊の肉を食はずと云つてをることまた吳の地方で雉が同樣の理由でタブーされ、牛頭神蚩尤の祭に牛頭の禁忌されてをることを述べてをる。

これについでエルケス氏は、苗や、哀牢やタイその他カチン、ナガ、ガロ等の印度支那居住民族に於けるトーテミズム類似思想の例證をあげ、なほ將來の研究が、支那人及び印度支那民族に於けるトーテミズムの存在を確證するに至るだらうと述べてをる。

ラウフェル以來十年以上の星霜を經、なほあまり大なる進歩が此問題に就てなされてないのは遺憾であるが、エルケス氏が兎に角トーテム動物タブーの痕迹の若干を示したのは、西田直二郎氏が日本に於けるトーテミズムの痕迹を八咫烏の傳説と、その子孫の、加茂の氏人が烏を食せぬ事實から論證せんとしてをるのと對比して注目に價ひする。

（松本信廣）

南方先生へ

饗庭斜丘

拙稿「呪歌より俚謠」への一文が、南方大人の寓目を得たことは、寔に一代の光榮と存じます。就いては引用した「浮れ草」につき申上げます。此の書は近世文藝叢書（國書刊行會本）と、小唄文庫（湯淺竹山人選）とに收めてありますが、共に上田萬年氏藏本だと云ふことです。然るに如何なる譯か同じ底本でありながら、多少の出入りがありますので、私は後者の小唄文庫本を典據と致してゐます。そして同書の序文によりますと、文政五年閏正月に松井讓屋なる者が「寛永の往古、小唄八兵衞が唱し小室節、或は土手節、投節、素見節（中略）、眞砂の數より計られぬは古今の葉唄」を、心覺えに書き記して置いたとありますから寫本で傳つたものを昭和二年九月に出版したものと存じます。紀伊の國の元唄と思はれるものはその第三十一頁に「神おろし」と題して載せてあります。猶筆錄者である松井氏に關しては、今のところでは何事も知ることが出來ませぬ。

五月飯行事記錄

──秋田縣南秋田郡南磯村臺島──

早川　昇

まあ話の種だ、今晩は泊る覺悟でゆつくり見ておいでなさい、と梵妻に言はれて、もうすつかり其の氣になつてゐた。臺島の庵寺、新義眞言宗長樂寺末平等庵の緣先から、潮霧のあとの、寂しく荒い江の面を見下してゐると、海すゞめの聲が一しきりして、思ひはいつか此の村の女達の、歡びに乏しい生活へ導かれてゆく。

山を負ひ、臨むに江を以てする此の村の自然的條件は、果して彼女らにとつて、幸福を意味するものであるかどうか。大方の彼女らの父《ふ》、夫、兄《けい》、弟《てい》は、年一年と魚に乏しくなる此の海を見捨てゝ、春淺ければ則ち、遠く北洋の荒さと鬪ふてゐる。鰊漁を終つて戻つて來たと思へば、また飄々と海すゞめと成る者が多い。江のほとりの女達は、そこばくの前拂給料を分け與へられて、子供《ワラシ》ある者は格別、さもなくば、山田畑のみが微笑みかくるとも言ふべき、昔人不知の生活へ、入るより外はなかつたのである。

寂しく遣瀨ないのは彼女らばかりではなかつた。それは又同時に、十七八の眉美しい小僧と餘生を送る梵妻、菅原タカ女の身の上でもあつた。門前の長樂寺（舊赤神山別當永禪院末寺）に四十年も居たが、夫を失ふて、此處の庵寺の無住を幸に棲む身となり、やがて京に學んでゐた息を失ふた後には、なまじつか尊敬さるゝばかりに深めねばならない寂しさが一しほ彼女を苦しめたらしいのである。この苦しみの好き埋草として、貰ひ子の小僧はすく〳〵と育つて來たが、未た未だ心充たされるまでの、還境ではなかつた。

一つの行事――五月飯――を自ら行ひ、或は之に宿貸す者の心の一隅を畫きつゝある私の胸に、やがてさわ〳〵と、やや強い葉鳴りのやうに、老女、中老女達の話ごゑが坂を上つて來た。

此の村のさなぶりは昨日の六月廿五日から、向ふ五日間にかけて、始まつてゐるのだ。今日はその二日目のごんがつめしなのである。分業（性的）の反映であらうか、殘れる男子らは一切さなぶりの行事に與らず、晴るれば則ち海へ行かむとする心に、躊躇がない。ごんがつめしに集ひよる祖靈たちの、寛容し給ふところと見える。

祖靈たちの俗姓のうちで、先づ最も多かつたらうと思はれるのは、鈴木である。何故か知らないが此の臺島は、鈴木姓をもつ家の、いはゞ吹き溜りである。現に二十八軒を數へて、南平澤に二軒ありはするが、臺島にほゞ此の姓氏は集中されてゐる。次には小坂がある。南磯村の中で女川にも六軒あるが、此處はその倍數を有する小坂地帶である。更には南平澤の二、双六の一に對して六軒を有する三浦地帶でもある。梵妻の姓たる菅原は四軒あつて、此の姓の分布は南磯村中に於て、椿十一、双六十八、門前四といふ風である。（以上は增川小學校作製「本村各部落姓氏分布表」に據る。）

鈴木姓に集中は殊に興味が深い。この姓の淵源に就ては、既に柳田先生が說かれてゐる。すぐ隣の椿には「雪國の春」が說かれた能登山の椿が、古き傳承の所有者の老衰をよそに繁つてゐる。更に赤神山舊別當の家まで足を運んでゆけば、この神山と熊野との關係を談る古記すらもある。然し私は以上の事柄から、臺島村成立史に關し、何らかの速斷を加へんとするものではない。移住者たる祖靈たちを除いて、此の問題をはつきり片附け得る者は、過去に於ても多くはなかつた筈である。

女達の足音が土間へは入つたかと思ふと、ガラリ佛壇正面の障子が引きあけられて、どたくたおろされるものが皆、お重箱の包みである。顏はと見れば四十五十の嫁や娘を留守に置いて來たと言はんばかりの者が多い。此の行事を通じて、三十才少し過ぎたかと思はれる程の者は、僅かに二三人。娘に到つては、がくのはちを持つて來た一人しか見當らなかつた。

けふは田植が濟んだと云ふので、御先祖へお禮し、これから先の稻の育ちの、順調ならん事を祈るのだと、タカ女の話を聽聞してゐるうちに、かみさん達が挨拶にやつてくる。僅かしかない水田なのだが、山畑よりは寧ろ此の方に賴つてゐるらしい人達の、逞しい肩のうしろから、ぢつとなまはぎでも見るやうに私を見てゐる童子・童女もある。

やがて、灯された佛壇の前で、靜かに膳立てが始まつた。お茶の種類はてんぷら・煮豆・みず（此の邊の山に生ずる植物、みを高く調べる）の湯煮《ゆで》たもの・人蔘の煮付け・麩と豌豆のすまし汁・素麵（味はつけてあるが無味に近い、汁無し）豌豆の湯煮《ゆで》たもの・菊の鹽づけ・茱の湯煮たもの・胡瓜の漬物等。湯煮てあるものは、すべて、醬油を附して供へられる。是等のお茶は、その總てが一膳に供へられるのでは、勿論ない。そのうちの三種乃至四種が小豆飯と共に、一膳を構成するものである。小豆飯を盛つた茶碗には、箸が一膳、祖靈の寄らば取るべきやうに、僅かな間隔を置いて、まつ直ぐに衝き立てられる。この馳走のうち、お茶こそ各自に持ち寄るところだが、小豆飯に至つては、とめたちの深い心盡しがひそんでゐたのである。家々から大椀で量つて持ち寄つた米と、茶碗で量つて持ち寄つた小豆とで、凡そ一斗程の小豆飯を炊ぐのは、すなはちあひとめの一人の任務であつた。同じくあひとめであり乍ら、他の三人の與らぬ勞苦を、ひとり嘗めつゝ、不平は言はなかつたのである。この一人たる資格には、人手が豐富だとか言つた類の便宜の外には、宗教的な意味あひは無かつた、と言ふ。その所產たる小豆飯は、二つのかくのはちよにつて座に持ちこまれ、祖靈たちの共食と、人間たちの共食とを、更に結びつけるのであつた。かくのはちは、縱一尺三寸位、橫八寸位、深さ六七寸位の木の箱であり、その利用範圍に到つてはよくは判らないが、兎に角海ゆかば則ち生命によき器たる事、しぼに劣らぬ使用價値であつた。丸いお鉢の勢力の未だ食ひこまぬ古風な家々では、未だに陸生活の一要具を成してゐるのである。

お膳を供へらるゝ佛壇の、灯光《ほかげ》に曝された位牌の中には、生々《なま》しい白木の、涙を誘ふかに見えるものもある。どぐいの葉表（表のもあつたが少數）に小豆飯を、盛り手向けられておはす佛畫や寫眞もある。かくのはちから小豆飯を、どぐい葉に盛る。そのつゝましさ！

五月飯行事記錄（早川）

曾て海の彼方より漂着して山王の番樂の鬼面《オニメン》と仰がれし一面《オン》の、今は寂しくも三途川《さうづか》婆と同居して、此の庵の一隅に、小豆飯を手向けられてゐる。此の村に殘る「山王の荒けた」傳へは、事によつたら此の面の、活き活きしとて居た前代の印象を含むかも知れぬ。ふと顧れば前庭の小祠、石地藏にも、どぐい葉の飯をくばる人影が、動いてゐる。

手向けは一通り了つた。もう晝の十二時である。小僧さんがお經をあげる。かれこれ四十人位はゐやうといふかみさん達が、佛間とその隣の部屋に並んでわらし達にすがられたまゝ、拜みはじめる。お經が了ると、さあ賑かである。持參のお茶を各々他と分ち合つて、共同の小豆飯を食べはじめる。そしてそれも終りに近づくと、大きな酒罎が廻り、鈍重そのもののやうに見えた老婆の口から、元氣一杯な野性の聲が迸つたりして、何んとなく他もざわめいてくる。其の間にも注意して見ると、おのづから指導的人物があつた。とめの一人で、藝にかけて一番と言はれる人物が、最も飛躍してゐる。この人物が人々をかたらつて臺所で假裝し、佛間の次の間を花道として佛間へ練り來り、こゝで次の如き風景を展開してゆくのである。

(1) 馬鍬《まぐわう》押し

四人で行ふ。

馬になつた女は、草を噛んだまゝ、そこらを這ひまはる。服裝は腰より少し下までとゞく野良着を着し猿又をはく。

馬の右前には、手綱とりがゆく。木の棒を持つて馬を叩く。

左横には火男面《ヒヨツトコメン》の、頰かぶりして烏打帽をかぶつた女がゆく。衣裳は、二の腕もあらはれる程の短いちやん〳〵を着、同じく白い腿引をはく。隱しどころにあたる部分には物を入れて、高くふくらめてある。手には何にも持たないで、次の歌を歌つたり、滑稽な身ぶり手眞似をする。その歌、

歩《ち》べてこの馬道中《だうじゆ》が長い足の運びに近くなる

馬のうしろからは、その腰へしごきで結びつけてある馬鍬（實はごみ取り）を押す女がついてゆく。服裝は白の腿引を

はいて尻端折である。頬かぶりをしてゐる。

(2)田　植

一人が苗を配り、四人が植える。頬かぶりし、腿引をはき、尻端折をしてかゝる。苗は近所の草を用ゐる。田植は非常に簡單にやり了へてしまつた。恐らくは性的な色彩がないからであらう。歌は一つ聽いたが、遂に筆錄の機會を失ふて了ふた。

(3)田の草とり

これは皆いてやらなかつたやうだ。然し、とめの一人は私に、次の田の草とりの歌を敎へてゐる。

ほんにャほらえーや、どこからはやった、まして臺島なほはやった

(4)かぶし

これは今回の新趣向に成るらしいかみさん連衆の家評を聽いた。衣紋竹を横に背中へ突きこみ、白絣の單衣の襟を、頬かぶりして黑の鳥打をかぶつだ頭へ引つかけた大の字の立ち姿は、誠に噴飯に値するものであつた。一人で行つた。

(5)臼ひき（籾ひきともいふ）

非常に簡單・迅速に、無言のうちに終つて了つて、不注意な私は、終つてから氣づいた始末であつた。人數は二人だつたと記憶する。その歌には次の如きものがあつて、無論の本來の姿でない事を示してゐる。

此の臼は餘り重たい生木《なまき》だか俺《おら》を思《おも》たら輕くなれ　臼が廻るよに我身《わがみ》も廻たら野でも山でも藏建てる　臼の仕舞ひと博奕《ばくち》の仕舞ひ身體ざわ〱寒《さぶ》く立つ　脇本《わきもと》の天神峠《てんじんがね》の糸芒《いとしやがら》俺も刈りたや朝草に

(6)餅つき

二人向き合つてつく。性的な意味を感ずるものらしく皆げら〱笑ふてゐる。その歌、

揃《そろ》た〱と餅つき揃《ころ》たとつげたほうさ（搗けた方サ？）よいよい　つけたか〱〱婆さん砂糖《さども》持つて來い

五月飯　事記錄（早川）

この外、性的な歌がある。

(7)以上の外、尚短的な唱へ言と身ぶりから成るものが、いくつか續いて行はれる。

例へば二人向きあつて、

　軟い處搔く、硬い處云々

といふ歌と言ふべく餘りに調べに乏しい一聯の唱へ言としぐさ。

又、同じく二人向ひあつて、

　六尺餘りの樽事《たるごと》は、五尺二寸の（云々）、前に赤毛のいのち、後に黑毛のいのち、云々

と言ふ殆んどしぐさがないやうに思へた咒言、等。

(8)とめゆずり

是は明年のごんがつめしを執りもつ番のとめへ、今年の番たりしとめがとめの資格を讓る式である。少くとも彼女らはさう考へてゐるやうである。私は此の新たなる資格の穫得者たちの、來るべきごんがつめしの爲にとめられた生活が、如何なる特異性を持つかを知らうと希つたが、果せなかつた。誰に聞いても別段變つたことはないと言ふてゐる。祖たる神・靈を迎へ祀り得る資格者の、出でて五月の田を植うる女性がそをとめであるかどうかを、私は知らないが、もしさうだとしたら、とめゆづり式との關係が問題となる。然し此處では單に、此の式の大概を述べる事のみが、私にとつて可能なる唯一の事であると思ふ。

とめゆづりは新舊のとめ八人が圓形をつくり、まづ今年とめたりし一人が、來年のごんがつめしに與るとめの一人へ酒を酌して、自ら歌を歌ふ。次に、更に他の今年とめたりし者が、新たなる新とめの一人へ酌して歌ふ。此の樣にして一通り新とめに飲ませ終ると、今度は逆に、新とめが歌ふて舊とめに飲ます場面を展開する。とめゆづりの歌としては、特殊な古歌が保存されてはゐないと言ふ。安木節まで出るやうである。ゆづりの文句も同樣古い詞章がないと聞いた

が、私は疑ふてゐる。ちらと小耳にはさんだあひとめなど言ふ言葉も、式の時丈口に出すといふやうな、いは丶古き詞章の斷片と言ふに相應しいものであつたやうである。最後にとめゆづりの行はる丶時に就ての一つの異說を擧げて置く。とめの一人の話によると、とめゆづりは春の彼岸丈の事だといふが、彼岸はもうとつくに過ぎて、今目の前で其の式が擧げられてゐるといふわけである。タカ女に聞いても此の異說は誤りらしい。彼女に據れば、彼岸に小豆飯を共同にして炊ぐといふ事がない、今日のやうな騷ぎはあるがとめゆづりなどは見られない、との事である。とめの一人の、恐らくは記憶違ひの言であらう。

(9) こつからまい

とめゆづり後、彼女たちの踊と歌は、ます〳〵性的なものとなつてゆく。此處にはこつからまいやみさいだと歌ふその歌と踊を擧げて置く。この踊は二人の女が頰かぶりして男女に裝ひ、男の方は跨間に大きな酒罎をぶら下げ、手で之を動かし、女の方は前掛で越中褌をかくやうにして、双方向きあひ、輪踊し、遂に相擁して寢るに到る。起き上ると相方向きあつて「見れ〳〵」と稱し、相互に或物を見せあふ眞似をすると再び踊がはじめられる。三度目あたりからは、むしろ相撲と言ふに相應しく、烈しく投げ合ひをする。

踊中の歌は次の如し。

男の子の身の上は、　小さい時にや涕垂《はな》らし、
十二三になれば、　びんこうなで丶顏なで丶、
彼方《あちら》の姉ちやの袖引《ひ》張《は》り、　此方《こちら》の兄《あん》ちやの顏っぱり、
ひばる心をしらけたり、　しらける心はこっからだ、
こつからまいや見さいだ、　こつからまいや見さいだ、
こつからまいと囃されて、　ではらにもならないし

五月飯行事記錄（早川）

それも矢ッ張《は》りこつからだ、なんでもかんでもこつからだ。

此の踊の歌は、昔はもつと長いものだつたといふ。いろ〳〵の替へ歌があるらしいのである。漁男農女の作と思へない處に興味を感じて、根問ひの勞を惜まなかつたが、げら〳〵笑つてゐて話して呉れぬ。

⁂

以上の行事に引續いて私は盆踊を見たが、これは五月飯に於ける恒例でなく、私のために特にしてくれたらしい風が見えるので、此處には割愛する。

⁂

多勢のかみさんと子供達の歸つて行つた後、既に昏くなつた厨に四五人殘つて焚妻の後片附けの手傳ひをしてゐる中に、私は先の花形・指導者たるとめの一人の顏を見た。賑かに騷いだ後の爲か、妙にしんみりしてゐる。こんな事でもせねば村は寂しくて、と言ふてゐる。

やがて、それらの人も歸つて行つた。

⁂

ごんがつめしは當庵に於て、翌廿七日も行はれる。今度は娘たちばつかりである。古踊に薄く、新流行の歌踊に篤い彼女らではあるさうである。同じ男鹿しまのうちでも此處の村のやうに、二つの年齡階級に分れてこの行事を行ふ處があるかと思へば、門前のやうに女房組の與らぬ處もある。鷄を飼はぬ禁忌を同じうする程の間柄であつても、この差別は何故かまぬがれなかつたらしい。

（昭和七年七月十七日稿）

島の牛

櫻田勝德

五島小値賀《をぢか》島笛吹の湊に船が近づく頃の形をした小山が島內に三つ程見える。山の頂上《てつぺん》にだけ樹が茂つてゐて、他は坊主のやうにみえるが、之は草地で牛の放牧場ださうだ。山頂の樹立は牛の日除けで、此處の牛は四尋位の綱で繫がれたまゝの放し飼にされると云ふ。成程さうかと、それから氣をつけてゐると、時々かういふ恰好の山に出喰はす。長門蓋井島《ふたおい》の牛牧もさうであつた。しかし之よりも顯著な牛牧の所在は、何と云つても岬の突端のシバであると思ふ。他の地方ではどうか知らぬが、此西海では多いやうだ。長門川尻岬の鼻端のハナノシバなどはその好い例で、豪壯な巖頭の南の傾面は此牛牧になつて居り、脚下には白浪が岩を嚙んで居る。又その近所の油谷島の高みから、角島の牧崎を眺めると、あの鼻は波に打越されさうに低く海に突き出てをり、灰色で寒さうだつた。しかし春になれば綠の一帶になるであらうと思つた。

牧崎は低く充分に伸びてから先が海に沒してゐるが、ハナノシバは斷崖で突然陸が斷ち切られてゐる。長門相島のシバも人ならば忽ち遙かに下の荒磯にたゝき落ちてしまひさうな急斜面に沿つてゐる。近所の大島のシバも同じ樣だと聞いた。その爲か角島では、岬さまは海から災を爲し殊に牛をとると云はれてゐる。タキワローが牛をとると云ふ事は聞かなかつたが、牛がタキ（長門では崖の事を云ふ）から落ちると云ふ事のない事はなからう。北松浦の生月島では里俗岩を嶽といふと、甲子夜話續篇に書いてあつた。其嶽から野放しの馬が間々落ちて死ぬ。里人云ふ、此島には名馬草といふ草あり、牧馬之を食へば必ず名馬を産む。けれども此草は危岩絶壁の間に在つて、之に下臨しないと食ふ事が六ケしい。そこ

島　の　牛（櫻田）

で馬が落ちるのだと同書にある。しかし之は馬の事で牛では無い。牛がおちたといふ事を未だ實際に聞いてゐぬ。蓋井島の老爺は、山に入つたまゝ雪の降る冬になつても戻つて來ぬ牛があると云つてゐた。之を聞いて、可哀いさうな牛の事も思つてみたが、それよりも雪の降る日あの牛はどうしたらうと、ふと案じてみる島人の心が身に沁みた。

しかし狹い島の中で、漁業に手出しもせず牛を友に耕してきた人々が、結構な土地を牛にあてがはうとしても、それは出來ぬ相談であつたのだらう。勢ひ牛は風當りの強い、芝か松しか育たぬ山の上や岬の鼻で、鍛へられ勝ちであつたのだと思ふ。角島の人はかう云つて同島の牛を自慢してゐた。角島牛（見島種）は雨が降つても目を閉すやな事はない。之が特徵だ。それは牧崎や夢崎の風雨の荒い岬に育つた故、そんなものを少しも恐れぬ。又風が激しく岬の草は延びぬ故、營養も不足で、牛の身體は瘠せて小さいが、氣性は頗る強く雄牛などはちと氣が荒すぎる位だ。此牛を地方《ちかた》の食物豐富な土地につれてゆけば、メキ〳〵と肥つて大きくなる。それで人々は歡迎し遠く京大阪から商人が來て、此牛を十頭二十頭と大束に求めてゆく者さへあると。此處の牛は六七尋の綱をつけて飼ふ。綱は相島と同じ様にシバの中に生こてゐる丈五六寸から一尺位の小松に結びつけるやうだ。尤も仔牛の方は放し飼だと云ふ。

しかし島ももう少し大きいものになれば、牛もさう鍛へられずに濟むであらう。前記の小値賀などはあの山ばかりではない。隨所に牛が草をはむ場所がある。畑の隅の草地は只遊ばせてをく土地ではなかつた。宇久島にもさういふ場所があつた。それから磯には牛の散策する松原もある。偶然か其處は小値賀でも宇久島本《もと》飯良《いら》でも墓地の傍であつた。尤も西洋では墓地には殆ど松の木が附物だと思ふが。

さて中でも最も幸福だらうと思ふ牛の話を　宇久島岬の湊の牛馬宿の主人に聞いた。隣島小値賀の屬島古路《ろ》島は、牛の放牧島で牛ばかりが住んでゐる島だと云ふ。同島には生後十ケ月位の牛を送り、一二年放牧して連れかへるさうだが、もうその頃には牛はすつかり成長して、人の眼には牛の見分けがつかなくなる故、豫め牛の耳に印を捺すとか又煙管の型をつけるとか、或は耳を一寸傷つけるかして送島すると云ふ。しかし人間には牛の見分がつかなくても、牛の方ば確かなもので、その行くがまゝにまかせれば、牛は必ず自分の育つた家に歸るものだと云ふ。それほど俐巧な話ではないが、長門大島には村有地のシバが二三ヶ所あり、春草萠と出る頃から時々其處へ牛をつれてゆくが、牛は人の世話をうけずとも、自分の行き馴れてシバにチャンとひとりで行くと云ふ。

さて古路島の牛の仲間には大將が居ると云ふ。他の牛達は常に此大將の行動に從ひ、大將止まれば他牛もとゞまる。大將水を呑まざれば他牛水を呑まずと云ふ風で、牛を捕へる時には先づ大將を捕へて、それから目的の牛を摑へるやうにせねば、中々摑まるものでは無いと云ふ。其大將を見分ける術《すべ》は角を見ればよいので、大將の角は常に最も磨かれてゐると云ふ。角の磨かれるのは、牛同志何時も角を合せて角力をとつてゐるからであると。

此島に送られた牛即ち牧に入つた牛は魂があるといふ。魂のある牛は人の命令をよく辨へ、人を突くやうら事はせぬ。さうして長持はするし、齒はへらぬといふ。

當の小値賀の笛吹では、赤島に生後十ヶ月位のベボ（牛の仔）をつれてゆき、三年位まで放牧してをくといふ。牛の耳に印する風は宇久島で聞いたと同じ樣であつた。かうなると古路島がほんとうか赤島の方が正しいか一向判らなくなつてしまふ。

筑前遠賀郡の牛は農家が閑になると、鐘岬の傍に泛んでゐる地島《ぢのしま》に送られと云ふ。之は遠賀郡には草が少ない爲であると。全く遠賀郡は白々しい砂地の所が多いと思ふ。で地島のみならず、他の山沿ひの地にも牛を預けると聞いた。所で地島では牛糞がよい肥料になる爲め大いに歡迎するらしい。だが昔は知らず今日では遠賀の人が少し金を出して牛を預つて貰ふさうだ。地島の人が牛糞な有りがたがる度合は、我々が想像するよりも餘程強いのではないかと思ふ。どうも農を主とする小島は割合に肥料が乏しいらしい。朝鮮馬か日本馬か知らぬが、その小さい馬から今の牛にのり換えてしまつたといふ宇久島では、馬糞よりも牛糞の方が肥しとして値打があるから、さうなつたのだとも聞いたが、あの島は可成り大きいし、又その上に珍しく仲々と裾を廣く海をひいてゐる。もつとずつと狹い蓋井島では之以上畑を開かうとしても肥料が無いと云つてゐた。大島や相島の人が地方《ちかた》へ人糞をとりに行く勞作は實際驚くべきだ。凪と風の工合を見て、それが丁度良い時には一齊に島の男達は地方へ肥し船を出す。大島では對岸の奈古、大井、萩方面へ、相島では萩、それから鰯網の盛んな時節にはその煮出し汁を買ひに通浦へ行く。大島では男達が人糞を積んで島へ引返してくると、老若の女達は各自肥かつぎ杤《だ》を持つて波止場に集つてくる。いづれも皆三巾前掛を締め、地下足袋又は足中草履の足こしらへも凛々しく、壯者を凌ぐ風體だ。若い娘等は手拭をモリコカツギ（子守が頭に鉢卷をする様に、手拭の結び目が丁度額の上になるやうに鉢卷する）に頭に卷いてゐる。此女達が並よりも大ぶりな肥タゴを荷擔つて、磯から急な山畑の中腹に在る肥壺の中に、人糞を運び込む一時《いつとき》の作業は、口を開けて呆然とするほど激しいものだつた。殊に娘達の仕事振りは兎角皆から注意して見られて居るやうで、彼女達は屁古垂れた樣子などを死んでも見せまいと、元氣よげに私の前を幾度か往還した。町から歸つて來たばかりの娘達は肩が痛かつたらしい。それでも閉口なんかはしないで、殊更大げさに無邪氣に肩を振つて見せるだけであつた。なあに直ぐ慣《な》れますよ。慣れたが最後こんな桶の三十や四十は何でもありませんと、いろ〳〵な氣持で之を眺めてゐる人に氣勢を示してゐるやうであつた。また相島には近年まで肥し船の外に一艘の船も無かつたのではないかと思ふばかりであつた。今日でも地方《ぢかた》との交通は殆ど此の肥し船に依つてゐる。此島の船着は只の荒磯で、少し波が立てば船の寄せにくい所であつた。此荒磯には肥し貯場が並んでゐた。話が肥しに脫線してしまひました。

蓋井島の牛牧は同島の部落の遙か背後の山頂を中心として在る。牧場の周圍は山畑ださうであるが、畑との境には牛の入れぬ樣石垣が築いてあるといふ。昔の牧を想はすものがあると思つて、山の中に一人で入つてみたが、どうしても牧場に達する事が出來ず、殊に他に道草を喰つた爲め、牧を覗いて來なかつた。此處は綱無しのほんとうの放し飼だと云ふ。どういふものか近年石垣の一部をとり、その爲め山の方に牛が勝手に出られるやうになつた。それで戾らぬ牛も在るといふわけださうである。夏は暑さた堪へず殊に山に入りこむ牛があり、時々牛狩を行ふと云ふ。牛は五月一日から牧へ出すさうである。此島の牛の數は、今年は仔牛を澤山產んだから五十頭位あらうと云ふ。因みに島の戶數は二十九軒、その內本軒が十九軒、新宅が十軒である。餘程前から之以上人家を殖さぬが島の鐵則と聞く。それで家を繼ぐ以外の者は皆、出でて歸らぬ移住者となると云ふ。牛は本軒には必ず在ると云ふ。相島でも一軒に二三頭の牛はゐた樣だ。五島嵯峨島も同樣であつた。同島は何處か荒莫としてゐる。牛の遊ぶ場所は何處にでも在るであらう。あの島の屋敷は大抵石垣をめぐらしてゐた。その木戸口の所に石垣を壁とした牛小屋が必ず在つた。

一體にどういふものか黑牛か黃牛が多い。少し位白い斑點があつても、鮮かな斑牛ではない斑牛は一疋もゐなかつた。殊に宇久島は黑牛が多いと思つた。何時ぞや東肥鐵道で筑後から肥後の南國へ行く途中、珍しく斑牛を見た。かういふ牛も居たんだつけ。それにしても斑牛はバタ臭いなあと思つた。（七月十八日）

播磨國飾磨郡鹽置村附近の牛のはなとほし、はなるろ（鼻鐶）の圖　太田陸郎

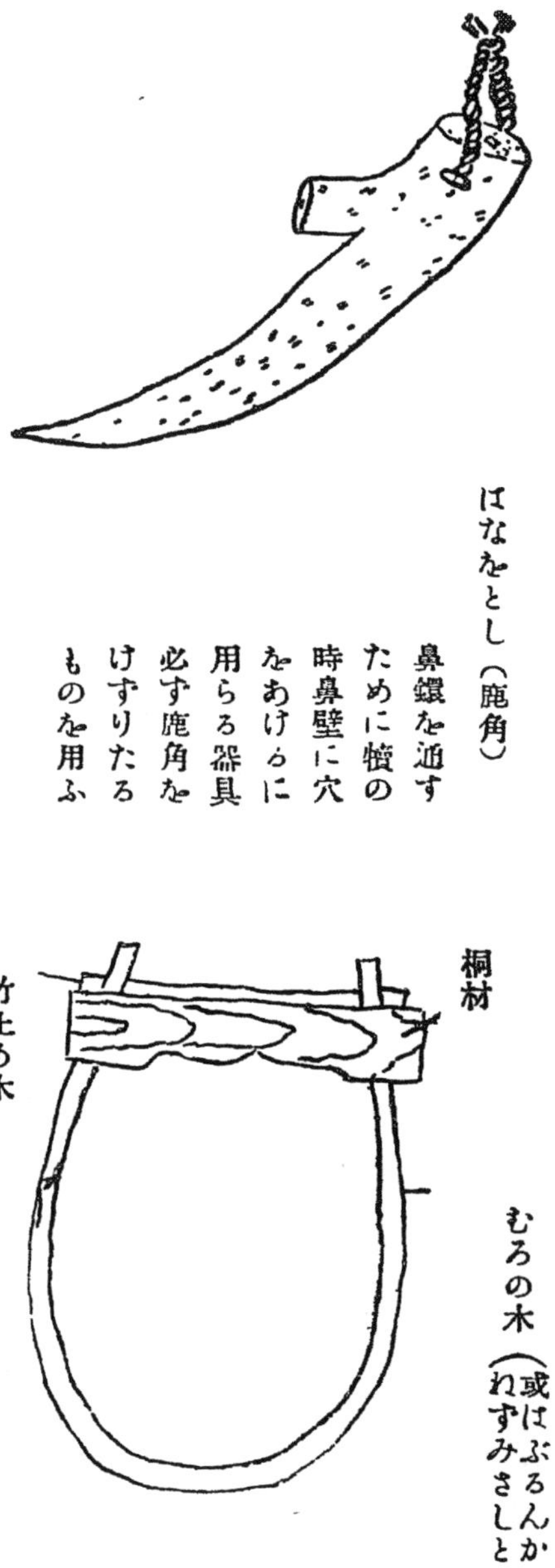

（兵庫縣民俗資料第三輯所載太田陸郎氏「牛に關する俗信と方言」より）

馬《マ》渡《ダラ》島の年中行事

山口麻太郎

昭和七年五月二十二日佐賀縣東松浦郡名護屋村馬渡《マダラ》島に年中行事を主とする採訪を試みる機會を得たので其概要を報告する。同島は肥前壹岐の中間稍々肥前寄りに位置し附近諸島中最も大なる島である。周圍は三里と俗稱され本村《モトムラ》と新村《シンムラ》の二部落がある。本村は島の南面海岸に密集し戸數約七十、半漁半農の小部落である。新村は本村の裏手に散在する百餘戸の部落で昔平戸藩が黒島のキリシタンを壓迫した際此の島に避難したものだと云はれ、今に頑強なる舊教の宗團である。然してかかる小島の裏表に居住しながら殆んど交際をなさず全然異民族の觀をなして對立して居る。私が採訪を試みたのは其の本村なのである。半農といふが田地は極めて少く、畑は裸麥と甘藷とを産し、それが主食である。漁も沿岸のほんの小漁業で漁獲高の如きも年々減少するばかりで、私に話をしてくれた浦丸老も、私達の若い時は働きさへすれば金には困らなかつたが今はどんなにじたばたしても金になるべきものが居ないのであるとこぼして居た、殊に此の部落は大正六年に大火に遭つて其の復興の爲めに大節約を申合せて實行して來た。菓子を賣る店が島中に一軒も無いといふ有樣である。年中行事の如きも其の爲めに極めて簡略になつてしまつたといふ事である。私に此の話をしてくれた浦丸文太郎といふ人は此の本村生え抜きで、本家を息子さんに讓つて自分は一番末の子を連れて隱居をしそこで木賃宿をやつて居る七十近いお爺さんであつた。此の年中行事も現在行つて居るのは極く僅かで、大部分は此お爺さんの若い時分の事の話である。

正月元日

若水 他人が汲まぬ先にと早朝起きて行く。これは男の役で「福汲む、徳汲む、幸汲む、萬の寶を汲み取つた」と云つて汲む

雜煮 餠は生で煮ゲは上にのせる。鮑魚は是非なげればならぬ具とされた。若水だけ早く汲んで置げば雜煮はゆつくり祝つてよい。

テガキ 米八合を三方に盛り上に橙をのせる。其の他に串柿、數ノ子、ミカン、昆布などものせる。

シーズケイワシ（鹽鰮） 正月には鹽鰮を是非用ゐる。よく洗ひ上げて二コン宛皿に盛りそのままお神樣にもあげ來客の膳にもつける。つけるだけで無論食ふのではない。

火 元日の火は大豆がらでたきつける。昔は正月用に態々大豆がらをとつておいたものである。

箸 昔は栗箸だつたが島には栗の木がないので今は白木の箸を買つて使ふ。

休業 此の日は終日何もしない庖丁を使ふ事も忌む。

正月二日

若木迎へ 早朝山に行つて主としてタブの小枝を切つて來て荒神棚に祭る。

鍬初め 畑に出て明きの方にむけて松、ツハシバ、モロモキを切り込んで植える如くする。

虫燒 雀の喝かぬ中にと早朝起きて野菜畑の眞ン中に糯の籾がらをスゴ（二斗位入る藁製のもの）一ぱいばかりを燒くこれは年末に餠米を搗く時に此の用に特に取つて置くのである。

乘り初め オメキ、餠を、舟に持つて行つてオザダマ樣をまいる。

搗き初め 臼休めの供物として飾られた臼の仲の米を其の臼を起して搗くまね型をする。

縫ひ初め 何でもちよつと縫ふ。

綱ひ初め ゼニナワを綱つて昔はナベセンをさして神樣に上げた。後にはカラセンをさしてあげた。

正月三日

書き初め　やはり二日に書いて神様にあげたが何と書いたかは私は無筆だから分らない。

ハマユミ　子供は此の日から弓を作り藁の的を作る射グットをする。

正月四日

フジョー日

大黒樣　米、モチ、栄を入れてズースィーをたく。

正月六日

ダラ立て　神樣が鬼打ちに行かれるのだからとダラの木を神前に上げ門松にもさす。

正月七日

ショメン書き　此の島には神官も居なければ僧侶も居ない。ショメンも自宅で書く「ショメンショーライシソンハンジョー」と書くと浦丸老は云つたが「蘇明將來子孫繁昌」であらう。是をせまく切つて男の子は左の肩に女の子は右の肩につける。又下を總の樣にきざんで家の入口に貼る。昔惡疫神がこれを貼つてある家にははいり得なかつたと云ふ。

ホケンギョタキ　煠とりの笹を濱に持ち寄つて燒く。此の笹に御飯やなますを上げて祭り午後三時頃から濱に持つて行つて燒く。

ゴー　此島では書かない。

牛の守札　「牛馬繁昌大日如來」と小さな木の札に書いて結びつける。

正月十一日

帳祝ひ

藏開き　藏や金庫は今日まであけぬ。
伊勢の天照皇大神《テンシヨーコータイジン》の講　此の日集つて祝ふ。

正月十四日

松ヒキ　門飾りなどすべて取りのける。ダラも今日ヒイて火に焚く。若木様も今日さげる。門松はしまつておいて來年の年の晩に焚く。
松ヒキズースイー　雜炊をつくる。

正月十五日

センナレ　マテノ木の枝を削つて小さい棒に作り螺線紋をいぶし付けて作る。早朝これで果樹ぜめをする。「千ナレ萬ナレナレトゾ祝フ虫付スルナ、枝折スルナ、千ナレ萬ナレナラニャ打伐ルゾ」と云つて果樹をたたく。
オカユ　元日のテガキの米でオカユを作る。藁をすぐつて小さな束二把を作りダラの木を皮をとつて二本其の間にはさみ穗先を粥の汁に浸し箕の中で籾がらをまぶす。其れがよくつくと其の年の實りがよいと喜ぶ。其の藁は田植の時の苗くくりにする。年縄はヒラクチになるからと云つて今日のカイの燃料に焚く。

正月十六日

此の日は地獄の釜の蓋もあくといつて仕事をやめて墓に詣る。

正月二十日

ホネ正月　「二十日正月骨クズシ」といふ。
ワカモチ　餅を搗く。
舟祝ひ　オザダマ様に餅をあげ御馳走をして賑ふ。

二月二日

出代り

二月（午の日）

ハツマ　稲荷様は各戸大ていある。旗を書いであげて祝ふ。

二月十五日

お釋迦祭　「花煎り」と云つて糯の籾を煎つてお釋迦様にあげる。

彼岸　此の島にはお寺はない。禪宗だが寺は名護屋にある。觀音堂に參詣しお通夜などする。新佛のある家では供養なぞはするが別段變つた祭り方はない。

三月三日

ヒナ祭　雛を飾る、フツ餅を搗きやはり菱形に切つてあげる。

三月四日

ハナチラシ　御馳走を作り野山に出て遊ぶ。潮干狩には行かぬ。凧揚も特に今日といふ事はない。凧は「長崎トンビ」と壹岐の「ヨーチョー」の二種。其名稱は不明。バラモン凧は無い。

四月八日

花祭　舊學校の校庭に花御堂を作る。處女會員が惣出で花を採り村の有志達が出て飾り付をなしお釋迦様を出して祭る。甘茶は飲みもするが家の廻りにふりなどする。蛇が出ない呪と云はれて居る。

五月五日

端午　男の子か出來ると初幟と云つて盛んに祝つたが火災後節儉規約で長男一人だけといふ事になつた。雛の節句も同様長女一人きりといふ事になつた。

菖蒲酒や菖蒲を頭に結びなどする事は一般と同じ。

六月十五日

ギオン樣 本村（名護屋を指す）から神主が來て祭る。民家ではアマユ（甘酒）を作りお宮にも持つて詣る。胡瓜は食はないどころか前日から手にも觸れぬ。

川祭 大川（流れ川が一つある由にて斯く呼んで居る）に神主が行つて旗を立てゝ祭る。井戸にも旗を立てゝ祭る。井戸は以前は一つしかなく天水を使つて居たが此頃いくつも堀られたと。私の見た一つの井戸はセメントの圓い井筒をはめてあつたがそれには神樣らしいものは見えなかつた。

廿三夜マチ 餅を搗いて太いお鏡と小餅を月の數とつて神樣にあげる。餅が搗けない時は團子でも作る。「二十三夜は話祭（？）」とか云つた。又「人事云はうよりや寢待ちせう」などとも云ふ由。

七月七日

タナバタ節句 朝露で短冊を書き笹につけて立てる事など同じ。女の子は色紙で着物を縫ふてあげる。又墓掃除をする井戸浚へは今日と限られて居ない。

お盆 迎火は焚かす。盆棚を座敷に作つて佛樣を直す。十三日の供物は餅、團子、燒饅頭等。雜炊はあげす。十四日はオセックとてナマグサケを使ふ。精靈樣は十三日の晩の二時頃送る。新盆の者は板や麥からで舟を作りて送るが一般は舟は作らないで墓所に送つて行く。盆棚に飾つた供物は全部荷物として送るが其の外に枝豆、ササギ（佛樣の杖）素麵（荷物綱）ところてん（お鏡）などを入れてやる。麻稈と小麥稈とでたいまつを作り「コレニツイテゴザレ」と云つて送つて行く。盆の佛樣の敷物はマコモ莚、蓮の葉、箸はメンドー、麻稈。墓地には十八日までは毎晩燈籠をつける。

盆踊 十四日から始めて十五日は夜通し踊る。

盆綱曳き 十四日にカンネカヅラを山から取つて來て大綱を作り十五日の晩の二時頃になつて曳く。佛樣の立たれるのを送る爲だといふ。西と東とに分れて曳き合ひ勝つた方が其の年はよいと云ふ。

八月

八朔　何もしない。

九月

芋名月　里芋を煮て神様にあげる。此の晩に限り褌のマエゴ一ぱいは人の里芋を盗んでも構はないと云はれて居る。

九月十五日

豆名月　大豆を煮て神様にあげる。

九月ゐの日

ゐのこ「初ゐのこは男ゐのこ」と云つて男の子のある家では祝ふ。「イノコの餅は石でつく、コーネンジコーネンジハココハコッキリ弘法大師、朝の夜からススギヤタンボコタンデ、エベス様の金藏でヤンサノホイ」と云つて大勢の子供が各戸のホカを搗いて廻る。各戸錢を少し宛くれる。子供達はそれを分配したりタンキリを買つたりした。一番ゐのこは男の子がつき、二番ゐのこは女の子が搗いて廻る。一升桝におコワイを入れ柳の太箸をそへ、ニシメ、オメキ、オヒカリをあげて祭る。

九月十九、二十、二十一日の三日間

クンチ　もとは五社あつたが今は合祀されて一社になつて居る。其祭禮である。

霜月十五日

ヒボトキ　昔は大變盛んに祝つたが今は形ばかり。

師走一日

カワワタリゼク　今日が正月のはじまりだといふ。「カイゼク」ともいふ。オカイをたく。「正月は粥で始まつてカイ

でおさまる」と云つて居る。

師走十三日

セック「年木のとり初め」と云つて此の日山から年木用のマテの木を伐りて來る。それに酒や飯などをあげて祝ふ。

師走二十六日

スストリ「スサダケ」といふ笹で煤をとる。お神様の上は煤が落ちるから箕で受けてとる。其の「スサダケ」は前庭の隅あたりに立てゝ置いてセック毎に御飯や酒をあげて祭る。そして最後に七日の「ホケンギョタキ」に燒き捨てるのである。

師二十七日、二十八日

餅搗き 主として廿七日につく。加勢を受けて搗く者もあるが多くは自分達家族だけで搗く。

師走廿九日

すべての正月の用意飾付をすます。

門松 もとは大きい三階松を二本それに竹をそへて家の前に立てた。それは更に兩方から竹を渡して年縄を吊したが、そんな大きい松は無駄だと云ふので廢され今は小さいのを形ばかり立てる。

年木 師走の十三日に山から伐り出して來た年木を薪の樣に割つて門松に二三本宛括りつける。神前にも此の年木二本の頭に松の小枝を挾んで括つたものを供る。

年縄 今は軒の垂木に延べて張る。

年棚 別段棚は設けない。有合の棚を利用して祭る。年德樣は元日から十五日まで祭る。

幸木 昔はあつた。丸太に十二本の縄を結びさげてそして正月にはそれにくさぐさの品を吊し飾つた。嫁の實家へは少くとも鰤壹本は飾り魚として贈る習慣だつた。しかしこれも節約の意味から今は廢された。

臼休め　敷物を敷いて臼を寢せ、中に餅と米とを桝に入れそれにモロモキ、ワルシバをそへて供へる。

其の他の事

節分の豆まきなし。

牛の神樣　大日如來と云つて春秋二期に祭る。

馬の神樣　馬頭觀音、辨當や酒を持つて行つて祝ふ。

田の神　植える時は日を選ぶだけで別段祭りはせぬ。後から飯、メカブ(わかめの基の根――稻株が太る樣にとの意)ナマス(鯨を入れる)を持つて行つて田の井手口に祭る。刈取る時には田の神樣と云つて數株を殘して置く。これは霜月初丑の日に早朝行つて刈取る。他人の田の神樣を刈取る者があるので刈取られぬ樣に早く行くのである。此の日は餅を搗き大なるお鏡を供へて田の神を祭る。刈取つた稻は荒神樣にあげ其の米は十五日の粥に入れる。

川の神　に茄子、胡瓜などにて馬を作つてあげる事があるが日は一定して居ない樣である。

味噌搗き　一定した日は無い。

醤油の仕込　一定の日はないが皆土用の中にする。

ヘコ祝　男の子が九才になると親戚や知己の懇意なものから赤や紋の褌を贈つた。子供の方では贈り主をヘコ親と云つて特殊の交際をする。(完)

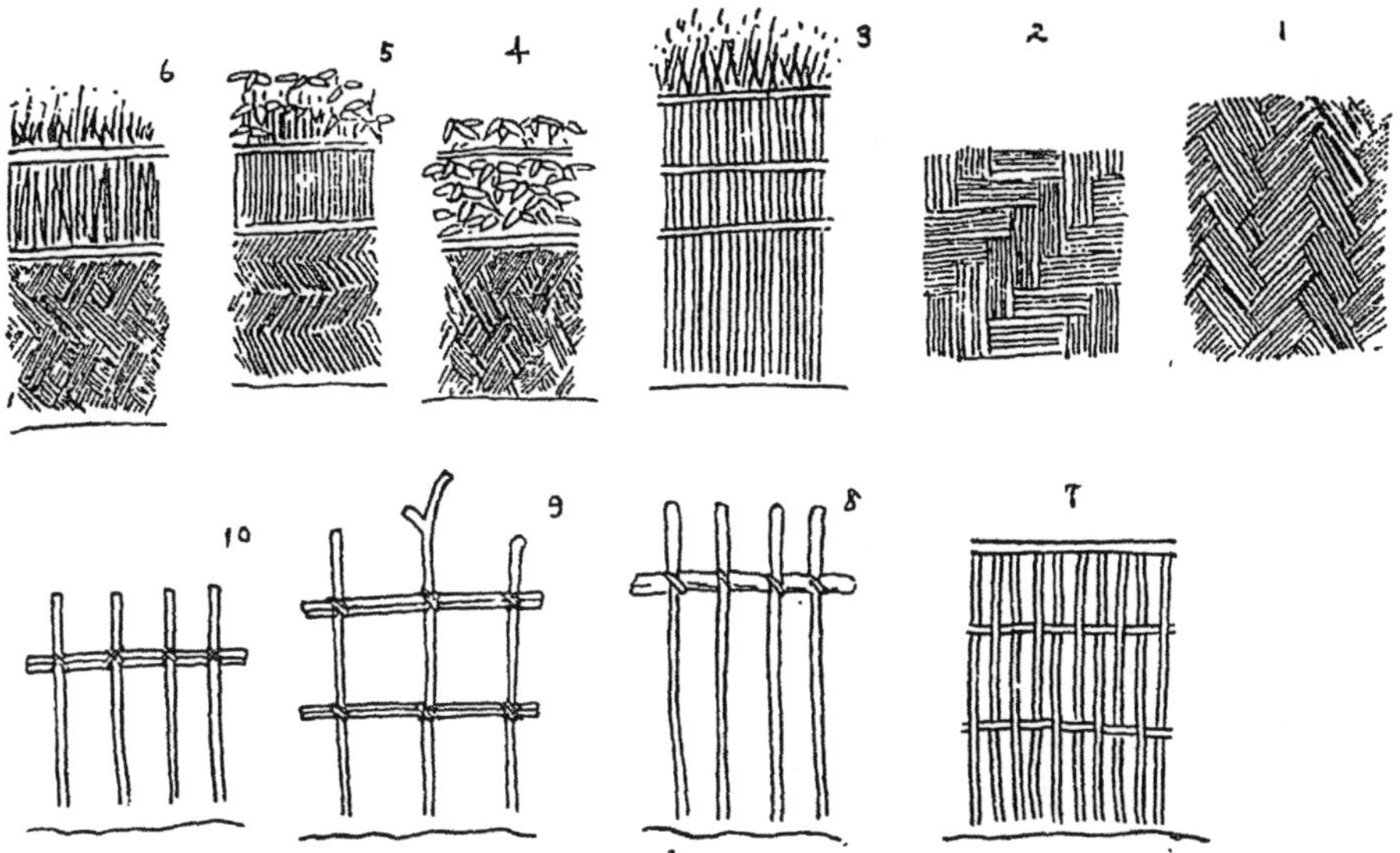

伊豆諸島に於ける牆壁の採集（本山）

伊豆諸島に於ける牆壁の採集

本山桂川

伊豆諸島に於ける牆壁の形状については故坪井正五郎博士によつて「東京人類學雜誌」三ノ二三（明治二一・一）及び同一ノ一一三（同二八・八）誌上に左記十種の採圖が掲さ載れてゐる。圖１・２は大島のそれであり、３――10はいづれも新島のそれである。いろ〳〵の習慣が其當

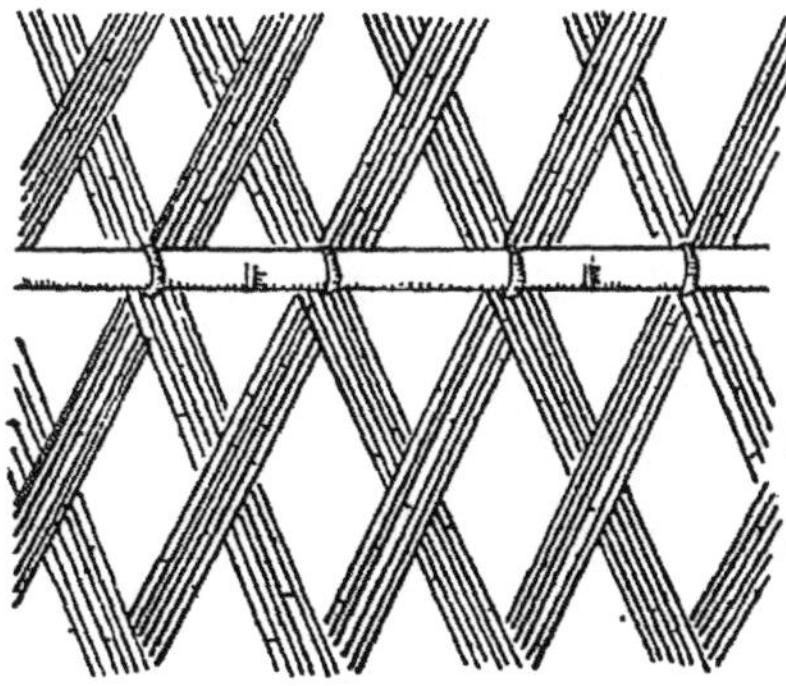

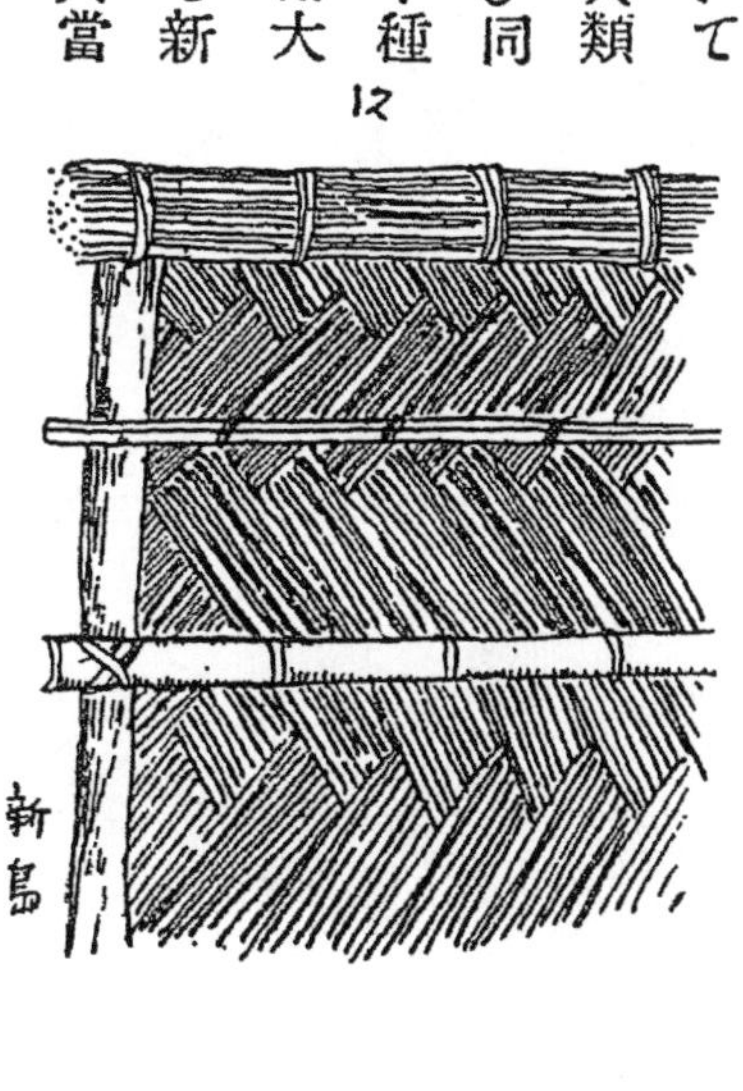

時からするとあはたゞしい變遷をしてゐる中にこの牆壁の形狀のみは明治時代の狀態を殆どそのまゝ持ち傳へてゐてくれる。これなどは今行つて見てもまことに有り難いことである。材料は主として篠竹及メダケである。枝を殘したのもあるし、葉付のまゝのものもある。横に竹を半割にしたものや、角材又は細い丸材をも用ゐる。大きな竹は內地からの供給を仰がねばなら

ぬ。11は篠竹を荒目に組んで半割の横竹を用ゐたものである。横竹を二本にして上下に結へてゐるのもある。12・14は其の一例である。13は内側の一部を示したものであるが、緊縛する爲めには圖の如く柔い細竹を割いて編みつけてある。高さは何れも概ね五尺か六尺位になつてゐる。

15の如く腰から上と下部とを別にして組んで巧妙なものもあつた。

16は雑木だけを集めて結へたもので住宅の周圍にも用ふるし、又高さを低くして畑の周圍にも繞らす。

13

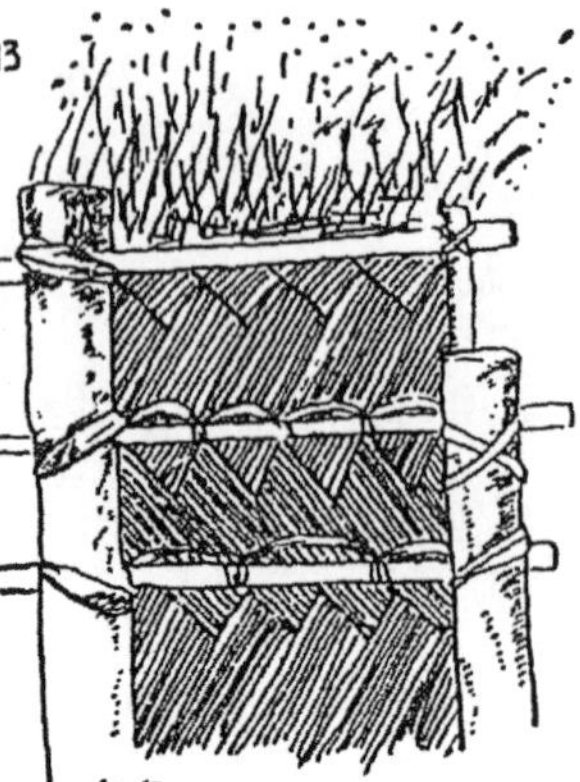

新島（内側）

14

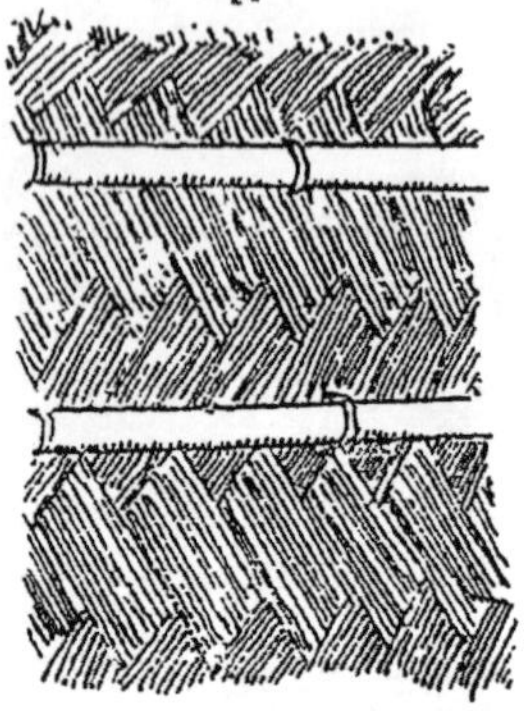

17は新島特産の抗火石を用ひたもので堂々たるものだ。抗火石は關東大震災以來殊に有名になり内地にも盛んに移出されてゐる。島では古來カルイシの名によつて呼ばれ、新島の向山は殆ど此石層から成立ち、今後尚十萬坪の採出が出來るといふ。大正元年抗火石株式會社が設立され　は、之を村有財産として會社から年三千圓の山代金を収入してゐる。又村民は山代金一ヶ年一圓乃至十五圓を支拂ふことによつて五十坪迄自家として切出すことが出來る。其の分丈けでも年一萬三千二百歳は切出されてゐる。從つて石垣、倉庫、礎石、豚小舍、納屋等村内多くこの石材を以て建てられてゐるのは見事である。

18は其礎石の上に更に一枚二尺に三尺の同じ材料の板石を木のワクに嵌込んだ珍らしい塀である。

網代組になつた垣は大島・新島に多く、神津島及三宅島には比較的少い。材料を得る難易によることであらう。

15

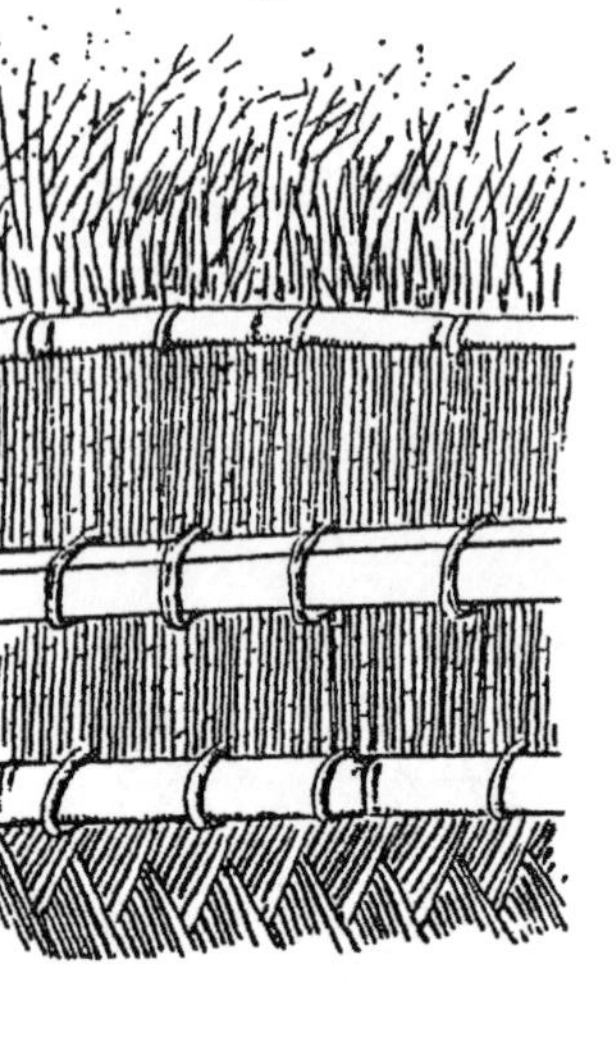

新島

16

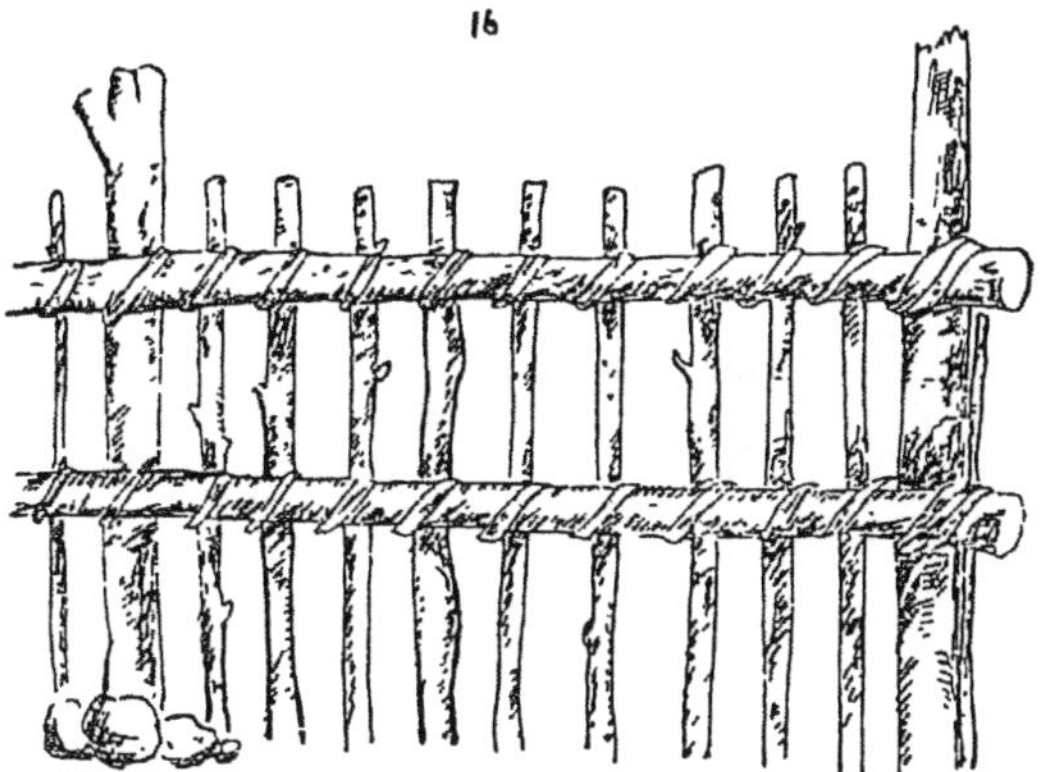

新島にて

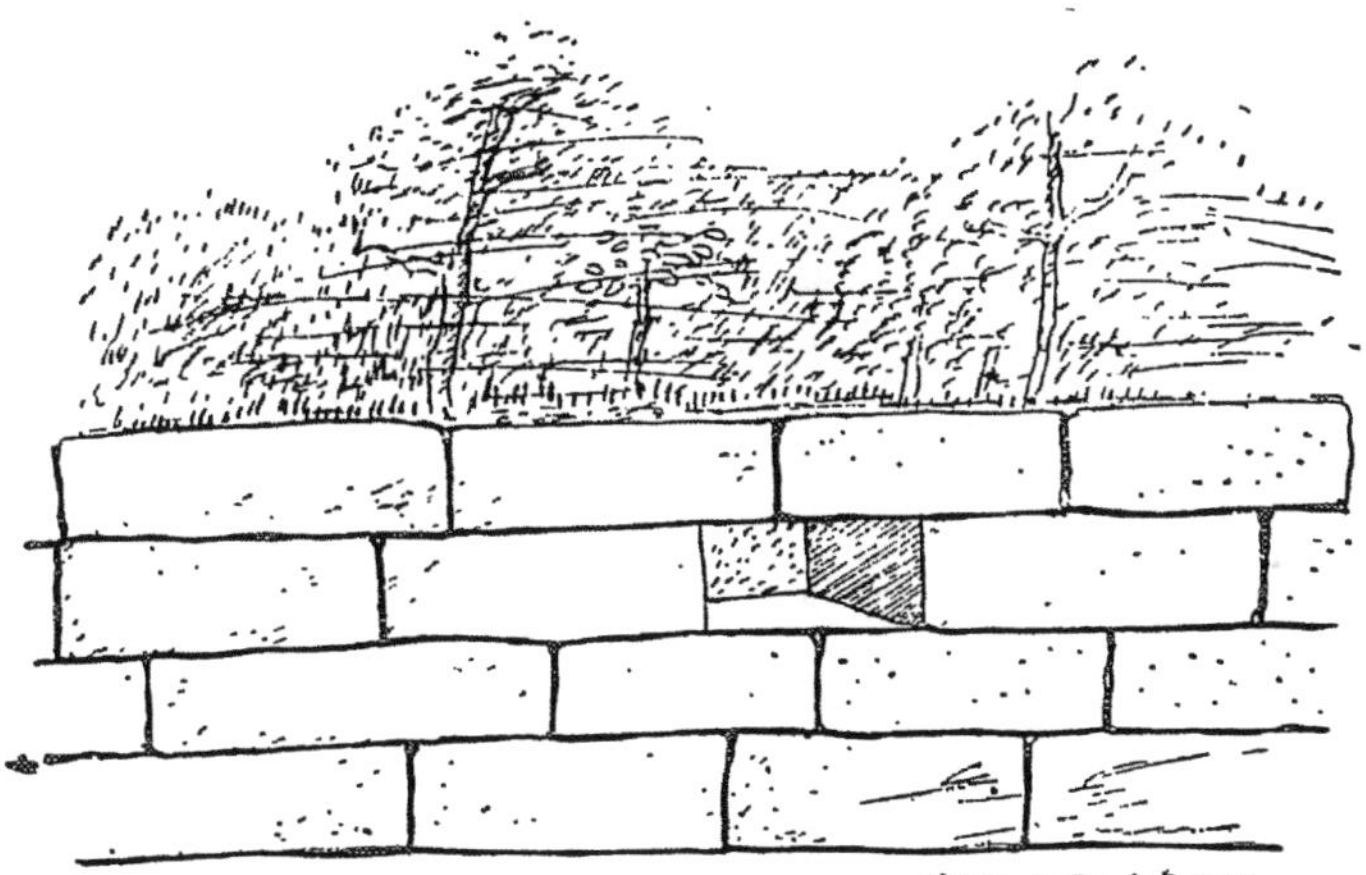

17

抗火石石垣・新島本村

18

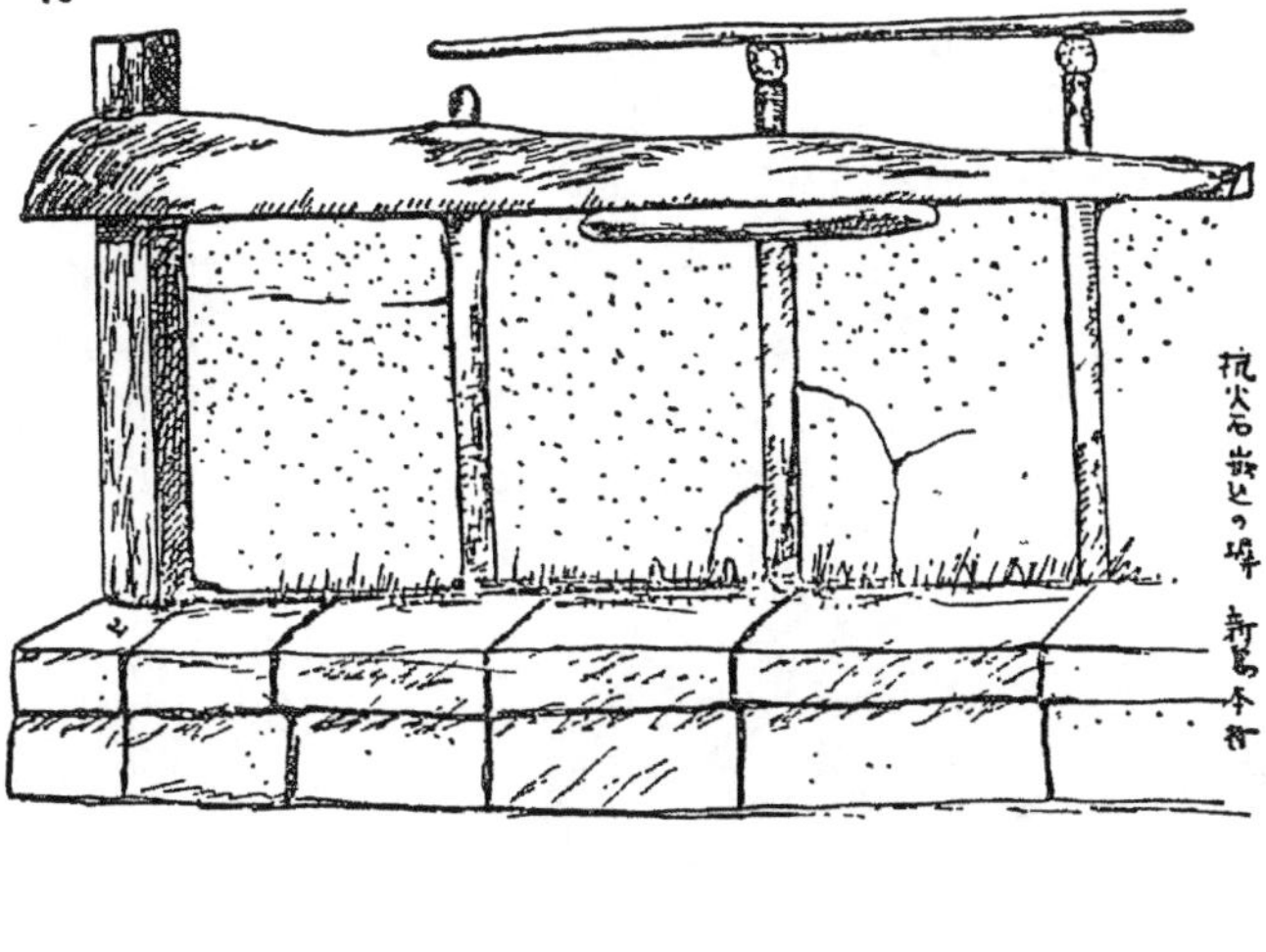

抗火石嵌込の塀　新島本村

伊豆諸島に於ける牆壁の採集（本山）

19・20は神津島で普通用ゐられる形式を示したものである。
21の如き三宅島のも此手法を用ひた見事なものであつた。
22は同じ島の阿古村で見た一例で、之は養蠶用のワクの廢物を巧みに利用したもの、甚だ效果的であつた。

尚多數の採集を寫眞及びスケッチに取つて置いたが、今は只以上に留める。之等のものを沖繩諸島の其等と比較するのは極めて興味ある試みであらうと思ふ。伊豆七島と沖繩諸島とを比較對照すべき事柄は此の以外にも數々見出されるのである。

20

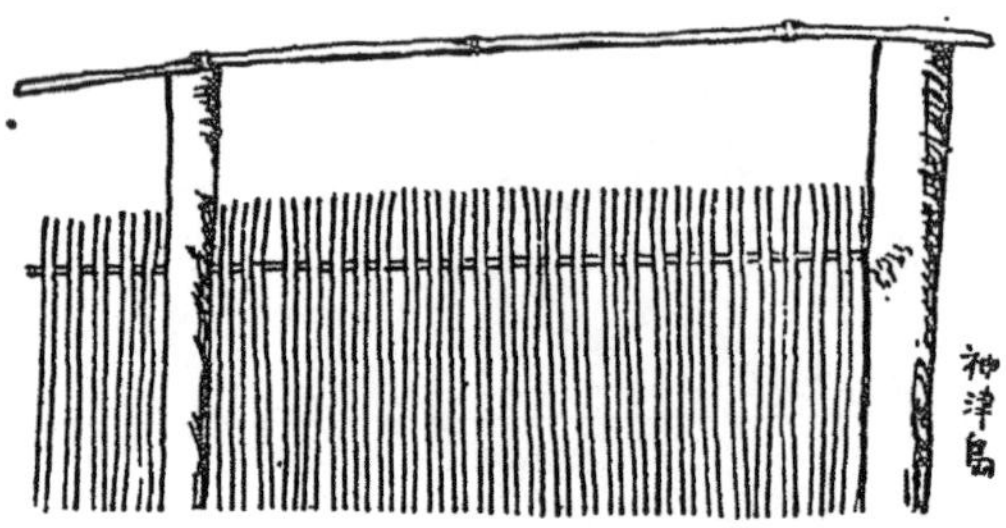

21

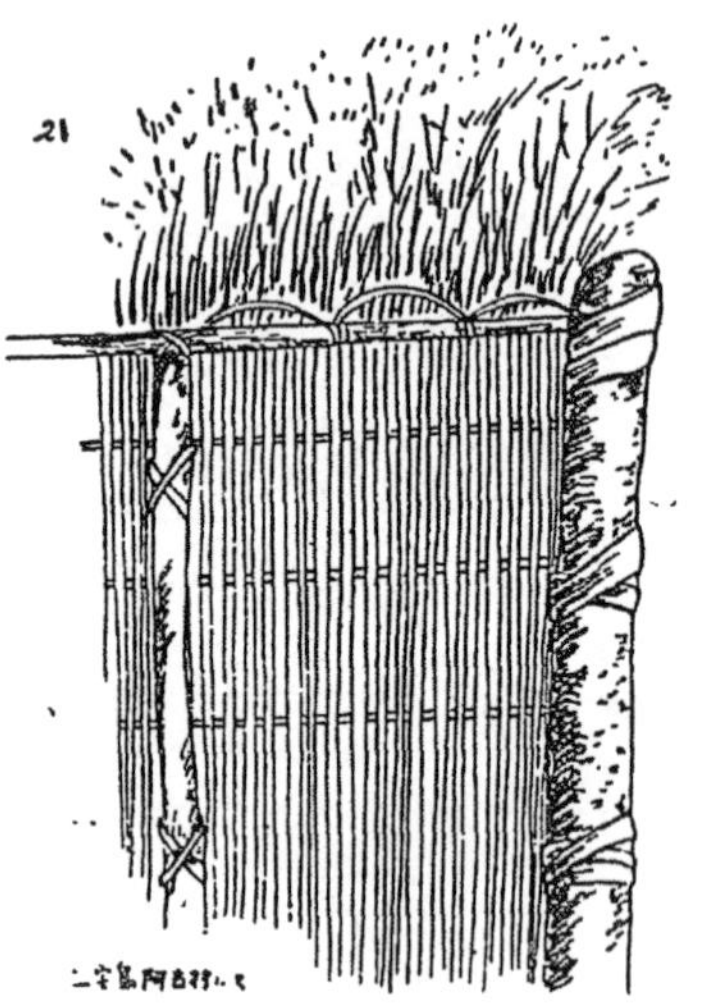

22

19

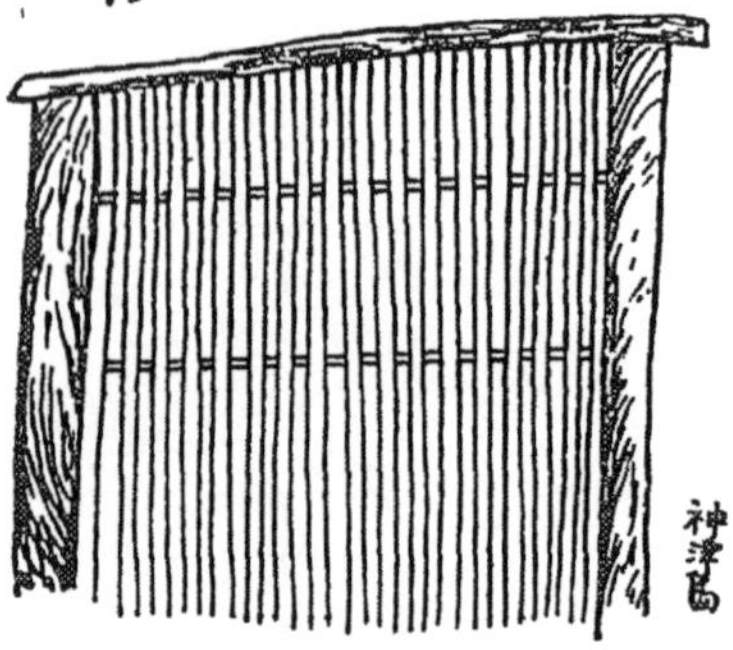

〔訂正　前號本山氏「伊豆諸島に於る祭石の事例」の十一圖と十二圖と入替る〕

若狹の謎

中平悦磨

一

1、私はこちらへ行くから、あなたはあちらへいけと云つて眞中で顔見合すものは何――帶。

2、箱の中に坊主がたくさん何――マッチ。

3、天に三つのらうかがあるナアに――降らうか。照らうか曇らうか。

4、お寺のもので、高いのに安くいふ物ナアに――山門。

5、呉服屋の隣に金物屋があつて、金物屋の隣に米屋があつて、米屋の隣に魚屋さんがある物ナアに――御辨當。

6、日本中にも一つ、うちにも一つの物――伊勢太神宮。

7、世界中何處にも四つ、家にも四つあるものナアに――東西南北。

8、春になるとふきいで冬になると開くもの何――ひび。

9、三つの目玉で二本の足何――下駄。

10、蓋のあつて底のない物ナニ（夏いるもの）――蚊帳。

11、金の橋渡つて竹の橋渡つて、又金の橋渡ると火がちよろちよろ見えるものなあに――煙管。

12、下も竹上も竹、張つたる天井紙天井、油の格子水はじきそれなあに――傘。

13、一本足で世界中を歩くものなあに――傘。

14、一つの目で世界中を歩き廻るもの何――白銅貨。

15、だいてねさして、まくつてならすもの何――琴。

16、畠の中で蚊屋きてねてゐる物――ほゝづき。

17、六角堂に小僧が一人、參りが無うて戸があかん、なあに――ほゝづき。

18、夜お早う朝さようならナアに――電氣。月。星。

19、家の廻りにお經よんでゐるものナアに――雨だれ。

20、上には青の服、下には白のズボン何――葱。

21、下ではぶらんこ、上では算術なあに――時計。はかり。

22、小さい時は着物を着てゐて大きくなつてのぐものなあに――竹。

23、家の廻りに鎗千本ナアに――つらら。

若狹の謎（中平）

24、泥棒も來ないに繩持つて、雨も降らんに笠さしてなあに――電燈。
25、立つと低くなり坐ると高くなるものなあに――天井。
26、赤椀にごま一杯なあに――椿の花。
27、合羽の綿入れなあに――揚豆腐。
28、朝早うから赤い鉢卷で庭を掃くもの何――雄雞。
29、家の周りで太鼓たゝくものなあに――雨だれ。
30、寒い中は眞直ぐ立つてゐて、あつたかくなるとくづれるものなあに――雪だるま。
31、ものを言ふ本なあに――蓄音機のレコード。
32、骨と皮ばかりの怪物で、惡い事もしないのに日に一度は必ず打たれるものなあに――障子。
33、上から來い〳〵下からいや〳〵いふものなあに――すすきといもの葉。
34、逃げても逃げても追つて來るものなあに――影坊師。
35、使へば使ふ程ふえるもの――借金。
36、何時も赤い顏していごかぬもの――ポスト。
37、雨が降つても日が照つても傘きてゐるもの――ほゝづき。
38、頭を打たなければ言ふなりにならないもの――釘。
39、死んでも目を開いてゐるもの――魚。
40、まいても〳〵生へないもの――水。

41、飲めばのむ程ふえるもの――煙草の吸殼。
42、朝疊の目數を數へるもの――箒。
43、萠黄の風呂敷に、おこわ一ぱい何――西瓜。
44、六尺男に目一つなあに――襖。
45、日本の川でありながら日本の川でない川は何川――信濃川。
46、若い時白髮で年をとると黑くなるもの何――筆。
47、畠の眞中で青ばな垂らしてゐるもの何――綿の花。
48、豆腐四十八丁何――障子。
49、百軒長屋に釜一つ何――汽車。
50、天氣の時には小さくて雨の降るとき大きくなるものなあに――傘。
51、夜は大きくなり晝小さくなるものなあに――布團。
52、人の寢る時起きて人の起きる時寢るもの――みゝづく。
53、だん〳〵畠しろ畠なあに――障子。
54、だん〳〵畠しろ畠なあに――屋根。
55、自分の體さへ惡くなければ海でも川でも人間でも何でも吸ひ込むものなあに――寫眞機。
56、あつちの枝からこつちの枝へ何時もお風を下さるなあに――火吹竹。
57、木の上で赤い齒を出して笑つてゐるもの何――柘榴。
58、膝の上に置くとばちがあたるものなあに――三味線。

59、お天氣に着るのが好きで雨降りにぬぐもの——物干竿
60、生きつとる間は泣かないで死んでから泣くものなあに——法螺貝。
61、いが〳〵皮々しぶ〳〵うま〳〵なあに——栗。
62、明けても暮れても家の中にぶら下つてゐるものなあに——電燈。
63、明けても暮れても口を開けて辻に立つてゐるものなあに——ポスト。
64、赤い着物きて何時も紙ばかり食べてゐるもの何——ポスト。
65、毎日々々一枚づゝ皮がむけて行く物なに——柱暦《ひめくり》。
66、口から呑み込んで口から吐き出す物なあに——徳利。
67、休む時には横になるが働く時には逆立ちになるものなあに——筆。
68、始めは青蚊屋青坊さん後には赤お堂赤坊さんなあに——ほゝづき。
69、一の帽子を二人で仲好く冠つてゐるもの何——松葉。
70、眞白な顔に目が二十一なあに——骨子《さいころ》。
71、進めば負け退けば勝つものなあに——綱引。
72、縦になつて休み横になつて働くものなあに——琴。
73、見る時に見せないで見せない時見せるもの——芝居の幕。
74、とられても貰つても厄介なもの何——百人一首の札。
75、乾いた着物を脱いで濡れた着物を着るもの——物干竿
76、私の家にけさ來たお客さんだあれ——お坊さん。
77、寒ければ寒いほどあつくなるものなあに——氷。
78、富士山ひつくりかやして味噌するなあに——すり鉢。
79、青家の中に白家白家の中に赤家赤家の中に黒ん坊がたくさんゐるなあに——西瓜。
80、上は大水下は山火事なあに——風呂。
81、足黒鳥がしらたへ降りて我が思ふことを人にさとらすなあに——筆。
82、お竹に毛がはえてお客があれば忙しい何——箒。
83、晝は暗い所にすつかがんで居て、晩になると出て來てのびるもの何——布團。
84、家のぐるりをお經よんで走るものなあに——蜂。
85、口一つに目百なあに——反故籠。
86、晝別れて夜一緒になるものなあに——眼瞼。
87、口が無くて歯があるものなあに——下駄。
88、重くなる程輕くなるものなあに——病人の體重。
89、詰らない方が良いものなあに——煙管。
90、針屋の前を皮屋が通り皮屋の前を溢屋が通り溢屋の前をみい屋（箕屋か）が通るなあに——栗。
91、眼には見えない節のあるものなあに——唱歌。

若狹の謎（中平）

92、自分の物で自分より他人が餘計使ふ物なあに――姓名

93、誰でも見たもので二度と見られないもの何――昨日。

94、同じ物だが見る人によつて違つて見える物何――鏡。

95、きつても／＼切れないものなあに――水。

96、削れば削る程大きくなるものなあに――穴。

97、目で見ないで手で見るものなあに――お風呂の加減。

98、入る時にいらないでいらない時に入るもの――風呂の蓋。

99、なんぼ暑に入つても震つてゐる物何――こんにゃく。

100、始めは四本足で次は二本足で後には三本足で歩くもの何――人間。

101、字で書くと四角で繪でかくと丸い物なに――圓。

102、とびらの眞中をつきぬいて中からとび出した強いものなあに――とら。

103、机のくさつたのはなあに――つへ。

104、毎日人か飲んでるもので、濁ると反對に人が呑まれてしまふものなあに――茶。（と蛇）

105、私は海に居た小さい魚にいぢめられて陸に上つたら可愛い鳥になりましたなあに――鯊から雀に。

106、どろの中に棒一本なあに――泥棒。

107、杭の上に鯛一尾なあに――食ひたい。

108、螢が虫を取つて鳥にかぶさるなあに――鶯。

109、笠に火いつぱいないに――日笠。

110、田のわら三把なあに――竹原。伏原。小松原。

小濱女學校の一年生に授集させたのだが、注意を怠つたので言はれてゐる通り報告されなかつたものがあるらしい。5、などは恐らく「呉服屋さんの隣に金物屋さん金物屋さんの隣に米屋さん米屋さんの隣に魚屋さんなあに」の如き形であつた筈と思ふ。この外にも方言などが隨分書き改められてゐるらしいが、玆には報告された通りを忠實に記載したから、不統一はその爲避け得なかつた。

95から100の間のは私郷里土佐國幡多郡でも行はれるもので、傳播の廣いものと思ふ。

101から108には字解き式の謎を集めた。私の幼時聞いたものには、「馬は怒つて角を出し人は恐れて内に入る――牛肉。」「橋の木落ちて草を生じ二人木に上つて日暮れんとす――蕎麥。」等があつた。

109 110は何れも若狹の地名に關する特殊のもの。

二

1、獣に着物とかけて何と解く、巻煙草と解く。心はきせるに及ばす。

2、ゆがんだ松の木とかけて……郵便さんと解く……はしらにやならぬ。

3、むずかしい謎とかけて…… もつれた糸と解く……解けにくい。

4、力士の全勝とかけて……新《さら》下駄と解く…… 土つかず。

5、盲目のゐざりとかけて……五合德利と解く……一升詰らぬ。

6、楠公の紋とかけて……盲目の活動見物ととく……見ずに菊。

7、石童丸とかけて……赤ん坊ととく……ちゝ戀しと泣く

8、赤子の不平とかけて……石童丸ととく……ちゝを探して泣く。

9、基督とかけて……西洋紙ととく……西洋のかみなり。

10、褌とかけて……郵便さんととく……かけて働く。

11、葬式とかけて……鶯ととく……泣き〳〵埋めに行く。

12、川邊の柳とかけて……盲目のしよん便ととく……みずにたれる。

13、西洋の廣間とかけて……こわれた機關車ととく……はしらない。

14、繪葉書とかけて……足の方の寒さととく……たびさきから來る。

15、蓄音機とかけて……去年の廻燈籠ととく……はりかへて廻す。

16、10－x－x＝0 とかけて……日永の水車ととく……ゴトリゴトリ。

17、美人の集りとかけて……算盤ととく……玉ぞろい。

18、警察の追手とかけて……杓子ととく……うまくめしとる。

19、卷紙とかけて……鰹節ととく……かくと減る。

20、紀州みかんとかけて……手品ととく……種がある。

21、勳章とかけて……蠟燭ととく……くらいによつてつける。

22、日露戰爭とかけて……風呂屋の釜たきととく……大敵をほろぼす。

23、支那兵とかけて……赤子をなくした母親ととく……チチハルで泣く。

24、日本の軍隊とかけて……懷中時計ととく……カチカチと進む。

終りに時事的なものが來た。千人結で授業時間を割かれる頃。ラヂオドラマ「上海」を聞きつゝ。

二五九二・二・八日夜記

アイヌの昔話

「夫婦同名」

知里眞志保

"Umurekur,[1] ukorekor.[2]"

Ahokuhu rehe Reptakurush[3] ari an.

Arehe anakne Yatakurush[4] ari aye.

Ramma ukookayan awa, shine ani wano tane tano ahokuhu rehe aare anke anke yainu an. Nepakno aeya inita-yakka oar wen.

Shineanita nina an kusu kimta omanan aike, orowano ahokuhu rehe aehotuipa rusui kusu. poro chikuni——rikun nitekehe kantekotor eush anke, ranke tekehe amtoikurka kopirashke kane anpe——turashi nimu[5] an. Aine toop nikitaita omanan hine, orwano

"Reptakurush Reptakurush"

ari hotuipa an. Orowano akorikikino hotuipa an kor anan awa, ahokuhu nu awan wa,

"Hō hō" ari hose[6] kor ek hawash.

Aine nichorpokta ek hine, aokai[7] ne i nukar awa shino irushka,

「夫婦同名」

我夫の名はレッタクルㇱである。

我名こそはヤタクルㇱといふ。

いつも一緒に暮してゐたところが、或時から今にも今にも我夫の名を言つて見たい見度い氣がした。どんなに脉へてもとても駄目だ。

或日薪を採るために山に行つたところが、それから我夫の名を叫びたくなつたので、大きな樹——その上の枝は天に屆かうとし、下枝は大地の上にひろがつてゐるほどのもの——に沿うてよぢ登つた。そしてはるか梢に行つて、さて

「レッタクルㇱよ　レッタクルㇱよ」

と叫んだ。それから懸命になつて叫びつゞけてゐたところが、我夫が聞いたと見えて

「ホーホー」と應じ乍らやつて來る聲がした。やがて樹の下に來て、妾なのを見てひどく怒り、

"Achikarata ayakannata
awen machi aotuiike[8] !
Neita an menoko hokuhu somo
eoripak no satrekore[9] wa,
ko'an oika ehotu'pap ne kusu,
'Reptakurush Reptakurush'
ari hotuipa ? Eparoho tane
atoikoyasa etoikoraike kusu ne na.
Eraman !" ari itak.

『やあ小獺千萬な
嬶の尻切れ野郎め！
どこにゐる女が夫を
憚らずに呼び名して、
村中よびたてるものであつて、
「レッタクルシ　レッタクルシ」
と叫ぶんだ？ お前の口を今
ぶつ裂いてお前をぶち殺してやるぞ、
おぼえてろ！』と言つた。

Shino ishish kor emush kor kane
orowano nimu wa ek koran.

ひどく怒罵しながら刀を手にして
そのまゝ攀つて來るのだ。

"Sonno tan Yatakurush ene nimu
eashkai kusu toop rikta an[10]
ruwe ta an !" ari itakkor tane tane
ikoehanke.

『本當にこのヤタクルシめ木のぼりが
うまいものだからあんなに高い處に居
やがるワイ！』と云ひながら今や將に
身ぢかくせまつた。

Oar ishitoma an, yaiwennkar[11] an,
Reptakurush sapaha kashhike un
okuima an awa, shino homatu hine,
kuttesusu ko, nanuhu unuo petchep
ne,[12] kakse[13] topse[14] kor horatutu[15] awa,
eniika toop herashi hachir.

すつかり怖氣がついてどうしてよいか
分らなくなり、レッタクルシの頭上へ
放尿したところが、彼はひどく驚き狽
てゝ、あをむいたところが顏ぢゆう濡
鼠になり、カットッと唾を吐き乍らズ
ルズルと下つて行つたところが、枝を
踏み損ねてはるか下方へ墜落した。

Hachir shiri anukar aike, sonno
aemina rusui hine, poro aemina
kokutmaketa[16] aike atekehe unno
tunusak hine, ni aopichi hine
toop horikashi wano hachi an.

墜落した有樣を見たら、ひどく
可笑しくなつて、大口開いて
アハハと笑つたところが、我手許に
力が拔けて、枝を握りもらして、
はるか上から落つこちた。

"Tane anakne Reptakurush turanno[17]
usamta toi rai wen rai aki kusu,

tane okai utar, itek ukorekor
umurek ne yan ! Ukorekor umurek
anakne wen kamui ohosarip
ne rok okai na."
——ari Yatakurush itak.

『今こそレㇷ゚タクルㇱと
相並んでつまらない死方悪い死に方を
するのであるから、
今ゐる人々よ、決して同名の
夫婦になつてはいけない。同名の夫婦
こそは悪神がそれに魅入るもの
であつたのであるぞよ』
——とヤタクルㇱが言つた。

(1) 夫婦のことを umurek 或は umurekkur と云ひ、更にそれを約めて umurekur とも云ふ。但し Batchelor 氏の辭典にある樣に umurek-guru とは云はない。

(2) uko-re-kor （同名ヲ有ツ）必らずしも同音同義に限らず、發音意義がよく似てゐる場合にもしか云ふのである。

(3) Rep （沖） ta （ニ） kur （影） ush （附ク） 沖影彥。

(4) ya （陸） ta （ニ） kur （影） ush （附ク） 陸影媛。

(5) この語は木に「のぼる」時に限つて用ひられる。B 氏辭典に "to climb" とのみ解いてあるのは不完全である。

(6) hose （ホーホーと答へる） この——seは「云々の音を發する」意の動詞語尾。註(13) の kakse (14) の topse もそれぞれ「カッと云ふ音を立てる」「トッと云ふ音を立てる」が原義である。

(7) aoka は此の場合單數第一人稱である。（B 氏辭典參照）

(8) achikar ta は「汚イッ」といふ意味の感投詞であるが時には「小生意氣な！」といふ意にまでなる。

ayakannata 意外の事を見たり聞いたりして驚呆れた時に發する感動詞。

awen machi 「我ガ惡シキ妻」

aotuike 「我ガ尻ノ切レタ奴」。「尻尾ノ切レタ奴」とは「卑シイ奴」「馬鹿野郎！」の意。

以上の四語は相結んで惡口嘲罵の常套形式をなすもの、仰々しく對語で疊んで頭韻まで利かせてゐても、意味は結局「この野郎め、この畜生め」位のところである。

(9) Sat（乾イタ）re（名ヲ）kore（與ヘル）アイヌには目上の人の名を口に出してはいけない禁忌があつて。これを犯すことを satrekore といふのである。單に「呼ビズテニスル」ことではない。

(10) ene と kusu とは恰も英語に於ける so～that の樣なコンビネーションを見せてゐる。故にこゝの文章は「あんな高い處にゐる程そんなに木登りがうまい」と譯すも差支へなささうである。

(11) yai（自ラヲ）wen（惡ク）nukar（見ル）。「進退谷マツテドウスルコトモデキナクナル」ことである。旭川地方では yai-wenno-nukar と云ふ。それが約つて yaiwen-nukar となり、更に又 yaiwenukar となるのである。B 氏辭典に「失望スル」とあるのは斷じて不可である。

(12) 日本語の「濡レ鼠」がアイヌ語では「濡レ魚」である。

(13)(14) kakse-topse 痰や反吐などを喉の奥からカッと口の中へ吐きあげて、トツと外部へ吐棄てること。

(15) B 氏の辭典に "to slide" とのみあれど、これは "to slide slowly downwards" と行くべきである。

(16) poro（大）emina（笑）ko（＝向ツテ）kut（喉）maketa（開ク）

「大笑ヒ＝向ツテ喉ヲ開ク」「喉モアラハニ大笑ヒスル」「大口開イテカンラカンラト笑フ」

フォーテューン「ドブの呪術師」(一)

―― R. F. Fortune; Sorcerers of Dobu, london 1932 ――

水野清一

一

ドブとトロブリアント　ドブと云ふ島はメラネシアの西ニユゥギネアの東にあるダントルカストー群島の一つである。ドブ族はこの島の北ファーカッソン島の東南部にかけて住んでゐる。この少し北方にあるトロブリアントの島を調査報告したブロニスロウ・マリノフスキーの『西太平洋のアルゴナウト』を見るとこの島の特異なる存在が著しく人々の心を惹きつける。私がこゝに紹介しようとする書、即ち『ドブの呪術師』の著者フォーテューンもマリノフスキーの書物から興味をおこしてこの島に目をつけたらしい。この島はあらゆる點に於いて北のトロブリアント島と著しい對照をなしてゐる。椰子の林に掩ばれた珊瑚礁の平たい島、貝漁る人、漁舟、どんよりした綠の水、淺い入江、それに暗礁や砂洲が多いトロブリアントの景觀に對して、ダントルカストーの島々は高い山、圓錐形の火山が聳え、密林にとざされた銅色の岩が鮮やかな青色の入江にのぞく。トロブリアントの豐饒な土地や海、稠密した人口、酋長を戴く政治的統制、陽氣で氣輕な、開けた土人に對して、ドブの人々は魅力はあるが陰鬱だし、美しくはあるが賴み難い山人である。ドブ人はその山と同樣にトロブリアント人の迷信的な畏怖と魅惑の對象である。或る時は上位の人として美しがられ、或る時は野蠻人としてさげすまれる。トロブリアント人の眼に映じたところでは大人を食ふ恐しい巫術に長けた、そして意地の惡い、嫉み深い、怒れば山々をゆるがす恐ろしい人々である。南の山島は食人・首狩・勇敢な遠征の本土であり、恐怖と神秘に滿ちた國である。

機能説　この恐怖と神秘充ちたドブの呪術師を記錄し、或は書名に冠したことは決して獵奇的な意味からではない。幼稚な民俗學が往々問題にしさうなテーマが、こゝでは全然違つた觀點から取扱はれてゐる。魔術が單なる魔術としてでなく、それが特定の社會に仕組まれたものとして、機關として働いてゐる、働いてゐる姿に於いて把握されたのである。固定した、動かない、働きのない魔術 いかなる具體的なものをも抽象した魔術そのものと云ふやうなものはいかなる社會にも存在しない。それが動いてゐる姿、具體的な機能が問題である。即ち魔術と云ふものが、人類生活のあらゆるものとの關聯に於いて、即ちあらゆるものへに働きかけ、あらゆるものから働きかけられると云ふ相互關聯、相互依存に於いて觀察さるべきである。その全文化的機構の抽象的な一般相互關係ではない。特定なる社會に於ける特定なる魔術がその全文化的機構の中にていかに働いてゐるかと云ふこと、このことはとりもなほさずその全文化的機構そのものが何であるかを示すものである。

二

ドブの全文化　かくして全文化的な機構に織りこまれたまゝの魔術が觀察され、記錄さらなければならない。「ドブの呪術師」はドブの全文化を展示する機緣に選ばれたまでである。またかうした機緣を外にしてドブの全文化を示すことも不可能であらう。この書は魔術を觀點にしたドブ文化の透視畫である。その始めにはドブの社會組織が述べられ、次ぎに栽培、黑魔術、交換、兩性關係をのべ、その中に働く魔術の種々相が展開され、最後にかうした社會の中に於ける個人の誕生から死に至るまでの一生涯を取扱つて筆を擱いてゐる。

ドブ團體名種　ドブには家族、ススとよばれるある種の血緣團體、村落、地方、トテム氏族などの各種の團體があるが　トーテム氏族はその祖先に關する傳承を共にする位で大した機能をもつてをらぬ。地方と云ふのはいくらかの村落の集合で、內婚制の行はれてゐる單位である。村落は外婚制の單位であつて、若干のススより成立する。

スス　スス團體と云ふのは一人の女と、その男兄弟の一人と、女の子供達からなる。ススはドブの土語で母乳を意味する。これが村人であり「村の所有者」である。土地、家屋、椰子等の相續はこのススの內に於いて行はれる。即ち姉妹の子へ讓られるのである。姉妹の夫は村落外婚制だから、當然他村からやつて來る。「よそもの」であり「結婚から結果するもの」である。村の何一つも所有しない。一人の女はその自分の村。即ち母の村に母から相續した自分の家・屋敷をもつ。その家屋の內部は嚴格にその女と夫とその子供、即ち家族の使用に限られてゐる。之に對してスス團體の家と云ふものはない。唯村の中央の墓地こそはその使用がススに限られてゐる。一旦病人が重體になると、その自分の家の床に横へられる。若し死んでしまふとその死人の配偶者は直ちにその家、その村から出なければならない。家の中は母系の親族のみが残つて弔ふ。家はもはや家として通常の機能を失つたわけで暫くの間棄てられ、遂に壊される。

家族　女は自分の村に家・屋敷をもつが、夫即ち「結婚から結果するもの」は自分の母の村にまた家・屋敷をもつてゐるわけである。この夫婦とその子供、即ち家族は一年間（一收獲年である）は夫の家に住み、夫の母系親族と一緒に暮さねばならぬし、また次の一年間は妻の家に住み妻の母系親族と共に暮さねばならぬ。即ち一年毎にその居處を替へなければならない。Patrilo cal でも matrilocel でもない即ち unilocal でなく、bilocal 二重住所である。これは自ら家族としての結合がその母系親族即ちススの結合によつて弱められる結果になるであらう。二重の住所は夫のススと妻のススとの對立を意味するもので從つてそれから由來して家族の結合が大いに患される結果となるのである。事實ドブの家族結合は甚だ薄弱であつて、屢々紛爭離婚の沙汰を見るのである。

機能説　二　併しこゝに注意しなければならぬことは、これを直ちに原因結果の關係として發生的な意味に解釋することである。即ちドブに於ける家族結合の薄弱さがその二重住所の爲に發生したかの如く説くことである。これは從前の民俗學、殊に歴史學派とでも云はるべき人々の常にとつてゐた態度である。併しいまマリノフスキー、フォーテューン等の社會機能説の立場から云へば發生的な因果關係にひきなほして見ることよりも、それをそのまゝ機能的な因果關係として理解することの方がより重要である。即ちドブの家族結合　の薄弱さの支持者として、即ち絶えずその薄弱さを來たす樣に働いてゐるものとして、スス結合即ち二重住所が考へられる、のである。そしてまた家族結合の薄弱さが同樣に二重住所の根底にある強固なスス結合の原因としても考へられるのである。(p.280) 家族結合の薄弱さ、離婚の頻繁さが二重住所、スス結合が保たれる樣にと働いてゐると解されるのである。

親族呼稱　村人は年長に對しては親族呼稱を以てするが、お互にまた目下に對しては名を以てよぶ。併し「結婚によつて結果したもの」即ち「よそもの」なる夫は同じ世代のものに對しても親族呼稱を用ゐなければならない。小さい子供に對してのみ名を呼ぶことが許される。結婚して間もない「結婚によつて結果したもの」か家の下に座せる村人に近づくのには謙遜に、恐れ入つて腰をまげ、ぐるりと遠まわりをして行かなければならない。それをしなくてもよいのは自分の配偶者である「村人」即ち妻若しくは夫に對してのみである。一人二人子供も出來ると、姑のススに對してはしなくてもよくなるが、同村の外のススに對してば少くともある特殊な場合には矢張りそうしなくてはならないのである。

不安定な結婚生活　「結婚から結果したもの」はその女の村では女に對してうつかり馬鹿口も云へず、なぐることも出來ない。女も夫に對してあまり依賴の念がない。女は新しく夫を得その助力を、求めることが容易であり、また彼女の兄弟は最後まで彼女をかばふからでもある。だから女は好きな秘密事をやり、從つて男の方は嫉ましい監視をゆるめない。ドブの結婚生活は姦通に對する異常な猜疑と嫉妬を常とする。一人で居ることは魔術に犯され易いと共に、一人居ること自體がまた密會の疑をうける種になるのである。(p.77) 常に密會の場所になるのは畑である。だから訪問者も無暗に他人の畑には入れない。遲いか早いか喧嘩になれば「結婚から結果したもの」には全く同情がない離婚である。ドブの說話には子供が母の密會を父に告げ、夫婦別れをして父がその母の村へ歸つて行く話が多い。ドブの狀態では兄弟、姉妹間の親緣の延長として兄弟、姉妹間のソリダリテは夫婦のソリダリテと協調しない。

離婚の頻繁性　家族とススの間に於ける衝突は屢々起り、呪術、魔術、またその嫌疑や、嫉視、口論、自殺の計畫村內の私通と云ふ樣なものとしてあらはれる。ドブ、男は凡そ三四回の離婚の經驗者である。ドブに近い類似した土人で同樣なススの權利をもち、固定した Patrilocal な土人を調べたが、そこでは離婚はドブの五分の一より少い。(pp.°—9)

ドブの兩性關係を特色づけるものはこの離婚の頻繁性と結婚前の自由な性交と一夫一婦制である。

三

ススの根本的權利　兄弟姉妹のソリダリテによるススはその根本に四ッの收得がある。

(1) aの屍の相續とその完全な所有。
(2) aの村の土地、椰子の相續とその安全な所有。
3 aの死後はその子を村に入れぬ權利。
(4) 婚姻にもかゝはらずaを隔一年每に村にとゞめる權利。

兄妹のタブ　兄弟姉妹のタブーは家族を堅固にするであらうが、かゝるタブーはドブには存じない。年頃の男子は親の家に寢ることは許されぬし。共同のクラブももたない。一夜一夜の女の家を宿とする。併しこれも兄弟、姉妹のドブに發しないことは、姉妹をもたぬものもやはりさうしなければならぬことでわかる。(p.10)

ススと家族　ススの所得は家族の損失である。村のソリダリテをつくる各要素は姻戚のソリダリテを破壞する要素である。(p.43) ススと家族との利害は一致しない。

フォーチュン「ドブの呪術師」（水野）

名の相續　併しドブに於いてはススが優勢である。死人の頭骸もその名もスス內にて相續される。だからドブ人は二つの名前をもつことになる。一つは自分の名で、これは親また同村の他のススからよばれる。他の名は即ち死んだ母の兄弟、即ち母方の伯叔父の名で、唯自分のススの內部に於いてのみよばれる。從つて父の死によつて親族呼稱も變る。お互にニバグ（cross-cousin）であつたbとcとは、aの死によつてcは父となり、bは子となる。cは村の所有者であるが、bは「境外の人」（Boundary man）と呼ばれて、最早父の村へは足を踏み入れることすら出來なくなるのである。

財產の相續　村の土地・人名・頭骸・身分・村の椰子の木・果樹は姉妹の子に相續されると共に魔術もまたさうである。魔術も物質と同樣に考へられてゐて、一人にだけしか讓り得ない。姉妹の年長の子に讓られるが、この本當の兄弟も仲が惡い。大きくなると一緒に寢ない。一緒に寢ると血が混ぢると考へられてゐる。喧嘩から兄弟殺戮に至ることもある。更にこれが「境外の人」即ちcross-cousin（斜ひ從兄弟）との間になると更にひどい。父であり、叔父であるaからの相續を中心にして嫉視、反目が見られ、お互が魔術を行つてゐないかと疑ひ、相手の呪術が極度に恐しがられ、警戒される。殊にドブでは親緣であればある程魔術の効力は覿面である、とのドグマがあるからである。

父子相續　魔術だけはその子にも傳へられるのであつて、こゝで同じ相續人である子と姉妹の子とは殊の外反目し、嫉視し、猜疑する。公然の權利は姉妹の子の方にあるが、子の方が父に接してゐる機會も多いので、父から多分に讓られることがあり得る。

その時bは姉妹の子cの要求によつて、その過剩な分だけは教へなければならぬ義務がある。その反對の場合に姉妹の子cが子bに教へなくてはならぬと云ふ義務はない。

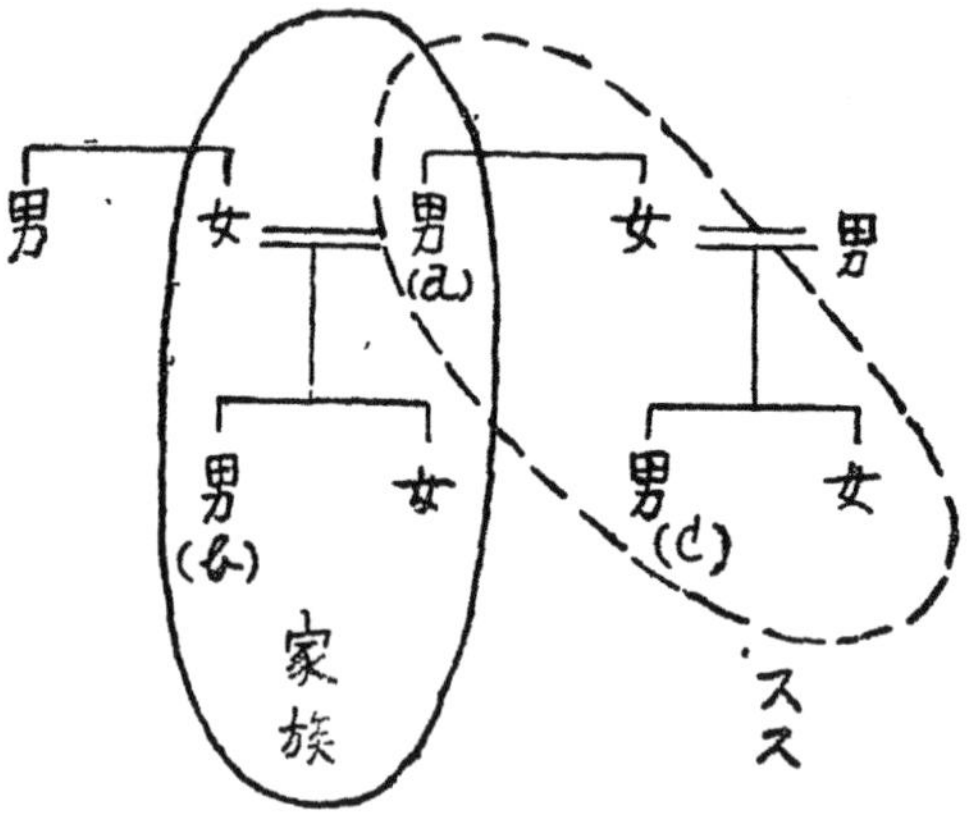

親族圖表

M・B・RIGHT だから

(1)　父から息子　父權

(2) 母から息女　母權
(3) 父母の共有遺産を息子息女へ
(4) 男がその姉妹の子供へ
(5) 女が兄弟の子供へ（重要ではない）

右の相續各種のうち、ドブではが最も重要で2之に次ぎ1之に次ぐ。ドブの社會を支配する相續法は云はゞmother's brother's right と云はるべきものである。

四

結婚と共同交換　結婚はお互のススだけでなく、兩村を長い複雜な贈與の關係に入らしめる。結婚の當時に於ける複雜なるやりとりから、毎收獲時に於けるやりとり、死・葬儀にも兩村の交換贈與が行はれる。その樣な場合には村落が一單位として働くのである。從つて外婚制である。村内の結婚は村落を二つに分割することがある。併しこんな場合にはどうしても大規模な交換が行はれ得ないわけであつて、精神的に危險なものであるばかりでなく、交換好きなドブ人には貧弱な結婚と見られるのである。（P.69）

（pp.189sg.）

種芋の相續　耕作には各人が自分のヤム（山芋）種子をもつてゐる。夫婦と雖も共通ではない。男性の種芋は男性へ、女性の種芋は女性へ相續される。この相續は勿論ススの内部に於いてゞある。種芋を食ひ盡したものの運命は職を失つたルンペンよりも慘めである。盗人か乞食か漁夫かサゴ採りになるより外に道がない。魚もサゴも豐富でないばかりでなく、漁夫は極度にいやしまれてゐる。そして種芋の消滅が往々にして離婚の原因になるのである。尤も夫婦が種芋を共有してゐるのではないが。唯ススの内部に繼承された山芋ばかりが成長すると云はれてゐる。ヤムの種はある男からその姉妹の息子へと讓られる。そしてその同じ經路によつて傳へた魔術のみがヤムを成長させると信じられてゐる。（p.68）

姑　姑は社會の組織によつて婿に對して強い權力をふるふが、また巫女として婿から極度に恐れられてゐる。而してその關係が深ければ深い程、その魔術の効果があるとされてゐるのであるから猶更である。あまりに離れると魔力も効目がない。魔術にかゝりやすい夜を恐れるドブ人もトロブリアントに行くと平氣に夜歩きをする、トロブリアント人は之に反して自分の村ではそうでもないが、ドブへ行くと極度に神經質になる。（p.74）

五

利己的なドブ人　ドブに於いて刑罪の法もあるが、發見されぬ盗みと姦通は賞讃される德であり、それをたすける呪文は高く評價される。殆んど公共心と云ふものはなく、利己的な感情が旺盛である。（p.78）

フォーチューン「ドブの呪術師」（水野）

私有權の確保 一　果樹の所有は次の二つの方法で確保される。（Ⅰ）即ち果樹の幹に乾いたコ、ナツトの葉がくゝりつけられる。實にこの葉は elephantiais,（象皮病）gangosa,（梅毒）tertiary yaws 等の病氣の呪が幹にかけてあるとの警告である。この樹の所有者はその各々の病氣の所有者である。或る人は何々病、或る人は何々病、或る人は何々病と各自別々の病氣を所有し、その相續はスス部内にて行はれる。また凡てその病氣に對する責任をもち、その病人には御禮をもらつて魔術を行つてやらなければならない。かくの如くして私有財産が保全される。この病氣の魔術はタブ tabu とよばれてゐる。このタブ魔術をその子と姉妹の子の双方に傳へることを私は知らぬ。さう云ふことも起り得るわけであるが、テワラに於いて各自異つたススが少しも重複せずに別々のタブを所有してゐたことはさうでないことを物語つてゐる。理論的に云つても（一）離婚の多いドブでは實父と實子の分離も頻繁で、その父系の繼承は杜絶れ易い、（二）子や孫は死んだ父・祖父の果樹の實を食つてはいかぬからタブ呪術をもらつても子や孫は利用出來ぬし、また子の方は父の名の相續人たる斜ひ從兄弟に對して果樹を保護することが出來ないからでもある。（pp.79—82）

栽培魔術はスス内部のみの相續だと云はれてゐるが、實際は守られてゐない。だがタブ魔術の方は父また祖父の木の實を食べることが出來ぬ禁制がそれの完全なスス内相續を保證する。（p.82）

私有權の確保 二　（Ⅱ）かう云ふ病氣の獨占が出來なければ家族内の災厄が之に代つて用ゐられる。例へば兄弟がシワブの木から落ちて死んだとする。彼の果樹はシワブとよばれて、その私有權は護られる。大きな船が相續されると、彼は之をシワブと呼び、その支配は彼に屬する。この食物はシワブだと云ふと誰れもそれに手をつけやうとはしない。また或る男が何かよくない食物を食つてひどい腹痛をおこした。それで彼は踊り、唱ひ、そしてその食物の名を財産保有の標識としたのである。彼はユーモリストで、尤體ぶることの出來ない男であつたがこのことだけは充分に尊重された。かゝる習慣をケラモアと云ふ。もしそれを盜まれたのが發見されたら、彼は兇暴に抗議して、その木を伐り倒さなければならぬ。タブが破られた時も同様である。果樹の伐倒から被る村全體の災害に就いては村人はよく知り拔いてゐるので、このケラセアの標識はよく守られる。（p.82）

呪術的監視　併し財産を守るには見張りに越したものはない。本當の盜みは卑まれてゐるから、魔術上の見張りである。魔術による盜み、誘ひ出しは許されてゐて、誰れもが行ひ、その力のあるもの程尊敬されてゐる。ヤムは人間であつて夜歩きすると考へられてゐる。從つて栽培魔術は芋種にではなく、吾々が神に呼びかける如く人格的存在としての山芋に呼びかけるのである。そしてそれを自分の畑におびきよせることが、ひとからおびきとられないことが栽培の要訣であつて、この魔術が栽培魔術の重要な部分を占める。（p.83）

六

酋長制の萌芽　酋長の統制は極めて萌芽的なものしかない。各地方にある一二の權威ある人と云ふのは魔術儀禮を多く相續した人である。あるものは大規模な交換形態なるクラの魔術の爲め、あるものは雨乞魔術の爲めにその權威をもつてゐる。（pp.83—85）

サイドの樹　サイドの枯葉の話。（PP.87）この話はサイドと云ふ濶葉樹の落葉を取扱つたものである。サイドの枝々が女を求めて國外に赴き、魔法婆に會つて殺される。唯四番目に行つた弟だけは之を免れ、呪術によつて兄三人を蘇生せしめ魔法婆を殺し、女を見出して結婚する。兄の妻は村人と密通し、子供が之を發見して父に告げ離婚になる。四人の枝はうち揃つて母の下、サイドの樹の根下に歸ると云ふ話。

口頭文學の機能　法に關して口頭文學がいかに力をもつてゐるかを知るのは興味がある。私有財産の保護は、魔術に對する恐怖によつて維持される。村落協同は一體になつて村に何の權利もない。「よそもの」を放逐することによつて保たれる。フォルクローアに表はれ、子供に敎へられるものはこの放逐の權利である。成年もまた當然のことゝしてこのことをうけ入れるまでである。（p.93）

七

ヤムの祕密　ドブに於いては創造は或る自然物が他のものに變化することだと考へられてゐる。ヤム（山芋）は人間の變形したものだと考へられてゐる。此等の變形に關する說話の或るものは家族の秘密であり、或るものはすべての人に知られてゐる。このヤムが如何にして人間の變形から始つたかと云ふ話はその栽培の儀禮と深く結びついて、その祕密は家族のうちに固く保たれ、この儀禮を知らぬ人や子供に對しではヤムは人間の變形だと云ふばかりで、それ以上のことは全く口を緘して語らない。（pp.93—94）

呪術の祕密　父の爲め、母の兄弟の爲めに栽培を助けたものが栽培の魔術を讓られる。知らぬ人の爲めに行つてやればいくらか收入になる。魔術の祕密が固く守られるのは獲得の困難、排外的の專有から生ずる收益と云ふ理由ばかりでなく、魔術は相爭ふ呪力の一であるとの世界觀からでもある。他人が自分の魔術を獲得することは自分の魔術修

法にあたつて相抗する呪力の一として妨げになるのである。（pp.94—95）

ヤム栽培　ヤム栽培も呪術なしには行はれない。各種の作業と平行して呪術の修法が見られる。よびかける呪文、よびかけられる靈的存在の名、儀式に用ゐる藥草は呪術行爲に最も必要なるものと考へられてゐる。この三つのうち何れをも偏重することは出來ぬが、時にはその一二を欠いたものもある。切り開きは夫婦共同、燒拂ひは男が受持つ、植付けには男が掘り、女が植えて行く、その後は男女別々に自分の畑に働く收獲には女が之に當る。（pp.105－106）

よい收獲に對する嫉み　他人よりよい收獲を得たものはその力強い誘ひの魔術ソネで他人のヤムをおびきよせたと考へられてゐる。從つてあまりよい收獲はその人に病氣と死とを齎すものと考へられてゐる。從つて收獲は少しづゝ、ひそかにとり入れられ、ヤムの介につまれる。それを見ようとする好奇心は侮辱行爲として激怒を購ふばかりである。だがそれにも拘らずそんな好奇心は屢々ひそかに行はれてゐるのである。（p.128）（未完）

八

健康とか不健康とか云ふものは人間の人位的な働きにのみよるものであるから、健康な人と云ふものは有力な呪術をもてる人である。

不健康の原因　病人とか不具死にかゝつた人とは弱い呪術しか持たない人である。社會的な成功は必ず他人の損失によつて得られるとの考へが行き亙つてゐる。健康な人は他人の黑魂術に抗し得て、他人の損失を利して成功しつゝある人である。病人や不具　涉死の病人は自分の社會的成功の爲めに彼を害しようとした、人よりも弱い魂術しか持つてゐないのである。

機能說　二　こんな社會の態度が魔術の監視から由來したか、魔術に對する警戒が社會のかう云ふ態度を由來したかは決し難い。互に作用し會ひ支持されるものである。

所有に對する嫉視はこの文化を視る鍵である。ススと家族との間にまた畑を作る人相互の間の嫉視は凡の病氣や死の原因である呪術の嫌疑となる。赤貧と人口過剩が所有の嫉視を作ふが、これも何れが原因であるとは云へない。要は互に働きかけて保たれてゐる關係そのものなのである。

毒殺　嫉視と猜疑が瀰蔓して、巫術、呪術の外に毒をもられる心配は土人生活に通有である。食物、煙草等は自分の知つてゐる信用する人、自分の食物を受ける人、よりしか受けとらない。著者、フォテユーンに藥を與へた人は必ずその一部を眼前で嚙むか、呑むかして、對者の注意を惹いた。この背後には普通になつてゐる毒害の習慣があると思はれる。（pp.137.171—172）（第八章未了）（未完）

世界觀と言語 (二) (グレーブナー)

杉浦健一

前述した支那語とアラビヤ語との明白な對立關係は結局疑問文章に於ける特色に最も明かに示される。支那語に於ては陳述文章と疑問文章とに全く區別がない。疑問とされる內容と普通の陳述文章と等しく眞實のやうに敍述する。「あの人が來た」と云ふ陳述文章は「那箇人來」である。斯かる主張文章と等しい構文で、唯だ否定の表明を重ねるだけで、聽者に對して二つの事實の中の何れが不能であるかを尋ねる文章となる。卽ち「那箇人來不來」となる。更に普通の疑問文章をつくるには、唯だ主張文章の最後に疑問の不變詞を附ければよい。前述の文章に就て云へば「那箇人來麼」となる。これと類似する暹羅語に於ては尋問の意味をあらはす場合獨逸語の"oder"と云ふ言葉と同樣のものもあるが、然し疑問文章の根本的表現の樣式としては文章中の疑問的性質を持つものを最後に置く。

アラビヤ語はそれと反對である。しかし疑問文章の構成に於ては支那語と同じく陳述文章と違はない。その上疑問を同じく不變詞で示してゐる。支那語と對立するのは疑問の不變詞が文章の最後に置かれずに、最初に置かれることである。アラビヤ語の疑問文章は不變詞によつて一種特別の感情の拍子を持つてゐる。"A'gatala'l insänil malara?"（その人は王樣を殺しましたか）に於てこれを知る。既に述べた如く、アラビヤ語の疑問文章に於ては動詞を文章の初めに置き、更にその前に疑問の不變詞を置くから、文章に於て運動及び感情の興奮を表現する凡ての言葉は前に出て來る。就中アラビヤ語は感情の調子を高めること並に言葉に價値の區別をすることに於て著しい特色を持つ。特に價値の區別を云ふのは概念的・論理的見解よりする性の區分とは全く違ふ。價値の區別をされた名詞であつて、文章の核心をなすものでも規定詞よりも前に出す所に特性を持つてゐる。

支那語はこれと反對に目に映じたまゝの事物を靜かに、感情的でなく記述してゐると云ふ印象を與へる。從つて言語表象に於て感情的並に意志的要素が意味を直覺するのに役立たないけれども、大體直覺的言語であると云へる。斯くの如く二つを對照して見ると、支那語は客觀的に陳述する特色を持つた言語型であるのに對して、アラビャ語は感情並に意志が活動する言語型であると言へる。

セム語と云ふやうな一大語族が人類の中にあつて他の言語と全く交渉なしに存在してゐると考へられないことは當然であつて、勿論それは左の語族と接觸して互に接近した所が澤山ある。多くの點に於て、これと最も近似するのは北部アメリカのハム語である。此の二つの語族は源本に於てはアフリカの牧畜民族の中から起つた共通語系のものであると云ふことに傾いてゐる。この語族中の最南にあるホツテントツト語は、今日も形態學的に見れば、三つの性と關係する數詞の十進組織を除いては、ブツシマン語と多くの類似を持つてゐる。多くの類似と云ふのは漠然たるものでなくて、細目に亘つて酷似してゐる。他方に於てマレオボリネシヤ語族及び全オーストラリヤ語族は形態學的に見て、セム語族と多くの類似を持つてゐる。即ちオーストラリヤ語族はセム語族と同樣規定詞を後に置く典型的な接頭言語である。更にボリネシヤ語族も亦動詞の殆んど全部を文章の初めに置く點で接頭言語に屬す。セム語族とオーストラリヤ語族は唯だ人稱名向に男性と女性の區別を持つことと及び十までの獨立數詞を持ち、それ以上の數詞は十と云ふ概念を基としてゐることに於て兩者に差異があるのみである。この二つの語族は他の點では最も重大な動詞が前置される形式並に意味が等しいことを初めとして、多くの類似がある。更によくオーストラリヤ語を見ると大層興味深いものがある。オーストラリヤ語に於て所有格を前に置く型は今も尚東南部に於ける古い言語型として、所有格を語尾に表現するその以外のものと區別される。東南部並に北部地方に於ては性の區別によつて更に色々の樣相を生ずる。斯かる性の區別の變相はトーテム文化圈のハプァ語族であるニユーギネアにも見られる。斯樣な言語特色は他のトーテム文化圈にも明白に存在する。これに就ては南部印度に於いて唯だ一つドラビタ語が性の區別に關する特色を持つてゐることを注意して置く。以上にあげたものは何れも明瞭な接尾言語である。こゝで考へるべきことは、これ等の中ドラビタ文化は古代牧畜文化の要素を最も多分に持つことである。このドラビタ語は、性の文法的關係に於ては他の多くの接頭言語の形態的特色を持つものと共にインドゲルマン語として重要な役をなしてゐる。從つて牧畜文化を中心とするものは、インドゲルマン民族以外のものでも、言語の一致が形態學的にも認められゝば、心理的にも同樣なものと評値もされる。斯かることはインドゲルマン民族のみならず父權制文化一般に通ずる言語法則である。

更に語尾が謬着作用によつて活用すると云ふことに着眼して、形態學的に見れば支那語と同樣な形のウラルアルタ語の如き中部アジャの遊牧民族の言語は或る點に於てインドゲルマン語と同樣である。謬着語は言葉を綜合すると云ふ方面に對して進歩したことを示すと共に、その綜合にあたつて言葉の構成要素に價値の等級的差別をなすことへ發展したことを示すものである。然のみならず、中部アジャの言語は音便としての代名詞的規定詞を前の言葉に附加する場合に特に所有代名詞の形式に於て接頭語的特色を持つて來る。この特色は他の父權制文化圈一般の言語型に見られないものではない。

支那語は今日明かな文化民族の言語である。然かし現在の交化が傳播する以前を支配してゐた母權制文化の文化樣相を示す要點を殘してゐる。例へば南部支那の農耕の有樣は今日も尙ほ未開な狀態で、犂もなしで行なはれてゐる。更に支那の北部の邊境にある民族、例へば歷史以前の日本の如き古代耕作文化の樣相をよく示してゐる。支那、日本では今日に於てさへ母權制文化の殘存を見出すに難くない東部アジャの木造建築は今日と雖も古代文化を精巧にしたのみである、これと同じことが樂器の如き物質文化に見える。言語に於ても現在の高等文化時代に至つて源本的なものゝ組織的完成が行なはれたのにすぎない。從つて全般に通する原則としての言語形態は久しい以前から支配し續けてゐる。高等文化所有の言語形態と云ふべきものが見出されない場合が非常に多くある。扨前述した規定の二格を前に置く言語形態の類似をよく吟味して見ると、總べての未開言語全般に共通するものではないが相當に多くの言語に見られる現象である。未開言語がそれ特有の形式であらはれる事を說明し、これを我々の世界觀に從つて綜合せんとするには區分語の研究が最も重要である。その理由はそれ〴〵に區分された言葉が主觀的に根底付けられた性の區別と面白い對立をなす客觀的、感覺的根底の上に立つて自然物の區分をなしてゐる所にある。支那語群に屬する或る種のもの、例へばシアム語の如き、支那語系のものに拘らず恐らくオーストラリャ語の影響を受けて規定詞の概念を失つて一種の區分語のやうな區別を示すやうになつた。然しそれ等の言語と雖も個々のものとしては古代からの特色を具へてゐる。更に又區分語の外に疑問文章の構成に於ても特色あるものがあるが、これは既に前に述べたから省略する。支那語族、オーストラリャ語族、インドゲルマン語族の外、マレオポリネシヤ語族に於てもマレー語の如きには區分語が存在する。インドネシヤの西部ではしば〳〵これ等牧畜文化の要素と並んで母權制社會制度を持つてゐる。

南洋に於ける文化樣式と言語形態との一致に關する問題

の中心點をなすのは東部メラネシである。こゝには土着の一つの特色ある文化形相があつて、一つの母權制文化としての特色を示してゐる。然し言語から云へば此の地方は現在大部分は土着のものをおしのけて侵入した新らしいマレオボクネ・シャの民族並に文化が標準となつてゐる。但し大きな島々の奧地は例外であつて、この地方は所謂メラネシヤ語が非常に有力に支配してゐる。こゝにメラネレヤ語と云ふのは、最も顯著な特色並に語彙の重要な部分に於てオーストロネジヤ語、從つて叉マイレ・オボリネシャ語に屬すから、オーストロ・マレイ語と呼ぶのが一番よからうこれらの言葉は今日も接頭言語である。これに對して他の母權制文化區域の代表的な言語であるパプア語、ニウギネア語及びオーストラリヤ中部の如き奧地の言語――これはオーストロネジヤ語より古い、土着のものであるが――は接尾言語である。先きにアニミズム文化文化に於て例として述べたカート族の言語は接尾言語と云ふ母權制文化の根本的特色を除いて見ても、一處に連なる動詞の前の部分が離れ〲になること、客語動詞の中で客語の代名詞的なものを繰りかへして表現すること及び疑問を示す時の特色等に於て母權制文化を持つ言語の特色を示してゐる。これ等の言語構成の全體より見て、唯だ膠着語のみならず、名詞不定法の形成等に於て、トルコ語と非常に類似してゐる。

前述した東部メラネシャの言語に於て、たとへ現在全く第二次の變化をしてしまつたとしても、尙ほ昔の土着言語の完全な消失が言語とその他の文化の必然的關係、特に古い思考法や世界觀の消失を物語るものではない。事實に於てメラネシャ語は全くマレオ・ボリネシャ語に變化してしまはない一連のものである。その一例として既に述べた通り新に侵入したオースロネジヤ語は十進數の組織を持つに對して、メラネシャ語が五進數叉は二十進數の組織を持つことを見れば分る。更に叉メラネシャ語群に於ては區分語は全く典型的な形では存在せずして、唯だそれに類似の表現方法でしば〲あらはれる。その最も顯著な特性は所有をあらはす場合の構成法である。インド・ネシャ語がセム語と大體似た所があるとすれば名詞に掛る所有代名詞の形態が短いことである。この點ボリネシャ語に於ては、名詞の後に人稱語尾を持つ所有代名詞を置く、　ラネシヤ語では所有を示す時の人稱は一定の名詞の語尾に直接に或るものを附隨せしめる。卽ち肉體の一部や親戚關係を示す場合はこの獨特の仕方でこれを示す。「私の手」は "limaku" であり、「彼れの手」は "limana" である。その他總べての場合に於ても人稱語尾は所有表現に關係する。人稱代名詞が名詞と結合する時は名詞に前置される、「汝の斧」noma taiapara「彼れの籠」nona tapara に於ける

noma, nond がこれを示す。メラネシヤ語に於ては單に上述のやうな所有の表現のみならず他にも多くの所有の表現のあること、及びそれ等は何れか、或る一定の物及び關係に就て用ひられ、然かもそれは食物、飲物から家畜その他の自分に密接な關係のあるものから、余り近い關係のないものゝ歸屬に至るまでを、すべてあらはすものであることに注意すべきである。これ等の所有表示は一種特別の組織によつてつくられる、それは全く同一ではないか、丁度區分語として前述のものが大體類似を持つたと同程度に類似した樣相を持つてゐる。斯かる多くの所有表現即ち所有語尾を完全に分割出來る言語は或る地方に集中されてゐる。具體的に云へばバンク島を含んだ北方ニユーヘブリン島に限られるこの限界は數詞及び區分語に於ける場合の類推によつて知られる——從つてサモアのフロリダ近隣ではこの特色が弱い。以上に述べた所の地方の言語の基礎となるものはコドリントンの言語大觀の中にあるものである。この地方に於ける一般文化は東部メラネシヤ文化で母權制度、假面、死者儀禮の代表的な現象等が最もよく保有されてゐる。然しこの地方には、これとは異る言語特色——即ちマレオ・ポリネシヤ語とは全く違つた——が見られる。この言語にあらはれた思考方法も亦非常に特色あるものである。就中文章全體から動詞表現が完全に確立することがこれに關係する。具體的に云へば主語或はそれよりも更に多くの場合に於て客語が動詞の傍で人稱代名詞的表現を今一度繰り返へすことである。例へば父彼れは子供彼れを打つた（Der Vater er schlägt ihn den Sohn）と云ふ樣な表現形式を用ひる。從つて動詞的表現は明かに全文章に於て完備した構造を持つが、それによつて名詞的部分から話が引き離される觀がある。これは既に私が言葉の配置に於て述べた所の主語——目的——賓辭と之ふ原理とは違つた文章構成をなすものである、これ等の事象を分解して表現すること、特に行動を表現する場合動詞の分裂の中には、コドリントンの所謂助動詞と同じ性質のものがある。

最後にメラネシヤ語に於ける所有の表現は多くの場合、特に前に述べた地方では、これが屬する名詞の前に來る。これに對してポリネシヤ語の配置はメラネシヤの古代語と考へられてゐるものと同じくメラネシヤ語のそれと相立するといふことに注意すべきである。その理由は吾人が前に述べたメラネシヤ語のオーストラリヤ語化と云ふことは唯だ違つた言語構成を持つた言語と接觸したと云ふのみ、從て叉メラネシヤ語はオーストラリヤ語の影響は受けたけつれどもオーストラリヤ語と同じ言語構成となつたのではなく、あくまでメラネシヤ語であることを確認すれば明かとなる。

學會消息

學界消息

○民俗藝術の會七月例會は七月廿一日午後七時より銀座對鶴館ビル四階に於て開會され、『民俗舞踊から藝術舞踊への推移』と題し、瀨川京子、石川かの子兩氏の實演によつて示される藝術舞踊の中に現はれる民俗舞踊を中心にして、これに小寺融吉氏の解說があつて、所謂民俗舞踊と舞臺の藝術舞踊との相違を實演と說明とによつて明示しようとする催しであつた。

○折口信夫氏　國學院大學の萬葉夏期講座の講義終了後、大阪に赴れ、それより九州福岡に於て催される同大學夏期大學に臨まれ、萬葉集の講義をされる筈。

○金田一京助氏　金澤庄三郎博士の環歷紀念論文集へ、嘗つて東北に在住せし蝦夷が北海道現住のアイヌと同系の言語を所有せしことより同言語の再建に及ぶ長篇の論文を寄せられる由。尙同論文は從來行はれし地名アイヌ語起原說に對して嚴正なる批評を加へられるものであるといふ。

○松本信廣氏　史學大系の『古代史研究法』篇起草中。

○小泉鐵氏　從來諸方に發表されし臺灣蕃族に關するものを集め『蕃鄕風物記』と題して建設社より出版された。

○孫晉秦氏　學士院の研究費を受けて、朝鮮の土俗資料の蒐集に出かけられて居られた孫晉秦氏は京尙北道、京城、平安洞、黃海道、咸鏡南道等の諸地方に採訪を試みられ、色々の貴重な資料を蒐集され、或は故老より古き傳承を聽かれ、八日初旬に歸京される。

○錢稻孫氏　日本語に堪能で從來日本の歷史事物の紹介につとめられ、且又日支學會の協力提挈等に異常の熱心振りをしめして居られた北平大學の日本史の敎授錢稻孫氏は夫人同伴今夏本邦に來遊せられ、京都附近に約三週間滯在、ついで上京又三週間ばかり滯溜、其間ひろく公私の圖書館研究所、博物館等を見學され、又國史の諸大家を訪問し、本國に於ての日本歷史講義の方針、材料、意見を徵されて居る。同氏は民俗學にも興味を持たれその方面の書物にも注意されてゐる。

○滿州にあつて滿州の歷史文化の研究に精勵されてゐる新進學徒の諸氏は從來其成精果を滿蒙或は東亞等の諸雜誌に發表してゐたが、今回新たに獨立の機關誌を持たんと企劃され始めは遼東學報と名づけて出刊される筈であつたが、都合により其名を滿州學報と改めて最近其第一號を發行した。この號は工學士村田治郞、法學士島田好、八木奘三郞、岩間德也の諸氏の滿州の歷史建築等に關する有益な研究を載せて居るが將來は土俗に關するものも出るであらう。

○民族藝術
- 東北盆踊七つ　本田安次
- 大和郡山の盆踊　小島千夫也
- 紀州安樂川の盆踊　片山竹之助
- 紀州南部町の踊　上城正一
- 能野四村のなぎなた踊　前川眞澄
- 播州坂越浦の盆踊り　佐方渚果
- 讃岐坂出地方　多田羅正雄
- 同國伊豆島　川野正雄
- 伊豫大島の踊り　村上敏雄
- 備中の松山踊り　川口宗一　小林久磨雄
- 多聞院日記抄　森末義彰
- 七夕の牛馬　瀨沼寛二
- 羽前の聖靈馬　加藤康吉

○鄕土「石」特輯號
- 石と人生　喜田貞吉
- 石を出入するもの　折口信夫
- 要石考　中山太郎
- アイヌと石　金田一京助
- 出雲の盜人石　小野武夫
- 山の石　佐々木喜善
- 石を繞る經濟史話　西岡虎之助

學會消息

安濃津方言　三村清一郎
洋靴溯源　宮本勢助
島日記　本山桂川
越中の田舍を歩いて　小寺融吉
遠野紀行　本田安次
石見に殘つた城跡傳説　千代延尙壽
壽既刊郡誌書目解題　大藤時彦

○俚俗と民譚　一の五
海人の話　櫻田勝德
鷄權現社　糊付五郎
もぐら嫁探し　中里龍雄
スマメドウ　櫻田勝德
「玉樞經讀染病除符に就て」　山口麻太郎
櫛と絆の傳説、でえか火、なかぬ蟬、平家落人の住んだ跡、備前新見の金精神社、稻岡實、堀毛喜代江、藤井健吾、杉原清次郎
齋藤丈夫

○俚俗と民譚　一ノ六
海人の話　櫻田勝德
安部氏關係文書　奥田順藏
童謠雜抄　栗山一夫
三角港の辨慶話、坂田文一、辨慶にぎり芋、安部ゆたか、辨慶岩、多田吉雄、岩大師、竹井忠男、打たれぬ鍬、今村閑、うつぎ珠數、栗原眞平

○旅と鄉土　一ノ七
民謠の傳説　小寺融吉
東海道細見(三)　吉川茂
三河名物菅生川祭　新家瑳多子
備作の傳説　末澤都良司
播州加古川の俗信　玉岡松一郎
下總東飾の惡疫驅除に關する俚俗　北澤怡佐雄
祇園會と俗習　藪川嘉一郎
栗鹿の茗荷占ひとムラゴト　吉田茂
八女郡地方茶摘唄　梅林新帝
讃岐高松方言　陸田稔
本朝國語　矢島酉甫迷

○鄉土風景　一ノ七
大凧揚と凧合戰　松川二郎
仙臺の七夕祭　佐々木喜善
神威岬の傳説と史話　橋本堯尙
博多祇園風景　佐々木滋寛
信濃山麓圖繪(一)　長尾宏也
鄉土舞踊鼓踊　小谷方明

○方言　二ノ七
我國特に對馬方言に及ぼした朝鮮語彙の影響　小倉進平
琉球語と國語との音韻法則　服部四郎
江戸文學難語考(二)　潁原退藏
刊行方言書目解題(四)　東條操
全國蟷螂方言彙　佐藤清明
伊豆宇佐美方言　山本靖民

○方言誌　第三輯
島根縣邑智郡市山村方言　牛尾三千夫
島根縣八束郡古江村方言　小笹功
茨城縣北相馬郡川原代村方言集　三谷榮一
東總地方方言集　齋藤達夫
佐賀縣唐津地方方言　戸川健太郎
群馬縣碓氷郡松井出村地方　近藤喜博
栗島探訪錄　丸茂武重
今泉忠義教授を會長とし國學院大學學生及關係者有志を以て組織せられたる方言研究會の機關誌。謄寫版四十四頁、澁谷町國學院大學方言研究會發行。

○設樂　二ノ六
よらき地藏樣　岡田松三郎
ごかん日　片桐作左衞門
本鄉町萬場職業一覽　山本靖民
龜淵の話　山本隆
又助さんのあはて　西林喜久男
エレン樣　原田清
神佛詣の慣習、馬ふせ　岡田松三郎
田植の雨降　片桐勇太郎
百姓唄　西林喜久男
池場の話　山本隆
のしの話　西林喜久男

割賀野の子安樣　杉林己六郎
言ひ傳へ集　山本　隆
葬祭の風習　永江土岐次
○土の香　七ノ一
ク・シク活用の調査　永田吉太郎
東京府下の卒塔婆村　村田鈴城
尾北の童戯　谷川三郎
言語矯正　名古屋市文書課　起町小學校
方言雜考　能田太郎
內地に祀られたる朝鮮の神　島畑隆治
方言讀本　永田吉太郎
○土の香　臨時增刊　七ノ二
甲賀三郎及傳說　出口米吉
○怒佐布玖呂　第四號
猿ケ辻の蟇の股　川勝政太郎
江戶の本家高槻の笠の森さん　藪　重孝
木瓜大明神の石外三つ　草葉孝次
備前金浦の奇習山上の點火と
「おしとらんご」に就て　川口宗一
京都の御伽言と子守歌　伴　直之
禁忌の二つ三つ　光島吳城
西陣の「おへこ」　宮本竹之助
尙同誌は今回事務所を京都市左京區淨土寺
南田町一八三光島方　土俗同好會に移す。
○兵庫縣民族資料　第三輯
廣島三津杜氏の酒造歌　鷲尾三郎
神戶地方方言(二)　川邊賢武
兵庫縣下の鄕土玩具　橫道淸鈴
攝播奇石志　河本正義
下里方言雜記　栗山一夫
室津のヨイコノ節　川島禾舟
牛に關する方言と俗信　太田陸郞
播摩佐用郡の「一軒ごと」　櫻谷　忍
播摩民謠小記　太田陸郞
神戶の子供言葉　河本正義
○上方　一九號
祇園會の山鉾
山鉾のしなり　若原史明
○村の話
奧南新報　六二――六六
木の精のたゝり　鶴　翁
なんその坊　夏詰謹二郎
雨乞ひ　一　郎
類家・在家・大家　夏詰謹二郎
盆踊唄　一　郎
○歷史地理　五九ノ四、五
中世職人の給料・生活に就いて　遠藤元男
同　五八ノ五、六、六〇ノ一
山民マタギの研究(一)(二)(三)　喜田貞吉
○史學　一一ノ二
周景直鑄錢說話批判　加藤　繁
○鄕土敎育　二一
環濱名湖の產業土俗　佐々木淸治
○岡山動植物方言圖譜桂又三郎編卷二貝類
岡山市內山下十八　中國民俗學會發行
○民俗資料第十六、第十七　シ、ス、セ、ソ
昭和七年、六、七月刊　日本民俗研究會發行
○御國淨瑠璃四篇小倉博篇仙臺鄕土資料ノ二
定價壹圓　仙臺市　無一文館發行
○朝鮮の巫覡村山智順編
朝鮮總督府調査資料の三六
○石の卷辨　辨天丸孝編　石の卷の方言集
定價壹圓五拾錢
○增補豊後傳說集　定價六拾錢
大分市舞鶴町　鄕土史跡傳說研究會發行

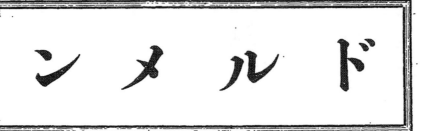

○寄稿のお願ひ

○種目略記　民俗學に關係のある題目を取扱つたものなら何んでもよいのです。長さも御自由です。

(1)論文。民俗學に關する比較研究的なもの、理論的なもの、方法論的なもの。

(2)民間傳承に關聯した、又は未開民族の傳說、呪文、歌曲、方言、謎諺、年中行事、生活樣式、習慣法、民間藝術、造形物等の記錄。

(3)民間採集旅行記、挿話。

(4)民俗に關する質問。

(5)各地方の民俗研究に關係ある集會及び出版物の記事又は豫告。

○規略

(1)原稿には必ず住所氏名を明記して下さい。

(2)原稿掲載に關することは一切編輯者にお任かせ下さい。

(3)締切は毎月二十日です。

編輯後記

暑中御伺ひ申上ます。

去年の八月發行か遅れましてからといふものは、ついなせ〳〵になり結局毎月十日位づゝ遅れて發行される勘定になつて了ひました。然し九月からは是非とも發行日に出す事が出來るよう努力いたすつもりで居ります。

宋錫夏氏の『朝鮮の民俗劇』はこの方面の一つの新しい寄與ですが、同氏は最近孫晋秦氏等と相計り、朝鮮民俗學會を組織されまして、今後朝鮮に於ける斯學の發展の爲に一層力を盡されるといふ事であります『雪國の春』以來絶ず注目されて居る男鹿半島のさなぶり行事の報告をお寄せ下さいました早川昇氏は慶大經濟學部の出身、大學院に在つて經濟史をフオルクローアの方面から研究されんとする新進の學徒であります。櫻田勝德氏も同大學の史學科出身で大學院にて、フオルク・ローアを專攻され、目下は長門、豊前、肥前等の島々の調査に專心されて居ります。兩氏の記錄は觀察と記述の兩點からのみいつても示教される所多い記錄であると思ひます。山口麻太郞、本山桂川、中平悅磨の諸氏は申上げるまでもなく、讀者諸氏御熱知の方々と存じます。さて本號には偶然にも島の生活に關する資料が多く集りました。島の文化は其特殊的な地理的環境と相俟つて大いに注意さるべきものであります。水野淸一氏の『ドブの呪術師』は民俗の機能的把握について敎へらるれ所多きものであります。杉浦健一氏のグレーブナーの『世界觀と言語』も所謂文化史學派の綱領を具現する一勞作です。尙御多忙中寄合咄を御寄せ下さいました松村、松本兩先生に御禮申上げます。夏から秋にかけて愈々これから所謂祭禮の季節に入ります。諸氏の豊饒な收獲を祈つてやみません。其爲に折口先生の『年中行事』を大いに役立せて戴きたいと思ひます。

△原稿、寄贈及交換雜誌類の御送附、入會退會の御申込會費の御拂込、等は總て左記學會宛に御願ひしたし。

△會費の御拂込には振替口座を御利用ありたし。

△會員御轉居の節は新舊御住所を御通知相成たし。

△御照會は通信料御添付ありたし。

△領收證の御請求に對しても同樣の事。

昭和七年八月一日印刷
昭和七年八月十日發行

定價金六拾錢

編輯兼發行者　小山榮三　東京市神田區表猿樂町二番地
印刷者　中村修二　東京市神田區表猿樂町二番地
印刷所　株式會社　開明堂支店　東京市神田區表猿樂町二番地

發行所　民俗學會　東京市神田區北甲賀町四番地　振替東京七二九九〇番　電話神田二七七五番

取扱所　岡書院　東京市神田區北甲賀町四番地　振替東京六七六一九番

MINZOKUGAKU

OR

THE JAPANESE JOURNAL

OF

FOLKLORE & ETHNOLOGY

Vol. VIII August 1932 No. 8

東亞民俗學稀見文獻彙編・第二輯

CONTENTS

PUBLISHED MONTHLY BY

MINZOKU-GAKKAI

4, Kita-Kōga-chō, Kanda, Tokyo, Japan.

民俗學

民俗學

第四卷　第九號

昭和七年九月

民俗學會

民俗學會會則

第一條　本會を民俗學會と名づく
第二條　本會は民俗學に關する知識の普及並に研究者の交詢を目的とす
第三條　本會の目的を達成する爲めに左の事業を行ふ
イ　毎月一回雜誌「民俗學」を發行す
ロ　毎月一回例會として民俗學談話會を開催す
　但春秋二回を大會とす
ハ　隨時講演會を開催することあるべし
第四條　本會の會員は本會の趣旨目的を贊成し（會費半年分參圓壹年分六圓）を前納するものとす
第五條　本會會員は例會並に大會に出席することを得るものとす講演會に就いても亦同じ
第六條　本會の會務を遂行する爲めに會員中より委員若干名を互選す
第七條　委員中より幹事一名、常務委員三名を互選し、幹事は事務を執行し、常務委員は編輯庶務會計の事を分擔す
第八條　本會の事務所を東京市神田區北甲賀町四番地に置く

附則

第一條　大會の決議によりて本會則を變更することを得

委員

石田幹之助　宇野圓空　折口信夫
金田一京助　小泉鐵　小山榮三
松村武雄　松本信廣（以上在京委員）
秋葉隆　移川子之藏　西田直二郎
（以上地方委員）

前號目次

昭和七年九月十日發行

民俗學

第四卷

第九號

目次

年中行事（完）

――民間行事傳承の研究――

折口信夫

十三、壓服行事

壓服行事と言ふのは、土地の精靈を壓へつける爲の初春の行事である。近世になつて起つた事で、國家組織が纒りかけた許りの頃は、さうでなかつたと思はれる。と云ふのは、壓服行事の時には、昔一度來た尊い神に似せて、假裝した妖怪が出て來てゐる。妖怪の考へが薄らいで、土地の精靈の代表者が天の神から與へられた命令を負つて來て、土地の精靈全體に傳へる。――此が大和の宮廷が氏々・國々を治めて行く一つの手段であつた。氏々の主に命令すると、氏々の上は各々其部下を壓へて、宮廷に奉仕したのだ。――信仰の上では、山の神は土地の精靈の代表者であつた。初め妖怪と考へられてゐたが、次第に人間化して來て、日本の國が國家としての組織を持つ樣になつた頃から、山人と考へられて來た。時を定めて里に出て來て、來年の農作物がよく出來る樣にと祝福して行く。正式な祭りの考へでは、秋の夜から冬を經、初春になつて歸る事になるのだが、田舍では冬至の頃來て直ぐ歸ると考へてゐる。此時に山苞――山人が苞に入れて持つて來る土産、後には藁苞が其代表になつてゐる。苞と言ふのは、簡單な而も外から內部の見えぬ容器。――を携へて來て、里全體の鎭魂を行つて歸る。山苞を村の家々に飾ると、魂を鎭め精靈を壓へ、里の爲に惡いものが入る事が出來なくしてくれるといふ信仰があつたのだ。此山苞の考へが後世まで殘つて、正月のお飾りになつてゐる。一つの語は、他の同音乃至は

1

2　年中行事（折口）

音の似た語の持つてゐる威力をも兼ねてゐると云ふ信仰から、正月の飾り物にも榧・勝栗・神馬藻《ホンダハラ》などを用ゐてゐる。譬へば、榧は現今では全國的にかやと言うてゐるが、元、かへと言うたものだ。榧《カヘ》は還《カヘ》と同じ威力を持つて、物事を元に戻し、月日を正月にかへす威力があると考へてゐる。寄生木は海の神馬藻（なのりそ）と似た木で、日本ではほやと云うてゐる。此は世界的に信仰のある木であるが、日本ではほよとふゆとを同じに見て、鎮魂の意味を表はす語としてゐる。だから、山からほよを持つて來ると魂が鎮まると考へてゐる。意識してゐるのではなく、ほよと云ふ音によつて、自然に威力を感じたのだ。これ等の信仰が衰へると、生活の古典として、習慣的に品々を求め、語の上で緣起を祝うて來る。これが山苞が正月のお飾りとなる筋道なのだ。山蔓は山人の著けて來る物で、普通には、日蔭蔓の事だと言はれてゐるが、私は其に限つたことはないと考へる。神人の標に山人が頭に著けるのが山蔓なのだから、山蔓には種々ある訣だ。譬へば、裏白なども其一種で、蓬萊山の飾りには、日蔭蔓を用ゐ、膳には裏白を添へてゐる。中世になると、山蔓の意味が訣らなくなつて、曉方の空の雲の事だと考へてゐる。山人の神聖さを宿してゐる山蔓を、家の彼方此方へ著ける。他の祭りで見ると、卯月の加茂祭りには、葵の葉を以て神人の標としてゐる。貴族の家では、簾などにも懸けてゐる。山人は此時に杖をついて、山と里との中間で稍々山寄りの市に降りて來て、里人と會ひ、杖を衝き、土地を踏んで、土地の精靈を壓服し、先が碎けた杖を倒さに立てゝ置く。これを花と見て、翌年の田畑の作物の豐凶を占ふ。此杖は削り花・削り掛けの起りをなすものであり、又正月に宮廷で行はれる卯杖・卯槌と同じ信仰によるものである。削り花・削り掛けは普通には柳で作つてゐるが、次第に鳥の形に切り込むやうになる。此が筑前の太宰府で行はれる鷽替《ウソカ》への神事に用ゐられる鷽になるのだ。此神事は毎年一月七日の夜、參詣の人々は袖の中に柳の枝で造つた鷽を隱して行つて、神前の暗闇で互に取り換へて、其年の吉兆を招くのだ。此時に神社から出した黃金製の鷽を得た者が、最上の好運を得るのだと云ふ。東京の龜井戸の天神でも、文政の頃から此行事を行つてゐる。削り掛け・削り花・鷽は、あわぼ・ひえぼなどゝ同じく、農村の占ひに用ゐられた物である。あいぬのいなうと言ふ物も、日本のいなぼを東北の人が訛つたのを、あいぬにそのまゝ傳へたもので、一種の御幣である。山人がさゝくれ立つた杖を倒さに立てゝ歸るのを、花が咲いたと見る杖立て傳說は、民間の行事傳承から出てゐるらしい。單に神の立てた杖に根が生え、枝が出たと言ふのではなく、土地の精靈を壓服して行つたのである。山人の舞ひは山神樂と呼ばれる特殊なものである。此に就いての歲事記の傳へは誤りで、山人は仙人ではなく、里人から一種特別な感じをもつて見られた山間の部落の人だ。これも元は里から分け入つた人々であつたが、年中山に籠つて神に仕へてゐて、年に一度里人との交涉を持つたに過ぎなかつたので、違つた感じを以て、山人と考へられたのだ。山人に仕へてゐるのが、所謂山姥である。其行つた山姥舞ひの藝術化したものが、能樂の山姥である。恐らくは、足柄山の足柄明神に仕へてゐた、巫女の舞ひであつたらうと思ふ。ともかく、山姥舞ひが發達した。里の市日に山から山姥が來て、驚く程澤山物を食べた話や、呪ひの仕方を敎へた話などが傳はつてゐるが、かうした話は何かの機會を得て、昔の話が復活して傳へられたものである。山姥大食の話や、山人が頭の中に物を容れて行つた話は、山姥や山人が、冬の祭りの時に來て山の物と里の品とを交換して、持ちきれない程澤山負ふて歸つた印象から、生れた話である。此山人の山苞と里人の品々との交易から後世の市が開けて來る。だから、市は冬行はれるべきものであつた。歲の市は冬行はれて、正月の用意の爲と考へられてゐるが、その行はれる根本の原因は別にあつたのだ。市日は後に延長さて來るが、市の神は山人か山姥である。變化して市神樣となると、大抵女の神になつてゐる。此は山姥の印象が殘つてゐる爲であるが、其が忘れるとえびすになる。此神は蛭子神ではない。攝津の西の宮でもよく訣らないで、大黑と同じだと言うてゐる。結極遠く海から來る神であつたものが、國土の生活が海との交涉がなくなつて來ると、山から來る神、即、山人と考へられて來る。市の神は、山人の信仰から出てゐる、と言ふのもこれだけの過程を經てゐるのだ。山の神を女性だと信ずるのは、山の神に仕へた巫女の、山姥に對する注意が自然にさういふ風に變つたのだ。

話は山の講・山の神講の話と關聯して來る。土地によると此の日を十月の玄猪と一緖にしてゐる。十月中の亥の日――處によつて、上旬か中旬か又は下旬の亥の日か、選ぶのに差がある。――此亥の日を亥子《ヰノコ》と言うてゐる。猪は多產で一度に十二匹の子を產むから、子孫繁昌を祝福する意味で、此祭りをすると說明せられてゐるが、別に理由がある。玄猪は支那から渡つて來た習俗であるが、日本種は別にあるのだ。丹波の能瀨の人々が、亥子餅を持參して宮廷に奉る行事がある。これは山人が魂を献上する意味である。山人が物を奉る形はこの外にもよくある。譬へば、內宮の祭事の時には、いつも山人が來て鳥居の處へ榊を立てる例であつた。これは後には忘れられて山人が行はなくなつたが、叡山の日吉社・京の大原野神社などは、山人が立てゝゐる。山人が何か持つて來る慣はしになつてゐたものが、後に能瀨の村人だけに殘つて、行はれるに過ぎなくなつたのだ。民間では此日土地の精靈を叩き伏せる行事をしてゐる。大阪の町の中などでも、子供が金盥などを叩いて、「おころもちはうちに來い。とらごどん（又はなまこ）のおんまいだ。」など歌つて歩いた。これは、元神がやる事であつた。鼷を追ふ祭りだと普通には考へてゐるが、なまこと云ひ、とらごどんと云うてゐるのには、意味があるのだ。大阪の事を書いた古い文獻を見ると、なまこを藁で括つて携げて行つた事が見えてゐる。これに就いては、長い話があるが、唯今は省略する。地方では亥子の晩には種々の行事が行はれてゐる。此日を待つて炬燵を開き、又屋敷や田畑を——普通には五輪の塔の頭を持つて來て——叩いて廻つて土地の惡者を追つてゐる。近世では、土地に潛んでゐるものは鼷だと考へてゐるが、昔は、精靈と信じてゐた。其外此日に子供が出來ると、猪の樣に多生兒を產むと言はれ、女夫逢ふことを忌む地方もある。玄猪の行事には種々あるが、土地の惡いもの、精靈を厭服するのが主である。

十四、異鄕人の呪力

自分達と違つた里、異つた世界から訪ね來る人は、呪力で此土地の精靈を壓へてくれるものと信じてゐた。だからそれらの異鄕人が來訪した時には、樣々な占ひが行はれた。相撲も其一つで、秋の行事であつた。宮中でも行はれて、野見宿禰が當麻蹶速を破つた時に始まると言はれてゐるが、もつと以前からあつたのだ。田の行事の占ひとして、神と田の精靈とが抗爭し、結局精靈が神に負けて、神の意志通りになる行事であつた。水の神の信仰とも深く關聯してゐて、相撲に勝つた方の邑々は、水が自由に使へる程澤山出ると信じた。七月に多く行はれるが、何時でもよい訣で、なるべく田の作物の妨げとならない時がよかつたのだ。後には、稻の植ゑ付けが終つて、後旱りで困つた擧句に、せつぱつまつて行つてゐる。宮廷では七月に諸國から人數を召して、相撲の神事を行はせられる例であつて、相撲を宰領する家が定められてゐるのも其爲だ。農村では部落の間の爭ひとなつて、大人も子供も互に負けないやうに努めてゐるが、農村の占ひで、負けた方の部落では、其年の田畑の作物の出來はよくないと考へてゐる。神と精靈との爭ひと、農作物との關係に就いての印象が、形を變へて殘つてゐるのだ。元は、必勝する側と、決つて負ける方と定つてゐたのだ。それが信仰の推移と、部落間の對抗意識の激化とによつて、互に讓らずに爭ふに至つたのだ。水と相撲との關係が深まると、相撲を水の神に獻つる事になる。水の神の妖怪化した河童が、相撲を好むと言ふ話も、實は水を引く爲に水邊で力較べをして爭つた印象から生れて來たものである。年占としては神社の氏子の綱引きや、品物の奪ひ合ひなど樣々なことが行はれてゐるが、やはり相撲が一番目に著くものである。

十五、夜の行事

大晦日の晩から元旦の朝にかけての行事が大事で、普通は此夜來臨する神に對して寢ないで、非常な禁愼をして、男は聲をひそめてゐた。夜の行事の中に、お取り越しがある。譬へば、十一月二十八日の親鸞上人の忌日を繰りあげて、十一月二十二日（十一月にしたのは誤りで、もと十月）から淨土眞宗の寺々で修する佛事の如きである。親鸞上人の命日を取り越して行ふと云ふ話は變であるが、後に大晦日と正月十五日の小正月と節分との話をせなければならないが、其樣に明日より先にやつても、遲れてやつてもよいといふ考へが日本人の間にあつた幾種もの暦法が重つた爲に生れた矛盾でもあるけれども、さうした事が行はれても、不自然に感じないだけの、自由な考へ方をしてゐたのだ。だから、神無月・霜月・師走の行事には、お取り越しせられたものが多い。大晦日の夜にやるべき事を、前に述べた御事始めの日に取り越して行つてしまうてゐるのなどが其例である。

一牧の中で主筋に當る家が、何かの理由で神事に際して、他處で行つてゐる事をしないことがある。するとそれにいろ〳〵な歴史的な説明をつけて來てゐる。譬へば、餅をついてゐる中に落城したから、餅をつかなくなつたとか、寢てしまうた爲に、爲事が完成しないうちに神が來臨したので、餅がつけなかつた、或は標め繩が張れなかつた。以來此一牧では年末に餅をつかなくなつた。或は標め繩を綯はなくなつたなどゝ言ひ、又中には此牧の本家は金持ちだが、其は昔此家に一夜の宿を乞ふた山伏、又は順禮の持つてゐた金が欲しさに、路に待ち伏せて殺して金を奪つたからだ。それから金は殖える一方だが餅をつくと、臼の中の餅に血が混じつてくるので、餅をつかなくなつた、と言ふ風に說明してゐる處もある。更に簡單なものになると、譬へば、箱根の權現樣の樣に、正月、彼方此方步き廻つてゐるうちに松の木の根に躓いて眼を突いたので、松の木を權現樣は嫌ひなさる。よつて權現社の境內には松を植ゑないし、正月の門松にも樒を用ゐて松は立てない。又箱根一山の氏子も、權現樣にあやかつて片眼が少し小さいといふ。樒は後には佛敎で專ら用ゐる樣になつたが、元は榊の一種で門松にもされたのだ。歲末の行事が複雜なのは、牧々邑々又は地方々々によつて、祭る神を異にした爲に、其生活法が違つてゐた爲だ。邑々が都會風に次第に染つて來ても、其中にどうしても都會風とは妥協出來ない家がある。殊に正月には生活の古典を顧み、嚴肅に考へたので、村として行事が次第に似より、融合統一して來てゐながら、而も家々によつて相違した點をもつてゐるのだ。だから、村又は地方全體が餅をつき、松を立てると云ふ風に豫定してかゝる事は出來ない。此統一されないものも、其家・村に元からあつた、と決めてしまうてもいけない。或る時代に其家・村に這入つて來た信仰・行事を、時經て後に舊來あつたものと考へて、守り信じ行つてゐる事も亦多いのだ。正月の飾りの說明は、後人に訣る樣に合理的に行はれてゐる。本道は、部落により村によつて、神が違ふ爲に祭り方を異にし、又其傳承のし方が同じでなかつたのだ。だから民俗を細かに採集して、合致した點と相違した所とを比較研究する事によつて、正しい姿を描く事が出來るのだ。比較研究は、われ〳〵の學問にとつて採集された民俗の新舊を辨別し、價値を定める爲に、必要缺くことの出來ない方法である。けれども、比較研究を實地に、資料に即いて、行ふに當つては、細密な觀察と銳敏な批判と唱肅な反省とを加へて行かなければ、徒に平凡な共通點を捕へて、普遍的な事實と喜び、爲に却つて、個々の民俗・行事の個性とも言ふべき特徵を見落す懸念がある。多くの場合、此種の重要な特徵は、徵にしか現れてゐないから、非常な注意を集めて比較研究をする必要がある。宮廷では殊に大晦日の夜から元旦にかけてが大切な時であつた。今でもさうあらせられる事と想像申し上げるが、昔の天子は此夜の行事で非常に御辛苦をなさつたのだ。前に述べた樣に、此時に秋祭りが行はれ、冬祭りで復活せられると、直に高御座に登らせられて、復活の詔勅を發せられる。これが高御座の祝詞で、初春の宣詞の中で最大切なものである。宮廷と民間とで違ふ事は、皇族は門松を立てない。江戸時代に書かれた繪を見ると、門松が立てゝあるが、立てないのが本式である。

四月に行はれる涅槃會・十月の十夜――陰曆十月六日より十五日まで、淨土宗信徒が行ふ別時念佛で、京の眞如堂で行つたのがもと。――十月の御取り越しなどは佛敎から來た年中行事だが、佛敎なり支那民俗なりから民俗を輸入するのには殆んどすべてと言つていゝ程、日本在來の種を基礎として飜譯し移入したものと云つてよい。唯、今のところでは、其證明をするに足るだけに資料の採集が整つてゐないのだ。

十六、

年中行事の中で大切なものは、大體述べたつもりである。以下話し殘したと思はれる部分に就いて、補足的に話して行き度い。其爲に斷篇的な話になる事を豫め諒承して頂き度い。

二月の初午の日に牛馬を連れて山へ登る。二月に入ると四日には、宮廷でも祈念祭を行はれ、いよ〳〵儀式的な行事を終つて、本式に田の行事が始まるので、其直前に田に使ふ家畜を、家內のものといふ資格を以て、一種の洗禮を受けさせる爲に山籠させる。それで、初午の日に引き連れて山へ登るのだ。だから、最初には牛が牽れて行つたのであるが、後には馬も行くやうになり、寧、此方が重くなつて來た。名高いのは攝津の摩耶山へ登る、摩耶参りと言ふ行事で、牛——使はない所では馬——を美しく著飾らせて登るのである。午の日を選ぶやうになつたのは、偶然が然らしめたものであらう。可成り古くから京都では、此日人々が稲荷山に登つて杉の枝を折つて挿頭にして歸つて來る行事を行つてゐる。これも元は農村の田の忌みに關係のある事だと思ふ。牛馬とは關係が薄くなつてゐるが、花の無い季節なので、杉の枝を持つて來てゐるあたりに、古義の暗示が含まれてゐる。

九月九日の重陽の節句は、支那の菊花の宴を移したもので、五節句の中でこれだけが本當に支那の民俗を移植したものである。宴會の風は奈良朝以前から殊に摸倣せられてゐる。曲水の宴などもその一つである。夷講は玄猪や誓文拂ひなどと同じく十月に入つて行はれる。農作を護る異郷人で特別な扱ひを受けてゐたものが、商人階級が興つてから、農村の行事が商人の生活の上へ延長していつて、專商人に關した行事であるかの様に變化した。さうなつたのも旣に古い事である。年中行事の説明は様々に行はれてゐるので、とり分け地方で行はれてゐる年中行事の起原説明は、信用出來ないものである。廣く傳承を採集して見て、根本に如何なる精神が通つてゐるかを摑まなければならない。陰暦六月十六日に疫病を除く爲に、餅や菓子を喰べる嘉祥と言ふ行事に就いても、様々な説明が行はれてゐて、大體支那の習俗が移された事になつてゐる。けれども、私は六月十六日といふ時期が、道祖神祭りの時期と同じところから、子供が道祖神の勸進と稱して金を集め、其金で食物を買うて物忌みの生活を送つてゐたのが、次第に大人の世界に入り武家・宮廷にまで這入つていつたものと考へてゐる。それは盆がまの行事が著しく行はれる様になつた少し前の事實であらうと思ふ。

十五夜の話は時間の關係で、深入りする事が出來ないから、一口だけに止めて置きたい。此夜は農作物を盗んでよい事になつてゐる。これは、神の召す物は何を取つてもよいと言ふ信仰があつた爲だ。其日をお月見の十五夜に定めたのだ。此夜は同時に八幡祭りに當り、吉原の遊女は此日を一番大切にしたものであるといふ事だけ申し添へて置く。

大晦日と正月十四日と節分との夜は、農村では同じ事のくり返しと考へてゐる。農村では、元旦よりも正月十五日の小正月の方が生活に即してゐるので、自然により多くの親しみを持つやうになつてゐる。其前夜、即十四日の晩は、大晦日と同じ意味を持つてゐた。暦の上で立春の前日に當る節分の夜も、これと同じであつた。ともに初春の前日に當ると言ふ點で意味があるのだ。譬へば、節分にやる可き行事を、大晦日にやつたり、正月十四日にやつたりしてゐるのは、此事實を見せてゐるものである。節分の夜には、追儺と言うて、炒つた大豆を「福は內、鬼はそと」と呼びながら、戸障子に打ちつけて鬼遣《オニヤラ》ひをする。これは陰陽道と共にわが國に移されたもので、方相氏が楯を持つて鬼を追ひ拂ふ式が中心となつた支那の民俗である。日本ではおには神の妖怪化したもので、巨人と言ふ事である。年越しの夜に來るものには、歡迎すべき分子と、怖しい分子とがあつた。其を神と鬼に分けて鬼を追儺の時に追はらふ。だから、節分の追儺の鬼――支那から移されたのと考へられてゐる――を解剖して見ると日本に在來した土地を守る神が飜譯せられてゐる事が訣るのであつて、全然新しいものではなく、又惡いものとばかり決着をつけてしまふ事の出來ないものである。

正月の年賀の事も前述したが、年賀は宮廷をはじめ日本全國の家々で行はれた。年齡階級の下の昔から長上に對して、物を奉り賀詞を申し上げた。此は服從の誓ひである。元旦には元旦の詔勅を發せられた直後、天子は群臣の代表者を召して、朝賀を受けさせられる。天子の健康長久を祝福すると同時に、服從を誓ふのだ。武家でも民間でも夫々行はれてゐる。即、前におめでたごとの説明をした時にも觸れて來てゐるが、鏡餅を持參し、おめでたうを申し上げるのは、魂の象徵を奉り、服從と祝福の詞を言上する事なので。織田豐臣の時代に芽生えて、德川時代に入つて榮えた町人階級の勃興によつて、保護者と被保護者との關係が交錯して來るので、互に賀詞を交すに至つたのである。元旦の朝賀は後には延び延びになつて、二日三日になつても行はれ、遂には松の內ならばよいと言ふ風にさへなつた。天子が、上皇・皇太后に賀詞を述べに行きなされる事を朝覲行幸と言ひ、宮廷にとつては大切な行事であつた。沖繩でも人を拜んでゐる。つまり魂を渡しに行かれる訣である。

10

年中行事（折口）

元旦に行はれる神事に關した裝飾の說明は門松の話になると思ふ。門松は德川時代に入つてから次第に統一されて來てゐる。德川氏に緣故の深い三河邊の門松が勢力を得て來て、大名に及び、更に民間にまで行はれたものと思ふ。三河・信州の山奥に行はれてゐる門松が、最古い形を殘してゐる。分家を多く持つた家程、門松——三河では門神柱と呼んでゐる。大抵栗の木を半分だけ削つて立て、これに松の木を添へる。——が多い。御事始めの後、神又は祖先を迎へて來る氣持ちで、嚴重な式をして、三階松を迎へて來て、庭のはざに持たせかけて置き、元日が近づくと、家々で習慣に隨つて各々門神柱を立てゝ、それに門柱を結ひつける。山から魂又は神を松に乘せて來るのを、松をはやすと云ふ。はやすは單に切り放つだけの事ではない。其松を立て、魂を祭るまでの手順をもはやすと云ふ。門松は入口ではなくて、道から自分の家に入つた庭に、出居の正面になる樣に立てる。分家の數によつて、門松が多くなる。三四本から十五六本まで立てる家がある。或は分家が絕えてしまつたから、本家で門松を立てゝやるとも考へてゐる。村々によつて、考へが幾分づゝ違つてゐる樣である。家の中には歲神棚を造るが、何物も行けない樣に、簡單ながら隔離した形をとつたものである。歲神の來臨に伴ふて來るものは、門松に懸けた、おやすさまの中に入ると云ふ。大歲の晩は訣の分らないものが來る。一晩だけ宿を借りに來るもので、謂はゞ魂の信仰を持つてゐるのだ。よく考へて見れば、死も生もない魂の來る晩なのだ。三河の山奥から信州の伊那の谷にかけて、門柱の根方に、松の木で先の方の皮をはいで十二月と書くか、或は線を橫に十二本引いたにうぎを積んでゐる。井戶納屋など棟の變る每に立てゝゐるが、これは墓へ持つて行く松の木で作つた五六寸きりないにうぎと同じだと云ふ。次第に後の便利を考へて薪を積む樣になつたが、積み方は立てたり、橫にして重ねたりしてゐる又戶口每に二本づゝ入口に立てかけて置く。これは今では家人によつて行はれてゐるが、元は山人が持つて來てしるしに立てたもので、宮中で行はれた御薪《ミカマギ》のもとであつた。宮廷では既に古く忘れられた事が、地方により階級によつて何十年何百年の後までものこつてゐる例である。又山人が鳥居の所に立てた榊とも同じ意味のものである。

山人は土地の精靈を壓服する外に、祝ぎを奬めに來る。にふぎと云ふもの丹生木であらう。正月に用ゐる種々の木を總稱して、普通みづ木と呼んでゐる。山にはみづ木が澤山あるが、昔はこれを持つて禊ぎ或は祓への形をしたものであらう。山人がそれを持つて里を訪れて家々に立てたのであるが、山人が來なくなると、里人は氣が濟まないので自ら立てる樣になつて、原義が忘れられてしまひ、更に、古風を殘した地方の外は、みづ木を立てる事さへ忘れて了うたのだ。御薪も田舍と同じ風習が宮廷に於て、奈良朝から平安朝にかけて行はれてゐたのが、早く忘れられてしまつたのである。生活の古典を豐に保存してゐる田舍では、今でも行つてゐるのだ。田舍の民俗を調べて上代を推すのは、非科學的だと云はれてゐるが、學者が科學的だと考へてゐる方法に、多くの近代の合理觀・常識が混入してゐるのは、せんもない事である。萬葉集の語と沖繩や、朝鮮の近代の語と比較するのは、危險この上もない事だと云ふ。併しながら、學者が自ら育てゝ來た實感に照らして、それらの中から、古代を傳へて變化してゐない部分を握つて、古代生活を考へる事は、大事な事である。記錄にのみよらうとする態度は、却つて非科學的と言はざるを得ない。三河・信州の山間では單に門松を迎へるのではなく、魂を迎へるのであつた。それが平地に出ると、江戸幕府になつてから盛んになつた門松の方式が行はれてゐる。

お正月には、一年中の事を取り越して祝福する。正月の行事はすべて一年中に起るべき事の象徵なのだ。山からとつて來た樫や柳の枝に、餅や團子を農民らしい工夫をしてつけるのも、この樣に作物がよく出來ることを豫め祝福してゐるのだ。初めは繭玉でなく、粟・稻・稗などの花を象つた粟穗・稻穗・稗穗などを木で作つて柳などの枝に下げたのであつた。それが變化發達をして來て、餅や團子で繭玉や田畑の作物の形を作つてつける樣になつたもので、かうなるのには、一つの原因がある。西鶴の諸國咄しにも見えてゐるが、餅をついて大黑柱につける柱餅と云ふ事がある。大黑柱に神と云ふより、寧、魂が來るから、其を祭る方式なのだ。これが、木で作つた粟穗などに取入れられて、餅で作つたものが出來、更にいろ／＼の工夫がつまれ、農民の生活に卽した繭玉や茄子・瓜などの形を作つて下げる樣になつたのだ。此樣に枝が榮え、實が稔れといふのだ。

今年や豐年。穗に穗が咲いて、

年中行事（折口）

神も百姓も　嬉しかろ

といふ喜びの來る事を、正月に祝福して置くのだ。年末に祇園の社から、竹の先を五つに割つて餅をつけた五福餅を出す。此を見ても訣る事は、農村では、單に穗が澤山出るといふ事の外に、枝が澤山に岐れよといふ祝福もあつたのだ。

正月の三日までは物忌みが嚴重で、山の爲事は四日からする事になつてゐた。これを或る地方では、此三日間は女の山の神が、猪に乘つて山の木を數へてゐるから、うつかり山に這入つて、山の神に數へられると、木になつてしまふと說明してゐる。一方では、山の神が金の杓子を置いて行くから、それを拾ふと家が榮えると云うて、正月三日までの間にわざわざ山へ這入る處もある。

年中行事は頭の古い人々のしきたり、と一概に輕く見るべきものではない。これあるが爲に、生活に霑ひが保たれてゐるのだ。計り知れない古代の生活が、其中にくり返へされて、われ〲の生活の背景をなしてゐるのだ。講義の終りに當つて、同情を以て、年中行事を採集して下さる事をお願ひし度い。各地の採集が寄れば寄る程、一見つまらないと思はれる事からも、思ひ掛けない學問上の暗示や効果が導き出されて來るのである。私の話が採集・解釋の上で皆さんに、何かの暗示でも與へる事が出來たとすれば、幸だと思ひます。（完）

この論文の原稿は、折口先生が御多忙の爲と、筆者の怠け心からして、先生にお目を通して頂く事なしに發表して來ました。筆者の聞き違ひ、思ひそこなひからして、先生のお說を汚した點が多いと思ひます。先生竝びにお讀み下さる方々に對して、多く御迷惑をお掛けした點を、くれ〲もお詫び申し上げる次第でございます。なほ、筆者は此原稿が延引してをります間に、此御講義に關係深いお話を、幾度もお聞きいたしました。數々の新說をお聞きする度に、消え入り度い恥しさを感じながら、それでも信州で伺つたまゝに整理しました。その他にも多いのですが、とりわけ第八祓除の項は、お考へが變りなさつてゐる樣に存じました。かうした點で、先生にお掛けした御迷惑は一層ひどい事と思ひ、心を痛めてをります。重ねて謹んでお詫びいたします。讀者の方々も此點お含み下さつた上で、お讀み下さるようお願ひします。（小池元男）

寄合咄

毒を感知する鳥

これは私から皆さんにお知らせするのではない。寧ろ皆さんから教を請ひ度いのであつて、本誌上で博覽なる大方の諸君子から垂示を得るならば甚だ幸である。

「舊唐書」の巻一九八、西戎傳中拂菻國（シリア地方）の條に、この國に一種の靈鳥がゐて、國王の膳部に若し毒があると鳴いて之を知らせるといふことが見える。即ち原文には「［王の牀前に］有一鳥、似鵝、其毛緑色、常在王邊、倚枕上坐、毎進食有毒其鳥輒鳴」とある。「新唐書」巻二二一下西域傳拂菻の條にも略々同様の記事がある。勿論これらが實際のことではなく、一種の傳説を傳へたものであることは推想に難くない。否、獨りこの話のみでなく、この拂菻國に關する兩「唐書」の記述、特にその都城の狀況を記した條は、或種の意圖から出發した支那人の造作に係る全くの架空談に滿ちてゐて、決して之を旅行者の目擊談に基いた事實の記載と認めることが出來ない。このことは既に白鳥博士が「桑原博士還暦記念東洋史論叢」（昭和五年）に詳説せられた所であるが、この鳥の話だけはその系統が不明の爲に姑く解釋を保留された。

鸚鵡などがある犯行を目擊してゐて、後に事件が迷宮に入つた時、判官にその實を告げてこれが解決の端緒を供したといふことや、楊貴妃に愛されたこの鳥が妃と玄宗皇帝とが棋を圍んだ時、妃が敗けさうになると常に盤面を混亂さして勝敗を不明にさしたといふやうな話は私も承知してゐる。然し或鳥が毒の存在を察知してその危害を人に告げるといふ話は私は寡聞にして支那にあるか否かを知らない。又漢譯の佛典にありさうにも思はれるが、この方も素人のことゝて未だ見出し得ない。（二三の索引的な書物を通じての檢索は徒勞に終つたことを告白する）。たしか小野玄玄妙氏かにこの話をしたら、何かで見たやうな氣もすると云はれたが、其後まだ教を奉ずるの機を得ない。私はこの件に就いて多少の取調べをするように白鳥博士からの命を受けたが微力にして未だ博士に報告すべき程の何物をも獲ずにゐる。たゞ Jarl Charpentier 氏が 'Poison-detecting Birds' と題して Bulletin of the School of Oriental Studies, London Institution, V. 2, 1929, pp. 233—242 に揭出された論文を見出し、之をざつと一瞥することを得たが、之に據ると印度の文獻には鸚鵡その他にかくの如き特別の性能があつて、よく毒を知り鳴聲や顏色に依つて之を人に知らしめる傳へのあることがよく分る。さうして著者はこの話の起原などに就いては非常に謙遜な態度をとり、かなり愼重な云ひ方をしてをられるが、要するにこれは食物の毒を警戒するといふ話は後で、毒蛇の存在を察知警告するといふ話が本であり、從つて毒蛇の多い印度方面が起原地であらうといふにあり、他の方面——例へば歐洲などへはこの地方から傳はつたものであらうといふのである。著者が擧げた文獻の一例を示せば、かの "Kautilya" のうちに次の如き一條がある。

The parrot, the maina, and the Malabar bird shriek when suspicions of snake poison; the curlew becomes quite tipsy in the neighbourhood of poison; the pleasant swoons; the amorous cuckoo dies; the eyes of the *cakra* partridge change their natural colour (i. e. become red) サンスクリット原文は Kautilya, ed. Jolly and Schmidt, Vol. I, p. 25, 13 seq. にありと註す。

この外著者は幾つかの例證を擧げてゐるが「斯かる形に於いてのこの傳へがいつ頃から起つてゐるか不明である。それは Kautilya を始め、これらの文獻の年代が不明であるが爲であるが、早くとも西紀二世紀を溯るものではなからう。然し印度には毒蛇が太古から棲息してゐたことに徴し、この俗信は極めて古くから存してゐたに違ひない。たゞ比較的後世迄婆羅門文學のうちにその痕跡が見えないやうに思はれるけれども」と云つてある。以上大意を取る。なほ著者は Aldrovandi イタリアの博物學者、一五二二年生、一六〇五年歿。ボロニヤ大學の教授にして大著を遺した の「鳥類誌」(Ornithologia) などを引いて、歐洲に入つたこの話を紹介してゐる。

果してさうであるとすれば、拂菻國の話は印度の傳説がその地方に傳はつてゐたのを支那人が記錄したか、或は何かの因緣で支那に既に傳はつてゐたこの話を種にして支那人が拂菻國のことに附會したか、そのいづれかであると思ふ。たゞその何れであるかは固より私には判定する資格がない。この問題を機緣として、私が今大方の士に教を請ひ度いのは、かゝる話が支那や日本にあるかどうか、あればその出典を知らして頂き度いといふことである。又この話は例の石川五右衞門に附會されてゐる千鳥の香爐の話のやうに、盜まうとすると自ら聲を發して之を妨げたといふ云ひ傳へなど、何か一脈の絲を引くものではなからうか。フォークロアの一年生の愚問として教示を吝まれざらんことを切望する。(石田幹之助)

臺灣蕃曲レコード

本誌にも屢々貴重な考説を寄せられた大阪外國語學校の教授淺井惠倫君が、臺灣蕃族の言語・土俗の調査研究に於いて稀に見る篤學熱心の學者であることは、夙に人の知る所であらう。(若し知らない方があつたら是非知つておいて頂き度い。その淺井君が度々蕃地へ出向かれて苦心の結果に成つた「臺灣蕃曲レコード」が、今度大阪外語內の大阪東洋學會から發售されることゝなつた。今世に送られたのはその第一輯三枚であつてこれに淺井君の手に成る解說書が附いてゐる。之に就いては私がとやかく書く迄もなく、淺井君の手記された頒布趣意書を紹介する方が遙にいゝと思ふから、次に之を轉載する。

「今回東洋學會から一般に御分ちすることになつた第一輯三枚のレコードの內容を簡單に說明すれば、

第一枚第一面には、高雄州屛東郡蕃地の四社蕃のミャトグス祭歌とその祭に於て行ふ踊の歌が入つてゐる。第二面には四社蕃と密接な關係にある高雄州旗山郡のカナブ蕃の招魂祭歌（ビウウナ）と敵の首を取つたときに歌ふムソワラウの曲と、それに鼻笛の旋律が收められてある。鼻笛はインドネジヤ特有の樂器であづて、臺灣の南部蕃族に於て現存してゐる。四社蕃の祭歌とカナブ蕃のビウウナ祖先の靈魂を招來する魔力を有すると信ぜられてゐるから、祭以外には歌はないものである。莊重神祕なるものであつて音樂研究者にとつて興味深き旋律を有してゐる。

第二枚と第三枚には熟蕃（平埔蕃）の歌曲が入つてゐる。清朝時代に蕃人を生蕃熟蕃とに分つて名けてゐた。熟蕃は支那文化に同化されて、彼等の固有の風俗を失ひ、大部分はその固有の言語を失つてゐる。

レコードしたのは、三百年前まで臺南附近に住んでゐたシライア系の高集州下の高部熟蕃の歌曲である。彼等の言語は今は既に死語になつてゐるが、幸ひにも歌のみは傳承されてゐる。然し歌詞を完全に覺えてゐる者は數人のみであり、しかも老齡であつて、十年ならずして滅亡せんとしてゐる狀態である。今回レコードにて永遠に保存する方法が講ぜられたことは誠に幸ひである。旋律の上から熟蕃と生蕃の關係或はインドネジヤ諸民族と比較研究の資料になるであらうし、又歌詞は彼等の民間傳承と關係のあるものであるから、蕃族研究家にとつて大切な材料であらう。

二枚に主要な曲の旋律を網羅してある。即ち、公廨祭歌、キニサアト、請四方及びその呪文、ナホワン、クバ、下無農、水碉脚の七種が入つてゐる。テキストと詳細なる說明は解說書に述べておいた。

此等のレードは昭和二年以來四回の臺灣蕃族調査旅行の際に携行した、簡易レコーデング機で採つた原版から、特許レコード製作所の研究によつて再生プレスしたものであつて、複製としては可なり成功したものと信ずるが、技術上に於て第二輯は更に完全のものにする考である。

第二輯には紅頭嶼音樂を入れることを豫告しておく。」

これは領臺以後殆ど全く試みられなかつた蕃族研究の新

境地であり、獨り臺灣蕃族の研究にのみならず、一般に音樂・土俗の比較研究にも多大の貢獻を齎すものであつて、淺井君の勞は十分に認められていゝ。もう論文を書くのばかりが學者の能ではなく、又圖書のみが唯一のリテラツールとして尊重さるべき時ではなくなつてゐる。それにしても我邦にも早く確りしたレコード・ライブラリーと、フイルム（映畫）の保存館とを出現させ度いものと思ふ。我が「民俗學」の讀者に、さういふ方に一肌ぬぐ金持はありませんか。

このレコードを欲しい人は、大阪市天王寺區上本町八丁目五十九番地、三島開文堂（振替大阪三六九八番）宛に申込んで貰ひ度いとのこと。第一輯一組三枚の價は解説書・送料共金參圓とのことである。（石田幹之助）

乙女の血の治療力

自分の知つてゐるといふ一獨逸人に民俗學の熱心な研究者がある。この學徒は、ニーデルランドの民衆の間に發生して、殆んど全歐羅巴に流布し、更に大西洋諸島にまで廣がつた "Ulinger-Blaubart-thema" の說話を特に熱心に研究してゐる。その說話の骨子を擧げるなら、

(1) 一人の男が業病（癩病の如き）にかかつてゐる。

(2) 乙女の血に浴すると這般の難病が治るといふ信仰を耳にする。

(3) そこで呪歌によつて多くの乙女を森の中若くは人氣のないところにおびき寄せ、之を殺しては血を採つて浴する。

(4) 最後に捕へられた一人の乙女が策略を以てその男を殺す。

といふのである。

この學徒は、十五年以上もこの說話及びその中に含まれてゐる信仰のことについて根氣よく調査してゐる。L氏の言ふところによると、この說話は、

(1) ニーデルランド（F. van Duyse, Het oude Nederlandsche Lied. Antwerpen, 1903. Band I. 1)

(2) 丁抹（S. Grundtvig, Danmarks gamle Folkeviser. Kopenhagen, 1883. Band IV. 32.)

(3) 瑞典（Arwidsson, Svenska Fornsånger. Stockholm, 1834. Band I. 301.)

(4) 諾威（M. B. Landstad, Norske Folkeviser. Christiania, 1853. seite 567. Nr. 69.)

(5) 英國（F. J. Child, English and Scottish Popular Ballads. Band I. pp. 55—62.)

(6) 佛蘭西（Puymaigre, Chants populaires du Pays

17

Messin. Metz, 1865. Seite 68. Nr. 31.)

(7) 西班牙 (Jahrbuch für roman. und engl. Literatur. Band III (1861) seite 285)

(8) 葡萄牙 (Victor Eugen Hardung, Romanceiro Portuguez. Leipzig, 1877. seite 61. Nr. IX)

(9) 伊太利 (Bernoni, Canti Populari Veneziani. Venezia, 1872, Puntata 5, Nr. 2.)

(10) 波蘭 (Pauli (Zegota) Piésni ludu Polskiego w Galicyi. Lemberg, 1838. seite 90. Nr. 5)

(11) セルヴィア (Kapper, Die Gesänge der Serben. Leipzig, 1852. Band II, 318.)

(12) 匈牙利 (L. Aigner, Ungarische Volksdichtungen. Pest, 1873. S. 120, 170 ff.)

(13) エストランド (H. Neus, Estnische Volkslieder. Reval, 1850. Seite 5. Nr. 2)

等に擴布してゐるさうである。

今年の一月のことである。L氏は自分に書を寄せて、右に言つたやうな事實を報じ、而して、日本にもこれと類似した觀念信仰及び說話が存在するか否かと質問して來た。類似した觀念信仰や說話は確かに存してゐるが、上に擧げた說話の話根を蘊し含んでゐる說話は、自分の知るところでは、日本には無いやうであると答へて置いたが、寡聞の自分では、頗るあぶない。博識の諸學者の敎示を仰ぐたい。そして若し同一の說話があつたらL氏に報告して喜ばせてやりたいと思ふ心からこの一文を草した次第である。

誰でも知つてゐるやうに、『南總里見八犬傳』には、犬塚信乃が破傷風に惱んでゐる條に、

『年少き男女の血潮各々五合をとりて、合してその瘡に沃ぎ洗へば、疼去り腫退きて、その瘡は立地に癒え』

とあるが、これは乙女の血だけではない。女の腹兒が難病傷瘡に利くといふ信仰もあり、同じく『南總里見八犬傳』の犬村大角の妻雛衣なども、該信仰のために一命を捨てることになつてゐるが、これも乙女の血そのものの healing-power とは、少し隔りがある。『攝州合邦辻』では、女性の血が俊德丸の業病を本復させることになつてゐるが、しかし寅の年月日の揃つた女の血といふ條件がついてゐる。もつと原始的な信仰――女の血といふだけに治療力を認めた觀念信仰も無いではないが、それが物語に採り入れられて上に擧げた說話に類同した內容になつてゐるのが我が國に存してゐるか否かが知りたいのである。それが無いといふなら、『萬國新話』といふ書物に、

『島夷志〔略〕に曰く、蘇門《スモ》答《ダ》刺《ラ》の酋長毎年十餘人の人を殺し其の血を取りて浴れにこす。則ち四時疾疹を生ぜずとなり。』

18

寄合咄

陸奥の目名

北海道には、メナといふ地名が澤山ある。ロ蝦夷地では、渡島の檜山郡のメナ（「枝川」の意）、同龜田郡のメナも同樣「枝川」「支流」の義であり、奥蝦夷へ行つても、例へば日高、浦川郡のメナ（此の地方でも「枝川」の意）及びクッチャ・メナ（クッチャは「獵小屋」メナはやはり「支流」の義）、超えて十勝へはひつては當緣郡のメナがやはり「枝川」の意である。この間にあつて、膽振地方では、虻田郡オプケスペ川筋のメナはやはり枝川の義とされてゐるが、幌別郡のメナは「細い支流」の意味だといはれ、シリベツ川筋のメナは「細い川」の意味だといはれる。

勿論、本流に比して細い方が「支流」・「枝川」であるから、「細い川」の意味「枝川」の意味には、不離の關係があつて、何れが原義であるか知れないが、同じ語であることは爭はれない。

然るに、發音の全く同じい名目といふ地名が、海峽をひとつ隔てた陸奥にも方々にある。まづ、下北郡、田名部の名目、恐山下の目名の赤瀧及び小目名、二戸郡、荒谷村の字であつた目名、下閉伊郡へ入つても、岩泉村の字にまた目名といふ名が見える。目名川とか日名澤といふ地名をまだ知らないけれど、元は左樣な地名であつて、字の名に殘つたのではあるまいか。或はそのほかにもまだあるだらうけれど、ごくざつと地圖にあつただけで、この三四ヶ處を思ひ出す。青森・秋田の山間或は字名などに若しまだあつたら敎へて頂きたい。

因にメナといふ語は、バチラー博士の辭書には mena, 池同義語 men と見えてゐるが、mena と men とは別の語である。men は池・沼・溜り水などのことであるか、それは或は men と發音されることもあるけれど、mena になると、今云つた樣に細い支流をいふ語である。

men の變化が meu になつて殘つたのではあるまいかと思はれるものに、陸奥の斗南半島の沼澤地方にキメウ（木妙）・メウマイ（妙前）などがある。Kimeu は「葦沼」であり、meu-omai は、苫小牧《トマコマイ》・樽前《タロマイ》・松前《マトマイ》などの（mai（「在る處」）の語尾を取つた地名で、沼澤の在地を意味する地名の樣に思はれる。（金田一京助）

若衆寄合・婚禮の儀

櫻田勝德

若衆寄合

土佐幡多郡三崎及び下川口では元日に若衆の初寄合があつて、此際若者仲間入りもしたと聞いた。此寄合をうたのくちと云ふ由。

同國同郡白田川村及び安滿地では此寄合を正月二日に行ふた。之をわかぞり祝ひと云ふ由。同じ小才角では二日でなく正月五日にわかぞり祝ひを行ふと聞いた。

同國同郡沖の島弘瀨でも同じ二日に行ふと云ふが、此處では之をむね合せと稱する由、此島のも一つ沖の鵜來島でもやはりむね合せと云ふが、此處では二日でなく正月十一日に行ふと云ふ。

筑前遠賀郡波津《はつ》でも正月二日に若衆の初寄合及び組入りがあつた。之をねぞめと云ふた由。之とよく似たとまりぞめと云ふのが、長門益井島にある。此日から他家へ若者達が泊りに行くのださうだ。年の夜から元日にかけてはなるべく自分の家で寢る。一人でも餘計自分の家で寢るが緣起が良いと云ひ、若者達は此間他處へ泊りに行かぬといふ事を、同國大津郡宇津賀村で聞いた。寢る事を稻積みといふ間は、自分の家で寢るのがよいかもしれぬ。

筑前鐘崎でも同じ二日にわかいよりあひがある。

伊豫の戸嶋や蔣淵《こもぶち》では正月四五日に初籠りとて、若衆の初寄合があると聞いたが、四日五日にやる所は此外隨分在つたやうに思ふ。

五島樺島では正月五日に初どうぶりがある。同じ嵯峨島では此どうぶりが正月十六日に行はれると云ふ。五島の青方でも貝津でも玉の浦でもどうぶり或はどうぶれは若衆の寄合の事である。之が筑前鐘崎へ來ると伊勢參歸着祝、隣り浦の波津では太子參りをして歸つてから、精進上《あ》げにやる酒盛をどうぶりと云ふ。

長門盆井島でも正月五日に氏神に初籠りをして、此時若衆組入りも行ふが、昔は多くの元服祝やへこ祝ひや紐放しの樣に、霜月十五日に組入りを行つたと云ふ。

若衆ではない亭主《ていす》の初寄合が長門向津具村岬で正月五日に行はれる。之をおかぐらと云ふ由。

隣り村の宇津賀村では正月十一日に若者の初集會が行はれた。筑前遠賀郡吉木村では此日に帳とぢ、同じ宗像郡南鄉村宮田では帳とぜといふ若衆寄合があつた。

五島日の島では正月のやぶ入りにはだえあはせといふ寢合あり、此時組入りも行はれたといふ。所が同じ嵯峨島でははだえあはせと云ふと、他所人が島人を雇ふ時などに、顏つなぎに飲む酒盛の事だと云ふ。

長門大島村相島では若衆初寄合をかんしと呼ぶ。所が同國向津具村南方《みなみのほう》でおかんしと云ふのは、數の子煮豆田作りで正月を祝ふ事を云ふ。相島の組入りは子供が世間に目立つてくると、正月でも節季でも盆でも隨時に行ふ。

伊豫の遊子村では二月一日に仲間入りをしたと云ふ。之は出稼してゐる人も此時は歸鄉してゐるからだと聞いた。

土佐幡多郡樫の浦では舊三月五日の辨天樣の祭りに若衆が宿に集る。五島玉の浦では三月三日四日に花ちらしといふ盛大などうぶりが催され、若衆達は根こそぎ金を費つて飲んだらしい。北松浦平戶の傍の大島的山《あづち》といふ湊でも、昔三月には花ちらしといふ若者の大酒盛があり、此時土地の娘は若者の伽に一晩出るのを義務としたと云ふ。長門豐浦郡吉見の在でも若者入りは三月の宮籠りに行つた。かう云ふ時には若者客とて、年長者を下《くだ》り向即ち上座にする、それから年順に若衆がずらりと居並ぶ。その座には娘達が給仕に出たといふ。大黑山篠山などの下に在る伊豫の御槇村のはなのえの日といふのは何時であつたか。確かやはり三月であつたやうに思ふが、此日若衆は辨天樣にお籠りして仲間入りも行つたと云ふ。何でも此日に組入りする少年は、或一定の多量の酒を是非呑まされたと聞いたと思ふが、或は之は他處の事だつたかもしれぬ。

筑前蘆屋町では舊九月廿九日にかみわたしといふ若者の寄合があつた。緣結びの爲めに出雲の神樣を祭り宮に籠つたといふ。近所の吉木では、神無月神樣が出雲に集まられる時、此地の神達も之に御參加なさる。その御出發の時及びお歸りの時各一週間づゝ若者は夜食をつくつて宮にお籠りしたといふ。長門盆井島でも十月廿七日に總籠りかあり、同夜氏神樣が出雲へ御旅立ちになるとて、此夜若者達は御通夜をする。その翌日にも早神樣は出雲からお歸りになるとて、またもや通夜をする。昔は此折一戶に付米五合をつなぎ出して、どぶ酒を造つて會飮したといふ。但し地主《ぢぬし》の神樣だけは出雲にゆかれぬといふ。筑前福間の在旦《たん》の原《はる》といふ所にふくつつぁまといふ神樣あり、此神樣は聾で、出雲へ行つて會議に列したとてつまらぬといふので、一人お出懸けにならぬ。それで土地の若衆たちは神樣を慰めるため、夜角力をとるとか聞いた。

長門大津郡深川で、金比羅樣と出雲の神樣とは仲が惡いので、それで金比羅樣だけは出雲へゆかれぬと云つてゐた。

婚禮の儀

土佐沖の島では、嫁入の時嫁は前垂がけか、一寸着換へをした位で簡單にやつてくる。姑でも死なゝければ、嫁は衣類を嫁入先の家に持つてくる事は無い。皆里にをいてをく。又婚禮の夜聟は何處かにかくれてゐて、決してその席へは顏を出さぬと云ふ。

長門盛井島では、嫁入の盃（此盃の名を聞かず）がすめば、嫁は里へ歸つてしまふ。さうして晝は嫁入先で働き、夜は里に歸つて寢る。かういふ生活を一年か半年續けた後、吉日を見て夫婦が一緒になるが、此時は披露も何もしないから、何時一緒になつたか少しも判らぬと、他所人である小學校の先生が云つてゐた。

此島の對岸吉見村附近では、嫁入りにイキゾメと本事《ほんごと》の二つの儀式がある。大概イキゾメに盃をして、本事には盃をしない。しかし本事の際に本入りをするで、此際客事《きやくごと》即ち披露をも行ふと云ふ。本入といふのは夫婦一緒の生活に入る事をいふのだと思ふ。さてイキゾメと本事との間は、嫁は月の十五日間を里で暮し、後の十五日間を嫁入先でくらすといふ工合にする由、又緣談交渉中、一二の親戚が故障を云ひたてゝ容易に話の進捗せぬ様な時には、仲人が盗んだといふ事にしてイキゾメを爲し、話を極めてしまふ事もあつたといふ。

長門六島村大島の鄕土誌を見ると、初め媒介人によりて相互略婚約の整ひたる時、濟酒に稱して、酒に何なりとも有合せの肴を添へて、貰ひ方の最も近き親族の人即ち伯父兄等先方の家にもちゆきて、互に飲み合ひて歸る。酒は家の格によりて一升二升の別あり、次に日を撰びてよろこびと稱し、貰ひ方の近親の女即ち伯母姉等嫁方の近親の家を、嫁を貰ひうけたる禮を云ひて歩く。先方の家にては相應の馳走をなす。次に舅入り（實際は婿入と稱する方適當ならん）と稱して、此度は婿嫁の家に最も親しき友人を伴ひて至る。馳走を受けたる後友人は歸り、婿はその夜嫁の家に宿す。それから次に雙方の都合よき時嫁入を爲すと。しかし多くは子を設けてから嫁入を行ふといふ事を聞いた。同國黃波戸では結納をひらく時に聟が嫁の里に行つて盃事をするといふ。同じ古市附近の新市在では嫁入より半年乃至三十日十四五日前に聟か嫁の里に酒を持つてゆく。此時夫婦の盃をするといふ。土佐幡多郡入野では、此時聟一言ものを云はず、介添の仲介が聟に代つて挨拶すると聞いた。土佐拍島では聟入は嫁入の翌日に行ひ、此時婿はサカキゾリとて若連中を招き、馳走して知已となると聞いた。

さて前記の大島鄕土誌によると、嫁入當日嫁は之迄懇意になしたる友人數名を伴ひて、兩親及び媒介人夫婦につれられゆく。服裝は極めて質素にして、紋付羽織をきたるがよき位也。馳走とても極めて質素也、夫婦の盃、親類盃などは殆ど無しとある。此嫁と一緒にゆく數名の友人は、嫁と殆ど同じ格好をなし一様に桃割れを結ふ由で、どれが嫁女やら一寸判らぬ位だといふ。此數名の友達を吉見附近では、嫁まぎらし又はつれ嫁女といふさうで、之が本事の席にすらりと並ぶといふ。尤も此つれ嫁女は未婚の友に限られてゐるといふ事です。

長門角島では鐵漿親《かねおや》に仲人がなる。蓋井島でも之と同様、尤も仲人は嫁女が妊娠して帶祝をする時にも、此祝の親となるといふ事です。しかし長門の大津郡では鐵漿親といふ事を聞かなかつた。大津郡では七軒鐵漿といひ、始めて鐵漿をつける時には、近隣七軒の鐵漿を一寸づゝ貰つて、それをつけたと云ふ。

土佐沖の島母《も》島《じま》では、嫁入の際には嫁を迎へに仲人夫婦ともう一夫婦が出懸けたといふ。五島日島でも嫁の出迎へには仲人夫婦と男の子（お樽もちといふ）と女の子（お茶もち）とが出懸けるといふ。

追記

先日筑前相ノシマに渡り今回當島にいたりました。

相島の採集は全然失敗で氣をくさらしてをります。さて嫁まぎらかしは相島にも宗像郡勝浦村にもある由、糟屋郡新宮村では聟まぎらかしはあるがよめまぎらかしといふのを聞かぬと聞きました。聟まぎらかしは相島でも勝浦でもあります。新宮では「茶聟入」に聟が同年齢の聟まぎらかし數名をつれて嫁の家にゆく由、相島でも嫁入當日聟入といひ聟が聟まぎらかしをつれて嫁の家にゆき茶をのんで簡單に馳走をくらつてくると云ひます。勝浦では聟は聟まぎらかしの一番下座にすわると云つてゐました。　筑前大島にて　櫻田生

伊豆御藏島雜記

本山桂川

○

伊豆七島の一つ、御藏島《みくらじま》は御倉島、美倉島とも書かれる。東京靈岸島から一一〇浬三宅島とは一〇浬を距てゝ南北に相對する。標高は三宅島の中央、雄山の八一三・八米よりも稍高く、御藏の御山は八五〇・八米と示されてある。三宅の南岸坪田村から南に見る此の島の姿は、圓錐形にきちんと座つてゐて、必ず渡つて見たい誘惑を感ぜしめる。晴れにつけ、霞につけ、幾度レンズを向けて、ピントグラスの投影を一人で樂んだか知れない。しかし、あこがれの的にはしても、中々氣安く渡れない。（上掲寫眞に御藏島船着場）

○

此の島は面積一九・六六一平方キロメートル（一・二七五平方里）昭和五年の國勢調査によれば世帶數一〇〇、人口三八四、內男一八八、女一九六となつてゐる。前二回の同じ調査の結果に比較すれば、

大正十四年　三六八人
大正九年　三五九人

で即ち昭和五年に於ては、大正十四年より一六人を增し、大正九年より二十五人を增してゐる。增してはゐるが、共增加

の狀態は大正九年から同十四年までの五ヶ年間に九人、大正十四年から昭和五年までの五ヶ年間に十六人、大正九年から此年までの十年間に二十五人しか增加してはゐない。一ヶ年平均二人半の增加割合てある。

今少し遡つて見ると、

	戸數	男	女	計
明治三十二年	八〇	一二五	一三七	二六二
明治二十二年	七四	一一八	一四四	二六二

即ち此の十年間には戸數六戸を增し、男七人を增したが、女の數に於て六人を減じ、結局會計增減なしといふ結果を示してゐる。此の數字は同島村役場に於て公示したものであるから、爲になる處がない限り信用すべき數字である。で、明治二十二年と昭和五年とを比較すれば、百二十二人の增加ではあるが、此四十五年間を平均すればやはり一ヶ年二人半の增加割合を保つてゐる。

もう少し古いところを當つて見ると、天保十一年及び同十二年（一八四〇——一八四一）の書上がある。それによれば天保十一年家數二十七軒、人數二百三十三人、內男百八人、女百二十五人、同十二年には男百四十七人、女百四十九人、計二百九十六人、外に僧侶二人とある。此の一ヶ年間には六十五人を增してゐる。

それから更に八十八年を遡つて、今から百八十年前の寶曆三年（一七五三）十二月現在では

家數三十一軒　人數男五十四人、女六十人、計百十四人、外に流人男五人、牛馬なし。

とある。

〇

最近同島村役場收入役廣瀨喜一氏に借してもらつた古い役場の記錄の中に、面白いものがあつた。明治二十三年八月東京府の官吏吉水經和といふ人が同島に出張して、島民一同を小學校に集め、自ら訓示演說を試みた時の「演說大意」であ

る。(此時集つたもの八十二人内男二十七人、女五十五人、病氣。旅行等にて集らざる者六十五人、内男三十一人、女三十四人とある。おそらく壯年男女島民の全部を集めたものであらうが、病氣不參者の多かつたのは、當時感冒流行のためであつたらしい。

右演說大意の內、島の人口及び家族制度並びに產兒に關する事項として、

一、次三男を分家せしめ結婚を爲さしむる事

一、血族結婚は可成爲す間敷事

但叔姪兄弟と結婚は決して相成らざる事

一、他島より成可嫁を娶るべき事

といふ項目が言葉を盡して述べてある。其全文をこゝに登載する煩を避けて、ポイントだけを云つて見ると、先づかうである。

島では古來次三男の分家を許さず、公然の妻帶をもなさしめず、次三男を見ることのみ、虱の如く、之を酷役すること牛馬よりも甚だしい甚だしい。「父兄たるものが次三男に分家を爲さしむることを肯ぜざるの原因は何れにあるかと探究するに、他に非ず、乃ち祖先傳來の畑地を減少すること、人數の增加十二生計の立たざるを恐るゝこと、彼等をして畜家と同等たらしること等に外ならず」となし、其非を諭して分家妻帶を勵行せしめ、これが對策として不毛地開墾を奬勵し、人口增加の憂ふるに足らざる所以を、言葉を盡して述べてゐる。

今にして思へば、島の生活條件を無視した當局爲政者の認識不足な指導方針と、人道主義的な產兒奬勵とは、全島民の生活苦を促進せしむる拍車として役立つてゐるに過ぎない。――さてそれから先の言ひ事が面白い。少し拔き讀みをして見よう。

○

貴樣抔は只人が增加することを患ふなれども、此島に私生兒の多きは如何のものなるや、戸籍を調ぶるに一戸毎に私生兒の在らざるなく、甚しきに至りては私生兒が又私生兒を產み、戸主に對して何等の親に當るや知れざるもの澤山あり娘の子の此上も無き耻なり。夫れを私生の子を產めば夫々扶持米を(外の人同樣に)貰ふものゆへ之れを能きことゝなし、就中女子を他へ緣付けることを父兄たる者が嫌ふも、畢竟娘の子を他に嫁にやれば是迄の扶持を持つて行かるゝゆへに之れを家に置けば娘も扶持米を取れば此娘が生みし私生兒も扶持米を貰うといふ所より娘を嫁にやることも嫌ひ又娘が私生の子を產むことを却々悅ぶと云ふは、是れ畢竟慾より出たる咄にて親兄弟共に大に耻づべきことなり。

○

まだ面白いことが書いてあるが、先づ此の位にして、こゝで更に寛政八年通達された「取締方申渡」の一節を引いて置かう。此の申渡なるものは維新の際までは年一回、島民を集合せしめ、之を朗讀して固遵守すべき事を誓言せしめたものである。

一島方の風儀惡しく前々より男女若年の者寢宿と唱へ朋友傍輩體のもの方へ互に罷越越臥いたし親許に不居由不埒の至りに候、以來急度差留候間可得其意若其體の儀於有之は嚴敷咎ることに候且婦人共不淨の砌他家《タヤ》と唱ひ小家を補理し籠を立て其家により夫食を取寄住居いたし候段第一不取締の基に候然れども國地のものと違ひ諸色不自由にて其身の取しまりも難成候由相聞無餘儀事に付他家住居不殘差留候には難儀のものも可有之に付實に他家へ不參候ては難成身分のものは日數七日つゝ他家へ住居可致畢竟右體の始末故定めて夫もなく懷胎いたし出生の子を女の方にて養育いたす由、是等の儀は國地を隔て敎へ不行屆故の儀とは申ながら人間のある間敷事共に候以來は急度愼可申不取締の義有之は所役人より制之不聞に於ては早々可申出候嚴敷吟味の上男女共夫々咎め可申付候云々

○

島では他屋のことをコヤと稱し、婦人の月經期に入ることをコヤニナルと今でも云つてゐる。此のコヤや若者宿の制度

或は前の分家禁止の制度等は、明治中期まで確かに此島には殘つて居た。ことに島には古來二十八戸の「百姓」といふものがあつた、其相續人以外のものは分家妻帯を許さず、相續人が妻帯すれば、其父母は其他の子女を伴つて隱居をしたこれらの舊制度は、多少稱呼方式等に差こそあれ七島各地に行はれてゐた。それは然し內地にも今尙面影を殘して居る他方もある通り、邦土祖先の生活様式を闡明する上に必要なる資料であつて、必ずしも島のみの問題ではなかつた。

○

御藏島々民の共同生活狀態に就ては、伊豆初島のそれなどと共に、一口に共產制度などと呼ばれるが、さういふものゝ言ひ方は適當でない。所謂「島の人生」に必然要求され形態づけられた一方式の現はれに過ぎなかつただらうからである。此の島には千二百町歩といふ本島面積の五分ノ三を占むる村有林があり、其處には黃楊の巨材が欝蒼として繁茂してゐる。本島住民の祖先は三宅島より移住したものだといはれ、栗本四郎兵衞義正（建保五年――西曆一二一九卒）を其開祖と仰いでゐる。果して信を置くに足るかどうかは知らないが、今以て島民栗本姓を名乘るもの最も多く、廣瀨・德山・西川と、殆ど此の四姓に盡きてゐる。永く三宅島の支配下にあつたのも事實である。此の島が三宅島から獨立したのは享保末年（一七三五）であつた。

○

天與の產物たる黃楊樹を伐採して之を賣却し、其得たる收入を以て島民の生活必需品を購入し、男女老若の區別に從ひ分配配給して謂ふところの共同生活を營んだのは最近二百年來のことらしい。

明治二十年迄は左の現品を島民に割當てゝ配分した。

割當品目（但一ヶ年分）

玄米	二百二十俵	麥	三百俵
大豆	四十二俵	餅米	三十俵

醬油	四十樽	酢	二樽
鹽	二百十六俵	番茶	十二斤
沼田煙草	百六十斤	鬢付油	七百本
元結	三百把	麻	二兩分
縫絲	二兩分	鐵鍋	三十二個
岩自半紙	十メ	蠟燭	八百挺
線香	四函	水油	四樽

猶此外に松坂木綿、花色木綿、白木綿等を隔年に給附した。然るに同年島民協議の上比較的必要度の少い物を整理改廢して、特に重要のものに限り、現品を以て給與し、殘餘は現金を以て交付することになつた。即ち明治二十一年以降に於ける現品渡の品目は次の通りになつてゐる。

玄米	二百三十俵	麥	二百八十俵
大豆	四十二俵	鹽	二百十六俵

然し之も一般行政費の膨脹に伴ひ配給が屢々困難に陷つた。そこで明治三十年代になると、總て現品渡の制度を廢止して、現金給與のことになつた。現在でも同島歳出豫算の款項目中に「扶持米費・扶持米給與費」とあるのは、其の傳統を持續してゐる事を物語るものである。最近の豫算によれば、其費額が次の通りになつてゐる。

昭和五年	二、四八六・〇〇
同　六年	二、四九八・〇〇
同　七年	二、四九八・〇〇

即ち今年度一ヶ年二千四百九十八圓を給與するもので、其の割當は

男　一人ニ付　金十一圓
女　一人ニ付　金十圓
子供　一人ニ付　金五圓（十五歳以下の男女）

であつて、男七十八人、此額八百五十八圓、女九十七人、此額九百七十圓、子供百三十四人、此額六百七十圓となつてゐる。給付を受くるもの合計三百九人、勿論寄留者には配當がない。

○

こゝで豫算收支の全體に亙つて説明する必要があるのだが、それは省略する。只、歳入總額は、昭和五年度に於て五五、六三六圓、同六年度に於て三五、二五二圓、同七年度に於て三〇、六六四圓で、其歳入には一錢も村税收入の徴入によるものなく、國庫下渡金（義務教育費國庫負擔額）一、六四九圓、東京府補助金九〇四圓等を除く外、主として基本財産收入によつて賄はれるものであり、然かも其額二六、三九一圓中、二四、六九五圓は木材其他の賣拂代金によるものである。其の種目を見ると次のやうになつてゐる。

黄楊材賣拂代　二四、〇四五・九四圓
桑立木賣拂代　五七〇・〇〇圓

其他は杉立木、推茸、椿害少量あるに過ぎぬ。

然るに黄楊材價額の暴落は年々甚しく、昨年十瓩二圓のものが、今年、一圓五十錢に見積を立てゝも、尚算盤が採れず殆ど收拾すべからざる破綻に陷つてゐると報じて來てゐる。玆に於て「民俗」の研究は、お先眞暗な當面の重大問題にぶつつかる。それをこゝで云へば時事に亘るといふ廉で、雜誌發行者は新聞紙法違反に引つかかるが、せめて民俗研究者は漁村と云はず農村と云はず各町村に於ける最近數ヶ年間の豫算表に丈けでも一とわたり目を通して頂きたいものである。

（七・八・一五）

新潟縣粟島略報

丸茂武重

位置　新潟縣岩船郡粟島浦村。山形縣に屬する飛島と佐渡ヶ島との中間に位置し、二島と同樣に本陸より大體同程度の距離の海中にあることはその成因に多くの疑問が與へられてゐる。岩船町より發動機船に依りて二時間半にて到達する。夏季は本陸の人々が朝の陸軟風に吹かれて渡島し午後の海軟風に乘じて歸る事が可能であるが、冬季は屢々本陸との交通が絶え大正天皇の崩御を知らずに新年拜賀を行つた事實すら存在する。

景觀　該島は彌彥墳火脈に屬し佐渡、能登半島に於ける山脈と同一走向を有し東北・西南の形をとつて細長く第三紀層を基とし東海岸は主として水成岩・西岸は火成岩を多く露出して居り島の略中央に小柴山が走り部落を二分してゐる。即本島唯一の平地なる東海岸の沖積地に八十二戶の戶數を有する內浦區、西岸の急斜せる山腹に釜谷なる三十戶の部落がある周圍四里二十八町、南北一里二十八町、東西二十町、人口男三百三十餘、女三百八十餘人の一孤島である。

村の歷史　內浦の人々と釜谷の人々は婚姻を以前にはなさなかつた如く、又現今に於ても「釜谷の粟飯食ひ、內浦の蕃薯かじり」とお互ひに惡口を交換する如く、兩部落の歷史は異つてゐる。內浦に生活せる人々は、本保・脇川・神丸・中村五十嵐等の姓名を有し釜谷部落は松浦、渡邊、後藤、大瀧等の姓名である。釜谷部落民が先住者であつたが早川(岩船郡)から漂着したと云はれる本保氏、戰に敗れて落ちて來たと云はれる神丸氏等に、壓迫されて遂に、釜谷なる山腹地に逃れたものであると云はれてゐる。この口碑が如何程まで認められるかは決しないが、事實內浦の土地の多くは釜谷居住者の所有であり、内浦に比較して家屋こそ粗末ではあるが財産家が多いと云はれる。兩部落民の用ひる言語も非常に相違があり、特に女に於ひて甚しい。或は、該島に於ける舊家本保氏は千年も繼續してゐるとか、義經の馬に關する傳說なども殘つてゐる。幕末に於ては米澤藩に屬してゐた。又數年前俗稱寺屋敷なる場所より慶應の銘ある瓶が發見され神に祭られてゐる。(内浦部落) 又本保氏の所有山なる俗稱城山には土壘が築かれてゐるのを見た。明治三十九年及四十一年に於ける大火の爲に古い記錄類は存在しない。

村の職業　陸上に於ける產物としては竹のみで内浦に面した山の大略が竹山である。畑は高い山や急斜した所まで苟も土地でありさえすればこれを利用してゐる。田地は僅か十町餘りで毎年六百石餘の米を買ひ入れる。當然海產物（鮑・鯛・海草）が主でその賣法は、入札であり、新潟方面から(註1)商人が直接來島するか、或は手紙で入札し、一番高價におとした商人は證據金として百圓乃至三百圓程出して島の海產物、例へば鯛なら鯛だけを全部買ひ切つて了ふ。島の海產物には個人的所有權はない。等しく島人の所有である。即漁師は魚を捕らへては、それを入札した商人の許に持參して買つてもらふ。隨つてその所得はその人の腕次第である。換言すれば働くだけ、金が得られる理由である。乍然海產物を商人が買ひ切つてゐる以上、漁師が食用に供するは許されるが、該當商人以外に賣却することは禁ぜられる。女が陸、男が海の仕事と區別されてゐるのは必然的結果に過ぎない。

村の生活　正月元旦。朝五時前に村の人々は内浦にある八所神社に集つて來る。その神社で各自が正月の禮儀の挨拶をして普通十一時頃まで神社に詰めて居る。年始廻りは行はず村人が神社に集ることに依つて一年中の親睦を計る次第である。〇山形縣の飛島に於ける如く該島にも「ヨンドリ」の風習が見られる。小正月の十三日の晩から十五日の晩まで六歳七歳から十一、二歳位までの子供が長さ一尺から二尺位ひの棒を良く削り、その先端に、紐をつけて肩にかけ、打ちならしながら次の歌を唱ひつゝ村中を歩き廻る。

1、内浦の本保春藏氏より聞きしもの。

よひどりほい。ほい。
たんぼのとりは、いくらほどくらつた。
たゝみ　さんぢやう、くらつた。
うちのなつね《(私の家のナン)(子の名前)》るとき上手　おきるときへただ。
棚の下のなつ《(豆)》とうばち、なめずりこはしちやつた。
いつち《(一番)》にくいやつ《(奴)》、しめず《(雀)》とからす。
にくい、かしら《(頭)》、もいでしを《(鹽)》つけて　佐渡の島へ流しちまへ。

2、釜谷に生れた女にして長年、村上町に嫁せる五十餘歳の某女より聞きしものは「よひどりほばほい。あさどりほばほい」と云ひながら村内を歩き部落はづれに行くと「一番にくいやつ、すすめこそにくい。かしらもいてしをつけて、しよどろ《(地名なるも不明)》、ながながす」と唱ふ。猶これを行ふ時は小正月の十日の夜から十五日の晩までであり、十六日の朝食前に更に一度行ふと云はれた。（註2）〇二月十日頃までに神社に集り其の年中の規約を定める。村の支配統制機關としては村長區長漁業理事があり、漁業理事は漁師の總代であり村の生産物はその支配下に統一される。〇三月十五日は辨天島の龍神祭である。龍神に對する信仰は強く、毎朝。毎夕、沖に出掛けてゐた舟が戻つて來る時には、その捕へた魚を一匹づゝ辨天島の沖に投げて龍神に祈つたものであると古老が云ばれてゐた。〇七月六日。七夕。茅で二間餘の舟を作り、字を書いた笹及紙をつけて、子供達は夕方に「七夕樣、來年もござれ」と云ひ村内を廻り歩きて後これを海中に流す。〇根刈り、及道刈りと云つて峠の頂上を境界として、内浦、釜谷の人々が、各家から一人の割に出て一諸に雜草刈りをする。草の生へる春の頃と、お盆前の二回である。お盆禮として、些細ではあるが、お寺に金を寄附する。〇十月二十七日は村の祭りで神主二人及村の稚兒に依つて御神樂があげられる。〇十二月になると各家では、飴を作る。御飯（或は糯米。黍。粟）を炊いて、それに麥の芽を良く乾して粉にしたものをかけてかきまはし、一晩そのまゝにして置くのである。〇一日、十五日及二十七日は休日である。休日の規約を破つて海、山に行つて獲物をとつた人があれば、その獲物をとりあげ一圓乃至一圓五十錢の罰金をとつて、それを村の積立金とする。〇庚申祭。八軒で一組、或は十軒で一組となり、隔月、その月の祭日に當番にあたつた家では組の人々を招いて御馳走をする。〇葬式の時は、村全部が勞働を休み各家から男が一人あてに出て手敎けをする。又、上區、中區、下區に分れてゐて、若し下區の人が死ねば下區の人々が葬る可き孔を堀るので土葬である。石碑もあるが積石塚を思はしめる如く、拳大の石で其の土の上を蔽ふ例も見られる。〇村人の迷信、信仰に就いては面白い例は得られなかつたが次の如きことが云はれる。「雨が降ると海の中でモヤッとした火が燃える。これは海で死んだ人である」「人魂が出ると火事がある」「山から梟が里に出て來て、その家の附近に居ると、其の家に不幸がある。ケチ鳥だから見付け次第殺さねばならない。」〇小學校には先生が二人で敎育に當つてゐる。赤坊を連れて授業を受ける者もある夏の夕、色の黑い子供等が赤坊を脊負つて唱ふ子守歌の調子は強く胸を打たれた。「よい、よい、よい、おらこのばばは何處に行つた」を繰り返すばかりであるが、三十年程以前には次の如き子守歌があつたが、今の子供等は全々これを知らないと。

一に、朝起き。二に、子を負《バセ》られて、三に、さべられ、四に叱られ、五には、ごさらをみなあらへておされ、六には、ろくだもの食べられないでおいで、七には、しめし洗へとおせられ、八に、はらして涙をつゝむ、九に、苦して、からだをやつれ、十に、殿様に問はれる時は、くされくるみを、たゝけば口あく。おみき三合十二度あげよ。

新1、潟ばかりでは無く遠く靜岡、伊豆の方面からも商人が來島する。乍無島には只一軒の商人屋があるにすぎぬ。

2、「ヨンドリ」歌の他のものとしては、人類學雜誌（45ー3）に赤堀英三氏の報告がある。

附記。本報告は、六年夏、山形縣本楯柵跡見學の後に訪島し、三日間か滯在日數とした不完全な記錄に過ぎぬ。該島に關しては人文地理的方面から赤堀氏の報告があり考古學的方面には西村眞次先生の御研究がある。民俗に關しては同島の本保脊藏氏より筆錄したものである。

水の民族

――(肥後南の關民俗誌 二)――

能田太郎

一、淸水・井川・川水

假りに斯うした題をつけてみたのであつて、淸水と井川と更に川水とに關する事項を纒めて置かうとしたのである。

北肥後の此の山方地方には、大小のツツミ即ち堤防を築いた溜池が至つて多かつたが、又小さい谷々の蔭には眞夏にも尙滾々として湧きて盡きぬショーズ即ち淸水が大變に多かつた。而して何れのショーズも、ささやか乍ら、幾反歩かの水田を養うたのである。此の凡そ方一里にも足らぬ村にだけでも、ざつと計へて二十ヶ所位はあつた。地名を冠して何處其處のショーズといふのが、一般の稱であつたが、中には又其のショーズの存在によつて半ば個有名詞化して其の谷をショーズ・ダンともいつた。例へば、大字細永字松尾の西の谷と、同字須久手の東の谷とを井にショーッダンと稱してゐるが、實は松尾の部落の存する小山の東と西との隣同志の谷に外ならなかつた。面白いことは、此の地方でクルマキ・イガワといつてゐる車井戸の堀拔きの普及しなかつた凡そ御維新前までは、松尾でも、須久手でも、其の下の谷のショーズを村の飯料としてゐた。即ち此のショーズは、以前は「村のイガワ」であつた。それ故北の谷を又イガワ・ダンともいつた。斯うしたイガワを人は特に貴んでショーッツァンといつた。

此の事實が語つてゐるやうに、我々のショーズは只自然のままの湧泉であつて、一方イガワと稱するものは、今はクルマキのイガワまでを含んでゐるが、古くは一般に其の自然のショーズを稍々深く且つ廣くして石を以て圍み、暫時湧き出づる水を溜めて、村の飲料水としたものに他ならなかつた。更に村々の人口が、甚だしく少かつた時代には、ショーズとイガワとの今程の相違はなく、單に村が常々の飲料として是を汲んだかどうかの違ひに過ぎなかつたらうと思ふ。皆が皆さうでなかつたしても、今尚、我々のショーズとイガワとの根本的な區別といふやうなものは何もなかつたのである。其の清水と井川とに溢れた水は、流れ流れて川を作つたのである。而も今一つ古い時代に、人は流るる水を飲んだであらうことは、イガワの一語が自身何よりも雄辯に語つてゐる。我々がショーゾや、イガワを穢すと水が出なくなると今日尚愼しみ、水の神のおとがめを畏れてゐることは至つて自然の慣しであり、更に又川の水は、三尺流れると淸らかになるといひ、小便をまり込むとちんほの先が曲るといふのも、同じ思想に出たのであつたらう。それに就ては最後の章でもう一度說明するから、稍々特異なるショーズと、村のイガワとに就て先づ記して見やうと思ふ。

二、ケカツ水と太閤水

來る年々の夏、幾反歩かの水田を養うて、何んな日照りの時にも滅多には村の人々を失望させぬといふ谷々のささやかなショーズ中に、何か特異な民間信仰を傳承するものがなかつたら、私は寧ろ不思議であらうと思つてゐた。それでも私の尙稍々意外としたことは、ケカツミズと稱したショーズの二つまでも傳承されてゐたことであつた。何故なら、ケカツの語は普通名詞としてはもう遠うに此の地方では忘れられた語彙であつて、此ゐケカツミズを敎へて吳れた六十歲以上の老人さへも一人ならず、ケカツの何であるかを判然とは知らず、次のやうな傳承だけを、どういふわけか昔からいつてゐたと許り話してくれたのである。即ち饑饉の年だけ、此のショーズの水が涸れるといひ、又此の水の涸れるときは必ず饑饉となるといふ言ひ傳であつた。

此のケカツミズの所在は、一つは大字鬪村字石佛の山裾で、今は一軒家の農家の門先、杉垣の根方になつてゐて、水田を養う代りに其の農家のイガワの役をつとめてゐたが、今一つは大字細永字柳谷の片隅にあつて、此の方は殊に人里から稍々離れてゐたためにもうケカツミズの名を知らぬ人が多く只ショーズと許りいつてゐた。特に注意せねばならなかつたのは、共にそれが村境の地にあつたといふことであつた。村境の清水が、特に神靈なるものと考へられて來たかどうかはまだ深く注意した人を知らぬが、郡境の「清ら木」のみならず、もと村境其のものが神聖なるべきものと考へられたことは、もう凡そ信じてよい筈であつた。それなら、村境の清水が、特に靈異なる驗を有つてゐると考へられたことも容易に承認されることではなかつたらうが。但し神聖なる清水が、必しも常に境の地になければならぬ、といふのでないことは勿論である。

今一つ傳説の清水が、大字關東、俗稱宮山なる氏神大津山神社の裏山北側、字梨木谷（明治初年頃まで山裾に山梨の古木が一本あつたからの稱呼であつたといふ）の山裾、大字關町に接した邊にあつて、俚俗タイコーミズといひ、昔太閤秀吉薩摩征伐の途、此の地通過の砌り、此の清水の水を稱味された、故に即ち太閤の水といふのだといつた。今は殊に少量の湧泉に過ぎぬが、明治初年、宮山がまだ官山であつた頃までは、もつと水量の豐かな清水であつたといはれてゐる。太閤水は、語音の上からの附會で、原は例の太鼓橋などの傳説と同じ動機をかくした聖なる清水の稱呼ではなかつたらうかと私は思つてゐる。殊に其の所在が境の地でなかつた代りに、氏神社から直ぐ地續きの谷に臨んでゐたことが、即ち此の想像を證據立てるもののやうに思はれる。

三、村のイガワと其の大杉

人が其の昔、小さなる家と小さなる家族とを以て、已がじし其の在所を選定しなかつたことは、今日の人の社會を作り出した一つの特性であつたらうが、さうなら人は太古の世から飲むべ水には大きな關心を有せぬ筈はなかつたのである。よしんば流水を堰き止めて所謂イガワを作つたとしても、尚やたらにはさうはしなかつたらう。更に又此の北肥後の山方地方のやうに、水の豐かにして、滾々として湧いて止まぬ清水の多い土地で、其の清水の都合よいものを至る處に見出んことが出來たとしても尚少くとも永く多くの人が飲むためには、常に且つ久しく涸れぬといふことが堅く保證されねばならぬ道理であつた。即ち多數の人の住むに適する場所に湧いて、常に何時までも涸れぬ清水となれば、人はさう意の如くに見出すことは出來なかつたに相違なかつた。而も此の地方の村々には、必ず一つの嘆稱すべき「村のイガワ」があつた。それが自然のままの清水を稍々人の手を加へて石を以て疊み圍んで、廣く且つ深くしたものであつたにしろ、將又殊更に求めて得た清水であつたにしろ、兎も角も人の力以上のものを其處に觀ないわけには行かなかつたらう。それを敬稱語尾を附してショーッツァン又イガワサンといふのは、今も普通のことであつたが、其の井川の水口に立つ大杉こそは、我々が其の水を得た日以來の久しき心の歷史と村の歷史を語つて居るやうに思はれる。

村のイガワには、何處のものにも必ず一本の大杉一、其の水口の頭にあつて、大きなヒコネ（古根）が恰も是を保護するもののやうに抱いてゐた。其のが杉は又屢々根方から直ちに數本に分れて繁り榮へ、一見靈異を示すもののやうに立つてゐた。是を切ると必ず村は衰亡するであらうといひ傳へて來たことは、痴愚なる迷信ではなかつた。明治になつて法律といふものが勝手に個人の所有權なるものを確認してくれた許りに、此の大杉の三つに一つは伐り倒されて、今は其の植ゐ繼ぎが漸くミドリアゲテ（新なる力強い芽を出して繁りかけて）ゐるが、さうした村は例外なく一時は氣の毒な位に衰亡した。自分の今居る此の部落が、よい一例で、未だに何の家でも目鼻がつきかねてゐる。

イガワの大樹は、例外なく此の[illegible]一般に杉であつたが、是には又かくれたる因緣が原はあつたので、人の手の加はらぬ自然の關係ではなかつたと私は思つてゐる。木の枝、杖それから例の高僧の錫杖や勇士の弓又は槍を突き立てて湧泉を得たといふ傳説は、此のイガワの杉と一つ思想に出てゐたらう。只此の方ではさうした口碑がなくて、大樹許り繁り榮え、且つそれが必ず杉の木であつた。詮り清水の水口に杉を植ゑることが、此の邊のイガワを作る作法であつたかと思ふが、何故必ずそたが、杉でなければならなかつたかば、村の古老も知らず、私にもまだよく解らぬ。

四、イガワと村と

イガワの大杉が、人の飮むべき水の保證として特に人の手によつて植ゑられたとするならば、此の大杉の樹齡は即ち今の村の年齡を示してゐたが、概算して、此の大杉の最も古いものも尙七八百年を越えず、一番數の多いのは、二三百年前後のものであつた。だから、私は、特に此の樹齡は「今の村」の年齡を示してゐるといつたのである。それ以前にも人は確かに住んでゐたことは、イガワの語が是を證明して吳れるにしても、やたらに臆斷して見ても仕方のない話であつた。

而も今の村だけにも、矢張り年々の變遷があつた。それを、村のイガワを中心として考へて見れば、又興味深かつた。何故なら、先づ古參の有力なる家が優占權を以て井川に近い最も便利な位置を占めて、それから順次に其のイガワを中心若しくは起點として村は構へられた筈であつたからである。クルマキ・イガワ即ち掘拔きの車井戶の追々に普及した時代になつても、人は出來るだけは昔乍らのイガワの水を賴んで其の近くに居さうとつた。それにも拘らず、殊に近世に至つて、家の盛衰は案外に烈しく又速かで、個々の家の位置はイガワを起點として年々少しづつ變つてゐた。例へば大字闢東字荻の谷の部落は、今では村が餘程裏山の方へ次第に上つて、イガワから離れ過ぎた家が多くなつてゐる。又大字闢下字金丸の部落は、更にそれが著しくなつて、今ではもう初めから村は臺地の上にあつたかの如くにさへ見える程イガワから遠ざかり、其の水を汲む家の數も全體の半分もなくなつた。勿論、臺地の上に車井戶が出來た爲めの著しい變化であつた。さうかと思ふと、一方では、イガワに最も便利なる場所に居を占めたに違ひない村での有力者で古參でもあつた家々が先づ追々に衰亡して遂には他鄉に出て行き、今ではイガワが村の奧の崖下に取殘されて、通りすがりの旅人にならば村は初めから淸水の下方に許り出來たものででもあつたやうに覩誤られさうな部落もあつた。私の今居住する此の大字闢町字谷の部落が即ち其のよい例であつた。

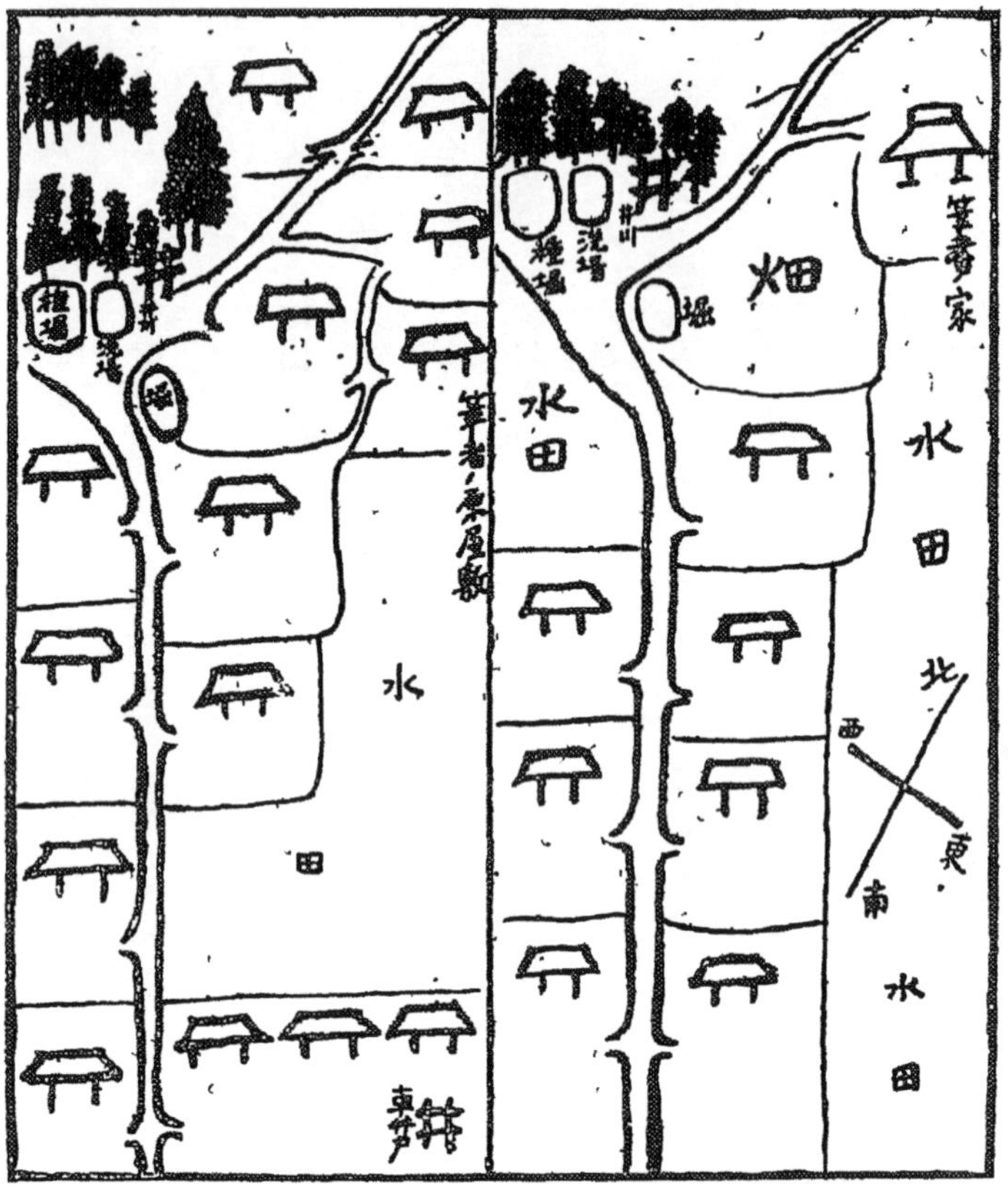

（第一圖）　（第二圖）

第一圖は現在の部落圖で、第二圖は凡そ五十年前の明治初年頃の圖であるが、地形上では變化がなく今も昔も緩傾斜を作る岡裾であつた。勿論其の以前にも、村は常に盛衰を重ねて居たらうから、此の第二圖が此の村の發生した時のままだらうなどといはふとするのではない。只此の二つの平面圖から、凡そ此の小さい村にも絶えざる變遷があつたこと、及び原はそれがイガワを中心に又は起點として有力なる人々から順々に居住の場所を占めたらしいことをあらまし想定しやうとするのである。此のことは、他の村々の事實と比較するとき、一層明かになるのであるか、玆には一例だけに止めて置きたい。(但第二圖中の下右側三軒は兄弟分家にして車井戸を掘つて共用してゐたが、明治十年役後三軒分散すると井戸も埋れたのである。

五、川祭りと水の神

清水と井川と更に川の水とか、村の生活に缺ぐことの出來ぬ條件であつて見れば、人の今日尙敬虔なる感情を是に注いてゐることは又自然な話であつた。それ故に、初めにいつたやうに、人は多少の差こそあれ等しく是を穢すことを畏れ、年に一度は是非共川祭りを行つて水の神を祀らねばならなかつた。此の北肥後では、舊五月二日に是を行つたが、其の作法には、近年になつて殊に大きな變化があつた。村によつては、それでも尚家業を休み、相集つて是を行ひ、水の神に神酒を奉つて一同飲食を共にしたが、村によつてはもう個々の家々の簡單な私の祭になつてしまつたところもあつた。

只、何處の村でも、何の家でも變らぬことは圖の樣なカケグリと稱するものを小竹で作つて、是を各自の關係する清水や井川の水口に、又川の岸や、里近くならツツミや池の岸などに突き立てることであつた。ぶらさげた二つの小竹の筒には酒を入れ、竹棒の先に挾んだ紙包みには鹽と米とを包んだ。是は水の神への御供であつて、漸くせぬと水の神のとがめを受け、或は水の涸れることのあるかも知れぬといつたが、又川岸やツツミ若くは池の岸に立てるのは實は又ガッパ即ち河童の家の者を捕らぬためだともいつた。河童と水の神との直接の關係についての傳承は、もう記憶されて居らぬが、お産の折、早く産の神樣に御供をせぬとガッパが赤子を貰ひ受けに來るといひ、又同じ郡内の川添村の大字内田の氏神は實はガッパを祀つたのだともいつてゐるから（拙文「北肥後の河童話」）、此の話にも今は忘れられた深い由緒は確かにあつたのである。

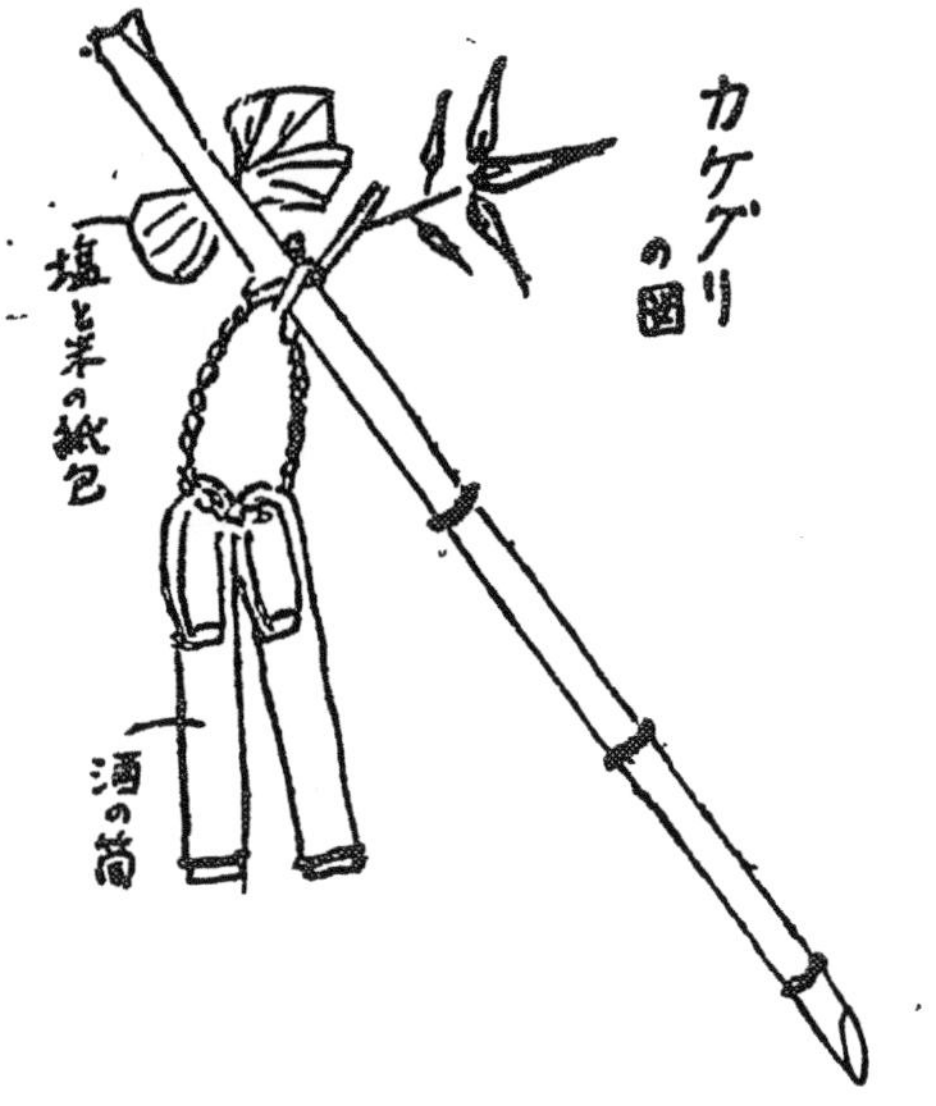

カケグリは又井戸を掘つた折には、必ず新しく作つて立てねばならぬといはれてゐる。さうせぬと、よく水が湧かぬといつた。それでも尚うまく水が濟まなかつたりすると、直かに酒を注いで、水の神へ御酒をあげるのだともいつた。家の井戸、村の井川には限らず、人は年々に山蔭のささやかな清水から川の水、ツツミや池の水までも、久しく涸るることのないやうに新なる神の驗を今日尚心から祈念してゐるのである。（昭和七年七月稿）

牛祭の報告

磯貝勇

廣島縣安藝郡府中村字山田に古くから傳承されてゐる牛祭の特色ある行事を報告しようと思ふ。

此部落に曾つて鎭座してゐた、雜社、稻生神社は今はもう他の神社（多家神社）に合祀せられて、たゞ、みすぼらしい拜殿だけが殘つてゐるが、此稻生神社が祭られてゐた荒れ果てた土地だけは、今も尙、此土地人だけに敬虔な心で畏敬せられてゐて、此神社の古く、由緒正しい事を思はせる。此牛祭の神事は、八年程前に一度行はれたと言ふだけで、其後行つた事もないらしく、若い人達の記憶から遠ざからうとしてゐる、もう永久に行はれる時がないのかとも思はれないでもない。八年前の祭に使つたと云ふ牛の胴體の竹籠と、矢張り竹で編んだグロテスクな牛の頭とは、拜殿の天井に埃にまみれてブラ下つてゐる。

此特徵ある祭事が傳へられてゐる事を傳へ聞いた私は、一日、土地の古老三宅孫太郎氏を訪問して得たのが、次に記載する極く大まかな報告である。

此府中村は神武天皇の御東征の折の行在所として名高い例の埃宮（或曰、多祁理宮）の所在傳說地として著名であるし地名からも察せらるゝ通り、國府の所在地でもあつた事は言ふまでもない。山田の部落は此の府中の村でも古くから精農の地であつたらしく、今でも此村で一町歩以上の田地持は此山田の人に限られてゐるそうである。

先づ順序として明治二十五年五月廿日に、祭典式神事取調に對して社掌飯田氏が提出した調書の控を轉記して、此祭事の次第を明かにし度いと思ふ。

祭典舊儀取調方御達ニ付開申

安藝郡府中村鎭座　雜社　稻生神社

一、當社之儀者是迄神社御調之附申出候通古社ニ有之一社限古來傳ハリタル祭典舊式往古ヨリ本年舊二月一日迄祭典舊式執行候處左記之通ニ候事

祭典式次第

一、當日早旦社殿ヲ裝束シ及ビ神社祭器之具否ヲ檢シ齋主並從者之祭官威儀ヲ整フ

第一　午後三時一之神樂ヲ奏ス齋主昇殿一拜拍手從者祭官一同應之

第二　神樂ヲ奏ス

獻膳　其品

（神酒鏡餅　（和稻　（鰭廣物　（沖津藻菜　（甘菜
赤　飯　荒稻　鰭狹物　邊津藻菜　辛菜

五穀之種

第三　祝詞奉幣式ヲ奉ス　畢テ齋主並祭官一同一拜拍手退出元之席ニ着座

御田植式次第

第一　鍬打之神事

祭官二名拜殿ニ出幣帛壹本ツヽ受取七社拜禮式ヲ行ヒ社ト奉唱ハ

第一　御歲神　歲德神
第二　春日大神
第三　惣社大神
第四　八幡別宮
第五　祇園官幣
第六　儼島兩社大神
第七　稻生大神

右七社ヲ一々拜シ奉テ唱ル文言アリ

第二　種蒔之神事

種ハ神前ニ獻ル荒稻ヲ祭官一名受取拜殿ニ出神前ニ一拜シ種ヲ蒔ク事三遍ニテ唱ル文言アリ

畢テ神前に向ヒ一拜シ元ノ席ニ着座ス

第三　志呂畫キ之神事

牛ヲ製造シ拜殿ニテ志呂ヲ畫ク如ク三遍廻ルナリ畢テ拜殿ヲ退出シ歸ル牛ハ二匹ニテ牽クモノ一名ツヽナリ

牛ヲ製造スルハ牛ノ體ノ如ク竹ニテ籠ヲ編ミ黑キ布ニテ包ミ頭モ竹ニテ編ミ紙ニテ張リ黑ク塗リ角ヲツケ全ク牛ノ如クシテ前後ニ壹名ツヽ籠內エ這リ壹牛貳牛ト云フ

第四　苗種之神事

是ハ早乙女ト云フ十二歲以下八歲以上之女子二名裝束ヲ着テ豫テ祭官之席ニ着座ス

祭官壹名拜殿ニ出神官ニ向ヒ一拜拍手兩手ニ苗ヲ持チ

唱ル文言アリ其唱ル聲ヲ聞早乙女二名祭官之前に出苗ヲ受取ヲ様ヲナズ　畢テ元之席ニ着ス祭官モ一拜シ元之席ニ着ス

苗ハ榊之枝六寸ナルヲ設ケ置用之

第五　水口門之神事

祭官一名拜殿ニ出神前ニ向ヒ一拜拍手シテ唱ル文言アリ其聲ヲ聞キ豫テ設ケ置ク壹名御飯土器三ツニ高盛ニシテ神酒壹對折敷ニ据エ持チ出ル祭官受取神前ニ向ヒ獻ルナリ

是ラ三拜ト唱エ　祭神

大已貴神　大歳神　御歳神

畢テ一拜拍手シテ元之席ニ着ス

以上齋主並祭官一同一拜拍手退出ス

右ノ通ニテ當稲生神社私祖先之者ヨリ方今迄百年來奉仕勤續罷在一社限リ傳來執行仕リ維新前迄ハ祭料トシテ當府中村ヨリ備ハリ來候處維新之際廢止セラレ目下祭典費之認メ附カタク故祭官人少ニテ假ニ舊式本年舊一月一日迄執行候事此段取納メ開申候也

受持社掌　飯田正彦

又明治二十八年九月二十日に古社勸請年記由緒御調に對して上申した稲生神社明細書を轉記する。

安藝郡府中村字山田鎮座

稲生神社ノ儀者去ル明治十四年六月九日ヲ以テ出願仕明治十五年一月廿一日御指令之通リ雜社之稱ニテ獨立無格ニ有之候事

火之加具上神
波邇夜須比賣神
祭神　和久產巣日神
宇氣母智神
宇迦之御魂神

勸請年記不詳ト雖トモ古老之口碑ニ延久年中勸請之由申傳候事

柏殿　榲樍神社　祭神　須佐之男神

此大神者昔古稲生神社ヨリ上ニ町之地ニ御鎮座ニ在シ處御社大破ニ付稲生神社ニ迂座ニ相成候ト申ス古書所持仕別紙寫ヲ以テ附紙上申仕候也

右榲樍神社者三代實祿貞觀八年被送五位下之神也ト相見エ社地跡者當今杉森ト云フ地名ニシテ農民之宅地ト相成居候也

又當國昔兼田務職ニ在之田所氏之家藏ニ古免帳ト云フ舊書ニ應德年間之記ニ榲樍社免田二反ト有之候事

明治廿五年御達ニ依リ古來一社限執行仕ル祭典舊式上申仕候稲生神社ニ於テ毎歳田植式祭事年限ハ私方先代

之者ヨリ申傳ニ永正年中ヨリ執行ニテ就中長門陶氏之
兵亂ニ支ラレ年久シク中絕ニテ元祿十三年二月朔日ヨ
リ再興執行明治之本年二月一日迄執行仕候也祭典舊式
詳細ハ明治廿五年ニ上申仕候間略之候也
元祿十三年二月玉殿再建之棟札有之候事
元祿十六年二月神殿拜殿再建之棟札有之候事

以上

右之通リ相違無之候也

明治廿八年九月

雜社　稻生神社受持社掌

飯　田　直　彦

此稻生神社の古式祭儀の中で最も異色あり、觀衆の興味を惹いたのが「御田植式」の內第三の「志呂畫キ之神事」であつたので所謂牛祭として後代では此神事が稻生神社の祭儀を代表する名稱ともなつた程である。

舊二月一日（俗にヒテー正月）と謂ふに行はれるので牛祭と謂ふのが普通だけれども、時に一時祭《ヒトトキマツリ》とも言はれてゐる樣である。先づ前もつて準備としては特定された家（これは別に定つた約束はない樣で、祭事の世話人の家が選ばれる樣である）で牛を製作する、長さ約五尺、直徑二尺位の籠を編んで、これに大人が半身を腰の邊まで入れられる位の孔を作る之が此祭に活躍する牛の胴體になるのである。別に頭になる籠も編む。胴は強い麻布で覆ふし、頭は紙で張る、何れも眞黑に塗る、物凄い黑牛になるわけである。背には牛鞍をのせて之に赤い布で作つた稻生大明神の幟をたてる。此牛は大小（大さは餘り差違はない）二匹作られて、大を壹牛《イチウシ》、小を貳牛《ニウシ》と云ふ。

午後二時頃から祭を始めると云ふが、牛を製造した家で此頃から祭に出る老人若者か酒を酌んで元氣をつけるのである。愈々六時頃になろと、打ちたゝく太皷を合圖に屈强な若者が二人宛牛の中に這つて、醉つた勢でいよいよ稻生神社に邁進する段取になる。古式祭儀の御田植式神儀の中の志呂畫きの神事が旣に分離して、祭の型式は模作牛を中心とする牛祭に分化したものと想像される。昔の習はしの樣に「志呂を畫く如く拜殿を三遍廻る」程度の生優しい廻り方ではない。一匹の牛は稻生神社に行く途中で荒ばれに荒ばれる。畦と云はず、小川と云はず、道と云はず躍り狂ふ。牛牽く男は此荒

れ牛を制する爲に腐心するかの様に思はれる。牛の中に入つてゐる若者は荒れ狂ふ序に、見物人の中に日頃快くない人で

も居ると、それに向つて突き當つてひどい目に合はすと云ふ事である。此牛に續いて早乙女が行く、エブリ持ちが行く、苗籠かつぎが行く。早乙女は今はもう花恥しい乙女ではない、頑強な男が女裝して、白粉をつけて、手拭をかむつて從ふのである。古老は豆絞りか何かの手拭で頰かむりして、此稻生祭にのみ唄ふ「八萬八句」を唄ひ囃し乍ら續く。全く無禮講騷ぎである。沿道は近隣から集る見物の人達で賑ふ、囃方は手に小さな柄杓を持つて見物人の誰彼を問はず清酒を振舞つたりする、それを目當に見物人も集るのだと言ふが、一小聚落の祭事としては大變な賑ひだと言ふ。時には米飯をデンギ（摺りこぎ）でねいで見物人（娘達）の頰などにつける惡戯もするそうである、此惡戯も稻生さんの祭りだとすれば飯を焚いて見物人に馳走したと言つた樣な行事の崩れた姿ではないだらうか。荒ばれに荒ばれた壹牛貳牛は斯うして稻生樣に走り込む、境内で最後の大荒れををして（之が拜殿にて志呂を畫くが如く三遍廻る事になるだらう）靜まるのである。稻生神社の祭儀だとは言ふが正式な次第が最近までどんな風に行はれてゐたかに就ては私は知るを得なかつた。

最後に三宅氏が苦心採集して下さつた稻生祭田植式の歌（八萬八句）を列記する、歌詞はまだ澤山あつたそうであるが、之を傳へる古老はもう他界して、次に示すものはほんの斷片に過ぎぬ

今日の田の主《ヌシヤ》　一森長者がエー祝はれた
起きて髮を解け瀨戸田にャ　太皷のエー音がする」
おぼろ苺は朝草刈のエー目醒し
笠は合笠締め緒は三島のエー八つ房《ブサ》
笠は召せ〳〵召さぬはお色がエー黑くなる
今日は日盛り手に持つ苗はエー枯れるぞ
植て上《アガ》ろャ　此の田はや大蛇がエー居るげな
國の殿樣名馬の駒にャ　エー召された
一の御家老は紅梅月毛にエー召された
二の御家老は蓮華《ゲンゲ》月毛にエー召された
三の御家老は牡丹月毛にエー召された

御飯食べよと姬が門までエー出られた
此田に出來た米を出雲の神にエー供へた
思案手拭柳に掛けてエー忘れた
思案手拭三原の河原にエー落した
酒の肴はよいもの螺《ニシ》のエー壺燒き
またも足らねば空舞ふ鶴をエー下ろすぞ
此家《コレ》の乙女は酌取る度にエー迷ふぞ
簾下ろして彈く三味線のエー音を聞け
七つ過ぎては女郎屋の簾をエー下ろすぞ
金襴緞子を揃へておいてエー盜《ト》られた

御初米田のこと

平楠太郎

紀州西牟婁郡和深村大字里川（サトガワ）字檜原（ヒソハヲ）同村大字和深（ワブカ）字鹿淵根（カブチネ）東牟婁郡三尾川（ミトガワ）村大字南平（ナベラ）字西ノ坊は郡を異にしてゐるが何れも相距る一里內外のところにある。この三ケ所に御初米田といふ各一畝步許の耕田あり、明治維新の直後まで三番輪番で年々『御初米』を京都御所へ奉獻した。その作法は耕作には田の周圍に眞榊を樹て注連繩を張り、苗はこの田に蒔いたのを植え、肥料には草木の葉のみを用ひ、耕作は字の男子のみこれに當り、婦女は田に接近するをすら禁じ專ら淸淨を主とし穢を避けた。收穫の日は『御初米刈』といひ字中業を休み、各戸一人づゝの男が出役して刈取り、稻の穗は字內の男によつて、細い竹を二つに割つたもので一穗々々扱き落し、精米約七升許りを得た見込みでこれを大釜に容れて蒸し炒りにし、後ち立て臼でよく搗き白らげ、多人數輪座して口に白紙を啣へ、新らしい箸で一粒々々一升だけ精撰する。而して精撰した炒米一升は白木の箱に詰め、箱には尺廻りの靑竹長さ八寸なるを二本を當てゝ臺とし、四寸廻りの太い繩を荷の緒とし、新藁の芯のみを拔いて薦（コモ）を編み、これにて程よく米箱を包み、荷作りが出來れば尺廻り長さ一丈三尺七寸の靑竹に結びつけ、他の一方には紀州藩主へ獻納の分（之れは殘りの米から更に三升を撰び新らしい俵を作つて荷造りする）を結びつけ、これを一荷として晝夜兼行で和歌山まで村送りとする。この荷は和歌山以外では一時一刻も停留せられない定めであつた。御初米が京都に着く時は米箱を包んだ薦は總てむしり取られ殘らなかつたが、これはむしり取つた人々がお守りにしたのだといふ。

御初米獻納につき江田組御役所に左の記錄が殘つてゐる。

箱目鄕張長封印取斗之事
箱書付御燒米壹升入御籾五合入

一筆啓上仕候當未御初米當組里川村に而出來仕候に付
仰之通入念取斗納上仕候間御役所着之上宜御取扱被爲
成下樣仕度奉存候譯で右申上度一札呈上仕候恐惶謹言
七月九日　藤本源二郎
牟婁御出廳
尙々御初米殘一袋御役所へ差上度里川村より差出候間
納上仕候差札認儀之是迄仰之通相認候得共御役革之折
柄に付□□（不明）差上申候間宜御認被成下候樣仕度奉存候以
上

差札是迄之認振
口熊野當何御初米片荷　御代官所性名右

覺
御初米片荷　書狀一通　小包壹　御出廳
右御初米不淨成所へ差置不申樣肩移を以少も無滯早々
可被相屆候以上
七月九日　藤本源二郎
自江住古座迄
右庄屋中

これは明治四辛未年のもので藤本源二郎は江田組の郷長だつた人だ。『御役革の折柄』の文字は明治四年の政治の變革(藩を以て縣とし藩主を縣知事としたのを此の年廢止)をいふもので御初米献上のことも其の動搖中にあるを物語るものだ。その後遂に献上のこと中止するに至つたのである。

今、以上の御初米田の現狀その他を調べたるに略ぼ左の如し。

一、檜原御初米田

イ、所在地　反別　檜原の宮平といふに在り。面積一畝歩餘。田の畦に不淨禁制の茶園(一坪許)あり破壞不淨を重戒してゐる。

ロ、村と所有者　檜原には古き藥師堂あり其の最古の棟札に『明應六丁巳三月十三日檜原次左衞門、本尊藥師如來、聖德太子御作』等の文字あり其他天文中の古碑數基、寛永中退轉の廢寺趾等あり土地は相當に古きが如し。御初米田は現在大谷柳三郎氏の所有であるが、以前は同地の舊家政所家の所有であつたといふ。政所家は東牟婁郡太田村大居の莊官政所與治右衞門家の庶流と傳ふ、しかし天和年中の古文書の外に證はない。

ハ、現在の耕作　普通にして他と異なる所なし。明治初年までは八八日(ヤヨカ)で出來る稻を植え御初穗を摘んだといふ。所有者の大谷氏は今も尙ほ氏神に御初穗を供御し祭禮宮座敷の用を辨じてゐる。

二、鹿淵根御初米田

現在は山林なり。

三、南平御初米田

イ、所在地　反別　南平西の坊の宇井といふところにあり。面積一畝歩餘。同地は慶長六年御検地帳に『七十六、家のまへ一、中畑壹畝十八步、貳斗、甚次郎』とあるに相當し、安永九年田畑名寄帳には『七十六、そのふ一、中畑壹畝十八步、高二斗、甚次ろ』とあり。

御初米田のこと

ロ、所有者と村　以前は同地の舊家西ノ坊家の所有であつた由、西ノ坊家は宇多源氏の末裔、當國目代佐々木伊勢守貞綱の後で、南北朝の頃から同地に住み、佐々木氏季原常五郎盛綱を祖とすと傳ふ。今は保良佐治松氏の所有である。南平は慶長御檢地帳に家數八軒とあり季原等の來住を村の始まりと見るべきかといふ。

ハ、現在の耕作其他　現在は耕作方法他と異なることなし。但し田植の節この田に至るを待つてタズネ（小豆飯）を握り祝ふを例としてゐると。又古老の話に御初米田の上に水通しといふ田あり昔はこの田に水通しの扶持とて年々米一升を賜りゐたる由。所有者の保良氏いふ。この御初米田は不思議にも昔から鳥獸の害をうけず、鳥獸が來れば必らず捕へることが出來る、現に二年續いて兎を捕へ昨年はこの田を荒さうとした大兎が斃死してゐたと。

以上のうち『そのふ』とあるは園にて園は齋宮の忌詞にいふ穴のこと、園ありて蔬菜果木を植うる地を言ふ。或は大嘗祭の年神御の雜贄を作つた所であるまいかとも思ふ。しかし毎年炒米として献上したのは何によるか分らぬ、御示教を仰ぎたい。

（雜賀貞次郎附記　以上は平氏から自分に寄せられた私信のうち御初米田に關する要點を纒めて私が多少書き改めたもの、從つて文責は私にあります。平氏は鄕里和深にありて敎育に從ひ傍ら鄕土の研究調査に努力されてゐる。御初米田のことは本誌に報告して置くがよいと思ひ、氏の同意を得て此の原稿を送る。昭和七・三・二九）

信濃高遠附近の方言 (一)

小松三郎

アトドリ	相續人
アキレケエッタ	あきれ返つた
アーヌケ	仰向け
アツレル	あつらへる
アノナエ	あのねえ
アッコ	踵
アッケネエ	あつけない
アンカ	移動する炬燵
アンニ	兄
アンネ	姉
アブハラヒ	アブを追ふ馬の體に付ける道具
アツケッテエ	熱つぽい
アマ	女を賤めて言ふ
アガリハナ	あがり口
アマッコ	女を賤めて言ふ
アスブ	遊ぶ
イタカネ	行きますか
イクラ	行くだらう
イクライ	行くだらう
イカズ	行きませう
イビル	構ふ
イジル	構ふ
イイジャンカ	よいではないか
イコヂ	意地惡
ウットシイ	やかましい
ウレエマシイ	美やましい
ウソコキ	嘘つき者
ウトンボ	ぼんやり

信濃高遠附近の方言（小松）

ウム　果物等の熟すこと、又膿むこと
ウデル　茹でる
エセム　妬む
オヤクメ　ほんの形ばかり
オワザトデゴザンス　少しばかりでございます
オオグチ　猥褻
オホゼイハ　他の人は
オイリエー　日の入り
オホツサマ　星
オテントーサマ　太陽
ホヨーダチ　夕立
オカンダチ　雷又は夕立
オボケル　馬の驚き恐れるさま
オモヅラ　馬の顔にはめる道具
オクラブチ　爐のまはりの椽
オトオトナホシ　嫁が夫の弟と結婚すること
オトゲ　頤
オヒネリ　神佛に進ぜる米、錢を紙に包んだもの
オンガラ　麻殼

オヤクミ　藥味
オッカネエ　恐しい
カレシキ　田肥としての若い草木
カツブシ　かつを節
カネックリ　赤く色んだ栗の實
カチギ　山から人が背負つて來る薪
カンダチアメ　夕立雨
カンダツッアマ　雷樣
カンテラ　石油燈の一種
カルサン　雪袴
カラッポ　空虚
ガキ　子供
ガキドモ　大ぜいの子供
キチゲ　氣狂
キメエガイイ　氣前が良い
キビショ　急須
キツイヒトダ　氣のしつかりした人だ
キツイサケ　辛い酒、强い酒
ギスイトダ　滑らかに動かぬ戸だ

クドイ　生獨活等の味
クドイハナシ　冗漫な話
クドク　小言を言ふ
クタバル　死ぬ
クッバッタイ　くすぐつたい
クッバス　くすぐつたくさせる
クジョウ　訴訟
ケエムシ　毛蟲
ケエコ　蠶
ケッコウ　立派
ケッコウ　すつかり
ゲッポ　胃中のガスが口より出ること
ゲエニコク　強く毆る
コスンボ　狡猾者
コーチヤ　今後
コトヅケ　人に言葉をたのむこと
コオリンボー　軒端に下る氷柱
コオデ　手頸の痛む病
ゴケサマ　未亡人
ゴケアラシ　男が未亡人をたぶらかすこと
ゴキズレ　口の左右に生ずる出來物
ゴソッポイ　粗荒で滑らかでないこと
ゴミ　塵埃
サブイ　寒い
サラケオチル　轉げ落ちる
サラケダス　開け出す
ザラニアル　澤山ある
ザイ　田舍
シリヤケ　ものに厭きること
シテエ　爲たい、又額
シテグチ　額
シケル　濕氣る
シラッコ　酒の席で酒に醉はぬ人
ショッパイ　鹽辛い
ジキロ　飯櫃
シリゲ　馬の鞍の尻に掛けるところ
ショセンナシ　考へなし
シマツスル　片附ける

信濃高遠附近の方言　（小松）

シマツナヒト　倹約な人
シミッタレ　意氣地無し
ジョウデングサ　紫雲英（レンゲサウ）
スネル　野菜（南瓜、茄子）等の過熟すること、又棄鉢氣になること
スイキョウ　物好き
ステッポカス　棄て投ること
スベラッコイ　滑らか
セエドネエ　やかましい
セコカケル　せき立てる
セドグチ　木戸口
センズリ　手淫
ソップイテ　嘯いて
ソックリ　全くその通り
ソツナシ　粗末無し
ソレダモンデ　それだから
ソーカネ　そうですか
ソーダナエ　そうだね
ソンネニ　そんなに
ソデシタ　賄賂
ゾンモリシタ　ぞつとした
ゾクラ　馬の食す乾草
タキル　犬猫等の發情する様
タラシコム　淫を以て誘惑すること
タラズメ　不足分
タレクソ　下痢
タレエ　盥
ダルイ　疲勞のかたち
チンマ　小さい
チバナレ　乳呑子が早く乳に離れること
チヅワリ　姙娠時の異常
ツクナル　倒れる
ツクバル　坐る
ツキヤク　月經
ツヨ　露、又杖
ツワリ　姙娠時の異常
ツボ　肥溜
テイマツ　炬火

テトボシ　あんどんの一種
テテナシゴ　父親の無い子供
テシコニオエナイ　仕末に行かない
デックチ　出口
デンプ　豐富
トーネ　仔馬
ドーヅレル　自棄になること
ドーセ　何うしても
ドーヅキ　敷地をついて固めること
ドキントシタ　吃驚した
ドドミキ　小流の落ちて湧くところ
ドスグロイ　眞黑い
ドングリメ　目の丸いこと
ナニシツラ　何をしたらう
ナンチユコンダ　何と言ふことだ
ナンバン　胡椒
ニケエ　二階
ヌクトイ　暖かい
ヌルイ　湯の溫度が低いときに言ふ

ヌスット　盜人
ネダル　せがむ
ネゾオガワルイ　寢方が惡い
ノノサマ　神樣
ノテハチ　充分
ノグソヒル　野外に脫糞すること
ハシヤグ　乾く
ハデンキ　派手
ハンジクナル　蹲る
ハンギレ　盥の如き大きい桶
ヒツツク　附着する
ヒジロ　爐
ヒヤヒヤシタ　冷やりとした
ヒグツ　馬の口にあてる道具
ヒヨットシタラ　若しかしたら
ヒヨウシガワルイ　きまりが惡い
ヒガイラッシヤル　日が入る
ヒザンブシ　膝頭
ヒツッコイ　拳拗なこと

（未完）

信濃高遠附近の方言（小松）

ヒンタガワルイ　品が悪い
ヒンマゲル　曲げる
ビッチョ　女子を賤しめて言ふ
フスベ　皮膚に生ずる黑點
フゴ　藁等で丸く造つた食器を入れる道具
ヘイソク　御幣
ヘエネエ　生えない
ヘイツクバル　土下坐する
ヘイヅル　這ひ廻る
ヘッツイ　かまど
ヘエクロ　皮膚に生ずる小黑點
ヘイカグラ　灰かぐら
ヘンニヤリシタ　疲れた
ペテン　騙ること
ホカス　投げる、又ぼかすこと
ホッコ　ありぢごく
ホクロ　皮膚に生ずる小黑點
ボタ　土手
マルデ　全く
マセンボオ　馬屋の口の棒
マミエ　眉
マセル　早熟する（性慾）
マルテンボオ　丸太棒
マグソ　馬の糞
ミショ　見せよ
ミセロ　見せよ
ミゾオチ　胃の部分
ミヅッポイ　水々しい
ムシッポイ　吐氣を催すこと
ムシル　もぎ取る
ムケエ　迎え
ムセル　物が氣道に入つて鼻に呼氣と共に出ること
ムセッタイ（ムセッテエ）　ムセル様な氣がすること
メンタマ　目の玉
メエもノ　目に入る塵の如きもの
メッカチ　片目
メッコ　眼病の一種

メンパ　曲物で造つた食器
モロ　地下室
モタレル　餅等過食した時の心持
ヤナムネ　屋根の棟
ヤレヤレオモツタ　氣の毒に思つた
ヤツケエ　厄介
ヤキモチヲヤク　嫉妬する
ヤモメ　妻に死なれた夫
ヤツトコサ　漸く
ヤル　爲る
ヤラカス　爲る
ヤラレタ　された
ユツクラ　ゆつくり
ユルラツト　ゆつくり
ユルリバタ　爐端
ユスグ　濯漱の意
ユキシロ　雪解水
ヨサズ　止しませう
ヨベエ　夜這ひ
ヨロケル　よろめく
ラツクリシタ　樂になつた
ワラシボ　藁二三本のこと
ワラゼオコ　藁細工
ワラベエ　藁灰
ワノエル　分配する

否定（打消）の言葉

イイエ
インネ
インニヤ
イイヤ
イケネエ
ダメダ

（未完）

前號早川昇氏「五月飯行事」正誤

六四五頁「十二三になれば」ハ「十二三になりなれば」
同　頁「びんこうなでゝ額なでゝ」ハ「びんこう立てゝ額なでゝ」

フォーテユン「ドブの呪術師」（二）

—— R. F. Fortune : Sorceres of Dobu. London 1932 ——

水野清一

八（承前）

タブ　凡ての病氣はタブによつてひき起される。凡ての人は一また五つ位のタブを持つてゐる。大抵の名は貝、虫、鳥、動物の名に接頭語 lo を付けてゐるが、接頭語 lo を附けた植物の名もあり、またその他のものも少しはある。lo は獲得を意味する接頭語である。(p. 138)

例へば「hornbill（嘴の大きい鳥の一種）を得る」と云ふことは鼻をなくする gangosa（黴毒）のことである。この鳥の大きな嘴と鼻なしとは完全な antithese である。「蛇を得る」といふのは中風にかゝることで、蛇の柔軟自在性の antithese である。併しかう云ふ antithese によつて名を得たものよりも類似によつて名を得たものの方が多い。(p. 142)

九

魔術傳授　栽培魔術、タブの外の黑魔術も矢張り父、母の兄弟「境外の人」即ち母の兄弟の子から讓り受けられる

呪文は完全に覺えなければならぬので、記憶を強固にする爲めにと云ふ魔術が行はれる。四つの穴を傾斜に從つて山手から海の方へと並べ、その一番上のものから水が出た時に呪文をとなへ乍らそれを飲む。これは胃袋の食物をさらへる爲めである。それから次の穴へ溝をつなぎ水を導いて飲む。これは胃袋の血を移す爲めである。同じことが繰り返へされるが今度は胃袋の水を他處に移す爲めである。最後のは全く空になつたことを確めるのだとされてゐる。それで愈々胃袋は呪術を保持する、受容的狀態になつたと考へられる。

魔術的試練　完全に覺えて了ふと、重大な魔術的試練(Ordeal)を經なければならぬ。師匠はあるものに呪をかけ、之を彼に接觸せしめる。若し本當に覺え込んだのならば、その魔術力は同樣であるから、接觸によつて害を被らないが、その習得が不完全だと、それだけ魔術力が劣るからこの不幸な授業生は病氣に陷ることになる。ある若者は

呪術を習ふことを恐れるが、大多數は經なければならぬ試練として、勇敢に ordeal に向ふ。

ためし 次ぎにもう一つ試驗がある。それは一度實際に「試みて見る」ことである。理論上は最初に遭つた人にかけるのであるが、事實上は近親を避けて行ふ。併し證據と云ふ點になると土人の考へはあまりはつきりしてゐない。或る人が魔術を或る人に行ひ、その人が暫くして病氣にでもなつたとする、そうすると早速「私が或る人に魔術を行つたら、翌日から効果が現れて、直ちに死んで了つた」と云ふ風に表現する。これは魔術の効果を保證するときにいつでも用ひられる言葉である。そして社會的に許された嘘なのである。魔術の効力に對する信念は深い。普通俗事の證據に對する樣な個人の經驗や個人的な諸概念を超越してゐる。(pp. 148, 149)

十

死の原因 死は魔術、呪術、毒殺、自殺、また現實の殺戮に原因する。偶然の死と云ふものはあり得ない。

呪師と巫女 巫術は女の所有であり、それは被害者から精魂を拔く方法である。呪術は男ので被害者の人體的遺留品に呪かけるのである。卜者が面詰するときにも魔女に對しては「某の精魂を歸せ」と云ひ、呪師に對しては「家に持つてゐる某の人體的遺留品を出せ」と云ふ。人體の遺留品とは食物の殘餘、排泄物、足跡、身體の汚物また草の蔓などである。(p. 150)

その他の原因 死の原因としてば常にヴエレバナと稱する flying witch がある。人の住まぬ島葦草の間にひそんでゐる。(p. 150) この空飛魔女は人形をなすが sea witch ゲラボイは人形をなさぬ。(p. 153)

一般にメラネシアに於いては不幸の原因は黑魔術に歸せられてゐるが、そうでない場合には死靈に歸せられる。(p. 178)

卜占者 卜占は水、水晶の凝視である。水が木碗に盛られ、木槿《モクゲ》の花が投ぜられる。卜者が呪ふ「この水は最早や唯の水ぢやない。」そしてこの變質した水を切り開くと、その底に呪つた人が現れると云ふのである。(p. 154)

容疑者 嫌疑者の村人は召換され、黑魔術をやめることその代り被害者に對する彼の正しい非難不服は被害者によつて充されることを約束する。患者は卜者と黑魔術をしかけた人に仕拂ひ、病氣は回復することになる。(p. 157)

巫者として病の前へよび出されたものは多くの場合それを否定しない。それは彼の呪力の効果が信ぜられることであり、またその爲めに報酬をも得るからでもある。(p. 152)

回復せず遂に死んで了つたとしても公に引き出され、仕拂をうけた巫者に罪が歸せられることはない。未だ發見出來ぬ或る巫者に呪はれてゐたからであると解釋される。

卜者はあまりにも宗敎的な狂信者でもなく、無暗に料金をとらうとする賣卜者でもない。彼等は彼等の判斷を社會に受け容れられるものとすることが必要なことをよく知つてゐる。(pp. 164, 165)

魔術のおこるところには既に紛爭が存在してゐるのである。死後の判斷は非職業的な近親の間でなされる。(p. 167)

黑魔術の機能　この制度は土地の習慣や經濟的關係を支持する。經濟的義務を履行さす樣に働く巫力、タブや黑魔術も土地を護る爲めに使用される。黑魔術の使用にも强い法的背景のあることを認めなければならない。吾々文明人の法的施設が鐵砲によつて保たれてゐると解してゐる土人は云ふ「貴方は鐵砲をおもちになる、俺等はタブ、巫術呪術そして吾々の武器をもつてゐます」即ち人を呪ふ黑魔術が惡いものであるとの考へが無いわけではないが、それにも拘らず土人の法を支持し、遂行する爲めの土人の武器であることが注意さるべきである。(p. 164)

兎にかく魔術は社會的權威の一要素だ。(p. 171)

タイ・ボボアナ　また黑魔術は他人の經濟的な義務の强制、また自分の病氣や自分の親戚の死に對しての復讐、大なる侮辱をはらひのける手段、その効果をためす試みに使用される。タブに於いては成功者は他人の怒をかふ。長老に對しては尊敬されるが、才能による成功者に對しては唯忿怒があるのみで、屢々かゝを成功者に對しては黑魔術が行はれる。また經濟上の戀愛上の競爭者に對しても行はれる。併しながらタブに於ける最ものぞましき人物タイ・ボボアナ (tai bobo ana) はその競爭者の黑魔術を克服して畑作にクラの交換に豚や女の獲得に優勢を持する人なのである。(p. 175, 176)

十一

クラ　ドブの交換好きは婚姻關係ある村落間の儀禮的贈與交換にとゞまらないで、部族間の大規模な儀禮的交換であるクラの一中心をなしてゐる。クラとよばれる財寶の交換は西メラネシアの諸群島を含んだ廣い地域に行はれ、その詳細な研究をマリノフスキーの『西太平洋のアルゴナウト』に見る。併しそれが原始經濟上にもつ意味は充分明らかであるとは云ひ難いのであつて、いまその重要なる一地點であるドブに就いて詳細な報告を得たことはその考察に一歩を進め得るものがあるであらう。だがこゝではその詳細な紹介は避けて、トロブリアントとドブの報告が相違する土人の心的態度に就いて一言しておきたい。マリノフスキーはクラの財寶の獲得欲の旺勢さと同時に贈與の寛容さ(少くともその當爲から云へば)を指摘してゐるので、デルケーム學派のユーベル・モースは之をアメリカ・インデアンのポトラッチと比較したが、フォーチューンは、クラは強い所有に基くものであつて、ポトラッチの寛容な贈與とは區別さるべきものとしてゐる。(p. 234)この點はクラそのものゝ意味と共に將來に殘された問題であらう。いまはこの二人の野外採訪の熟練者に信頼して報告書の相違でなく、同じクラ組織に對するドブ人とトロブリアント人――而も、この兩者は、お互に交換の相手、即ち、お互に仲間(Partner)であるのだが――の心的態度の相違としてクラの意味を考へるべきではなからうかと思ふ。

兩性關係　兩性關係に就いてドブの生活を特徴づけるものは結婚前の自由性交、結婚後の姦通、離婚の頻繁性、一夫、一婦制にある。(p. 243)結婚前の自由性交は秘密のうちに公然と行はれてゐる。從つて結婚前の出產は合法的でない。そこには墮胎の法がある。

魔術の浸透　この兩性關係にしてもクラの交換にしても魔術は缺くべからざる要素を占めてゐる。むしろその一部分として、その行爲と並行して行はれることは栽培魔術の場合も異ならない。魔術の浸み亘つてゐる社會にはあらゆる行爲に魔術が伴ふ。

十二

男の一生　彼が生れたのは母の母の家である。夫はその時もまたそれから一ケ月と云ふものはこの家に近づけない。その間母と子は裸で長い寢棚に横りその下に火が絶されない。この習慣は「母子を炙る」と云はれてゐる。子供は母の乳をすふ外、乳母の習慣はない。

炙りの月が終つて夫婦、子供は一つの家に一緒に起居するが、性交は離乳のときまで禁ぜられてゐる。子供は父の相續人でない。だから若し女が妊娠せぬか墮胎すれば女を鞭つものは夫でなくて、彼女の兄弟である。誕生に關しては夫と妻との間にデリケートな問題がおこる。出產は女の兄弟によつて待望されるばかりで、夫は全く、また女も普通さうであるが出產を好まない。彼女は妊娠出產によつて美しさを失ふこと、戀愛問題から除外されることを殘念に思ふ。

父の親類から初まる、母の親類との間の交換の時以外には、子供は儀禮的にも重要でない。だがその場合に於いても子供そのものは重要と感ぜられてゐない。五歳から八歳の間に於いて父また母の兄弟によつて耳朶と鼻梁に穿孔される。彼は母と共に働くのみならず、六呎平方の土地が與へられ、指導をうけて自ら栽培を行ふ。また栽培魔術の一部分を極く秘密にすることを敎へられた上でその傳授をうける。また他の子供等と釣に行くので漁撈の呪厭や本當の子供らしいバッタとりの呪厭などが敎へられる。

九つか十で一人前たなる。耳朶と鼻梁が穿たれ、耳輪と腕輪がはめられる。今度は子供の呪厭でなく、本物の魔術が敎へられる。もう三四年もすると若者は毎夜女のところへ泊りに行く。關係の固定を嫌うて、絶えず相手が變る。朝早く起きて村人に見つけられぬ樣にしなければならぬ。見付けられたら最後、結婚しなければならないのである。彼は父また母の兄弟から戀愛魔術を敎はる。また槍投げ、身かはしをならふ。

彼は親の爲め、母の兄弟の爲め、また兄が婚したらその婚家の爲めに畑に働く。呪術の秘密はよく守る。

成年期に近づくとベッテルをしかむ。齒を黒く塗る。髮を長くし、毎夜美しく梳り顔には黒い顔料を、身體には油を塗る。夕食が濟むと女の宿を求めて毎夜彷徨して、もう親の家には寢ない。數年のうちに魔術も習ひ、クラの遠航にも出かける。幾多のクラ航海に母方の伯父の爲めに働いた報酬として遂に叔父からクラの財産を讓り受け、十七歳位にもなると熱心に自分のクラを組む樣になり、適當な女を見付けて結婚する。併し結婚生活は平坦ではない。彼の妻は「村」の男と密通し、自分もまた「村」の女と通ずる待ちうけてゐるものは離婚である。併し再婚の先は密通の相手たる「村人」ではない。依然として村人は密通の良對として殘される。

彼がススと家族の敵對のうち生れ、また結婚してもススと家族の敵對反目のうちに暮さねばならぬ。死んでも同樣である。村人である若干のススによつて埋められ、彼の頭骸は彼の村に殘り、彼の魂も彼等の踊によつてブェブェソ（あの世）に入る。それに妻及びその子はこれ等の儀禮から除外される。

ススの支配　生から死までススが個人を支配する。ススは彼の一部であり、彼の感情はそれに鑄込まれてゐる。別に明瞭な父子の情愛は認められない。父は子に對して無頓着である。子供に對しての情愛は母である。母・子、兄弟・姉妹のソリダリテが見られる。ススに對する反逆者は父子の情愛でない。むしろ結婚による激情的な紐帶である。

村落ススの結合は村落の土地所有、村落内に生れ、死ぬことによつて結合される。

十三

原始共産制反對　この書に於いて特に次ぎの諸點が注意をひくであらう。

(1) トーテム氏族があまり重要な役割を占めてをらぬこと

(2) 母系の地域團體が精神的政治的な統制の基礎たること

(3) 惡魔的な黒魔術も明瞭にその社會的機能を働かしてゐること

(4) 私有權、利己的な感情はリヴァースなどの所謂メラネシア共産制を否定する。

(5) また Classificatory syotem は必ずしも「團體婚」とか「亂婚」の反映でないこと。

事件記入法 この書のやうな具體的な事實の中にその解釋を含めて組織立てた報告は要約して、紹介するのが難しい。あまり約しすぎると、肉を剝いで失つた骨ばかりになり、本書の目標から離れることが遠い、と云つて肉をつけてゐると、結意この書のまゝを再現した方が遙かによいわけになる、いま紹介を終るにあたつて詳細の度その宜しきを得なかつたことが感ぜられると共に、若し志のある方はむしろ原書に就いてその採集、研究乃至は報告のやり方に就いて充分吟味して頂きたい。本書によつて採用され、マリノフスキーの序に case method と稱された事件を記入する方法は讀者に印象的な効果を與へる上に役立つてゐる。文化の具體性、實感性に重きを措けば措く程この方法は重要である。それは動いてゐる社會を示す統一の中に動く現實の予盾とその調節を物語る點に於いて、說話の記事法とは違つたものをもつてゐる。本書に於けるその事件記入方法の適用をこゝには省略して紹介しなかつたことは遺憾とするところである。

野外採訪 百人の一人もゐない、英語の少しもわからないドブ人の島に、ドブ語も解しない歐人が單身上陸して、野外の採訪に從ふこと約六ケ月にして、この報告書が出來なほ言語に關するものを一部、傳說に關するものを一部準備中であると云ふのは實に驚くべきことである。これは特にこの著書が、またこのドブの島が民俗誌的に惠まれてゐたからであるとは思はれない。理論的に訓練をうけた人類學者の野外採訪がいかに効果のあるものであるか、いかに必要なものであるがを示すものに外ななぬ。アマチュアーの旅行記や採訪にのみゆだねてゐだ時代からも四半世紀も經てゐる。理論的に訓練をうけた專門學者の野外採訪はいまや進行中であると云つてよい。理論の探究家と事實の採訪家は一致しなければならない。特にこの書を讀んで受ける深い感銘はこの點からである。

日本民俗學界はこの點に對してどう答へ得るであらうか。

（昭和七、七、七）

フォーテューン「ドブの呪術師」（水野）

カリフォルニア・インディアヤンの經濟生活（クノウ）

平野常治

（一）舊き發展表式

從來一般に正當と認められ、又今日も猶時々用ひられて居る發展表式に從へば、人類の經濟的進步は次の如き階程順序を經て完成されたことになつてゐる。

一、人類の原始階程　人類は太古の大きな獸との鬪爭を避ける爲めに、隱れた洞窟の中や高い樹上に住み、殆ど全く野生の果實のみを、發火の技術を未だ知らなかつたから生《なま》のまゝで食つて居た。

二、狩獵階程　果實や根や種子や堅果の探求だけでは、原人は彼等の營養に必要なる食物量を時折供給せられると云ふに過ぎなかつたから、彼等は植物性食物を肉類食物によつて補充せんと企てた。即ち彼等は狩獵用武器（槍、棒投石器、弓矢等）を發見して、以て始めは太古の小動物を後には大動物をも獲得せんと企てた。而して彼等がやがて磨擦發火器を發見した後は、その肉を火にかけて調理した故に彼等は狩獵者であり且つ肉食者となつた。

三、牧畜階程　狩獵も亦、不充分な狩獵道具を以て絶えず流浪しつゝ行はれた間は、原始狩獵民に決して充分なる食物を保證しなかつた。彼等は乾燥期や降雨期には屢々飢餓に迫られた。故に彼等は始めに能ふ限り澤山の野獸を殺すこと許りに志して居たが、後には馴らすに適した動物を捕へて飼育すると云ふ方へ行つた。かくて彼等は家畜と共に良き牧場を求めて流浪する牧畜者、遊牧民となつた。

四、農耕階程　人類は肉類食物と共に必然的に植物性食物を必要とする。故に牧畜を營める遊牧民も亦その流浪の間に野生の果實を拾集した。乍併益々人口が增加すると共に拾集の獲物のみでは屢々彼等の需要を充分滿足せざるに至つた。加之彼等は種子を濕潤な固くない地中に埋めると實を結ぶ植物が發生すると云ふことを知るに至つたから、彼等は土地耕作を始めたのである。所が流浪しながら耕作することは不可能であるから、玆に遊牧民は流浪生活を止めて定住し、而して農耕に從事した。而かも古さ見解に從へば同時に鋤を用ひて穀物耕作にも從事した。然しそれと並んで農耕民となつた牧畜民は猶より少き程度に於て牧畜を行つた。但し最早以前の如く流浪し乍らではなく、一定の定住地に於て家畜飼養として之を行つたのである。

それはシルレルがその「エロイジス祭」の中で詩趣に滿されて描寫した如き觀念である。

怖れて、山の峽谷に
穴居民《トログロディト》は隱る。
遊牧民は進み行く
荒れた牧場を打捨てて、
投槍持つて、弓持つて、
獵人は陸を通り過ぐ。
大波が不幸の濱邊に打當てる
異鄉人は禍なるかな！

然しやがて人類は、ツェーレスの神話を遵奉して、「力の滿ちた種子から」實を結ぶ莖が出來て、それから豐饒なる波打てる穀畑が展開すると云ふことを學んだ。

そして間もなく土地は
綠の莖で飾られる、
そして眼に見える限り
金の森の如く波打てり。——

斯樣な見解は全く理解出來る。シルレル時代の人々は自然民族の經濟に就て一體何を知つて居たか？　昔の經濟樣式を知る爲めに、人々は古代ギリシャ人やローマ人、ゲルマン人やケルト人に關すを報告を信賴して見た。而して茲で一般に、農耕へ移り行きつゝある牧畜民族に遭遇した。又當時猶屢々古代セム民族の原始狀態を明瞭に示す所の信賴すべき資料であると認められて居たモーゼ書にも、三人の家長が遊牧民としてイスラエル人をしてゴーセンの野に牛や羊の飼育を營ましめ、又家畜を牽いてエヂプトから砂漠へ行かしめたことが明に書かれてある。故に人々が考へた如く、本當の農耕はカナーンの地へ移住した後始めて始つたものである。

斯樣な舊き發展表式は、猶屢々文化史の書物の中に現れて來たけれども、旣に久しき以前から民族學的研究によつて正しくないことが證明されて居た。即ち遊牧生活なるものは特に自然的前提條件が與へられた所に於てのみ發展し得るものであつて、從つてそれに一般に定住生活と所謂犂農とに移り行く一つの發展階程として見るべきではない、と云ふことが發見された、例へば南洋の島嶼に於ては決して遊牧生活は發展しなかつた、蓋し第一に人々が飼育し得べき動物がなく、第二に牧場として役立ち得べき草原がないからであつた。

乍併例へば南北アメリカに於ける如く、草原と飼育し得べき動物の存在する所に於ても猶、此等の地方の發見以前に何處にも遊牧生活は成立し得なかつた、――それは其所では狩獵によつてインデイアンの肉類需要は充分滿足されたから、彼等はその狩獵武器や罠を以て遙に容易に獲得し得る所の動物(野牛、山山羊及び雪山羊、大角羊)を骨折つて馴らし飼育すると云ふ機會がなかつたと云ふ簡單な理由からであつた。成る程アヅテク人は七面鳥を、ペルー海岸のユンカ族は一種の海豚や小な狼に似た犬を、アンデス山のケチュア・インディアンはラマを馴らした、然しアンデスの高原に於てすら馴らされたラマの數は少く、加之それ等は各家庭に家畜として飼はれたものであつた。本來の遊牧生活、所謂 Nomadismus は發見前のアメリカには決して存在しなかつた。

反對にアメリカの原住民の大部分は、白人が最初に侵入した時既に、狩獵と並んで若干の食用植物(特に玉蜀黍、マニホット、メロン、豆、種々の球根植物)を栽培し、加之或る地方では擴大された耕作地の灌漑の爲めに運河網をすら建設して居た。故に茲では一般に農耕への推移は何等の種類の牧畜經濟を迂回することなくして、狩獵階程から直ちに起つた、否より正確に云へば、狩獵經濟と並んで成立したのである。

(二) 農耕への推移

農耕への推移が如何にして起つたかに就いては、勿論今日猶意見は種々分れて居る、――蓋しその理由の一部に多くの社會學者や民族學者が此の發展階程に立つて居る諸民族の推移の個々の樣相を研究する代りに、彼等自身の判斷に從つて推移の動機を構成することを好むからである。彼等は一種の頑迷な斷定や概念から脫却せず、個々の發展樣相をその所謂「特殊的實在」に於て、獨立の、夫自身完成せる構成物として觀察する古き慣習に捕はれて、發展の內に常に變轉する過程の復雜性を見ないのである。それで彼等は大體狩獵階程を恰も不可分の、それ自身完成せるものとして理解し、オーストラリア人、ヴエッダ、ブシユマンボトクードの經濟形式を一層進步せる農耕民族の經濟方法と對立せしめる。而て「一つの經濟方法から他の經濟方法への推移は一體如何にして、又如何なる根據から起り得るか」を疑問として居る。故に概してかゝる方法に於ては長き發展系列の中の總ての小なる中間連環は全く度外視せられ、推移は徐々として完成せられるものとしてではなく、恰も突如たる、中間物なきものと見えるのである。斯くて該研究者は當然次の如き見解に到達する、即ち原始狩獵民は偶然の經驗によつて、從來知られなかつた植物成長の秘密が闡明せられた後は、直ちに何等かの根據から何處かへ定住してそれ以來一定の食用植物を耕作せんと決心するに至つたのであると。從つて彼等には猶「從來の狩獵民をして農耕に移らしめたのは如何なる動機であるか」と云ふ問題があるが、彼等は彼等の方法に依つては此の動機を見出し得ないから、何等かの自分に首肯される尤もらしい根據を組立てて居るのである。

此等總ての方法は私の考に從へば正しくない。狩獵經濟は決して不可分な一定不變のものではない。又「低級」狩獵民族と「高級」狩獵民族との簡單な表式的分類も當嵌らない。所謂低級狩獵民の階程に於てすら、本書第二章に示した如く、新しい生活樣式への一つの進步、推移が見出される。既述の如く總ての狩獵民が絕え流浪して居る譯ではない。獵が特に豐富な所や、澤山の野生の果實を供給する地域や、狩獵と並んで海岸、河岸の漁撈が豐富な安定した食料を與する所では、既に屢々狩獵群は半定住に、或は殆ど永久の定住に達して居る、尤も定住してから後も猶屢々數週間の狩獵に立つことはあるが。

乍併定住地の近くで野生の植物を拾集するだけでは、特にそれが山間の岸邊の漁撈を顧慮して行はれる場合には、以前に流浪の際に女子達が獲得した樣な植物性食物を最早供給し得ないことが屢々ある。多くの果實に槪して近くに見出されない、それ故にそれ等を獲得する爲めには女子達の長い終日の行旅が必要となる。而て尙肉食と魚食が增加すると共に補充的な植物性食物の欲求が增大する。その結果として女子達は定住地の近くで、通常河や小川や入江に沿ふた廣い地面に、嘗ては流浪中に拾集し得たが今は調達が困難となつた所の球根や種子の栽培を試みることになる故に彼等の耕作なるものは云はゞ以前の拾集行爲の單なる延長に過ぎないのである。蓋し差當り此の「原始的農耕」は只僅かの果實に及ぶのみであり、定住地の近き周圍に於て容易に獲得出來る植物は栽培されることは甚だ稀である斯樣な耕作への推移の結果として從來の經濟行爲が變形される必要は全くない。蓋しかゝる栽培とは初めは掘棒や耨を以て濕潤なる土地を軟かにし、而て種や芽を植付けるだけであるから、以前の拾集よりも女子達に對して勞働持間を要求することが少ないのである。それ以上のことは總て自然と云ふ惠み深き母に委されるのである。

男子はその從來の職業、即ち狩獵と漁撈に止まり、それが猶長い間主として日々の食料の大部分を供給する。後漸く土地耕作が食料供給にとりて益々重大なる意義を有するに至り、耕地面積が擴大し、開拓、開墾が必要となるに至つて、始めて男子も亦耕作に從事する。然し始めは主として新しい栽培の企圖、樹木の伐倒、樹木の根の掘出し、開墾地の燒拂等に從事するのであつて、本來の意味の土地耕作は猶未だ女子に殘されて居る。

斯樣にして此の階程に於ける農耕への推移は、經濟生活に攪亂的影響を及すことなく、長き熟考と決心を要せず、又從來の生活方法に大なる變化を與へずして行はれる。男子は猶依然として狩獵及び漁撈に從事し、而て女子も亦依然として野生の果實を探求し、只その外に從來探求して居た植物の一部を栽培するのみである。

（三）農耕の前提條件

以上述じたる所により、狩獵民族は農耕の始りと共に始めて定住するに至つたと云ふ、見解は逆であると云ふことが明になる。眞實はその逆であつて、農耕が定住の前提條件ではなくして、或る程度の定住、即ち一定の移住地に居を定めることが農耕への推移の前提條件である。狩獵民族が農耕へ移り得る前に、先づ確定的な定住に達し、又生活資料貯臓物の蓄積が可能とならなければならない。オーストラリア人程度の發展階程にある狩獵民族が直ちに農耕に移ることは全く不可能である。蓋し彼等の流浪性と云ふことを度外視しても、彼等は手から口への生活をして居り、何等云ふに足るべき食料の貯臓物を有しないからである。それ故に彼等は土地耕作の時から果實が成熟するまでの間に飢餓に陷るであらう。何となれば一定の定住地から行ふ狩獵では彼等の狩獵技術の劣等なる結果充分なる食料供給

を保證されないからである。然しそれ許りではない。オーストラリア人は農耕生產物を收穫してもそれを以て一體何を爲すべきであらうか？ 收穫物を保存してこれを窮乏の時の爲めに貯藏すると云ふことは、彼等の理解し得ざる所である。そこで彼等はブンヤブンヤの實や、櫻實やその他の樹の實が熟した時と同樣に振舞ふ外何物もない。即ち短時日食へる限り鱈腹食ふてしまふことである。收穫物が食ひ盡された時は如何するか？ オーストラリア人は餓えるか再び流浪生活を始めるか、何れかでなければならない。

狩獵民族は地中に埋められた種子から植物が成長すると云ふことを全く知らなかつた、と云ふ理由のみで彼等が農耕へ移り得なかつたのであると云ふ考へ方は、私の考によれば、此等民族の觀察力や思考力に對する根本的認識不足から生じたものである。屢々驚くべき觀察力を以て、種々の植物の特性を正確に知つて居り、それによつて食用に供し得べき植物と毒草と而て或る病氣の際に用ふべき藥草とを、非常な正確さを以て區別することが出來た彼等が、日々彼等の眼の前に行はれる植物の成長と云ふ簡單な過程を認識し得なかつたと云ふ如きことがあり得ようか？ 又吾々が左樣な無智を想定する時は、西オーストラリアの諸部族に、種子植物がその種子を振落さない以前に之を引拔くことの禁制があるのを如何に理解すべきであらうか？ 更

に亦セノイ族が、幹をより強く發生せしめる爲めに野生のドリアン樹の樹頭を切るのを如何に理解すべきであらうか？

加え、純全たる狩獵部族が長い間既に農耕に移れる民族と並んで居住し、それと可成り密接なる財交換を行つて居るのを見出すことが稀でない。成長過程並にその條件に關する智識のみを問題とする時に、他の場合には周圍の動植物界に就て屢々驚くべき智識を有する此の狩獵部族が、此の點のみに就て近隣部族の經驗に全然近付き得ないと云ふことは、全く理解し難いことではないか？ 凡て其等の狩獵民族が農耕へ移ることを妨げるものは、植物の成長過程に對する無智ではなくして、必要なる推移の條件の缺如であり、亦一部はその地方が特別に野生の果實に豐富なること、又は常に野獸や魚類との交換によつて缺如せる植物性食物を獲得し得る可能性である。故に常に屢々經濟的發展過程に於て示される如く、餘りに豐富なる惠み深き自然の施與は、固有の能力の發揮と新しき生活形式への向上の努力とを却て妨害するものである。

成長過程に對する無智が原始狩獵民の土地耕作への推移を妨げたのではないと云ふことは、既に以前から二三の民族學者が認めて居た。例へばタイラア (E. B. Tylor)は一八八一年に著した「人類學」(二一四頁) に於て、次の言葉を以て、單に經驗の缺如が純狩獵民族をしてあらゆる土地耕作から妨げたと云ふ見解に對して反對して居る。曰く『食用植物の拾集に非常に注意深い行動を採つた最低級の野蠻人は、種子や根を地中の適當な場所に入れると成長すると云ふことを、既に甚だよく知つて居る筈である』と。

彼の考によれば、無智よりも流浪生活の慣習と不適當な氣候的關係と遲鈍な不活潑との方が遙に農耕への道を妨げる。此等の根據は確に混合して居るが、然し主要なる根據は、純全たる狩獵民族は絶えざる流浪の狀態から直ちに土地耕作へ移ることが出來ないと云ふことに存するのである。そうする爲めには先づ定住し、而て豫め食料獲得と食料貯藏の一定の階程に到達して居らればならないのである。

如何なる種類の土地耕作をも知らない、純全たる狩獵民族が如何なる發展階程にまで到達し得るかと云ふことの一例を、カリフォルニア・インディアン若しくはクラマト河の南方の海岸に住める部族が吾々に示してくれる。蓋しカリフォルニアは地形、氣候及び植物界に從つて種々の地域に區分せられ、それに應じてカリフォルニア部族の經濟活動も亦種々異れる形をとつて居るからである。

世界觀と言語（三）（グレーブナー）

杉浦健一

オーストラリヤに於ける言語形態の特色とその傳播——メラネシヤ語形態の傳播についでオーストラリヤ中央部の言語が、どれほど廣汎な範圍にまで影響を及ぼしたか、それと反對にどれほどまでに、原始言語の特色を殘してゐるか、これを明かにしなければ過去のオーストラリヤ語の構成を說明することは困難である。言語と世界觀の問題に於て重要なのは新羅萬象を整頓して命名する場合、區分語の組織、整頓と類似の仕方をする。然かしこの命名組織はオーストラリヤに傳播して來た母權制複合體にあらはれるトーテミズム的世界觀によつて完成されたものである。この世界觀によれば新羅萬象は所謂「結婚階級」によつて區分される。詳言すれば個々のものはそれの屬するトーテムに分けられる。例へばヴケルバラ族のものが呪術を行ふ場合には、その人の屬する部族特有な唯一のものを使用しなければならない。斯くの如き階級部門に屬すると云ふことは、彼等が食用にする動物の如き具體的な區別によつて分けられる。要するに純外的な見界から階級付けられる。この事實を明確にせんために更に二三の例をとれば、オーストラリヤに新らしく輸入された牛に與へられた命名組織の階級はブアンディク族に於ては草を食ふものと云ふ部門であつたと云ふ。これは丁度中世の僧坊の臺所哲學に於て、鴨と海狸は魚を食物としてゐるからといふ見解で同じ精進食物としたのと同じである。更に又エリオット山麓の土人は動物の足の形で部門を分けてゐる。斯かる外形による區分は階級區分の唯一のものではないけれどもこの區分は支那その他の民族に於ては、萬象の階級區分の契機として重要な役をなしてゐる。抑も新羅萬象を外的特色によつて、同じ資格で並存する幾つかの階級に分けるには二つの仕方がある。その一はオーストラリヤの一部の如く食物或は足の如き外的形態によるもので、母權制文化を持つ地方に行なはれる。その二は先に一言した性の區別に下つて分けるもので、これは父權制文化を持つ地方に行なはれる。

アフリカに於ける言語形態の特色とその傳播――斯かる言語區分の原理に支配される最も原始的な主語はアフリカのバンツウ語である。之によく類似してゐる西スーダン語まで含めれば、その分布は母權制文化を持つ西アフリカ文化を強く支配するものである。從つて外形的特色によつて言語の階級を分けることの起源は西アフリカ文化と關係あるらしく思はれる。この西アフリカの言語區分の特徴は全體で二十一ある所謂區分接頭辭を付けることである。從つて各々の名詞は必ず接頭辭を持つてゐる。斯くしてこの言語に於ては新羅萬象の名前が前綴によつて二十一に區分される。人間人間以外の愛するもの、二對をなすもの流動物動物大きいもの、小さいもの、抽象的なもの、等に區分される。その範疇は外形的で、その區分には形態が最も重要な役をなしてゐる。更に注意すべきはこの二十一の接頭語が唯だ名詞を規定するのみならず、名詞に屬する形容詞をも、主辭に支配される賓辭をも規定する。從つて凡ての品詞を一處にした文章全體に於ては、それぐの區分接頭辭の調和が構成される。この場合吾人に興味あることは所有の表現が接頭辭と人稱名詞とを加へた形式で二十一の接頭辭からつくられることである。

斯くの如くして特有代名詞がつくられる、その形態はメラネシヤ語の特有代名詞と多くの類似點を持つてゐる。唯だアフリカのものゝ組織の方がメラネシヤのものよりずつと彫琢されてゐる。こゝで一言すべきは主辭に相應する部門に屬する分詞は一般に代名詞の形式をとつて、賓辭の前に來ることである。更にこの場合動詞の中に於ける目的語は賓辭の部門に屬する接頭辭を今一度繰り返へして附けられることである。東部メラネシヤの一部に於ける典型的特色として先きに述べた代名詞的主格と動詞の目的格の繰り返へしはバンツウ語と一致する。この外バンツウ語は東部メラネシヤ語の特徴である數の二十進組織とか音樂的調子を持つたものが文章の先の方に出ること等の特色を持つてゐる。

バンツウ語に於ては言葉の順序に對して注意すべき排列法が遵守されてゐる。規定の二格を形容詞と見ると、それが支配される名詞の後に付くやうに見えるが、よく見ると斯かる規定詞は客語的に用ひられ、その文章の內容は次の例で示すやうに更に小さい文章に分解される事が明かになる。獵師――彼れは脊が高い――彼れは父を打つた――父は牧人である。斯くの如く文章を展開して行く堅實な叙述の手法をとつてゐる。この手法によれば文章中述語部分が目立つて、はつきりし規定詞は客語の一部と見られるやうになる。從つて規定詞の位置のみからして、二格並に形容詞を前に置くスーダン語は規定詞形容詞を後に付けるバンツウ語と文章の構造上相對立すると斷定することは出來ない。寧ろ兩者は既に言語系統の說明で述べた通り本質的な類似を持つものである。

アメリカに於ける言語形態の特色とその傳播――區分語の特殊な使用は他の方面ではアメリカにまで見られる。特に南米の言語は總括的敍述を缺いてゐるから、この特色が明かに見られる。然し眞の意味での區分語を持ち又それを使用してゐるのは北西アメリカ地方である。その理由はこの地方は明かに母權文化を持つ地方であるからである。ハイダ語の名詞は根本的には接尾語の形式をとるから規定の二格をその前に置く。然かし形容詞は多くの原始言語の樣式にならつて名詞の後に置く。更に又名詞的不變詞の外見が類似する時は類似する名詞の部門の中に區分される。即ち詰込まれた袋の如きもの、箱のやうな立體的なもの、長いもの、圓いもの、短いもの、小さいもの平、面的なもの等の部分に區分される。この區分接頭辭の位置には特色がある。即ちそれ等の或るものは動詞の根幹の前にある。この場合區分接頭辭は主語、客語の何れかの一方に屬するものであるから、他方で再び動詞の表現の場合に今一度客語部分の接頭辭が繰り返へされる。バンツウ語に於ては代名詞的不變詞が名詞の階級を區分する役を引き受けてゐる。形態に基く區分に對してハイダ語は複雜な動詞的表象に分割

して敍述するもので、先きに支那語メラネシヤ語に於て述べたと等しく心理的な區分をされるものである。ハイダ語には名詞的接頭辭の外に所謂音調的動詞接頭辭なるものがあつて、如何なる特殊な行動の樣態で行なつたか、即ち押したか、打つたか、突いたか、或はそれを手でやつたか、肩でやつたか、背でやつたか又に齒でやつたか、小刀でやつたかを示す。これを示す多くの不變詞は獨立の動詞としてあらはれる。從つて綜合的表現に於ては支那語に於ける獨立動詞或はメラポシヤ語に於ける所謂助動詞と云はれるものと一致する。最後にこの言語に於ては文章の名詞的構成部分は目的が先に出で、次に主格と云ふ順序で密着して文章の先に置かれる。從つて吾人はハイダ語に一種の典型的な敍述形態を認める。この特色は都合的には非常に廣く行き渡つてゐる。例へば南方に住むシャスタ族に於ても、これが現はれてゐる。

二つの言語典型の發生、傳播と父權制及び母權制文化圏――要するに古代世界に於ては（南洋を含め、アメリカまで入れて）二つの言語の型が分けられる。それ等は主として構成の外形によるものであるが、その一つは明かに、その構成の心理的根據が認められる。夫々の特色を持つ一般文化が段々廣く傳播するに従つて、その文化圏の歸屬が問題となる。この場合上述の二つの言語典型はその傳播區域

が父權制文化群と母權制文化群とであるのに一致する。父權制及び母權制文化群はそれ〴〵特有の世界觀によつて區分され、その二つの世界觀が二つの言語典型と決定的な關係を持つてゐる。

一つの小なる文化群の世界觀が狹い見解の下にあつたならば、その見解の所有者等は、各の現象に對して同樣な思慮を持つて觀察し、行爲するから、餘り著しい價値の相違は認められない。然しこれ等の文化群の多くが同列的なものの部門に組織された大きなものとなると、外界の出來事を何れの群の思惟にも妥當する樣な客觀的な敍述を必要とする。そのため多くは感覺的ではあるが全く客觀的な區分の特色によつて、同列に區分された階級をつくる――階級――そのうちにアニミズムによる活靈的な物の一階級(部門)をつくる。この活靈的なものの部門は狹い文化群の世界觀に於けるアニミズムのやうに新羅萬象の總べてを同樣の精神的世界の中に組織するものではなく、唯だ多くの階級の中の一階級として存在する。斯くして多くの文化群からつくられて、同列的組織を持つた階級の付けられてゐるアリストクラチックな父權制文化民族の價値及び階級の區別をし、人格を尊重する世界觀に基く言語型に對して、狹い範圍に於てつくられたデモクラチックな世界觀(母權制文化民族)は價値及び感情の主觀的區分をなし、主觀的な性の組織を決定するやうな言語型をとる。一見して何れも同し方法を取ると思はれる數の經織の根本に於てさへ、この二つの區分が明かになつてゐる。一つ二つ三つと云ふ樣な數の原始形態に於ては二つの言語型共に先へ數へて行く根據を手に置いてゐる。十までは人の手の指に見られるが、然しその根底を五に置くか、指を屈し得るべく與へられた極大即ち二十までにするかによつて、數へる手段としての手や足のそれ〴〵が同等の價値を持たなくなり、根本數として十に特殊の價値を生ずるやうになる。

二つの言語型とインドゲルマン語――高等に發達した民族の言語、例へばインドゲルマン語族の如きに於て上に述べた二つの言語型に見られない特色がある。その特色は或る程度まで他の言語型態の一面的な言語形式がその中に入つたこと又は他のものと結び付いて混合形態を生じたことによる。斯かる混合が行はれてゐる結果高等文化民族の言語の二つの特色を明かに認識することが困難である。このことは今日の言語に於ても同樣であつて、我々の言語もこの二つの型とは全く違つた性質を借入して特色付けてゐる例を多く見る。例へば獨逸語に於ける "Des Vaters Sohn" と "Der Sohn des Vaters" の Vaters 或は佛蘭西語に於ける "le bon homme" と "l'Homme bon" の bon 等の如き所有の二格及び形容詞を前置する語型と後置する語型とがその意味を全く同じくしないにしても——混合されてゐる。インド人や一部のローマ人も賓辭を文章の終りに置いたことより、これに對立して賓辭を文章の前に置くことがバイブルに負ふものとするべきではない。愛蘭土語も動詞的表現を文章の先に置く。又古代の北歐の言語も同樣の慣習を殘してゐる。更に又語幹の內的變化はインドゴルマン語の動詞語幹變化に於て組織的に用ひてゐる。全體から見た父權制的言語型の最も精巧な引き緊つた總括をなしたもの、即ち古代インドゲルマン文化が他の牧畜民族の文化の根本として後まで支配した。然しその中にも何處かにこれ等の他の言語典型の特色をも見出す。多くの場合アジヤ的言語第一に印度方面就中トルコタタール語と甚だしく接近してゐることが明かである。特に完全文章の構成及び副文章の代りに好んで分詞及び名詞的動詞の構文をつくること等である。然かし斯かる現象は全く歐洲語には見られないと云ふのではない、幾分はラテン語にもあらはれてゐる。

インドゲルマン語と哲學及び科學——斯くの如き言語の二樣の狀態は文化史的なものであるけれども、それに止まらず、哲學史にとつても重要である。抑哲學の發達は周知の如く、その大部分インドゲルマン民族によつてなされた。それはインドゲルマン民族が特殊の精神的能力を持つてゐた、換言すれば新羅萬象を色々の方面から見る所の能力を持つてゐる。何故ならば哲學的思索の根底と問題を理解するためには、その民族が話してゐる言語慣習によつて判斷することが大切である。インドゲルマン人の言葉は他の何れの民族の言語より良い資質を具へてゐる。勿論總べてのインドゲルマニヤ民族は總べての哲學問題に對して等しく良い資質を持つ譯ではないが何故にインドゲルマン民族の內に於て哲學及び科學全般が斯くも美しい花を開いたかは、言語より理解することが出來る。斯かる解釋はインドゲルマン民族自身がなしたものではあるが。實際に於てその多くの部分は彼等がつくつたものである、彼等のつくつたものが人類の歷史的事件及び高等文科發達の大部分の收穫として確かに今日存在してゐるのである。(終)

學界消息

○民俗藝術の會　は八月十八日午後七時より銀座對鶴館ビル四階會議室に於て催された。當夜は「レコードによる古民謠古淨瑠璃を聞くの會」といふのであつて、同會所有の民謠のレコードを始め其他青年館、町田嘉章氏等より借り受けて來たレコードが演奏された。最初に現存の聲明、平曲、幸若、奧淨瑠璃、文彌節等の諸曲が演奏された。これは自ら古淨瑠璃發展の跡を髣髴させるものであり、夫より、各地の盆踊歌、勞働歌の奏曲があつたがこれも民謠と夫に伴ふ動作との關係等について色々の問題をはつきりと示してくれるものであつた。例へその數は全體の幾分の一にもたらぬものであるにせよ、これだけの民謠レコードでさへも、一堂にあつめて聽き合はす機會があれば、自ら色々のものを考へさしてくれるのであるから、ましてや今後かうした民謠レコード蒐集の機關が設けられたならきつと種々の問題が生れてくるのではないかといふ事をつくづくと感ぜしめた。レコードの演奏が終つてから、民俗藝術の今後の編輯及經營方針其他會の性質についての聲明書等について來會者諸氏と相計るところがあつた。

○民俗藝術講座　が前記同會より發刊される由。其内容は民俗藝術概説、鄕土舞踊の基本形式、神樂の系統と分布、人形芝居の種類と見方、民謠研究、語りものゝ種類と變遷、民間音樂概説、民俗的造型物、神事と藝能、農村娛樂の研究、子供遊びの研究等を含むものであるといふ。六ケ月完了會費六圓

○關東鄕土講座　がJOAKの第二放送として去八月二十九日より、殆んど每夕、七時半より開講されてゐる。最初に柳田國男氏の『最近に於ける鄕土研究の趨勢』があり、それより引續き今日迄に折口信夫氏の『鄕土生活に於ける古代と現代』東條操氏の『關東地方の方言』澁澤敬三氏の『海村の鄕土資料』宮本勢助氏の『關東に於ける民間服飾』有賀喜左衞門氏の『育兒の風習を通じて見たる關東に於ける生活の今昔』熊谷辰次郎氏の『若連中より靑年團へ』等の講演があつた。從來にない組織的な學術的なそして啓蒙的な民俗學の講座で夫々專攻のことを話されること故に、何れも肝に銘じるところの深いものである。放送時間が一人の人に三十分位しか與へられて居ないので何時も少し時間の足りぬ憾みを感ずる。

○民俗藝術　五ノ五
東北の盆踊り七つ　本多安次
大和郡山の盆踊　小島千失也
紀州安樂川の盆踊り　片山竹之助
紀州南部町の踊り　上城正一
熊野四村のなぎな踊り　佐方渚果
讃岐坂出地方の踊り　多田羅正雄
同國小豆島の踊り　川野正雄
伊豫大島の踊り　村上敏雄
備中の松山踊り　川口宗一　小林久磨雄
多聞院日記抄(資料文獻)　森本義彰
七夕の牛馬　瀨沼寛二
羽前の聖靈馬　加藤康吉

○同　五ノ六
壬生狂言の起原と發達　小寺融吉
常陸那珂郡菅谷村の提灯祭　石川日出男　熊谷勝
信州下伊那溫田の五百石祭　中島敏男
福岡縣各地の八朔行事　佐々木滋寛

○俚俗と民譚　一ノ七
埋れた原始信仰
船航路　櫻田勝德
海人の話追加、便り　櫻田勝德
栗の花いたち　小井川潤次郎
增補呪咀調法記大全　河本正義

○旅と傳說　五ノ八
人に化て人と交つた柳の精　南方熊楠

學會消息

土佐國神社祭禮の奇俗　寺石　正路
北肥後の河童話　能田　太郎
船幽靈など　櫻田　勝德
周防の大島　宮本　常一
備前の昔話　今村　勝彦
布施屋に就いて　前野　孝治
雨乞ひに就いて　栗山　一夫

○南島談話

琉球語大辭典
編纂經過報告概要　伊波　普猷
差し石　比嘉　春潮
語頭母音の無聲化　仲宗根政善
牡牛考　島袋　源七
嬰兒に對する最初の發音訓練　岩倉　市郎
沖繩俚諺集解　金城　朝永

○鄉土研究　六ノ二

綱曳考　山口麻太郎
ジャンケン考　能田　太郎
支那の祈子と性崇拜の資料斷片　孫　晉泰
化地藏と人違ひ　長尾　豊
和泉寒部の一考察　小谷　方明
孕婦の屍より胎兒を引離す事　南方　熊楠
辻占菓子　尾島　滿
周防國大島雜事　宮本　常一
カシマとカグラ　藤原相之助
おびしやの行事について　高木卯之助
相州大野村四宮の逆さ舟　吉野　裕
肥前五島墓地見聞錄　櫻田　勝德
武州の庭子木について　高橋文太郎
伊豆神津島年中行事　藤木喜久麿
陸中岩泉年中行事　野崎　君子
阿波の惠比須廻し　後藤　捷一
秋山言葉の類　鈴木　牧之
ソファイドンの歌　山本　靖民
美濃太田町の地方市　林　魁一
或るはがい人の控から　角田　千里

○土の香　七ノ三

尾北に於ける二三の新發見　森　德一郎
石手紙・髮切り・タンコ　村田　鈴城
方言雜記帳　能田多代子
石上祭　松岡　一男
「端午の節句」について　今技　清風
正調博多節　梅林　新市
音聲符號略解　永田吉太郎
內地似よりの內鮮昔噺二つ　鳥畑　隆治
傳說一つ二つ　京谷　康信
いっけん(尾北の童戲)　谷川　三郎
口碑　今枝　清風
方言讀本(一)

○上方　二十　上方○踊號

盆踊それからそれ　小寺　融吉

盆踊考　松本　茂平
大阪盆踊歌「歌音頭」と「ゑびや節」　藤田德太郎
大阪に於ける兵庫口說に就て　忍頂寺　務
盆踊り禮讃　林　春隆
盆踊と京都　田中　緣紅
盆踊りと佐野　池田谷久吉
岸和田の盆踊　小谷　方明
播州音頭の今昔　太田　陸郎
信太山の盆踊　中田與惣戴
八尾と堺の盆踊　松本　壯吉
大阪花街の盆踊　上田長太郎
大阪市中の地藏踊　日垣　明貫

○鄉土敎育　二十二及臨時增刊

鄉土研究に於ける民俗學的方法の論理的意義とその限界　柿崎　純
濱名湖附近の土俗に就いて　飯尾　哲爾

○民俗研究　四三

千葉縣郡別方言集中編

○興南新報　村の話　六三—七〇

木の精のたより　鶴　鑰
なんそ坊　夏堀謹二郎
雨乞ひ　一　郎
類家、在家、大家　夏堀謹二郎
盆踊唄(一)(二)(三)　一　郎
七日盆　小井川潤次郎

おほのが鵜になつて歸つて來た譚　小井川潤次郎

○日向　郷土志資料　再版第二・三輯
景清傳説
日向國那珂郡江田村明細帳（寳暦十一年）　日野巖
江田村本新田畑高反別字限取調帳（文政十一年子八月）
江田村村誌　日向地誌所載明治初年）
日向方言接尾語考　日野巖
方言雜考　能田太郎
方言俚諺評釋（一）　小川新一
江田の五穀成就踊　松本友記
景清傳説　桂又三郎
稚兒鞍ヶ淵の傳説　加藤富司雄
炭燒屋小五郎　同
祝ひの歌　同
おに火たき　金丸豪
日向妖怪種目　日野巖
石のなんご　湯淺啓温
日向方言語考（一）　日野巖
日向語彙（形容詞）　日野巖　遠野茂
日向語彙（人倫）　日野巖　遠藤茂
葉から見た日向の植物界　遠野茂
霧島山の佛法僧　日野巖

○兵庫縣民俗資料　第四輯目次
河内國大縣郡雁　尾畑村踊歌
但馬の親方子方制度　太田陸郎
宍粟郡山崎町「つぼん踊唄」　眞島恵氏報
丹波黒井の盆踊　石橋みゆき
播州盆踊に關する一考察　太田陸郎
神戸の「ばい」の話　川邊賢武
播州盆踊雜記　川島禾舟
岡山縣性崇拜資料一覽　美田除純
松坂節に就て　帆前榮之助
武庫郡鳴尾村盆踊　鷲尾三郎
武庫郡越木岩盆踊音頭　同
兵庫縣方言集成―播磨之部―　河本正義

○方言　二ノ八
文章としての方言の妙味　髙橋龍雄
「琉球語」と國語との音韻法則（二）　服部四郎
所謂十津川アクセントの一例　吉町義雄
京都及び土佐に於けるエ・デ・ポリワノフアクセント現象　守屋長譯
郷土方言小識（島根縣那賀郡下府村）　酉谷登七郎
麗兒島方言（方言ゑはがき）

○むさしの　四
「おてだま」の異稱―埼玉―　杉山正世
おてだま唄　池ノ内好次郎

北足立郡土合村方言の小採集　新藤誠一
宗岡村に於ける俗間天候豫斷法補遺　金子禮衛
宗岡村の五、六月行事　池ノ内好次郎

○民俗學集　第二
輯中國民俗學運動歌　鍾敬文擬詞程懋筠作曲
滿洲的跳神　黄石
民俗的採集和記錄　英國班恩女士著　周有光譯
英國童話略譚　趙景深
周漢風俗和傳說瑣拾　顧頡剛
中國古代精神德國愛術克斯著　周學普譯
巫娼考　日本田中香涯著　秋子女士譯
遠野物語　周作人
蛇郎故事試探　鍾敬文
故事的鑑子引言　劉大白
占雨的謠俗　婁子匡
籤詩小考　錢南揚
中國古代的山嶽信仰　日本森鹿三著　鮑維湘譯
回教與食　江紹原
支那杭州金波橋一號、中國民俗學會發行の支那に於ける民俗學の專門誌。

○郷土讀本　中道等編
川崎市新川通三二　單美社發行

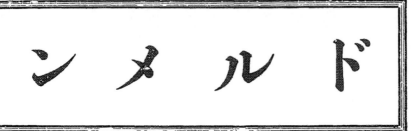

○寄稿のお願ひ

○種目略記　民俗學に關係のある題目を取扱つたものなら何んでもよいのです。長さも御自由です。

(1)論文。民俗學に關する比較研究的なもの、理論的なもの、方法論的なもの。

(2)民間傳承に關聯した、又は未開民族の傳說、呪文、歌曲、方言、謎諺、年中行事、生活樣式、習慣法、民間藝術、造形物等の記錄。

(3)民間採集旅行記、挿話。

(4)民俗に關する質問。

(5)各地方の民俗研究に關係ある集會及び出版物の記事又は豫告。

○規略

(1)原稿には必ず住所氏名を明記して下さい。

(2)原稿掲載に關することは一切編輯者にお任かせ下さい。

(3)締切は毎月二十日です。

編輯後記

○

月並な言葉ですが燈火親しむの候となりました。夏休を利用して採集された民俗資料を整理して御送附下さい。

○

鄕土の特別號として「石」が發行されました。柳田先生に捧げられたものでゆかしい、そして興味深い讀物です。讀者諸君に一讀をおすゝめ致します。

○

JOAKの鄕土講座で柳田先生、折口先生其の他の方々が放送なさいます。民俗學のために喜ぶべきことです。そしてこれは一面から云ふと民俗學の價値が社會的に認識された反映にもなります。云ふまでもなく日本の民俗學的資料はどん／＼亡びつゝあります。民俗學の普及と多數人の協力が急務ですフレーザーの云ふように民俗の採集は今尙ほ It is not still too late. だからです。

△原稿、寄贈及交換雜誌類の御送附、入會退會の御申込會費の御拂込、等は總て左記學會宛に御願ひしたし。

△會費の御拂込には振替口座を御利用ありたし。

△會員御轉居の節は新舊御住所を御通知相成たし。

△御照會は通信料御添付ありたし。

△領收證の御請求に對しても同樣の事。

昭和七年九月一日印刷
昭和七年九月十日發行

定價金六拾錢

編輯兼發行者　小山榮三
東京市神田區表猿樂町二番地

印刷者　中村修二
東京市神田區表猿樂町二番地

印刷所　株式會社　開明堂支店

發行所　民俗學會
東京市神田區北甲賀町四番地
振替東京七二九九〇番
電話神田二七七五番

取扱所　岡書院
東京市神田區北甲賀町四番地
振替東京六七六一九番

MINZOKUGAKU

OR

THE JAPANESE JOURNAL

OF

FOLKLORE & ETHNOLOGY

Vol. IX September 1932 No. 9

東亞民俗學稀見文獻彙編・第二輯

CONTENTS

PUBLISHED MONTHLY BY

MINZOKU-GAKKAI

4, Kita-Kōga-chō, Kanda, Tokyo, Japan.

民俗學

民俗學

第四卷　第十號

昭和七年十月

民俗學會

民俗學會會則

第一條　本會を民俗學會と名づく

第二條　本會は民俗學に關する知識の普及並に研究者の交詢を目的とす

第三條　本會の目的を達成する爲めに左の事業を行ふ

イ、每月一回雜誌「民俗學」を發行す

ロ　每月一回例會として民俗學談話會を開催す

但春秋二回を大會とす

ハ　隨時講演會を開催することあるべし

第四條　本會の會員は本會の趣旨目的を賛成し（會費半年分參圓壹年分六圓）を前納するものとす

第五條　本會會員は例會並に大會に出席することを得るものとす講演會に就いても亦同じ

第六條　本會の會務を遂行する爲めに會員中より委員若干名を互選す

第七條　委員中より幹事一名、常務委員三名を互選し、幹事は事務を執行し、常務委員は編輯庶務會計の事を分擔す

第八條　本會の事務所を東京市神田區北甲賀町四番地に置く

附　則

第一條　大會の決議によりて本會則を變更することを得

委　員

石田幹之助　宇野圓空　折口信夫
金田一京助　小泉鐵　小山榮三
松村武雄　松本信廣（以上在京委員）
秋葉隆　移川子之藏　西田直二郎
（以上地方委員）

前號目次

昭和七年十月十日發行

民俗學

第四卷

第十號

目次

農民の階級と民俗（一）

——江戸時代を中心とせる考察——

中山太郎

一、序説

私の生れた栃木縣足利郡梁田村大字梁田は、江戸期における例幣使街道の一傳馬驛であつたが、此の宿[1]では左手、新井、中山の姓を三苗[2]と稱し、名主、組頭、百姓代の三村役は、此の三苗の家だけで代々勤めることになつてゐて、他姓の家は如何に富有であつても、村役人になることは出來なかつた。尤も三苗と云うてもその悉くが此の資格が有つた譯では無い。例へば私の姓である中山家に就いて云へば、大本家だけがその特權を有してゐたに過ぎずして、他の中本家、分家、新宅、[3]隱居家[4]などは、これに與ることは出來なかつた。たゞ三苗中の一姓を冒してゐた爲めに、此の姓に當然附隨してゐた特權として、冠婚葬祭などの公の儀式に裃[5]を着ることゝ、私生活にも羽織を着ることだけは許されてゐた。それから私の母の生れた同村大字福富字神明でも、岩井田、[6]橋本、小宮が三苗であつて、同じく村役人は此の三姓の家に限られてゐたと云ふから、斯うした民俗的制度も廣く各地に行はれたものと見て差支あるまい。靜岡縣小笠郡西鄕村大字五明[7]では、松浦、山本、佐藤、小澤、中村を五名とし、松浦五兵衞は世々上組九十三石の庄屋で、慶長以後の文書など悉く藏してゐる。同家の先祖が倉眞村の世樂院と、飛鳥村の永江院とを開基したので、今に兩院の旦那頭であつて末家が四軒ある。山本孫兵衞と佐藤利兵衞の預りを中組といひ百廿八石あり、山本には末家が十一軒、佐藤には末家十軒ある。小澤藤右衞門と中村彥左衛門の預りは下組と稱し百十四石あり、小澤には末家六軒あるが、中村は斷絕して末家が四軒だけ殘つてゐる。(8)此の末家とは分家か新宅か、それとも名子か庭子の解放されたものか、その點が明確でないが、何れにしても本家より一段低い家格であつたことは云ふまでもなく、且つ此の上中下の三組の村役人は五名の家で代々勤めて來て、是等末家の者にその資格の無かつたことだけは推知される。

以上の民俗とは多少事情を異にしてゐるが、宮城縣鹽釜町では古く田中、志波田、於賀田、吉田、藤田、作田、奈名木を七苗と稱してゐて、此の姓には神田が一ヶ所づつ附屬しこれを耕作する權利を有してゐた。(9)此の耕作權が他地方に多く存在した宮座制度(10)に伴ふものか否か、記事が餘りに短簡である爲めに判然せぬが、恐らくその起原に溯つたならば、草分とか芝切りとか云ふ農民の階級に附隨した特權のやうに考へられる。瀨戶內海の香川縣鹽飽嶋では、島民を人名《ジンメン》、毛頭《モントウ》(11)、穢多の三階級に分けてゐたが、第一の人名は德川幕府の指定した六百五十名の船手方の子孫であつて、島の政治は代々此の階級の者だけで取行ひ、第二の毛頭は島政に關しては何等の發言權を有せぬ階級であつて、第三は穢多とは稱してゐたが皮細工をせぬので、餘り差別待遇を受けなかつたが、島政に就いては拗しも關與することは出來なかつた。(12)

斯うした農民の階級は、江戶期の全國を通じて、名を別にし實を異にして到る處に存在してゐた。私は專ら是等の階級と民俗との交涉に就いて考察を企てゝ見た。各位の淸鑒を博して資料の足らざるを補ひ、論理の誤れるを正すを得れば、獨り私だけの幸福にとゞまらぬのである。

（1）梁田村役場に保存してある書上帳によると、天明三年に例幣使の傳馬御用を勤めることゝなり、村を改めて宿を稱すと記してある。明治二十一年の市町村制施行以來、宿の稱は泯びてしまつたが、町と村との中間に位する行政區であつた。

（2）苗字と名字との差別、及び姓氏との關係に就いては「玉勝間」、「貞丈雜記」を始め諸書に載せてあるが、後世の社會通念では苗字も名字も殆んど同じ意味に用ゐてゐた。こゝでも姑らくその通念に從ふことゝした。

（3）分家も新宅も、今では同意義のやうに解釋されて、共に本家より別宅せるものを云ふやうになつてしまつたが、古くは少しづつその名の異る如くその實を別にしてゐた。そして此の稱へは地方によつて異り、內容も違つてゐるので、追々と本文のうちで記述したいと思ふてゐる。猶ほ私の家では是等の相違を家紋で區別してゐた、卽ち大本家は深山櫻（一に細櫻とも云ふ）を家紋とし、中本家はこれに角ノ輪を加へ、分家は更に隅切り角となし、私の家は新宅とて丸輪に深山櫻を定紋としてゐる。

（4）隱居家の意味も今は崩れてしまつて、老夫婦が若夫婦と別宅することにのみ解釋されてゐるが、私の鄕里ではこれと趣きを異にし、老夫婦が次男なり三男なりを伴ふて別居した家を、その子息が相續したのを隱居家と云うてゐる。猶ほ石川縣羽咋郡出身の加能作次郞氏の談によると、同地方では、例へば十兵衛なる者が隱居した家の相續者を、十兵衛アヂチと云うさうだ。アヂチは彼地の家と云う意味かと思ふが正解を得ぬ。

（5）裃や羽織の着られぬ家に就いては、本文において各地の例を擧げて述べる考へであるが、私の鄕里にも此の實例があつた。それは茱家とて女郞屋を營み富有となり、分家の五六軒も持つほどとなつたが、その伜が嫁を迎へる折に隱れて裃を着けた。それを宿老達が知り若衆連を遣つて裃を脫がしたことがある。茱家ではそれを殘念に思ひ、領主である旗本島田織部に冥伽金を納めて、苗字帶刀御免の家格となつたが、役向は依然として勤めることを許されなかつた。

（6）岩井田氏は梁田御厨の口入の神主であつて、古く伊勢から下向し土着歸農した家柄である。そして正系七家の外は俚俗に『牡丹餅岩井田』と稱し、家格は一段下り役向の資格は無かつた。猶ほ小宮氏はその折に馬の口取りして下向した家だと云はれてゐる。

（7）五明は五名の訛字であらう。猶ほ此の松浦五兵衛は近年まで同縣の先輩として聞えた、松浦五兵衛氏の祖先である。

（8）「掛川誌」（東海文庫本）卷二。

（9）「鹽祉略史」卷下。鹽釜邑の條。

（10）宮座に加はる資格のある者が、神田を耕作した事に就いては、拙稿宮座の研究（日本民俗學神事篇收載）において記述した。參照くださると仕合せである。

（11）鹽飽島の毛頭は、周防の門男（マオト）百姓、阿波の間人（マウト）と關係ある語のやうに思ふ。猶これ等に就いては追々と農民の階級と民俗（一）（中山）

農民の階級と民俗(一)　(中山)

本文において記述する。

(12)　京都で發行する「歷史と地理」の壹卷貳號。東京で發行の「歷史地理」と混雜されぬやう注意する。

二、特權階級としての草分百姓

私は好んで各府縣における古今の地誌類を讀む。輓近、鄕土研究の興隆に伴ふて郡誌や村誌の刊行が遽增し、少しく誇張して云へば殆んど應接に遑なき有樣である。寔に斯學の爲め慶賀に堪えぬ次第である。斯うして地誌類を讀んで驚いた一事は、村々の草分百姓(地方により芝切り百姓とも云ふ)(1)と稱する者の大半までが、室町期の終りから江戶期の初めへかけて、連年の戰爭に倦み疲れ、浪人稼業に愛憎を盡かした者の土着歸農したことである。これは恐く私の寡聞に由ることとかは知らぬが、兎に角に村の名家とか舊家とか云はれるものゝ多くが、此の浪人達の子孫であり一族であると傳へられてゐる。單にこれだけの事實を捉へて、結論めいたことを云うのは太だ早速ではあるが、農村に和名抄の鄕里以來の存在が尠く、農家に開闢以來の榮え無きを知ることが出來た。そして是等の浪人が土着して草分百姓となつた實例は、餘りに夥しく存してゐるので、如何にするも摘錄することさへ躊躇される。且つこれからの記述が自然とそれに觸れる所があると信ずるので姑らく省略し、更にすゝんで是等の草分百姓なる者が村治上に有してゐた特權に就いて述べるとする。

第一は神事(神社の維持と祭儀の執行を含めての意)に就いて草分百姓の有してゐた特權である。これは我國の氏神制度(2)の上から云へば、寧ろ當然の歸結には相違ないが、それが後世まで克明に保存されたことは、農村の堅實性と民俗の永遠性とを考へさせるものがある。そしてその古俗として草分百姓を神に祀つたものを擧げることが出來る。京都府北桑田郡知井村は、いつの頃か武將香賀三郎兼家(3)に從屬した家臣十名が此の地に留り草分となつた。これを同村の十苗と稱し勝山、林、高野、大牧、中田、東、長野、名古、中野、津本がそれである。そして此の十苗では各家とも先祖を神として祀り、古くは知井庄五ヶ村の氏神として崇敬させた。從つて一切の神事は此の十苗の子孫が支配してゐたのである。(4)草分百姓を部落の氏神に祀るといふが如きことは、やゝ特殊の事情と認むべきであるが、斯うした例證は他にもある德島縣勝浦郡勝占村大字方上の草創神社、同郡多家良村大字本庄の草祖神社は、共に祭神に關しては異說があるも、所詮は村の草分を祀つたものだらうと云ふことである。(5) そして若し此の祭神に子孫があるとすれば、その者が神社に對して特種の權利を有することになるのは、蓋し止むを得ぬことである。

以上とは少しく趣きを異にしてゐるが、草分百姓の幾代かの子孫を神に祀つた一例がある。和歌山縣伊都郡富貴村大字東富貴の名迫氏は、近鄉八ケ村を開發した草分百姓であつて、家に元德元年の下司職の文書を藏してゐる點からも、舊家であることが知られる。然るにその幾代かの後裔である名迫伊光が、享保の初めに凶年が打續き、殊に多くの猪や鹿が出沒して田畑を荒し、農民の離散するのを憂ひて藩に乞ひ、鐵砲の名人鷲塚源次を賴みて、八年間に千百六十一頭の猪鹿を打留め、これより農民生業に安じ疲弊を回復したので伊光を神として祀つた。名迫明神といふが即ちそれである。(6)

草分百姓を直ちに祠に祀つたので無くして、草分百姓が居村を開發する際に創建した神社に對し、その子孫が神事上の特權を有する例は、今に『宮座』と稱して各地に存してゐる。(7) そのうちで最も適切なるもの〻二三を擧げると、石川縣鳳至郡輪島町の縣社重藏神社には、同社に附屬せる神人（ヂケと稱す）の一團がある。これは同町がまだ六戶しか無かつた遠い昔から連綿とした家系で、俗に『草分六戶』と云ひ一切の神事を支配する特權を有してゐる。今ではその子孫が孳殖して六十餘戶に達してゐるが、猶ほ特種の神人團を組織してゐる、祭禮には上座を占め、平時には神饌を司つてゐる。(8) 和歌山縣伊都群九度山村大字九度山は、天保十年頃には民家二百八十餘戶を數へる部落であつたが、此のうち六十戶は同村の草分百姓の子孫と稱する土着民で、他の二百廿餘戶は同村の開發につれ他から來た移住民である。そして同村では古くから、土着民を『座《ザ》』と稱し、移住民を『平《ヒラ》』と云ひ、此の間に截然たる差別を設け、村內一切の自治權の行使は勿論のこと、氏神の祭禮に至るまで、苟くも名譽あり實權ある役割は、悉く座の者が占有して平の者を全く局外に置き、偶々科することがあれば卑業か賤役であつた。これが爲め天保十二年には兩者の感情がもつれて訴訟となつたことがある。(9) そしてやゝこれと同じやうな草分百姓の子孫が、神事に就いて特權を有してゐたことが、愛知縣に[10]も存したと報告されてゐる。

第二に草分百姓、又はその子孫は、概して村治上における名主[11]、又は組頭等の役儀を代々承繼する特權を有してゐた。東京市に近い八王子市の横山町は、元は獨立した宿驛であつて、江戸期には川口七郎兵衛が世々名主を勤めてゐた。此の家の先祖七郎兵衛は武藏七黨の支流であつたが、小田原北條氏の爲めに所領を失ひ民間に下り、天正年間に此の横山宿を開いた草分である[12]。そして斯うした例證は各地に亙り殆んど際限なく存してゐて、關係の町村と氏名だけを記すにも多くの紙幅を要するほどの、極めて在りふれた問題なのである。それかと云つて少しも記さねば私の獨り合點になつてしまふので、こゝには二三の抽出にとゞめるとする。福島縣耶麻郡落合村は鈴木四郎右衛門の家で、代々肝煎[13]を勤めてゐた。同家の祖先鈴木重義は貞治年間に會津に來て葦名氏に仕へ、應永年中に此の村を開き土着した。重義は有徳の者で生涯のうちに三度まで奴婢を解放して良民としたので、その者等が恩義に感じ村內に家居せしより、忽ちにして繁昌の村となつた。慶安四年に始めて磐梯山の温泉を開いた鈴木重次は、此の重義の子孫であつて然も肝煎であつた[14]。同郡下利根川村の肝煎も神田彌右衛門とて、その先祖は葦名氏の家來であつたが、慶長四年に本郡別符村の地に新田を開いて一村となし、下小出村と號け肝煎役となり、後に下利根川村を兼ねるやうになつた。同家にはその折の開村の古證文が殘つてゐる[15]。然るに斯うした例證のうちで頗る特色を放つてゐるのは、新潟群中蒲原郡川東村大字中川新の草分百姓である、中川家に關する記事である。同地は寛文十二年に丹後宮津の浪人であつた中川伊右衛門が土着歸農した部落で、地名の中川新とは中川氏が開いた新田といふ意味なのである。その爲めに子孫の中川氏は相承けて名主役を勤め村政を獨裁し、且つ村內より絶えず『年番』と稱する者を交代に徵して、無料で屋敷の掃除及び使ひ歩きに使役した。また正月元日には年頭禮とて同家の主人が年番を供につれ、村を貫く道路を通る習ひとなつてゐるが、その折には各戸とも雨雪にかゝはらず路端に荒莚を敷き、土下坐して年始の挨拶を申述べることゝなつてゐた[16]。これはやゝ極端の一例ではあるが、草分百姓であり名主であるとすれば、二重の恩威が伴ふことゝなるので、これほどの横暴も絶無だつたとは考へられぬ。猶その實例に就いては追々と記述したいと思ふてゐる。江戸期にあつては、俗に『首と釣合ふ』とまで大切にした小前百姓の實印は、(17)悉く名主が手許に預つてゐて、大事のときは相談もするが、小事なれば無斷で押捺したもので、然もこれが殆んど天下を通じて行はれた尋常の茶飯事であつたのだから、今から考へると只々驚くより外はない。そして名主と小前百姓との關係が、名子や庭子であつたとすれば、一段とその横暴振りが激しかつたのである。私の生れた栃木縣地方には『名主を三年勤めると倉が建つ』といふ俚諺があつた。名主は役儀に伴ふ口米、又は扶持を給されるが、此の他にも屋敷の年貢を免ぜられるなど、相當の收入のあつた以外に私腹を肥すことにも油斷は無かつた。俚謠の『庄屋の內儀の紅裏小袖、小前百姓の血の涙』といふのは、(18)全國に唄はれた名主呪詛の悲歌であつた。

斯うした草分百姓であり、名主であつた者は、たゞに小前百姓の人格を認めぬばかりか、全く自分に隷屬してゐる奴婢の如く心得てゐて、自分が貧乏すると名主の役儀と共に百姓ぐるみ他人へ賣渡す(19)といふやうな暴擧さへ敢てした。然もその際に小前百姓が異議を稱へれば、田畑を取り上げて居村を追ふのであるから、實に慘憺たるものであつた。そして少しく事情は違ふが草分の權利は、昭和の現代でも保護(20)されてゐるのである。

（1）駿國雜誌（廿一ノ上）に由れば、古く同地方では芝切りと云うてゐた。更に田村浩氏に從へば、青森縣田名部地方の村落で「プイタスの家」とは草分の意味で、プイはアイヌ語で獨りの意、タスはチヤシの轉訛とある（法律研究廿八ノ四）。アイヌ語に門外漢の私には分らぬから、たゞお取次して置く。岩手縣の樺皮ノ家なども、單に舊家と云うだけでなく、或は草分の意が含まれてゐるのかも知れぬ。敢て同地方の讀者の高敎を仰ぐ次第である。

（2）我國の氏神は原則的には祖靈神である。從つてその祖靈神に血筋をひく者が、祭祀の優越權を有するのは當然であつて、各地の宮座制度はこれに起原してゐるのである。

（3）香賀三郎は卽ち甲賀三郎であつて、諏訪神の本地物として著名なる傳說中の人物である。これを主人と賴んだ十苗の人達の出身は、史實から云うとそのまゝに受け容れることは出來ぬが、今は深く云はぬことゝする。

8

農民の階級と民俗(一)　(中山)

(4)「京都府北桑田郡誌。」

(5)「徳島縣勝浦郡誌。」

(6)「紀伊續風土記」卷五一。

(7) ヂケは地下とも思はれるが判然せぬ。私の故郷に近い足利市にヂケと云うのがあるが、これ寺家だと云うてゐる。更に詮索したいものである。

(8)「石川縣鳳至郡誌。」猶ほ「石川縣之研究」(第二神社篇)にも、これと同じやうな記事が載せてある。

(9)「九度山を中心として」と題せる書物に詳記してあるが、今は概略にとゞめた。

(10) 民族と歴史(三ノ三)、三河の湯立の神事の條。

(11) 名主と庄屋の稱は廣く用ゐられてゐたが、地方により特別の稱へがある。こゝに一二を云へば、岩手縣では検斷、福島縣では肝煎、石川縣では十村と云うた。組頭、百姓代に就いても斯うした特稱があるが、それは必要あるとき掲げるとする。

(12)「新編武藏風土記稿」卷一〇一。

(13) 肝煎の名は、他の名主や庄屋とは違ひ、民間の稱へが後に斯うした意味に變つたものと考へてゐる。

(14)「新編會津風土記」卷五五。因に云うが會津風土記とて漢文のものがあるから、間違はぬやう注意されたい。

(15) 同書卷五四。開村の古文書は左の如きものである。

別布領荒地高百廿石之所之肝煎ヶに定置候・並神田作式高十二石之所も相添肝を可煎候、前代之遺所にまかせ肝煎分一圓に雖候、近年之肝煎此餘事是又不成候間、荒地分肝煎に申付候上は、不殘開作いたすべき者也、仍如件

慶四　三月十七日　滿願寺　印

神田新二郎とのへ
同右馬允とのへ　　　進之

(16)「日本の農村を語る」。
(17) 小前百姓とは、役付以外の農民を汎稱した語である。所有地の有無によつて區別した平百姓と水呑百姓とに就いては、その機會に述べるとする。
(18) 古くは廣く行はれた俚諺である。更に大分縣速見郡の「山香鄕土史」には『お庄屋さんには及びもないが、せめてなりたや殿様に』の俗謠を擧げ、天明年中に庄屋の權威を歌つたものだと云うてゐる。
(19)「掛川誌」（卷九）遠江國周智郡熊切村大字長藏寺の條に、庄屋役と百姓とを賣渡した左の如き證文が載せてある。

一札之事

當村年來之御年貢未進過分に御座候に、御公方より御催促の衆御附被成候へ共まかない不罷成候故、松下村之彌次右衞門殿賴人永樂錢以上合而六十一貫三百文、貴樣御取替被成候事實正也、其故度々相濟候べき御使被下候へ共、一錢も手前無御座候間、拙者名數此村中不殘田畠山地同庄屋共に末代相渡申候、此故は少も申分無御座候、わきより小百姓共何樣之わがまゝ申候はゞ田畠御取上可被成候、爲其一札仍如件

天正五年　　くす村作　太　郎
辰之十一月十八日　　同　年　作
花島總右衞門殿　　證　人　彌次右衞門

（20）草分人の借地料を値上げせんとして敗訴した地主があつた。その顛末が昭和七年二月十八日付の都新聞に詳しく載せてある。

三、外來者が負擔した農村の義務

私の鄕里では、外來者を『渡り者』又は『他國者』と稱して、一般に輕視し壓迫する傾向があり、何事につけても『何處の馬の骨だか知れた者では無い』と云ふのが、その結論であつた。そして斯うして外來者を賤め、更に一歩をすゝめてこれを排斥すると云ふ空氣は、獨り私の鄕里ばかりでなく、殆んど海內の到る所に磅礴し充滿してゐたのである。それでは何故に斯うまで外來者を蔑視し嫉忌し壓迫したかと云ふに、その原因は相當に複雜してゐるのである。

祖靈を祀つた氏神の恩賴が、祖靈の血を承けた氏族に厚くして、血屬關係の無い外來者に薄いと云ふのが、我國の氏神に對する原始信仰であつた。そして此の信仰は氏神が產土神と遷り變るやうになつても、猶ほ依然として土地兒と外來者との間には、神寵の差別があるものと考へてゐた。これが外來者を疎却する根本思想なのであるから、その由つて來たる所が實に遠いのである。曾て私は此の問題に就いて、左の如き簡見を發表したことがある。

（上略）。交通が發達し文化が普及した現時でこそ、村落と村落との感情も融和し、共存共榮といふ思想も抱懷されてゐるが、つい百年ばかり前までは、各村落とも殆んど利害を異にしてゐたので、敵同士で無いまでも決して味方同士では無かつたのである。神が他村の者を忌むと同じやうに、人も他村の者を嫌つたものである。田畑の惡鳥害虫を拂ふ鳥追ひ虫驅けも、自村の境から他村へ送り込むのが常であり、時疫の流行とあれば[1]俄に踊りを催し、藁で拵へた人形に疫神を封じ込み、鉦や太鼓で囃しながら、同じく自村の境から他村へ流して遣るのを當然とした。是等はかなり村と村との感情を尖銳化したものである。更に此の外に端午の石合戰、凧揚げ競爭、田植時の水爭ひ、洪水の折に行はれた堤塘の崩し合ひ、秋季に行はれた他村と爭鬪して、一年の豐凶を占ふ綱曳祭や喧嘩祭などの種々なる神事は、村々の關係を決して圓滿に導くものでは無かつた。他國人または他村人に接した爲めに、曾て知らなかつた奇病に罹つたといふ例は、全く迷信の沙汰ばかりで無く、史上の事實として證明されるところである。大きく云へば梅毒もペストもコレラも、他國人が持ち込んだ病氣であり、小さく云へば流行寒冒もはやり眼も、他村人に接した爲めに起つた病氣である。それでも眼に見えるものなら、惡鳥にせよ害虫にせよ、追ひ拂ふことも出來るが、眼に映らぬ時疫その他の災厄を攘ふには、神や佛の力に待たねばならぬので、村々の入口には塞《サエギ》る意味の塞の神が祭られたり、惡魔除けの齋竹が建てられたりするのである。朝儀の一つであつた道饗祭も、幕府で營んだ七瀨ノ祓ひも、所詮はこれと同じ信仰である。從つて他國の者を見ることが冷かで、これを遇することも輕かつた。信州ではこれを『來たり者』と稱し、(2)日向では『濡れ草鞋』と呼び、(3)飛驒では『ゴンボタネ』と云ひ、(4)八丈島では『てゝ筋』と稱へるなど、(5)悉く是等の『他所《ヨソ》もん』を侮蔑したものである。併し此の侮蔑の半面には、他所もんは何を仕出すかも知れぬと云ふ、恐怖の念が多少とも混入してゐたことは注意すべき點である。(以上。拙著「日本若者史」の一節)

斯うまで輕侮され嫌忌された外來者が、何等かの事情で土着し、農民となるには多少とも特種の義務を負擔させらるゝことは、當然の事として服從するより外は無かつたのである。山形縣最上郡豐里村では舊藩時代に他村より移り來る者を『入百姓』と稱し、これが村入をするには先づ『人主』とて身元保證人(居村の者に限る)を立て、此の者より庄屋、代官を經て藩主に願ひ出で、その許可を得たる後に他人の上地面、又は入百姓自身が開墾した田畑を耕作させてもらうことゝなつてゐた。(6)そして此の民俗は原則的には殆んど天下を通じて行はれたものと見て大差なからふと思ふ。勿論、地方により特種の例外的慣行のあつたことは云ふまでも無いが、外來者の義務は却つて此の特種のものに變つた民俗が伴ふてゐた。兵庫縣加西郡北條町では他所よりの居住者には『町入』と稱し、一小字町で定めた金額を出させることになつてゐる。昔は小字町全部の戶主を招待して馳走したが、今では現金で濟してゐる。舊藩時代は紹介人(その實は身元引受人)が無ければ、町入を許さなかつたことは云ふまでも無い。(7)そして以上の斷片的記事にくらべると、左の福井縣の農村における親方と家子との關係は、頗る具體的なので敢て轉載することゝした。

漂泊の旅人が、流れ流れて村に入り、或る人の世話で土着する時、その者は『居留り者』と呼ばれ『家子《ケコ》』と呼ばれるその漂泊者を世話するほどの者は、比較的富裕な家で、義俠心のある人である。で、居留り者は永く子孫に至るまでもその家の從者たる禮を執らねばならぬ。私の近村（中山曰。筆者瀬戸源藏氏の居村は、福井縣三方郡耳村大字中寺には『あそこは、今はあんなに身代が好いが、元は某家の家子ぢや』とか、又は『某家の先祖は乞食の遍路ぢやつたが、何家の家子にして貰うて、居留り者になつた』などいふ家がある（中略）。『家子』とは「家の子」又は『家《ヤ》ッ子《コ》』『奴』と同じ義かと思ふ。家子も眞面目に業を勵んで產を成すと、主從關係より脫して親類？附合を許される。又家子の勢が親方の勢力を凌ぐやうになると、多少横着になつて『家子を剝いで貰ひたい』なんて申込む。その時は居留り當時着てゐた着物を親方が保存して置いて『ヨシそれではお前はこれを着て、自家の敷居に手をついて「永らくお世話になりました」と丁寧にお禮をせよ、さうすれば剝いであげやう』と云はれ、餘りの面目なさに赤面して引き退つたとかいふ話がある（中略）。因みに家子は『子方』とも呼んでゐる（以上。社會史研究九ノ一）。

此の民俗は、一面他地方にも行はれた親方持に共通する所があり、一面被官百姓や名子等の隷屬的農奴に似通ふてゐる點もあるが、それ等に就いては追々と記述すべき機會があると信ずるので今は省略し、猶ほ續いて外來者の義務に關し運罳する。奈良縣初瀬町には『頭仲間』と稱する宮座がある。此の起原は明確では無いが約六百年前であつて、爾來、懈怠なく繼續してゐる。そして此の頭仲間に加入するには『橋詰頭』とて、祭禮の日に頭仲間全部を招ぎ、古式に由る祭儀を行ふのであるが、明治維新前までは、他所より此の町に移住して來た者は、假令、富貴な身分であつても、此の橋詰頭を勤仕せざれば、初瀬町の住人となることが出來なかつたので、今日で云へば公民權を得ることが出來ないのと同一である。享保十一年改の『橋詰勤頭薄』の端書に『橋詰頭之儀は、他所より當地に住宅作家相求め候後にて、橋詰頭相勤め、當所之住人に罷成候事』とあり、天和元年まで外來者の勤頭の人名が溯つて列記してあると報告されてゐる(8)。宮座は成立の本質から云へば、絕對に外來者を加入させぬことを原則としてゐるのであるから、此の初瀬町の頭仲間は多少とも變則的でもあり、且つ古い約束が崩れたものと見られるのである。そしてやゝこれと事情を同じくしてゐるのは、京都府北桑田郡黑田村大字宮の春日神社の宮座へ、慶應三年に吹上半兵衞なる者が加入した事件であるが(9)、併しこれは祭祀權を得るのが目的であつて、公民權を得る爲めで無いから、そこに大きな相違がある譯である。

(1) 柳田國男先生に由ると、今に躍りのことを仁和賀と云うのは、これが爲めだとある。
(2) 民俗(三卷二號)。猶これには南信州における外來者のことが詳述してある。敢て參照を乞ふ次第である。
(3) 若山牧水氏の書かれた「思ひ出の記」に由る。若山氏の家には絶えず二三人の濡れ草鞋連が來てゐて、それ等の人々の生活が詳記してある。
(4) 飛驒の地誌類には必ず載せてあるほど有名である。尤もゴンボタネは後には特種の家筋として、他國の狐持や犬神筋と同じやうになつてしまつたが、その始めが外來者であつたことは疑ひが無いので、こゝに併せ載せるとした。猶ほ詳しくは拙稿飛驒の牛蒡種の考察(日本民俗誌所載)を參照されたい。
(5) 八丈島の事を書いた「旅がらす」に載せてある。
(6) 「豐里村誌」。
(7) 「加西郡誌」。
(8) 民族と歷史(三卷四號五號連載)。
(9) 「京都府北桑田郡誌」。これに就いては猶ほ記したい事もあるが、長文になるのを恐れて除筆した。

四、農民階級の二種別と其の生活

私の此の小篇は、愈々これから本文に入るのであつて、言はゞ今までの記述はその序說にしか過ぎぬのである。若し讀者のうちに序說としては餘りに冗長に失してゐると云ふお方があるならば、その點は私の不文として許してもらひたい。

さて、これから本文に移るのであるが、一口に農民階級と云ふものゝ、原則的には社會的階級と身分的階級との大きな差別があり、それが時代により地方により多少とも相違がある上に、その階級が民俗に交渉するところが又た廣汎であつて、家格、服裝、建築にまで及んでゐるのである。殊に困難なる問題は、各藩とも或る種の目的のために、好んで農民階級を複雜にした事である。阿波藩の二十七階(級郷士浪を加へて)を首位とし、これに次では熊本藩の十四階級、紀州藩の十二階級などを重なるものとして、全國の各藩とも多きは七八階級、少きも三四階級に分れてゐて、然もその悉くが時處により稱呼を異にし、且つ親の職分の年功等により、子孫の待遇にまで階級が伴ふのであるから、その複雜さは全く意外であつて、稱呼だけを掲げるのでも決して容易なことでは無い。從つて是等の一々に就いて蒐集した資料を擧げて記述することは、到底此の小篇の許さぬところなので、こゝには先づ農民階級の基調をなしてゐる社會的階級と身分的階級とに關し、やゝ全國的に共通するものだけを記すにとゞめ、阿波、熊本、紀州の三藩に就いては別に項を設け、これに共通する二三の記事を併せ述べることゝした。猶ほ信州の伊奈に行はれた被官百姓(1)、奥州及び各地に存した名子百姓(2)、及び同じく各地に殘つてゐた家抱百姓(3)などに就いては、既に權威ある研究が發表されてゐるので、今は深く云ふことを避け、たゞ是等の農民階級と民俗の交渉だけに一瞥を投ずることゝした。

名主(又は庄屋)には世襲、官選、民選の區別はあつたが、職務上の權限に就いてはさしたる差別は無かつた。そして此の職に在る者が權勢を振つたことは既述した如くである。兵庫縣赤磐郡の村々では、江戸期には若し村內に年貢の未納者があると、名主は富有者を呼び出し、これに代納を命ずるが、その者が拒むと不人情なりとて、甚だしきは手錠を箝めて獄屋に下すこともあつた。これは五人組の前書の中に『若し死失人等有之候はゞ、殘百姓として年貢辨へ可爲納所也』とあるのを勵行するのである(4)。また實際村內に未納者があると、村方の迷惑も決して尠くは無かつたのである。一例を擧げると、福岡縣糸島郡の村藏(年貢米を收める倉庫)の前に『繋り柱』と云ふが一本建てゝあり、年貢未進者をこれに縛りつけた。これを解くには第一は親族關係の者が代納するか、第二はその組合よりするか、第三は村中よりするか、何れの方法にても代納するまで繋いで置く。その間は自宅においても表口は戸を締め切り、青竹を十文字に渡し四方の隅に釘を打ち交通を斷つので、家族は水汲みの外に出入することも出來ぬ。村內では交替に人夫を出して不眠番をするので、未納者があるとその失費は多大である。(5)そして斯うした未納者を出さぬやう、村の失費を要さぬやうに努めるのが名主の職責であるが、かく名主に權勢を與へた根本の理由も、又そこに在つたのである。實際、江戸期においては幕府領、大名領、旗本領の差別なく、如何にして年貢を遲滯なく完納させるかに就いて、有りとあらゆる方法を講じて萬一の遺漏なきを期した。その點から云へば、農民は被搾取者としてのみ存在を許され、武家は如何に搾取すべきかに就いてのみ工夫を廻らしたのである。各地における割地制度の如きも、(6)此の一方法にしか過ぎなかつた。幕府や藩主が農民に極端なる儉約を强ゐたのも同じく此の目的を達成する一手段にしか外ならぬのであつた。(7)今に世に傳はる『百姓と胡麻油は、絞めれば幾らでも出る』と云ふのが搾取の極意であり、更に『百姓と灰俵とは、叩《タ》けば叩くほど出る』と云ふのが、同じく搾取の秘傳となつてゐた。それ故に天下の農民は、極端なる儉約を强ゐられるまでもなく、生活には蟻の穴ほどの餘裕だに存してゐなかつたのである。私がこゝに述べるところの農民の階級を、かくまで複雜にして家格に上下をつけたのも、詮ずるに百姓の虛榮心を煽り、多額の金圓を搾取する間接的の一方法であつた。これに就いては後に詳記するが、名主は斯うした權勢を與へられてゐたゞけに、年貢に關しては又重い責任を負はされてゐたのである。福井縣丹生郡朝日村では江戸期の年中行事として、十二月二十六日の夜を『庄屋迎へ』と稱してゐた。此の理由は每年十一月になると百姓は年貢米を納めることゝなつてゐたが、その時期が來ると庄屋は一種の人質として藏元屋敷に招致され、自分の支配村の年貢の皆濟するまでは、否應なしに滯留させられるのであつた。これが爲めに百姓は競ふて完納に努め、此の日に滯りなく庄屋を迎へ祝宴を催したので、遂に此の行事となつたのであると傳へられてゐる。(8)

名主、組頭、百姓代の三役以外の農民は、一體に小前百姓と云ふてゐたが、此のうちにも亦た階級があつた。京都郡中郡の村々では、江戸期には地主を長《オサ》百姓、自作農を平《ヒラ》百姓、小作農を水呑百姓と稱し、毎年、名主宅の總寄合には、長百姓は三役と共に表座敷の疊の上に、平百姓は通り間の薄縁の上に、水呑百姓は土間に藁、又は莚を敷きて坐し、聊かにても土地を有する百姓ならでは、鍋座、板ノ間、莚以上に昇ることを許さなかつたとある。(9)長百姓、水呑百姓などの解釋、及び地位に就いては、地方により少しづゝの相違もあるが、いづれにしてもこれは地位的階級であつて、かの名子百姓や家抱百姓の如き身分的階級では無い。詳言すれば、長百姓といへども寸尺の土地をも有せぬやうになれば水呑百姓に落ちこれに反して水呑百姓であつても地主となれば長百姓に揚がることが出來たからである。名子や家抱は自分等が隷屬してゐる主人が解放してくれぬ以上は、一人前の百姓となることが出來ず、よし解放されたとしても名子なり家抱なりの肩書は容易に消えぬと同時に、舊主に對しては子孫に至るまで一目も二目も措かねばならぬ境遇にあつたのである。

然るに山口縣においては、此の社會的階級と身分的階級とを搗き交ぜて、別趣の階級とした特殊のものが行はれてゐた。即ち同縣の昔は百姓を本百姓と門男《マオト》百姓との二つに分け、更に本百姓を本軒(高十石以上の所有者)、七歩五朱軒(高九石九斗以下七石五斗以上、但しこれだけは後に廢された)、半軒(高四斗九升より五石まで)、四半軒(高四石九斗九升より二石五斗までの)四階級とし、高二石四斗九升以下を悉く門男百姓と稱した。そして此の區別は、本百姓は門役(每月賦課される村費の戸數割)を負擔するに反して門男百姓は全免されたことが標準となつてゐたのである。單に村費の負擔と免除だけで區別されたのであるから、門男百姓も本百姓と同じやうに庄屋、畔頭、町年寄等の各役に就くことは出來たが、本百姓の格式を買つてその列に加はらぬ以上は、譬ひ數百石の大地主とならうとも、依然として門男百姓としての村交際に從はねばならぬことゝなつてゐた。(10)そして此の周防の門男は阿波の間人と同じ語義であつて、然も阿波ではこれを水呑百姓の意に用ひてゐる所から推すと、周防にも此の意味が含まれてゐるのでは無いかと思ふ。猶ほ間人に就いては後段に述べる。

これに反して駿河國では、本百姓と水呑百姓(11)との差別に關し、概ね左の如き解釋を下してゐた。

當國、百姓の本家を親家《オホヤ》(私註。他國の本百姓、又は長百姓と同じものと思ふ)といひ、其末家を家徒《カト》、又は分知《ブンケ》と云ふ。其隱居して別家に住む。之を新家《シンヤ》と云ふ。[12] 或は其從者より出て百姓となる。之を譜代《フダイ》と云ふ。(原註。效雜物語に云ふ、田舍には男女媒なしに××して、持てる子を庭子《ニワコ》と云ひて譜代とす)、其扱ひ家徒と同じ、家士の如くす。また水呑庭子(原註。或は寄子《ヨリコ》とも云ふ)等の別ちあり。其本家たる者は、必ず一村草創の舊家にして、之を芝切《シバヤリ》と云ふ。悉く屋敷相傳の田地(原註。或は之を家地田《カチタ》と云ふ)あり。水呑は此田なし。富むといへども賤しとす云々(駿國雜誌廿一ノ上)。

これに由ると水呑百姓の意味が大變に違つて來て、草創相傳の田地を所有せぬ者は、悉くそれのやうに聞えるのであるが、これは恐らく駿州だけに限られた民俗であつて、一般的には全く土地を所有せぬ小作農を云ふてゐたと見るべきである。それから譜代と庭子とは名稱は異つてゐるが、本質的には殆んど同じやうに考へられる點がある。寛政年中に橘南溪が九州に遊んだ折の見聞記に下の如き一節がある。

日向邊の農民、富有なる者は、一生買切にしたる奴僕を多く持てり、いかなる事ぞと問ふに、米良、五箇、其外この近國の山中より出る奴僕の親たる者へ、鹽一俵、米五升ばかりを與へて、其子を一生ふつゝに買切る事なり(中略)。一生を買切たる奴僕は、たとへ打殺しても、其主人の心任にして、親元より一言の怨みいふ事なし。男女とも此通りの奉公人甚だ多し。田地多く持たる農民は、多く召かゝへて置ゆゑに、其者ども私に通じて出生する子をも深くは禁ぜず、主人よりも厚く世話して養ひ育つるなり。これを『庭子』といひて、譜代相傳の奴僕にて、わけて其家を我家と心得ゐて眞實忠勤を盡す事なり(中略)。もし其奴僕主人の氣にそむく時は、主人の心次第に賣拂ふ事なり(中略)。東國にても甲州上州の邊かくの如くにて、富有の農民は家の子といふ者を多く抱へ居れり云々(西遊記卷五)。[13]

斯うした被官百姓や、名子百姓や、譜代や庭子やは、共に本家に隷屬した農奴に過ぎなかつたのであるが、これに反して水呑百姓は社會的地位こそ劣れ、決して隷屬的の農奴では無くして、瘦せても枯れても獨立した農民であつた。此の點が兩者の相違する基調である。

併しながら是等の隷屬的農奴であつても、その者の勤功と主人の溫情とにより解放され(14)ば半獨立的の農民となり得たのであるが、半獨立だけに民俗的には子孫に至るまで、本家たる舊主人の恩義に報ゆる態度を執らねばならなかつた。例へば豊前の小倉領及び中津領に行はれた隷農にあつては、(一)本百姓と緣組とすることは許されず、隷農は隷農と階級的內婚をなし、然もその結婚は舊主人の許可を得ることを要件とした。勿論、これは一つの形式に過ぎぬ場合もあつたが、實質的に舊主人の意思により、左右される事が頗る多かつた。(二)隷農が主家を離れた後でも、舊主人を訪問する時は、決して表玄關よりせずして勝手口より、それも洗足で出入し、間違つても奥座敷へ通るやうなことは無かつた。(三)主家に葬儀のある時は、その雜役に服することは云ふまでもないが、特定の隷農にあつては、死者及びこれに附屬する不淨物(所謂黑不淨)の處置した。更に主家の赤不淨(即ち出産時の汚れ物)の始末をするのも、また勤めの一つであつたそして此の兩不淨物の始末をすることが、一段と隷農の社會的地位を低落させたのである。(四)此の外に每月朔日と十五日には主家に挨拶に往き、中元及び歳暮には主家の佛前への供へ物と贈り物をするのを常とした。殊に除夜の鐘を主家で聽き、元朝の若水汲みの神祕的儀式を勤めるとか、年改まれば年賀に伺向するとか、正月二日の繩綯ひ初めや、鍬始めや同十一日の馬具作りやに赴くとか、(五)山林乃至主家の垣根作り、墓掃除、煤拂ひの手傳ひ、五節句の贈り物などが義務となつてゐたのである。(15)そして斯うした負擔は時處により多少の相違こそあれ、何れの地の隷農にも慣行された民俗と見て差支ないと信ずるのである。(未完)

(1) 歴史地理(卷數は失念した)に詳細なる研究が連載されてあり、鄕土研究(第二卷第九號)にも「伊那溪の史的地方色」と題せる記事中に見えてゐる。

(2) 農業經濟研究(第三卷第二號)の「舊南部領の莊園類似の制度」のうちの名子の條に、詳しい研究が掲載してある。南部領以外の名子で實見に入つたものは「地方凡例錄」及び「伯耆志」(卷十)その他であるが、何れも斷片的のものである。吉田東伍博士の「歴史の地理的研究」のうちに、越後の名子制度に關する記事があつたと記憶してゐるが、カードを藏ひ無くしたので明確に云へぬ。

（3）農業經濟研究（第四卷第三號）に載せた「小倉領中津領及び日田幕領々境地帶に於ける隷農的制度」に詳記してある。

（4）「赤磐郡誌」。

（5）「糸島郡誌」。

（6）小野武夫博士、牧野信之助氏を始め、各氏の單行本及び雜誌所載の記事が、相當多く各地の制度に就いて研究發表されてゐるので、今は一々の書名を明記することを避ける。故仲吉朝助氏から筆者が直接に聽いたことであるが、沖繩の地割制度も又それであつたと語られた。

（7）江戸期の農民が、殆んど人間として堪ゆる事の出來ぬ程の極端なる儉約を强ゐられたことは「五人組帳」一つ見たゞけでも思ひ半に過ぐるものがある。雜穀を食へとか藁で髪を結ひとか、それは今から考へると全く想像する事も出來ぬ苛竦なものであつた。

（8）「福井縣朝日村誌」。

（9）「三重縣郷土誌」。

（10）社會史研究（第九卷第五號）、猶ほ本百姓の負擔は、本軒一戸、毎月薪一荷代料二分五厘、年額三匁。半軒一戸、右の二分の一四半軒一戸、右の四分の一。但し四五九十の四ヶ月は耕耘收穫のため減額し、閏月には增額した。此の外に浮役として藁繩を本軒一房、半軒半房、四半軒四半房を賦課された。そして門男百姓は是等の義務が免除されてゐた。

（11）水呑の語義に就いて、（一）湯粥をも啜り得ず、水のみ呑み居ると、其窮境を極言したものとの說と、（二）水呑とは田作をなさず、其村の水計り呑む百姓鍛冶その他諸職人を云ふとの二說があるも、一般には第一說を用ゐてゐる。「俚諺集覽」に水呑百姓とは田宅を持たざる窮民をいふとあるが、これが當時の社會通念であつた。

（12）近世風俗志（第三編人事の條）に『京阪の市民庶子及び兄弟或は手代等、家を別ちたるは其親方主人の家を本家と云、或はをもやと云、母屋也、諺文には本家と書き、口稱に或は本家或は母屋と云、又庶子兄弟等の別れたる家を分家と云、手代奴僕等の別ちたる家を別家と云、又分家別家を通じて出見世とも云ふ』とある。町民と農民とは相違する所があり、京阪の如き都會と草深き農村とは同視することは出來ぬが、參考までに抄錄した。猶は町民と農民との相違、及び町民の階級に就いては、機會があつたら記述したいと思つてゐる。

（13）牟婁口碑集（爐邊叢書本）に『亥の子の晩には、背からお出で』といふ、何の意か知らずと云ふに對して、南方熊楠氏の謂く『亥の子の晩には背からおいで、たな事仕舞うたら、ぬれ手でお出で』といふなり（中略）何の意やら分らぬとあれど、これは分り切たことにて、昔は大百姓の家の子などは奴隷同様のものにて、奴隷同様のものが繁殖せぬと、働き仕事をする者なくなり大百姓は大に困る。故に代々働き男女を私合せしめ、其子が又奴隷同様に大百姓に仕へしなり、それもむちやに和合させては悪い故、亥の子の晩だけを限り和合せしめしなり。故に天下晴れての和合の晩なれば、仕事さへ濟まば早く來れ、ぬれた手をふかずに急ぎ樂み來いと、女の方から男を招きし意なり云々とある。

（14）譜代の下人を解放した證文は諸書に見えてゐるが、こゝには「阿波藩民政資料」から一通だけ、參考として抄錄する。

後々永代暇遣申證文之事

一、其方儀、我等譜代の下人に紛無之候處に、年來忠孝仕くれ候に付、此度下人を離し、我等小家に出申處實正に候、依之、所の肝煎彌左衛門、五人與平太夫與書證文遣申候、子々孫々に至迄毛頭違亂妨申間敷候、依爲後日暇證文如件

正德三巳年三月十一日

名東郡日開村　孫左衛門印

同　藤助印

同村　丹六方へ

（肝煎五人組の奥書省略）

（15）前掲の「農業經濟研究一四の三に載せた『小倉領中津領及び日田藩領々境地帶に於ける隷農的制度』の註記を筆者が按排したものである。詳細は同誌に就いて御覽を乞ふ。

綱曳私考

川野正雄

鄕土研究第六卷二號所載山口麻太郎氏の綱曳考を拜讀して、その達見に屢々感歎を禁じ得なかつたが、一二の點に就て私としては異論があるので是に、潛越をも顧みず筆をとる事とした。

一

山口氏の御說では、綱曳には年占より前に農產豐饒祈願の意味があり、而もその根原は曳かざる蛇形の綱に惡靈をつけて河に流すといふ除災に出でゝ招福即ち農產豐饒の祈願となつたといふのがその御主旨かと思はれる。即ち除災を目的とする曳かざる綱を以て、綱曳の起原を考へ、同時に此の曳かざる綱の氏の所謂異例を以て綱曳の有する意味を說明されて居る。

農產豐饒を祈る事が恐らくは年占以前であるといふ點は私も認めるが、曳かざる綱から綱曳への展開についてはどうも氏の說明丈けでは解し兼ねる、何故かなれば、綱曳の綱曳たる所以は綱を曳く事にある事明らかであるからである。即ち何故蛇形の綱を曳くのかといふ事が先づ綱曳の有する意味を探究する上に於て解明されなければならない先決問題であると思ふ。

氏は此點曳かざる綱が年占に移るに伴つて曳くべき形が現れたといふ風に云はれ、餘り之れには觸れてゐない樣であるが、此點に思ひを致さずして「單なる綱」から「綱曳」への展開の跡を單純から復雜への自然的成行きの如くに解するのはどうかと思ふ。

綱曳の形式上の要點である綱を曳く事を單に年占に移るに至つて派生した行事の如く解するとせば、勝負を爭はない綱曳行事はどうこれを說明せられるのか。

羽後の所謂さい鳥綱曳に於て雌雄二綱を引き合ひ、何れか一方が切れる事によつて其年の米價の高低を判斷する如き（柳田國男先生「年占二種」所收）或は又近江の山神祭の綱曳の如き（肥後和男氏「鞍馬の竹切」所收）尙更に山口氏自身が說明して居る朝鮮の綱曳に於て、その「勝負は第二義的なもの」の如き、その曳く事には何等特別の意味もないのであらうか、否綱曳は所詮綱曳きである蛇形の綱を曳く事がその骨子でなければならない。

曳かざる綱を河に流す意味と綱を曳く事とは自ら別個の問題である。

即ち綱曳行事の有する意味の解明は、綱を曳く事の意味を究める事に依つてのみなされる筈である。

然らば綱を曳く事の中に何等の意味を窺ひ得るかといふに、既に肥後和男氏が民俗學第三卷三、四號に於て少し觸れられた樣に、鞍馬の竹切花背村のオンベエウチの如く蛇を退治する事乃至は之をいぢめさいなむ意味があると考へる。

殊に二月八日の攝津原天王祭に、社前に繩を以て大なる蛇形を作り、松木二本を立て是を渡し其上に蛇の目に表する方一間の的を上げ、裃を着た神祭頭家の者が川向より箭二手を以て的をねらひ、甲の矢乙の矢を射るを合圖に五ヶ村二つに分れ蛇形の頭の方を上組四ヶ村の山上に引上げんとするのを、下組一ヶ村の者その尾を引いて山下に至らんと河を隔てゝ引合ふ（年中故事）行事の如きは先づ蛇形の急所を射て去勢し、而して之を曳きさひなむ意味がよく現はれて居ると思ふ。

是に於て山口氏の形式の單純なる故に綱曳の起原であらうとする下總印幡郡土屋の盆綱にしろ成田附近で行はれる盆綱にせよ何れも頭と尾を斷ち切るといふ曳く事同樣の意味をもつものであつて、同樣の狀態主旨でこそあれ、何れを單純とし複雜と判じる事は不可能な「蛇いぢめ」の變つた形に過ぎないのである。又川に捨て流すといふ事も本來は惡靈を流す意味ではなかつたと考へるが之は便宜上後述する事とする。

次に鞍馬の竹切、各地の綱曳が意味する蛇退治に就いて考察の歩を進めるが此點に於て、端なくも先づ肥後氏の所論と相反するの遺憾に遭遇した。

二

肥後氏は上述「鞍馬の竹切」に於て蛇形の綱或は縄を以て山の神を現はすものとし、而も記紀神代卷の素戔嗚男尊の大蛇退治の神話を以て此の俗間行はれる所の蛇退治の行事の神話化であるとされ、山の神の神性を有する素戔嗚男尊が山の神のシンボルなる蛇を退治するといふ事は、一見矛盾せる如く考へられるけれども、之は山の神の荒魂に對する和魂の作用となし、蛇形の縄を以て山神の荒魂と斷じ、之が退治に山神の和魂の力を借りるのであるといふのがその主張せられる點かと拜察する。

氏引用する所の多くの神話は祭祀を說明するために作られたものであるといふデユルケームの說は正しいかも知れぬが民間行事として、蛇退治の事があるからと云つて、一足飛びに直ちに素戔嗚男尊の神話を以て之が說明をなさうとするが如きは餘りに早計に過ぎはしまいか。氏は神性として和魂と荒魂を考へられて居り、成程素戔嗚男尊の和魂荒魂は考へられるが、それは素戔嗚男尊といふ人格神なる故に可能であるが、民間行事にあらはれる蛇神はそれがたとへ山の神の神性を帶びて居やうと、又よし水の神の性質を有して居やうと、單なる蛇神であつて決して素戔嗚男尊を豫想してはゐないのである。

素戔嗚男尊を先入主とするからこそ蛇形の綱は同神の荒魂を表象するものと考へ得るのであらうが、それは餘りにも神話に捉らはれ過ぎた解釋である。

又若し、素戔嗚男尊大蛇退治の神話と如上の民間行事との間に關係ありとするも、今少しその間の交渉點を考へて役の事に屬する。

然らば蛇形の綱を以て現はされる神が山の神そのものとするならば、肥後氏とは自ら異つた見解が生ずるわけである。私の考へでは此の蛇を打ちとりさいなむ行事は、農産豐饒を保證せしめる爲に山の神をその地に勸請する意味をあらはすものと考へて居る。

花背村のオンベエウチに於て「從前はこの日藁を以て蛇體を作り、十三佛の名を記せる札をつけ堂の內側に吊り、その首を南の入口の左右にある窓より出して居た、行事了ればこの蛇體を村の南端にある勸請懸――道を挾んで兩方に大樹が相對して立つて居た。それを勸請懸といふ（肥後氏同上論文所收）今はなし――の木にかけたといふ」如き明かに勸請懸と云つて居るが、蛇形の綱に毘沙門天の兕を唱して生靈を與へ、而して之を山の神として其の地に止めて農産豐饒を保證せしめる爲に打ちこらして木にかけて置くと解すべきである。

又同じく肥後氏同上論文所收の近江の綱曳に於て、綱曳の後に山の入口にある森の中の山神祠前の神木に之を卷きつけるといふのも、此の神木は花背村の勸請懸に相當するものであると思ふ。

以上は山の神としての蛇神の場合であるが、他方水の神（雷神）としての蛇神の場合について見るも同樣の事が云へると思ふ。それは多く雨乞行事として各地に行はれてゐるものである。

美濃加茂郡久田見村分鄉に於ては旱魃の時「笠踊」「七社廻り」などをやつても、尙雨が降らぬ時には「伊勢木を引く」とて村の有志に徑五寸位の檜樹を寄附して貰ひ、それを山で伐り、皮を剝ぎ取り、神明の社頭に持來り、神酒を神に供へ祭をして後其檜木の兩端に繩を結び付け區民上下に分れて引き合ひ、其うち一方の繩が切れると負となり、勝つた方の組が其の檜樹を引きづつて飛驒川の岸の適當な所に持行き「此邊まで川の水が增して此の伊勢木の流れるやうに雨を下さい」と神明樣に祈るのである。（民族三ノ四、林魁一氏）

此の伊勢木は綱曳に於ける綱同樣の意味を持つものと信ずる。

豐後の中判田の雨乞では巨大な蛇を藁で作り、それを集つて打ち又は蹴り、散々な目に合せてから神池に投込む、さうすると神の怒を買つて雲起り、風雨すると云つて居る。（民族三ノ五堀雄次郎氏）

又天草島の教良木村では雨乞の時には藁で清姫といふ大蛇を作り、寺の坊さんに祈禱して貰ひ、一週間ばかり經をあげ最後にその大蛇を川へ持つて行つて漬ける、すると藁の大蛇が生返つて來る。そこを止めをさすと一時に大雨がやつて來る。（濱田隆一氏「天草島民俗志」）

此の外斯様な例は澤山あるが、之丈けで既に蛇退治が決して荒靈退治でない事が判りはせぬか、俗說ではあるが神の怒りを買つて風雨するといふなどは水神（雷神）の荒神なる事を示し、よし又和荒兩魂を有するとしても水神（雷神）に農產豐饒を祈る事、即ち雨を請ふ事はその和魂に賴るのではなく正しく荒魂に賴るに外ならぬ。

かういふ傳說がある。

昔近江國伊香郡に例年夏になると旱魃がして、十八ヶ村の百姓達は甲の六ヶ村と乙の十二ヶ村とに分れて、白裝束で水喧嘩をするのが常であつた。或年例の如く水喧嘩をしてゐると川の中に大きな穴が出來て、川の水はその穴へ吸ひ込まれて少しも田の方へ行かなくなり、百姓達も喧嘩の種がなくなつて心配してゐると土地の豪族井口彈正といふ人の娘、その人は一方の目が盲であつたがその事を聞き、『それは氣の毒である』といつて川へ行き、その穴の所へ飛び込むと忽ちその娘は蛇體となつて同時に川岸から大きな岩が崩れて來て川の中に落込み例の穴を塞いだので、川の水は附近の田へ具合よく灑ぐ様になり、その後旱魃があつても水に不自由をしなくなり、水喧嘩も遂に絕ふたといふ（鄉土硏究一ノ七古井男氏）

此傳說の意味する所は、恐らくは神に仕へる女の犧牲によつて水神たる蛇神を迎へてその恩惠に浴したといふわけであらうが、之れを以て見ても蛇郎水神であつて、肥後氏の退治なければならない荒魂である。蛇そのもの丶恩惠によつて農產豐饒を招いたのである。

退治といふ事を肥後氏同樣に解すると、退治なければならないのは荒魂より寧ろ和魂であつたのである。たとへそれが民に惠みの賜物とは云へ、風轟々の響を立てゝ森や林をゆるがし一天たちまちに黑雲が躍動し、大雨沛然と降りそゝぐ、狀景など、之をどうしても神の和魂の然らしむる所とは考へなかつた事は今も昔も變りはない筈である。

又素戔嗚男尊に若し水神の性質を求めるならば、記の妣の國に行き度いと父を責めて「泣きいさつ」神話などにその所以を求めねばならぬが、之の點など正しく同神の荒魂の致す所と考へられる。

美濃の伊勢木曳きではそれを曳き合ふ事、豐後の雨乞では打ち又は蹴る事、天草島のそれでは止めをさす事に同樣に蛇體としての水神（雷神）をさひなむ意味を認めるが、之をいぢめさひなんで川につけるといふ事は、蛇體に生靈を吹き込んで漬けた河に神を止め、河水の增加をはかる意を表はしたものに他ならぬ。もとく蛇退治とは云つても、決して今日の我々の常識で以て之を判斷する所謂惡魔退治の意味とは違つた理解が前代民にはあつたのである。

多少趣を異にするが、アイヌの熊祭りに於て祖神たる熊を退治る事、或は同地の梟神を射落した者に幸運が下されるといふ神謠の如き（知里幸惠氏「アイヌ神謠集」）「動物を捕獲する事その事が神の訪れである」（松本信廣先生「外者款待傳說考」思想など、上述の如き行事を殘した我が祖先達の心理を物語る好個の傍證ではあるまいか。前代民の心理では恐らくは神は一定の場所に永住乃至は定住するとは考へなかつた。

時としては神自身の意志によつて、或時は人間の勸請を受けて或地、或場所に降臨せられるのであつた。

それ故或地に於て、神の不在と神の來往は當然起るべき事實であつた。

してみると一度勸請した神を永くその地に迎へ止めて置きたいのは常民の心である。

殊にまかり違へば崇りをするといふ樣な荒神の勸請には人身を供御して、之を慰め永々其地に止めさすか、或は之を足腰立たぬ迄にいぢめぬいて止めるかより外に道はなかつたのである。所が人身御供の方は人間にとつては甚だ都合の惡い事であり、屢々賭けた農產豐饒よりも大なる痛苦を人間に與へたゝめに、人間の自覺は當然に神に痛苦を與へて無理强いに神を自個の地に止めて農產を保證せしめる方に傾いて行つたものと思ふ。

考へ様によつては素戔嗚男尊の大蛇退治の神話も人身御供からいぢめさひなむ方へ移る過渡期の現象を神話化したものとも解せられる。何となれば既に稲田媛の姉達數人は嫌應なしに大蛇に御供されてゐたからである。それが天上からの追放によつて甦生した素戔嗚男尊によつて現はされる文化的英雄により荒神勸請の新方法を案出せられたわけであつた。

それは兎も角前述近江に於て蛇繩に農產豐饒を祈願する意味の色々な物を體に結びつけるなども決して神を慰め祈る所以のものではなかつたと思ふ。アイヌに於ける熊祭りも亦梟神捕獲も「動物を捕獲する事その事が神の訪れである」といふ意味の一班は右の如き理由に基くものではあるまいか。

次に山口氏が綱曳行事の根本主旨の如く考へられた惡靈を蛇繩につけて川に之を流すといふ思想も、それがたま〳〵旱魃の多い盆の月に行はれ、且は魂送りといふ佛教的思想によつて、着色された考へであつて本來の意味は矢張水の神をその河に勸請する意味即ち水の神祭にすぎなかつたと思ふ。

一體、山神祭、水神祭といふも畢竟する所は山神を勸請する祭であり、水神を呼び迎へる儀式に外ならなかつたと考へる。

以上に依つて、私は山神祭、水神祭等に於て行はれる綱曳の意味を考へ、蛇神を象徵する綱を曳く事は山神又は水神を打懲らしてその地に勸請し、之に農產豐饒を保證せしめる意であるといふ事を述べたつもりである。

斯う考へて來ると之が年占に移つて行く過程が容易に首肯される。即ち農夫方と漁夫方或は山の衆と海の衆といふ風に天の利地の利を異にする人々が二手に分れて綱曳をなし、勝ち方が農或は漁の豐饒を約束されるとするのは右の神勸請の意味から考へられ易い展開ではなかつたかと私は思ふ。

たま〳〵山口麻太郎氏の一文を拜讀して、以前から少々考へてゐた綱曳である所から、憶面もなく、が併し自分の無智無識をさらけ出しはしまいかと內心悄々とし乍ら、漸く稿を終えたが、何分にももがきにもがいて綴つた文章の拙なさのうちに不用意失禮な語をもつて山口氏竝に肥後氏に掛けた御迷惑も一通りではないと思ふが、幸に諒せられて御示教を賜はれば光榮である。

寄合咄

大刀會匪と毒物

戰鬪員が戰場に臨むに際し一身の安泰や戰勝を祈念して護符、呪符を携帶してゆくことは、現存の未開人の間にでも古代民族の間にでも、或は歐洲大戰爭の砌にでも大いに行はれてゐたことで別に異とするに足りない。わが國でも出征者で護符を身に附してゐない者の方が稀有であらうと思はるゝ。それで大刀會――こゝでは上海事變で活躍した大刀隊などゝは暫く區別して寧ろ宗教的秘密結社と看做さるべきもの――匪に關して、彼等の勇敢さが一に呪文を書いだ護符を飲んで若し死んでも數時間後に蘇生するとの信仰にあるとの種々の報告をみても特別に驚きはしなかつたが、七月十四日かの「東朝」で平壤特電として掲載されてゐた記事には異常な興味を覺えた。(これは『科學』八月號三五五頁に再錄されてゐる。)

その內容は、鴨綠江岸で蠻勇を揮つてわが討伐隊を惱ましてゐる大刀會匪は戰鬪に臨めば阿修羅と化し、機關銃、山砲彈の猛擊の中を物ともせず、足部位に貫通銃を創負ふても怯まず、遮二無二突擊し來り、我討伐隊を惱ます。この原因は今までは呪文を記した護符を服用して戰場に赴けば彈に中つても、數時間後に蘇生するとの宗教的信念からであると云はれてゐたが、その後軍部で硏究した結果、それは護符に書いた赤字の色素が非常に强烈な興奮劑で、戰ひに臨む三十分位前に、これを服すると激烈な興奮を覺えて狂鬼の如くに狂ひ始めると云ふもので、朝鮮軍司令部ではこの不思議な色素を化學分析してみることになつたと云ふのである。

この毒物の藥化學的分析の結果は不幸にして未だ知悉しないが、これは室中將も或人に自ら話してゐたと仄聞するから、確かに疑ふべからざる事實であらう。成程、戰爭やなぐり込みの時には酒を飲んで出掛ける風習は今もあるし他方臺灣本島人の符法師が呪文を唱えた燒いた符を食物中に混じて食せしめる時には狂態に陷り死することもあると傳へられてはゐるが、戰時に於ける呪術宗教的觀念とは直接には關連してゐない。大刀會匪の場合では護符そのものの功德に對する宗教的信念と共に實際生理的に働きかけてくる力能とが含まれてゐる。かゝる戰爭のときの毒物の呪術宗教的用途は、宇野圓空先生によればバタク族に於ても行はるゝらしいが、他の未開人種に於てはどうであらうか是非博學の士の敎示を乞ひたい。

これに關連して想起さるゝのは、アフリカの Uganda

の Lugbwara 部族で Kamiojo と呼んでゐる水仙科屬の植物のことである。これは「ライオンの醫藥」の意味で、多くの部族では、ライオンが他の動物を狩りに赴く時にはこの劑物の草を嚙むと想定してゐる。ライオンが勇猛であるのは恐らく、一にはこれを服用することに歸因するのであつて、カミオジヨによつて大膽にされたライオンは銃火に面しても勇敢なことを示すが、その劑物の反應の時期に於てはまるで怯病者の如くに振舞ふと Dribcrg は記してゐる。この植物を土人は水に混じて儀禮的に飲用するが、これは心臓に極度の刺戟的効果を與へ、飲用すると間もなく狂氣に近い狂暴な狀態を誘ひ、それについで深い弛緩的反作用の時期があると (I. H. Driebcrg; Yakan in the Journal of the Royal Anthropological Institute, Vol. LXI 1931, p. 417.)

大刀會匪の毒色素も恐らく植物性のものであらうと想像さるゝが、もしこれがアイヌの毒矢に塗らるゝ烏頭、故白非博士が本草中の不老不死の靈藥として愛用されて悲劇を招かれた烏頭などゝ同じ科の植物でもあつたら……と無智な筆者の幻想は奔放に空を驅ける。(古野淸人)

フォーチューン「ドブの呪術師」の正誤表

		誤	正
六七四頁	副題の	ho:don は London の誤	
同	上第三行	ファーカッソン	ファガッソン
同	下第六行	さげずまれ	さげすまれ
同	下第七行	大人を食ふ	人を食ふ
同	下第十二行	神秘充ち	神秘に充ち
六七六頁	下第三行	ドブ團體名種	ドブの團體各種
六七六頁	上第十行	Patrilo oal	Patrilocal
同	下第五行	結合 の薄弱	結合の薄弱
六 頁	上第二十一行	ドブ 男	ドブの男
同	下第七行	安全	完全
同	下第十一行	3	(3)
同	下第十六行	許されぬし。	許されぬし、
同	下第十八行	ドブ	タブ
六七八頁	下第二十一行	だからの三字を削除する	
六七九頁	上第五行	ドブではが	ドブでは(4)が
六八〇頁	上第三行	ellephnntiais	elephant'asis
同	下第十八行	ケラセア	ケラモア
六八二頁	下第一行	不具死に	不具、死に
同	下第四行	黒魂術	黒魔術
同	下第五行	渉死	瀕死
同	下第六行	魂術	魔術
同	下第十八行	人、より	人より
七五一頁	下第五行	空飛魔女	空飛ぶ魔女
七五二頁	下第二行	かゝた	かゝる
同	下第四行	タブ	ドブ
七五四頁	上第十三行	うぢ	うち
七五五頁	上第九行	結意	結局
同	上第二十二行	百人	白人
同	下第九行	ゐだ	ゐた

吉兵衛物語

小林英夫

一九三二年五月十一日、曇り日の朝、わたしは黄金町三丁目の府營職業紹介所を訪れた。京城府の、主に內地人の店舗住宅のある町は大抵和名がついてゐるのである。府のメインストリートをなす南大門通り筋を直角に東に折れた街區を黄金町といひ、グラウンドへ向ふ電車が走る埃つぽい街である。紹介所は車道から少し引込んだ所にあるが、その曲り角に京城府云々の標柱が立つてゐるから、といふよりうす汚い白衣のルンペンが、我々にはむしろ暢氣にさへ思へる顏付をして、何やら怒號しながら車道まで溢れ出てゐるから、すぐ其所と知れるであらう。

要件は、吉兵衛一人雇入れることであつた。この地の內地人は、接觸する朝鮮の勞働者に對して、日本語化した獨特の鮮語をもつて呼んでゐる。野菜や魚を持廻り、或ひは豆腐なぞを賣りひさぐ商人や、擔車《チゲ》を負ふ擔車軍《チゲグン》や、一般に兩班《ヤンバン》の稱に値しない人々をヨボといふ。同じく、內地ならば女中下働きに當るものをオモニといふ。ヨボとは元來若し〱と人を呼ぶときの間投詞である。オモニとはおつ母さんのことである。お母さまと少し丁寧にいふときにはオモニムと語尾をはつきりといふ。それからゲチベー。十五六歳までの娘で、髮をお下げに結つて眞紅なリボンなぞ結び、日本人の家に掃除、洗濯、子守等のために奉公に出るものをゲチベーと通稱してゐる。原語では kjecipe, といひ、kjecip は女子の卑稱であり、終尾の e は ahe, の收約で、幼兒を意味し、二語を一言に呼んで少女を指す。對稱としては良い言葉ではない。これらのことは京城へ來る早々厭でも持たされる常識である。

わたしはゲチベーといふ言葉を始めて耳にしたのは、しかしそんなに古いことではない。昨年の暮頃だつたと思ふ。わにしの住ひは或る勾配の中腹にあるが、坂を登りつめて、その名に適はしからぬ鶴ケ岡といふ禿げ山のてつぺんに居を構へる同僚A君に奥さんがあつて、新婚のわたしたち夫妻が駄辨りに行つた或る日のこと、何かの次手に家のゲチベーがそんなこと言つてましたわとか何とか言はれたのである。わたしたちはそれを個有名詞と考へて、そのときには別に不思議にも思はなかつたのであつた。ところが同じ奥さんの口から度重ねてキチベーの話を耳にするに及んで、どうもそのキチベーとやらいふのは女性であるらしいと感付いた。

話は別のやうであるが、わたしは昨年の秋から生粋の京城つ子なるさる大學生に自宅に來て貰つて、週に一二度づゝ正式に朝鮮語の稽古を始めてゐた。そのレクチユアの途次たま〱 kjecipetul といふ語に出喰はしたのである。そのときには只女の子たちといふ意味だと敎はつて別に氣にもとめなかつたのであるが、傍聽してゐた妻が、後になつて、かのキチベーとこのキューチベとをアイデンティファイしたのである。わたしは言語學者にもあるまじき勘の鈍いなあるほどをこのとき味つたものだ。しかしその責の一半は日本語が背負つてくれてもいゝではないか。吉兵衛の語感が、どうも女性を想起せしめないからである。

吉兵衛一人、日本語解するに及ばず、家族三人半、用事——掃除と洗濯、給料月三圓といつた風な雇用條件を記したカードを一吏員が他の吏員に手渡すと、彼は隣室の阿母尼吉兵衛控室へ行つてそれを鮮語で讀上げる。そこは二十疊敷ほどの板の間部屋で、同じやうに髮を結ひ同じやうな服裝をした阿母尼と吉兵衛が朝鮮風に片膝を立てゝ坐り、件の吏員と雇主たるわたしとを半々に見比べながら、條件要項をぢつと聽いてゐる。默頭いて立上つた吉兵衛は二人あつた。一人は十五六の娘、ぎつじり詰つた人群の中ほどから活潑に立上つた。京城のものだといふ。かの奥さんからかね〴〵他地のものがよいといふことを聞いてゐたので、わたしは躊躇した。すると部屋の隅で、もう一人立上つた娘がある。見ると漸く十二三にしか思はれない小娘で、恥かしさうにうつむいてゐる。側に母らしい阿母尼が附添つてゐる　如何にも小柄で、こんなものに着物の洗濯や溫突たきなぞ出來るか知らと先づ疑つた。出來るかいと念を押してみた。はい《ネー》と自信ありげに默頭いた。世慣れた風でもなし。正直さうだし、それに母だと稱する阿母尼も人柄だし、家は水原だといふし、そんなこんなで一決して雇ふことにした。すぐ來るといふ。手廻りの荷もあらうにと思ふのに、だまつてついて來るから仕方がない。途中で店へ寄つて、吸呑だの氷枕だの便器だのを求めた。その包を吉兵衞は人に持たせないですぐ受取つた。この子の悧潑なことをわたしはそのとき直感した。

吉兵衞物語（小林）

妻は大學の附屬病院でお產を濟まして十日ほど前家に歸つた、が一昨日下痢をしてから容態激變、前日は四十度からの熱を出した。三月末から手傳ひに來て貰つてゐる妻の姉は、赤ん坊の仕事に一ぱいで、わたしも務めがあるし、それで今日吉兵衞を連れて來ることになつたのである。

病氣は產後によくある腎盂炎、醫師は每日又は隔日に大學から來てくれた。離床しえたのはその月も末であつた。

日本語を解せずともよいといふのは、一つはその方が安く雇へるし、一つにはわたしの朝鮮語の勉强にもならうといふわけであつた。第一の要求は何でもなしに滿たされたが、第二の方はさう簡單にはいかない。その日から身振問答が始まつた。同時に彼女の日本語學習がスタートを切つたのである。

彼女は、眼に一丁字ないといつては、字通りの意味において語弊があるかも知れない。それは諺文の基本的なものは少々拾ひ讀みが出來るからである。しかし全く無學だといふことは確かである。彼女は東西南北の何たるかを知らない。陽が出る方が東で沈む方が西だと朝鮮語で敎へてやると、はあさうですかと答へる、自分には關係のない知識だとばかりに、彼女の世界觀は臺所一坪に極限されてゐると極言しても大した誇張ではないことは、彼女の有する母語の語彙が裏書してゐる。一體に朝鮮人は自然に對して親しみを感ぜず自然をいつくしむことが少いが、試みに動植物の名稱を尋ねてみても、獸類では豹（phjopom）、騾馬（nose）、獅子（snea）、を知らず、禽類では家鴨（cipori）、耳づく（puoui）、鸚鵡（emmu）、鷹（mae）、鶯（kwekori）、鷲（swri）、鴉（kamakui）、を知らず、虫類では螢（pantuipul）、蠶（nue）、蝙蝠

(pakcui)、を知らないといつた調子である。これらの語はいづれも曾て大學の少年給仕の口から採集したもの故、少くとも初等普通教育を受けたほどのものは、皆知らなくてはならぬ筈である。繪本で見るか物の話にも聞きさうなものだと我々には考へられるのである。わたしの家の庭先には、今春東京から仕入れて來た種子を蒔いて、美しいしかし少々營養不良な朝顏の花が、この頃は毎日わたしの眼を悦ばしてくれるが、この花は朝鮮語で何ていふときいても、知らないとばかり答へる。俗に喇叭花(nappalkot)といふのだと、遂にこちらから敎へてやるといふ仕末である。

彼女はしかし無學ではあるが馬鹿ではない。わたしたちが何を要求してゐるか次には何を要求するかをその場でよく察して、立場さへ與へられゝば未知の日本語をどしく\覺えていく。もちろん一般兒童の言語習得の仕方と同時に、意味の擴大や縮小や移轉は盛んに行はれる。例へばボンくといふお腹を示す日本語をお臍の意に解して了つたりする。また滑稽な話があつた。彼女はなかく\婆婆氣が強くて、身一つで家へ來た當座は着物がないため、門の外へは一歩も出たがらなかつたが、ポブリンのアッパッパを作つて着せてやつてからは、よく赤ん坊を抱いては社交界へ出入りするやうになつた。社交界といふのはやはり向ふ三間兩隣りの吉兵衞阿母尼の手合から形成されてゐるのである。或る夕、吉兵衞が社交界からひけて來て、旦那さん、赤ちやんの名何ていひますかと聞くので、春夫だつてこないだ奥さんに敎はつたぢやないかといふと、あたし赤ちやんの名を皆が聞いたから坊ちやんて言つたらみんなとても笑ひます。

吉兵衞は家に來る前に他の日本人の家に僅かの期間奉公してゐたことがあると自分でいつた。しかし日本語は殆ど全く覺えなかつたらしい。奥さんと針と糸と茶びんと前から知つてましたと述懷した。なるほど臺所と針仕事を受持つてゐたな。でも針は持てる手付ぢやないが、この四語が謂はゞ家への持參金であつた。それ故、今彼女の持つてゐる殆ど一切の語彙はわたしたちにその源泉を仰いでゐる。わたしたちとは當年三十歳になる言語學理論の研究家であり江戸つ子なる小生と、國語學をやるとて東京のさる專門學校に學び卒業するや否や細君業へと鞍替した小生の家内と、その家内のスピード的初產にはるぐ\里の山梨縣は甲府から走せ參じた義姉と、去る四月二十二日未明コヽの聲を擧げて新婚夫妻の甘き夢を一朝にして破つて了つた「長男」春夫とであつて、この最後の存在は未だ言語的にはアクティヴな働らきをしないから問題外として、右の三人が彼吉兵衞君の言語的環境の總體を形作つてゐるのである。但し義姉は妻が病癒えてのち七月ついたちに歸つて了つたので。その後は二人だけとなつた。

さてわたしと妻と義姉とは嚴密にいへばそれ〴〵別の方言を使つてゐるが、吉兵衞と交渉するとき使ふやうな言葉には、その差は殆ど現はれてゐない。この姉妹は幼少の頃を島根縣の濱田に送つたが、その中國方言の影響は、アクセントは別として、語彙的には唯一つ、「お風呂場」といふ語に見出されるのみである。言ふ迄もなく純粹の東京辯では「湯殿」といふからである。

吉兵衞物語（小林）

先に述べたやうに、吉兵衞が來た頃は妻が病氣の眞最中で、わたしはその方にかゝり切りだつたので、彼女は赤ん坊の世話をする義姉と同室に起床してゐた關係上、主として義姉が吉兵衞の家庭教師の役を買つたわけである。義姉が無心の赤ん坊に言つてきかす言葉を彼女はいつのまにか覺えて、人のゐないときなぞよく眞似て喋つてゐる。坊ちやんとてもいい子さんですね。

每日どういふ言葉をどういふ工合に覺えていくか、知りたいのはそれであつた。しかし不眠不休の看病の疲れがわたしの觀察を妨げた。微恙を得てそれが癒り、漸く元氣を恢復したのは七月も終りの頃であつた。だからもう覺えて了つた語彙の、性質を尋ねるといふより外に仕方がない。調べても、隨分たくさんの單語や言廻しを知つてゐるので、もうあとは惰性でもつて覺えていくばかりだ。

以下の記錄は去月二十九日及び三十日の二日に亙り、吉兵衞の仕事の暇々に採集した日本語の語彙を整理したものである。これだけの仕事に前置が長過ぎたと考へる讀者もあるかも知れないが、わたしにはむしろ短か過ぎて意を盡せないとさへ思はれる。或る現象を理解するにはそれの生起の條件を詳細に知ることが必要であるからだ、今の場合、被驗者たる吉兵衞の年齡、性質、知識と、その言語的圍繞者たる我々の用語や生活狀態を背景に置いてみないでは、次のやうな語の雜列は何らの意味も持つて來はしまい。

逆に、彼女の語彙の一二を手當次第にとつた次のやうなもの、コーヒー、洋服、蚊張、ミシン、おしめ、可愛い、笑ふ等はわたしたちの生活樣式を如實に現はしてゐよう。コーヒーは夫妻のパン食を示し、洋服は主人のサラリーマンたることを物語り、蚊張は季節を、ミシンは主婦のたしなみを、おしめ、可愛い、笑ふは乳兒の存存を曝露してゐる。實にたの語彙は彼女の七月末までに作り上げた世界觀の殆ど全豹を示すものである。

もちろん採集の方法には手ぬかりが多いに相違ない。今日その幾分かを補正することも出來なくはない。しかしそれはアナクロニスムを持込むおそれがある。あれから一ケ月近くも經つ內の彼女の進步は目覺しいものがある。もう日常の會話には殆ど事を缺かさなくなつた。追ひかけても追ひつけぬ。仕方がない。七月末といふ日付を打つて、辛くも彼女の語彙の潮流を切斷して撮つたそのスケツチを、手を加へずに記載するより外に名案がない。それだけでも、一言語獲得に對する何らかの觀察がえられたかと思ふ。

語彙はすべて具體的事物に限られてゐる。しかも食物、養器、家具、雜器、衣服、つまり衣食住に對する名稱が大半を占め、自然界に對しての語彙は驚くほど少い。これは吉兵衞一般、乃至金德某と呼ぶわが吉兵衞君が、教養低く、雜用にのみ追はれて他に氣を配る餘裕のないことを示すものである。

尋ね方には三通りある。物を示して名稱を問ふのと、語詞を聞かせて意味を解するや否やを見るのと。結果は同一ではない。使ふ語と解る語とは必しも一致しないからだ。例へばお鍋下しておくれと言へば、その通りするが、鍋を指してこれ何だいと聞くと、オナビと答へる、更に、聯想關係に置かれるか具體的立場が與へられるかしなければ解しえない語と、立場を抽象して單獨に聞かれても解しうる語とある。それ故わたしは二つの方法を順次に用ゐた。第一の表は、物を示すか又は知つてゐるものを勝手に想ひ出させて言はした語を示す。第二の表は、東條操氏の簡約方言手帳所收の語を一々日本語で讀んで、知つてゐるかどうかを答へさしたものである。但し第一表の終りにある文例は彼女が喋るのを蔭で聞いてゐて筆錄したものである。アクセントは特異のものであるが、筆紙に盡し難いのは遺憾である。

なほ、音聲法だけを抽象して觀察することも可能であるが、この記錄だけでは不充分であるし、且つはなるべく無意識の發音をありのまゝ記載するやう心がけたので、不體裁ではあるが、わたしが特にその際注意した語にのみ一種の音標文字を附して註することにした。

第一表

一、人倫肢體――人、男、女。顏、首、眼、鼻、口、耳、眉毛、髮、舌、手、足、お腹、お尻、ボンボン（臍の意）、爪（tune）、血（tsj）、力、おしつこ、うんこ、うんち（同義）。

註。以上の肢體品は主としてお風呂から上つた赤坊に着物を着せて貰ふときに必要であつた。

二、食物――紅茶、コーヒー、お砂糖（osato）、角砂糖、お鹽（os̩iwo）お味噌、お醬油（osōju）、お酢、油、胡麻、煎子《イリコ》、鰹節（katsobusji）、粉、お汁（osjiru）、玉子、油揚《アブラケ》、こんにやく、牛乳（jiinju）、ミルク（miriku）、おつぱい、水（mesu）、氷、たばこ。

註。（一）二音節以内の語におの字を附けて呼ぶのは、妻や義姉から習つたからであるが、始めはそれが敬語接頭辭とは氣付かず、後の文例に見とれる如く、只漠然と日本語ではおが附く言葉が多いと考へてゐたらしい。（二）末尾音節の長音は、少くともアクセントのない語では、いづれも短音化される。之は食物名と限つたことではない。（三）ソースを ososu と外に覺えて了つて、お醬油といふ言葉をいつもそれに結び付けて解釋してゐたが、近頃は漸く兩者の別が立つやうになつた。（四）油揚は滅多に買はず、こんにやくは一度も買つたことはないのだがよく覺えたものだ。一體に食べものゝ名稱に對する記憶は素晴しくいゝ。（五）牛乳とは毎日配達される瓶入りのもの、ミルクとは粉のを指す。おつぱいが兒童語なことはよく心得てゐる。（六）氷は妻が病中屢々買ひにやらされたので、夏でも覺えたのである。（七）たばこは私がのまぬので家では絶對に見せたことがない。或ひは例の持參語の一かも知れない。

三、野菜、肉――菜葉、葱（negi）、玉葱、キャベツ、お芋、じやがいも（jagaino）、お大根《ダイコ》、ほうれんそ、人參、牛蒡、トマト、もやし、茄子（nasu）、胡瓜、西瓜、とんがらし、しじみ。肉、牛《ウシ》、豚《ブタ》、鳥（tori）。

註。（一）京城の肉屋で豚肉を買ふ時はブタなんぼ〳〵呉れと云はないといけない。一度私は今日の肉は少々高いなと思ひながら買つて歸つてみたところ、鳥肉だつたことがある。之は朝鮮語で錢のことを ton といふので、語彙的分化が作用したのではなからうか。因みに二錢、二十錢等を必ずフタ錢、フタジツ錢といふのも、やはり朝鮮語の基底が働いてゐるのであらう。卽ち二といふ音は朝鮮語では語頭に立ちえず、すべてイとなるところから、ニセンは日本語のイッセンと區別し難いから、フタ錢等と云はれるやうになつた。（二）豚をトンといはずブタといふのは我々にとつてはいつまでも滑稽であり且つ不愉快に感じるバルバリスムであるが、鳥を店では小僧でさへカシワといふのは、別に艶言の意識があるわけではなく、單に關西語を使つてゐるまでゝある。

四、食器――お膳（ozje）、飯臺（xanda）、茶碗（tsawa）、お茶碗（otsowa）お椀（ownn）、お箸、お匙（osasji）、お皿、コップ（koppo）、お丼（odommuri）、お鍋（onabi）、藥罐、蓋（futa）、庖丁、柄（e）、甕。

註。（一）お膳と飯臺とは同じもの。後の語は特別の事情がなければ私は發したことがない。（二）茶碗にお附いた時は ts が有氣音になることに注意。この音は語中では、朝鮮人の口では、必ず軟吹音にならなければならないから、それを避けるため、有氣音としたのである。但し之に類する現象がすべての語に起るとは限らない。（三）お丼は、始め朝鮮語 toŋmuri（湯水――上は字音、下は「訓」である）に關聯せしめて覺えたと吉兵衛自ら云つた。いはゆる民間語源の一事例である。

五、衣服――洋服（jōoku）、シャツ（sasu）、ネクタイ、靴下、猿股（osarimata）、帽子（p'osji）、前掛、手袋、足袋、帶、草履、ネル、蒲團、枕、蚊張、スリッパ（soreppa）。

六、家具、雜器、文具、其他――家、玄關（kjenka）、お風呂、戶、煙突、疊（tadami）、簞笥（tansu）、机、椅子（isji）腰掛（kosukake）、鏡、本箱（xonbake）、抽斗、ミシン、明り（agari）、電氣、電話（tewa）、金だらひ（kanadara）、

吉兵衛物語（小林）

手拭ひ、干物、石鹼（sekkjon）、シヤボン（sebjon）、たわし（taüasji）、ガス、瓶、お藥、炭、石炭、煉炭（kjentan）、石、土、木、穴、蓆、繩（nanwa）、紐、手紙、郵便、郵便屋、紙、本、鉛筆、時計（tokeni）、新聞、乳首、物指、お花、ガラス（karasu）、お金、お話。

註。（一）日本語の an で終尾する語の末音にはとかく脱落したがる。（二）電話を朝鮮語では音でよんで euna といふが、それがデンワと天は同じ語だといふことは、もちろん吉兵衛風情にや判りつこない。電話は家には引いてないが、醫師の自動車を呼ぶ時にちよい／＼隣家へ行つて掛けたので、その時覺えた。（三）土は朝鮮人には發音しにくい音である。彼女には石や土は直接生活に關係して來ないから覺えるには及ばない語であるが、之は私が常々色んなもの〻名前を朝鮮語で聞かうとしてゐるので、その次手に日本語を敎へたのである。實に四回程互に時を隔てゝ敎へて漸く腦裡にとゞまつたやうである。なほ結論を參照されたい。（四）-awa-の結合は發音しにくいらしい。tawasji＞tanasji, nawa＞nanwa となる。（五）時計の tokeni は、現行朝鮮語に生きてゐる指少接尾を無意識に含めてゐる。例、onteni（尻）kweni（猫）。（六）お花は毎日、お花でございますと宣敎師の口振のやうに呼んで賣りに來るヨボの語を覺えたに相違ない。

七、動物——虫、蚊。

八、時間——朝、夜。

九、數——

（イ）hitósu, Futátsu misu jósu, isusu, musu, nanasu, jasu, kokonosu tô.

（ロ）itšï, ni, sä, sji, k'o, nokù, sjitši, hatši, kjù, tš'u, tš'uitši, nibzjû, sandzju, sidzju, k odzju, nokdzju, sidzju, hatšidzju, kjùdzju.

（ハ）ひとり、ふたり。

註。（一）（イ）における -su は又 -tsu の如く正しく發音することもあり、動搖してゐる。（二）六を noku といふのは、朝鮮語の音聲法がそのまゝ生きてゐる。(三)百(hiaku)は發音しにくい。無理に云はせるとと xakru なつて了ふ。京城生れのものはみな平氣で發音できるのだが、彼女は b+j の結合を大抵 x(スキスのドイツ語のch音、ロシヤ語のx)にする。そのほか、例へば星のことを京城では一般に pjǝl と發音するが、彼女は p'ie に近く發音する。粗雑に聞けばビールと聞える。彼女に百を何べんも敎へてやつたが覺えない。

十、副詞、其他――たくさん、みんな、一番、もつと、少し(sukosji)、それから、あのね。

十一、代名詞――なに、わたし、これ、それ、あれ、こゝ、あそこ、そこ。

十二、形容詞――早い、おそい、高い、低い(sjikui)、大きい(ôki)、かゆい(kajai)、新しい(atarasji)、良い(i')、六づかしい(mutsukasji)、白い、黒い、赤い、青い(jaoi)、黄色い、痛い(itai)、嬉しい(uresji)、眞丸い。

註。語尾のi はいづれも短音化する。

十三、準形容詞――綺麗(kire)可愛さう(kawaiso)。

註。彼女には綺麗と布とは同音語である。

十四、動詞――取る、笑ふ、泣く、知つてる、切つた、聞いた。

十五、文例――可笑しでしよ(ôkasji:desô)。坐つてるでしよ。以前はね。朝早く。他處の人が言つた。段々來ます。あすこの人たあれも居ないからね。……つて云はないですか。小さいのは何ですか。力がない。恥かしからね。お腹が大きくなつた。小さくなつた。おしめ代へて上げます。ちやんと着せて上げますから待つて下さいませ。これ牛乳ですか。あゝ、こゝにあつたよ。乳首たくさんくわへて。はあ、……と……が違ひますね。……は同じですね。泣いたら駄目(dame)です。朝鮮のマキがあるでしよ。乾いたのですよ。お猿さん(猿股の意)ですか。奥さん、とめてしまつて。おしめのこと……と言つたらいゝか知らんですね。何でも才がありますね。恥かしですね。ちやんと坐つて。みんな笑つてばかりゐから。可笑しね。ありがとございます。お風呂湧きました。黄色いの本。あんまり可愛い(非常に可愛いの意)。お休みます（就寢の挨拶）。おねんねしました（同上）。

註。泣いては駄目ですの如く、古典語ならば accusativus cum infinitiva でも使ふべき文意を示すときは、いつもたらを用ゐる。之は不思議なことに、內地人の七八歳の少女が庭先で喋るのを聞いてみると、やはりさうである。但し吉兵衛はそれに影響されたのではむろんない。むしろてはの同法を全然知らないところから、同語領域を擴大したものと見るべきである。

第二表

注意。番號は東條操氏の簡約方言手帳のもの。同書に番號なきものは頁を添へた。番號は括弧に包んだのは、その語がそつくり同書にあるわけでなく、それを含んだ語が記載されてゐる場合。例へば手帳には避病院なる語は出てゐても、單なる病院は出てゐない。

雷《四》、氷《六》、昨夜《ユーベ一二》、朝《一六》、地震《四〇》。犬《四一》、鼠《四三》、馬鈴薯《九二》、甘藷《九三》、南瓜《カボチャ九四》、蠶豆《九六》、葱《九八》、茄子《九九》。オトーサマ《一一三》、オカーサマ《一一三》、兄サン《一一七》、姉サン《一一八》、旦那サマ《一二一》、息子《一二三》、坊チャン《一二三》、娘《一二四》、お孃ツチャン《一二四》、乳兒《アカンボ一三一》、子供《一三三》、馬鹿、魚屋《一六五》、乞食《一六八》、泥棒《一七〇》。頭《一七一》、齒《一七六》、お腹《ナカ一八〇》、お尻《一八四》、男陰《オチンチン一八五》、腫物《デキモノ一九〇》、感冒《カゼ一九一》、着物《二〇一》、寢間着《二〇四》、襦袢《ジバン二〇八》、下駄《二一六》、綿《二一八》、洗濯《二二〇》、ご飯《ハン二二一》、おかず《二二三》、おじや《二二四》、味噌《二二五》、お汁《ツユ二二五》（おみよつけの意）、蒲鉾《二三八》、お菓子《二三一》、飴《二三三》、酢《二三五》。お座敷《二四一》、お臺所《ダイドコ二四三》、お便所《二四七》、お風呂場《二四八》、押入《二五一》、庭《二五四》、マッチ《二五八》、ごみ《二六一》、お碗《二六二》、茶碗《二六二》、お箸《二六三》、庖丁《二六九》、火鉢《（二七二）》、釜《二七六》、束子《二七八》、はたき《二八二》、箒《二八三》、たらい《二八七》、おしめ《二九七》。病氣《三二一》、お祭《三三二》、土産《三三七》、病院《（三五一）》、畑《ハタケ》（六五頁）、お辨當《ベント》（七〇頁）、舟《フネ》七一頁）、雪（七三頁。來る、寢る、起る、着る（以上七七頁）、怒る《三六二》、泣く《三六四》、叱る《三六六》、目が覺める《三六九》、抱《ダ》つこする《三七七》、始める《三八六》、しなさい《三八八》、下さい《三八九》、死んだ《三九〇》、腐る《三九三》、失なつた《三九五》、出來る《三九八》、出る《三九八》、居る《イ三九九》。善い《イ四〇一》、善い人《四〇一》、可愛い《四〇三》、可愛相《四〇四》、汚い《四〇六》、こわい《四〇七》、淋しい《四〇八》、ちつちやい《四一二》、柔かい《四一三》、暖かい《四一四》、恥かしい《四二九》。そんな《四三一》・さつき《四三四》、すぐ《四三六》、ちよつと《四三七》、澤山《四四一》、一番《四五三》、はい《四五六》、いゝえ《四五八》、いやだ《四五八》、もしもし《四五九》、あらまあ《四六〇》、お早うございます《四六一》、こんにちは《四六二》、こんばんは《四六三》、おやすみなさい《四六四》、ごめん下さい《四六五》、さよなら《四六七》、行つてまいります《四六九》、たゞいま《四六九》。

以上の僅かな觀察から私が抽出しえた結論は次の數項である。

一、百、土の如く、發音しにくい語は、曲りなりにも覺えようとはせずに、始めから覺えない。このことは言葉といふものが、音韻的に組織されて潛在意識內に疊まれてゐることを示唆するやうである。

二、單語は殆どすべて我々圍繞者に源泉があるが、句法は一見全く獨特であつて、我々が教へた覺えのない言方をする知らんです、要《い》らんですの如き、否定のんや、完結形に更にですを附す外地向きの語法は、我々の普通使はないものであるが、之は恐らく、物賣ヨボが、例へば屑屋が綿ぼろー（wadaboro）要らんものないですかーと呼んで歩くのが一つ、も一つはヨボに向つて我々は標準語を使ふと餘りに眞面目すぎて却つて不自然なやうな氣がするところから、常に關西流のしかもアクセントだけはブツキラ棒ないかん、要らんを使ふので、それらを吉兵衛は眞似たのであらう。それならやはり我々に責任がある。たらの誤用については先に註したが、之は我々が常に命令者としての位置にあつて、例へばご飯がふいたらガスの火を消しておくれといふ風に、條件とそれについての對策を與へるので、それをてはの場合にまで擴大して了つたと見るべきである。

三、外來語即ち日本語と朝鮮語との區別感は貧弱である。サクラ、ミカン、クツ等をみな朝鮮個有の語と心得てゐる。

四、解する語の形態乃至音相と、喋る語のそれとはかなり相異した陽畫を呈する。物が同一化されてゐるのであるから語の映像たる陰畫の方はやはり一つと見ても差支へあるまい。さうとすれば、それにしては隨分のカブリが一方には出來るものだ。彼女は色々の日本語の唱歌や子守唄を覺えて歌つてゐるが、また赤ん坊に向つて妻や義姉の口吻を眞似て、いい子さんですね、お待ちなさいよ、今おつぱい上げるからね等と生意氣な口をきく。或る場合には恐らくその意を解してゐないと思はれる言葉を獨りで喋つたりする。質問集式に尋ねれば、さうした言廻しは決して現はれて來ない。どこまで理解してゐるかは、六づかしい問題である。

こゝに記しただけの語彙や結論は、私にとつても單なる覺書に過ぎないけれども、吉兵衛に對する觀察は、外國語學習法や、言語基底の問題や、語の意味といふものについて、色々暗示するものがあつた。それは直接私に筆を執らせるほど高まりはしなかつたが、とにかく一つの現實を見せてくれたのである。

――一九三二・八・二五――

追加

昨日甲府の義姉から赤坊のおべゞや何やを送つて來た次手にケーヂベにやつてくれとて赤いリボンが入つてゐた。お禮の手紙を書いてごらんと妻に云はれて昨夜書いたのが次の一文である。この處女作は吉兵衛今日の學殖を示す貴重な文獻であると共に、そこに表はれた各種の「誤用」の内に、我々は日鮮兩語の主として音聲法の興味ある事實を看取することが出來よう。

彼女はなか〳〵知識欲が旺盛で、常々日本語を尋ねては覺込むが、文字も早くから義姉にアイウエオを書いて貰つたのを、時々手本にして書いてゐた。昨夜はそれを參照しつゝ綴つたのである。始め別紙に下書してから清書した。左のテキストはそれを出來るだけ忠實に寫したものである。但し第一行と最後の二行以外は行を分けてないので、續けて書下すことにする。

1、キヨニボンヲアリガトーコサイマシタ
2、ハルヲサグイブオキクナニマシタナンテモワカニマシタ
3、オネンネヨクシマシ《ツ》オクサカイツタラシ《ツ》クオトナシクナ
4、リマシタアカチヤンオトサンモオガサンモワカニマシタ
5、ワタクシドアカチヤドハナシカズゴシテキマツコンナゴ

6、ドカイダラワガリマツガハスガシテコサイマツモヤメマ
7、シタコントマタアケマシモワタクシモテガミクダサイ
8、サイナラ
9、オンクサハチカツ26チ
金トクス

シとツとを混同してゐるが、之は外國人のよくやる誤りであつて、字形上に止まり、表はされた音價についてははつきり區別が立つてゐるのである。濁音字には點を一つ打つか二つ打つか一定してゐない。その都度側にゐる妻に尋ねたので二つ打つのだと教へたが、結局統一がとれてゐない。ャには概ね上方に一點を加へてゐる。最後の行に宛名、日附、署名をその順に書くことは教へてやつた。その他の字配りは一切自發的である。

左には先づ筆寫行程に關して逐次註して行かう。

1行——きつかけとして、この一行だけは妻から教はつた文意をそつくり寫した。その後はすべて彼女の創作である。長音の記號（—）は教へた。

2行——ハルヲのヲは教はつた（オと區別して）。ナンテモは下書には始めナテモと書き、之ではいけないからンを書けと云はれて、テの右へンを附け、淸書の際に下に書くことを教はつた。4行目のオトサン、オガサン、5行目のコンナ、7行目のコントにおけるンも後の挿入である。

3行——オネンネの記寫には彼女は餘程當惑した。オネンは onen と聞え、ンの字の音價はウン（un）と心得てゐるからである。そこで介點が行かないが教はるまゝにンと書いた。オネンネシマッは下書ではオネンネシまで書き、「します」がいゝか「しました」がいゝかを尋ねたので、「します」の方がよいと教へる。カイッタラの促音の寫し方は教へた。このタラのタに點を打つべきや否やを尋ねた。その他サのオトサのト、ワカニマシタのカ、9のオンクサのサ、金トクスのトについても同様の質問を發した。その他カ行タ行については到る處で尋ねたやうであるが、その場所は一々記憶して

ゐない。オトナシクナリマシタのナリマシタは始めラニマシタと書いたが、妻に訂正された。

4行――ワカニマシタ、その他の場合は現在形がいゝと敎へてやつたが、いづれも過去形にして了つた。

6行――カイダラまで書いて來て次が續かない。どうしたらよからうといふので妻が「わかりますか」と書いたらいゝだらうと助太刀した。

7行――モワタクシのモは要らないと言はれて一度はゴムで消してみたが、考へてやつぱりどうしても要ると頑張つて附けた。ぜひ自分にも手紙が欲しいのだ。

9――行始めオクサと書いたので、ンを附けろといつたらォの下へ挿入して了つた。26チのチにはかうしたいきさつがある。二十六日の呼び方が判らない。今日が二十六日なことは知つてゐる。それは臺所の柱にアラビヤ數字で記した暦が掛かつてをり、それを毎日几帳面にめくり取つてゐるからである。數字は全く家へ來て覺えたらしい。私は書齋にスヰスの美しい寫眞入りの暦を掛けてゐるが、時々めくるのを忘れることがある。けれども彼女は剝ぐことを怠つたゝめしがない。サラリー・デーを間違へては大變だからな。さて26と書いたので、その次に「にち」とお書きと云ふと、不審顏に1を書いて之でいゝですかと聞く。「にら」だと言直しても呑込めないらしい。仕方なしにそれではチとだけ書いてお置きといふことになつた。金といふ字は始めから知つてゐた。始めからといふのは家へ來る前のことである。

次に、このテキストが我々に敎へるところのものを少しく列擧してみよう。（こゝでは煩を避けるために、專ら完成されたテキストについてのみ考へる）。横に書した番號は行數を示す。

第一、音聲法については、

（一）長音の短音化――キョ|1（今日）、オ|キク2（大きく）オガ|サン4（お母さん）ハスガシ|テ6（恥かしいで）、モ|7（もう）。

（二）リをニとすニ|ボン1（リボン）、ナニ|マシタ2（なりました）、ワカニ|マシタ2（わかりました）。

（三）ンの消失――ハルヲサ|2（春夫さん）、オクサ|3（奥さん）、アカチヤ|5（赤ちやん）、オ（ン）クサ|9（奥さん）。

（四）濁點の動搖――ナンテモ[2]（何でも）、ツク[3]（直ぐ）、オガサン[4]（お母さん）、ワタクシドアカチャド（私と赤ちゃんと）、ハナシカ[5]（話が）、スコシ[5]（少し）、テキマツ[5]（出來ます）、コト[5]（事）、コント[7]（此度）、カイダラ[6]（書いたら）、ワガリマツガ[6]（分りますか）、ハスガシテ[6]（恥かしいで）、コサイマツ[6]（ございます）、アケマツ[7]（上げます）、ハチカツ[9]（八月）。

（五）スをツと書す――シマツ[3]（します）、ツク[3]（直ぐ）、ワカリマツ[6]（わかります）、コサイマツ[6]（ございます）、アケマツ[7]（上げます）。

右の數條の內、（三）は日本語に罪あり、（五）は日鮮兩語が互に相棒をかついでゐる。その他はみな朝鮮語の音聲法に基く轉化である。こゝではたゞ事實の指摘に止め、音聲學的說明は省きたい。

第二に、語法については

（六）現在を過去に――ワカリマシタ[24]（分りました）、ヤメマシタ[6]（止めます）。

（七）「たら」の誤用――カイダラダラツカリマツガ[6]（書いても分りますか）。

（八）連用の誤用――ハスガシテコサイマツ[6]（恥かしうございます）。

（九）「も」の誤用――モワタクシモテガミクダサイ[7]（私にも手紙下さい）。

吉兵衛君の字は始めてにしてはなか〱しつかりしてゐる。文もよく通つてゐる。始め、どう書いたものかと聞くのでこないだ家へ歸つて面白かつたことなど何でも好きなやうに書けばいゝと妻が敎へたら、御覽の通りに赤ん坊を中心にして綴つてゐる。そこに彼女の氣立ての優しさが現はれてゐる。工合が惡いかして赤ん坊がよく泣いたりする時、面倒になつてうつちやらかすと、彼女はおゝよし〱誰が〱なぞと言ひながら抱上げる。手でかくし〱書上げたのを、よく出來たねと賞めたら、それでも大得意らしかつた。ダンナサには見せちやいけない筈なのを、寢入つた後で寫し取つて件の「追加」が出來上つたわけである。

―一九三二・八・二七―

吉兵衛物語（小林）

飛驒の昔話

林　魁　一

（一）河童の藥を授けし話

飛驒國吉城郡古川町字行眞《いきだに》に一人の農夫あり。宮川にて馬を洗ひしに、「カオロ」の馬の足に喰ひ付きたるを以て、馬は驚きて川を出で家に歸りたり。農夫は後より家に歸りて「カオロ」を見て殺さんとしたるに、「カオロ」は頻々助け下されと賴みたり。故に農夫は助けて宮川へ放ちたり。之れが禮の爲に「カオロ」は「ヤキビ」の藥を敎へたりと云ふ。

「カオロ」は河童にして、「ヤキビ」は「ヤケズリ」の事なり。

（二）狐の御禮をなしたる話

飛驒國吉城郡小鷹利村字稻葉に漁夫あり。漁をなして小川より歸らんとするに、一匹の狐が居り、足を痛めて頻りに賴む樣子なり。近づけば漁夫の背に登りたり、故に背に負ひて自分の家の前に行けば、狐は禮を述べて何處へか行きたり。其後大雨あり稻葉が水害を被らんとせしに川上より水害あるに注意せよと述ぶる者あり。世人は之を心に止めざりしも漁夫の家にては色々と注意せしに依り損害を受けず。先日の狐が恩を報じたるなりと云ふ。

以上は去る昭和七年八月十九日飛驒船津町より、神原峠を越て古川町に行かんとしたる途中に中田と云ふ所にて自動車の輪破損し、之れが修理中に近傍民家の老婦より聞きたり。

(三) 同上

吉城郡河合村角川に新七と云ふ農夫あり。野兎が出でて農作物を荒すに因り、常に狐を養ひて食物を與へたれば、以後は狐は每夜兎を畑より追ひ出して作物を荒さす。大に喜び居りたり。ある日獵師は「カレ」「爆發物を食物に入れ之を食へば爆發するもの」を置きたるに狐は之を食ひ、新七は夜九時頃に「ウナリ」聲を聞きたるも、意にせず眠りたるに、又「ウナリ」聲のするに驚き、戸を開けて見れば、口に傷つきたる狐來りたり。氣の毒に思ひ、水を飮ませたれば、狐は大に喜び、平素の禮を述べて去りたるが、二日目に畑の傍にて斃れ居りたりと云ふ。

(四) 嫁ケ淵の話

吉城郡坂上村に嫁ケ淵と云ふ深き淵あり。昔ある青年が嫁ヶ淵へ釣に行くと、美しき娘の徘徊するに逢ひ、此の如き事は數回にして娘は溫和にして仕事を能くするに依り、兩親と相談して嫁とせり。日月を經る中に懷妊して彌々出產の時となれば嫁は主人に告げて曰く、

『私は倉の中にて出產するに依り七日間は必ず倉を開きて見ざる樣になして下さい』と夫たる主人は我子は如何と思ひ倉の節穴より倉の中を窺ひ見たるに驚く可し嫁は大蛇となりて兒に乳を與へたり。暫くして嫁は大に嘆き、私の賴みし事を行はれざりしに依り、私の蛇體を見られ、恥しく此の世に生活する事能はず。私は嫁ケ淵に棲む大蛇なるが故に、多年の恩愛を空しくしては申譯なきも、赤兒を負びて舊淵に歸るを以て、以後は殘念ながら相見る能はず。只每年一月元旦に酒を嫁ケ淵に持ち來りて、杯を淵に入れて下されば、一度は御目に懸ると告げて家を出たり。

以後昔の靑年は正月元日に嫁ヶ淵に到り、酒一杯を飮みて、杯に酒を入れて嫁ヶ淵に浮べると、杯は渦卷の中に入り、

飛驒の昔話（林）

暫くすれば杯は浮き來りて、以前の嫁の顔は之に映れり。此の時には以前の事を想ひ出して、夫の顔色は靑くなり、家に歸りて、床に臥せりと云ふ。此の如き事數年にして夫たる人は病死したり。

夫たる人は「赤キビ」畑を耕作したる時に、倉を窺に行きしを以て、爾來今日に到るも「キビ」を作らずと云ふ。

（五）水乞鳥の話

吉城郡國府村のある家に小僧あり。主人より馬に水「クレタ」（與ふの方言）かと尋ねられたれば、水「クレタ」と云ふのみにて、馬に水を與へず、終に馬は死したり。其後に小僧は死して水乞鳥に化したり。生前に馬に水を惜みたるを罪により木葉の露を嘗る位にして、水邊に行けば、自分の羽色赤き爲に水に火の映ずるが如くして、水を飮む能はず故に雨降れ雨降れと鳴くなり。（普通此話は各所にあれども小僧と云はず下女と云ふ所多し）。

以上本年四月三日飛驒吉城郡國府村三川の菓子店にて寄合の人より聞けり。

（六）山犬の禮をなしたる話

昔、大野郡久々野村に一人の漁師あり。「イワナ」（鱒に似て小なる魚）と云ふ魚を釣りたるに、岩上に一匹の山犬が居り、魚釣を見て、魚を美むが如く思はれしを以て、「イワナ」一尾を與へたり。折惡しく魚の骨が山犬の口中にさゝりたるを以て、漁師は烟管を以て之を取り去りたり。其後に漁師は山道を行きしに、山犬の頻りに袖をくわへて引を以て、止を得ず之に從ひて山中に行き、洞穴に入りたり。暫くすれば斑犬の群をなして其の前を通過するを見たり。人間は斑犬に逢へば、喰ひ殺さるゝを以て、山犬は斑犬の通過するを前以て知り、漁師の恩に報ひたるなり。

以上は飛驒大野郡久々野村字橋場尾崎旅館にて聞きたり。

盛岡方言（三）

―明治新語集―

橘正一

日本語の起原を外國に、求めようとする者は多いが、外國語がどうして、日本語化されるかといふ法則が明かにされない以上、たやすく贊成するわけにはいかない。そしてこの法則を明かにするには、現代の事物について考へるのが一番よい樣である。柳田先生がマッチの方言について考證された如きは言語研究の正しい道を示されたものである。外國語の日本語化といふ問題を考へるには現代ほどよい時代がない。實を云へば、もう今はやゝ手おくれの感がある。洋犬をカメと云ふのは、西洋人が犬に向つて、カムカム（來い來い）と言つたのを日本人が誤解したのだとか、靴をケリといふのは、西洋人が、靴で蹴つたからだとか、橫濱のアイマイヤをチャブヤと云ふのは、西洋人がチープチープ（安い安い）と云つたからだとか、ハナシカのオチみたいな語原說が我がもの顏に步き廻つてゐる。もし言語の發生や變化が誤解や偶然に基くならば、語原研究は學として成り立つ見込みはない。むろん中には、聲の聞き違ひ、意味の取り違ひもあるであらう。たゞその誤にも亦、一定の法則があることを我々は豫想するものである。

幕末から明治にかけては、新しい事物が津波の樣に、海のかなたから押しよせた時代であり、したがつて、新しい名が雨降りあがりの茸の樣に萠え出た時代である。我等の父又は祖父は、實にかういふ時代は生れ合せて、前の代の何人もあはなかつた經驗をした。新しい事物と名に接して、どういふ感じを抱いたか、どういふ風にしてその名を記憶したか、どういふ誤解が起きたか、なぜ一つの名がすたれて他の名が起こつたか、新しい名はどういふ階級の人によつてもたらされたかその年代はいつか――かういふ事を書きとめるのは明治人の特權でもあり、後人に對する義務でもある。以下の說明は父（七十一歲）の隨筆から取つた。

盛岡方言(三)（橘）

あめりかつけぎ　まつち

維新前から函館に行つた者がみやげとして盛岡に持つて來た。黃燐まつちである。圓い筒には入つてをつて、筒の頭に砂を塗つてある。軸木は丸く、その頭に赤青紫などの藥がついてをつた。壁や疊のへりにすり附けても火がつく。和製ができる樣になつてからスリツゲギと云はれる樣になつた。

けツぷ　帽子（今シャツプと云ふ）

ふく　洋服（和服をキモノといふ）

だんぶくろ　ヅボン（今はヅボン）

けり　靴（今はクツといふ）

慶應年中、フランス式の練兵をけいこした頃、ヤクシと云つて、今の小隊長に當る者などは無理にも洋服を着た。たゞしラシャがないから、ビロードで作つた。その頃、はやつた童謠、

けり　はエて　おッかえッた
だんぶくろさ　くそ　つけた
てれとろ　とへろれ

意味は「靴をはいて轉んだ」「づぼんに糞をつけた」である。テレトロ　トヘロレは調練の笛のまねである。當時まだラッパといふものがないから、笛を吹いて「オイチニ、オイチニ」をやつたのである。ケリやケツプも練兵の役師から始まつた。

あめりかとツくり(廢)　ビール瓶

ふらつこ(廢)　ビール瓶

ぎやまん(廢)　厚いガラス物

びんどろ(廢)　薄いガラス物

とぴんとぴん(廢)　ビンドロで作つた子供の玩具、漏斗形で、口を吹いたり、吸うたりする每に、底の薄いガラス板が振動して、トピントピンと鳴る。

びんどろや(廢)　トピントピンやスイアゲ（サイフオン）を作る家。

てんぽー（又てんぽーせん）低能

天保錢は八厘にしか適用しないから、十厘に足らぬといふ意味であると云ふ。

がすとー　街燈や軒燈

明治十年頃、縣廳の前に設けたのが始めで、おひ〳〵家の前や軒先にとりつけ、明治三十九年電燈ができるまで續いた。その頃、東京でガストーがはやつてをつたからガスではなく、ランプであるけれども、名をそのまゝ借りて、ガストーと呼んだのである。我々の小さい頃には夕方になると、キヤタツをかついで、一軒々々これに火をともして歩く商賣の人があつた。

デンキ　電燈

キーカタン　シーソー

マリブランコ　廻りぶらんこ

ユドキ　遊動木、遊動圓木などと新聞には書いてある。水平に動く運動具。

とーぶつみせ(廢)　洋物店。とーぶつやとも。

かめ(かめいぬ)　洋犬

盛岡に始めてカメイヌがは入つた頃、内加賀野小路の洋醫島立甫の家で飼つてゐた。その家に龜さんと云ふ啞があつて、それと間違へたといふ話がある。今は純日本種は絶えてしまつたけれども、カメはイヌといふ名に代らなかつた。たゞ僅かに固有名詞などにカメの名が殘つてゐるだけである。

べこや(廢)　牛肉屋

明治五六年頃肴町横にベコヤができた。家に買つて持ち歸れば、家族にミヌケタテラレルから、ベコヤで自ら煮て食つた。これより先、維新前後島立甫の家で、時々牛を殺して、望む人に分配した。屠る二三日も前から黑塗の板に「何日牛肉配分」と書いて、肴板の樣に出しておき、望む人は前もつて申し込んでおくのである。女中から聞いた話に、ある人、牛肉を食へばチエがつく（精がつく）と聞き、夜具を賣り拂つて、牛肉を買つて食つたその妻「夜着て寢るものがない」と詰れば、「夜は臼を天井から體の上にぶらさげておく。すると落ちるか落ちるかと思つて汗をかく」と云つた。これは昔からある馬鹿壻話の現代化されたものであらう。馬肉をサクラ、牛肉をコクボタン、猪をヤマトドといふ。

うしノち　牛乳

盛岡方言(三)(橘)

ぎユーち　牛乳
ちちまし　牛乳配達夫
しんぶんまし　新聞配達夫
がぱん　かばん
きぺん　鉛筆
いしぺん　石筆
かなぺん　ぺん
まききやはん　ゲートル
ひご　ボタン
ちツきつける　汽車便で荷物を送り出す。
てんしやば　停車場
きヨく　郵便局
こーば　工場
ふらんけ(廢)　毛布、けつと。
もーへり(廢)　上等の毛布。厚らしやの毛の長いの。
ぐんかんらしや(廢)　らしやの厚いの。
まわしがツぱ(廢)　まんと
こーもりがツぱ(廢)　二重合羽の前身。
かくまき　女の防寒具、毛絲製、四角。これは赤げつとの變じたものであるといふ。たゞし赤げつとは男女とも着る。
ごろー(廢)　毛織の一種。今はない。
ろツきヨーほー(廢)　びすとる。昔、侍の江戸土産は「ろつきよーほー」か羅紗であつた。
はツてーら(廢)　ボート
かーへる(廢)　ストーブ
たーふる(廢)　テーブル
かんてら　手ランプ
きヨくろく(廢)　いす。言葉は昔からあるが、物は新しい。
がなだらエ　洗面器。今セーメンキーとも。
せーよーてぬげ　タヲル
せーよーぶらんこ　首かゝり
せーよーみ　聞き違ひ
てんぢくぼたん　ダリヤ
ほーぼー(廢)　巡査
らそつ(廢)　巡査、ホーボーより新しい。
せーよーいちご　おらんだいちご。即ち今のいちご。昔は黄色いサイチゴや灌木のタチイチゴであつた。

せーよーりんご(廢) 今の普通のリンゴである。昔のは梅の實位の大きさであつた。ニノヘ郡コザ(小鳥谷の訛)からは、少し大きなリンゴが出た。これをコザリンゴと云つた。

せしよーぶどー 今のヤマブドーに對する普通の大形のぶどう。ヤマブドーの一種にサナヅラブドーといふのがある。實も葉も蔓もみな小さい。コクドリはない(量が少ない)けれども、うまい。

トージンブエ (一)飴屋の笛 (二)ハーモニカ

トーイト(廢) 今普通に木綿をおる糸がトーイトである。昔は內地で作つた綿から取つたから、これに對して外國から來た綿から取つた糸をトーイトと云つた。今はトーイトばかりで區別する相手がなくなつたから、トーイトといふ言葉もいらなくなつた。

トーカンナ(廢) 今縫ふに使ふカンナ(木綿糸)が昔トーカンナと呼ばれた。すなはちトーイトを二本又は三本より合せたものである。二本よつたのはフタコ、三本よつたのはミツコ。

トーカヤ トーイトで作つたかや、麻のかやに對す。

トーアサ(廢) カンレイシヤ。

トーチリメン(廢) メレンス。今はメレンスと云ふ。

カラタケ 孟宗竹。盛岡には、風土の關係上、カラタケはない。氣仙から來る。トビの梯子などにする上等のは大阪から來る。小さいのはコガラタケ。

言葉は變らずに、內容だけ變つたものも多い。例へばケーバといへば、昔は八幡樣のお祭のヤブサメの事であつた。然るに今では馬の駈けくらの事である。昔のチョーシは鐵で作られ、蓋があり、ツルがあり、口が長く突き出てをつたが、今のチョーシは、名は同じでも、ビール瓶の樣な形をした瀬戸物作り（昔のスズ）である。

盛岡辯にはオランダのついた言葉はない樣である。これは長崎などとは事情が違ふからであらう。維新前後に、新奇な物に接した人は、之を今までの物と區別するために、トーとかセーヨーとかアメリカとかいふカンムリをつけて、彼と此とを區別したのである。その內、西洋種の勢力の弱いものは、彼にだけ、外國米、西洋テヌゲ、ビールなどと差別的な名前をつけて、我の方をば、相變らず、コメ、テヌゲ、サケなどと呼んでゐる。西洋紙と日本紙、西洋カボチャと日本カボチャの樣に、彼我の勢力がつり合ふ場合には、どちらにも差別するカンムリをかぶせる。新種が現れたゝめに、舊種の名が生長する場合がある。例へば今まで單にブドーと呼ばれてをつたものが、新たにセーヨーブドーが現れたゝめに、ヤマブドーとなり、ツケギがアメリカツケギの現れたゝめに、イオーツケギとなつたゝぐひであり。イオーツケギといふ名は今でも耳にする。それはスリツケギと間違はぬためである。しかしスリツケギがマツチとなつたら、イオーといふカンムリは必要がなくなるはずである。面白いのはペンといふ名の變り方である。まづ、物について言へは、第一に鉛筆がは入り、第二に石筆がは入り、第三に鐵筆がは入つた。名について言へば、第一に鉛筆がペンと呼ばれ、第二にイシペンがは入り、それと區別するために、今までのペン(鉛筆)をキペンと呼ぶことゝした。カナペンは大分おくれては入つた。

もし新種が非常な勢力があつて、固有種をすつかり追ひ拂つてしまつた場合はどうか。ちよつと考へれば、この場合は名が一變しさうであるが、事實は反對である。新しいリンゴは、外形內容の非常な變化にもかゝはらず、やはりリンゴである。新しい糸はやはりイトであり、洋犬はやはりイヌである。たゞしその過渡形として、セーヨーリンゴ、トーイト、カメイヌなどがある。けだし之等のカンムリは舊種と區別するためのものであるから、舊種そのものが滅びてしまへば、もはや附ける必要がない。すなはち和種のリンゴと洋種のリンゴとでは、現在の名は同じでも、その經歴が違ふ。一方は本來無差別であり、他方は差別の撤廢である。

あかんぺんとべつかつこう

村田鈴城

本誌第四卷第一號の寄合咄「あかんべに就きて」、については未だ何處からも報告がないやうですから、貧弱な資料ですが、八王子附近に行はるゝ風習を書かせて頂きます。

當地方のあかんぺんとべつかつこうも、其の最初は同一物でせうが、現在では拒否と威嚇と全く分離されて、別個のものとなつて居ります。之が異名同物であるとは一寸氣附かぬ位の隔りを見せてをります。あかんぺんといふのは勿論赤目のことです、其の下瞼を指で引延べ赤い目裏を見せる所爲は各地の夫れと同じでありますが、此のあかんぺんは久しい以前に小供も脅威を感じなくなりしと見え、今は威嚇の用を爲さぬ而已ならず威嚇の意味さへ忘れられて仕舞ひ、專ら他の請ひを否み斥くる意を示す爲に用ひられて居ます。例へば「君の繪本を僕に見せろ」とか「又俺に貸せ」とか「或は使ひに賴まれて吳れ」とかの場合之を拒否する爲め赤目をして見せ乍ら、あかんぺんと云ひます。又無言で赤目を見せることも赤目をせず單にあかんぺんと一言のもとに拒絶することもあり、尙一層嘲笑的にあかちやかぺこりんとも略してペンとも云ひます。此の略す場合には大抵目口を引くやうですが、概してあかんぺんには舌は出さぬやうです。

べつかつこうは大鏡五の巻のめかかうだと思はれます。手指一本で出來る赤目のやうな事では驚かなくなつた結果更に考案されたものか、又其の反對かは知りませんが、之を爲すには兩手の拇指を口邊に中指を眼下に食指を目尻の邊に、或は別に無名指を口邊、中指を眼下、食指を目尻、拇指は耳下邊に當て、同時に稍力を指頭に入れ、目尻を押上げ、下瞼を引伸べ、口角を擴げると共に舌を長くワアッと出して小供を嚇すのであります。一茶の「櫻からもゝんがあと出る兒哉」といへる句のもゝんがあは矢張り此のべつかつこうであらうと思ひます。當方の兒童も物の蔭から不意に飛び出し、べつかつこうで仲間達を嚇し恐怖するのを興がります。此のべつこうにはあかんぺんが持つやうな否み拒む意はありませぬ。尤も父兄其他大人達が小兒からある要求を強られて、五月蝿い場合など、之で擊退する事も有

あかんべんとべつかつこ（村田）

りますが、大體に於て洞嚇用になつて居りますので、兒童が之を嫌惡することは當然です。從つて此のべつかつこうを惡罵の標的とする事さへあります。即ち他部落の兒童を見附けて「あの兒、何處の兒〇〇（部落の名）のべつかつこう、頭かつくりかえして泣かせてやるぞ」と多勢で口を揃へて囃したてるのです。

此の外に拒否でも威しでもないのが二種あります。夫れは近頃見かけなくなりましたが、以前は何處の手遊屋にも絲のからくりで眼の球が動き赤い舌を長く垂れたり引き込めたりする紙製の首人形を賣つて居ました。此の玩具をべつかつこうと呼んで居りました。次は玩具でなく、我れと我が額を叩き舌を吐き咽喉の皮膚をつまみ引く眞似して舌を藏める。之を數回反覆して他を笑はせる滑稽遊戲。此の二つは舌其のものが主に爲つて働くのであります。

玩具三番叟のべつかつこ

以上で大略書き終りましたが、行文拙く要領を得憎い點が有りませうが、御用捨下さる樣お願ひ致します。

毒を感知する鳥

佐々木精一

「民俗學」第四卷第九號、石田幹之助氏の「毒を感知する鳥」に類似する傳說が奧州にもありますから御報告致します。

宮城縣から山形縣へ山越しをする道は二三本ありますが、その中の一本に笹谷峠を越すのがあります。奧羽山脈の眞只中、三千尺以上の峠で、現在でも人里離れた寂しい街道です。それを越えて山形縣へ入つたところに、有也無也關《ウヤムヤノセキ》といふ所があります。

「夢の代」（山片子蘭著。享和二年壬戌自序）に次の樣に載つてゐます。

「奧羽志ニ曰ク、有也無也ノ關ニ鬼アリテ人ヲトル、地藏是レヲ悲ミ、鳥トナリテ梢上ニ止リ居テ、旅人ヲ見テ、鬼アレバ有也ト鳴キ、無ケレバ無也トナク。故ニ有也無也鬪ト云フトアリ、此ノ地藏鳥ト化スルホドノ通力アラバ何ゾ鐘馗ト化シテ鬼ヲ殺サヾルヤ、何ガ故ニ日々稍上ニ來リテナクヤ、衆生濟度ノ爲ニイソガシキ身トシテ、カカル所ニ隙ヲ費シテハ、日モ亦足ラザルベシ。」

右の引用書「奧羽志」といふ本は、私の探索の範圍ではどんな本であるか皆目わかりません。或は「奧羽觀蹟聞老志」（佐久間義和著）の略稱ではないかと思はれます。

同書卷之四、柴田郡の條下に次の文章があります。

「古稱鬪山往古有山鬼伏山間闞行客之來往捕之爲食時山中有一雙鳥人或不知山鬼之害而過鬪山則神鳥諜山鬼有無或呼有也或呼無也故識有無而人避其鬼脫其害也自是曰有也無也鬪或曰鬪山觀音化神鳥鳴而告之令人覺彼有無以脫其難後人建二閣於兩地稱有也無也觀音。

按薩埵化鳥救世之術可謂慈愛尤保也（中略）然惜先以其奇術而用或禁錮或虜殺則不竣有無啞々之勞。」

この兩方の文章を比べて見るとよく似て居り、殊に兩方の按文が、文字こそ異れその批評の態度が全く同一であるのを見れば、「夢の代」の引用書は「奧羽觀蹟聞老志」であることが、はつきりして來さうです。又、「夢の代」の序が享和二年であり、「奧羽觀蹟聞老志」の序が享保四年である事を見ても、さう考へるのが無理ではない樣に思はれます。

毒を感知する鳥　（佐々木）

越中速星近傍の民家

林　魁一

越中富山より南へ汽車に乘り行けば速星驛あり。其近傍の民家は周圍に杉「アテ」等の樹木を植えて板は赤塗となし、豪農の家は前に門及低き塀を廻らして遠方より見れば恰も祖社か寺かの如く見ゆるなり。殆んど板屋稿葺なり。

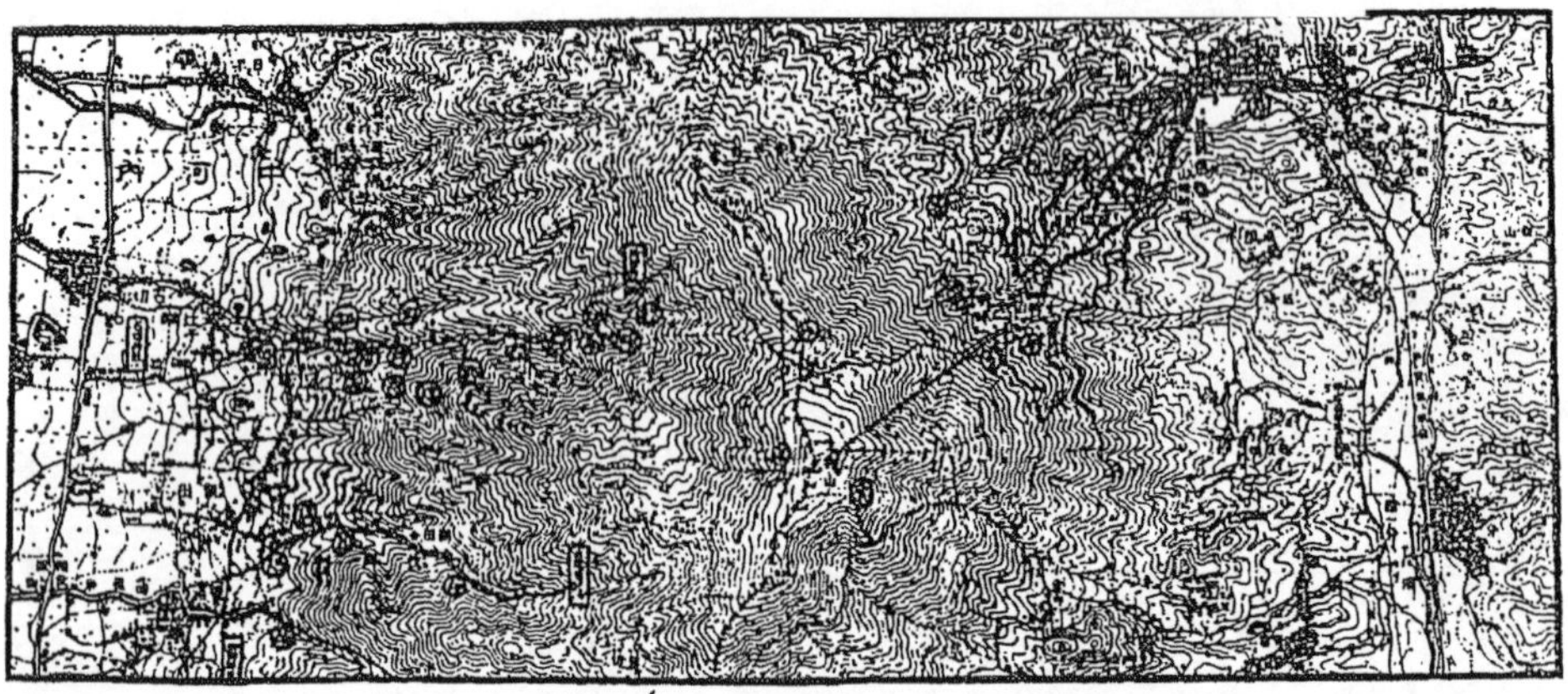

1 稲倉大明神 2 輝狐大明神 3 自己の瀧 4 清涼の瀧 5 岩谷の瀧 6 般若の瀧 7 經塚 8 鬼取山八大龍王 9 河内八大龍王 10 權現の瀧 11 不動の瀧 12 大石の瀧 13 不動寺山法峯院 14 兩界の瀧その他あり 15 石切上社 16 白光の瀧 17 神並の瀧 18 辨天の瀧 19 白金の瀧 20 不動の瀧 21 宮川不思儀の瀧 22 三光の瀧 23 駒ヶ瀧 24 松永の瀧 25 石上の瀧 26 明王の瀧 27 まごころ敎壇 28 大師山八十八ヶ所 29 永室の瀧

第一圖　生駒山地方の圖

大阪及び附近民間信仰調査報告

栗山一夫

その一　生駒山及び附近行場の調査

一、生駒町

關西に於ける民間信仰の王座を占めるものは奈良縣生駒郡生駒山に鎭座する商買繁昌、夫婦和合、延命息災、諸願成就の大聖歡喜天である。寶山寺は生駒山の中腹にありその參詣道兩側及び山麓一帶に市街を爲してゐる。

大阪及び附近の道路石標に依つて窺ふも德川時代中期以降に於いて信貴山と共に民間信仰の中心であつたことは知ることが出來る。だが德川時代にはまだ信貴山の方が上位にあつたらしく考へられる。それが現在の如く一ヶ年三百萬餘の賽客を索引する樣になり日本でも有數の地となつたのはこの地が經濟都市

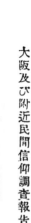

大阪の背後にあり、大阪電氣軌道が生駒山腹を貫いて直通したことが最も重大な原因である。

大阪市が飛躍的に發展するにつれて附近の歡樂街は、次第に都塵の犯す處となつてしまつたので主として中流ブルジョアはその精力の避け口を清新な郊外に求めつゝあつた。それには生駒が距離に於いて時間に於いて、適應してゐたのである。云ふまでもなく古代から大阪と北大和の中繼地であつたのだから、多少山麓に市街が發達してゐたゞらうが、急速に旅館料理店席貸を主とする歡樂街として發展したのはこの爲である。寶山寺の本尊は不動明王であつて歡喜天ではないのであるが「生駒の聖天さん」として知られてゐる樣に歡喜天が民間信仰に於いては重要な役割を務めてゐるのである。この歡喜天の信仰のみでは勿論今日の盛況を見ることは出來なかつたのであるが、これが歡樂街と結合したところに基礎がある兩々相待つて善男善女の賽錢が生駒町を支持してゐるのである。そしてその殆んど全部が大阪市民であることは云ふまでもない。故にその繁枯も大阪の影響を鋭敏に感受してゐる。大阪府がダンスホールの設立を許可しないと直ちに生駒に建てゝ吸引する等はよい例であり居住者、勞働、資本、文化等々全く大阪市の殖民地である。

第二圖　東麓より生駒山を望む
中央の斜線はケーブル線である

生駒町の主要部であり最もよく特色の顯はれてゐる參詣道兩側の商店分布に就いて見よう。（第三圖參照）

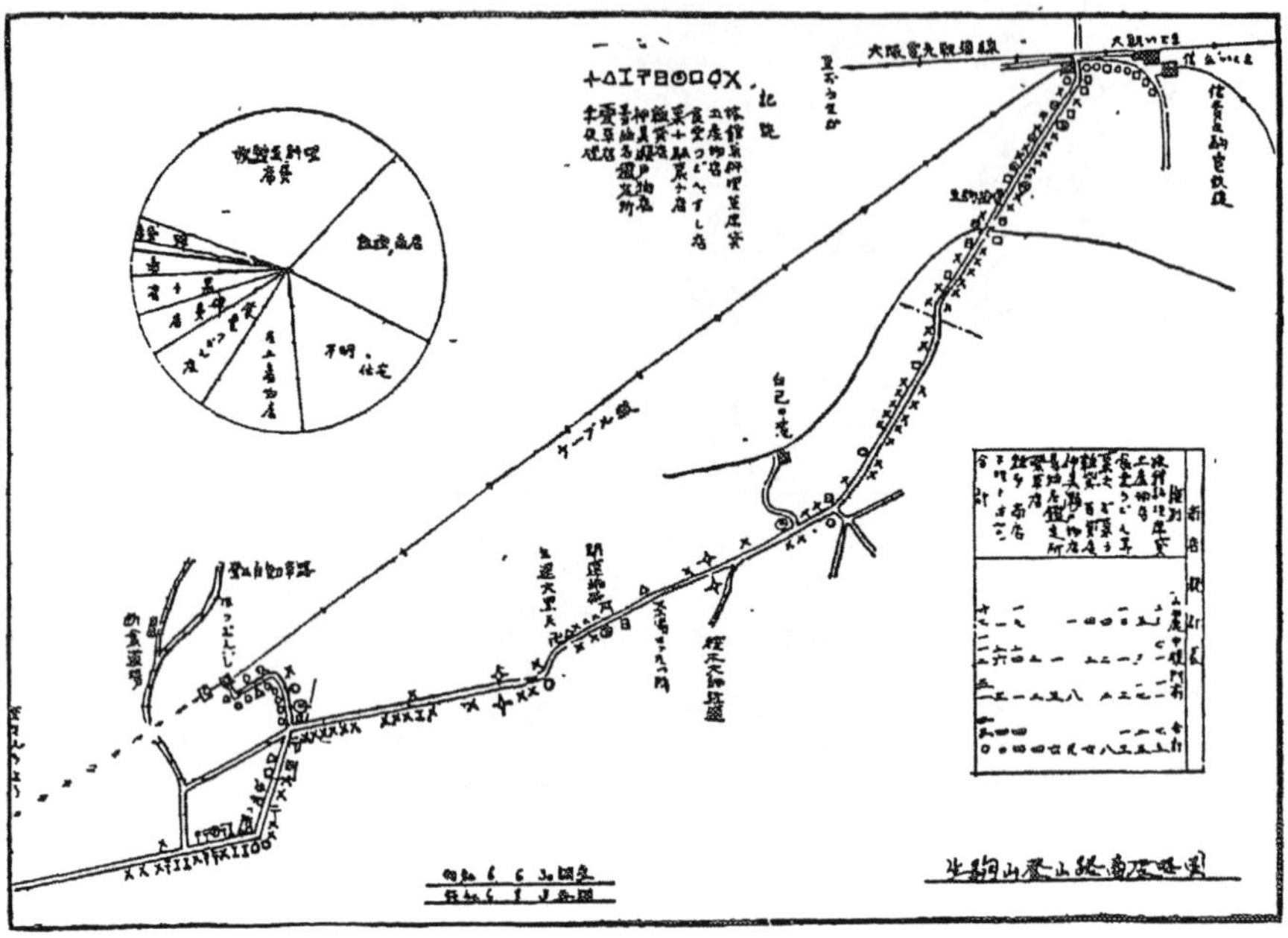

第三圖

大阪電氣軌道が開通してケーブル線が建設せられるまでの參詣道兩側はもつと活氣を呈してゐたに相違ないが現在ではケーブル線の利用者が多い爲山麓と門前は賑やかであるが、中腹はそれに比すれば沈滯してゐる。土産物店や食堂が山麓殊に驛前や門前のケーブル線驛通りに多いのは何處の都市でも同じだから敢へて異とするに足らぬが、門前に神具瀨戸物店、易姓名鑑定所の多いのは何と云つても面目を示してゐる。旅館料理店席貸の中腹に多いのは區間が長いからで山麓の方が密集してゐる。雜多の商店不明住宅等も中腹に多いのは商業的價値の低いことを立證してゐる。

雜多の商店は山麓に於いては時計貴金屬、銀行、喫茶店、小間物店、理髮美髮店、雜貨店、寫眞館等繁華街を構成する種のものであるが中腹はゆのし洗張、獵犬試練所、書籍新聞等といふのである。流石に銘茶、酒類、瀨戸物店には大きいのがある。株式賣買店、藝妓周旋業といふのが山麓に各一軒あるが、これは生駒として少なすぎるのであるが、不明住宅の住人達や商人の殆んどが藝妓周旋業を內密にやつてゐることであらうと思ふ。新しいものではラヂオ、麻雀、バアが侵入して來てゐるが但し殖民地的といふ注記が要る。中腹には處々にステッキを賣つてゐるのが眼につくがかうした店は夏期には氷店に變化してゐる。

生駒町全體から云へば旅館料理席貸は山麓が斷然頭を拔いてゐる。これに次いで門前部に發展してゐる。大軌の線路を越へると田舍町の發展した商店街がある。舊生駒の主體であらう。以上の他には山麓部にダンスホールや病院、「月やく安全流下の良藥」等といふ廣告を新聞紙上に掲げてゐるものが二、三　主として門前部に斷食道場が四、五、これから述べようとする行場《ギヨウバ》や下級祠堂がある。

以上を通じて生駒町が生產的都市にあらざるは勿論のこと附近農村の經濟的中心でさへなく、全く歡樂と信仰の都市であり換言すれば、大阪市民の歡樂と迷信の對象であることが明瞭であらうと思ふ。

二、生駒山奈良面

生駒山附近のもので奈良縣に所屬するものである。

A、稻倉大明神

生駒町字中筋にある。地圖にも明らかな如く生駒町といつても純農村である。街道に沿ふた山の尾の上に赤い板垣で圍まれた小祠でトタン屋根の下に寫眞の樣に石や木柱が祭つてあるのである。向つて右端の略々三角形をした石には於久大明神と刻んであり、中央の木柱には藤平大明神左端の木柱には三太郎大明神と墨書してある。附近一帶に紙小旗が突きさしてあり、線香の煙が嫋々と立ち上りアンパンが二つ重ねて供へてある。

第四圖　稻倉大明神

附近の農家で尋ねたところ大阪の者が稻倉神社へ參りに來た際切り割——山を切り割つて道を通じた場所をいふ——で狐に憑かれたので、稻荷降しの敎師に診て貰ふと狐が祀つて貰ひたいので憑いたのであつたから祠を建てゝ祭つたのださうである。その人の話では昔からよく人をだました惡い狐であつた由である。鳥居に大阪誠友會敎師　伊藤松次郎と記してあつた。切り割り及び街道兩側に紙小旗がたくさん突きさしてある。トタン張りの大きな鳥居が一丁許り先にあるが右に昭和二年十二月建之　發起人大阪天滿　松本利一左に鯱食堂一同とある。その附近の石案內標には左稻倉大明神、横に大阪　野崎仲次郎と刻んである。これでそう古いものではなく昭和二年十二月頃に祀られたものであり、前記の小祠は赤板垣に昭和四年四月吉日とあつたから現在のものはその時に建てられたものらしく思はれる。

B、輝狐大明神

生駒驛前に横たはつてゐる高臺の東端にある。この高臺は現在では崩されて家屋建築が企圖されてゐるらしいから早晩消失するであらう。

小さいが美しい小祠である。右に段になつてゐる燈明立がある。左に木柱が立つてをり正一位輝狐神璽塚と書いてある。右の登り道を登ると山頂に堅牢地神が祀つてある。「是の上、奥の院」といふ木札が鳥居に打ちつけてあるからこれが奥の院であらう。木柱には堅牢地神天津神國津神と墨書してあるがどうした神であるか不明である。稲倉大明神でもこの祠でも土地の人達とは全く關係なくいつのまにか建てられてゐるといふ樣なことであるから詳細なことは不明である。信者に尋ねてもハッキリ知らないのが普通である。神祠は極めて新しい。

C、白己の瀧

第五圖　白己の瀧

参詣登山道を登ると三丁程の處で右に入ると赤い鳥居が一つ建つてゐるのが見える。氣をつけないと行き過ぎる處がある。鳥居をくゞつて下へ降りると川向ひに寫眞の如き小祀がある。1は石、白龍大神、2、は間の小さい石で、白菊大明神、3も石、白玉大神、4は角木柱、白玉大明神裏面には大正十五年四月吉日とある。5は石、玉龍大神と刻んである。1と3の前には狐の像が向ひ合つて置いてある。供へ物はなかつたが皿やその他の神具がならべてあつた。瀧はトタン張りの中にあり不動尊の立像がある。頗る原始的なものであり正面の岩をまいてゐるのは注連繩である。堂を訪ねたが不在であつたから所屬宗派等不明である。恐らく大正十五年頃の出現であらうと思はれ現在では淋れてゐるらしい。

D、開運稻荷

E、生運大黒天

共に參詣登山路に沿ふてゐる。開運といひ生運といつてゐるのでその性質は明瞭であらう。一定の信者を持つてゐるのでなく登山參詣客を目的としたものである。

F、磐若の瀧

門前近くに立札があり指の下にスグソコと右横書し、

磐若瀧の手前

旭大師デオコリ（オコモリのモが拔けてゐる。）ノ方ハ心ザシデ

オコモ下サイ（同じくリが拔けてゐる。）難儀ノ方ハ無

料オコモリ下サイ

と書いてある。スグソコとあるがなかく遠いし道もわかり難い。斷食道場の横を上へ登つて生駒ユートピアに出る。この邊から道の兩側に紙小旗がたくさん突き差してある。新しく出來たらしい朝日大師堂を過ぎると磐若の瀧がある。この瀧は類似の他のものゝ樣に新しいものでなく古くから行場となつてゐたものである。瀧は生駒町の水源となつてゐるので水行は禁止されて瀧の前には鐵條網が張つてある。禁札に曰く、

禁

此瀧水ハ飲料用水ナルヲ以テ左ノ行爲ヲナシタル者ハ處罰ス

一、瀧ニ打タル、事
二、洗濯又ハ穢物ヲ投スル事
三、其他此水ヲ汚濁スル事

生駒警察署

だがそんなことにはおかまいなしに水行をやつてゐる。瀧水の落ちる處に平たい岩が置いてあるがこれは水穴が出來ない樣にである。何處の瀧も殆んど作つてゐる。水煙をあげてゐるこの岩の上に立つて水にうたれるのである。不動尊と兩脇士が落下する水の背後に祭つてある。私が瀧を寫してゐるのを見た信者がこの不動尊はどんなにしても寫眞にとれぬので大朝、大每も寫しに來たが寫せなかつたと大變な信仰ぶりであつたが寫した結果は本像と右脇士が寫つたから面白い。入口の石柱には

（右）奉天　眞心會一同
（左）納口　昭和四年七月建之

と刻んである。左方水流を隔てゝ樹林中に例の如く石や木に神名を刻んだものが祀つてある。神々の御名は

1、正一位長玉稻荷大明神　2、白一稻荷大明神古塚　3、白長龍王、白紙龍王
4、常丸大明神　5、黑髪大明神　6、光吉大明神
7、□天大神、白姫大神　8、地藏尊像　9、大水龍王
10、辰吉大明神　11、楠大明神　12、白八大明神

13、朝日大明神、氷玉大明神、白金大明神　14、竹倉大明神
15、白姫大明神　16、末吉大神、吉元大神（共に丸木柱である）
17、三劍大明神　18、鐵玉大神　19、白森大神
20、國名彦大神、御嶽大神、鐵玉大神（但し大板石である）　21、滿玉大明神
22、春吉大明神　23、白玉大神、權太夫大神、末廣大神
24、□□大明神　25、神道神籬齋庭教師大北幾久大人之分神靈（大角木柱）
26、□玉大明神

第六圖　清涼の瀧

以上のうち但し書のないものは全部角木柱である。丸柱の外の二つ以上神名のあるものは各面に一神づゝ書いてあるのである。この瀧は御嶽教に所屬してゐる。講あり。

G、清涼の瀧

寶山寺の南門を出るとケーブルがトンネルを拔けた處に出る。この邊からの眺望はよい。清涼の瀧の石案内標があるからそれを狹い路だが二丁程降りると達する。寫眞に見えてゐる鳥居のある立派なのは二である。その下が一で白龍大善神の大きな角石柱が建つてゐる。側面に小さく日乃古大明神と刻む。二には眞中の注連繩でまいた大板石と左右に少し小さいのが各一つづゝある。4とは

白光大明神
松永大明神
光森大明神

中央のには。

光廣大明神
大八幡大明神
一丸大明神

光島大明神
三島大明神
德一大明神
五郎一大明神
駒永大明神
豐一大明神
光玉大明神
光島大明神
水御永大明神
白髪大明神
瀧正大明神

玉吉大明神
光永大明神
玉光大明神
豐玉大明神
白玉大明神
光島大明神
四季梅大明神
辨吉大明神
玉福大明神
竹廣大明神
春永大明神
春光大明神

2には白玉大明神と刻んである。三の6、7は木柱で6に吉身大神、白身大神に赤吉大神　闘玉大神とあり5は板石で白永大神と刻む。8も板石萱風不動明王 白瀧龍王 春高大神とあり寫眞左端の石がそれである。下方の白布は瀧にうたれる時の淨衣がほしてあるのである。この瀧は美しく作られてゐるが不動明王の姿も新しく從つて開基も新らしいだらう。脱衣場兼こもり堂の前の家屋には「心」と書いた繪馬がたくさん奉納されてゐた。降ると瀧通不動明王といふのがある。巨岩に薄刻したものであるが前の木札に曰く、

御尊像

瀧通不動明王

御尊像七千貫ノ巨石ニ不動ノ御神靈移リ來リ建設者三名ニ對シ現夢ニ三挨ノ御靈告ヲ拜受シ大正八年七月茲ニ建設シタル顛末ナリ御本尊參拜歸依セラル、信仰ノ人ニハ神變不思議ナル神祕的御利益アリト確信ス。

建設　修驗　神原義道

發起人　同　高板義心
同　三家盛滿

所屬宗派不明、尋ねたが不得要領であつたのだ。現在繁昌してゐる。

H、岩谷の瀧

寶山寺南門を出たケーブル線の下に種々の神々が列んでゐる。1、馬頭觀音、小さい石祀だが新しい。2、牛馬弔魂碑、薄い大きな先の尖がつた石である。3、吉松大明神 吉助大明神石である。4、地車大神、5、吉丸大明神 吉菊大明神共に石に刻み4、の前の鳥居には地車大神と額をかゝげてゐる。6は不動明王の石立像。弘法大師堂を離れて少し行くと八大龍王堂がある。表に大峰役尊法孫許可 加持祈禱所 山崎條海といふ看板がかけてある。隣に旅館が建築中であつたがこれは勿論普通の旅館でなく「こもり」堂兼用のものである。不動院斷食道場は下方にあり辷に面してゐるのは事務所と旅館である。この旅館も前同斷、鍼灸營業、浦野金三郎の看板あり。すぐ上に岩谷の瀧がある。瀧は二ケ所設けてある。御利益顯著らしく參籠者も多い。南無妙法蓮華經やその他神道の呪文も聞えて來る。瀧の上方に小祀群集地があるがこれはこの瀧に附屬したものであらう。二神祀を中心に神名を書いた木柱が展開してゐるのである。

1、天白白大神　2、國繁大明神　3、白龍大神　4、時春大明神　5、白玉大明神　6、玉吉大明神　7、白吉大明神　8、伊勢阪大明神　9、白龍方明神　10、正一位玉吉稻荷大明神　11、祝福大明神　12、太角大明神

13、未光大明神　14、伊勢義大明神　15、滿春大明神　16、光劍大明神　17、國光吉明神　18、伊勢富大明神

19、秋田大明神　20、白玉大明神　21、船鹽菩薩　22、清玉大明神　23、白一大神　24、白銀大神 稻丸大神　25、白龍大

神 26、未丸大神 27、熊八大明神 28、正一位八平大明神

岩谷の瀧は眞言宗に所屬してゐる。

I、八大龍王堂

梅屋敷以上の處々に八大龍王堂が三ヶ所ある。一ヶ所は「八大龍王法華行場」とあり法華宗に所屬し水行場――所謂瀧である――もあり訪客もあるらしいが他の二ヶ所は現在無人で捨てられてゐる。

J、鬼取山八大龍王

生駒の山頂を少し東南に降つた處にある。眞言宗醍醐派に所屬し本尊は大日如來脇立不動明王、八代龍王である。開基年代は不明であるが約壹千年前との說がある由であり、大正八年八月一日西堀妙眞尼によつて再興されたものである。直接所屬講として八代龍王敎會が目下出願中で信徒八百名に上る。附屬のものに天龍講、八代講等あるらしい。

阿吽《アウン》石と名づけてゐるものは巨石が二つ割れてゐるものや二つ並んでゐるものである。御神木の立札に一首あり曰く「神木乃根もとあら□る八代山、今こそたのめよう津世の人」と。築池の邊にお祀りしてある八重姫龍神の御由來書が立札に書いてある。

御由來

大和國鬼取山御本神ノ根本ヲ尋ヌレバ大日如來ノ御現神ナリ八代大神ト奉申モ雲我神將ト奉申上ル金胎兩部ノ敎主タリ天地初テ陰陽ノ根源ナリ堅牢地神奇利帝母此ノ尊ノ分身也故ニ八代龍王ト示テハ八肩ハ代觀音ノ現身ナ

リ八重姫龍神ト稱テハ子安觀音ノ化身ナリ子安觀音ト奉申ルハ御本尊御丈八寸五分ノ御身姿ニシテ東國ニ在ハシ數百年間衆生ヲ憐ミ給ヒシガ大正拾貳年九月關東大震災ノ時七日七夜ノ間火災中ニ立セ給ヘリ又モ衆生ヲ憐ミテ千代萬代ニ助ケント西方大和國鬼取山八代龍王ノ靈地ニ臨降シ給ヒ當山ニテハ八重姫龍神ト稱シテ御池ノ中ニ祭祀シ奉ル靈水ノ中ニ在テハ一切衆生ノ信仰ニ依リ安產ハ元ヨリ愛子ニ對スル心願ヲ成就セシメ給フ御誓願也

以上

昭和貳年拾貳月壹日

この由來書に就いては私は佛教の典籍に暗いので何とも正確な批判は出來ないが、幸に御敎示が得られるならば歡とする處である。

遁狐大明神の節にも述べた如く堅牢地神といふのが屢々あるが、この由來によると大日如來の分身となつてゐる樣である。だがこの神がどうした姿相をもち信仰の對像となつてゐるのか不明である。いづれ修驗行者連が造りあげた神名かも知れないが典據或は類似があれば御報告願ひたいと存じます。

K、經　塚

生駒山頂を北へ降り辻子越の上に石碑に圍まれた古墳樣のものがある。これが經塚である。右端の大石碑に由來が刻字してあるが磨滅甚だしく年代等不明。だが德川中期以降のものであることは明かである。右横面に「奉納　大磐若波羅密多經、全部六百卷」とあり諸經名が列記してある、左横面は由來書であると思はれるが詳細なことは磨滅のためわからない。僅かに上方に「今上皇帝　寶祚延長」「天下泰平　五穀豐登」と二列に刻まれその下に細刻してあるのが見える。その内に「淸淨小石新寫」といふのがあるから思ふに大磐若波羅密多經全部六百巻といふ澎大なものを小石に一字宛書いて埋めたものであらう。關西にはよく見る徳川中期に流行した一字一石の大規模なものである。周圍の小石碑は左右に十個づゝ計二十個あり「生駒山經塚廿之内」と横に刻字あり建立者の姓名があり殆んど商人である。佛法保護の廿將の像が刻まれてゐること云ふまでもあるまい。左端離れてゐる石碑は經塚と同時のものと思はれるが三寶荒神の像が刻してある。三寶荒神は攝津國川邊郡中山寺附近に祀られてゐるのであるが、攝津播磨地方では竈の神火の神穀の神として怖祟されてゐる。米粒を大事にしないと忽ち罰を當てられるといつて祖母からおどかされた記憶があるが、この碑で河內或は大和にも尊崇されてゐたらしく考へられる。

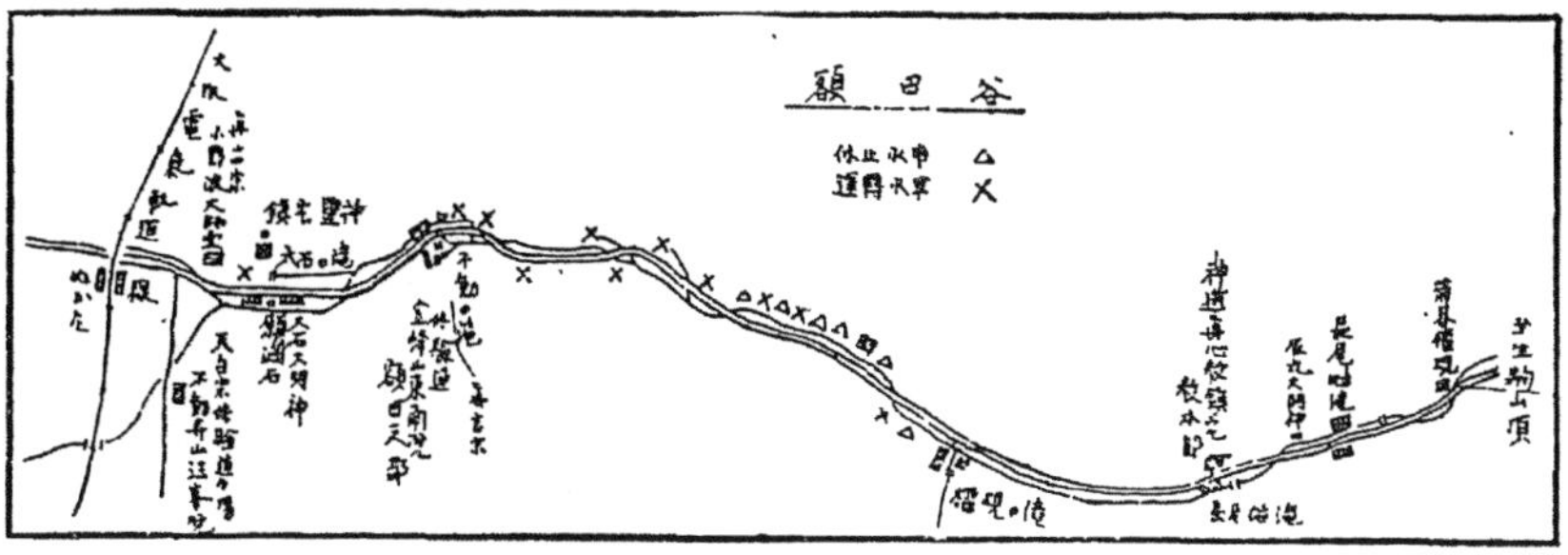

第七圖　額　田　谷

三、額田谷

額田谷は中河內郡枚岡村に屬し登山路稍々峻嶮であるから、溪流を利用した精米精粉の水車工場が多い。高地點から溪流の水を引いて低地點の水車に落とす樣にしてゐる。これはやがてこの沿道に水行場——瀧——が多く出現する理由でもある。水行場の瀧も水車の水落しも全く總べてに於いて同樣で明かに水行場は水車の影響を受けてゐることを看取出來る。

A、生駒山頂河內八大龍王

山頂飛行塔を下つた處にある。老杉が數本聳えてゐるのですぐ眼につく。所屬宗派不明開山道眞行者の碑等から見れば十五、六年前の創立であらう。これには瀧が附屬してゐないがこれは山頂にあり水の便が惡いからである。

しかし新建築の略々完成した堂屋には瀧が造られてゐる樣である。

1、は石、文字不明2は大杉である。注連繩が張り廻らしてある。3、角木柱、大杉魔王權現恐らくは2の大杉のことか？　4、白龍大神　5、大永大神　6、三島龍王　7、森高水神、これは石　8、同じく石、玉楠大明神　9木柱、淀姫大神　10、同、天王龍王　11、同、白菊大神、八大龍王　12、石、森高龍王、大正十年十二月吉日行者大阪西川智敎、13、開山道眞行者 川畑事 北安治川二丁目 石、14、大石板、八大龍王碑

第八圖　生駒山頂河内八大龍王

阿耶波達多龍王　優鉢羅龍王　徳叉迦龍王　摩那斯龍王
跋難陀龍王　和修吉龍王　難陀龍王　沙竭龍王
降臨神碑

15、注連繩を張れる大岩、この岩の上に龍王が顯現したといふ、それから御神體として祀る。16、17、石の小祀堂で17の中に御本尊の白蛇が居るといふことだ。18、石、八大龍王　19、石、眞龍龍王　20、石、白吉大神　21石、正一位白狐宗高大神　22、石、守吉大神　23、石、三島龍王　24、石、國光大明神　昭和二年十二月吉日、25、

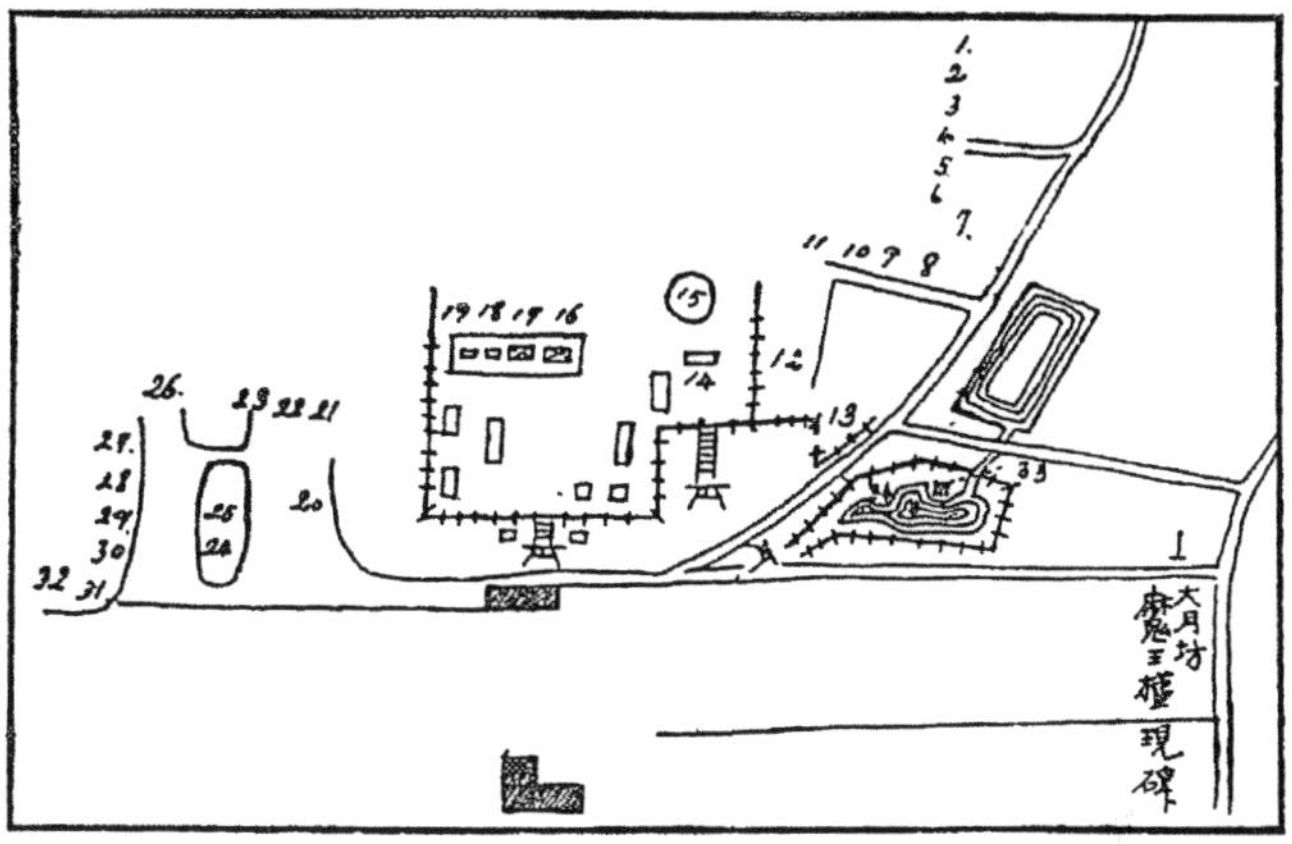

第九圖　生駒山頂河內八大龍王

石、淀光大明神　昭和二年八月吉日、川畑道眞　26、石、玉姫大神　27石、福王大神　28、石、八吉大明神　白光龍王　29、石、八大龍王、白玉龍王、白光大神　30、石白龍大神　31、不動明王小石像　32、石像多數列べてある。33、池の邊にある小石祀　34、同じく石柱碑、小櫻龍王大正十四年八月小西清松とある。池を取り巻いてゐる石玉垣に白布の大幡がしばりつけてある。曰く、駒山生上河内小櫻大明神、少し離れて大月坊魔王權現の黒ずんだ碑がある。毎月八日が御命日で舊六月八日（本年は七月二十二日）は大祭日である。

B、菊春權現　河內八大龍王の横の山路を下ること數丁、溪流に臨んで露出した大岩や山膚から突き出した大岩を祀つてゐるのがある。所屬宗派は神道神習敎、講としては菊參會がある。立札等の月日から考へると昭和四年五月貳拾日の創立と思はれるは。1、金誠權現、2は菊春權現である。創立が新しいだけに信者も多くないと見えて貧弱である。炊事道具等があつたから山中の生活にどれ程のものがあればよいかと調べて見るとカンテキが二つ茶瓶大小二つ、酢一瓶、醬油二瓶、ショウガ下し、金網杓子、バケツ、米入の罐、スリ鉢、金杓子、シヤモジ齒揚子、レンギ、ミソコシ、マナ板、ナガタン各一つ、アルミ鍋二つ、その他神酒徳利が三本程ころがつてゐた。家の軒には藥草が干してあつた。（未完）

カルフォルニヤインディアンの經濟生活（クノー）（二）

平野常治

（四）カリフォルニアに於けるインディアン部族の分布

カリフォルニアの概して峻しい暗礁の多い海岸に沿ふて海岸山脈（Coast Ranges）の西部の地をも含めて、細長い、温和な氣候と豐富な降雨とを以て著れ、美しい草原と麗しい槲や栗の森林とを有する沿海地域が展開して居る。

此の沿海地域に並んで東方には Coast Ranges の長い山脈があつて、カリフォルニア全體を北から南へ貫通して居る。此の山脈の北部及び中部では高さ略々千五百米に過ぎないが南部のベルナルディノ山のグリヅリイ峰は高さ三千五百七十五米に達する。二三の小さな峽谷を除いて、此地方全體に冬寒く降雪が多い、然し高い松柏科植物、特に蘇方木が多く存在し、それが所々マンザニタの灌木叢で中斷されて居る。

此の山脈の東方には廣い平坦な縱谷があり、その北部及び中部はサクラメント河とサン・ジョアクイン河が貫流し、數哩に亘る草原が貫通して、その中に屢々小な槲の森林が現れ、而て平坦な風景は公園の様な外觀を呈して居る。但し河岸に沿つては屢々柳やとねりこの森林のある蘆の沼地が交互に展開じて居る。此の縱谷の南部の雨量の少い、夏季に大に乾燥に惱まされる地方は、典型的な砂漠植物を有する砂漠地方、即ちモハヴ砂漠となる、それは面積約三萬五千平方キロメートル、東方コロラドにまで達し、夏季には全く水が涸れるモハヴ河が貫流する砂漠地方である。

此の縱谷の東方に境するものはシエラ、ネヴダの約百ドイツ哩に及ぶ長い山脈であつて、その澤山の山峰は四千米以上の高さに達して居る。その山麓は大部分千五百乃至千八百米の高さに及び、楓、槲、及びカリフォルニア橡の大森林で包まれ、屢々種々雜多のものが混合し、尚之に加ふるに傾斜して立派な松柏科植物の森林がある。

カリフォルニアの大部分は甚だ豐饒であつて、縱谷の草原地でさへ今日では往々白人移住者が灌漑によつて豐饒なる菜園地や農耕地に變化せしめて居る。此の地方にも亦植物界と同樣に動物界も豐富であり、或は嘗ては豐富であつた十九世紀の中頃には、猶麋やアメリカ大鹿や羚羊が大群をなして出現し、河の流域や沼澤地方には野生の雉や鷓鴣や鶉が棲息して居た。然しカリフォルニアは特にその豐富なる魚類を以て著れて居た。海岸や大河の河口には甲殼類や魚類、特に鮭が密集し、小さな內地の河も亦多量の鮎やきんめたいを藏して居た。

大陸の最も豐饒なる地方に最も早く人類が住み、此所に人類が最も早く高き文化階程に達したのである、と云ふ見解に從へば、カリフォルニアインディアンは北アメリカのインディアン民族中最高の發展階程に達して居なければならない。事實は彼等は寧ろ最低の階程に立つて居る。他の地方に於て示される如く此所でも亦、一民族が最も速に經濟的發展に到達したのは、豐饒なる大河谷、豐に繁茂せる豐富な食料を供給する自然環境に於てではなく、却て自然によつて惠まれること少く、人類がその生活資料を獲得する爲めに頭と手とを緊張せしめなければならない地方であつた。ヨーロッパの發見者が最高の發展狀態を發見したのは、ミシシッピイ河やミソウリイ河、或はアマゾン河やラプラタ河の沿岸地方に於てではなく、却て良き耕地でもなく又豐富な獵場も與へないニウメキシコやアリゾナのプエブロインディアンに於て、アナホウクやクツコの高原に於て、並びに砂地の全く降雨のないペルー海岸の河谷に於てであつた。尤も一民族が他の地方で勞働を學んだ後、その進步した勞働方法を持つて流浪して豐饒なる河谷に到達した場合には、速に一層高き階程に向上し得たであらうことは勿論である。

カリフォルニア部族は、最初のアメリカ人の移住者が其所に定住した時には、何等の園藝も農耕も營まず、又土器の製作も知らず、彼等の石製技術は進步したオーストラリア部族のそれよりも決して大に高級なものではなかつた。然し勿論あらゆる木製道具や武器――總てのカリフォルニアインディアン部族は弓矢を使用する――の製作や小舍や獨木舟の建造に於ては彼等はオーストラリア人よりも遙に優れて居り、又彼等の古い模樣入りの編物道具はミシシッピイ河の東に住むインディアン部族の最良の作品と比較することが出來たのである。

（五）カリフォルニアインディアンの部族制度

カリフォルニア部族の何れに於ても或る確定的な部族組織は見出されない。加之多くの部族は自分の名さへも稱しない。民族に於て彼等が呼ばれて居る名稱は大部分彼等を彼等の隣接部族から區別する爲めに與へられた名であつて往々「下流から來た者」とか、「海邊に住める者」とか、「山の住人」とか、「岸邊の者」等とか云ふに外ならない。故にこれはその居住地域に從つて附けた集團の名稱であつて、此の場合同一集團がその隣人から種々異つた名で呼ばれることが起るのである。それ故に本來部族とは云はないで、大小の隊、集團又は群と云つた方が正しいかも知れない。然し相並んで居住し、同一方言を話す集團を部族（Tribes 又は Stamme）と呼ぶ習慣が出來て居る。此等の隊の多くは白人が到來した頃猶、一緒に一つ又は二三の村に定住した二三百人の共同團體から成立して居た。他のより大なる隊は多くの小區分（小群）に分れ、更にその各々が多くの村又は定住地を包含した。例へばステフアン・パワース("Tribes of California," p. 370) によれば、ヨクート族の大集團は十九世紀の七十年代には二十三個の小群を包含し、又ルシアン河畔のポモ族のそれは十二個の群を包含して居たのである。（一五五頁）

通常此等の各群は二三の小村を有し、村は大體に於て村の酋長或は村長の指揮の下に自治を行つたが、然し往々にして斯様な「小部族」の首村の酋長は他の小な副村の酋長に對して一定の總監督權を有し、而て彼が招集する會議に於て議長の役目を務めた。亦一部に於ては隊は二人の酋長を有することがあつた。即ち一人は平時の酋長で他は戰時の酋長であつた。例へば前記のポモ族や、クラマト河下流のカロツク族やシャスタ族に於ては左樣であつて、戰時の酋長は進軍の際に指揮者となるだけで、內部行政や裁判に對しては群の他の成年たる各仲間より以上の勢力を有しなかつたのである。

ミシシツピイ河東方の部族に於て屢々發展せる如き、本來の意味に於ける部族制度、即ち總ての血緣關係にある小隊が、部族酋長と規則的な部族會議と部族仲裁裁判とを有する一つの確固たる部族體に統一されて居ると云ふことは決してカリフオルニア・インデイアンに於ては見出されなかつた。ステフアン・パワースが最も古くから定住せる部族たる前記のヨクート族に就て報告せる所は、（三七一頁）大體他の部族にも該當する。

『斯様な領域（一つの隊が所有する地域）內に於て各村はその村長を有し、村長は中央の酋長（即ち首村に住める酋長――クノウ）に對して、恰も知事が大統領に對する如き關係に立ち、而て毛髮をより長くして以てその部下の人民と區別される。年々定期に開かれる集會又は他の機會に於て各村長は酋長に對して彼の村の一般事情、例へば道德、爭議、樹の實の收穫等に就て報告をする。それからこれに對する返答として、酋長は勸告と提案との長い演說をなし、部下を戒め、教へ指導し、必要ある場合には犯罪者を徹底的に罵倒する。「酋長と村長の二つの地位は、息子が馬鹿ではないと云ふことを前提として世襲的である。然し何れも彼が後繼者となさんと希望する者を指定することが出來る。例へばタチ村の村長サンチアゴはカテとクトマツと云ふ二人の息子を持つて居たカテが長子であつたが、然しカテが正直者であるのにクトマツが狡猾であると云ふ理由で後者を後繼者と定めたのである。……

斯樣に村長は何等確固たる權威を有しない。葬式や民俗ダンスの日さへ勝手に決めることが出來ないで、それを行ふことを隊の酋長に願はなければならない。最近多くの村はこれを破つて獨立になり、その村長は嘗て隊に屬した權利を行使する樣になつたが、然しそれは猶僅かなものである。」

トーテム團體や民族組織人の區分も亦カリフォルニア土人の何處にも示されて居ない。斯樣な組織の萠芽すら缺いて居る。社會的構造の最低の統一體は家族であるが、然し父母と子供から成る小家族ではなく、多數の小家族から成る大家族、即ち家族同族（Familiensippe）である。然れども此の家族同族の大さは部族部族によつて甚だ違つて居る。中部カリフォルニアのシエラネヴダ山中の最低級の部族、メイヅウ族やニシナム族では、此の所謂「集會家族」は通常僅かに三個乃至四個の小家族、即ち十乃至十五人から成立して居る。其所では大家族は大體老人夫婦、その既婚の息子達とその妻子、並に老夫婦の未婚の娘達、又時としては一二の婿達――その妻を自分の村へ引取らないで舅姑の所へ伴れて行つた所の――から成立して居る。高級な隊になればなる程家族同樣の大きさは擴大し、例へばカロック族やフーパ族の如き最高度に發展せる集團は約四十人を包含することが稀でない。十九世紀末まで長い間フーパ族の許に滯在したプリニー・アール・ゴッダードはトニティ河口に住む此等の隊の家族關係を次の如く記述して居る。(Goddard. "Life and Culture of the Hupa," University of California Publications. p. 57)

『典型的家族は一人の男子とその息子達、此の男の一人又は數人の妻、未婚の或は半ば結婚せる娘達、息子の妻達及び孫から成立する。尙屢々此の男子及びその妻の未婚の又は鰥夫（或は寡婦）となければ兄弟姉妹がこれに加る。最高齡の卅代の婦人達は第三卅代の人々から總て大叔母又は祖母であるかの如く、同一親族名を以て呼ばれる。此等家族の高齡の男子達も同樣に總て祖父と呼ばれる。而て同じ家に生れた子供等は、同一兩親の子供であると否とに拘らず、總て相互に兄弟姉妹と呼ぶのである。』

(六) 家族同族と家族共同體

斯様な家族同族は通常同時に、獲得した食料を共同的に貯藏し、調理し且つ消費すると云ふ限りに於て共産的生活を營む所の、家族共同體を構成する。但しあらゆる部族に於てではない。例へば前述のクラマト河口のフーパ族、カロック族、それ等の東方に位するシャスタ族、フーパ族の西方に並び住めるチリユラ族に於ては左様でない。此等部族に於ては少くとも未だ祖父とならざる男子は冬季の間は各村に存する集會所――それは同時に男子集會所として又儀式場として役立ち、又大體に於て女子は足を踏入れる事が許されない――に宿泊するのが寧ろ慣習になつて居る。只夏中だけは男子達はその妻と共に手輕な夏小舍に寢るのである。

斯様な慣習は若干の奇妙な行爲の規則を生じた。例へばフーパ族に於ては Xonta と稱する木造の長さ略五乃至七米の家族小舍は、本來女子の家であつて、女子と子供のみが其所に住み且つ寢る。男子は冬の間は Taikjuw と稱する集會所に於て寢る。男子がその妻と性的交渉をなさんと欲すれば何處か屋外に於てしなければならない。然しそれ

は不體裁なことゝせられ、從つて大抵は遂に夏が近付くまで中止せられる。それからフーパ族は樹枝を以て手輕な夏小舍を建造し、而て冬が始るまで男女は隨意に一緒に寢る。それ故にゴッダードの報告せる如く(五七頁) フーパ族は通常冬には結婚せず、大抵は萬物が緑となり花開く春に於て結婚する。

斯様な家族同族制が如何にして成立したかは容易に説明が出來る。カリフォルニア土人に於ては狩獵や漁撈の際には常に多數の人々が、即ち大抵の場合には父と息子とが協力するのである、而して此の協同生活と協働とに依つて、息子達は結婚して居る場合でも猶屢々父の許に止まることになり、且つ彼等は父の小舍、武器、道具、獨木舟等をやがて相續するのである。又若き夫は妻を購買し又は贈物を以て娶つた後は獨立の世帶を持つに必要なる手段を缺いて居る。これに加ふるに他に更に一層重要なる動機がある。經濟發展が進めば進む程インデイアンの家計にとつて女子の勞働力が益々重要なる意義を持つ様になる。カリフォルニア・インデイアンに於ては女子は固有の家庭勞働を爲すのみならず、亦薪を森林から取つて來ること、一切の衣服を作ること、籠や容器を編むこと、根や槲實や漿果や栗や果實を拾集し、且つその保存をなすこと、漁撈の際にはこれを助けること、及び魚の干物を作ることをなさねばなら

ない。女子の有用なる勞働なくしては家政は不可能である。それ故に實際上カリフォルニア・インディアンは結婚せんとする場合に女子を性的存在としてよりも寧ろ必要不可缺の勞働力として見るのである。以前には何れのカリフォルニア部族に於ても結婚前の貞操なるものは求められなかつた。若き少女は禁止された親等の血縁の男子と交際するのでない限り、誰でも愛する男子に身を捧げた。從つて若き男子はその性本能の滿足の爲めには決して自分の妻を必要としなかつた。

女子の勞働力の有用價値が結婚能力ある女子の父をしてその家政にとつて必要なる娘を、彼女の有用價値を償ふに足るべき反對給付又は賠償なくしては、手離さしめないのである。野蠻な低級階程に止まれる際に於ては高度に發展せる部族に於けるよりも、一層容易に少い贈物や貝殼貨幣と交換に父は、その娘を求婚者に與へる、と云ふ事實がこれを説明して居る。ステファンパワースが報告せる如く（Tribes of California, p. 238, 318）アメリカン河畔のニシナム族やサクラメントの東方のウイントウン族に於ては野獸や魚類の若干の贈物を以て父をしてその娘を讓渡せしめることが出來る。これに反してゴッダードはフーパ族に就て、フーパ族の父はその娘と交換に屢々三十乃至百ドルの價値ある貝殼貨幣とその外に武器や毛皮や籠や食料品の贈物を要求する、と報告して居る。（Life and Culture of the Hupa, p. 55）而してパワースはカロツク族に就いて述べて云ふ。（p. 22）

『女子は半網の貝殼以下に賣られることは稀である。若し彼女が上流の家に屬し、愛嬌があり、榭實のパンを燒くことや籠を編むことが上手に出來るならば、屢々二網の價値を持つ、――即ち八十乃至百ドルに値するのである。』

それは屢々若きインディアン並びにその父にとつて資力の及ばない莫大の額である。斯樣な場合には結婚希望者に對して選ばれたる婦人の父から一部分だけ支拂ふことが許されることも稀ではない――但しそれは彼が彼の若き妻を自分の村或は家族家屋に伴れて行かないで、彼が購買代價の殘金を支拂ひ得るまでは、一時舅の許に置いて舅姑の家政の費用を助けると云ふ條件の下に於てゞある。或は亦被求婚者の父は率直に宣言する『君に娘を差上げる、然し君は私の所へ來て我々と共に働かねばならぬ』と。斯樣にして――實際全く最高度に發展せる部族に於ては――若き夫は結婚後その妻の許に、或は同じことであるが、その舅姑の許に行きその家族同族を増加することを助けると云ふ慣習が益々發展する、而も彼自身が全く所有物の少い、弟息子であり、彼の父の家庭に於ては家長となる望がない者であれば尚更である。

更に斯樣な慣習の結果として、妻が夫の許へ、即ち彼の家族の中へ移る場合よりも、特に男子が屢々狩獵や戰爭に出て從つて屢々彼の家を不在にする場合、若しくは彼が一日の大部分を男子集會所（カリフォルニア・インデイアンでは概して同時に會議所となること前述の如し）に滯在する場合に於ては、妻は一層高き地位を家族共同體に於て獲得することになる。かくて妻は屢々益々本當の意味の家族家屋の管理者となる、――或は家族同族の固定的要素となると云ひ得るかも知れない。

（七）　インデイアンの村落共同體

澤山の家族家屋、時としては僅かに二個、三個或は四個の家屋が一つの村を構成し、村は全隊が領有する地方の中に於て、通常その定住地の極く近くに特別の狩獵及び漁撈區域を持つて居る。從つて各村は最小のものでもその村落地域を有すると云ふことが出來る。此の地域は全村落の共有と認められ、其所では各村人は隨意に、――勿論一定の規則の制限の下に、――狩獵、漁撈に從事し、野生の果實を拾集することが出來る。然し二三の部族、例へばディクソンの報告（Dixon : "Maidu Myths," Bulltin of Nat. History, XVII p. 225）に依ればメイヅウ族に於ては、個々の大家族は一定の拾集地（即ち野生の漿果や根のある森林地區）鹿獵區劃及び漁場に對して特殊相續權を持つて居る。此等種々の地區が村落の共有から何か區別されて、個々の家族共同體又は家族同族の特殊所有物になつて居るのではないと云ふことは明である。それは猶依然として共有物である、只然し乍ら或る一定の家族共同體がその場所に於て眞先に、漁場の堤防や沿岸の小橋を建設し、鹿の追獵の爲めに柵を設け、又は漿果灌木を有する一定の森林地帶を發見し且つ利用した、と云ふ理由でインデイアンの見解に從へば彼等はその地域に於て一定の利用權を獲得するのである。――それは彼等が規則的に且つ正式に利用して居る限りに於て、彼等並びに彼等の子孫に對して爭を生じ得ないと云ふ利用權である。從つて皮相な觀察者が一定の地面又は河岸に對する家族の所有權を云々するのは正しくないのである。家族共同體が獲得したものは土地所有權ではなくして、彼等が費した勞力と努力に對する代償として彼等に好意的に許されたる利用特權に過ぎないのである。勿論只一つの大家族から定住が成立した時には、村落地域が家族地域と一致するから、斯樣な場合には一家族の所有權と云ふことを云々することが出來る、――但しこれは稀に存在する場合である。

全村落がその以前の村落地域から移動して、その地方の他の遠い所へ新に定住すると云ことは、少くとも海邊や大河畔又は湖畔に住む隊、從つて漁撈が食料の大部分を供給する地方に於ては、甚だ稀である。縱谷の南方やシエラ・ネヴァダ山の麓に住む野獸食料により多く依存する群に於ては移動は頻繁である。加之パワースはニシナム族に就て報告して云ふ、(Tribes of California. p. 318)

『ニシナム族はあらゆるカリフォルニア部族の內で狹い範圍內に於て最も多く遊牧するものである。彼等は多分害虫を避ける爲めに、古き住所から只僅かに離れた所へでも、殆ど絕えずその住所を變へるのである。然し彼等は亦死人があつた場合には常にその小舍を拋棄する』と。ニシナム族の陰鬱な土小舍には澤山の害虫が蝟集し、それが增加すれば當該家族をして少し離れた所へ新に移住せしめると云ふことは本當であらう。然し尙屢々他の動機がこれに加はる。一つの村落が數年間もその近くの周圍を野獸を求めて探し廻つて居ると、野獸は追はれて逃げてしまつて、狩獵の穫物は減退する。そこで新により都合よき獵場を求めると云ふ希望が起るのである。これに反して海岸や大河畔に住める者に於ては魚類が逃げてしまふと云ふことは問題にならない。尙暑い夏には南部縱谷の河も小川も流も全く涸渇し、草原の草は乾枯し、從つて野獸は他の水の豐富な地方を求めて行く。斯樣な地方に存在する村落は野獸の肉を斷念しない限り野獸の移動を追つて移動せねばならない。斯樣な地方に於てすら住所の變更は常に頻繁ではない。而てそれが起る場合にも食料の缺乏のみが原因ではなく、その場所が惡魔に魅せられるとか不幸に脅かされるとか云ふ村人の信仰が原因となることも稀ではない。

（八） 植物性食物

白人移住者が始めて侵入した時には、何れのカリフォルニア部族も何等の土地耕作をも營んで居なかつたにも拘らす、猶インデイアンの家政の日々の食料の最大部分は植物性食物から成立して居た。カリフォルニアは澤山の野生の食用果實を產し、殆ど全く女子に依つて行はれる拾集行爲が可成り豐富なる收穫を供給したのである。主要食料品は槲實、就中カリフォルニア谷の槲、黑いカリフォルニア槲及び常綠の槲の實であつた。その拾集には屢々男子も亦助力した。男子が長い棒を以て槲實を樹から打ち落し、それを女子や少女達 拾ひ集めて籠に入れて家へ運んだ。

その外は多くの種類の堅果や根や植物の若芽やアメリカ雀麥の種子や、向日葵その他多くの草類や、尙野生の杏の實や多くの種類の漿果類が拾集された。花の咲いて居るつめくさも亦屢々豫め調理することなしに莖から取つて全く生のまゝで食はれた。(フリッツ・クラウゼ『カリフォルニ

アインデイアンの文化』（四二頁）

槲實、種子、堅果、野生の豌豆の如き最も重要なる食料品は先づ皮を剝ぎ、乾燥し、或は燒き、それから磨石で磨り潰し或は擂鉢で細い粉又は粗い粉に搗き碎き、それからそれを――豫め槲實の粉を灰汁を拔いて置いて、――圓く平かなパン菓子に燒き、又は粉の粥を煮る。カリフォルニア・インデイアンは斯樣な粥が甚だ好きである。彼等は土器を持たないから、粉を水で攪拌して稀釋した後、水の通らない編んだ籠の食器に入れ、それに熾熱した石を投込んで煮るのである。然し斯樣な粥或は粥スープを大抵は熱いのでなく冷くした後食ふのであつて、カリフォルニア・インデイアンは一般に煮たり熱い石の上で燒いたりした食物（串に刺して燒いた野獸も同樣である）を熱いのを食はないで、冷くして食ふのである。

（九）狩獵及び漁撈技術

拾集行爲の外に狩獵と漁撈とがカリフォルニア・インデイアンにその食料の少なからざる部分を提供する。麋《エルク》や鹿（麋は山嶽地方にのみ棲息する）の狩獵は通常小さな狩獵部隊によつて行はれる。大勢の人々が各方面から動物に忍び寄つて、それからこれに矢を射ると云ふ方法が、彼等の最も好む狩獵法である。鹿や麋の獵立ても亦屢々行はれる。

それは求むる動物の通る小徑に沿ふて一列の歩哨を置き、人々が交替に獵立てゝ鹿を不案内な所や或は配置されて待伏せして居る獵人が容易に捕獲し得る樣な水中へ追込むのである。（ピー、イー、ゴッダード、「フーパ族の生活と文化」二二頁。ステフアン・パワース・「カリフォルニア部族」一一七頁）

追獵も亦多くの部族が甚だ好む所である。即ち杜や樹枝を以て、若しくは樹から樹へ樹皮の細片や鞣皮の綱を張つて、一點に集合する柵を作り、その中へ動物を追込んで動物が二つの柵の結合點に掘られた穴に落込み、又は其所に作られた係蹄にかゝる樣にするのである。兎や家兎や栗鼠や泥熊等の如き小動物は大抵係蹄や陷穽で捕へる。然し又多くの部族に於ては兎や家兎を半ば野生の犬を以て獵立て動物が全く疲れた後弓矢で射倒し、又は投棒を以て遠く逃げるのを妨げることもある。（パワース、「カリフォルニア部族」一二七頁）ゴッダードがフーパ族、デイクソン族及びシャスタ族に就て報告せる如く、以前には此等部族に於ては、秋には草原の乾燥せる草の周圍に點火して、野獸を包圍してこれを火の輪の中にある草のない濕つた地點に追ひ込み、其所で前から並んで居た獵人が逃げる野獸を射倒すと云ふことが行れたのである。

斯樣な云はゞ集團的な狩獵に比較して、個人的な狩獵は些少な意義を有するに過ぎない。それは大抵獵人が野獸の度々訪れる飲場の近くに隱れて居て、其所から渇した動物を射倒すか、或は獵人自ら鹿の毛皮を肩に掛け、角のある剝製の鹿の頭を自分の頭に着けた後、草を喰つて居る獸群に用心深く忍び寄るものである。

動物の皮を剝ぐことは男子の仕事である。肉は一部は串に刺して、或は鈍い炭火で燒き、一部は乾し、或は燻製（鹽なしで）にする、そして家族の貯藏庫に持ち込む。

海岸や大河畔に住める部族に於ては、白人が始めて移住した頃には、當時一般に漁撈部族がカリフォルニアの最も進歩した部族であると觀察された如く、狩獵よりも漁撈の方が遙に重要なる役割を演じたのである。その最も重要なるは鮭漁であつた。此の魚はカリフォルニアの海岸には非常に澤山存在し、産卵期には河を可成り高く遡つて行く。その外に鰈鮫や一種の鮭（Stint）も可成り多い。又多くの小さな河には鰻や鱒、並びにきんめだひの一種や銀色うぐひがある。大きな魚は屢々河中や海中に架せられた臺や板橋の上から、射るか、或は槍樣の逆鉤のある銛で突いた。小さな魚は大抵頭髪の網で捕獲した。海岸や河口では亦漁撈は屢々獨木舟から――北西海岸部族は可成り大きな獨木舟を持ち、その或るものは十人まで收容することが出來た。――大きな手網或は銛を以て行はれた。骨の鉤の附いた鉤道具の使用は、チユマッシユ族及びサリナ族の如き若干の南カリフォルニア海岸部族のみに就いて報告されて居る。

倘淺い河流を所謂魚渠、即ち一方の岸から他方の岸へ曳き渡した枝葉の遮斷物で、閉塞することも廣く行れた。此の遮斷物の中の二三の個所に狹い孔或は通り口を開き、その下に大抵は草又は韌皮で造つた捕網若しくは籠の樣な漁具を裝置した。或る場合には亦此の通り口に小さい低い木の臺を置き、其所から二三人のインデイアンが泳いで通り過ぎる魚を槍で突くことも行はれた。此の種の漁撈は特にメイヅウ族（カリフォルニアの北東部、サクラメントの東方アメリカン河及びユーバ河の河畔）が好んで行ふ所であつた。此の外に毒物を水中に投入して魚類を痲痺せしめそれから魚が泳いで水面に現れるや、小さな手網で捕へると云ふ方法も、多くの部族に於て行れた。此の痲痺劑としては主として搗き碎いた無患子の球根が用ひられた。

捕獲した魚類は消えかけた炭火の上か、又は熱い灰の中でこれを燒いた。然し魚を冬まで保存せねばならない時には、大抵はこれを始め木の臺の上に置いて燻つて居る火の上で燻製にし、それから天日に干すと云ふ方法で乾燥した。魚類の完全なる燻製は、知り得る限りに於ては、フーパ族ユーロク族、及びシャスタ族に於てのみ行はれた。魚を水又は脂に入れて煮ることは何處でも知られて居なかつた。

狩獵と漁撈とは男子の勞働種類に所屬して居た。然し産卵期には屢々女子も漁撈に助力し、且つ魚類を洗ふことゝ干すことゝは女子の獨特の仕事であつた。カリフォルニア土人は奴隷を持たなかつた。彼等が例令戰場に於て俘虜を捕へたとしても、インディアンは決して慘虐ではなく、戰爭の俘虜を苛責することは知らなかつたとは云へ、單にこれを斬殺してしまつた、而て女子をも亦、――勝者か妻として又は妾として彼等の家に伴れて來た若い愛嬌ある女子までも殘らず――殺したのである。奴隷を所有すると云ふことはカリフォルニア・インディアンにとつては、見受ける所どうしても、充分有利なことゝは考へられなかつた、蓋し彼等の原始的な狩獵及び漁撈生活に於ては奴隷の用途は少なかつたからである。尤もクラマト河畔に住む隊は以前から度々戰爭の奴隷を捕穫したが、然しこれを彼等自身使役することはなかつた。彼等はこれを奴隷として北方チヌク族に賣つたのである。

（十）インディアンの所有權

カリフォルニア土人の所有權は斯樣な經濟發展階程に相當したものである。既に述べたる如く、カリフォルニアに於ては土地に對する私的所有權なるものは存在しなかつた。土地は村か又は群に所屬した。群の成員が斯の如き土地に於て狩り若しくは漁して穫得したものは、彼自身取得することが出來た、然し彼等はその穫物を家族共同體の共同利用に提供する義務があつた。故に穫物は本來大家族全體の共同所有物であつた。これに反して獵人がその穫物の幾分かを、彼の屬する大家族以外の、群の他の成員に引渡すと云ふ義務は存在しなかつた。蓋し各人はその家族の食料貯藏物に對して請求權を持つて居たから、斯樣なことは全く無用であつた譯である。武器や道具や家具は個人的財產であつて、家族內部に於て父からその息子へ、母からその娘へ、相續せられた。亦結婚に際して夫と妻とは各々別別の財產を持つて居た、――勿論結婚せる女子に對する尊重が甚だ薄い所では、彼女の私有財產權はその夫又は男子の近親者から屢々尊重されないことがあつた。パワース（カリフォルニアの部族、二四九頁）がジャスタ族に就て報告せる所は、僅か許りの制限を以て、他の群にも亦當嵌まる。

『彼女等（妻）は或る場合にはその私的所有物を持つて居る。寡婦は彼女自ら製作した籠や裝飾品を所有し續けて居り、又彼女が一二匹の小馬を穫得した場合に、これを彼女から暴力的に奪取ることは慣習に違反することであらう。（パワースは茲では近頃のこ に就て述べて居るトークノウ）然し乍ら彼女が取得した所の貨幣（貝殼貨幣）は、これを男子の親族が彼女から奪取することが出來る而て彼がそれを公然と奪ふ程大膽でない場合には、それを竊に盜む。斯樣な竊盜は彼にとつて犯罪として責任を問はれることがないのである。』

カリフォルニア土人の生活樣式は全體として甚だ原始的ではあつたが、既に最初のアメリカ人の農民の時代に於て隊や群相互間の顯著なる商取引が發展して居たのである。例へばユーロク族は彼等が西洋杉を以て製作した獨木舟をカロク族やその南方に住むヴイショク族に與へ、それに對して彼等から、毛皮や鹿の角や干鮭や貝殼を受取つた、又サクラメントのウイントウン族やバトウイン族は、東方の山間部族と取引し、弓矢や槍の穗先や鏃や乾したマンザニタの漿果や野獸の肉や茸類と交換して、干魚や沼澤植物の根を與へた。（バワーズ、「カリフォルニアの部族」二三五頁）而て常に原始的な方法に於てゞはなく、或る生産物が他のものと交換された。即ち各種の貝殼を澤山孔を穿つて糸で貫いた貝殼貨幣が、既に屢々取引に於て利用されたのである。

（完）

民俗學四ノ九伊豆御藏島雜記　正誤

頁	行	誤	正
二五	七	會計	合計
同	八	爲にたろ	爲にする
同	一五	家數	家數
二六	一二	甚だしい	桁
同	一三	增加十二	增加して
二七	一一	越臥	起臥
二八	三	他方	地方
三〇	八	徵入	徵收
同	一四	椿害	椿實
同	藥島略報	正誤	
七二六	註	新1潟	1新潟
同	目次の九	丸茂竹重ば。	武重に

學界消息

○南島談話會第七回例會　九月廿四日（土）午後六時半より前回同樣明治神宮參道東京尙志會館ホールに於て開催された。話題は「船に關する雜話」であつた。最初に柳田國男氏は本日は新らしい人々も多いからとて、南島談話會成立の趣意並に歷史を一言されて本題に移り舟に關する迷信の問題から初められた。南島に於ける舟に關する幽靈であるシキフナダマ、シキユウレイの話から日本に於けるシキガミの話をされ、シキ幽靈は一名ソコ幽靈と云ふのを見ても知れる通りシキとはシッタ（關東）シンタ（南島）等底を意味する言葉より來るものならんと說明された。

次いで遠來の櫻田勝德氏から氏が最近步かれた日本の西部の島々に於ける船幽靈に關する話を聞く。玄海の沿岸に於てはシキ幽靈、シキボトケなるものは海一パイにしきつめたやうにひろがつて來り船を止めるとの話。長崎の五島平戶の五島等ではシキ幽靈、ウブメ船幽靈に關する話が豊富であつて、クジラ、鰯等になつて來るとの話、筑前に於ては雨のそぼ降る夜に限らず盆の十五日の明月にも帆船又は火を多くつけた汽船となつて前に來り音もなく消える等面白い資料の報告があつた　これに續いて南島のシチマシモノの話より溺死人のなるゴロウシ（御靈神）の話、ミサキ風の話、更には幽靈の話、墓の話、洗骨の話等の雜話となり十時頃散會。

⊙呪符並に民間信仰の研究會　十月一日大正大學宗敎研究室に於て夏期休暇中の研究題目と定められてあつた呪符並に民間信仰の蒐集を持ちよつて、研究會が催された。日本に於ける民間信仰の多くは外見上佛敎的色彩を持つものである。從つて地方に於ける佛敎信仰の事情を知り、それに關係の深い人々によつて、民俗學的に硏究されることは誠に望ましいことである。

○雜誌「社會學」の集ひ　田邊壽利、古野淸人兩氏の編輯にかゝる「社會學」は非常に好評裡に第三號を出すことになつた　これを機として十月一日午後神田淡路町多賀羅亭に後援者を招いてお茶の會を催した。參會者は藏內數太、松本彥二郎、三木淸、小山榮三、原田敏明氏等社會學に關係ある學徒約五十名

○雜誌「社會學」の批判をなし今後の發展を期した。

87

伊豫の藏川珍談　横田傳松　割篠背仔出賢人
土佐泊の表懸松　大津朔二郎　靴頭〇
大和神野山の傳說　乾　健治　鍾邱林
硯水傳說　杉谷流翠　雄牛挨磨
周防の大島(四)　宮本常一　九牛挨磨
諏訪の御柱祭　大亦詮一郎　眞龍結穴
東京附近の石神信仰をたづねて　齋藤房太郎　鳥木山
兵庫縣下性崇拜資料　河本正義　死人脚村
市兵衞噺中の同話　別所光一　同　第三期
南部藩山林制史料の二三　田中喜多美　廣州花會迷信一瞥
既刊郡誌書目解題　大藤時彥　看了「海龍王的女兒」
〇土の色　潮陽的神廟
克明館藏書目錄公表のはしがき　內田　旭　故事零拾(續)
克明館藏書總目川柳大井川橋　横田大一　欲雅變成猴
善那祠堂建立の企　三輪桂作　下雪的起源
飯尾哲爾補　揭陽隱語
〇むさしの五　翁源謎語
片足跳の方言埼玉縣　杉山正世　民俗作家近訊
埼玉縣の麥打唄　池ノ內好次郎　關於「民俗」
宗岡村の盆習俗(七月の行事)　同　同　第七期
〇民俗旬刊　第四期目次　看山先生故事專號　揭陽風土記略(續)
看山先生的故事(一二)　諸家　〇歌的「看見地」
看山先生和土地伯　李敏　民間藥物學
看山先生和三兄弟　勉之　芒和蒼蠅何以會復活
看山先生的自供　雄智　罵人的故事
林開庭故事　素蘭　田鷄

爽　對於「民旬」內希望　今明
澗　報告一個好消息　編者
漫星女士　最後幾行　天臥生
寫眞女士　同　第八期　花會專號
雄智　紹興花會的種々　陶茂康
香草　十二月花會傳　翁國樑
世鎭　揭陽花會歌　天臥生
香草　賭花的故事　清水
暹羅案雙葬妻　郭堅
清水　歇後語錄　姚世蘭
培盧　民俗雜訊　冷生
天臥生　〇越味叢書第二編「土の香」臨時增刊
葉德均　頬燒地藏の山來に絡まるヒルマモチ傳說
陳仰韓　筑前國永滿寺發掘經筒　矢島恭介
官世科　〇仙臺鄉土研究　二ノ八(目次拔抄)
顧　岩切村東光寺境內發掘の板碑と
官世科　其出土狀態　伊東信雄
鳳子　仙臺方言雜考(五)　眞山青果
黃石　石の信仰　中西利德
同　二ノ九(同)
培　〇　仙臺方言雜考　眞山青果
謝雲聲　木の下國分寺準胝觀音堂調查記　小倉博
求索　陸奧國分寺七重塔の高さ　松本源吉
朝
葉德均
官世科

日本考古學界の福音

オスカル・モンテリウス著

考古學研究法

京都帝國大學文學部長 文學博士

濱田耕作譯

著者序の一節

「考古學の研究法を論述した書物の極めて少ない中に於いて、瑞典の碩學オスカル・モンテリウス博士の『古代文化諸時代』の第一册に述べられた研究法、特に型式學的方法論ほど、精しく且つ親切なものは、同書の出版以來三十年、博士の歿後十年に垂んとする今日に於いても、なほ殆んど見當らぬ様に思ふ。私自身が考古學々徒としての生涯中、從つて此の書ほど深く且つ强く私の學問に影響したものも、他に多く其の例がない……………。

モンテリウス博士の此の書は、永久に其の價値を失はず、其の學界に於ける功績は、博士の歿後益々大なる活動を續けつゝある瑞典の考古學界と共に、誰人も之を認めずには措かれないであらう。

私は斯の如き權威ある、學界に記念す可き名著を譯述して、日本の學界に提供したいと思ふこと久しかつたが、今度幸に友人文學士福原兼俊君の力を得て、之を出版するの機會を得るに至つたのは、私の深く喜びとする所である。而して私は考古學の研究に携はる我國青年學徒が、モンテリウス氏の此の方法論は、決して机上の空論ではなく、氏の全生涯に於ける研究の自然的結論であると云ふ點に思を寄せ、深く學ぶ所ある可きことを希望して已まない。……」

目 次(原著にはなし)

十月十五日發賣

菊判約二百頁挿圖一一二八五 寫眞一 上製本

價一圓八十錢 送二十一錢

東京市神田區北甲賀町四

岡書院

電話神田二七七五番
振替東京六七六一九番

○寄稿のお願ひ

○種目略記　民俗學に關係のある題目を取扱つたものなら何んでもよいのです。長さも御自由です。

(1)論文。民俗學に關する比較研究的なもの、理論的なもの、方法論的なもの。

(2)民間傳承に關聯した、又は未開民族の傳說、呪文、歌曲、方言、謎諺、年中行事、生活樣式、習慣法、民間藝術、造形物等の記錄。

(3)民間採集旅行記、挿話。

(4)民俗に關する質問。

(5)各地方の民俗研究に關係ある集會及び出版物の記事又は豫告。

○規略

(1)原稿には必ず住所氏名を明記して下さい。

(2)原稿掲載に關することは一切編輯者にお任かせ下さい

(3)締切は毎月二十日です。

編輯後記

○

秋季の民俗學大會を開きます。目下會場、講師、時日の撰定、打合せを行つてをります。決定次第御通知申し上げます。多分時日は十一月中旬で會場は國學院大學の講堂になるだらうと思ひます。

△原稿、寄贈及交換雜誌類の御送附、入會退會の御申込會費の御拂込、等は總て左記學會宛に御願ひしたし。

△會費の御拂込には振替口座を御利用ありたし。

△會員御轉居の節は新舊御住所を御通知相成たし。

△御照會は通信料御添付ありたし。

△領收證の御請求に對しても同樣の事。

昭和七年十月一日印刷
昭和七年十月十日發行

定價金六拾錢

編輯兼發行者　小山榮三
東京市神田區表猿樂町二番地

印刷者　中村修二
東京市神田區表猿樂町二番地

印刷所　株式會社開明堂支店

發行所　民俗學會
東京市神田區北甲賀町四番地
振替東京七二九九〇番
電話神田二七七五番

取扱所　岡書院
東京市神田區北甲賀町四番地
振替東京六七六一九番

MINZOKUGAKU

OR

THE JAPANESE JOURNAL

OF

FOLKLORE & ETHNOLOGY

Vol. IV October 1932 No 10

CONTENTS

PUBLISHED MONTHLY BY

MINZOKU-GAKKAI

4, Kita-Kōga-chō, Kanda, Tokyo, Japan.

民俗學

第四卷　第十一號

昭和七年十一月

民俗學會

民俗學公開講演大會

一、開會の挨拶　慶應大學教授 國學院大學教授　折口信夫

一、北海道のユーカラと樺太のユーカラ　東京帝國大學助教授　金田一京助

一、地震、落雷に關する俗信　京都帝國大學教授　新村出先生

一、閉會の挨拶　慶應大學教授　松本信廣

時日　十二月十日（土曜日）午後一時

會場　三田慶應大學大講堂《だいホール》

來聽歡迎、聽講無料

主催　民俗學會

前號目次

昭和七年十一月十日發行

民俗學

第四卷

第十一號

目次

寄合咄

資料・報告

農民の階級と民俗 (二)

――江戸時代を中心として――

中山太郎

五、阿波波熊本紀州三藩の農民階級

こゝに擧げた阿波、熊本　紀州の三藩が、我國に於ける農民階級の代表的のものだとは私も考へてゐない。殊に地の理に於いてはやゝ關西に偏してゐると思はぬでもない。併しながら今の私としては全國の資料を涉獵して說を試みることは意に任せぬ。且つ如何なる譯か關東から東北にかけては、此の種のものが寡見に入らぬ。それで不十分とは知りながらも此の三藩で代表させることゝした。集大成の如きは敢て後賢に俟つとする。

阿波藩（蜂須賀家）に行はれた農民階級は、既記の如く鄕士、浪人(1)までを加へると、實に二十七級に差別されてゐる。往年刊行された「新野町史」に載せた名稱を示すと御藏百姓、拜知百姓、鄕附浪人、郡附浪人、見縣人、影人、駈出し、頭入光規奉公人、支配外帳附ノ者、又々先規奉公人、御立置浪人、譜代奉公人、古參ノ奉公人、頭入百姓、間人、棟附外、來町人、來人、絕人、本百姓、百姓、下人、名子、潰人、無役人、今良、放レ小家がそれである。然るに同書には是等の階級の一々に就いて詳しい說明が缺けてゐるので、阿波人ならぬ他所者《ヨソモン》の私には全く見當がつかぬ。そこで止むなく德島縣の他の二三の地誌類を參照すると、その稱呼や階級にも多少の出入があつて、益々解釋が面倒になつて來たので、誠に

窮策ではあるが、こゝには割合に詳説してある「阿波郡誌」の所載を土臺として、これに寡見に入つた他の地誌類で補ふことゝした。同藩の根本資料ともいうべき「阿波藩民政資料」に出るより、此の方が便宜だと考へたからである。

郷士　蜂須賀氏の入國以前より、一鄕又は數村を領した小城主の觀ありしを、一旦その領地を返還せしめ、更にその家格と人才とにより、百石以下の地を與へ『山士』と特稱優待した者を云うたのであるが、中には無高の者もあつた。

原士　原野を開拓して食祿とせし家とて此の名がある。家格は御高取の次、庄屋の上とした。

小高取　元地方の名望ある豪農より選拔し、苗字帶刀を許し、軍役に服させた。後に家中の領地百姓で別に一家を創め、領主等に獻金し、その頭を拔き（武士の從屬たる羈絆を脫するを云う）小高取となつた者もあり、或は與頭庄屋《クミガシラシヤウヤ》（中山曰。關東地方の割元名主に同じ）等の勤功によりて、小高取となつたのもある。何れも十石以下の地を給はるので此の名がある。以上の鄕士、原士、小高取を總稱して『御高取』と云うた。

一領一匹　蜂須賀氏入國の砌は、武具も備はらず、それ故に農民より有事の折には、具足一領馬一匹に附裝束して差出す條件の下に、平生は帶刀並びに諸役を免除した。その家の分限により一領一匹、又は二領二匹等の差別があつた。

郡附浪人　苗字帶刀を許され、且つ夫外《ブグワイ》(2)より任じた家なれば、本來下人まで無役であり、これに反して夫筋《ブスヂ》より命ぜられた者は、一家無役、子弟及び別家の節は夫役《ブヤク》を課せられた。郡代に直屬してゐたので此の名がある。給地入の者は領主に獻金して郡附浪人となる者もあつた。因に郡附浪人は身居《ミツハリ》(3)をしてゐた。

支配外無役人　苗字帶刀を許され、郡代に直屬した。夫外夫筋より身居をなすに相運ぶ取分は、郡附浪人と同じであつた。庄屋の支配外であつて、諸役御免の人を斯く稱したものらしい。

鄕附浪人　苗字帶刀を許さる。但し夫外の者は手元限りに申付るものとした。奉公人が退身して鄕住身居の願ひを出すと、鄕附浪人を申付られるのが例であつた。又百姓に申付るは、その都度御下知によつた。夫外の者は一家無役、別家は當人一生の間、夫筋の者は本人と惣領息子だけ、夫役を差許された。但し村役人の支配である。

先規奉公人　身居すべて往古より無役にて、脇差を帶して來た。尤も苗字帶刀御免の者もある。御藏先規奉公人は一家無役、給地頭入先規奉公人は本末とも無役である。

御藏百姓　藩主に直屬した百姓を斯く稱した。

頭入百姓　給地人に屬する百姓を云うたのであるが、常に給地人の支配を受け、その自由を制限される事が多かつた。

來り人　他村よりの來り人は、夫役銀は故郷へ差出し、小役は住居の村へ上納するを例とした。そして來り人は、一般居住民からは卑まれる傾きがあつた。

御目見得人　農民であつて藩主に拜謁するを得る者を斯く稱した。無上の光榮としたものである（以上。阿波郡誌。摘要）

此の外に非人乞食等の賤民階級があるも、是等は所謂帳外の者であつて農民でないから當然省略した。そして以上に漏れたものを「川田町史」で補足する。猶一言することは、小家、名子、下人等が他の記事と幾分重複する嫌ひもあるが、阿波の民俗を知り他地方のそれと比較するに便宜があると考へたので、敢て附記したのである。

御小人　御藏百姓から徴集して、江戸屋敷に下し使役した者である。その手當は村から支辨したが、御用を勤めてゐるうちは、夫役脇差とも御免であつた。將卒役令によると御小人は二百二十人であつた。

無役人　文化五年の「麻殖郡西川田村棟附人數御改帳」に、江崎尙作が無役人となつた文書の一節に『此者先祖江崎隼人儀、根元浪人筋にて、代々苗字帶刀仕り來り、身居無之（中略）。當村の內野山開き（中略）。厚く出精相勤候段奇特に被思召、無役人に被仰付、野山の內爲功田壹町被下置、此後御目見得被仰付』云々とあるので、概ねその待遇と階級とが知られるのである。

忌懸と忌外　阿波藩の棟附帳に一家とあるのは、獨立の公民權ある戶主の稱であつて、小家とあるのは、本家——即ち一家に從ふ別家、又は分家である。そして小家には二つの區別があり、一を忌懸《イミガカリ》といひ一を忌外《イミハヅレ》というた。前者は別家して間もない小家で、互に親族の忌を受くべき續き柄にて、後者はこれに反して別家して古く年所を經て、忌を受くべき期限を過したもの、全く血脉の關係なきものと、或る事情の下に小家に附いたものを云うたのである（中山曰。小家に就いては後に述べる）。

權下奉公人　權下とは阿波に限つた名前で、那賀郡和食町邊に山田織部の拜知內だけ侍格で、苗字帶刀御免なれども、それ以外には單なる百姓である。權下とはその權勢の及ぶ範圍だけ奉公人扱ひの格であらう。御家來分の『構』位のものではあるまいか。

馳出奉公人　頭入百姓が、その給人より無條件に召出され、使役される者をいうた。

間人『まうど』(5)と訓む。大體、間人は二人で普通百姓の一人前になる。浦住の加子《カヨ》が一人前の者は本加子と稱し、二人にして一人前になるのを半加子と云うた如くで、水呑百姓である。

見懸人　普通百姓の夫役餓の代りに、その財產に應じて見懸銀を出した者を斯く稱した。夫役よりは一體に高い銀であり、一に見懸百姓とも云うた。

觸使　歩きとも走りともいひ、村の小使である。一般に下《サガ》り者《モノ》として賤まれた。弘化年中に郡代所より出した書付に『下り者などと稱して、緣組までも嫌ふは甚だ不都合である。五人組同等たる旨、漏れなく觸れ知らせよ』の意味のものがある。卑職ではあつたが賤民ではない。

小家　本家に對する分家別家で、萬事本家の支配を受けた。種々の事情で本家を離れて獨立の一家を經營せんとする場合には、本家の同意を要することは勿論であるが、此の場合には『互に得心の上』とあるのを條件とした。併しその多くは內所で本家に涙金を納めて、得心してもらつたものである。

名子　名田小作人の意であるが、地主に隷屬して何事もその指圖を受けた。努力の結果として多くの石高を持つやうになつても、身柄は元の儘で小家格であつた。本家を離れて獨立の農民となるには、小家と同じく『互に得心の上』と記した證文に、本家と連判で願ひ出て、村役人に聞屆けられることが條件となつてゐた。即ち解放である。併し名子は下人と違ひ賣買されることはなかつた。

下人　往古の家人《ケニン》であるが、士分は家來と云ひ、農民は下人と云うた。その身分の起りは種々あるが、兩親の合意上で貰つたもの、迷子や棄兒を引取て育てたもの、下男と下女との間に儲けた子などである。是等の子孫は長く自由を失ひ、牛馬の如く使役され、賣買、贈與(6)とも主人の任意であつた（以上。德島縣麻植郡「川田町史」摘要）。

以上で阿波藩に慣行された農民階級の概略を盡した(7)が、さて是等の農民階級の起原は、既記の如く社會的と身分的とに分れてゐるもの〻、此のうち社會的階級に屬する郡附浪人とか、無役人とか云うのは、その最初は專ら農民の勤功と忠實とを表彰する爲めに授與した、一種の名譽的特權に過ぎなかつたのであるが、一方農民側にあつては此の特權にありつき家格をあげ羽振りを利かせんものと志望する者が漸く多くなり、一方藩主側においては年々財政の不足に苦む所より、農民の此の志望を利用し、冥伽金獻納の額に應じて或る程度の特權を賦與して(8)、その窮乏を救ふ一助とした。そして德島縣那賀郡の「羽浦町史」によると、その階級を獲る冥伽金の額は左の如くである。

文政十三年八月、與頭庄屋を郡代所へ召出し、極密に『國恩冥伽として金子獻納の者には、其額に應じて相當の身居仰せ付くべき旨、上意なれば精々說き諭し獻納致さすべし』と郡代官より申渡し、更に內密にて配布したりし、身居相場書下の如し。

一、夫役小高取格　千三百兩
一、夫中小高取格　千兩
一、夫外郡附浪人　七百兩
一、夫中郡附浪人　五百兩
一、壹領壹匹　五百兩
一、所役人支配外無役人苗字帶刀　四百兩

農民の階級と民俗　（中山）

一、無役人苗字帶刀　三百兩
一、無役人脇差　二百兩
一、本人惣領夫役脇差御免　百五十兩
一、其身一人夫役脇差御免　百兩
一、鄕附浪人　二百兩
一、頭入之儘苗字帶刀一家夫役御免　三百兩
一、頭入之儘脇差一家夫役御免　二百兩
一、頭入之儘本人惣領脇差夫役御免　百五十兩
一、頭入之儘其身一人脇差夫役御免　百兩
一、頭入先規奉公人苗字帶刀御免　五十兩
一、寺院境內殺生禁斷　二十兩

左の五株は不仰付候

一、給知頭拔　一、御目見得
一、小高取　一、寺院神主山伏等御郡代直當
一、頭入之儘小高取格郡附浪人一領一匹鄕附浪人等之身居

此の身居販賣の內旨を受けたる與頭庄屋は、早速組內の庄屋五人組に命じて、特買者を强制的に募集せし筈なり（中山曰。實例の二三を省略す）。兎に角藩政時代にありては、一般に階級を爭ひしことゝて、よし士分とまでは行かずとも、責めては脇差なりとも差して、年百姓の上に立たんと望みしは是非なきことゝ云うべきなり（中略）。かくて小高取ともなり、無役人ともなりたる者は、又その上の名譽を買はんが爲めには、大金を投じて大殿、或は若殿の御成を願ふに至

ゐなり云々。

と記し、元治元年三月に當時若殿であつた蜂須賀茂昭が、中庄村高田の板東家（故代議士板東勘五郎）に枉駕した事情を述べてゐる。更に記事が少しく重複するやうではあるが、前引の「川田町史」は、藩財政の窮乏せる事情と農民階級を賣りし關係とに就き、此の間の消息を傳へて、

蜂須賀氏入部以來、封土版籍奉還の當時に至る二百七十餘年、其間に於ける參覲交代その他の事より、幕府に盡した入目は非常のものであつた。その上に種々の事情は最初幕府に受けた二十五萬石は、殖産により殆んど倍額の五十萬石にも及ばんとしたが、封土の收入だけでは不足するので、身居や苗字帶刀などを餌にして收めた冥伽金だけでも少くはなかつた。猶それでも財政が苦しいので富豪に調達金を命じ、年一割の利子で何年々賦で拂ひ戻すと定めても、却々に拂ひ戻しが出來なかつた（摘要）。

とあるやうに、階級を賣つて收めた金額は相當の多きに達したことゝ思ふ。そして斯うして特權が金で獲得せらるゝとすれば、多少とも餘裕のある者ならんには、誰にしてもその資格に昇り家格を誇りたがるのは人情である。寡見には入らぬが阿波藩にあつても、必ずや家格に伴ふ服飾、建築、等に就いて、それぞれ窮屈なる規定のあつたことゝ考へるので、いやが上にも農民の特權慾は、これが爲めに一段の熾烈を加へたのに違ひない。猶これ等に關しては熊本、紀州の兩藩の民俗を參照されたい。

熊本藩（細川家）の農民階級に就いては、同藩地誌の「陣內志談」の記事が、最も要領を得てゐると信ずるので、今はこれから抄錄することゝした。

等外　傘木履御免、寸志（獻金）により、百姓町人といへども、戶主一人はこれを許さる。

一段　禮服小脇差、（獻金壹貫目）(り)寸志により戶主一人に限り許さる。

二段　無名惣庄屋直觸、（壹貫五百目）寸志により苗字無しの所にて、脇差一本御免となる。

三段　苗字附惣庄屋直觸、（壹貫七百五十目）寸志の功により初めて姓を名乘り、脇差を差すことを許さる。
四段　御郡筒、（貳貫五百目）此の段には一代と重代とあり。大小二刀御免となる。
五段　御郡代直觸、又は郡宰直觸とも稱す。これは手永中最[10]も多い。
六段　地士。
七段　一領一匹、此の段よりは具足一領、乘馬一頭、駕籠一乘を許さる。
八段　諸役人段。
九段　獨禮、此の段に至つては、手永中甚だ少しと云う。
十段　徒歩の小姓列。
十一段　士席浪人格（寸志拾五貫目）。
十二段　御中小姓（貳拾貫目）。又は御留守居御中小姓とも云う。
十三段　御留守居御番方（貳拾五貫目寸志）。又は御奉行觸中小姓とも云う。
十四段　御知行取席（參拾貫目寸志）。此の段は重代相續の士格であつて、寸志昇進の極度であり、鄕士はこれ以上に進むことを許されなかつた。以上を總稱して在御家人と云うた。

そして一代の者は戸主が死ぬと、二段の格落ちとなる定めであるが、重代の者には此の事は無かつた。

傘木履御免は、領內の五ケ町（高橋、八代、人吉、宇土、高瀬）の町人は、別段の手續きなくとも許されてゐたし、それに外出の際は木脇差を許されてゐた。これが町人と農民の相違[11]である。更に天領（中山曰。幕府の直轄地）の百姓は、脇差を許されてゐた。此の外に醫師は寸志に由らずして帶刀御免、神官、僧侶は士格、伯樂と相撲取は惣庄屋直觸段の待遇で、脇差一本御免であつた。

衣服は羽織、袴とも士民は着用を禁止されてゐて、外出は蓑笠に限られてゐた。然もその笠は竹ノ子笠に限られ、菅笠を被ることは許されなかつた。一切の絹物が禁じられてゐたことは云うまでもなく、若し禁を犯すと一年一度の宗門改め（繪踏）の日に、群集せる人中に彼の犯人を引出し、路傍の荒莚の上に坐せしめ、男には繩を綯はせ女には綿を挽かせて曝し者とした。稀には斬罪に處したといふ傳說[12]も殘つてゐる。

建築は、士民の家は平家造りで、草葺屋根に限られてゐた。冠木門、白堊塗りは一切禁じてあつて、二階建は許可の上ならでは造れず、土藏の壁も砂塗りに限られ、疊に縁付き及び備後表は禁じてあつた（以上。卷一、摘要）。

猶各地方における服飾、建築等の民俗と、農民階級との關係に就いては、後段に詳記する考へである。

紀州藩（德川家）の農民階級に就いては、同藩で編纂した「紀伊續風土記」にも六十人衆その他に關し散見してゐるが こゝには同書以後の近世までを簡明に記載してゐる「南牟婁郡誌」を基調とし、これに「串本町誌」を參酌して補足することゝした。

地士資格	獻金額	嘉永四年改定額	安政六年改定額
平地士	平民ニテ 百兩以上	同 二百兩	同 百五十兩
御代官直支配	二十兩以上	四十兩	三十兩
代々同斷	四十兩以上	八十兩	六十兩
年頭御目見之節熨斗目着用御免	二十兩以上	四十兩	三十兩
代々同斷	四十兩以上 又 二十兩以上	八十兩 又 四十兩	六十兩 又 三十兩
御勘定奉行直支配	七十兩以上 又 五十兩以上	百四十兩 又 百兩	百兩 又 七十兩
代々同斷	百五十兩以上	三百兩	二百三十兩
小十人格	七十兩以上	百四十兩	百兩

獨禮格	勤功二十年以上	平地士ニ
大庄屋 胡亂改		
杖突帳書	同　二十五年以上	
庄屋肝煎	同　四十年以上	

（以上。南牟婁郡誌）

更に「串本町誌」によれば、元祿十四年の調査では地士の總數二百五十六人（此のうち伊勢領百六十九人）に過ぎなかつたが、天保十二年頃には激增して紀州領だけでも五百四十人となり、外に伊勢領で三百八十一人あつた。餘りに增加するので、何とか防止せねばなるまいと評議さへあつたと記してあるが、此の結果が嘉永四年度の倍額値上げとなり、それでは餘りに多額に過ぎると云うので、安政六年度の改定となつたものと思ふ。

全體、紀州藩の地士制度は、恰も阿波藩のそれの如く、藩祖德川賴宣の入國するや、各地に割據せる豪族の處分を考慮して、此の制度を設け、一は以て豪族の心を收攬慰撫し、一は以て不測の事變に備へたのである。卽ち熊野八庄司の孫裔畠山、湯川、宮崎、貴志等の遺臣、大野十番頭の氏族等六十人を拔擢し、元和八年に各新知五十石づつを給し大番頭に附屬させた。これを六十人衆と稱した。然るに正保二年に賴宣が幕府の嫌疑を恐れ、新規の徵辟を止めると同時に、是等六十人衆の上知を命じ、たゞ地士としての特權のみを與へ、又他の豪族を多く任用して地士としたのである。そして是等地士の特權とは、（一）武功あれども藩士とせぬこと、（二）平素は鄕村に住み、人馬兵器を蓄へ農業に從ふこと、（三）他國領へ旅行する際は、藩士の資格を許すこと、（四）年賀、引見、迎送等には、特別の取扱ひがあること、（五）藩主の封內巡視には扈從し、地理の案內をなすこと、（六）有事の折には從軍し、勘定奉行に屬することが、その重なるものであつて、此の外には僅に服飾等に就いて多少の特別待遇を受けたまでゝある。(13)

由來、紀州藩は理財に長じてゐたものと見え、農民に特權を賣つた外に、熊野三山をして冥伽金の貸付業を經營させて(14)

かなり良好なる成績を擧げたものである。殊に注意すべき事は、伊勢領に地士の志望者の多かつた點である。これは伊勢人が商人として關東に關西に活動して、富を積むだ結果である。そして此の農民階級の賣渡金が、幾分でも紀州藩の財政を潤したことは云うまでもあるまい。

（1） 農民のうちは郷士、浪人を加へることは、誠に當を失つてゐるのであるが、實は他所者である筆者には、その本質が明白に把握されぬのである。例へば郡附浪人は給地入の者でも獻金によつてなれるし、郷附浪人は百姓でもなることが出來た。それで姑らく併せ載せるとした。

（2） 「川田町史」に『夫役は天窓銀（あたまぎん）又は二歩役とも云ふ、此二歩役の負銀は、古くは二歩に限つたものでない。間人（まうと）と云ふ身居記載の板野郡大山村の夫役帳に、百姓は六歩、間人は三歩してゐる、これより送り夫等の賃銀を出すのである』と記載してあるが、同じく明確に腑に落ちぬ。更に「羽浦町史」には夫役は人頭税なりと記してあるが、他所者の私には飲み込めぬ所がある。併し今の所では、これ以上に溯ることが出來ぬので、不本位ながら此の位にして止める。

（3） 身居と云ふことも判然せぬ。戸籍又は家格の意味と思ふが明確に知ることが出來ぬ。是等に就いては、阿波出身の先輩で、且つ民族學に造詣の深い喜田貞吉博士の高教を仰ぎたいものである。

（4） 沖繩縣には、眞肉親族（マッシ・エーカー）と脂肪親族（プト〳〵エーカー）との別があり、前者は死者の骨を食ふべきほどの親密な且つ重責ある親族であるのに反し、後者は縁遠い親族との意だと聞いてゐる。阿波の忌懸と忌外とは、やゝこれに似た所があるやうだ。

（5） 「民族と歴史」五ノ三「阿波の間人」の條に、間人は本百姓と非人との中間の人と云ふ意味だと載せ、更に『土佐ではモートと云ふさうであるが、こちらではさう雅び振らずにマニンと呼んだものらしい』と記してある。猶同巻喜田博士の「土師部考序論」の第三項土師部と間人の條に、各地の例が擧げてある。篤學の方の參照を望む。

（6） 「川田町史」に下人を贈與した左の如き古文書が載せてある。

茂　久　錄

一、熨斗
一、鰹節一連
一、家來一人　田中貞吉
右者普代家來從來召抱罷在候、然所此度御昇身爲御歡致進上候、
幾久敷御受納被成可被下候　以上
嘉永七年寅七月　金山茂代八政盛（花押）
原田辰次郎樣

因に下人賣買の例證にあつては、「川田町史」その他に餘りに夥しく存してゐるので、とても載せきれぬので省略した。阿波の下人は沖縄のヒザと同じく全くの奴隷である。

（7）本當に概略にしか過ぎぬ。此の外にも潰人、影人、引戻、杖突など澤山あるが、餘りに管々しくなるので省略した。猶杖突は紀州藩にも存してゐた。これは庄屋の助役で算勘と帳附を掌つてゐた。少許の給地又は扶持米があつたことは、兩藩とも同じである。

（8）藩主に獻金して、階級の昇つた文書が「川田町史」に見えてゐる。左に轉載する。

覺

麻植郡東田川村
御藏百姓　辰　次　郎
右の者儀、此度御國恩爲冥加金子指上候段、寄特の心得尤の事に候、依之此後夫外郡附浪人に申付、小家利喜藏弟本家の身元に相付候、小家居に申付候
十二月廿三日

右の通去寅十二月御當職御下知有之候に付申渡置候者也
天保二卯年十一月十六日　赤川五郎右衛門 ㊞
東川田村郡附浪人　原田辰次郎どのへ

(9) 壹貫目とか壹貫五百目とかあるのは、よく判らぬが銀目のことゝ思ふ。銀にも錢と同じく相場があり一定せぬが、幕末頃は金一兩に銀六十目換へであつた。それによると壹貫目は百六十餘兩に相當する。

(10) 熊本藩の手永制度は、加賀の十村、關東の割元庄屋と同じやうなものである。詳細は「經濟史研究」三十七號所載の『肥後藩の手永制度』を參照されたい。因に手永の民俗學的意味は、手を永くして何でも扱ふ——即ち世話役と云ふ内容を有してゐるのである。

(11) 町人と農民との相違は、身分的では無くして社會的である。町人でも村に住み農業に從へば農民になるやうに、農民でも町に居て商業を營めば町人となつたのである。「飯田萬年記」及び「岡山市史」所載の町人の作法と農民の心得とを比較すると、兩者の相違が判然するが、餘り長文になるので今は省き、好學の士は同書に就き御覽を乞ふ。

(12) 八代町の糸屋の娘お露が、明和の頃に禁制の友禪縮緬の衣服を著たゝめに斬罪に處せられ、友禪染の哀話を殘したと「陣内志談」巻一にあるが、史實か傳說かは判然しない。

(13) 「南牟婁郡誌」所載の、享保七年の取締令によると、『地士並に大庄屋、且又妻子衣類、紬毛綿地布はつかうの外堅く無用、帶襟等紬迄は不苦候』など見えてゐる。

(14) 熊野三山の金貸事業に就いては、曾て「經濟論叢」誌上で研究を見たことがあるが、號數を失念してしまつた。近刊の「和歌山縣誌」及び「熊野鄕土讀本」にも、かなり詳しく揭載してある。敢て參照を望む次第である。

六、各地の農民階級と其の種々相

13 私が本稿の執筆を思ひ立つた動機は、農民の階級により、正月の門松を立てることを、禁止した地方のあるを發見しに爲めである。これは勿論私の寡聞に由ることではあるが、農民の年中行事の一つとして、社會的の儀禮と云うよりは、信仰的の祕事として見るべき、門松の許否にまで農民の階級が影響してゐようとは、全く思ひ到らなかつたのである。例へば大分縣南那珂郡福島町では、昔は門松は士分の家に限り立てることを許されてゐたので、百姓町人は椎ノ木を以てこれに代へたとある。(1)併しこれはまだ士分と農民との差別だけであつて、同じ農民のうちの差別ではない。然るに岡山縣苫田郡の町村では、舊藩時代には市民の階級が嚴しく規定してあつて、これを借家人、家持、門松免許、年寄並、合印免許、年寄別格、藏元格、諸吟味格、禮元次席、禮元格、大年寄の十一級に分れてゐて、數年の勤功ある者には門松、及び苗字を許し、猶特別の功勞ある者を諸吟味格まで進めたとあるのを見て、(2)こゝに後ればせながら農民階級と民俗とが、深い交渉を有してゐることを知り、自ら揣らず此の小篇を起した次第なのである。そして各地に亘り此の種の資料を集めて見ると、案外にも夥しく存してゐるので、とに項を分けて記すことゝした。但し既載のものと重複することを避け、出來るだけ簡略を旨とした。

農民でも舊家であれば、獻金により鄕士となることを許された。江戸中世の寫本「穴さがし」に、新潟縣長岡領の鄕士に就いて『舊家の持丸が代々苗字を名乘らんと欲する者は、領主に何か非常の事あるに臨み、冥伽金として五百兩以上を差出し、內願するときは、代々苗字と帶刀と、五間梏子の相印を許され、郡奉行の直支配となる。人これを鄕士と名づく』とある。(3)五百兩の大金を出して、鄕士の肩書を買つた所が始まらぬ話だと思ふのは、金に緣の薄い者の云うことで、現代でも三十萬圓の寄附で顯榮の位置を得たとか、五萬圓を投出して議員になつたとか云うのと同じ心理である。殊にそれが階級制度の嚴重であつた江戸期にあつては、名譽慾に驅られて一級でも上へと心懸けたのは無理からぬことである。學友島田筑波氏所藏の「信州小諸、牧野遠江守、記錄」とある半紙橫綴の書類に由ると、享保十年より文政四年までの九十六年間に『年來不相替御用向出精候に付』と云う理由の下に、農民及び御用達の町人に苗字帶刀、御目見得、扶持米、紋服下賜等のことが、二十餘人の多きに達してゐることが判然する。牧野家は食祿僅に一萬五千石の小身とて、その勝手向は非常に苦しかつたやうなので、これを以て他の總てを推すことは出來ぬけれども、併し多少の相違こそあれ大體において諸大名が、此の方法を以て農民や町人の名譽慾をそゝつたことだけは明白である。そして更に驚くべきことは千葉縣夷隅郡豐原村大字部原の名主江澤潤左衛門が、領主大岡主膳正（武州岩槻三萬二千石）に對し、前後四回にて二千三百三十兩の大金を獻納して、苗字帶刀御免より順次に御居間御逢ひの名譽と、外に子孫永代二十人扶持、屋敷並に廻り畑四反七畝餘步の御役永代免除の特權を獲たことである。[4] 江戸期にあつては年を趁ふて大名旗本が窮乏するのに反して、豪農巨商は益々富裕に赴いたので、斯うした事が各藩ともに行はれたものと見える。文化年中に書かれた「世事見聞錄」卷二に、左の如き記載がある。

（上略）。富る百姓は身分を忘れて、都會に住る貴人も同じ樣に奢を構へ（中略）。或は公儀へ冥伽と號して金銀を上げて奇特ものとなり、苗字帶刀などを御免を蒙りて權威に募り、或は領主地頭へ用立金などして、其功に依て是又苗字帶刀扶持切米など免されて近邊に威を振ひ、小前百姓を誣遣ひ、或は小身なる地頭を侮り疎て、宮門跡方その外有職の家へ取入り、金銀賄賂を遣ひて用達又は家來分などゝなり、愚昧の民を怖しめ樣々我儘をなす云々。

幕末期の世相が如實に窺はれて、當時農民心理を知る上に絶好の記事である。

各藩における農民階級の昇達は、獻金さへすれば容易に行はれたことは既述の如くであるが、これに反して幕府直轄の天領にあつては、苗字帶刀の如きですら、しかく簡單には許されなかつた。これは幕府としての面目上、階級を賣り物にすること無く、どこまでも勤功表彰の故實を踏襲してゐた爲めである。例へば安永八年に長野縣高井郡小見村の百姓多右衛門が、その身一代は苗字帶刀御免、子孫は苗字御免の待遇を許されたが[5]その理由は到底藩領におけるやうな生《ナマ》やさしいものではなかつた。同じ苗字帶刀御免であつても、兩者の間には信用や權威に就いて、必ずや相當の隔りのあつたことと思ふ。併し斯く云うものゝ藩領だからとて、その悉くが農民の階級を賣り物にしたとは限らず、幕府の如く專ら表彰の意味にのみ用ゐた大名もあつた。雲州松江領（松平家）では目付、床屋、年寄を村の三役人と稱し、その勤務の年數及び功勞を參酌して、順次に待遇の階級を進めたが、その階級は生涯合羽御免、生涯階具御免、悴合羽階具御免、代々合羽階具御免、生涯苗字御免、代々苗字御免、生涯下郡格、代々下郡格、小算用格の九級であつた。そして普通の農民は以上の事項を帯同することを禁止されてゐたが(6)、さればとて此の資格を財物によつて獲る途は開かれてゐなかつたやうである。

農民が傳手を求めて堂上家へ出入して、苗字帯刀または家來分などの特權を許されることに就いては、幕府はかなり峻嚴なる態度を執り、極力これを追認せぬことゝしてゐた(7)。幕府としてはさうで無くとも對公家の問題には手を燒くことが多かつたので、これは寧ろ當然の措置と云うべく、又これが爲めに農民の階級は、却つて天領において往古のまゝに持續されてゐたのである。それでなくとも天領の農民は幕府をみ笠に被て、大名領や旗本領の農民を苦めたものである(8)。

農民がその階級により、住宅または他の建築に制限を加へられたことは、既述の記事中で觸れる所もあつたが、猶少しく各地の例を覓めると、山形縣最上郡豐里村では、表百姓だけは八間屋の住宅を許されてゐた(9)。新潟縣古志郡上北谷村では、百姓は八疊敷の室を設けることを禁じられ、總て六疊か又はそれ以下であり、僅に庄屋か重立てる者一二軒が八疊の室――即ち座敷を造ることを許されてゐた(10)。同縣南蒲原郡中ノ島村では、立見税とて板戸一枚に就いて何程かの税金を課せられたので、中流以下の農民にあつては、板戸の代りに菰戸（實際は簀垂れ又は莚を下げた）を用ゐたものである(11)。然るに此の納税の有有無が、やがて板戸組も菰戸組との階級となり、兩級の間には通婚せぬまでになつてしまつた。茨城縣新治郡の高膳、低膳という階級や(12)、徳島縣勝浦郡の廣筋、狹筋という階級など(13)も、或は斯うした事情に起因してゐるのでは無いかと思はれる。

長野縣上伊奈郡では、江戸時代には門税とも云うべきものがあり、金百兩を領主に納めれば、新に門を建てることを許された。また役税とて金五十兩を出した者には或る役を授け、此の外に役金百兩を納めれば苗字帯刀を許した。そして是等のものは必ずしも現金でなくても差支なく、山林等を金額に見積り代納する者もあつた(14)。京都府北桑田郡細野村大字田尻外四部落は、昔は五攝家の一たる二條家の領地であつたが、同家では光明照院と稱する寺を建て、住僧を代官に充て兼て村民の加護を祈願させた。そして二條家配下の五苗とて村々の世話役を託された家五軒あり、此の五苗株は家屋の構造に四間梁を用ゐることを許されてゐた。(15)岡山藩でも一般農民の家普請には、柱天井とも杉檜の節なし、及び建具障子などに漆を用ゐること、梁行三間以上の家作を禁じてゐたが、大年寄とか町年寄とか云う者には、多少の手心があつたやうである。(16)大分縣速見郡の村々では僧侶、醫師、村役人、並びに金納をなして藩の許可を得たる者の外は、悉く茅葺の家に住に住み、雨戸の如きものでも自由に設けることは出來なかつた。雨傘を用ゐるのも藩士に限られ、農民は竹ノ子笠で便じてゐた。(17)

農民の宅地を制限した例は、寡聞の私には耳福に乏しく、僅にその二例にしか接してゐぬ。岐阜縣可兒郡の天正十三年の檢地帳によると、百姓の屋敷は間口七間に奧行十五間、此の坪數百五坪としてあつて、これが軍役を割當てる基準となつてゐた。即ち三百坪なれば三軒役、千坪なれば十人役を課したものである。そして此の坪數は「拾芥抄」の一町內に三十二戸と割定めた古法に由つたのだと云うことである。(18)猶此の外に新に開墾した村の名の附け方の制限などもあるが、餘りに管々しくなるので省略した。

農民階級と服飾に關しても、記述すべきことが相當にあるが、今は概略にとゞめて擱筆に急ぐとする。江戸期においては幕府の方針として農民に極端なる儉約を强ゐてゐたことは屢々記したが、これは斯くして年貢の完納を速かならしむる手段であつて、原則としては『百姓、袢着用の類、庄屋、年寄、又は村內にて譯有之長百姓の外、致着用間敷旨、享保年中に是又御停止に相成たり』を以て臨んだのである。(19)從つて各藩ともこれに倣ひて更に制限を加へるなど、農民の服飾に就いては、かなり神經過敏であつた。

一般の農民が絹物を禁じられてゐたことは、殆んど例外なしに各藩を通じて勵行されてゐた。宮城縣石卷町の百姓の妻が、延享元年に仙臺の東照宮の祭禮を見物せんと、金山紬の衣類を着て出かけた科により、その妻女は勿論五人組まで共に過怠金を徴收され、肝煎は五十日の閉門に處せられた事件があつた。(20)福島縣會津地方でも絹物は一切許されず、たゞ僅に御藏入と稱する小鹽以南の地だけは用ゐてゐた。又羽織や袢を用ゐるには、羽織三兩袢五兩の冥伽金を納めることゝなつてゐた。但し羽織の紐に黒色は禁じてあつた。(21) 同縣相馬郡福浦地方では、中流以下の百姓は足袋を穿くことを許されず、藁草履に素足であつた。足袋を許された者でも、これを用ゐるのは舊十一月五日から、翌年の三月節句までゝあつた。(22) 更に同縣耶麻郡では是等とは多少趣きを異にし、里鄕にて三十石、山口にて二十石以上を自作する農民には、その耕作を續けてゐるうちは羽織御免。また里鄕で四十石、山口で三十石以上の自作者には脇差御免。そして父祖が羽織免許の子孫は、十五歲以上で父祖の代理を勤めるときは同じく羽織御免であつた。(23)

そして更に一段と奇拔なのは、普通の農民には男女とも下帶に制限のあつたことである。福島縣石城郡の町村では、昔は男女とも下帶は藍付を用ゐず、悉く白布に限られてゐた。番太非人などの衣類は木棉の縞物を用ゐることを許され、角帶は禁じられてゐて三尺帶ばかりであつた。然も下帶は農民とは反對に藍付であつた。それ故に行路病者があると、先づ下帶を調べて身分を知り、取扱ひを區別したと云うことである。(24) 私の生れた栃木縣足利郡地方でも、農民は六尺二寸の犢鼻褌を用ゐることを許されてゐたが、番太非人級は三尺の越中褌に限られてゐたので、同じく行路病者の場合には、この長短が農民と賤民との標準であつたと云ひ傳へてゐる。勿論これは藩からの制限でなく、農民自身が實行したものゝやうにも思はれ、且つ農民間の階級以外に渉ることではあるが、當時の民俗を知るよすがとして敢て附記した次第である。

新潟縣南蒲原郡森町村の農民は、幕末頃には取締もゆるんで來て、冠婚葬祭には木棉の紋付羽織を用ゐたが、それでも絹物は長百姓以上の者でなければ用ゐなかつた。(25) 岡山藩でも總年寄は日野紬、帷子は染物を許し、末々の町人は對の袢、使用人は肩衣を禁じてゐた。(26) 猶かゝる例證は九州四國方面にも夥しきまで存してゐるが、大體において同じやうなものなので他は省略して結論に入るとした。

（1）「日向鄕土資料」第六輯。猶この機會に云ふが、五月の門松の代りに楠や椎を立てる地方は他にもある。從來はこれに就き尤もらしい民俗學的の理由が伴つてゐたが、是等は再檢討する必要があると考へてゐる。

（2）「筥田郡誌」。此の記事中で腑に落ちぬのは『合印免許』と云ふ事である。初めは後出の飯石郡誌にあるやうな合羽御免の誤植でないかと考へたが、更に越後にも五間楷子の相印とあるのを見て、誤植でないと知つたが意味が分らぬ。同地方の讀者の示教を乞ひたいものである。

(3)「越後風俗志」第三輯所引。

(4)學友島田筑波氏所藏の文書に據つた。此の機會において同氏に敬意を表する。

(5)「地方凡例錄」卷七に詳しく載せてあるが、名主よりの書上の一節に『此多右衞門家ノ儀ハ、常多右衞門迄七代ニナリ候ヘドモ代々實體ニテ公事出入等仕候儀ハ一度モ無之（中略）。當村ノ儀ハ千曲川附ニテ、元文三年以來川瀨惡ク相成リ（中略）。持田畠不殘押流サレ候百姓多ク、右ノ者共ハ村方御百姓相ツヾキ難ク相成リ（中略）。右樣ノ者ドモヘハ多右衞門方ニテ、無利足ニ金子貸渡シ隣村ノ田畑質地ニ取ラセ（中略）。自分ノ利德ニハ一向不仕』とあるのでも知ることが出來る。

(6)「飯石郡誌」。合羽御免は雨天外出の際の特權と思はれるが、階具の章が判然せぬ。これも教へを仰ぎたい。

(7)「聞傳叢書」卷一に、信州高井郡中野村の百姓彥次郞なる者が、大炊御門家の家來と稱し帶刀、及び旅行中は侍格と申立てたのが問題となつた一件が載せてある。そして奉行はこれを差止めた。

(8)天領の百姓が幕府を笠に被て、私領の大名旗本の百姓を苦めた例は幾らでもある。現に私の生れた梁田は二千石ほどの旗本領であつたが、渡良瀨川を隔てた隣村の川崎は天領（後に古河の土井領になつた）であつたので、喧嘩しても何時も負けることゝなつてゐたと故老が語つた。

(9)「豐里村誌」。表百姓とは、他の本百姓、又は長百姓と同じものであらう。「西讃府誌」卷五附錄雜記の條に『百五十年前まで表百姓と云ふあり、そが下に名子、家來、下人などあり』と記してゐる。同書は安政五年の脫稿であるが、これによると同地方では斯うした農民階級は案外早く泯びたものと見える。但し八間屋住居の意味は、間口八間か、八疊の間か、それとも八つの間數といふのか判然せぬ。

(10)小野武夫博士著の「德川時代の農家經濟」に據る。

(11)同上。因に板戸と菰戸と通婚せぬ例は遠く隔つた丹波にもあつて、その事が「丹波志」卷六、天田郡六人部村大字田野の條に載せてある。

(12)「民族と歷史」第三卷第六號。
(13)「勝浦郡誌」。
(14)「上伊奈郡史」。
(15)「京都府北桑田郡誌」。
(16)「岡山市史」町人の作法の條。
(17)「山香郷土史」。
(18)「文政年間漫錄」（未刊隨筆百種本）。
(19)「地方凡例錄」卷七。寄由緒奇特者御褒美苗字御免近例の條。
(20)「牡鹿郡誌」。猶小池武夫博士著の「舊佐賀藩の農民土地制度」によると、佐賀藩でも農民一般に絹物を禁じ、役人は村々を巡視して禁めたが、或村の娘が木綿縞に一寸おき位に一本の手引絹糸の交織せるを發見され、眼の球の飛び出るほど叱かられた上に衣服全部を剝ぎ取られ、娘は已むなく持合せた手拭で尻を包み、泣々歸へつたと云ふ記事が載せてある。
(21)「北會津郡鄉土誌」。因に會津藩の「御藏入」に就いては、特別な民政が布かれてあつたやうだが、寡聞の私にはよく分らぬ。研究したら有益な結果を見やうと思ふ。誰か手をつけて見る氣はありませんか。材料は頗る多いやうである。
(22)前揭の「德川時代の農家經濟」。
(23)「耶麻郡誌」。
(24)「石城郡誌」。
(25)これも前引の「德川時代の農家經濟」。
(26)前引の「岡山市史」の其の條。

七、結論

江戸期において、幕府や藩主が好んで農民の生活に干渉したことを目して、これ全く愛農の結果なりと論ずる學者があると聞いた。成る程、物も云ひやうで斯うも云へぬこともあるまいが、併しその愛農の理由が出來るだけ干渉して年貢を滯納させまいとする打算にあるとしたらば、誠に以て有難くない愛農と云はざるを得ない。武家生活の唯一の資源であつた年貢を徵集するに、苛竦至らざるなき有樣であつたが、米價と物價と比例しなかつた結果は武家の窮迫を促進してとゞまる所を知らなかつた。一方農民の權利は階級制度のために全く閉塞されて伸ぶべくもなく、下世話に『出世がしたくば坊主か醫者になれ』と云はれたやうに、如何とも致し方が無かつたのである。併し斯うした社會制度にあつて、出世も望めず階級も破れずとしても、猶且つ出世がしたい階級を破りたいと思ふのが人情である。農民階級を武家が賣り物にしたのは、〻自分の急迫を救ひ補ふために、農民の心理を利用したことなのである。

武家が農民に兵器を持たして置くことが、やがては自己の安全を危くするものであるとして、これを沒收したことを俗に『刀狩り』と稱してゐる。此の刀狩りなるものが何時頃から始まつたものか知らぬが、越前名蹟考によれば天正三年九月に柴田勝家が北ノ庄（現今の福井市）に入るや刀狩りを行ひ、その獲たる刀劍を鑄潰して神通川の船橋の鐵鎖としたと傳へてゐる。更に豐臣秀吉は天正十六年七月に同じく刀狩りを遣つて、京都の大佛を鑄造したとある。江戸期においては斯うした刀狩りのあつたことは聞かぬが、今度は法令を以て帶刀を禁じ、實際にあつては刀狩りと同樣の結果を將來した然るに皮肉なことには我國の農民は刀の農民であり劍の農民である。刀劍を愛することは國民性であると同時に、一種の信仰とも見るべき執着を刀劍に對して有してゐた。現時においても警察官の腰間より佩劍を奪ひ、これに代へるに昔時の三尺棒を以てしたら、その志願者は半減するだらうと云はれてゐる。此の刀を階級によつて帶することが出來るとすれば農民が粒々汗の凝形物たる小判を投じてその階級を買ひ、以て自己を滿足させ併せて他に誇示せんとするのも故なしとせぬ。農民階級の賣り物によつて武家が懐中を肥したのは此の心理を利用したものである。

苗字にあつても又その通りである。戰場において遠からむ者は音にも聞け、我こそは桓武天皇九代の後胤何の何某と名乘りを擧げた習性は、農民の天窓にもこびり付いてゐて、先祖自慢や系圖自慢に浮身を窶したものである。笘田郡誌によれば一般の市民は屋號と通稱とを一行に書かせられ、特別の者でなければ屋號を肩書に認めることは許されなかつたとある。屋號ですら斯くの如くであつて、苗字は更に特別の者でなければ用ゐることが出來なかつた。併しその特別の者に金さへ納めれば直ちになれるとしたら、先祖自慢や系圖自慢してゐる農民がくひ付くのは無理からぬ次第である。建築においても、服飾においても、又斯うしたことが云へるのであつて、農民心理を利用したのが、此の階級の賣り物に武家が成功した所以なのである。七美郡誌稿（卷七）に兵庫縣美方郡兎塚村大字日影の西村氏に就き、文政四年藩主御家督につき獻金、翌五年御入部につき百四十兩、天保二年御譜請金二百四十兩、同七年凶作につき冥伽金、同十年藩主在藩費として二百四十兩を獻金して大庄屋となつた事を記してゐるが、斯うした例は他にも幾らもあつたに違ひない。中には金で階級を買うことの無意義なるを承知してゐながらも、當時の社會感情に曳きづられて財布の底を揮つた者も多かつたと思ふ。江戸期における農民は、斯うして武家の二重搾取に服從せねばならぬほどの、氣の毒な地位に置かれたのである。これを以て結語とする（完）。

寄合咄

サンバラベツカツコウ

第四卷第十號の村田鈴城氏の記事を見て思ひ浮ぶ儘を記す。

私の現住所東京市下谷區池之端七軒町は、狹い通り一つを隔てゝ本郷區根津宮永町に對してゐるので、以前は根津の裏町と呼ばれてゐた。圓朝の眞景累ヶ淵には根津七軒町と記され、友人磯田長秋君などはいまだに根津七軒町と書いてよこされるのである。從つて七軒町をも根津に含めて根津邊と呼んで置く。私は明治十七年七軒町に生れ其處で育つた。

根津邊に於けるアカンベとベッカンコーとの差別及び其各の屬性に就ては、村田氏の記された處と略變りがない。アカンベは、大抵右手の人差指で下まぶたを一寸引くのせ、勿論是はイヤだと云ふ表示である。だまつて其動作だけをしたりもするが、大抵はそれへ口でアカンベーと云ひ添へる。一茶の「鳴く猫にあかんめをして手鞠哉」の句は手鞠に一生懸命になつてゐる少女が、鳴きかける猫を構ひつけぬ光景で、やはり手だけでアカンーをしてゐるのだと考へられる。口は手鞠唄でふさがつてゐるのである。此光景は曾て屢々實見したやうな氣がする。

下總幸谷では、確か言葉だけで、アカンベーロと云つたやうに記憶する。上州館林にはアカンベガシキレネーと云ふ云ひ草がある。何度何度もアカンベーを反覆するので遣り切れないと云ふ意で、むしのよい要求などに對して斯う呟やくのである。

ベッカンコーは威嚇の動作であるが、他面次の樣な長い文句に着いて、子供仲間の一人を嘲戲する云ひ草になつてゐた。根津邊では三（さん）と呼ぶ名の子供は、仲間からよくサンベロと呼ばれたものであつた。日本橋芳町邊で育つた友人にもサンベラと云ふ子供仲間の一人があつたと曾て聞いたことがあつた。日本橋ではどうか、根津邊では其サンベロを更に次の樣に呼んで嘲戲するのである。

サンベロ、ベロベロ、ベッカンコー

最近歌舞伎研究十三號六頁所引三世中村仲藏の手前味噌を見ると、

仲藏が舌出し三番叟からサンバラベツカツコウの玩具、
市中持たぬ子供一人もなし

と云ふ記事があつた。多分根津邊のサンベロ云々は此サンバラベッカツコウの云ひ草に基づくものなのであらう。更に同頁所引歌舞伎年代記所載圖によると、右の玩具は舌出

21

寄合咄

三番叟で、村田氏記事所見の玩具と似寄つたもので、其機闕は異なるが、等しく舌を出したり引込めたりするのを主とした玩具である。古く是をウチワトミセテホンカムリ（團扇と見せて頰被り）と呼んでゐる（守貞漫稿所引享保目付繪。歌舞伎年代記）が、後にはベッカコーとも呼んでゐる。此玩具に闕聯して守貞漫稿には動作のベッカコーを次の様に說明してゐる。

團扇と見せて頰かむり。今似レ之者あり人形人面を紙に印し周りを截除き細管の頭に貼レ之又削竹を管中に通し是を上下するに目を動かし舌出入するものなり。號してべつかこうと云。べつかこうは指頭にて下まぶたを反し人をあざけるの戲也（下卷三一〇）

是はまさにアカンベーに相當するものであるが、果して守貞翁の當時アカンベーをベッカッコトとも呼んだのであつたらうか、一茶の句などから考へて、少しく疑ひなきを得ない。（昭和七、十一、一記）

宮本　勢助

大阪及び附近民間信仰調査報告（二）

――その一生駒山及び附近行場の調査――

栗山一夫

三、額田谷

C、長尾雌の瀧　菊春權現のすぐ下に長尾雌の瀧がある。直下二丈といふ。自然瀧でありこの附近でも古いものである。この下の雄瀧と共に役行者が行をしたと傳へてゐる。又弘法大師もお出になつたと云ふ。本堂の内には八大龍王が祀られ瀧の左方の岩には1、一心善正龍王、大聖白長龍王、大聖黑龍王　大正七年十二月吉日と刻しその前に鬼王龍王の石碑がある。右方の岩2、にも種々の龍王名が刻んである。瀧の右登り道に沿ふて石臺を築き上に刻名の例の石が列んでゐる。二段になつて居り下の3、末國大神　4、末菊大神、上の5、八大龍王6、荒吉大神　7、鬼王龍王、白龍王、鎭成龍王、黑龍王がある。突き當りの小徑を上ると大岩石の間に1、堀川大神　2、白玉龍王　3、錦成龍王　4大鹽大神がある。堂舍の横に末光大明神が祀つてある。所屬は吉野山東南院出張所、長尾の瀧天龍院と號し講には末光講、荒吉講等があるらしい。

D、大阪城主　辰丸大明神　雌瀧を下るとすぐ下に溪流に臨んで石や木の神が列んでゐる。1は切株の上に六角柱で大阪城主　辰丸大明神2は石、八槇大神　3も石、吉春大神、三秋大神、金守大神、豆八大神、4は木柱末光大明神とある。大阪城主　辰丸大明神といふのは大阪城に棲んでゐた狐狸の類を祀つたものと思はれる。古城だとか池沼には主がゐるとよく信じられてゐるがそんな種類のものだらう。

F、長尾雄の瀧　神道眞心教鎭宅教本部の前にある瀧が長尾雄瀧である。直下四丈といふ。神道眞心教鎭宅教本部は建築は新らしいが宏莊である。教義は北斗星を主として星辰を祀る由であるが、表の看板には「神道眞心教鎭宅教本部　教主　今中宏範」と「古義眞言浪花大師教會」といふのが二面揭げてあつたから思ふに眞言宗修驗道と道教方面の五行讖緯說、星辰崇拜、神道を巧妙に結合せしめたものであらう。拜處の入口に「太上神仙鎭宅靈符神」と朽木に書いたのがあつた。所屬講は神德講、瀧の板圍の內に、1、八大黑白大神　2玉光大神、豐川大明神、石宮大神　3、玉明大神　4大黑龍王　5、黑永龍王　6、熊鷹龍王、以上何れも石、7、白玉明神木柱　8、木柱二三本あるも文字不鮮明、下の1、福大神　2、南無妙法蓮華經、黑龍王　3、石、天光龍王　4、白髭大神　5、金光龍王　6、金剛龍王その他にもあるが文字不鮮明である。

E、權現の瀧　權現の瀧は現在では淋れてゐる樣である。本堂には八大龍王と天照大神が祀られてゐた。1、は白髭大神　2は地藏座像　3、は荒熊大神の各祀である。所屬宗派不明恐らく佛教であらう。

G、不動の瀧　不動の瀧は本格的な寺院の形體はしてゐないが、稍々それに近いこの種行場では第一のものである。水行場――瀧――も石をたゝみ上げ大きいものの壹箇を中心に左右に小さいものがあり美しくしてある。勿論この瀧も新しい。水行場の發展した最新最大の形式は恐らくこれよりは出ないであらう。1、不動明王像　2玉姫大神、大峰大神　3、金龍王　4、辨財天　5、八大龍王、白髮大神である。何れも石柱。境內にある水手向地藏は思ふに高野山の水手向地藏を寫したものであらう。こゝにもやはり弘法大師の傳說がからまつてゐる。

第十圖　不動瀧祈願所

瀧の前の祈禱處內部は眞言修驗道の儀式に則つたもので特に揭げた。中央不動立像の後に中央の大瀧が見えてゐる。家の橫に張られた廣告に

難病お困のお方は加持祈禱無料致します。
御籤も出來ます。
長尾山 不動瀧　大師堂
講中世話人

とあつた。所屬講に大師講御花講弘信講がある。

H、大石大明神

不動の瀧から少し下ると大岩に注連繩の張られたのが眼につくがこれが願滿石である。橫の大立札に由來が記してある。曰く

此ノ願滿石ハ古來ノ靈石ニシテ自然法爾ノ駄都ナルベシ里人傳ヘ云フ若シ信アリテ此レニ祈ラン者ニ諸願成ラザルハ爲ク不信不敬ノ輩ハ其患ヲ得ト玆ヲ以テ我等有信ノ者斯ノ天來ノ靈石ヲ供養セント欲シ頃者密宗ノ碩德重松大僧正ヲ請フテ五點具足ノ佛種子ト其ノ開眼トヲ得タリ然レバ則チ大方ノ諸氏誠ヲ至シテ供養シ靈德感應ノ法悅ヲ得ラレンコト爾カ云フ

大正十五年十一月吉日

左端屋根下の繪馬額には

昭和三年二月下旬私し事此の靈石に對し不敬の所意を成せし爲め直ちに神罰を蒙り橋上より墜落し參詣の御方に保護を受けざんげを爲し漸く全快候に付此の額を奉納す

第十一圖　辻子街道

とあり額の右椽に昭和三年六月吉辰、左椽に大阪市國部町　何某五十九歳女とある。繪馬は願滿石附近の景色を寫生したもので、橋上から老婦が落ちてゐるのを職人體の男が助けて居り願滿石前の拜所で女が手を合せて拜んでゐる圖である。左端堂舍の內の願滿石の前には三段になつた供物机があり、一番上の右の低い膳の上には皿がありニンジンを二つに切つて供へ中央三寶の上には神酒德利二本を供へ、左の低い膳の上には皿の上に洗米が盛つて供へてある。二段はなく三段におみくじ筒二ケと御神水壺と榊の花立がありその前には線香立の大火鉢が置かれてゐる。所屬その他不明である。道を隔てゝ大石の瀧がある。一寸手を加へたもので行者はあまりない樣である。

I、鎭宅靈神

大石の瀧のすぐ上にある。鎭宅敎と關係あるかないか知らないが多分あるまいと思ふ。ごま堂の後に小さい美しい祠があるのがそれで狐の置物が對をしてあつたが稲荷との關係があるのかも知れぬ。

このすぐ隣に又大師堂があり附近に天臺宗修驗道々場不動寺山法峯院がある。

四、辻子谷

辻子谷は中河内郡大戸村に屬し鷲尾山興法寺を經て生駒山頂經塚の下に至る辻子越の街道がある。この街道は徳川時代に至奈良線として最も活用されたものであるが、交通機關の發達は當然淋しいものにしてしまつた。麓から鷲尾山興法寺まで二十餘丁の街道兩側に西國三十三ヶ所と藥師、彌勒、十一面、釋迦などがそれに添ふて二つ仲よく列んでゐる。右が添佛で左が三十三ヶ所の坐像である。これはまごゝろ敎壇附近のもので後の家屋が即ちまごゝろ敎壇である。三十三ヶ所は明治廿四年七月出來たものらしく添佛はそれよりも新しい樣に思ふ。これが出來た頃はまだ大軌線も出來てゐなかつたから春秋の好季節には、大阪から日歸りや一日泊りがけの善男善女が陸續としてゐたことだらう。今は唯行場を巡り歩く勞れた姿の行者かそれとも健脚の登山者のみである。こゝにも額田谷と同樣水行場があるが石切上社を中心とする瀧の方に多數集中のてゐる。額田谷は生駒山から下つたから辻子谷は麓より登ることにしよう。

A、石切上社

この附近に於ける眷屬共の總大將である。本社は二、三丁下の部落外れにある鄕社、石切劍箭神社—式內—である。だが實質的な關係はないらしい。即ちこの上社は迷信家達が無關係に祭つたものであらう。寫眞の如く祠

第十二圖　石切上社

もなく唯「石切上社」の石柱碑があるだけである。信者の語では下の石切へ遷そうとしたがどうしても動かぬのでそのまゝにしてあるのだそうだ。近頃にも或る人が石切さんにお斷りもせずに寫眞をとつたから石段の上から突き落されたが、その時は恐ろしかつたと敎へて吳れ私にもお斷りしてから撮る樣に勸めるので一禮して撮ったのがこれである。おかげで事故はなかつた寫眞を寫そうとしておどかされたのは磐若の瀧と此處だけであつた。行場へ行く者はまづこゝへ參詣してから行くのだそうで、美しく掃除され供物も毎日新しいものと取換へられローソクの火、線香の煙が絕えず立ち上り一言にしていへば妖氣を感じる。中央の石臺の上にある四つの箱の內背を見せてゐる二つはローソクを立てゝあるもので橫を見せてゐる二つは數とりの竹や紐總が入れてある。數とりといふのはこの石臺と前面に見える石の間を百度或は自分の年數だけ、又は祈願した數だけぐる〳〵廻る際に備忘として使ふものである。今まで私も「百度石」などは神社の飾り物程にしか考へてゐなかつたがこうした行場では實際行はれてゐるのである。

數取りの竹は長さ六寸幅三分ほどの狹長なもので祠前で經や呪文をあげてから、この竹を思ふだけ握り一回廻つて祠前に來ると一禮し右手に握つて居たのであれば、一本づゝ左手に遷す樣にするのである。數へ總は竹であるとたくさん握られないから、百本の糸總を卷きしめたもので、竹と同樣一總づゝ別けるので長さも六寸程である。廻る時には着物を端折つて腰卷を見せ歩き易い樣にし熱心なのは素足になり、それ〴〵信仰する呪文やお經を暗誦しながら廻り終ると又祠前で長い間拜んでゐる。處が處であり、ローソクの火が輝き線香が陰氣に立ち上つてゐる間を素足の女が妙に口籠つた呪文を誦して廻つてゐるのを見ると、その強い信仰ぶりに驚くと共に物凄く感じられる。

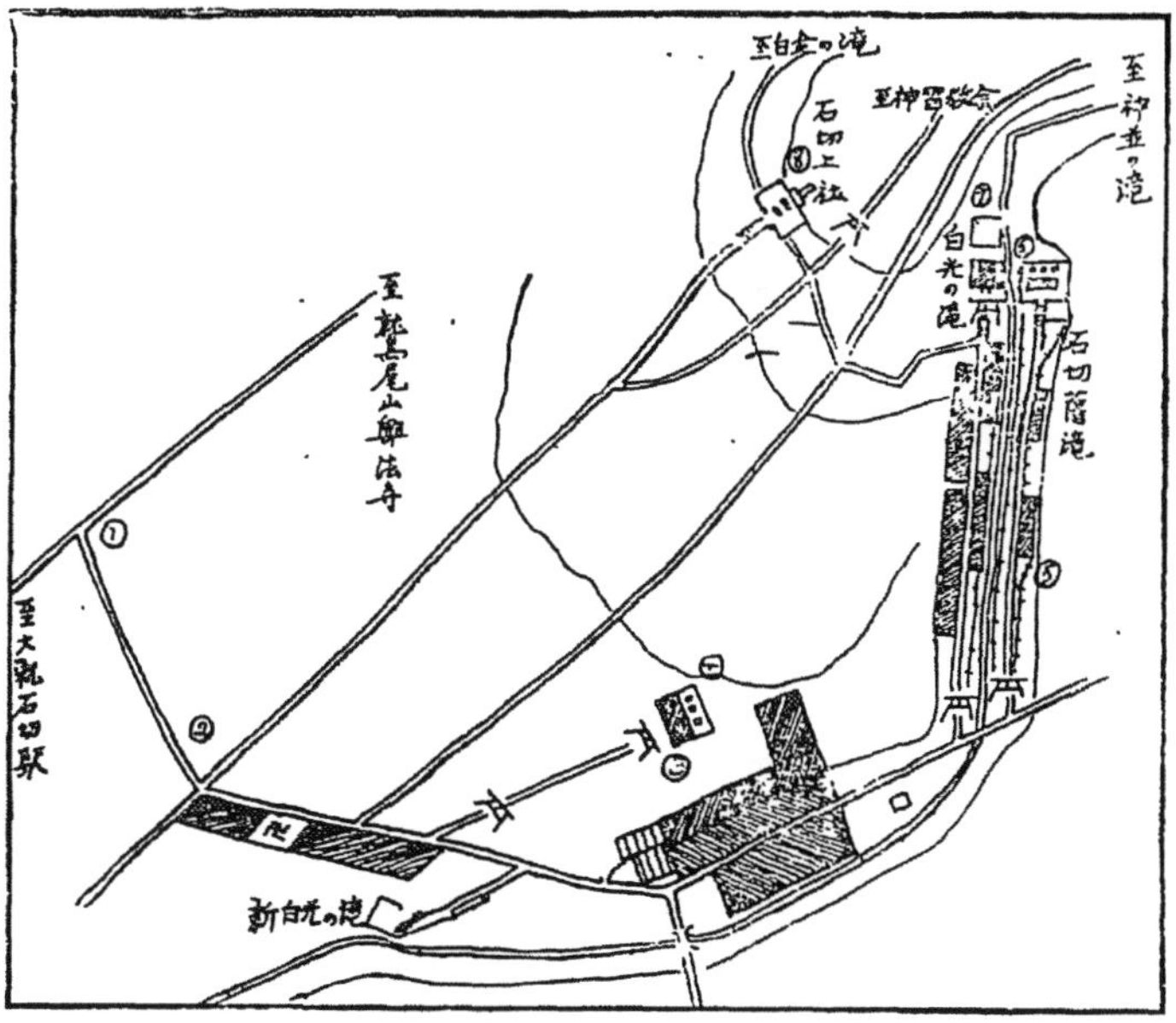

第三十圖　白光の瀧

社前に一枚の繪馬がかけてあつたがキユウリを書き

奉納　五十三歳年男
昭和六年三月七日ヨリ
向ウ滿三ケ年禁□ス
ジンゾウ病
シンゾウ病
シンケイツウ病
右病氣全快ヲ祈ル

と書いてある。繪馬は自作らしく文字も至つて下手である。

寫眞左端小祠の上、略圖8に、白瀧大神、白鶴大神、白吉大神の三木柱がある。

この上社の收支表を板に書いたものが參詣道にあつたから

32

次に轉記する。

石切劒箭神社奥の院玉垣、參詣道路改修費收支決算表、

入金部

一金　五百三十八圓三十七錢
昭和三年一月元旦ヨリ同五年十二月一日迄ノ賽錢預金高

一金　六圓四拾錢也
昭和五年十二月一日ヨリ同年十六日迄賽錢集高

一金　貳拾八圓十五錢
右期間中利息

一金　拾圓也
吉川奈良吉氏寄進

合計　五百八十二圓八十二錢也

一、清酒壹升
寄進野村淺次郎氏

一、清酒壹升
中川作藏

出金部

一金　三百七十八圓七十錢
玉垣修築造費

一金　壹百圓也
參詣道路改修費

一金　六拾圓也
立石運搬費、字句ほり費

一金　四拾圓也
淨水井戸試掘費

一金　拾圓也
石切神社御禮

一金　三十四圓也
餅みかん清酒其他雜費

合計　金六百二十二圓七十錢也

差引不足　金三十九圓八十八錢也　奥留吉寄附

右之通相違無之候也

昭和五年十二月十六日

右期日ヲ以テ賽錢集金打切り候也

一金　貳百圓也

昭和三年四月上ノ宮建築費ニ奥留吉寄進

一金　貳拾圓也

立石代

以上

右ノ外ニ電燈料金昭和二年九月上旬ヨリ昭和五年

十二月下旬迄

金　六拾圓也　　電燈料金寄附

以上で思ふに約三ヶ年間に五百四拾四圓七十七錢の賽錢があつたのだから、一日平均五拾錢强である。この上社に參詣すればすぐ判るが如く參詣人は下層階級の人達であるから、多くは一錢の賽錢であらうと考へるが、假に貳錢として廿五人の參詣人が平均あつたことになり、更に米や供物のみの者や寄進しない者、附添ふて來た者等もあるから平均五十人はあることゝ思ふ。

B、白光の瀧

大軌線石切驛下車少し上ると第十三圖1、の地點に

此水を御召し下さい。皆樣も不思議に全快致します。

〔地藏菩薩立像〕　（山手へ一丁）　地藏菩薩

鐵分《クロール》　大阪市立衞生試驗所濟

の看板がある。それに從つて2の地點に行くと「石切光山　白金の瀧、大阪三吉講　是ヨリ壹丁上ル」とある。

その道を眞直ぐに上れば石切上社に出るのであるが、それを上らずに麓に沿ふて行くと御水のある地藏堂があり新白光の瀧がある。新白光の瀧は名の如く新しく位置が惡い爲白光の瀧ほど行者はないらしい。3は拜處の後に石臺を造り、その上に例の如く先の尖つた略々三角形の石に神名を刻んだのが三、四個列んでゐる。中央大きなもの二個には白光大神、熊繁大神とあつた。すぐその後に、石切劍大神と刻んだ石、白鶴大神、鹽廳大輪王並びに岩廳大輪王と墨書した木柱があつた。この鳥居には昭和五年十一月吉日建之とあり、建築も新しいから古くとも昭和貳年頃からのものであらう。所屬は神道御嶽敎。

この奥には白光の瀧と石切舊瀧の二つが列んでゐる。聞く處によるとこの石切舊瀧と辨天の瀧が根本の瀧で古く他は皆新しいとのことであつたが私も同感である。現在ではこの石切舊瀧は跡だけで、これは水道を引いた爲水がなくなつた由であつた。5は露出した岩に注連繩が張つてあるもの、6は右より白光の大神の石、奉齋御嶽大神の石柱、熊繁大神及び八倉大神の石が祀つてある。瀧が滅んでしまつたゞけに白光の瀧よりは參詣者も少ない。白光の龍は表からは普通の稻荷神祠の樣になつてゐて石は見られない。原始的な簡易なこもり堂がある。所屬は神道御嶽敎。

C、白金の瀧

石切上社から白金の瀧への途に池を掘り中央に石臺を築き小祠と「八大龍王、昭和二年三月建之　大戸村農會」とある石柱が建つてゐる。

白金の瀧も神道御嶽敎に所屬し石切光山と號し本年九月廿日に大火祭式――密敎のごまと思へば良い――が施

行された。所屬講に三吉講がある。それ〴〵の神達を番號順に紹介すると。

1、車折大神、2、車折大神（但し木柱）3、大岩大神を中央に梅松大神、藥岩大神、4、大八大神（木柱）5、若松大神、6、高寅大神、7、一心に昇る、大八大神、8、白玉大神（木柱）9、白玉大神、10、八吉大神（木柱）11、白菊大神、12、玉龍大神、13、白髭大神、14、足吉大神、15、豐川大神、16、白龍明神（小祠）17白光大神、18、奈良吉大神 昭和二年十月一日（木柱）19、大吉大神（同上、木柱）20、豐川大神（同上、木柱）21、春吉大神、日春大神、22、淸松大神、末松大神 昭和二年八月五日（木柱）23、白丸大神（木柱）24、白狐大神、25、産場大神、26、福信大神、27、兼丸大神、28、權太夫大神、29、金毘羅大神、30、御劔大神、31、源九郎大神、32、柏葉大神、33、金光大神、34、玉吉大神、35、大石大神、36、福吉大神、37、金光大神、38、福吉大神、39、小石大神、40、玉吉大神、41、權太夫大神、末廣大神（木柱）42、白龍大神、白姫大神（木柱）43、三吉大明神、44、御嶽大神、45、白金大明神、46、毘沙門天、47、七面大天女、48、饒速日命、49、秡戸大神、50、尺間大權現、51、八代龍王、52、弘法大師、53、天照皇太神。

註記のないものは全部石である。44 45 43は44の御嶽大神を中心とする何れも大きい岩石でこれが白金の瀧の本神である。

D、神並の瀧

白光の瀧の奥である。石臺の上には猿田彦大神の石を中心に左右に二本宛の木柱がある。

何れも大きいもので、1、白髪大神、横に常吉大神、裏に大正拾貳年拾壹月調之。2、石宮大神 少し小さし

3、猿田彥大神を中心に左右に金芳大神、豐和氣大神が刻まれ大きな岩石である。4、金芳大神、横に金丸大神裏に大正拾貳年拾壹月　5、福正大神、横に一ろ大神、裏に大正拾四年拾壹月調之　である。前の拜處の左横にこの猿田彥大神の拜處を拜むでゐるのと瀧にうたれてゐる圖を書いた繪馬がある。全快御禮、奉納、昭和五年十一月吉日、大阪市北區澤上江町　子之歳四十三才男　堀井信太郎　と添書がある。その横に不動明王堂がある。所屬は神道神習敎。この神習敎はこの神並の瀧の上にあり神習敎大阪敎務所誠道敎會本部と號してゐる。敎祖は從五位芳村正秉、明治十五年五月十日立敎、現在の誠道敎會は湯槇信陸氏擔任、祭典は毎月八日にある。

E、辨天の瀧

神並の瀧の奧貳丁餘、廣告楯板に曰く、

石切奧之院　辨天瀧　引谷神武堂之舊蹟　毎月八日十八日二十八日護摩供執行　主催　敬心會

こゝにも堅牢地神の奉祀がある。神武天皇御腰掛石の説明には、

當山ハ神武天皇御、東征ノ際自賊軍?御ヲ引カセ賜ヒ其、後引谷神武堂傳、ヘケリ玆ニ天然淸淨水、ノ噴出セシヨリ石切西ロ、佐五郎ハ尊敬シ自ラ山間、ヲ開墾シ辨天瀧ト呼ビ、祈願セシ處ナリ謹書、

とあり難解な文章である。辨天の瀧の入口に石の衝立がある。寫眞石柱の間から少し顏を出してゐるのがそれで

世のちりを　洗ひ落して　神武堂　心も淸き　辨天の瀧

と和歌が刻むである。自然瀧で辨天が黑雲に乘つて出現したのでそれを祀り黑雲辨財天と稱してゐる。ごま堂に左の揭示がある。

謹　告

御參拜の御方樣は左の事は必ず堅くお守り下さいませ。

一、夜間御瀧いたゞく事ことわり

一、御通夜する事ことわり

　但し當山敬心會員は此の限りに非ず

一、晝間御瀧いたゞく時は必ず山主の承認を受けられ度

山主　西口諦眞

この所屬敬心會萬人講の規約が示してあるがそれは

神武堂敬心會萬人講

但シ講員ノ申込隨意之事

一、講員ハ誠意ヲ以テ神德ヲ祈リ國法ニ背カザル人ヲ組織スルモノナリ

一、毎年四月三日神武天皇祭日當所ニ於テ國家安全之爲柴燈大護摩供執行シ講中安寧幸福ヲ祈念ス

一、毎年八日十八日二十八日ノ三回御尊儀奉敬御寶殿ニテ壇護摩供奉シ敬心會萬人講安寧ヲ祈ル

一、毎年四月三日護摩供之際會員參拜之當日御祈禱之御札御神酒御供物中飯ニハ御辨當ヲ進呈ス

　但シ敬心會萬人講員限リ

一、會員ハ壹ヶ月ニ付金拾錢宛トシテ壹ヶ年金壹圓貳拾錢ヲ納付スルモノトス

右之方法ニ依リ敬心會萬人講組織スルモノナリ

毎年舊八月十五日一七ケ日間御寶前ニ花祭壇護摩供奉シ國家安全山内安穩會員安寧幸福ヲ祈ル

石切奥之院　神武堂

とある。ごま堂及びこもり堂に數枚の繪馬があるが何れも額用のもので自製作が多い樣である。病氣全快は數枚あつたが代表的なものを示すと、

病氣

全快　（この六文字が大きく書いてある）

御禮

大阪市東成區大今里町

森尾利雄

同天王寺區北日東町

當十八歲

右致師

飯谷スミ

大正拾五年九月一日

次のはごま堂に掲げられたもの、

明治三十七八年日露戰の終りより胃腸病に罹り各地のあらゆる名醫並に滅灸等の種々の方法に依り養生致し

ましたが不幸にして病勢益々惡化して其結課滿性胃カタルとなり昭和二年六月又々醫者の診察を受けました處其醫者の申されるには最早私の椀にては治療困難と言渡されし故早速市民病院に入院しエッキス光線にて診察を受けましたれば胃ガンと診斷され此の治療は手術より他に方法なしと申され尚其手術の方法は腸の水落を四寸程切り胃袋を取り出して其胃袋を手術して又元の胃腸へ付てはと聞きまして其當時私の體も衰弱して居ります上に其樣な大手術をすれば倒底生命はなき者と思ひ其手術を見合涙をのんで退院致し最早この上は神信心より他に道なしと昭和貳年八月十二日當石切奥の院辨天の瀧にて一心信功致ました有難や神樣の御力の御蔭を頂き日々快方になり同年九月十二日には委く全快し昨今まで何の異常もなく家業勉强して居ります此の永年苦しみ醫者より見はなされし病氣も僅か一ヶ月にて全快全く致せもし此の辨天の瀧の神樣御一同の御蔭の達大なことに且驚き且喜び感謝して日々御□りる御志なくして暮して居ます。

大阪市西成區東田町千〇二十五番地

願主　畑中音次郎

當年四十六才

同

舌代

不肖菊太郎儀十年前委縮腎病ニ罹リシモ名醫ノ力ニ依リ一時全癒セリ然ルニ昭和四年五月上旬ヨリ病再發シ重態トナリ因リテ專門醫ヲ招聘シテ手當ヲ受クルモ其効ヲ見ズ名古屋某病院ニ長日月入院シアラユル治療ヲ受

大阪及び附近民間信仰調査報告（栗山）

ケタルモ快癒セザリキ右ノ外凡ソ百藥服スモ其ノ効更ニナク醫師モ不治ノ疾患トシテ放棄セリ正に絶望ノ折柄不圖拙者ノ妹上田ツネノ懇薦ニヨリ大阪市住吉區松田町ノ修行者平間眞淨氏ニ依頼シ當山主諦眞氏ト共ニ三七日間不眠不休一心御祈禱ニ預リ依テ靈驗眞ニ現ハレ辨財天樣初メ諸神佛ノ御加護ヲ蒙リ委ク全快ス此所ニ感激ノ餘リ歡喜落涙感謝ノ意ヲ表スルモノ也

昭和四年十一月十八日　　岐阜縣武儀郡美濃町小倉公園

村井菊太郎

ありがたやみ山の神にすくわれて　うれし□ひろくこゝろ□□めん

これも同上

畏くも恭なくも玆に白姫大神の　神靈の御利誓を棒錄し奉る

玆に孝女あり姓名を富岡をつえと呼びをつえの母ぬい産後血の道悪敷永々苦床に呻吟すれば名醫多々招き手取りたるも全快せず醫師皆々不窮の病として斃むる如斯藥石功なかりしかば母を思ふのをつえは悲痛遣る方なく玆に□□□を神の御袖に縋□□□彼の女をつえ兼々聞及ぶ石切神分堂引谷の辨財天の御瀧あり病者一と度この靈地に入りて祈願せば忽ち神利平癒疑なし幼心にも力強い信德の念頭と母思ひの情に馳せりをつえは母を□□に背負ひ靈地に入りは肌を劈く寒風□□師走貳拾日の夜なりき然してをつえわ母を麓なる藤本方に托し單身引谷に日夜の參詣をなし一心に母の平癒を祈願せり不思議や一周間目の祈願の夜瀧より天降り賜ふ白衣の神像眼前に立ち賜ひ妾は汝の母を助くべし而して尙も萬人の難病をも癒さん妾は白姫大神也と仰せ給へり如斯神

の誓言は空しからず日々母は快方に赴けり而して翌年五月ぬいは全く平癒し嬉びに出たり然るにをつえの耳底にわ神誓深く刻まれ信心わ力強く濃厚にをつえをして神使とせり、彼が神使をつえの祈願に依りて平癒せる病者數名に上り皆な神靈の尊惠と信念厚く神使をつえの精心に感激せり。

奉納者　藤井組　久保田才治郎

當六十二才

富岡善太郎

同　ぬい

謹硯　池上瀧村

以上の繪馬の文章、文字に誤があるがそのまゝ採記したのである。密教であることは云ふまでもないが天臺か眞言かは不明、敎師が留守で詳しいことが聞けなかつたのである。參詣者、參籠者は多い樣である。ごま堂繪馬の下に足患者の使用する杖が片方だけ姓名年齢を書いて奉納したのが二、三あつた。これは治つたので納めたのである。

F、不動の瀧

白金の瀧附近にある。豐川吒枳尼天を祀る。まだ新しいので例の石や木はない。

G、宮川不思議の瀧

同じく白金の瀧附近にあり神道神理敎に所屬し敎師に高島友吉氏である。瀧には不動明王像ありその他には例の如く石に刻んだ神々がある。1、春長大神、2、瀧川大神、3、辨財天女、4、石切大神、その他に月吉大神石宮大神の二小祠がある。

H、三光の瀧

辻子越街道より二丁餘入る。入口に三光天王大明神の額を掲げた鳥居がある。不動明王及び三光天王大明神及び神倭伊波禮比古命の三小祠がある。神倭伊波禮比古命を祀つてゐるのは孔舍衙の戰に附會してゐるのであらう。新しく亦小規模のものである。所屬不明。

I、駒ヶ瀧

辻子越街道と松永の瀧の分岐點にある。神理敎に屬し天在諸神――天之御中主神以下十七柱の神をいふ――饒速日命、產須根大神を祀る。

昭和二年六月設立敎師は南野德太郎氏である。所屬講に神理講があるが人員未詳とのことである。祀堂對岸の山に神々がある。何れも石製、1、二見大神、2、稻生大神、豐雲野神、3、幸福大神、文吉大神昭和四年二月十三日、4、庚申大神、光上大神、石倉大神、5、三寶丸、6、大戸之辨神、猿田彥神、楠本大神7、萬靈塚、8、開運大神、9、磨滅甚だしく不明、10、金光龍王、光久大神、久吉大神、11、天源大神、12、光龍大神、笠杉大神、白玉大神、13、岩長大神、德長大神、14、光吉大神、正吉大神、15、大宜都姬命、水速姬命、16、日之御崎大神、17、大山祇命、駒龍大神、武吉大神、18、法妙禪治、19、眼開法師、20、一路荒神、21一休大禪師座像、22、不動明王・脇士三像である。一休大禪師座像や眼開法師などといふのがあるがその理由はわからない。

J、松永の瀧

駒ヶ瀧の奥二丁餘にある。道も惡く祀堂も荒れ現在では無人の稱である。三輪大神、石切劒大神、松永龍と三神を刻むだ少し大きい石が一個あつたのである。

43

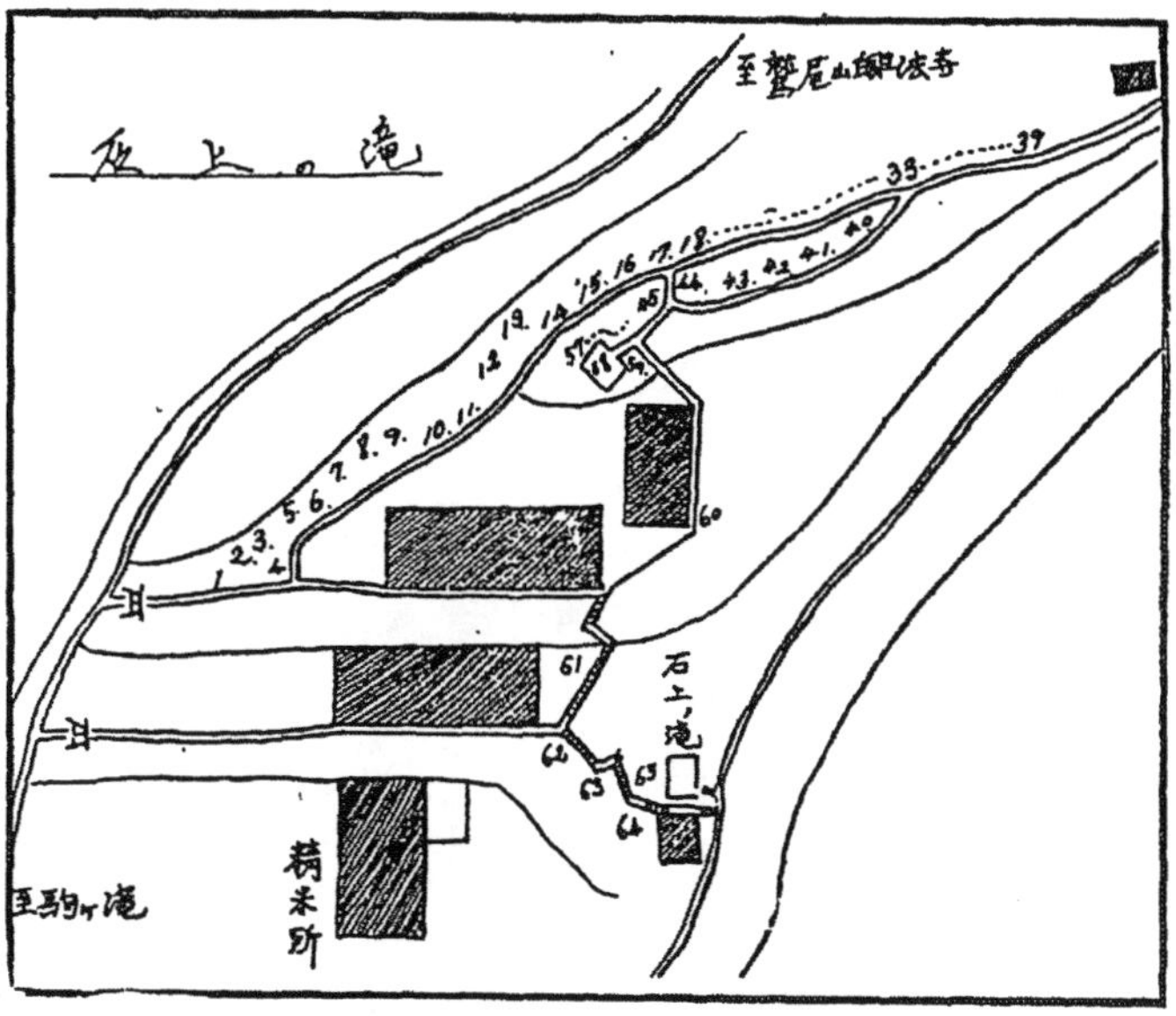

K、石上の瀧

駒ヶ瀧の奥、辻子街道に面してある。石理教に所屬し天在諸神、饒建日之命　宇麻志麻知命俗に石切劒箭神社――敎師の回答による――を祀る、大正八年現在の敎師敎正龜山ハッ氏の設立で敎師にその他に敎正龜山鹿彦、講義龜山和美の諸氏がある。所屬講には鎭魂會、第一、第二神理講、石上講がある講員約五百名、祭祀日は一月一日、四月十八日、六月三十日、九月十八日、十二月三十一日である。神々は、

1、少名彦命、禪開山大神、天在諸神魔法宮、大國主命、法源開大神、天尊辨財天、天德大神、2、石上龍王、3、饒速日命、猿田彦大神、宇麻志麻知命、4、長髓彦命　大正十五年五月十五日　5、金廣大神、月嵐大神、白髪大神、6、

萬吉大神、7、居次彦之神、土居家產須根神、8、瀧王大神、龜鶴大神、白瀧大神、天狐大神、光吉大神、吉彦大神、柳松大神、龜鶴瀧王、9、白高大神、10、宮畠家產須根神、11、眼力大神、12、照重大神、照高大神、照源大神、13、法上大神、片岸源藏大神、天?知?大神、14、妙喜姫之命、產須根之神、光吉大神、15、動心開風法彦命、白鷺大神、動風法明日彦命、16、恒光大神、命玉大神、大救?大神、17、三吉大神、18、繁榮大神初根大神、19、長吉大神、20、大岩大神、小岩大神、毛光大神 21、石上大神、□見大神、□白大神、22、若長大神、照□彦之命、白玉大神、23、熊吉大神、24、稻光龍王、眠崎大神、25、磯崎大神、26、安積家親族家族靈神、大日靈貴命、石上龍大神、27、藥丸大神、龍丸大神、28、吉永大神、豐姫大神、福永大神、29、吉光大神、白光大神、福光大神、30、晉上大神、31、下川家產須神、32、稻力大神、33、庚申大神、34、保善大神、35、八平大神、36、祓戸宮、37、初高大神、諏訪神社、初國大神、38、龜山家產須根命、五十鈴彦命、秋孝比賣命、39初立大神、40、作本家產須根神、三村家產須根神、41、法師墓石塔、法師休圓靈位、元祿五壬子年、八月十九日、42、谷本家產須根命、高木家產須根命、南無妙法蓮華經、朝倉家產須根命、西野家產須根命、43、木村家產須根命、44、金木水神、嚴島大神、政吉大神、45、末廣大神、岩丸大神、46、宇宙神靈、47、鎭靈大神、48、清根大神、49、魔法大神、豐姫大神、50、無綠法界、51、延命地藏石像、52、瀧藥大神、三黒大神、高茂大神、53、前田家產須根命、54、劒箭神社、石高彦命、靜女命、源寅彦命、白彦之命、55、重倉大神、56、祓戸四柱神、57、三界萬靈、58、初吉大神、59、白姫大神、彦吉大神、60、弓箭大神、辨天大神、光瀧大神、白長大神 天光大神 岩春大神 末高大神 初龍大神 61、大岩に注連繩を張つて祀る。62、鎭魂、63、龍光坊——石角柱、64、乙姫龍王、淸姫龍王 大正十

二年五月八日——木角柱、65、高皇産巣日神、白龍大神——石角柱
である。

L、明王の瀧

まごころ敎壇近くにある。1、は魔王大僧正、大杉大神、2、朝日大神、3、玉姫大神、4、勝木大神、5
王龍大神、6、守高大神がある。所屬は吉野山金峰寺五、六年前の設立、他は不明である。

M、まごころ敎壇

明王の瀧を少し行つた處にある。道に面した廣告板に

此の御殿には八百萬の金神様を奉齋して有ります。皆様御自由に參拜して御神德を頂いて下さいませ

まごころ敎壇

とあり、入口には、

神易御希望に應ず

とある。

既成宗敎に屬せず獨立獨歩のものと稱し祭神は天地根本大神、まごころ大神、八百萬の金神であるといふ。大
正十三年西原敬昌氏開基信者を募らず全人類を信講者とすとあるから大理想のほど窺ふ可きである。祭日は春秋
大祭は五月五日、十月十日、日次祭は毎月一日、十六日である。

刊行されてゐる「まごころ」第一、第二號の二冊に依つて考へられる限りに於いてこのまごころ敎壇も亦一般

神道と何の異處もなくまごころを天心――眞神靈の心、眞心――正神靈の心、魔心――邪神靈の心に別ち前二者を特に宣揚するに止まるものであるがその「信條」に

神靈並に祖靈の活躍する靈界の組織紋理を究め、まごころの大道は神現幽三界一貫の眞理たる事を闡明す。

神靈を敬ひ、祖先を崇め、現在を感謝し、皇國の進運、並に人類の福祉を祈念す。

眞の鏡として啓示されたるまごころの鏡に吾が心言行を照し合して其迷蒙を啓き常に正しからん事を專念す。

まごころ大神の神啓により深遠宏大なる天地根本祖神の御經綸を拜察し、吾が皇國の使命が世界統理にあるを眞解し、人類一如四海一家の實を擧める事に努力す。

とある。

N、永室の瀧

まごころ教壇より上る三丁餘

弘法大師御行なされし、永室の瀧、右つきあたりの案内板があり中史永室瀧碑の前に

奉　納

常山參拜者告

私事永々ぜんそく病にて困難致居候處此御瀧にて信行至し三週間にて全く全快至候事實證なり實に荒高《アラタカ》なる行場であります

昭和三年七月三十一日　　大阪市天王寺區國分町二十四番地

津田二三

といふ自製の繪馬が奉納してある。

1、不動明王立像、2、長吉大神、3、八島大明神以上何れも石柱　4、巳島龍王大神、白代龍王大神　5、石小祠、6、仲好大明神、7、白金大善神以上何れも木柱、8以下四、五本の木柱あるも神名磨滅し不明である

この瀧は鷲尾山興法寺に所屬し第二不思議講、百味講等がある。

O、鷲尾山興法寺

俗に生駒の聖天の本物があるといつてゐるが寺の門前大掛札にも「聖天尊根本靈場」とある。それと共に「大本山醍醐派修驗道宗務支廳」といふのもかゝつてゐる。近隣では名高い寺でもあるから以上にとどめ境内にある時雨の櫻を紹介しよう。說明札に曰く、

時雨の櫻

鷲尾山しぐれの櫻□ぬ□ば　千代を重ねてにほひぬる哉

神武天皇日向の國より東征し給ひ悍賊長髓彦を打滅し十種の神寶を饒速日命に受けさせ給ふ時天これに感じて時雨を降せりと天皇この櫻樹の下に憩ひ玉ひけるに依り時雨櫻とは云ひ傳ふ□□□り。

と。

大阪及び附近民間信仰調査報告（栗山）

五、瓢簞山稻荷神社

私が改めて云ふまでもない程、關西では名高い「瓢簞山の辻占ひ」である。

この「辻占ひ」に就いては神前に掲示があるから次に記す。

辻占ひの事

二、辻占ひを望む人は第一に自分の願ひを神に祈りこのつゝを振り番號を見た圖のうらばに行きて通行人の風體持物言葉の有無其人の進む方向を見定むべし

一、みくじ一番の時はうらばに行き足を止め自分の前を通行する人の連の有無風體言葉持物等を見るべし

（神社、太閤橋、占ひ場の繪略す）

一、みくじ二番の時は最初の通行人を除き第二回目に通行する人の風體言葉持物等を見るべし

一、みくじ三番の時は第一回第二回の通行人を除き第三回目の通行人の連のあるなし持物言葉等を見るべし

注意　みくじの棒の先に輪の一つあるものは一番二つは二番三つは三番とす。願事數ある時は一件毎に區別すべし。同じ占ひを聞く人附近にて遊ぶ人見るべからず。

掲示板の下に鎖のついた丸いものがありこれが振り筒で掲示には「棒の先に輪」とあるが現在では六寸許りの竹片の眞中をけづり墨で一番二番と書いてある。

占ひ場は街道に面して一段下つた野原である。寫眞綱が見えてゐるのがそれである。この野原に伏して人に見

られぬ様に注意して道行く人の人相風體言葉持物を見定め社務所へ行つてそれを告げると神官が判斷して呉れるのである。

六、石切劍箭神社

延喜式には石切劍箭命神社二座とある。木積宮と稱してゐたのを石切劍箭神社と決したのである。渡會氏神名帳考證には祭神を天尾張神熯速日神といつてゐるが俗説では饒速日命、宇麻志摩治命としてゐる。

民間信仰神としては腫物の神として聞えてゐる。この附近の魑魅共の首領として尊崇されてゐることは上社に於いて述べた如くである。鳥居の前の百度石と社前の間を呪文を誦じつゝ廻つてゐる者がある。こゝにも百度石は字義通りの姿を見せてゐるのだ。

大軌線石切驛から神社前の兩側にはまじない、易、姓名鑑定、土産物、うどん食堂、藥草店等が列んでゐる。生駒町に比すると獨立したのが少く多くは二、三兼業であるがこれは參詣者が少い結果當然の歸結であらう。うどん、すし食堂が多く氷店を兼ねてゐることは夏期に於いては一般に見受くる所である。藥草店の多いことは石切社への參詣者が腫物患者或はその關係者であるからそれをねらつたものであり又生駒山が藥草を產することも一因であらう。藥草は現在ではこうした迷信と結合しないと賣れないことも事實である。製藥所治療所などといふ企業も興つてゐるのだから盛況察すべしである。北村泰亭施術所とあるのはよく新聞雜誌に廣告のある手掌とか精神治療とかいふものであらう。兩側の人家一〇〇戸中六八戸は前述の如き商家でありその他に旅館、料理席貸店等もあり普通人家と見えるものは僅かに一〇戸に過ぎない。通じて以て石切社への參詣者が生駒には及ばずともかなり多いものであることを知る可く枚岡から額田、石切にかけて怪し氣な旅館料理席貸店の存在は附近農村の人達を豫想したものとは考へられぬから經濟都市大阪の暗い面の延長と見るべきである。歡樂と迷信の結合がこゝにも露出してゐるのだ。

土產物店には石切に因んだ石菓子を名物として賣つてゐる。

七、綜合概觀

以上で資料の記述は終つた。例によつて綜合概觀を述べよう。一般民間信仰に對するものは何れ調査が完成した節に述べることとしこゝでは「行場」の發生その原因、發展その理由、生駒山附近に密集せる所以を記して參考に供し諸賢の御批判を希ふこととする。

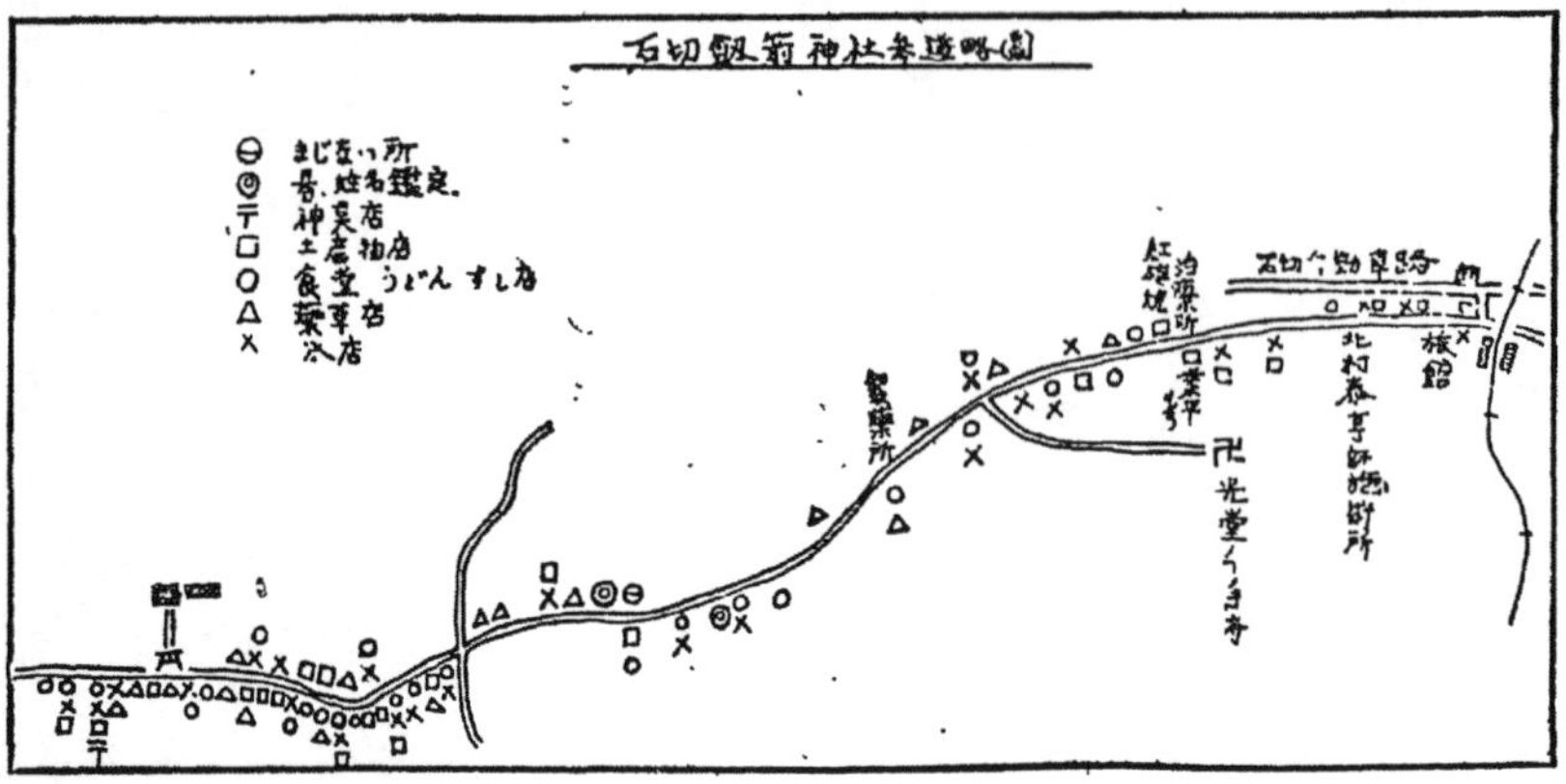

「どんな民間信仰でも理由もなしに存在するはずはない。そしてそれが唯單に人の意志にのみ依つて決定されてもゐない。信仰を主とするものはともすれば人の意志のみが決定する樣に解され易いが決してそうではないのである。私達は一個の信仰にもその深奥に流れる社會的經濟的影響を究めなくてはならないのである。

生駒連山(一)は京都府八幡附近の淀川に臨んで渤起し大和河內の分水嶺を爲しつゝ六四二米に達して生駒山となり大和川に至つて龜の瀨に一度解消し更に遠く金剛山に連なつてゐる。

山姿雄大殊に河內方面から眺めると蜿蜒として屹立してゐる姿は豪壯である。幾多の神話や歷史が物語る樣に古い昔から大和と河內の交通はこの生駒山を踏み越えて行はれてゐた。暗越、顏田越、辻子越はその主なるものである。又修驗道の行者達は金剛葛城志貴生駒の諸山を主なる行場として峰々を渉り歩いてゐた。德川時代に入るや志貴山と共に民間信仰の對像となつてゐたがまだ志貴山の方が上位にあつた。大阪電軌がトンネルを以て貫いてから信貴山を追ひ越して有數の名勝地となつたのであるがそれは生駒町に於いて述べた樣に旅館料理席貸を中心とする歡樂街との結合により大阪市の植民地としてであつた。殊にそれが第一次世界戰爭の好況を迎へるに至つて急激に進展したのであるが戰爭の終息と共に經濟的不況は生駒の歡樂街にも影響を與へずにはおかなかつた。だがそれと反對に信仰的方面はます／＼盛況を呈し「行場」の簇出を見てゐる。これは一見矛盾してゐる樣であるが好況時に現世利益の殿堂として民間有名となつたのが不況となるにつれて一層現世利益を追求する民衆の對象となつたので「苦しい時の神賴み」は當にこの間の眞相を喝破したものといふべきであらう。

生駒山附近に特に水行場が多く發生したことに就いては特殊な他の原因がなければならない。

第一には修驗道の影響を受けた荒行の內の水行――即ち瀧にうたれる風習が廣く民間に分布してゐることである。修驗道の水行は深山幽谷の自然瀧に修したものであるが自然瀧は水勢その他に於いて危險であり適當なものは多くない。このことは自然瀧である長尾の瀧――これも嚴格にはいへないと思ふが――と最も完備した人工の不動の瀧を比較するとよく判る。

しかし修驗道華やかなりし頃から長尾の瀧、辨天の瀧、般若の瀧の自然瀧が水行に適當な行場として喧傳されてゐたことが根源となつたのである。

第二に生駒山の地勢が急傾斜を爲し水量も適當に豐富であつて人工の瀧の發生に好條件を備へてゐることである。最も原始的なものは溪から水を引いてトタンや板板圍ひをしたまゝのもので自己の瀧、松永の瀧等がこれであり完備したものは不動の瀧、清涼の瀧で殊に不動の瀧は人工瀧としてはその極致であらうと思はれる。以上の人工瀧はこゝ數ヶ年間に出現したものであることは前述の如くである。

第三には生駒山への交通が便利であることと賃金が適してゐることとである。即ち大軌上六起點より石切、額田松岡までは各片道二十四錢、生駒までは三十二錢であるから往復四十八錢乃至五十六錢、六十四錢に過ぎず各行場の賽錢を加へても壹圓程度でよいと思はれるから月一度或は年數度の修行の負擔には堪へられることと考へる。

以上が主なるものである。以下信者、行場、等に就いて述べよう。

資料の各行場が何れも天台、眞言の修驗道か或は日蓮法華系統のものか神道では神理教神習教に屬してゐるのでも明らかな様に信者もこれらの宗派の者が絶對的に多數を占めてゐる。殊に日蓮法華系統に盛行してゐるらしく各行場に南無妙法蓮華經の誦唱が聞える。注意すべきは各行場の宗派はその敎師の宗派であつて行をする者は宗派や信仰の有無にかゝはらず何處の行場でも自由に出入して良いのである。その間相排斥し合ふといふ樣なことは見られない。例へば神理敎の宮川不思議の瀧にも南無妙法蓮華經の聲高らかであれば河内生駒山頂八大龍王の前では般若波羅密多心經や法華經、神道の呪文が仲よく聞える等といふ樣である。これもやはと修驗道の行場廻りの影響であらうがこれらの各行場を順次廻る者が多い。「行場を廻る」「修行に廻る」といつてゐるのがこれである。又特定の自分の信仰する瀧にのみ限る者があるだらうが前者に比すれば少ないと思はれる。

行場は一種の病氣療養所の觀を呈してゐることは見逃せない事實である。不動の瀧の廣告にも「無料でお籠り下さい」とあつた如く全く自由意志に任せてあるから下層階級の者には絶好の療養所である。勿論こうしたものの信者は封建的思想の殘糟「義理人情」が强くからみついてゐるから決してそのまゝにすることはしない。諸氏は略圖中に必ず堂舍が存在してゐるのを注目されたであらうがあれが祀堂兼こもり堂兼療養所なのである。佛敎的なものは祀堂を獨立さすか或は一區劃をしてゐるが神道的なものは全然そうしたことはない。最も發達してゐるのはやはり、不動の瀧で全く旅館と變らない豪盛なものであるが他の多くは長尾の瀧、永室の瀧、白光の瀧の寫眞に窺える樣に簡單な建物である。これらの堂舍を訪ねると敎師や世話人の他に必ず顔色の鮮やかでない病人に接する。何れも痔、肺病、心臟病、精神病、疲膚病、子宮病、胃腸、脚氣など慢性的なものが多く醫療を受けることが出來ず又受けても永續することが出來ず迷信的な治療或は安價な賣藥に依賴し重患となるや遂に精神的治療――云ふが如くならば――を志して訪れて來てゐるのである。平均四、五週間滯在の者が多い様だが長きは半ヶ年に渉る者もあつた。滯在の療養者は瀧にうたれる以外には堂舍の掃除等を手傳つてゐる。大阪や堺を主とし稀には隨分遠い田舍から來てゐる者もあるが紹介者はやはり大阪、堺の市民である。これらの人達が幸か不幸か病氣が輕快するとか沈靜するとこれを「現世利益」の實踐的効果――所謂靈驗――と確信し信仰を固め更に親族知己に宣傳するのである。これらの事情は資料中に掲げた各繪馬に依つてよく判ることと思ふ。又この他にも行場を巡る信者達の宿泊所ともなつてゐる。

祭祀の偶像では不動明王と八大龍王が斷然多數を占めてゐる。各水行場――お龍――には殆むど不動明王脇士の立像がある。八大龍王といふのは教典はともかく信者達の信ずるところによれば巳さん――白蛇――であると稱してゐる。そしてこれは龍神の使者であつてあらゆる「現世利益」を與へるのだそうだ。現在では「お稻荷さん」の狐とこの白蛇が混合してしまつて「何々大明神」といつても白蛇であることがあれば「何々龍王」といつても狐であることがありそれも信ずる者によつて變化がさる。龍王は八大龍王等佛教的なもの又は水は緣故あるものであり大明神は狐で神道的なもの又は山に因緣あるもので共に民間信仰に於いて相對立してゐたのがいつのまにか混融してしまつたらしい。

資料中の大明神、大神、龍王、權現等には次の種類がある。

一、佛教でいふ戒名の如く神道に於いて死者に與へるもので命、神、大神、大明神等の階級があるらしい。人だけでなく犬や猫にも與へてゐる例があつた。故にその石は石碑の如きものとなつてゐる。

二、家々には必ず何か守護神があるがその守護神を祀つたもの、それが狐、狸、故人、木、石など種々である。大阪の商人――殊に水商賣――の家にはそれ〴〵神棚を造つて稲荷さんの樣なものを祀つてゐるがその鎭魂所――本據とでもいふべきものである。

三、各人信仰の神を祭祀したもの、これは自分の家だけのものでなく廣く知られてゐるものを信仰して祀つてゐるのである。大嶽大神、猿田彦大神　豐川大神、白光大神、八大龍王、不動明王などは人氣のある神らしい。この豐川大神は豐川稲荷、白光大神は石切上社のある山の神である。

四、教師が自分の宗派の神を祀つたもの。

五、古樹や巨石を祭つたもの、大杉魔王權現、菊春權現、大石明神等はこれである。

これらの神を祀るに就いては單に教師や世話人の許可を得るだけであるから各行場の神々は以上の種類のものが混在してゐるのである。

古いお稲荷さんの特長は赤い鳥居のトンネルと布旗であるが新しい稲お荷さんには鳥居のトンネルが無くなり布旗のかはりに小さい紙旗を土に突きさす樣になつてゐる。その二、三を示すと、

奉納心願成就　　年男

稲藏大明神　　男一人

於久太明神　　亥ノ年男

といふ樣な簡單なものである。これも世相の推移であらう。

信者がこうしたものの信仰に入つた動機はやはり病氣が一番多數を占めてゐる。これは「稻荷下シ」に行くとよく察することが出來る。この「稻荷下シ」はこれらの水行場の敎師自身であることもあり又なくとも緊密な聯絡がある樣である。これらの信者は自然發生的にか或は計畫的にか必ず講、組、會などを組織してゐる。判明したもののみは資料に附記しておいた。以上で大體說明した。

附記

略圖が事實拙劣な略圖であることを恥ぢる。實測でないから非常な誤もあらうと思ふが水流、建築物、行場等の相對的位置に就いては注意したので大體のことはわかつて貰えると信じる。（一九三一、一〇、九）

再記

以上は壹ケ年前の調査で現在ではその調査も更に一段精密に爲されてゐるが、何れ御報告したいと思つてゐる。

（一九三二、九、一〇記）

天狗祭り

木内一夫

茨城縣西茨城郡岩間町大字泉。泉の小字、五多《リョウ》坪・中村坪・山根坪・平坪・北根坪。
社務所より愛宕神社まで山道で一里半、途中に攝・末社卅八宇がある。社主は後藤氏の世襲である。
祭日　舊歷十一月十四日　祭の名稱天狗祭。

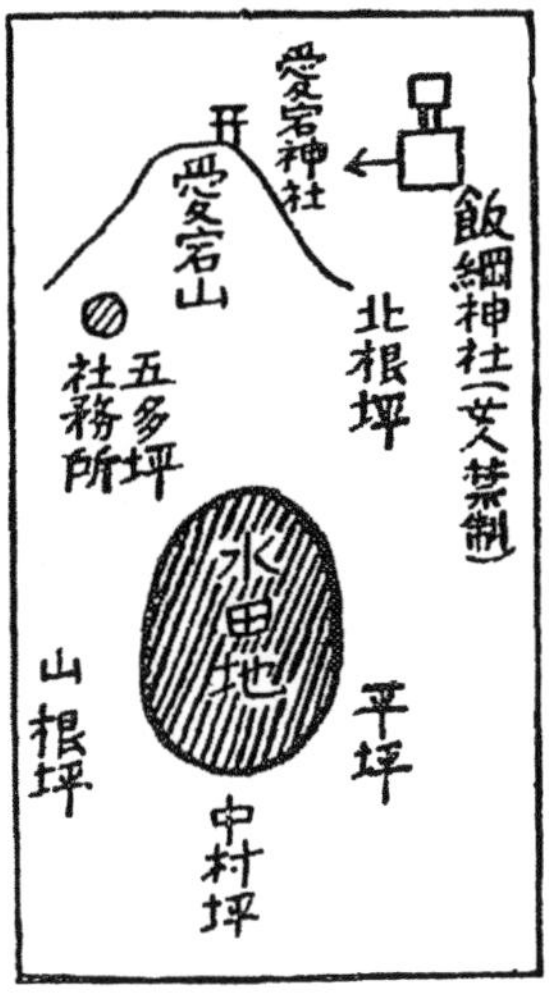

此の祭が一つの特異性を持つてゐるのは夜間午前一時頃から二時頃——丑の刻に行はれる事である。そして、その見物に行く人々は同夜宵からお宮に參り往來する。その人達は「馬鹿野郎、馬ぬけつ」等お互に惡口を放ち合つて、之が祭の空氣を漸時に更夜に連れて高潮させる。

惡口はお互で相當物騷いものがあるが、何れも口頭だけで決して動作に訴へる事はない。若し幾分でも腕を張り或は肩でも怒らすに於ては、土地の若衆によつて嚴重な制裁を受ける。外來者は少々憤慨させられる體のものがある。それが通行人も、止る者も何れも老少お互で、頗る奇異を感じさせられるものである。

俗に『惡たい祭』とも呼ばれるといふ。

天狗祭り（木內）

之は觀衆であるが、此の祭について、最も注意されるのは十三天狗祭である。

此の天狗は白裝束（衣冠束帶）で、之には五多坪の人がなり、年々交替である。之になる十三人の人達は先づ五多坪の人で、中年以上の男、更に其の家庭で物忌みのかゝつて居る人は資格がないので、番に當つても務ある譯には行かない。此の忌みはお產（廿一日後は可）、喪で、喪は親は一年後、親戚等で半年の嚴重なものである。

尙五多坪は山の麓に位する戶數卅程の小字。

偖て此の十三人は祭日前の七日から十四日迄、社務所のシメを廻らした一室に居住し、歸宅せず、勿論女に接しない。

そして其の間即潔齋の間の毎日の行事は、

水ごり　一回　午前一時――二時頃

食物、かゆ、（精進）

使用する火　切火、マッチを使用せず

社務所に（在五多坪）居住し女人禁制。

等。

此の潔齋した人々は十四日午前一時頃――丑の刻に神主を先頭に途中卅八の小祠に順次參拜して愛宕神社に至り、飯綱神社に參拜するのであるが、その途中の宮々に御供物を捧げて行く、その御供物に就いて注意せねばならない。

御供物は、此の十三人によつて、先づ切火でつけた火で蒸し、搗かれるのであるが餅にする迄一切直接に手を觸れない。竹棒でこね、竹棒でのし、竹の穴で切る。

御供物は徑五六分の圓形のもので、平べつたいものである。此の餅を拔いた竹は長さ三四尺で、之は都合十三本で天狗の杖になる。

此の御供を神主が各宮へ五つ重ねづつ供へる。

供へ終つて神主が一歩下つて拍手を打つのであるが、此の供へ終る、下る、拍手は實に瞬間に行はれなければならない。若し供へ了つて下つて拍手を打つ前に窺つてゐる人にとられる時は供へた効果はないので、改めて供へねばならない。拍手を一つでも打てばそれで効果は發生する。

所で、此の十三人の天狗が、先の竹を杖にして神主先頭に社務所を出發する時から、社務所に歸り着くまでの間神主、天狗、觀衆共に無言で、聲を出さない事を原則とする。

偖て小さい宮に行き供物を供へる。之をねらつて其宮の側に密集してゐる村人は、供へ了るのを待つてとりにかゝる。天狗は杖で强かに叩く。とらせない樣に。但し拍手二つ目を叩く――頗る機敏にであるが――瞬間にはもう供へられた餅は影も形もなく、無數の手でばひあはれ去つてゐる。

で、村人は之の御供を競い取るのであるが、之の餅には次の曰くが付いてゐる。

拍手を打たぬ前にその餅をとれば、其者に其年一ヶ年間火災がかゝらないといふ。此の餅はかびないもので、若しかびると火災の前兆であると信ぜられて居り、事實かびる事はないといふ。で、此の餅を得れば――勿論一個完全でなくも構はぬ――一年も、二年も神棚に供へて置き、親類等にと分けて配る。

拍手を打つてからでも、とに角それをとつて持ち歸り非常に珍重してゐるので、天狗十三の竹棒で叩かれ乍らも卅八の銘々に各々張りこんでねらふのである。

竹の杖も山上に達する頃には割竹、さゝら様になると云ふ。如何に叩かれるかは想像されやう。

先にも無言と云つたが、叩かれても、とられても、全部一切無言で、若し「痛い」とでも云へば、又或はとられて「あつ」とでも云へば、兎に角聲を出せばその宮に就ての祭祀をやり直さねばならない。

『痛い』等云へば、そのとつた餅は何等タブーを持たぬ事になるのであるから絶對無言で、元々叩かれても、痛くない服裝と、準備をして行くのだといふ。

只注意せねばならぬのは、御供は供へ了つてしまはねば手を出せない。供へ了つて神主が一足さがりかける瞬間にちやつとねらふので、拍手二つすむ頃には村人の手に渡つてゐる。

之が卅八のお宮にくり返される。天狗の役目が問題である。天狗は杖で手を出す村人を叩くのであるから、一見護衛役である叩かれても村人は別に苦情は云へない事勿論である。

で、山上に至つて、飯綱の宮では同じ様な御供がされるのであるが、此處へは餅取りは入らぬ。

中で、神主がのりとをあげて退下する。

聲を一切出さぬのであるから、從て神主の山上でののりとをあげるのも意丈で音は出さない。

山を下りる際も無言で、途中は何事もない。社務所に着くまで約二時間半位で、その早さが推される。

社務所に着いて水ゴリをし出會者にけんちん雜水《セン》を接待に出す。之は希望のもの丈けが食べるといふ。

天狗の連中は社務所で夜を明し、明日祈禱をして役目が相すみとなり歸宅する。

神主一行が社務所を出るとから、歸り着く迄の間は全部が無言の行であるのが目立つ。


之で祭はすむのであるが、此の天狗に就て挿話がある。


今は十三天狗と云ふが、元は十二天狗であつたのだといふ。で第十三番目の天狗に就ての話である。

筑波山の麓の「むじなうち」なる地に、長樂寺といふ寺があつた。(今もあるといふ。)

其の寺に、親孝行な息子があつた。或時、母親が「つしまの祇園が見たい」と云つたので、息子が「良う御座います、では御見せしませう」と云つた。

で息子は、母親に目かくしをして背負つて出かけた。母親は目かくしされて負はれてつしまに着き、祇園の祭を見た、又歸りに、母親に目かくしをして息子は母親を背負つて歸つて來た。

歸つてから、其の息子が云ふには「疲れたから、八疊の室で一休みする、一休みする間八疊の室を絶對に見てはいけない」と云つて休んだ。

所が、母親は心配なので、すきまから無斷でのぞいて見た。悴は大の字になつて、八疊一杯に羽を廣げて寢てゐた。

偖て、見られた事を悟つた悴は、其の儘に姿をかくしてしまつた。

その悴――天狗であつた――は、愛宕の例祭に、御供を例年通り、十二人分供へた所が、奥の院から聲がかゝつた。

曰く「長樂寺分一人不足」

とあつたので、悴が此處に來加つてゐる事が分つたので、其後十三天狗を祀る事になつた。

尙、飯綱神社の後には十三天狗が祀つてある。と。

天狗祭り（木内）

今一つ奇異な話として傳承されてゐるのは、之はどの天狗とは知れてゐない。前のは何時頃からかは分らぬのであるが、之は明治初年頃に此のお宮が燒けた時の話である。燒けた翌日、區內の人々が、お宮の燒跡に行つて、跡片附けをしやうとした所が、燒跡が灰ばかりで、木屑一つない。燒材木一つないので、不審に思つて歸つた所が、裏の山の谷合――山根坪の裏手の山の谷合――に山の樣に燒材木が運ばれてあつたのを發見して啞然としたといふ。天狗が運んだのだらうと語られてゐる。と。

（昭和六年十一月廿六日夜、同地出身の五十歲の飯田末次郎氏談。）

附記　尙、重要な事は神主一行が山に上るとから降り終る迄の間は一切、火を用ひない。從つて燈明も切火もなされない眞の闇中にすべての行事はなされ、又村人外一般見物もたき火、煙草等の火も一切嚴禁である。

都々古和氣神社々傳五人神樂の詞

角田千里

太郎王子

一　抑々こう罷立たる者をばいかなる者とや思召夫ばんご大王の太郎王子にてそが春三月九十日をかためはやと存候

二　さん候太郎の王子と御尋ね候者いか成人の君達にて候

三　さん候其義にても候はゞ是より南方に立給ふ二郎の王子へ御尋ね候へ

四　さん候夫ばんご大王の仰には母きさき胎内にやどらせ給ふ御子不レ定男子にても候へ 女子にてもましませ 五尺のかもじ八尺のかけ帶からのかゞみけどうほうけんといふ劍うぶきぬといふよろひ一兩差添へてくどくの寶藏にをさめ置夫をとこその仰や諸領なんどの事中々思ひも寄るまじく候

五　さん候其義にても候はゞ太郎も王子を十人持て候其名を甲乙丙丁戊己庚辛壬癸と申て王子十人我ともに十一人壹萬人のけんぞくを引ぐしいかで御身にまけ申間敷候

六　さん候

七　東方に立たまふはかせ

太郎王子

太郎王子は靑きよろひにほしげの甲を着しあをきはたをさし靑き龍に打乘りて東方の修業門のかためて立給ふ

二郎王子

都々古和氣神社々傳五入神樂の詞（角田）

一　抑かう罷出たる者をはいか成者とや思召夫ばんご大王の二郎の王子にて候が夏九十日をかためばやと存候
二　さん候二郎の王子と御尋ね候はいか成人の君達にて候
三　さん候其義にても候はゞ是分も西方に立給ふ三郎の王子へ御尋候へ
四　夫ばんご大王の仰には母きさき胎内にやどらせ給ふ御子さだまらず男子にても候へ女子にてもましませ五尺のかもじ八尺のかけ帶からのかゞみけどうほうけんといふ劍うぶぎぬといふよろひ一領さしそへてくとくの寶藏にをさめ置夫をとこその仰や諸領なんどの事中々思ひも寄るまじく候
五　さん候其義にても候はゞ二郎も王子を十二人持て候其名をなつくること子丑寅卯辰巳午未申酉戌亥と申て王子十二人我ともに十三人二萬人のけんぞくを引べしいかで御身にまけ申間じく候
六　さん候
七　南方に立給ふはかせ
二郎王子
二郎王子は赤きよろひにほしけのかふとを着し赤きはたをさし赤き龍に打のりて南方菩提門のかためて立給ふ
三郎王子
一　抑こう罷立たる者をはいか成者とや思召夫ばんご大王の三郎の王子にて候秋三月九十日をかためばやと存候
二　さん候三郎の王子と御尋ね候はいか成人の君達にて候
三　さん候其義にても候はゞ是分も北方に立給ふ四郎の王子へ御尋ね候へ
四　さん候夫ばんご大王の仰には母きさき胎内にやどらせ給ふ御子さだまらず男子にても候へ女子にてもましませ五尺のかもじ八尺の帶からのかゞみけとふほうけんといふ劍うぶぎぬといふよろひ一兩さしそへてくとくの寶藏にをさ

め置夫をとこそ仰なりや諸領なんどの事中々思ひもよるまじく候

五　さん候其義にても候はゞ三郎も王子を九人持て候其名をなつく事、けん、じよ、まん、べい、じやうせうはきぜうのうかい、へい、とて王子九人われともに十人三萬のけんぞくを引ぐしいかて御身方にまけ申まじく候

六　さん候

七　西方に立たまふはかせ

三郎王子

三郎の王子は白きよろひにほしけの甲を着し白きはたをさし白き龍に打のりて西方の門のかためて立給ふ

四郎王子

一　抑こゝ罷立者をはいか成者と思召夫ばんご大王の四郎の王子にて候が冬三月九十日をかためばやと存候

二　さん候四郎の王子と御尋ね候者はいかなる君達にて候

三　さん候其義にても候はゞ是分東方に立給ふ太郎の王子へ御尋候へ

四　さん候夫ばんご大王の仰には母きさき胎内にやどらせ給ふ御子さだまらず男子にても候へ女子にてもましませ五尺のかもじ八尺のかけ帯からのかゞみ、けとうほう劍といふつるぎうぶきぬといふよろひさしそへてくとくの寶藏にをさめ置是をとこその議や諸領なんどの事中々思ひもよるまじく候

五　さん候其義にても候ばゞ四郎も王子を九人持て候其名を名つく事八卦?の六名となし一尤《トキ》、にぎ、三ぜう、四節、五き、六がい、七よう、八なん、九やくと申て王子九人我ともに十人四萬人つけんぞくを引ぐしいかで御身にまけ申間敷候

六　さん候

七　北方に立たまふはかせ

埰々古和氣神社々傳五人神樂の詞（角田）

四郎王子

四郎王子は黑きよろひにほしけの甲を着し黑きはたをさしくろき龍に打のりて北方の身門のかため立給ふ

五郎姫　たけき心を先としていざ〱諸領をいそがん

一　いかに東方に立給ふ太郎の王子はましますか案內申候

二　やあら名をなのるべき事にはなけれどもそればんご大王の五郎姫にて候か四人の兄子達は諸領御持候われら女の身なれば諸領一ヶ所も給はぬほどにこひ申に參て候（この通り二郎より三郎四郎へ言廻る）

三　やあら太郎は二郎にきけと有二郎は三郎にきけと有三郎は四郎にきけと有四郎は太郎にきけと有中々たいくつ申て候ほどに今一ぺんこい?申て給ずは勝負あらそひの合戰にて分可給候いかに東方に立たまふ太郎の王子も聞給へ母きさきたいないに有し時そればんご大王の仰には四人の兄子達へ諸領こい申せとの仰にて候ほどにすみにても候へひらにてもましませわけ可給候

四　さん候其義にても候はゞ五郎も王子を四十八人持て候其名をなつく事大くわ、らししやく、こむ十?し、八りやう、九二天日、ゑん大日きもふわうもふ、たさい、大みん、大將くん、さいとく、さいは、さいせつ、わうばん、ひうび、ばんどう、ごしんとてあら〱王子を引ぐしこんか川のみなかみにひふら山のふもとせう〱か岡にくろがねのぜうをかためうつ取高名にてわけ可取候　この通王子四人へ廻る

五　いさやさあらばうすきぬをぬきすて四方よりもやたばね取ておしよせ

はかせの挨拶

六　やあらたんじやくとは何たんしやくわれらをしづまれとは天下にても國土にても何人にて候

七　さん候月日に候へど日數がたり不申候

八　やあらわかおや成ともかほどにわけては給まし引出物には何をかな二兩のくるまにたからをつんでまいらせべく

はかせ

一　まづ〳〵御しづまり候へ〳〵たんじやくがふつて候

二　やあらつの大はく百王のきくわんの致すもんぢんはかせにて候かこんか川今日七日七夜五色の血と成て流候わけ登り見てあれはきうせんひやうぜうのかつせんにて候御しづまり候へしよぶんなわけてまいらせべく候

三　いかに東方に立たまふ太郎の王子もきゝ給へ東方に國有國の名をばひやうぜうと申甲郡乙《キサ》郷寅卯の間を屋敷所と定めつゝ青きはた七十二本さかへにさし是も壹萬八千里の國也春の大土用と名づけ末十八日をば五郎のこんもんへ御渡し候へりやうけし給へ

王子不殘へ此通　此內

南方二郎こうおつと申丙郡丁鄉己午の間屋敷所外は右同斷

西方三郎こうしんと申戊郡己鄉申酉の間屋敷所右同斷

北方四郎こしんと申庚郡辛鄉亥子の間屋敷所同斷

四　いかに中わうに立給ふ五郎の姫もきゝ給へ中わうに國有國の名をはむこと申壬郡癸鄉きなるはた七十二本さかいにさし是も壹萬八千里の國や春夏秋冬四季四等と取て合は七十二日に相當り候りやうけしたまへ

五　さん候其義にてもこゝ三年に一度の閏月を以（二）めつりもつりかくて十九土用にまいらせべく候

六　やあらたからもたのしもいやで候高き所をひきしひきゝ所を高くし高き所に堂を立ひきゝ所に（一）とうをくみ大川に舟をうかべ小川に橋をかけはまき所に井をほりて淨淸けつかいかふもとへあらちをこほこぬ。このよなをしのかくらを御まい候へ〳〵

東方に立給ふ

註（一）口傳ニ、減日メツニチ、沒日モツニチ。

都々古和氣神社々傳五人神樂の詞　（角田）

歌による子供遊

——仙臺童戲備忘錄。その一——

佐々木精一

はしがき

この報告の大半は、私と私の幼友達の記憶の中から掘り出したものであります。從つて此中の遊戲は、私達にはみな明治四十年前後の頃の匂ひがします。しかし、これは多分、明治十年代か、或はそれ以前から存在してゐたもので、多少づゝ形を變へながらも、失はれることなしに傳承されて來たものの樣です。私達の母達も、幼い頃には、これらの遊びをして來たといふ事でも、それが證據立てられます。手毬歌のあるものなどは、遠く天明前後の頃から傳承されて來たものもある樣に思はれます。

しかし、これらの遊びも、明治の末頃には、段々と場末へ追ひやられ、大正の聲を聲くと共に遊戲の種類もがらりと一變し、古い遊びは、何時の間にか、仙臺の街の子供の世界から消えてしまつた樣に、私は考へます。

街の子供に捨てられた遊戲は、そのまゝ田舍へ移つて行つたかと云ふと、それはさうではなく、そのまゝ消えてなくなつたのであります。子供の遊びといふものは、街で生れたものは、その街ででなければ生命がないからであります。田舍の子供達は、街の子供達とは別に、それ自身の遊びを持つてゐました。

仙臺童戲備忘錄は、この項に續いて「身體で遊ぶ遊び」「植物を用ひる遊び」「動物を用ひる遊び」「土を用ひる遊び」「羽織を用ひる遊」「呼びかける童謠」「惡戲」「遊戲に用ふる特殊語」「古書に現はれた仙臺童戲」等にも及び度いのですが、長過ぎる惧れがありますから、一先づ、本稿だけに止めます。

手《てん》毬《まり》歌

手毬の遊びは何處の國にもある遊びで、動作も簡單ですから、こゝには、主として手毬歌だけを擧げることにします。

仙臺では手毬をてんまりと發音します。

○

正月は〱　一《いち》に筍　都川《みやこがは》　都川。
二月は〱　二度《にいど》きかへは　嫌《いや》なもの　嫌なもの。
三月は〱　さらのおしやくを　とつたとや　とつたとや。
四月は〱　白く咲いたか　梅の花　梅の花。
五月は〱　五月公園　かきつばた　あやめばた。
六月は〱　六軒茶屋で　一杯のんだ　三杯のんだ。
七月は〱　涼み提灯　掛行燈　豆行燈。
八月は〱　齒つかけ婆《ばん》つあん　章魚かんね、豆かんね。
九月は〱　腐れ下駄こで　かつたかた　かつたかた
十月は〱　ぢんこ踊りは　あんまりいゝ　あんまりいゝ。
十一月は〱　椿油で　とうろとろ　とうろとろ。
十二月は〱　朝々餅つき　いそがしや　はづかしや。

ござれ引取れ　はりほどをさめ　可愛い男に德はらひ　厄はらひ。さんどよいとんづいた　一貫貸す。

註（この歌は、毬をとん〱と、單純に上下させる突き方をする時に歌ひます。かんれは「食はれない」の方言です。ぢんこ踊りは甚句踊が意味かと思ひます。又古い頃は、子供芝居のことを「ぢんこ芝居」と云つた事があるさうですから、或は、それかも知れません。仙臺では、その頃は「芝居をする」と云はずに、「芝居を踊ろ」と云ひました。）

○

正月は〱　門に門松　内には手かけ　手かけぼんには　かやをかちぐり　ほんだはら　ほんだはら。
二月は〱　天に旗あげ　空見る時は　春のけしきは面白や　面白や。
三月は〱　おひな飾りに　あさづき膾お内裏様《にいつさま》の桃の酒　桃の酒。
四月は〱　花を見たけりや　釋迦堂へござれ　花はいろいろ　躑躅に椿　よれてからまる藤の花　藤の花。
五月は〱　御門御門に　小旗を立てゝ　子供寄り會ひ花戰《はないくさ》　花戰。

歌による子供の遊び（佐々木）

註（この歌も十二月まであるのですが、殘念ながら六月以下は記憶にありません。
突き方は前と同じです。
手かけ――正月の緣喜を祝ひ、家々では、お飾りの餅の周囲にさまざまの木の實や、海藻を散らして置きます。それらを總稱して手かけと云ひます。その材料はかや（榧の實）、勝栗（乾栗）、ほんだはら（神馬藻）、豆、昆布などです。本式には、お飾りの餅は三寶へ載せますから、手かけは三寶の枠の内側に設らすことになりますが、手かけぼんと云ふ語がありますから、三寶の代りに盆を用ひる事もあるのでせうか、それとも三寶の上部をぼんと云ふのでせうか。
天に旗あげ――凧の事を天旗《てんはた》も云ひます。
小旗――幟。）

○

一つとせ　人も通らぬ細横丁　幽靈《ゆうれい》化物虎《とら》　横丁〳〵
二つとせ　二叉櫻のその下で　おそよと市吉　心中した〳〵。
三つとせ　皆さんおぼこたちよく遊ぶ　あのいちこのいち　はんご　つく〳〵。
四つとせ　よかんべ膏藥はつたれば　信田の狐にばかさつた〳〵。

九二六

五つとせ　いちや因緣卷煙草　おそよにのませて　孕ませた〳〵。
六つとせ　無病息災玉娘　錢から金から　先揃へ〳〵
七つとせ　なん〳〵なつ菜《な》をつむ時は　大根畠に　袖をひく　裾をひく。
八つとせ　やはらか御衣裳を着せられて　お里歸りはどでがんす〳〵。
九つとせ　こゝで逢はねで何處で逢ふ　極樂淨土の眞中で〳〵。
十とせ　鳥ことまれば何と啼く　親鳥とまれば　けけろつけ〳〵。
十一とせ　十一ひしはよいひしで　ごくらを開いて祝ひませう〳〵。
十二とせ　十二のお手筥あけて見ろ　あけて見たれば櫛笄〳〵。
十三とせ　十三樣《さんま》へ願をかけ　子供の一人も持つ樣に〳〵。
十四とせ　十四《じうよ》つ娘を抱いて見ろ　抱いて見たればまだ早い〳〵。
十五とせ　十五夜のお月さん今できた　おそよと市吉出て拜め〳〵。
十六とせ　十六すごろく振つて見ろ　ふつて見たれば

十七とせ　十七質屋のおめろさん　ほれてくなんせ
　市吉さん　三五郎さん。
十八とせ　八百人の供つれて　お里歸りはどでがんす
　く。
十九とせ　十九になつても機織れない　明日明日むこ
　取り　恥しや　忙しや。
二十とせ　二十までこの樣につくられて　はづかしな
　いかや　お梅さん　楓さん。

註　この歌は、もと／＼數へ歌でありましたが、後に手毬歌としても用ひられる樣になりました。

　この歌で遊ぶ時は、手毬を上下するばかりでなく、歌の句切れのところで、毬を手の甲へちよつと載せます。

細横丁、虎横丁――いづれも仙臺の街の名。虎屋横丁を虎横丁と云ひます。

おそよと市吉――安永三年の秋、仙臺大町三丁目の太物商柏屋八兵衛の娘おそよが、番頭の市吉と、躑躅ケ岡の二又櫻の下で、切腹心中をしました。江戸下りの岩井半四郎が、安永六年に、この事實を脚色上演して大當りをとりました。その時の座元が建てた供養碑は現存して居ります。

おぼこだち――子供達。

　この數へ歌も、其頃に流行したものと思はれます

はんご――羽子。

よかんべ膏藥――どんな膏藥かわかりませんが、よかんべとは、よからうと云ふ事です。

ばかさつた――ばかされた。

十一ひし――十一日。しかし、この樣な使ひ方は一般には、しない樣です。

ごくら――この意味も判然しません。御藏開きの事でせうか。

できた――出た。

おめろさん――メロとは、白齒の娘のこと。

尙、右の歌の數へ方、一つとせをひいといしよ、二つとせをふうたいしよとも歌ひますが、これはこの歌が手毬歌として歌はれる樣になつてからの歌ひ方です。

　又、この歌の所々を、素直にそのまゝ歌はないで、例へば次の樣に、下卑な文句に作り替へた歌もあります。

　三つとせ　見度くないのはあのやろこ　南瓜さ眼
　鼻みつけた樣だ。
　五つゝせ　いつ來て見てもこの長屋すまからすま
　まで　どだふくだ　いんびんだ。
　七つとせ　なんぼ云つても聞かせても　おそよの
　心持梅の花　櫻花。

六の歌の中　見たくないは醜いといふ意、やろこは野郎子で、子供の蔑稱、すまは隅、どだふくは女の蔑稱　いんびんはつむじまがりの意味です。）

歌による子供の遊び　（佐々木）

○

あれながれの　何處の舟、あれは角田《かくだ》のみやげ舟、角田のみやげに　何もらた、一分笄《いちぶ》　二分めの雪駄《せきだ》　三分くりあげ帶もらた帶もらた。帶に短し　襷に長し　やはた八幡　鐘の緒　鐘の緒。鐘をはたいて　長者とならば南鍛冶町皆長者　皆長者。

○

向ふ通るは長兵衛さんでないか、鐵砲かついで　脇差《わきざし》さして　雉のお山へ　雉とりござる、雉はけんげん、鳩はほろほろ啼くばかり　啼くばかり。

○

お染久松すつすやす、すしやのあねさんすしくない、すしのんめとこ　まけてやれ、いやかいな　かいな〳〵刈り乾しお稲をぬすまれて　ぢんぢとばんばは　食んべげね、みかんこ　みかんなるもの　青いもの、あを〳〵〳〵朽葉色《くつぱいろ》〳〵。

註（くない——下さい。
んめとこ——うまいところ。
おんぢ、ばんば——爺、婆。
食んべげね——食ふべくもなしの意。飯を食へないこと

です。）

○

おねんじよ十《とを》よ
おねんじよ二十よ
おねんじよ三十よ
…………………
…………………
おねんじよ百よ。

○

一《ひと》とんとんとん　二《ふた》とんとんとんとん　三《みい》とんとんとんとん　四《よお》とんとんとんとん　五《いつ》どんとんとんとん　六《むう》とんとんとんとん　七《なゝ》とんとんとん　八《やあ》とんとんどん　九《こゝの》とんとんとん　十《とを》とんとんとん　十《とを》で（又は飛んで）來ました大事の旦那のおしよめこさんまよ、こぞやこんにち、稲荷山から　稲荷どこ《まで》で　合羽傘《かつぱかさ》で　送り屆けろや　一とんとんとんとんなるほどさいほど　たしかに　うけとりましたよ　三《みつ》とんとんとん……………。

（註　おしよめこ——御姫子。）

○

だんだんまはり　まはつてひとかへ　ひイとかへ
だんだんまはり　まはつてふたかへ　ふウたかへ
だんだんまはり　まはつてみつかへ　みイツかへ
だんだんまはり　まはつてよつかへ　よオツかへ
だんだんまはり　まはつていつかへ　いイつかへ
だんだんまはり　まはつてむつかへ　むウツかへ
だんだんまはり　まはつてななかへ　なアなかへ
だんだんまはり　まはつてやつかへ　やアツかへ
だんだんまはり　まはつてこゝのかへ　こオこのかへ
だんだんまはり　まはつてとつかへ　とオツかへ

註（この遊びは、立つて毬をつく遊びです。外のつき方と違ふところは、第二句の終りのところで、くるりと身を廻すことです。）

○

大町の大町の　煙草切り屋のおあねさん　大綿《おほわた》帽子で顔かくし　裏の細道通つたれば六つや七つになるわらし　おとつあん　おかさん　どつちやござる　わしは觀音《くわんのん》寺《てら》參り　後の千松泣かせんな　泣かせまいとは思へども　日本《につぽん》照らさるお月様は　西と曇れば雨となる　東と曇れば雪となる　雪となる。

註（わらし——童子。せんな——せるな。照らさる——照し給ふ。）

歌による子供の遊び（佐々木）

ざんまェし

お手玉、おじやみ、おこんめ、ちやつくとり、ふせだまの事を、仙臺ではざんまエしと云ひます。親玉一つと子玉六つあるのを原則とします。その形は、四隅を綴ぢたものではなく、後先《あとさき》二ヶ所を綴ぢたもので、俵の様な形です。ざんまエしは次の歌で遊びます。

○

おひと　おふた　おみえ　およお　おいつ　おむう　なつてくれう　とんきり（或はおんなのがへし　かへし）。

○

おじやみ櫻　おふた櫻　おみえ櫻　およお櫻　おいつ櫻　おむう櫻　一《ひと》よせ櫻　おなかんめよ　おのせつきり　おたたきおかは　おみんお出し　でたよでたよ　またでたよ。

歌による子供の遊び（佐々木）

○

おひとおぬけ　おふたおぬけ　おみえおぬけ　およおおぬけ　おいつおぬけ　おむゝおぬけ　一《ひと》よせおぬけ　かつきりかへた　おんまにのりかへ　おかごにのりかへのりかへた　何貫しよ　一貫しよ　貸したしよ。

○

おひとつ　おふたつ　おんみつ　おんよつ　おいつつおんむな　くてごいなんしよ、くてごい　おだいし　たえもね　よつもねつんぶ　あんめ　あんめりがきせんばつたりがきせん　べきせんめん　からせんめん　たはねんかし　ねんがして　あげ（蜻蛉）つつて　からつつてあげどんと　とんぼすうよ　みなとんぼした　ほうい（或は　しらはたほうえ）　かきおとし　おとしたところで　びつくりしたよ　ひろうて　おつけて　おもしかつて　だして　ひろうて　一俵二俵三俵で置いて來い　ひろうて　一俵脊負ひ　二俵脊負ひ　ころんだつて　まんまね　まんもした　こめこめこめ屋のおあねさん　お米は一升いくらです　米吹きしまつて　すぐにお膳立て。

右に列擧した歌は、それぞれ「かへし」「おのせ」「おたゝき」「お出し」「出たよ」「おぬけ」「きりかへた」「のりかへ」「ばつたり」、「たばねんがし（玉逃がし）」「一《ひと》よせ」「釣つて」「かきおとし」「ひろうて」「おつけて」「おもしかつて」などの文句で遊び方を示してゐます。「とんきり」「かつきり」「ばつたり」「とんと」などはその時々の玉の有様を形容した言葉と思ひます。

たゞ、右の歌詞の中に、傍線をして置いた文句は、方言でもどうしても解釋の出來ない文句であります。

羽子《はんご》・紙風船

仙臺では、羽子と紙風船は、遊び方も同じ、歌も同じであります。紙風船は、勿論羽子より後に移入されたものでありますから、羽子の遊びそのまゝを紙風船にも應用したものと思はれます。私達の記憶には、歌は次の一つしかありません。

一《ひと》よに　二《ふた》よ　三《みい》よに　四《よ》に　五《いつ》よに　むさし　なんの藥師　こゝの廻《き》つて　一丁よ（或は　こゝの町　一丁目）。

人取り

この類に屬すべきもので、遊び方が、多少纏つてゐると思はれるものを次に擧げます。

○座頭《ざとう》さん。

先づ座頭さん（盲人のこと）をきめます。座頭さんは、眼をつぶつて屈みます。殘りの子供達は、座頭さんを中に置いて、手をつないで圓くなり、ぐるぐる座頭さんの周圍を廻りながら次の歌を歌ひます。

一同「座頭さんやら、れんげさんやら、どちらへ盃さしませう、まだまだ、およかんべ、おてんと廻《まわ》らどばうしてさとる、ほ、ほ、ほ、ほ、ほ」
一人（この一人は、後に名を指される人）「一合なんぼだ」
座頭「二合だ」
一人「三合にまけねか」
座頭「まけべ」
一人「賣つた」
座頭「買つた。……誰々さん、お茶おわんない。」

と云つて、その相手の名を呼びます、もしそれが當ればその人が代つて座頭さんになり、當らなければ、また、前の通り、やり直します。

（註。おわんない――召し上れ。）

○雀ほしよ。

この遊びは先づ、一人の親雀を先頭に、多勢の子雀が一列横隊に並びます。そこへ鬼が一人、雀の子をとりに來るのです。親雀と鬼の問答は、次の歌でやりとりします。

鬼「雀ほしよ。」
親雀「どの雀ほしよ。」
鬼「いつもいつも來るよな○○ちゃん（子雀の名）雀ほしよ。」
親雀「まだ羽がない。」（或は「羽なへて行かんね」）
鬼「羽けつから來い。」
親雀「足なくて行かんね。」
鬼「足けつから來い。」
親雀「何のまんまかせる。」
鬼「赤いまんまかせる。」
親雀「何のお膳でかせる。」
鬼「塗つたお膳でかせる。」

親雀「何の箸でかせる。」
鬼「銀の箸でかせる。」
親雀「何の茶碗でかせる。」
鬼「金の茶碗でかせる。」

歌がこゝまで來ると、名指された子雀は、「ぶーん」と云つて、兩手で羽を動かす眞似をしながら、列から飛び出します。鬼は、この子雀を連れて行つて、親雀の見えないところにかくします。鬼は、それから、また歸つて、來て先と同じ歌の問答で、次の子雀をつれ出します。かくして子雀を全部とられてしまつた後で、親雀は、子雀をさがしに出かけます。親雀は一人をさがし當る度毎に

「、、ちやん雀見《め》つけた。」

と高聲に歌ひます。見つけられた子雀は、

『ぶーん』

と羽を動かして、もとの所へ歸ります。

全部歸つたところで、この遊戲を終ります。

（註　行かんね——行かれない。
けつから——くれるから。
かせる——食はせる。）

下駄かくし

この遊びは、先づ、みんなで肩を組んで圓陣を作りますそれから各々片方の下駄を脫いで、自分の前に出しますから、下駄も圓い列をなします。次に　その中の一人は、次の歌を歌ひながら、片足で、順次に下駄を數へて行きます。

てえれえれつぼ、笠賣り雀、油ひきとひき、露のめちんちりん、と拔けたら又拔けた、拔けて遊ばされおぼこ達

「おぼこ達」と數へ終つた時に、丁度足が觸れてゐた下駄の持主は、列から拔けて、その下駄を何處かへかくしますこの樣にして、だんだんと下駄を拔いて行つて、最後まで殘つた下駄の持主が鬼になつて、みんなのかくした下駄をさがさなければなりません。鬼が下駄をさがしてゐる間、みんなは、片足でぴよんぴよん跳ねながら口々に

「天に一つ、足もとに二つ」

と囃して、鬼をからかひます。

手の遊び

玩具を用ひずに、手ばかり　遊ぶ遊戲が二種あります。

○つぶやつぶや。

先づ、圓陣を作ります。各々は、兩手を筒の様に握り揃へて前へ出します。親になつた者は、自分の一方の手の人さし指でみんなの筒を順次に突きながら、次の歌を歌ひます。

つぶやつぶや、むきつぶや、去年の春行つたれば、烏《からす》といふ馬鹿鳥に、つつくらもつくらさゝれた。

（この歌の代りに、前述の下駄さがしの歌を歌ふこともあります。）

○一把たんもれ。

これは、二人が相對して、掌を兩方から打ち合せて遊ぶ遊戯で、次の様な歌を歌ひます。

一把たんもれ、一把などなあによ　附木《つけぎ》賣りこそ一把賣るものよ　わしや一把うらんと　ちよいとちやんがらかんまへた。

二把たんもれ、二把などなあによ　奉公人こそ庭はくものよ　わしや二把賣らんと　ちよいとちやんがらかんまへた。

三把たんもれ、三把などなあによ　いさば賣りこそ　さばうるものよ　わしや三把賣らんと　ちよいとちやんがらかんまへた。

四把たんもれ、四把などなあによ　おばん様こそ　しわよるものよ　わしや四把賣らんと　ちよいとちやんがらかんまへた。

五把たんもれ、五把などなあ把よ　御隱居さんこそ　碁はうつものよ　わしや五把賣らんと　ちよいとちやんがらかんまへた。

六把たんもれ、六把などなあによ　ろくな者こそ牢《ろ》さ入《へ》るらのよ　わしや六把賣らんと　ちよいとちやんがらかんまへた。

七把たんもれ、七把などなあによ　貧乏人こそ質おくものよ　わしや七把賣らんと　ちよいとちやんがらかんまへた。

八把たんもれ、八把などなあによ　おばん様こそ齒《はあ》かくものよ　わしや八把賣らんと　ちよいとちやんがらかんまへた。

九把たんもれ、九把などなあによ　おぼこなしこそ苦《く》はするものよ　わしや九把賣らんと　ちよいとちやんがらかんまへた。

十把たんもれ、十把などなあによ　先生様こそ字は書くものよ　わしや十把賣はんと　ちよいとちやんがらかんまへた。

（註。いさば賣り――魚賣り。
おばん様――お婆様。

おぼこなし――産婦或は産をすること。）

○一に橘。

これ、右と全く同じ遊びです。歌は次の通りです。

一に橘　二にかきつばたね　三に下《さが》り藤　四に四季牡丹ね　五つい山の千本櫻ね　六つ紫色よく染めてね　七つ南天八つ山吹よ　九つこんぺら　つら〱すべつて　十で殿様お馬の稽古ね　おしよおしよ〱〱おしよろこさん　帶の解けたの知らないで結んであげましよ立結びひいハふ　みいハよ　いつハむ　ななハや　ここハ十　どうから下《くだ》つたお芋屋さん　お芋は一升いくらです　三りん五文《もん》でござります　も少し負けねかすちやらかほい　頭から切つた様な八つ頭《がしら》　尻から切つた様な八つ頭《がしら》　ひいハふみいハよ　いつハむ　ななハや　こゝは十。

（但し、この歌は、手毬歌としても用ひます。）

以上で、私共の記憶にある「歌による子供遊び」は盡したつもりですが、この稿を終つて後に思ひ出すものもあるでせう。それは今後適當な機會に補ふこととして、一先づ擱筆します。ともすれば記憶の中から逃げ出さうとするのを無理に捉へて、急いで書いたのですから、不備の點は御叱正願ひます。

秋田縣鹿角郡花輪町地方童謡

内田武志

お手玉唄

向ふ通るは
吉治のおさんで　ないかえな
紺股引　天鵞の脚絆
そさん上《のぼ》れば　わしや今下《くだ》る
下る土産に　何々貰た
一分笄　二分《にんぶ》の雪駄《せきだ》
紙にくるんで　縫もて〆めて
姉こ腰元さ　とつたらやつと投げだ
投げだ拍子に　鼻緒こ切れだ
鼻緒切れだら　よしこの頼め
よしこ頼めば　錢《ぜに》百いるし
錢の百ばり　なほわしや知らねァ
一丁　一丁

お仙や　お仙や　おひぎ女郎
そなだの差したる　簪は
貰《もら》たが買つたが　美しえ

秋田縣鹿角郡花輪町地方童謡（內田）

もれもせしず　買ひもせず
女房はかぎ屋の　えぢ息子
えぢや息子から　文が來た
そしの文を　讀んで見ろ
一に笄　二の葛籠
三に晒の　帷子を
誰に着せるて　こうて來た
お前に着せるて　こうて來た
お前死んだら
今日はおだやで
明《あし》日は七日で
ぼーだ餅
一丁　一丁

むがえ婆さん　えんがら見れば
菊や牡丹の　まわれの花よ
あまり　おちよべこア
うしべり　たばご

秋田縣鹿角郡花輪町地方童謠（內田）

かゞのお菊は　なぜ髪ゆはぬ
櫛は無えが　油無えが
櫛も油も
手前手箱で　ごんざるよ
おらえ屋敷に　子がござる
その子は生れで　男にならば
江戸へのぼらせで　學問させで
寺へおろして　お經讀ませで
寺のかぐぢの　三本柳に
雀巣《ア》くつて
落ぢでお鷹に　攫はれだ
お鷹の爪も　怖ろしえ
一丁　一丁

傳助　半助　あんどんだ
あんどんけして　六角だ
六角娘に　ほれないものは
猫か鼠か　お荷稻樣か
さてはお寺の　お和尙さんか
なほ　和尙さんか
一丁　一丁
受げどーつた　受げどつた
どなだ樣から　受げどつた
あれあれ　向《むご》の屋敷の
こえし造りの
白壁造りの
竹の暖簾の
おぢよこさんから　受げどつた
しつかりお渡し申します。

向ふ山この　まんべの葉つこ
風こ吹《ふし》げば　そよそよど
そよそよ風こに　誘はれて
ちやくら　ちやくらめで
さゝぎのもどめで
とんと一つ借した。
俺家《おらえ》隣のおぐらこ見ねアが
傾城《けしゅ》こ買るとて
父《てゝ》ァ金盜んで
父《てで》にぼぐられで
橋から落ぢで
橋の袂でごえしを拾つて
砂で磨いでやーしりをかげで
紙にくるんで　おがみに上げだ

おがみ女郎衆は　金《かね》こだど思つて
行げば餅《ち》搗で　酒買つてたもる
酒のさがなに　何によがんべ
鮒の煮ごもり鰌こ汁よーがんべ
仙臺の
お萬が娘は　よい娘
赤いちやの目の　茶の小袖
ききよう前垂　しよなくなと
親が見でさへ　良いど見る
まして他が　只ほれべ
只もほれねァで　晩おでァれ
晩の枕に何枕　東枕の窓の下
窓はきり〳〵　とはり窓
こゝは情のかけどごろ
窓の下がら
そろり〳〵と　手をのべて
膝かぶつころばして　しなまんぢゆ
向ふ通るは新太でないが
鐵砲かぢんで　小脇差さして
何處へおでァるど　聲きげば
雉のお山に　雉打ぢに
雉はげん〳〵　鳴ぐばがり

秋田縣鹿角郡花輪町地方童謠（內田）

ちよつとおだえて　お茶上れ
お茶も新茶も　まえれども
此處の小娘さ　とんと惚れだ
惚れだならば
親に十貫　子に五貫
ましておぢよには　四十五貫
四十五貫の　錢金で
高い豆買て　何に積む
船に積む
船は何處船　關東船
關東土産に　何貫た
親の讓りの　ふり手箱
開けて見たれば　何ァ入てら
きが入つてら
きだと思たば　かねのお雛こァ
鼻血垂らして　反返《そつけ》ァこだ。
こつきら　こつきら
こんちァぼーは
何處でうだれだ
八幡街道で　うだれだ
うだれだも　めぶぎないとて
お萬着物を

秋田縣鹿角郡花輪町地方童謠（内田）

質に遅ぎおぎ　流した
それとんめろ
おんじゆろとんめろ
それを止めれば　日が暮れる
一丁　一丁
えじよさまどん　さいさまどん
しのびはどん　どんどごえ
どのがみさんまの
こごはふなばの　きかりはどん
ひーや　ふーや　みーよ
いつむ　なんなや　こゝのつとー
ひとつお前に　一丁借した
おんしろ　白　白　白木屋の
おぐまさえ　さんざえ
かどには長八　色男
まづお前に　二丁借した
正月は　一にお出掛げ　二に銚子
　三つ悦び　始まりて　始まりて
二月は　二に爪《はた》上げ　空色見れば
　春の景色で　面白や　面白や
三月は　お雛飾りの　あさどぎながし
　内裏さんまの　取り合せ　取り合せ

四月は　四月八日は　お釋迦の誕生
　お釋迦詣りに　孫連れで　孫連れで
五月は　菖蒲さすやら　擔端《のきば》の下で
　子供寄りより　花戰さ　はないくさ
六月は　おみや　こめやは　あねさまだぢ
　小袖借しましよが　色小袖　色小袖
七月は　盆菩提の　おめぐち様に
　切子とぼして　面白や　面白や
八月は　花を見て　から　釋迦堂をおどァれ　花は色
　々躑躅に椿
　よれでからまつて　藤の花　藤の花
九月は　稻の刈り初め　刈り初め
　はさに積んだり　におに積んだり　面白や　面白や
十月は　雪を丸めて　おだまと着けで　抱いて寢たと
　は　溶げ溶げとーげで　溶げで流れで　三島へ下《お》
　りで
　三島女郎衆達ァ　化粧の水　化粧の水
十一月は　二十四日の　お太子様に
　小豆粥に　團子入れで　團子入れで
十二月は　年取り祝ひに　餅を搗ぐ
　餅を搗いだら　祝ひましよ　祝ひましよ。

信濃高遠附近の方言　（二）

小松三郎

肯定（承諾）の言葉

ネエ
オオ
アア
ヨシ
ハイ
アイヨ
ヘエ
ン

呼び掛けの言葉

ヤイ（ヤーイ）
オイ（オーイ）
ホイ（ホーイ）
モシ

疑問（きゝ返し）の言葉

ナンダ
ナニ
ナニヨ
オオ
オ（強く）
エエ
エ（強く）
ドオシタ
ナンダツテ
モオイチドイエ
モォイッペンイエ

悪し様に言ふ言葉

クソヤロー（クソツコゾー、クソアマ）

信濃高遠附近の方言（小松）

マグソヤロー
ドナグソヤロー
マヌケヤロー
アホオヤロー
コジキヤロー
チキショウヤロー
ハシタヤロー
ヘビタヤロー
サンモンヤロー
タアケヤロー

夫が妻を呼ぶ言葉

カカア
カカサ
オツカア
オメエ
オマエ
名を呼び棄てにする

妻が夫を呼ぶ言葉

トーツサ
トツサマ
オトツサマ
オトツサン
オメサン
ダンナ
モーシ
アナタ

夫が妻を第三者に言ふ言葉

カカア
カカサ
オツカア
ウチノヤツ
ヤマノカミ
ニヨウボオ
サイ
オカタ

妻が夫を第三者に言ふ言葉

トーツサ
トツサマ

オトツサマ
オトツサン
タク
ウチノヒト
ヤド
シユジン

第三者が夫を指して言ふ言葉

ゴテイシユ
テイシユ
トツサ
トツサマ
ダンナサマ

第三者が妻を指して言ふ言葉

オカツサマ
オカタ
オツカア
カカサ
カカア
サイクン
オクサン

附記

「信濃高遠附近の方言」と題して「民族」第四卷第一號に第一報を載せていたゞきました。これはその後の蒐集によるものであります。讀者は第一報を參照されたい。

歴史と民族學（リヴース）（一）

米林富男

この論稿は歴史に對する民族學の意義、特に最近における斯學發展の重要性を明らかにすることを目的とする。最近十年間に、この二つの學問を極めて密接なる關係に齎さうとする運動が勃興して來たが、今より凡そ二十年乃至三十年以前に民族學界を支配した事情の下では、かうした接近は恐らく不可能であつたと思はれる。この運動は世界大戰のために甚しく阻害されたとはいへ、幸ひに中絶するまでには至らず、大局から見て漸次進捗して來たと見て差支へないであらう。二、三十年以前には、人類學——私は殊更人類學なる名稱を用ひるが——は全然粗笨な進化論的見解に支配されてゐた。人類學者の目的は言語、社會組織、宗敎及び造形藝術の發展が、よつて以て根據とした人類進步の輪廓を、或種の原理または法則によつて鮮明しやうとするにあたつた。それらの學者は地球上における多種多様の民族が、この進化過程の諸段階を代表すると考へ、これらの異れる民族のもつ文化を比較研究することによつて、進化過程を指導し、支配した諸々の法則を設定しうると想像した。たとへば、文化的諸要素の時間的發展順序は何處も同一であり、即ち若しヨーロッパ及びアジアに於いて母系制度が父系制度に先行したとすれば、此の事實は又太洋洲及びアメリカに於いても存在したに相違ない。また若し印度で火葬が土葬よりも後に行はれたとすれば、其れは其の他の凡ゆる土地に於ても同様であると考へられた。此の假說は常に心理學的性質をもつ原因の存在を示さうとする試みに依つて擁護せられ、かくの如き見解に隨へば、父權制度が母權制度より發生し、又土葬が火葬に先行す可き事實を必然的ならしめた或る種の事情は、人間精神の普遍的構造または或る環境的條件の中に存在したか、乃至は人類の社會組織中に繼承せられて來たものと考へられた。且つ人類の原始的分散以後、恐らく人間の諸主要變種は獨立的に進化したために、地球上の大部分は他との交際を斷つに至り、その結果進化過程はそれら各種族の中に獨立的に行はれたと云ふことが斯學の一般的體系における根本命題であつた。若し此れ等の領域に於いて極めて些細な點についですら類似が發見せられ、且つ其れ等の區域が相互に全然障離されてゐた事が想定せられると、斯くの如き類似は人間の精神構造の劃一性に基くものであり、此の劃一性が同一の線に沿ふて作用しつゝ社會組織、宗教、又は物質文化の何れにもあれ同一の產物を製出したものと看做されたのである。

私の關係するかの最近の運動の加盟者達に云はしめるならば、かゝる精神的劃一性並びに秩序正しき繼起を極力支持して、以て其の上に組み立てられた概念體系は凡て一の砂上樓閣に過ぎない。獨立的進化の擁護論者達が考へた樣なかくの如き地球上の地方的孤立は事實上存在せず、それに反して人間は航海の方法により、吾々が想像し得るよりもはるかに長い期間、地球上の何れの部分へなりとも交通し得たと云ふ事が主張されるのである。廣い範圍に亘る文化の類同性が凡てそうとは限らないにしても、主として慣習や制度の類似は地方的條件が特にそれ等のものゝ發展に惠まれて居たある中心點から傳播した結果であると認められる。

（１） 此の論稿はもと一九二〇年、「History」六月號に掲載せられたものを編輯者の親切なる許諾の下に再版したものである。筆者は多少の訂正增補を施した。
（原文は W. H. R. Rivers, History and Ethnology [Helps for students of History, no. 48,] London, 1922 である。——譯者）

歴史的民族學派

若し斯くの如き文化の傳播が存在したとすれば、其の發展過程は古き進化論の擁護者達が想像したよりも遙かに複雜なものでなければならないと云ふ事は明白である。事實其の過程は極めて複雜で、原初的發生地から世界の他の部分に傳播する時、其の儘變化を受けずに殘存する慣習は殆んど無く、反つて或るものは進步の方向へ、他のものは退步の方向へ、又他のあるものは進步とか退步とかの語を以て表現する事の出來ない別の方向へ根本的な修正を受けるのである。我々此の種の運動者は曾つては孤立的種族の間に於ける簡單なる進化過程の產物のやうに想像せられた多くの慣習が、實に其の背後に長い期間の迂豫曲折を經たる歴史を持つものである事を信じて居る。民族學者の最初の仕事は、此の歴史の糸の縺れを解くにあると思ふ故に、我々の學派及び我々の採用する方法に對して我々は「歴史的」なる名稱を撰ぶのである。我々は我々の運動がかの屢々「進化的」と名付けられる古い學派や方法に屬するのではなくて歴史的民族學派に屬するのであり、其の方法もまた歴史的方法であると考へるのである。尤も、こゝに「進化的」なる文字を用ひるのは不適當かも知れぬ。何故なら、歷史的方法の遵奉者は進化を否定するのでもなければ、又それを否定しなければならぬと云ふ必要もないからである。獨乙の歷史學派はかゝる進化に對しては眞向から反對するのであるが、然しこれは英國民族學者の立場とは遙かに距離がある。古い學派に對して我々が挑戰するのは、彼等が非常に複雜な事實を簡單に考へて居り、而して人類または人類文化が辿つて來た無數の個々の道程の相互關係を研究してのみはじめて到達し得る決勝點へ、彼等が近道を通つて入らうとするからである。約言すれば我々は如何にして起つたかを發見し、人類の社會的活動の遵據した道程を決定せる諸法則を樹立せんとする仕事に從事する前に、何が起つたかを決定する事が必要缺く可からざる事であると信じて居る。「何が」と「如何に」との關係は複雜であつて、「如何に」に關しての考察は「何が」起つたかを決定する上に大いに役立つかも知れないが、然し新たなる運動に屬する人達は、先づ過去に於いて地球上の種々の民族に如何なる事が起つたかを發見する事を以て彼らの任務とする。しかしてそうすることは一歩進んで歷史的過程を支配して來た法則、殊に心理學的法則を發見せんとする仕事にとつては必然的に先行す可きものであるが故に、吾々は彼等の方法を歷史的と呼ぶのである。

私は此の論文に於いて、民族學者が其の研究對象とする野蠻民族に、昔如何なる事柄が起つたかを決定す可き手順の種類を述べ、果して彼が自らの方法を歷史の方法として價値あるものと信じて居る事が正しいかどうかの問題を提出して見やうと思ふ。

最初に注意す可きは、原則として民族學者は何等文獻的記錄を有しない民族の過去の歷史を發見しなければならずしかも彼等の云ひ傳へは其の性質上甚しく神秘的なる特色を混合して居ることは明白なので、彼等の歷史性の段階を見分ける爲、或ひは彼等が何等かの歷史的價値を有するや否やを決定する爲には、實に多くの場合に於いて特別の訓練を必要とするといふことである。即ちその土地の傳統が歷史的事實を織込んで居る樣に思はれる處では、其處から誘出された結論が、他の系統の證據に依つて到達された結論と一致すると云ふ事は既に明白となつて居るにしても、然し調査の方法としては先づ、最初に傳統を無視して別の種類の證據の上に豫備的結論の根底を置く方が一層好ましい。故に民族學者の當面の問題は、如何なる種類の文獻的記錄をも持ち合せて居ない、而かも其の云ひ傳へは現在では其れを無視する方が最も安全であると思はれる樣な種類の民族の過去の歷史を發見する事が果して可能であるかどうかに存する。

民族學的分拆法

次に私は問題を解決する上に於いて最も適宜と思はれる一般的方法を簡單[1]に說述しやう。其の主要なる手段は私がかつて他の場所で民族學的分拆法と名付けたもので、潜越乍らメラネジヤ社會史（The History of Melanesian society）と題した拙著の第二[2]卷はこの分拆法の應用の試みである。該書に於いて私はメラネジヤ人の現在の社會文化を構成して居る極めて複雜な慣習や制度の集塊を分析し、それ等を產み出した色々の分脈を分拆す可く努力した。抑々文化は、社會なる織機の竪糸にも比較せらる可き其の土地固有の要素を基調として、それに美事な紋型の付與せられた織物に喩へることが出來る。即ちこの竪糸に異つた時期に多種多樣の橫糸が、移植せられた文化の爲に彩られて織り込まれるのである。緯がはじめて經の中に織り込まれて出來上つた織目では、各々の要素は甚しくその個有の性質を喪失し、かくてそれは特別の分拆的手法を施すのでなければ、これ等の要素を發見することは全く不可能なる織目模樣の一部を形造るのである。其の後に於ける移植文化の影響に依り、紋型は益々複雜となり、それだけ分拆上の困難を加へつゝ新なる緯を其の織物に織り込んで行く。

(1) Rep. Brit. Assoc., Portsmouth (1911), または Nature (1911), vol. lxxxvii, p. 356.

(2) Cambridge, 1914.

メラネジヤ文化の分拆

私はメラネジヤ文化を硏究するに當り、彼地に最初に輸入せられた緯が其の土地の固有の經と共に、一般に二部組織（dual organigation）として知られて居る特殊の社會組織を形成したと信ず可き理由を發見した。此の社會形式に依れば社會は二個の部分に分割され、それ等相互の間では一方の男子は社會慣習の强制により必ず他分の婦人と婚姻せねばならぬ。しかして、二人の間に生れた子供は母方に屬することになつて居る。此の比較的簡單な社會組織に其の後になつて色々違つた複雜な緯が添加され、其れがメラネジヤ社會の顯著なる特色である祕密組織を發生せしめたのである。更に進んで私は其の後このメラネジヤ社會組織に織り込まれた緯として、現在メラネジヤの所々において最もよく見受けられる巨石藝術、トーテミズム、屍體保存（尤もそれ等は明白な形式を持たないにしても今なほ存在して居る）等が附加せられたと信ずるに至つた。次に分拆の結果私が發見したのは、メラネジヤの北部諸地方に首狩りとして知られて居る特殊な戰鬪樣式や發達せる頭骨崇拜、近親婚姻の制限、土盛り住居、板製船舶其の他特殊の藝術・技巧をもたらした一つの緯の存在であつた。なほ其の後死者昇天の思想と結合して火葬の實行、及び鳥類をトーテムとするトーテミズムの形式を導入した違つた緯が入つて來た。かくてメラネジヤ文化構造の複合性に貢献したと思はれる種々の假想的民族に對し適當な名稱を與へねばならぬ必要から、私は彼等の精神活動を刺戟した實體を示すと思はれる二個の標識、または象徴を撰定した。即ちメラネジヤの南部では人々はカヴを食むが(1)、北部ではカヴを飲む代りにベテル(2)混合物を嚙む慣習が行はれて居る。そしてこのカヴの使用は又祕密結社と密接な關係を有するが故に、私はこの物質を以てその社會の建設者の標識と考へ、「カヴ人」なる語を撰んで彼等の名稱とし度い。更に私は北部でもかつてはカヴが用ひられたものが、その中ベテルの愛用に變化したと信ず可き理由を發見した。この慣習は又首狩りを輸入した民族の特徴とも思はれるので、私はメラネジヤ人のこの部分を呼ぶに「ベテル人」なる名稱を撰んだのである。民族學的分拆の結果私はメラネジヤの社會組織に於ける之等二個の主要なる緯を區別することが出來たので、甚しく複雜な樣相を呈して居るメラネジヤ文化の中、特にカヴ人の文化に大なる注目を拂ひつゝ、この兩者の影響に屬す可き諸文化的要素を區別することが私の任務となるに至つた。

（1） 胡椒 (Piper methysticum) の根を煎じたもの。

（2） 棗椰子の實またはベテル胡椒 (Piper betle) の葉または Piper methysticum とライムの實との混合物。

ブリテン諸島による民族學的分拆の説明

私は此の分拆過程の根底に横はる原則を説明するために、我々にとつて親しみのうすい奇矯なるメラネジヤ文化を以てし度くはない。むしろ私は彼等自身の民族史を構成すべき原則を確立する爲に、ヨーロッパへやつて來た一人のメラネジヤ人の經驗を想像して見やう。吾等の大陸に上陸するや否や彼は先づ文學に依る記錄術や印刷術の存在を發見するであらう。然しこれ等の技術は彼にとつては全然未知のものであることを知つて、彼は其れ等のものを無視す可く決心するであらう。更に調査を進めた結果、ヨーロッパの民間傳承は全然之等の技術に依つて決定されない迄も非常な影響を受けたことがわかつたので、そこで彼は過去の歴史に就いて耳に入る凡ゆるものを無視することに決め、全く、言語、社會組織、宗教的信仰、及び儀禮其の他生活の物質的方面を研究して準備せられた客觀的證據の上に根據を求めるであらう。私は一人のメラネジヤ人が吾々の過去の歴史を發見せんと試るに當り、私が彼の民族史を決定する爲に用ひたと全然同一の方針に基き同一の方法を以てし、文字を以て書かれた書類はそれが手寫本であらうと印刷本であらうと、或ひは銅貨碑文であらうとそうした種類のものに依て準備せられた調査資料は一切捨てゝ省ない場合を想像することにしやう。

民族學的分拆原理

この仕事に着手するに先立ち、メラネジヤに於ける私の研究を指導し、又所々に於ける民族學的分析、特にインドネジヤに於けるペリー（W. J. Perry）の事業を指導した二三の原理に就いて述べて置く必要がある。其れ等の原理の中で最初に擧げねばならぬのは共通分布の原理（Principle of common distribution）である。或種の文化要素が互に聯結して數箇の地方に發見された場合、吾々は之を以てそれ等の結合せる慣習制度乃至は物質的事物を唯一の文化に歸す可き根據と認め、若し例へば巨石建築と太陽崇拜との場合のやうに聯結された要素が、相互に何等の必然的關聯をも有しない場合には、吾々は現在の分布地域では無意味なこの關聯も何處かで必然的關聯を以て發生し、それが傳播によつて其の現存地へ到達したものと假定するのである。

第二の原理は有機的結合の原理（Principle of organic connection）である。二個の文化要素が一つの組織體の構成部分をなすまでに相互に密接なる關係のあることが發見された場合には、其れ等の文化要素は同一の文化に屬するものと假定するのである。此の様にして若しも巨石記念碑と太陽崇拜とが祕密結社の祭儀に於ける二つの要素として同時に行はれるといふことが發見されたならば、それは之等の要素が唯一の文化に屬するものであり、而して若しも其の社會に於ける祭儀に用ひる言語の形式が日常生活に用ひる言語の形式とは異つて居るならば、吾々は有機的結合原理が傳播の事實を指示するばかりでなく、かくの如き傳播の起つた中心地點たる右の言語の根源的發生地をも指示する一つの指標であると認める。

第三の原理は第二の原理の特殊的な系に過ぎないが、併し乍ら研究上非常に重要なる價値をもつ故、是に特に一言して置かねばならぬ。私は此の原理を「階級聯合の原理」（Principle of "Class-association"）と呼んで居る。地球上の多くの地方では一つの共同生活體の內部に於けるある社會階級または境域はかつて外部より移住せる民族の子孫を代表するものと信ず可き理由が存在する。ポリネジヤ、メラネジヤ、並びにインドネジヤに於ける人口大衆の大部分は外來者の侵入以前に既に其の他に居住せる民族を代表するに反して支配階級に屬するものが、下部からの移住民族の子孫であることは確かである。そこで若しも或る文化要素が特に一定の階級に聯合して發見された場合、私の所謂階級聯合の原理に從へば、吾々は左の文化要素をその階級を代表する民族に歸しうるのである。かくて、ポリネジヤの一般人が彼等の屍體を胡座の姿勢で埋葬するに拘はらず、其の酋長達は屍體乾燥等の保存法を實行する事實を發見したならば、私は之等二樣の屍體處置法が各々二個の異る民族に屬するものと推定する。更に此の場合私は酋長達の間に行はれる屍體乾燥は後期の社會慣習で、胡座の姿勢で埋葬する慣習の方が、それ以前既に存在してゐたであらうと推測するのである。ペリー氏は此の原理が又インドネジヤに於いても適用されうることを發見した。即ち其處では酋長等の間に行はれる石材の文化用使用と太陽崇拜との聯合は、これ等二つの文化要素が唯一の民族によつて導入されたものであると云ふ所謂共通的分布原理を論證するに大いに有力なものであらねばならぬ。以上三原理の中の只一つだけで孤立的に說明された結果は或ひは例外的結論たるの誤りを免れないかも知れないが、之等三原理凡てが同一の結論に導く場合には聯合せる文化諸要素が、唯一の民族に依り導入せられたものである事を滿腔の確信を以て斷言し得るのである。

さて私は嚮きのメラネジヤ人が之等の諸原理を體得してヨーロッパに上陸し、彼の仕事に着手したと假定する。其の際彼は自分がメラネジヤで用ひて居た發音組織で彼の訪れた總ての國民の言語の種類を類別蒐集する事に多大の時間を費すと同時に、其の社會組織、宗教、藝術、技術等に對する一般的概觀を試るであらうが、然し手書乃至は印刷による書類から得られる觀念の誘惑に對しては彼は飽く迄之を警戒して、其れ等總てを無視するであらう。彼は直ちに彼自身の文化並びに其の周圍民族の文化を研究せる場合よりもはるかに困難なる仕事に從事して居る事を發見するに違ひない。此の困難のよつて來る主要なる原因はヨーロッパに於ける信仰や慣習が、彼の用ひんとする分拆法の案出せられた群島地方に於けるよりもはるかに劃一性を有するが爲である。此の偉大なる劃一性はどこから起るかと云へば彼が現在取り扱つて居る研究對象が、文化の傳播並びにそれらの傳播・移住等に附隨して起る些細なる運動それはメラネジヤにおいては偶然にしか起らない——が極めて容易に生起しうる一個の大陸であるからである。それ故に彼は彼の用意せる諸原理を適用して大なる成果を獲得しうるやうな地方を探索した結果、豫め彼が大陸でなした豫備的概觀により民族學的分析法をブリテン諸島に適用するのが最も適當であると信じて、ヨーロッパ大陸の西端に位する二個の孤島並びにそれを圍繞する數個の小さな島嶼を撰擇する。彼が專心研究に着手するに當り先づ彼はその撰擇せる土地の地理的諸關係をあらまし觀察するであらう。しかして外部から侵入した影響らしく思はれる傾向の數が極めて僅少であることに注目するであらう。外來文化が大西洋を横斷してブリテンに到達したと云ふ事實がたとひ可能であるにしても、彼は恐らく此の種の影響が最近に屬し、何等重要性を持つものでないと斷定するであらう。しかして彼は北海並びに英佛海峽を以て二個の主要なる通路と認めるであらう。何れにせよ彼は舟乘達がヨトロッパの西海岸に漂着した場合、アイルランド乃至はイングランドの西部に上陸するか、或はコーンウォール乃至はウエールズに達し乍らも、なほその海岸線に沿ふて航海を續けつゝ北方遙かにヒブリデス島またはオークニー、シエトランド諸島へと渡り行く可能性に着目するであらう。

かうした豫備的概觀を試みた結果、彼は自國の民族學的分拆を行ふ際に最もいゝ手懸りとなつた社會組織もこゝではひどく劃一的なことがわかつて失望せざるを得ないであらう。其の結果彼は先づ最初に注意すべきものとして言語を撰ぶべく決心するであらう。

（I） The Megalithic Culture of Indonesia; Manchester, 1918.

言語の分拆

最初一瞥したところでは唯一の言語が非常なる劃一性を以て支配階級間に普及されて居るに反し、被支配階級特に農民階級間に行渡れる言語にはひどく方言的變化が認められることに氣付くに違ひない。そして島の西部及び北部ではブリタニヤ以外の歐洲大陸で彼が當面した何れの言語と比べても全然異つた別種の言語が話されて居ることを發見するであらう。尤も二三の點で大陸の言語のあるものに多少類似する節もないではないが、かゝる全く例外的な言語形式の發見されるのは主としてスコットランドの山岳地方とアイルランド及びウエールズであることを知る。一方コーンウォールの處々に見出される地名から推察して、此の種の言語を話した民族が大英帝國の僻邊の地にまで非常に偉大なる影響を與へたことを認めうるのである。偶々彼は幸運にも一人の老人に出會ひ、しかもその老人はかつて少年時代に、コーン語（Cornish language）を話す唯一の殘存者が未だペンザンス（Penzance）の墓地に葬られない以前に、彼と直接對話した經驗を持つてゐたかも知れない、といふことは事實ありえないことではない。

彼はより教養のある人達によつてケルト語（Celtic）と呼稱されてゐるこれらの言語が明らかに二個の部類に區別しえられることに氣付くであらう。殊に彼はメラネジヤにおいて、最も重要なる言語的特徴の一つとして既に熟知してゐる「P」と「Q」との相互的轉換が、それらの言語の中に歴然たる證跡を示してゐることに興味を抱くであらう。(1) 彼はこの規準を熟知してゐたために、ケルト語におけるこれらの二個の分枝を相異る源泉に歸し、彼はこれらの源泉にそれぞれ「P」民族及び「Q」民族なる名稱を與へるであらう。地理的に見てこれらの言語が民族移動の主要方向から最も距たれる地方に存在してゐるといふことから彼はP民族及びQ民族が大ブリテンの西部並びに北部の山岳地方、及びアイルランドの避邊の地方においてのみ、自己の言語を保存し得たところの初期の居住民を代表するものである、といふ見解に到達するであらう。かくの如き分布狀態から見て彼はケルト語族が、英國史の初期に屬するものであり、しかしてそれは初期の移佐者の言語または原住民の言語を代表するものである、といふ一個の嚮導假說を樹立するに至るであらう。なほ、これらの語族に二個の明瞭なる分枝が存在するのであるが、彼はそれらの中でも前者により大なる關心を持つであらう。

更に、一層廣く傳播されたる言語に彼の注意を傾倒した結果、彼はそれが極めて複雜なる性質を有し、一つはフランス語及び一層よく檢討するならばスペイン語、ポルトガル語、イタリヤ語、ロシヤ語等に類似してゐる要素と、他はオランダ語、スカンヂナビヤ語、ドイツ語等に緊密なる類似を示してゐる要素との二個の主要構成要素に分拆しうることを發見するであらう。そこで彼は階級聯合の原理を適用して、支配階級の言語が特にこの複雜性を示すに拘はらず、被支配的農民の方言には殆んどフランスから輸入されたらしい特徴はなく、彼等の語彙も亦恐らく北海を渡つて來たであらうと推定せられる種類の語から主として成立してゐるといふことを發見するであらう。スコツトランドの東部地方及びオークニー（Arkney）、シェトランド島（shetland）においては、彼は特にスカンヂナビヤとの密接なる關係を見出すであらうけれども、しかしスコツトランドの到るところにおいて、たとへば「カレーフ」（“ar-afe”）の如き特種の物體に對しては、フランス語に非常に類似してゐるために、それらの言葉が、英國の主要言語にフランス語的特徴を賦與した影響とは全然異る種類の、しかもそれとは恐らく時間的に後れて生じたある種のフランス語の影響から發生したとしか信ぜられないのに當惑するであらう。そこで彼は彼の階級原理をメラネジヤにおけると同樣の方法で適用し、その結果彼は英語が分析されうる二個の要素のうち、フランス語に類似するものは特に支配階級の言語に甚しいので、この種の要素はより新しく、も一つの要素はより古いといふ事を發見するであらう。（未完）

（1）R. H. Codrington, The Melanesian Languages, Oxford, 1885. Cf. W. H. R. Rivers, The History of Melanesian Society, vol. ii, P. 470.

學會消息

○三田地人會例會 は慶大内萬來舍第一洋間に於て十月十四日午後二時半より開會され、左記の講演があつた。

讃岐國伊吹島の風俗　横田　實氏

信州惡食考　有賀乔雄氏

○パリ、ギメ博物館長ジュゼッフ・アッカン博士は日佛會館に於て十一月十五日より、十二月十一日、同廿日、明年一月卅一日、二月三日、二月七日の六日間にわたり、毎夕五時よりアフガニスタンに於けるフランスの考古學的調査事業の經過一般を話される筈である。幻燈を使用され、それによつてハッダ、パミヤン・カピサバルク、ドクタール・イ・ノシルヴーン・カシミール、フユザ、シナトルキスタンに於ける色々の遺蹟研究の事情が明かにされ、フーシエ、ゴタール、バルトー、アッカン、カール等の諸氏の勞苦が物語られるといふことである。聽講者の多數來會を希望するといふ。

○東洋文庫第十九回東洋學講座 が十一月十七日より、十二月八日まで、四回にわたり、毎週木曜日午後六時より開講され、石田幹之助氏の「蒙古史上に於ける最近の諸發見」と題する連續講演がある筈である。

○大正大學史學會大會講演會 は十一月十九日同大學講堂に於て開かれ出石誠彦氏の支那の上代に於ける世界を負へる龜に對する神話についての講演と、鳥羽正雄氏の日本城郭に關する講演とがあり、別室に於て鳥羽氏の盡力によつて同氏の苦心の蒐集に係る城郭に關する資料の展覽會がある筈である。

○東京大藏會 の十八回例會は廿日午前十時より、青山南町六丁目根津嘉一郎氏邸に於て開かれ、同氏所藏の六朝、隋、唐及天平の古寫經數十卷、及鎌倉時代の佛教美術品の展觀があり、午後一時より、石田茂作氏の「奈良朝の寫經について」小野玄妙博士の「鎌倉時代の佛教美術について」といふ講演がある筈。

○"Essaí de Folklore Bibliqu." "Les Contes de Perrault" 其外數多の名著を有し、フランスに於ける說話の祭儀說派の學者として知られて居るパリの Ecole D' Anthropologie のサンチーヴ氏 P. Saintyves) が中心となつてフランス並にフランス殖民地民俗學協會 (Socété du Folklore Francais et du Folklore Colonial) が結成せられ、機關誌として Revue du Folklore Francais et du Folklore Colonial が發行されることになつたが、その本年の一月二月號には

A. Demont, Le Sainte Cathrine et la Saint-Nicolas en Artois.

T. H. P. Mirabeau, Cagots des Pyrénées et Nudejures D' Espagne.

の二論文の外、フランスの民俗博物館についての記事、資料報告、新刊紹介、同會の例會記事等を收めて居る。頁約四八頁。

○國學院大學鄕土研究會大會公開講演會 は十二月三日同大學講堂に於て開催され、折口信夫、宮地直一兩氏の諏訪の御柱の祭りに關する講演と本年の御柱祭りの際に撮影されたフイルムが映寫がある筈である。

○民俗藝術五ノ六

相州津久井郡の道祖神と庚申塔　鈴木　重光

民俗美術工藝展覽會概評　森口　多里

今年の盆踊

幸若舞・五穀祭・田樂　藤田德太郎

紀州伊都郡花園村の佛の舞　長岡　我羊

豐玉姬物語　本田　安次

『熊野四村のなぎなた踊り』に就て　神田　海夫

○旅と傳說五ノ十(目次拔抄)

佐渡一巡記　柳田　國男

利島・新島　本山　桂川

學會消息

播州室津遊記　河本正義
鯨の話　雜賀貞次郎
盆日記　中市謙三
石州のトロヘーと賽神祭　千代延尙壽
伊勢三郎義盛の舊跡　多田文秋
お清牡丹の話　岩崎清美
猿今昔　鰭　廣彦

○南島談話
石の命やおやせ（オモロ）　伊波普猷
琉球關係記事目錄（明治年間）　金城朝水
沖縄俚諺集釋　金城朝水

○中國民俗研究一ノ二
ドウマン考　桂　又三郎
粥釣行事　今村勝彦
岡山縣海上語彙　桂　又三郎
岡山縣動植物方言集　桂　又三郎
瀬戸内海方言集　桂　又三郎
民謠　大森　毅
岡山縣郷土玩具圖語　桂　又三郎
小田郡大共村の年中行事　嶋村知章
久米郡加美村風俗資料　池上五郎
邑久郡土俗資料　時實默水
苫田郡土俗資斜　御船恭平
生殖器神巡禮　山本榮一

○土の色九ノ五　方言特輯號その三
遠州の方言地域　佐々木清治

○土の香七ノ六　秋季特輯號
全國竈馬方言集　佐藤清明
言葉の採集　山本靖民
死者の爲めに亡女なして合葬する風習　宮本勢助
方言些事　能田太郎
灰塚の狐　中道　等
文例方言譯—與格と對格—
爐邊夜話其ノ一　谷川三郎
漁夫の話　森田道雄
内鮮のよく似た俚諺　鳥畑隆治
放屁者檢擧法の歌　村田錦城
多摩の俚俗
特殊の接續助詞　永田吉太郎
河太郎の話　鷲見登位置

○同八ノ一
「ヒルマモチ」の傳説に就て　德政金吾
靜岡縣片足飛方言　内山武志
郷土眞菅の性關係の奇習に就て　崎山卯左衛門
多摩の俚俗　村田鈴城
MENiO の中から　鈴木重光
津輕地方のアクセント　北山長雄
加古川のアクセント　玉岡松一郎
八プニ付テ　光島呉城
愛香硯滴　諸家

方言讀本

○安藝國二ノ一
安藝國昔話集其一　磯貝　勇編

○怒佐布玖呂第五、六袋
土俗としての祇園祭　重森三玲
豐橋の祇園祭の饅頭食ひ　光島呉城
おかげ參りと芝居　藪　重孝
削掛神事考（一）　市場直次郎
民族斷片べかかう　山田弘通
太文字異見　今井啓一
京都の俗傳　藪田嘉一郎
削掛考　市場直　郎
研究に付ての希望　村岡　力
常識的に考へた中祭の起原　村岡　力
疣水の傳説　櫻井忠雄
子供の方言比較　光島呉城
民間信仰ノ一〇　今井啓一

○奥南新報
仙臺の瓢子　佐々木喜善
俗言一束　夏堀謹二郎
熊右衛門の繪馬　小井川潤次郎
村の話（八四—八六）
「岩淵かん子」　若狹　トヨ
神に佛達（一）（二）　夏堀謹二郎
こはまなすの分布　小井川潤次郎
うせて行く中野の傳説　桃　華

おむらつ濱　戀川なぎさ
明神乞食の話　小笠原梅軒
おしらさまの話　小井川潤次郎

○和泉民俗資料　第一輯
足袋乃起り　藤原忠夫　宮本常一
泉北郡南池　村の淨福寺の所傳として傳へられてゐる光明皇后の傳説の採訪錄。特に其中の一なる光明皇后の異常出生譚と足袋の起りとを物語る傳説の名を借りて題名としたもの非賣品謄寫版刷、半紙十三枚。大阪府東北郡南池田村大字萬町三七藤原方。和泉座談會發行。

○國學院大學方言研究會雜誌　方言誌第四輯
鳥取縣岩見郡岩井町方言集　岩本彌三郎
鳥取縣氣高郡大和村方言集　近藤喜博

○仙臺鄉土研究二ノ一〇
御國淨瑠璃に現はれた新題の樣式　小倉博

民俗學四ノ八「朝鮮の民俗劇」正誤

頁	行目	字目	誤	正
九	一〇	九	變	燮
同	一四	二	變	燮
一〇	九	二〇	쭉	쮹
一一	八	三	담	당
同	同	六	갈	걸
同	同	七	님	닙
同	一六	三四	相	湘
一三	五	二二	スチ	スクチ
同	一〇	一九	スチ	スクチ
同	一五	三	佛	儒
同	同	二七	スチ	スクチ
一四	一二	下から七	擇	操
一五	一二		Sande-tokan	Sande-tokan
一五	一四		오팜댜	오팡대
一六	一五	四二	揚	楊
一七	一〇		二寺	二寸
同	一四		小知堂	小社堂
二〇	一五		妙山面班浦里	德谷面栗旨里
同	同	下から六字目三字	班浦里	栗旨里
同	一六		金應六	金應云
同	同		班浦里	栗旨里
二二	一八		牧陰	牧隱
二三	一一		能知	能和
同	一一		佛教道史	佛教通史

○防長史學三ノ一
加茂神社神樂十二の舞記事　松田稔
佐々並村俗信集　藤井韻輔
防長方言調查表(四)

○兵庫縣民俗資料五輯
民譚の或る考祭　栗山一夫
年中行事參考資料解題　菅竹浦
死人を屋根にて呼ぶこと　川島禾舟
笑止の意義　同
馬鹿音頭　谷川良顧
北攝鈴蘭基盆見物記　太田陸郎

日本考古學界の福音

オスカル・モンテリウス著

考古學研究法

京都帝國大學教授 文學博士

濱田耕作譯

著者序の一節

「考古學の研究法を論述した書物の極めて少ない中に於いて、瑞典の碩學オスカル・モンテリウス博士の『古代文化諸時代』の第一册に述べられた研究法、特に型式學的方法論ほど、精しく且つ親切なものは、同書の出版以來三十年、博士の歿後十年に垂んとする今日に於いても、なほ殆んど見當らぬ樣に思ふ。私自身が考古學々徒としての生涯中、從つて此の書ほど深く且つ強く私の學問に影響したものも、他に多く其の例がない…………。

モンテリウス博士の此の書は、永久に其の價値を失はず、其の學界に於ける功績は、博士の歿後益々大なる活動を續けつゝある瑞典の考古學界と共に、誰人も之を認めずには措かれないであらう。

私は斯の如き權威ある、學界に記念す可き名著を譯述して、日本の學界に提供したいと思ふこと久しかつたが、今度幸に友人文學士福原兼俊君の力を得て、之を出版するの機會を得るに至つたのは、私の深く喜びとする所である。而して私は考古學の研究に携はる我國青年學徒が、モンテリウス氏の此の方法論は、決して机上の空論ではなく、氏の全生涯に於ける研究の自然的結論であると云ふ點に思を寄せ、深く學ぶ所ある可きことを希望して已まない。……」

目次（原著にはなし）

最新刊

菊判約二百頁挿圖一二八五 寫眞一 上製本

價一圓八十錢 送二十一錢

岡書院

東京市神田區北甲賀町四

電話神田二七七五番

振替東京六七一九番

○寄稿のお願ひ

○種目略記　民俗學に關係のある題目を取扱つたものなら何んでもよいのです。長さも御自由です。

(1)論文。民俗學に關する比較研究的なもの、理論的なもの、方法論的なもの。

(2)民間傳承に關聯した、又は未開民族の傳說、呪文、歌曲、方言、謎諺、年中行事、生活樣式、習慣法、民間藝術、造形物等の記錄。

(3)民間採集旅行記、挿話。

(4)民俗に關する質問。

(5)各地方の民俗研究に關係ある集會及び出版物の記事又は豫告。

○規略

(1)原稿には必ず住所氏名を明記して下さい。

(2)原稿掲載に關することは一切編輯者にお任かせ下さい。

(3)締切は毎月二十日です。

編輯後記

民俗學講演大會の豫告を載せるために發行日が少し遲れました。

京都帝國大學教授新村先生が學士院會議のため御上京の折御多忙な時間をさいて特に民俗學會のために御講演下さることになりました。先生の御好意を厚く御禮申上げます。金田一先生は樺太アイヌのユーカラと北海道アイヌのユーカラとの比較研究を御發表になります。當日都合によりましてはアイヌを一人會場に伴はれて皆樣の前で唄はせられるかも知れません。

多數おさそひあはして御來聽下さい。

△原稿、寄贈及交換雜誌類の御送附、入會退會の御申込會費の御拂込、等は總て左記學會宛に御願ひしたし。

△會費の御拂込には振替口座を御利用ありたし。

△會員御轉居の節は新舊御住所を御通知相成たし。

△御照會は通信料御添付ありたし。

△領收證の御請求に對しても同樣の事。

昭和七年十一月一日印刷
昭和七年十一月十日發行

定價金六拾錢

編輯兼發行者　小山榮三
東京市神田區表猿樂町二番地
印刷者　中村修二
東京市神田區表猿樂町二番地
印刷所　株式會社 開明堂支店

東京市神田區北甲賀町四番地
發行所　民俗學會
振替東京七二九九〇番
電話神田二七七五番

東京市神田區北甲賀町四番地
取扱所　岡書院
振替東京六七六一九番

昭和五年十二月五日第三種郵便物認可（每月一回十日發行）

MINZOKUGAKU

OR

THE JAPANESE JOURNAL OF FOLKLORE & ETHNOLOGY

Vol. IV November 1932 No. 11

CONTENTS

PUBLISHED MONTHLY BY

MINZOKU-GAKKAI

4, Kita-Kōga-chō, Kanda, Tokyo, Japan.

民俗學

民俗學

第四卷 第十二號

昭和七年十二月

民俗學會

目次

餘り茶を飮んで孕んだ話と手孕村の故事

南方熊楠

昭和五年三月の「赤本屋」二號六―八頁に拙文「餘り茶を呑で孕んだ事」が出た。今年二月出「俚俗と民譚」一卷二號二八頁に、糊付五郎君は、件の拙文を抄して、自説然と書たで無らうかと疑はるゝ程、酷似た物を出された。拙文は近頃訂正した所あり、大分追加もしたから、再び出そうと思へど、「赤本屋」が今も續きおるか否を知ず。由て本誌に寄て掲載を冀がふ。蓋し他人の物を盜むに非ず。自ら書た物を自ら披露するを、誰一人咎めないだらう。〔　〕に入れたは增補と追加の分である。

誹風柳多留三〔其から川柳本摘花三〕に「茶の泡のためしもあると和尚ぬけ」とある句は、何の意味共判らぬ由、大曲〔省三〕君は言れた。此事は、大正十三年八月某日出た「日本及日本人」八六七號の、何頁かに辯じた事あるが、只今大長持の卵巣底とも云べき、奥深い處に押こみおるから、寒さで腰の弱つた身の、容易に拔出す能はず。且つ其拙文は、ただ俗説の變化を示すに止まり、件の川柳の由來する處を明言せなんだと覺ゆれば、當時川柳すき諸君の目に留まらなんだと察する。因て爰に記憶をたどつて、一寸調べ上て再び書出す。

享保八年より同十九年迄掛つてできた、寒川辰淸の近江輿地誌畧五九に云く、泡子地藏堂は、蒲生郡西生來《あれい》村にあり、石佛の地藏を安置す、土俗相傳ふ、往古此地に村井藤竹と云者あり、妹一人あり、往還に茶店を出し旅人を憩息せしむ、或日一僧あり、此處に來り茶店に憩ひしに、彼妹旅僧に深く戀慕の情を動かし、旅僧の呑餘せし茶を呑しに、忽ち孕める事有て、十月にして男子を產す、三年の後、彼女件の子を懷き、川にて大根を洗ふ（今の大根洗川と云は其故也）旅僧あ

餘り茶を飮で孕んだ話と手孕村の故事（南方）

2 り、彼川の邊に立ち留て曰く、嗚呼不思議なる哉、此子の泣聲經文也と、彼女是を顧みるに、三年以前戀慕せし處の旅僧也、女其故を僧に語る、僧奇なりとして其子を吹くに、則ち泡となつて消失ひ、然して曰く、此西あれ井と云所の池中に貴き地藏あり、彼子が菩提の爲に建べしと、水をかゆるに果して石佛の地藏あり、之を安置す、今の地藏是なり、件の僧は弘法大師也、夫よりしてあれ井の文字を改めて生來とかく、今の西生來村是也と云々。同書七八に、坂田郡醒井村の三水四石と稱する內、西行水は、西行關東下向の時、此水邊の茶屋に休息するを「そこなる女懸想して、茶椀の中の殘りを呑で孕める子、空しく消し謂れに、淡子の墓といふあり、此水の流れ也云々。」越中舊事記下、子撫川の條にも、弘法大師呑餘しの茶を呑だ娘が生だ子を、大師が撫ると泡の如く觧け去たてふ傳說を載せ、衣を浣ふ女が、そこえ流れ來つた矢に感じて、加茂明神別雷命を產だ談を引合せある。捜したら近江と越中の外にも、同樣の談が處々にあるで有う。是等の談に據て、和尙の子を女が孕んでも悉く和尙の胤と限らない、茶の殘りを呑で孕んだ例さえあると、和尙が强辯する體を、件の川柳に作つたのである。〔印度のホス人の傳說に、ラーバン王が口を洗ふた水を魚が呑で、人の子を二人生だと、一九〇九年板、ボムパスのサルタル、パルガナ人之俗傳四七二頁にみえるがよく似ておる〕。

是等の談の根本らしいのが晉の于寶の捜神記に出で、增訂漢魏叢書本にはなくて、太平廣記三五九に引れある。云く、零陵の太守（名を闕く）女あり、書吏を悅ぶ、乃ち密かに侍婢をして、吏の盥の殘水を取しめて飮み、遂に孕むあり、十月にして一子を生む、晬（滿一年）に及び、太守抱いて門を出しむるに、兒匍匐して吏の懷に入る、吏之を推すに、地に仆れ化して水となる、之を窮問して前事を省す、太守遂に女を以て其吏に妻はすと〔玉芝堂談薈一四に引た捜神記には、漢陽郡太守史滿有二一女一と其名を出す。古今圖書集成、家範典五六には括異志より、零陵太守有レ女、悅二父書吏一、無レ由レ得レ偶、使三婢取二書吏所レ飮餘水一飮レ之有レ娠、生二一男一數歲、太守莫レ知三其所二從來一、一日使三男求二其父一、兒直入二書吏幄中一、化爲レ水、父大驚問二其女一、始言二其故一、遂以レ女妻レ之と引き、手か足、若くは三本めの足を洗ふた盥水を飮だと云よりも、見初た男の飮み餘しを呑み孕んだとした丈、近江越中の譚に近い（談薈には手を洗ふた盥水とある）括異志の全本を予は見た事なし。自分現に藏する民國張宗祥の据明抄本、說郛四四には、宋の張思政の括異志二十卷とあれど、僅かにその七條を抄せるに止まり、盥の餘り水を飲で孕んだ話を載せず。古今圖書集成、經籍典五〇〇に擧た說郛百廿卷本の目錄には、張師正の括異志外に魯應龍の括異志あり。四庫全書總目一四四によれば、張師正の括異志十卷、一に魏泰の作ともいふ。倶に北宋熙寧中の人。魯應龍は其より約七十年の後ち、南宋の淳祐年間、閒牕括異志一卷を著はしたのだ。蓋し張氏の著に倣ふて作つた者だろう。孰れに致せ、括異志は捜神記よりは、少なくとも九百餘年後に成た者。だからこの餘水を飲で孕んだ譚も、初めは手足若くは三本めの足を洗ふた盥の水を飲だと有たのを、後世飲み餘しの水を飲で孕んだと改修したとみえ、弘法大師の飲み殘した茶を飲で孕んだてふ本邦の俚譚は、捜神記よりも專ら括異志の譚に基づいたと判る。情史九には、男が手を洗ふた水を飲だ女が、子の代りに淸水を產だと作り替えおる。」

和漢の外に、全たく是等と符合せる談の有無を斷定するは六かしい。だが多少似た奴はザラにある。座右の書共から見當るに任せて若干を列ねよう。愛爾蘭の古傳に、レインスターの王女クレッドが、茱葉に落掛つた强盜フィンダクの精を食ひ、不死の人ボェチンを產だといひ、或る回敎派の說に、アダム樂土に生れた時、咳《せい》て落した唾を、上帝が天使ガブリエルして拾ふて、聖母マリアの卵巢に納めしめ、以て基督を孕ましめたと說き、印度敎では女精ムラムロチャの汗が集まつて鱸女、マヽリシャーに成たと述ぶ。佛典には、聖遊居山の仙人が、衣や汗を洗ふた垢水を、牝鹿が呑だ口で其小便處を舐り、孕んで美女を生み、百巖山の牝鹿も、仙人の不淨が雜つた尿を飲み、其舌で自分の產道を舐り、受胎して鹿斑童子を產だといふ。出羽の口碑に、小野良實が、美婦に化た牝鹿を孕ませ、小町を生だとあるは、是等を作り替た者か。〔蓋し本邦でも初めは經說丸受け賣りで、和泉の智海上人の尿を牝鹿が嘗て、光明皇后を產だ抔作つたが、追ひ〳〵懷疑者が多く成たので、時代相應に、牝鹿が美婦に化て、良實に通ひ、小便抔嘗めず、本當に取組で小町を孕んだとしたのだ〕

（一九〇九年板、ハートランドの父格論、一卷一二頁。一八一一年パリ新板、シャーダンの波斯記行、九卷一二三頁。一九一三年三板、キルキンスの印度神誌三九一頁。大方便佛報恩經三。雜寶藏經一。摩訶僧祇律一。白井眞澄の齶田の假寐二。〔石橋直之の泉州志三〕。

大明三藏法數三〇に、七種受胎、乃ち子を孕む方便七を説く。其第二なる取衣受胎と云は、佛弟子優陀夷の如き、妻と共に出家し、分別已に久し、優陀夷往て妻の邊に至るに兩情慾愛止まず、各相發問し、慾精衣を汚す、妻の尼此衣を得て後ち〔衣を汚せる男精を舐り〕即ち懷胎すとある。〔根本説一切有部毘柰耶一八には、彼の尼欲心亂故、取二精一渧一置二於口中一復取二一滴一投二女根內一とあれば、受胎も實際あり得た筈だ（一九三〇年板、メヤーの古印度性生活、一卷三四頁、注一參照）。釋法琳の辯正論七に、人根生レ溺、々出レ精也。大毘婆沙論一七二に、胎兒は母胎臟中、稟二諸不淨一而爲二身分一生熟二臟中間住。田圃の植物が糞尿を得て成長する如く、母體内の糞尿や月水で、胎兒が育つと考えたのだ（寶行王正論、安樂解脱品第一參照）。文化に誇つた古支那印度の碩學すら、こんな事を眞面目で信じ述た。誠に抱腹の至りと云ばいふ物の、近世博識で聞えた高田與清の松屋筆記九三に、祕處の諸稱を論じた中に、催馬樂歌に見ゆる「ヒノナカノヒヅキメは吉舌にて、玉門の佐繭とも、又は子壺とも云ふ物の異名也」と斷じ、吉舌と子宮を混同しおり、二三年前のネイチュールに、英國人の性智識に乏しい事を論じた中に、今も有名な學者で、女人が男子に會ふて、男子同樣情至るといふ事ありと、更に知らぬが多いと歎じ有た。これでは今の所謂開化人が支那や印度の舊説を嘲けるは、五十歩を以て百歩を笑ふのだ。去ばバガンダ女人が、子を授からん迚ムバレ神に詣で、物を獻ずるを、祝が受て彼女を神洞に導き、子を望む由を啓すると、洞内に群れ住む蝙蝠か糞を垂れる、それが彼女にかゝれば屹度子を孕むと信じたのも（一九一一年板、ロスコーのゼ、バガンダ、三一六頁）、人の小便が精液となり、精液が人となるてふ辯正論の見解と同じく、神が蝙蝠に寄托して、垂れ玉ふた大便中に神の精液有り、それが女の身に觸れさえすれば子を孕むとしたのだ。男の身體の一部分や、曾てそれに觸た物や、其より出た物が、女身の（產門以外の）一部分にふれて子を孕ませた例は、前引ハートランドの著書初章に多く出おり、日本紀一四にも、物部目大連が、臣聞く、孕み易い女は、褌を以て其體に觸ても、便ち娠むと言たとある。だから男の飲み餘しを呑で孕む位は、お茶の子サイ〳〵、上古來本邦に行なはれた俗信だつたらう。〕

〔南洋のトロブリアンド島人は、男女交會や男女の精液てふ件は、人間生殖に何の關係なく、處女膜が一たび破れさえすれば、祖神が子を其女人に授けて、其子宮に納め孕ましむ、故に必ずしも交會を須たず、雨でも石鍾乳滴でも、以て陰膣を開通するてふ一事のみが懷妊の必要條件だと信ず。早年より男子に會ふ事無數乍ら、一度も孕まぬ女多く、扨いかに子が胎内に入んとあせつても、明ずの門を、何物かよく入り得んやとの論據だそうな。之に反し佛說には、人間生殖に男女の精の必要を認めるが、膣道以外に胎兒が母體に入る道なしとする。其見件の島人に同じ。云く、中有入レ胎、必從二生門一、是所レ愛故、昔し唐の幽州の戒壇長の老僧、八十歲近きが、俗家え行く毎に、其衰老を以て、小間使ひして扶持せしめた處ろ、遂に小間使ひを犯し、還俗を要し、其女を妻つて曰く、平生謂はざりき此歡暢あるを、之を知るの晚きを悔ゆと、軍府恠んで之を笑ふたといふが、佛說からいへば、笑ふ方が大きな不料簡で、人每に生れぬ內から、彼の生門を愛し、之より入て胎兒となり、之より出て人間と成たのだ。去ば佛在世に、舍衞國有二比丘尼母子一、夏安居、母子數々相見、既數相見、俱生二欲心一、母語レ兒言、汝從レ此出、今還入レ此、可レ得レ無レ犯、比丘即如レ言行婬。未生前に愛して入た門を忘れず、勸誘されて忽ち想ひ出し、復た入たのだ。とこんな事を述べおると際限がないから中止して、本文え戻る。問菩薩中有、何處入レ胎、答從二右脇一入、正知レ入レ胎、於レ母母想、無二好愛一故、復有二說者一、從二生門一入、諸卵胎生、法應レ爾故、問輪王獨覺先中住、何處入レ胎、答從二右脇一入、正知レ入レ胎、於レ母母想、無二婬愛一故、道敎徒が、老子生るゝ時、母の左腋を刳て出づ、或は云く、其母夫なしと云は、この佛說を摸したとみえる。其から有二餘師一說、菩薩福智極增上故、將レ入レ胎時、無二顚倒想一不レ起二婬愛一、輪王獨覺、雖レ有二福智一、非二極增上一、將レ入レ胎時、雖レ無二倒想一、亦起二婬愛一、故入レ胎住、必從二生門一入也。天主敎諸大德が、上帝基督を聖母の子宮に納るに、生門よりしたと說くを憚かり、耳や臍より納れたといひ、甚しきは、天使が聖母の裳を披ひて、聖子を子宮に吹込だてふ囘徒說さえある。ザツト予輩の幼時、紀三井寺や和歌浦の、開帳や祭禮を宛込み、年增女を盛裝して、裳を褰げて腰掛けしめ、奇態な奏樂中に、火吹竹で其廣前を吹しめ、笑ふた者に錢を拂はせ、笑はなんだ者に果子抔賞與し、その見世物をアテ、ンカヌフケ〱ドン〱と呼だに似ておる。希臘羅馬の古敎滅びたといへどその美術品は今に殘り、聖母を畫くに、古婬女神ヴヰナスの容を摸せる者少なからず。中には殆んど全身を露はし神子を受胎するとて、瞑目靜息、魂消え魄散するの樣子、見る者爲めに氣が遠くなる者を屢ば目擊した。といふと讀者諸彥は、そいつは堪らないね、願くは其委細を聽んと、漢文が賈誼に鬼神の本を問た如く、無上に席を前むるだろうが、そこいらは他日に讓ると致し、佛徒も亦天主徒と等しく、其開祖が生門から入胎したといふを忌み、いとかしこまつて、菩薩淨行、於二三千世界一、最尊最勝、不下因二女根一住上、不下因二女根一出上といひ、菩薩曾て阿私陀仙が、自分一子を生ば滯りなく出家し得と言たと聞たから、鼈色無比の耶輸陀羅を娶るも交會せず、右手で妃の腹を指し娠ましめて安心させ、扨一同の油斷に乘じ、夜中に宮門を脫出した、乃ち佛子羅睺羅も交會に由ずして孕まれたとしたのだ。但し在世を去る事、諸他の經文程遠からぬ物に、爾時菩薩在二於宮內嬉遊之處一、私自念言、我今有二三夫人及六萬婇女一、若不下與レ其爲二俗樂上者、恐諸外人云、我不二是丈夫一、我今當下與二耶輸陀羅一共爲中娛樂上、其耶輸陀羅、因即爲レ娠、旣懷娠已、生二恩念一曰、我於二明旦一、報二菩薩一知、爾時菩薩、於二其日夜中一、約綠生理、而說レ頌曰、所下共二婦人一同居宿上、此是末後同宿時、我今從レ此更不レ然、永離二女人同眠宿一、扨宮中より脫出したとある。是が正銘の本說實事で、終り初物、一番きりで見切つたは、飯豐皇女や辨慶よりも、適かの昔しに佛が先蹤を示したのだ。此消息をよく知て、美人を血を盛た嚢とけなした世尊も曾て、「羅睺羅が母に會ひしとこそ聞け」、倣ふて力めざる可んやと、縱橫無盡にさせ散した名媛もある。だが上に述た通り、佛と羅睺羅のみが生門に由ず入胎し、其他の人間は一切生門より子宮に入ると云のが、一汎に行はれた經說だ。それに弘法大師の飮み殘しの茶を飮だ女が受胎した抔の俗佛說が生じたは、前に說た如く、一度男の身に觸た褌でも、女に觸て孕まし得抔いふ迷信が、佛敎渡來前旣に本邦に存した上に、佛出世前、古く印度に行はれた右同樣の迷信が、支那のと俱に入來り、經說を搆はずに曼衍したのである。佛在世に、大に富で子無き婆羅門が、一比丘尼より、阿羅漢の足跡のついた物の浣ひ汁で、其妻を浴すれば、必ず孕むときゝ、佛と諸弟子を請じた話がある。親しく佛の膝下に在た比丘尼がこんな迷信を傳えたを見て、舊弊の除き難きを知り、佛衆生を愍れむ慈心から、諸弟子に敷物の上を步き、足跡を遺しやるを許したとあれば、こんな迷信を佛はムキに成て攻擊せず、禮物次第で、世俗に程よく調子を合せ置たと知る（一九二九年板、マリノフスキーの西北メヲネシヤ蠻人之性生活、一五四——一五六頁。諸經要集一二下。北夢瑣言二一。四分律藏五五。葛洪神仙傳一。ハートヲンド父格論、一卷卄頁已下。一八二一年パリ板、コラン、ド、プヲンシーの遺寶靈像評彙、二卷二三八頁。大寶積經一〇八。佛祖統記二。根本說一切有部毘柰耶破僧事四。十誦律三八〕」。

是で「茶を飲で孕んだ話」はお仕舞ひだが、餘まり面白かつたので、今一席と望む方々も多からう。因て此話の附帶事件二三を辯じよう。先づ栗山一夫君說に、播磨の加東郡の片手孕み村の名の起りは、年頃の娘が、叔父と村の青年共と伴て、伊勢に詣でた。途中の宿每に、叔父は必ず娘の腹に手を載て寢ね、以て靑年輩を禦いだ。扨歸村すると、娘は孕みおり、月滿て一の手を產だによると。同樣の譚は高橋勝利君說に、下總結城の手持觀音にもありと。又二百八十六年前既に近江の栗太郡手孕村に在た。「古へ此村の某、他國にゆく迚、其妻の年未だ若く、貌美しかりければ、友達に預けて、三年迄歸らず、友達之を預かり、我許に置たりしに、人の竊み侍らん事をおれて、夜は女の腹の上に手を置て守りしに、女孕みて十月と云に、手一つうみけり、それより此村を手孕みといひけるを、略して手ばらといふと語りぬ」とある。或人々より西鶴筆といはるゝ物にも「昔し此村にすむ者、他國へ行くに、友達なる者に女房を預け置しに、律儀千萬に女房の番をつとめ、每夜〇〇〇ほとり、大事（此處八字〇）てねにける、女房も外の所ならねば、〇〇〇乍ら、えもいはで〇を動かしけるにや、つゐ孕みて、十月めに人の手を一つ產けり、其より手孕村と名く、今の世に、其樣なぬかつたはけ男がある物か」と、いとおかしく評しある。其後ち享保三年頃出た井澤長秀の著書にも此譚を載せ「李卓吾が開卷一笑〔熊楠謂ふ、正しくいはゞ、續開卷一笑卷二だ〕に云く、鄞縣の民某出て賈《あきなひ》す、妻その姒《あによめ》と同處す、〔姒は夫の兄弟の妻、爰では夫の兄の妻で、夫の兄夫婦が、不斷いちやつき通したらしい〕夫久しく歸らず、夫の兄を見て、私心之を慕ひ、疾を成して殆んど危ふし、家人故を知り、且つ之を憐れめども、計出る所なし、伯氏を强ひ帷外より、手を以て少しく其腹を拊しめ遂に感ずる有て孕を成す、產むに及び惟だ一拳なりと、是れ右の手孕村の事と同日の談か、中略、不義を爲て孕みしを云々此怪說を設出して紿きし事疑ひなし」と論じた。異說には有二伯仲一同居、仲商二於外一、久不レ歸、其婦思レ之、成レ病而〔殆の字の誤刷か〕、家人共議、乃詐言仲歸、欲二以慰一レ之。使二伯僞爲一レ仲、以レ手畧撫二其體一、病遂稍癒、自レ此遂孕、未レ幾仲歸、怪而詰レ之、家人語レ故、仲不レ信訟二于官一、遂罝二諸獄一、及レ產惟一レ手焉、其事始解と。江州の手孕村は本と手原とでも書たのを、こんな外國譚を面白がり、由來を揑造して手孕と書替たので、播州の片手孕村も本は片手原と書たのを、後に書改めたのだらう。武州足立郡膝子村は、昔し農夫某の妻妊んで異形の物をうめり、其體をみるに、人の膝の如くなれば迚、當所を指て、膝子と異名に呼しより、終に村名となれりと、土人が云傳ふる由。予が多年見聞する所を以てするに、女人が、手足や頭のない胴體斗りの胎兒、又は手足や頭が疣樣の痕跡を留めた胴體のみを產み、若くはヌッペラボウの混沌たる血塊を產み、時に斯る血塊に爪や毛髮や、何部の者とも分らぬ骨片を含んだ者を產だ例も實際有たが、手や脚を產だ例も、產む筈もない。多少似寄た例があるなら、それは件の血塊が較や手脚に似た樣に見受られた迄の事だらう。故に手孕や膝子てふ村名は、其事が曾て實在したでなく、舊名に因んで、そんな事實が有た樣に附會されたと判ずるの外なし。彼處の御近邊を、手で撫たから手を孕んだといふより推するに、他人の侵入を防がんとて、彼處を番する男の膝で塞いで寢たので、膝を產だとでも云傳えた者か。文略にして今更詳に知り得ぬは殘念な。兎に角手孕村の譚は、茶を飲で孕んだ話と等しく、男體の一部分や、それに觸た物が、產門以外の女身の一部分に觸て、子を孕まし得るてふ信念が、昔しの日本に多少行はれた例證に立つ。（昭和六年三月の「旅と傳説」三六頁。芳賀郡土俗會報、二卷四號九頁。近江輿地誌畧四四。東海道名所記五。好色旅日記三。廣益俗說辯遺編四。倚史九。新編武藏國風土記稿一四五）。

佛說に所謂七種受胎の第四、手摩受胎と云は、如二睒菩薩一、父母俱盲、帝釋遙知、下至二其所一、爲言、宜下合二陰陽一生上レ子、答言、夫婦既悉出家、爲二道法一故、不レ得レ如レ此、帝釋復言、不レ合二陰陽一、當二以レ手撫二臍下一、即便懷胎、男如二其言一、而生二睒子一。撫た斗りに孕んだとは、上に引た支那の兄が弟の妻を孕ませた譚に同じだが、手が生れずに、菩薩が產れた點が大に差ふ。然し本邦佛教全盛の世には、手孕村の譚一たび出て、佛僧徒、其事は世尊の前生にも有たと、お經に歷然示されある、ゆめ疑ふ可らずと訓えて、此俗信を確立せしめたに相違ない。爰に手撫二臍下一即便懷胎とは、何の用意もなく、どこ共なしに漠然、臍下の皮膚を撫たでなく、雄蜘蛛が其陽精を、自分の頭側の觸鬚に著けて、雌の體下の膣道に致し、雌を孕ませる如くだつたとみえる。前述、七種受胎の第二、取衣受胎も、優陀夷の妻だつた尼が、夫が漏精した僧衣に觸たのみで孕んだでなく、復取二一滴一投二女根內一とあるのが、受胎の要點だ。此他に、跋難陀が偷羅難陀尼の露形を見て漏精した時、尼が洗ふて上るから迚、其衣を受取り、即以二不淨一、自內二形中一とあるをみると、歐洲の乞食抔に錢を呉たと、お禮に施主の手の代りに、自分の手を喫《す》ふと等しく、女が迚も會ひ能はぬ男の精が手に入た時、それを自分の體內に入れて、情けを受た同然と感佩する習ひが有たと察する。扨優陀夷の例より推して、睒子の父も、素手で其母の臍下を撫たでなく、其序に男精を母腹に致して孕ませたと知る。ニュギニアと英領コロムビアに、指で觸れられて孕んだ話あり。印度人は、遠き金劫の人が、子を欲すれば即ち產れ、銀劫には、男女觸た斗りで子が孕まれ、當時陰陽交合の習ひ無つたと信じ、日神が靈棒で、プリトハ公主の臍に觸て、勇士カルナを孕ませたといひ、帝釋が拇指もて、シラブチ后の身に觸て、釋尊の前身を入胎せしめた、又夜摩の諸天は手を執て欲を成す抔、佛徒は說く。凡て聖人が、自分の淨行を破らずに、懇請された儘、女を孕ませた譚が往々ある（大明三藏法數三〇。摩訶僧祇律四。ハートランドの父權論一卷一八頁。メャーの古印度性生活、一卷二四一頁。三三頁以下。一九〇五年板カエル及フランシスの佛本生譚、五卷一四四頁、起世因本經七）。是等に類した、少なからぬ支那譚の其中で、尤も怪異視されたは、明の李卓吾の開卷一笑四に、遺精復度招情と題して載た法廷の申し渡しで、洵とに以て威儀嚴重な物だが、金聖歎が所謂、淫者以て淫となす道理、殊には南方先生の妙註を加えると、事あれかしと俟構えた一同、チャプリンの來朝以上に大騷ぎとくるかも知れない。由て全文を割愛して、不十分乍ら、淸の趙吉士の寄園寄所寄五からその摘要文を寫し出す。云く、正德間、上元縣錢臣醉、與二妻李氏二交媾、爲二妹所レ窺、〔開卷一笑に據ば、李氏は當時卅五歲の大年增の佐施盛りだつた〕、次早臣出、姑〔李氏の夫錢臣の妹、後文に所謂錢氏〕詰二嫂夜來事一、淫興遽發、嫂戲與レ姑效二交歡狀一、兩陰相合、將二夫遺精一、流入二小姑陰一、經閉腹高、遂成レ胎、姑之舅凌銑・疑レ有二私情一、告レ官鞫レ之、得二其實一、議得李氏、錢臣、錢氏等所犯、俱依レ不レ應レ得レ爲、而爲二之事一、合下依二律的一決、照律取上贖、錢氏仍候二所レ孕身輕一、給二與錢臣一收養、照二舊配一、與二淩銑次男一爲レ妻、兩家毋レ得三復生二異議一、卷照と。一說には是より約四十五年前、成化の初め、上元佃民女張妙情、與三〔其兄〕張二、及嫂陳氏一連居、一日兄與レ嫂狎、女竊見心動、呼レ嫂問レ狀、身效爲レ之、遂孕、及レ生レ子再審レ之、仍是處女。一事を二樣に傳へた者か、同樣の事が二度有たのか判らない。が處女膜が破れずに孕んだ例も、男精が放出後久しく活動した實例もあり。夫に會た直後に、妻が他の女に子を孕ませた話は、歐州にも稀ならず（玉芝堂談薈一四。一九二七年費府板、エリスの性心理學之研究、五卷一六二頁以下）。明治廿六七年頃、予在歐中、パリの法曹界を賑はせた大疑事が有た。淑貞無瑕、容姿端正の若後家がホテルに獨居し、食時ならぬに、偶たま溫ためた牛乳を求むる事の度重なりて、それと勘付た僕が、其男精を落し込だ牛乳を進めた。そんな事とは白齒の後家が、例に依て亡夫を追懷の餘り、祕密儀を修する廼、其牛乳を身內に注入して、誰の胤やら知れない子を孕み、亡夫の骨肉輩、その遺產を覬ふて、得たり賢こしと、私行不正で、亡夫の遺言を守らぬとの廉で訴訟を起し、種々捫摸探索の末、事の起りは、件の一僕のかき込みに在たと判つた。大正十一年予滯京の間だ、此事を中山太郞君に語り、君又之に種々の書き込みを加へ、その六月頃の「同人」へ出し有た。是等より推して、本文、釋尊出家に臨み、其妃の腹を右手で指して娠ませたてふ佛說も、丸きり無根でなく、例の指人形を働らかせて、授精した事と惟ふ。

其から本文の初めに近江輿地誌畧から引た、弘法大師が、自分の茶の餘りを呑だ女が產だ子を吹くと、泡と成て消失たとある。其根本話らしい搜神記や括異志には、盥の水を飲で孕み、產れた子が、後ちに水に化し去たとあるを、本邦で餘り茶を飲で孕んだと改作した以上、茶より生じた子が、復た茶に成り戾つたと云ては、餘り茶めき過るから、と云て、唯の水と成たとしては、茶の方がつかず。由て茶に緣ある泡と成て消失たと、旨く落したのだ。女が往還に茶店を出し旅人を憩はせたは何時頃より始つたか知れない。が明人が當時の日本を觀て書た物に、人喜んで茶を啜る、路傍に茶店を置て茶を賣り、行人錢一文を投じて、一碗を飲む抔ありて、室町時代に普ねく成たとみえる。隨つて本文、泡子地藏等の話

11

は、室町時代より古からぬ出來と知らる。水より生じた子が水に還り、茶から產れた子が泡に成たと云に類した話は諸國にある。例せば普の荀擇、亡後恒に形を見せ、婦孔氏と壖婉綢繆し、遂に妊むあり、十月にして產るは悉く是れ水。劉宋の元嘉中、高平の丘孝の婦妊んで一團の氷を生み、日を得て便ち消液して水となる。南宋の乾道二年、潭州の苦竹村神に孕まされた婬婦は、腹裂け黃水數斗を出して死だ。明の弘治戊午、新城の牛倘武が家の白雄鷄梁上に鳴き、一卵を產むに堅き事甚だし、取て佛前に供ふるに、化して水となる。佛在世に、怨愛上愛の二尼同在㆓一牀㆒、如㆓男與㆒㆑女、共爲㆓戲樂㆒一尼於㆑後、遂即有㆑娠、日月既滿生㆓一肉團㆒、諸根手足、並皆未㆑有、諸尼聞已、擯令㆑出㆑寺、佛之を聞て、其の肉團を日中に置け、若其消化、即非㆑有㆑娠、如不㆓消滅㆒當㆓實有㆒㆑胎と敎えた。即ち日中に置くと悉皆消散したとある。本邦にも平安朝に、腹に寸白蟲を持た女が產だ信濃守が、胡桃酒を强られ、水に成て流れた話、室町時代に、在原業平、交野の狩にゆき暮た時、宿を進めた女と其夜契りしに、極上大吉の妙開ゆえ、都えつれ歸り、程なく明る春ののどけきに、顏ばせ白々と成つゝ、姿も消て失にけり、雪の精とは其時こそ思ひ知れけれといふ珍談がある。是等の諸譚、水や茶と限らず、エタイの怪しい物が胎内に宿つたのは、トド水や氷の如く溶け消え去るとしたので、多くの礦物が濕氣に逢て流れ去り、百般の有機物が腐れば多少液化し、南方先生が妻君に叱られた時の形容詞通り、蛭に鹽を掛ると、グニャリと融ける抔を觀て、合點されたらしい。こんな話は藻鹽草、かき集めたら限りなき、中に就て尤も奇拔なが十五世紀の佛人に筆せられおる。龍動の富商が、貿易の爲め航海して、十年經て歸國した。出立の時若かつた妻は、初めの程こそ貞淑で打通したれ、去た者日に遠しで、春の花秋の鐘、見るに聞くに、彼の一儀を想ひ出すの媒たらざる物なく、慾心禁じ難く色膽又大、遂に吾棲ならぬ棲を重ねて、產だ其子が七つに成た時、夫が歸り此子は誰の子と問ふと、空とぼけにも程がある、御自分と妾の間にできた者と答えた。夫吾れ出立の時、儞は妊んで居なかつたでないかと尋ねると、御出立の後、一朝圃に出で、酸模《すいば》が雪に覆はれあるを見て、忽ち食ひたくなり、其葉を採り食ふ迚、少しの雪を噉むと、忽ち感じて身持になり、產れたのが此子でムんすと言た。聞て夫が、神がそんな不思議な子を賜ふたは、有がたい至極と言たので妻も安心、其から何の變りもなく十年立て、夫又航海を思ひ立ち、此子も大きく成たから、貿易見習ひの爲同伴すべしといひ、妻も承知の上、父は其子を伴てアレキサンドリア港にゆき、美容強健な其子を奴隷に賣て百金程得た。扨英國へ歸ると、妻が歡こび迎へたが、子がみへぬから夫に問ふと、今更隱すべきでない、悴は誠にわる行きだつたと、冒頭して語つたは、今度海上で押流されて、漂著した所は炎暑烈しく、人毎に坑を掘て、日を避んと上陸すると、雪から生れたあの子は何條たまるべき、忽ち溶けて水に成て流れたはやいと。「今迄の事を中條水にする」とは、此話から出たかも知れない。夫語り續けて、來る時斯の如く疾く、去る時も斯の如く速かで、此子の生滅並に、突然なるには大吃驚といふと、授かつたも、取り去れたも神のまに〱だ、と妻が諦らめた樣な口ぶりだつた。果して妻が夫の言を信じたか疑ふたかを誰かは知ん。汝に出る者は汝に還る道理、欺むき課せたと思ふた妻が、夫に欺むき還された丈はよく判る、と云ふ樣な咄である。（和漢三才圖會六四。玉芝堂談薈一四。夷堅志補九。古今圖書集成、禽蟲典三六。根本說一切有部苾芻尼毘奈耶一八。今昔物語二八卷三九語。長祿記。一八五八年パリ板、ライト訂、百新話、一卷、一〇一至一〇六頁）。

（九月卅日午後十一時半稿成る）。

餅の的

川野正雄

先に發表した「綱曳私考」に於て、私は綱曳行事が蛇形の綱を曳く事に依つて、神を迎へる意味を有つといふことを述べたが、未熟の前論を以てしては未だ之を奇矯の言説として排斥せんとする方もあるかに思ふ。が併し乍ら今是に柳田國男先生の舊鄕土研究第四卷七、八、十號に亘つて公表された「濱弓考」及び「左義長問題」中の御高説二三を抽記さして載くことによつて、私の神勸請の説の決して荒唐の論でない事が判るであらう。

否、寧ろ私論として吹聽した所も夙に柳田先生によつて暗示されたものゝ、不用意粗雜な焼増しの觀がある事を他面に於て悲しむものである。

(一)

柳田先生は前述の論文に於て、卯槌卯杖の説明をされた條文中に、それが古い時代には二股の杖で引掛け合ふ事、かの豐橋の榎玉神事と同様であつた其の木球の名殘であらうとされ、而して「木の鈎を以て引き合ひをすることは綱曳の年占にも例がある、又鍵掛と稱して椏になつた樹枝を鳥居或は神木の梢に投上げて留まると否とで神意を判じ、或は鍵引と稱して神木を曳くのを山神を迎へる儀式とする地方もある」と云はれてゐる點が先づ注目すべきで、此の鍵引と稱して神木を曳くといふのは、鍵引といふ點にも重大な意味があるのであらうが、恐らくは私が前論に於て引用した所の美濃の伊勢木等と同様に綱曳の一變形と考へ得べきものであらうと思ふ。此點に於て、先に綱曳行事に年占の意味を觀取して、先便を付けられた先生の炯《けい》眼は今更我々が兎や角云ふまでもなく既に右の論說の中に、年占以上の起原的姿相を暗示されてゐたのではなからうか。

次に私の注視の的は先生の此の「濱弓考」の結論であらう所の濱弓、卯杖等の對象物たるハマと稱する的或は玉が俗說では之が「蚩尤の瞳を表はし、墨にて輪を描く事古來一二三の輪あり、揚弓には略して二の黑ばかりを描く、蚩尤が靈疫神となつて人を惱ます、此故に四骸を象つて或は鞠とし、或は玉とす、中にも其眼を取つて的とし、之を射て其神を恐れしめしかば疫神忽ちに去つて愁を遁れける云々」（柳田先生同上論文所引「揚弓秘傳啓蒙抄」）と云つて即ち破魔を意味する所とは反對に元の起りは杖を以て押へるにしても又矢を以て射るにしても其玉を取留めるのが目的で、魔として排除するどころか「初春の緣起として年占を試みた人々の爭ひ獲んと努めた物と云ふ事に歸着する」と論斷されてゐる點で、之れこそ的や玉と綱や繩との差異はあれ、一見射て退治乃至は排除する如く見えて實は、然らず、蛇靈を退治打取る如く一應は考へられて結局は所謂退治ではなく、喜び迎へる神であるとする私の主張と一致しはしまいか。

（二）

柳田先生の、斷定に愼重を旨とせられる御趣旨に反する事乍ら、此の濱弓の的、卯杖の玉でも究極は福をもたらす物――神を意味して居るのではなからうか。

それには一二さう考へ得べき筋合がある。

先づ有名な「餅の的」の傳說を吟味してみやう。

「（延喜式神名帳頭註）稻荷

風土記云、稱ニ伊奈利一者、秦中家忌寸等遠祖、伊侶具秦公、積ニ稻粱一、有ニ富裕一、乃用レ餅爲レ的者、化ニ成白鳥一、飛翔居ニ山峯一、伊禰奈利生、遂爲二社名一」
「(豐後風土記速水郡) 田野　在郡西南
此野廣大土地沃腴、開墾之便、無レ比二此土一、昔者郡内百姓居二此野一、多開二水田一、餘糧宿レ畝、大奢已富、作レ餅爲レ的、于レ時餅化二白鳥一、發而南飛、當年之間百姓死絶、水田不レ作、遂以荒廢、自後以降不レ宜二水田一、今謂二田野一其緣也」
(古事類苑武技部)

右二話が此傳說の出所かと思はれる。

之で見ると、贅澤の餘り餅を的としたとあり、餅の的といふ如きことは贅澤といふ惡德に出でるより外には有り得べからざる事の樣に說いて居るが、元はさうでなく、或は餅を的として之を射た行事が存在したのではなからうか、それは宛かも、福引が元は餅を引き合ふ事であつた樣に(嬉遊笑覽)或は又陸奧國若松郊外大町で正月十日に米引と稱して白米五升入れた俵を引き爭ふ行事があつた樣に。(新編會津風土記卷之十五)

そこで、餅が靈物視せられたことは鏡餅などの例で知られるし(折口信夫先生「年中行事」民俗學四ノ八)之が白鳥と化して去つたといふ事でも了解される。何となれば白鳥も亦日本武尊の白鳥陵以來屢々魂の象徵として考へられてゐるからである。

即ち餅の的が白鳥と化して飛去つたゝめに水田不作して貧困したといふのは富に誇つた心根が神から見離され之を射當て迎へる事が出來なかつたゝめで、それは丁度松本信廣先生が「外者歡待傳說考」に於て指摘され、私が前論文中に引用したアイヌに於ける梟神が富有の子供を尻眼にくれて、貧しき兒の矢に當つてその家を訪れ、富を得せしめたといふ神謠と相似した主旨の下に出來た傳說ではなかつたか、白鳥が飛翔して山峯に至り、そこに稻成生じたといふのも之と關聯して容易に了解される所であり、而も「遂爲二社名一」といふのはそこに社を建て祀つたといふのと殆んど同樣であつて、白鳥即ち餅の的そのものが幸福をもたらす神と考へられてゐた事が了解される樣に思ふ。

15

次いで又柳田先生の前述の論文を參照さして載くが、臺灣のブヌン族の間に行はれる卯杖、濱弓に似た行事が同族の分派たる某族の部落に行はれる子猿を養つて置いて後に槍を以て之を競ひ突くアイヌの熊祭とよく似た儀式から變化したものでなからうかと云はれて居ると云ひ、又肥後の五箇庄の山村でも同じく樒枝を撓めて作つた球形の物を二つの組が双方に分れて打揚げては竹槍で突く競技があり、之に携る者は多くは壯年者で猿を捕る爲だと云つて居る由であるが、事實此の猿はアイヌに於ける熊祭の熊同樣の意味即ち神の意味を持つてゐるものと解される。我國でも猿が山神と考へられて居た例は今昔物語などにある人身御供の話を伴なふ猿神退治傳説からも想像される。以上述べる所によつて、私は諸國に行はれる濱弓行事も亦神社で行はれる歩射神事例へば上賀茂神社の射禮の神事にしても熱田神宮の的射の神事にしても結局は神を射て迎へる儀式ではなかつたかと考へる。

たとへそれが的を射るにしても又空《くう》を射るにしても惡靈惡魔を射るとか追拂ふといふ消極的の意味ではなく積極的に民を惠む神を射迎へる意味に外ならなかつたものと思ふ。

斯くの如く考へて來ると、後世はともかく、元の起りは、一見退治、破魔に見える現象も決してさうではなかつた事が判ると共に、大蛇退治と云ひ、猿神退治と云ひ、それが必ずしも惡神退治、惡魔降伏の意味ではなかつたのであり、寧ろその反對に神の和荒兩魂の如何を問はず其の都度民に恩惠をもたらす神を迎へる手段として引きさひなんだり、切つたり射たりする退治の形式が行はれた事が之ではつきり了解されたわけである。

（三）

我が國民俗學の始祖柳田國男先生すらがその斷定を愼しまれた所を、何等基礎的知識のない私如き黄口が憶面もなく勝手な事を云ふ樣で大いに氣がとがめるが、濱弓のハマの字義に就て一應愚考を述べる事を許してもらほう。

然し之は未だ單なる試案であつて、是の序でに述べて柳田先生初め諸先進の御叱正を仰ぐ次第である。

ハマが濱弓の對象たる的の意である事は先生も云つて居られ、その形狀及び大小は必ずしも所によつて一樣ではなかつた。

今此處に同先生前述論文所載の各地のハマの形狀の轉載を許して戴くと、

一、江戸では細繩をまろめて作つた玉

一、京都では木製の玉

一、大和吉野郡上市では繩を卷いて輪とした一尺許りの的

一、土佐のは藁繩で作つて、其形圓座の如く、經一尺ばかりにして中に經二三寸の穴があつた。

一、同國土佐郡秦村大字秦泉寺の樂水寺で行はれるハマは竹の輪を三つ四つ組違へて、上に紙を貼つて用ひた。

一、高知の西の能茶山の陶器師が陶器を居へて燒く土製の器をハマと稱し、藁と土と材料は違ふが圓形にして內に穴ある事他のハマに同じ。

一、長門佐伯郡水內村大字麥谷では、繩を圓座の如く卷いて兒童之を守屋の膽を射ると稱して射て戲とした。

一、備後福山領では藤蔓を卷いた五寸程のもの。

一、同國蘆品郡宜山村大字向長谷又は綱引村大字下安井などでは竹を輪にしたもの。

等である。

之等のハマを通覽して我々が先づ感得する所はハマの多くが藁繩を卷いて作つたものであるといふ事で、二三の例外竹と云ひ藤蔓といふもその形は繩を卷いたもの同樣であり、且は綱曳に於ける各地の綱、繩、竹等とその材料の同一なる點が注目せられる。

殊に土佐の藁繩で作つて其形圓座の如く、中に穴があるといふのは恐らくハマの代表的な形で、此の圓座から◎形の的も出て來たものと思ふが、斯樣にその材料形狀などから考へると、圓座は蛇のトグロを卷いて横はつた形を表はすもので

はなかつたか。

是に於て考へ合せられるのはハマの語で、之は蛇を表はすハメ、ハミ、ハブ、ハバ等一群の系統の語で（松岡靜雄氏「日本古語大辭典」による）その何れかの轉訛音ではなかつたらうか。

即ちハマとは蛇を意味する語ではなかつたかと考へるのである。

若し私の此の憶說にして許されるならば、濱弓、步射神事などの意味する所は綱曳行事などゝ全く同樣の主旨即ちその根原は蛇神退治率いては蛇神勸請の方法であつたといふ事が出來るのである。而して又綱曳が蛇退治の手段を以て山神或は水神としての蛇神を呼び迎へる儀式であつたとする私の主張は之と柳田先生の「濱弓考」とを合せ考へる事によつて、より一層の信を加へる所以のものであらうと思ふが果して私の一人よがりであらうか。

以上を以て一先づ此の小論稿を総えるが、無斷でその論文の引用轉載を自由にしたことを第一とし、不注意より出でて潛越不遜の言說を弄し御迷惑をかけたであらうことを第二として、柳田國男先生に衷心より謝意を表すると共に、先生をはじめ諸先輩の御叱正を御願して、引きしぼつた矢を放つて餅の的の正鵠を射よう決心である。（九月廿三日記）

言語現象と神話現象

言語と神話との間に密接な關係が存してゐることは、誰でも知つてゐるところである。言語疾病說が學的に大きな誤謬であることは爭はれない事實としても、言語の形式が意識的及び無意識的に神話構成過程の上に及ぼす作用に至つては、決して自分たちの輕視を許さぬ問題でなくてはならぬ。しかし自分が今言はうとするところは、言語の形式と神話の構成との間に存する因果關係の考察ではない。はたカッシラーがその著『言語と神話』(Ernst Cassirer, Sprache und Mythics. Leipzig, 1925.)で試みたやうな言語と神話との間に存する全般的な心理交涉の考察でもない。言語の發達・變化と神話の發達・變化との間に存する心理的な類同性についてだけである。

　範圍をかやうに局限してすらも、這般の心理的類同の問題は、非常に複雜で且つ廣汎な問題である。到底僅少の紙面に於て充分な程度に取扱ひ得られるものではない。この問題の詳論は、他日の機會にゆづるとして、今は寄合咄にふさはしいだけの寸言にとどめて置く。

言語が流動し變化するやうに、神話も流動し變化する。言語の變化の樣態が、決して全的に放恣ではなくて、若干の法則に支配せられてゐるといふことは、人のよく知るところである。このことは神話に於ても眞である。神話も亦若干の規準の指示する線に沿うて流動し變化して行くものである。單にそれだけでは、言語現象と神話現象との關係は、一の對比關係に過ぎない。しかし兩者はより深い交涉によつて相互に結びついてゐる。言語の變化を支配してゐる多くの法則は、同時に神話の變化を生起させる要因であるからである。

　第一に語辭が語根を有するやうに、神話(廣く說話も)は、話根を持つてゐる。そして同一の語根が、多くの相異る語辭に於ける主要構成要素をなすやうに、話根も亦神話の主要構成要素として、さまざまの神話に同じ姿を現す。わが國の神話文學も、まざしくかうした法則に支配せられてゐる。豐玉姬の物語と狹穗姬の物語は、全體の內容及び主旨からすれば、全く相異つた範疇に屬するものである。それにも拘らず生兒の名が父によつてではなく母によつて與へられるといふ話根——ケルト民族の神人《ジンニン》 Llew Llaw Gyffes の命名に關する物語を始めとして多くの民族の神話に共通な話根は、兩者に共通してゐる。

　但し言語の場合にあつては、語辭は語根を基底として構

成せられるのが通則であるが、神話（廣く說話も）に於ては、

(1) 話根が基底となつて物語が構成せられる傾向。

(2) 物語の一部に或る話根を採り入れる傾向。

とが、殆んど相等しい頻度を以て並存してゐること、從つて(1)の場合には、話根そのものが中核であつて、これを缺いては物語は正當に成立し得ないに反し、(2)の場合には、話根が動き得ること——即ち alternative として他の話根を誘導し得ることを忘れてはならぬ。

第二に、言語に於て、或る語辭に含まれた語根が往々にしてその生命を失ふことがあるやうに、神話(廣く說話も)に於ても、或る物語に含まれた話根がその生命を失つて、一個の死物であり贅疣であることが屢々見出される。豐玉姫が子を產むために產屋にこもつたとき、夫神彥火火出見尊に室內を覗くことを禁制し、而して尊がこれを破つたために災厄が起つた。自分たちはそこに說話學に謂ふところの『禁室』話根（Forbidden-Chamber root）を見出す。而して伊弉諾尊が伊弉冉尊を黃泉國に訪れた神話にあつても、同一の話根が現れてゐる。而してこれ等二つの神話を並べ考へるに、前者にあつては、話根は生きてゐる。それは低い文化階層に於ける民族の間に存する一の社會的制約若くは慣習宗敎（Sittereligion）としての呪禁《タブー》であり、而してさうした呪禁の本來の意味と役目そのものが、この物語で生きた働きをなしてゐる。然るに後者にあつては、この話根は存生の意義を有してゐない。即ち死物となつてゐる。伊弉冉尊が夫神に覗き見を禁ずる動機が殆んど全く缺漏してゐるからである。この事實は、記・紀に於ける伊弉諾尊黃泉國訪問の神話が、此の部分に於て本原的な形相を離れて、若干の變化歪曲を蒙つてゐることを示唆する。

ところで延喜式鎭火祭祝詞を讀むものは、當面の問題である女神が火結神《ホムスビノカミ》を生んで陰私を燒かれたため、夫君に七日七夜われを見るなかれと云つて石隱《イハガク》りましたが、男神がその禁制を破つて覗き見したので、夫妻離別の災厄が生じたことを說く傳承に面接するであらう。この傳承に於ては『禁室』話根は、まさしく生きてゐる。記・紀に於ける伊弉諾尊黃泉訪問神話も、恐らく本原的にはかうした內容構成若くはそれに近いものであつたらう。かくして自分たちは、一の話根の或る說話に於ける役割が生きてゐるか死んでゐるかを通して、物語の本然の姿に近づいて行く機緣を持ち得るわけである。

第三に、言語に於て、語辭の變化を生ぜしめる大きな因子の一として、模倣若くは誤れる類推がある。ウォーター

ルーに旅客を案內した一人のガイドが、該地の史的背景を彼等に說明せんとして、先づ口をきつた言葉 "La lies and Gentlemans" の如きは、その最も愉快な一例證である。而して神話（廣く說話も）の構成內容を變化させる强靱な力の一つも亦かうした模倣若くは誤れる類推である。わが國の神話文學に於ても、這般の力が可なりの程度に神話に働きかけてゐる。一例を擧げるならば、自分の見るところでは、伊弉諾、伊弉冉の男女二神の降下を說く神話の或るものは、かうした、模倣若くは誤れる類推による本原的形相の歪曲の好例證である。古文獻に現れた此の神話は、二つの形式に分れてゐる。

(1)　男女二神自らの意志によつて降下して國生みを始める型

(2)　男女二神が天神の命によつて降下し國生みする型

が即ちこれである。而して自分は、(1)が本然の姿であり、(2)は他の神話の構成の無意識的な模倣、若くはそれからの無意識的な誤れる類推の產果であると解する。

神道的神話系體の思想的主柱の一つは、神の命令により神の子が地上に降つて之を統治するといふ觀念であり、而してその命令は、命令者からの被命令者への或る權標の授與によつて具體化せられ莊嚴化せられるのを常とした。天孫降臨の神話は、その代表的なものであり、大國主命が天孫に國土を讓與した時、おのれの廣矛を奉獻して『吾以二此矛一卒有二治功一。天孫若用二此矛一治レ國者必當二平安一。』（『日本紀』）と云つた詞も、同一の消息をほのめかしてゐる。當面の問題たる神話に於ける天神と諾冉二神との命令關係は、該神話の本原的な形相ではなくて、この主要觀念の後代的模倣若くはそれからの誤れる類推であると思ふ。天照大神が皇孫瓊々杵尊に命じ大八洲を統治すべく地上に降すことを說く神話を見よ、そこには『葦原千五百秋之瑞穗國是吾子孫可王之地。宜爾皇孫就而治焉。』の宣言があり、若干の神器の授與がある。而して一方諾冉二神の降下の場合にも天神の『豐葦原千五百秋瑞穗之地。宜汝往循之。』の宣言があり、天瓊矛の授與がある。自分たちはこの二つの神話に於て顯著な類比若くは反覆を見出す。然るに宣言そのものは、これ等の神話に於て、合宜性の上に太だしい差異を示してゐる。天孫の場合に於ては頗る宜しきに叶つたこの宣言も、諾冉二神の場合に於ては、全く無意味である。なぜなら後者にあつては、統治せらるべき豐葦原千五百秋瑞穗之地は、未だ發生してゐないからである。この矛盾は、這般の宣言を含む一聯の觀想が、諾冉二神の神話にあつては、本原的な成素をなしてゐたのでなくて、後代の補綴であることを示すと思ふ。

第四に、言語學者は、語辭の形を變化させる・他の一つの大きな原因として不注意・無頓着を擧げる。說話の形式の變化も亦這個の心的狀態にその機因を持つてゐる。わが國の說話文學に於ても、物語の形態の變轉を究めんとするものは、この角度からの凝視をも必要とする。これは實例を擧げるに及ばぬほどポピユラーな現象である。

また考へねばならぬ類同點がいくつもあるが、餘り長くなつては寄合咄らしくなくなるから、これくらゐにして置くことにしよう。（**松村武雄**）

イ チ ウ ラ

イッチョーラ（一張羅）の語は早く一挺蠟だと解されてゐるが、イッチョーラの語の他にイチウラ（一裏）の語の存在するらしい事が注意せられる。

馬琴の異聞雜稿（續燕石十種第二）の長半情死實說（天保七年記）の條に次の記事がある。

おはんが衣裳の一裏を皆奪ふて情死と思はせん爲に、男女の衣の褄と褄を結び合して、桂川の水中へ投棄、（五四頁）

此一裏はまさにイチウラなどと訓ませるものなのであらう。是に相當するイチウラの語は、幸ひ近藤氏刊本嬉遊笑覽卷二上一六六頁所引男色大鑑に

三月三日は天王寺淸水汐干などいひて遊ふ日なりまして
その上ッかた一ちうらを取出して思ひ〳〵に出立

と見えてゐる。

但し右の記事は、男色大鑑卷之六、五、「京へ見せいで殘りおほいもの」の一節である。帝國文庫本には『一てうら』となり、大言海第一卷其項には『一ちやうら』となつてゐて、原本を見ぬ自分には何れの是であるかを知らぬが、嬉遊笑覽のが原形に近いものではないかと臆測するのみである。手近に原書を見得る方の御注意を望む。

此イチウラの形が曾て實在したことは是だけでも信じ得られると思ふ。而してイチが促つてイッチウラとなつたのが、イッチョーラの語の原形なのでは、恐らくあるまいか。

右の異聞雜稿の記事は、京都の町奉行だつた松前筑前守から聞いた話を、御鍼侍醫山崎宗運法眼が更に山本法眼を介して馬琴に物語つたものゝ筆記である。イチウラの語が誰れの時の語であるかは確かでない。が其話を筆記した最後の瀧澤馬琴（明和四――嘉永元）はまだ其イチウラの語を記憶してゐたのではなかつたか。文政中早く「一ちやうら」の語について考へた喜多村節信（天明四――安政三）は毫もイチウラの語との關係に觸れてゐない。馬琴より十八年下であつた節信翁は、或は既にイチウラの語を知らなかつたのかも知れぬ。（昭和七、十二、十七　**宮本勢助記**）

若衆寄合と婚儀の追加

櫻田盛德

佐賀縣東松浦郡小川島では正月二日の若衆初寄合に若衆入りが行はれた。筑前地島も同樣である。長崎縣北松浦郡星鹿村の靑島では正月三日の初集會に酒一升持つて仲間入りをした。親方息子は十五歲他の者は十六歲で仲間入りをした。筑前の大島では正月十一日に帳とぢ或は帳祝といふ酒宴があり、此時若者頭から順次帳面に自分の名をしたゝめる。仲間入りも此際行はれたといふ。所が隣りの地島では正月十一日に帳とぜ祝があるが、各戶で御茶をのむだけだといふ。その向ひの鐘崎の魚市場では此日に仲買を招いて大した祝をやる。之を帳とぜ祝といふ由である。

北松浦郡鷹島では正月十六日のやぶ入りに、筑前相島では正月五ヶ日の內或は正月十七日、又は六月の祇園祭の寄合に、鷹島の傍の福島では盆の寄合に仲間入りをした。長崎縣西彼杵郡江島では年の晚の御籠りに宿入りをした。年の晚の御籠りは同郡面高湊でも靑年の仕事になつてゐる。此時太鼓をうつて氏神に通夜をする。それが喧しいとて警察でとめた事があつたが、忽ち地下に火事が起つた。それで今でもやつてゐるといふ。

筑前志賀島では三月三日の桃の節供に、若衆寄合があり仲間入りも行はれる。その翌日は花ちらしで、此日は家々で內輪に酒をのみ昨日の骨休めをする。小川島でも四日の花ちらしには家毎に馳走をくひ祝ふ。北松浦の田平ではもう大人はやらず子供だけが辨當を持つて野外に食事にゆく。面高では三日に靑年が蓬餠を持つて磯にゆき食事をする。四日の花ちらしには家々で馳走をくふ。さて鷹島では三月四日に若者が山から花を折つて來てそれを挿し（何處に挿すか明白に尋ねなかつたが、話の模様では若者宿を花で飾るらしい)、その花の枝に蠟燭を立てゝ夜櫻と稱して酒を飲む・といふ。江島では三月三日を只花見といふ。四日はその花見の翌日だから花ちらしといふのだと云ふ事である。此二日間適當な時に角力や運動會を行ひ、島人全部は野外の食事をするといふ事だ。

筑前のどうぶれは五島のそれと異つて、やはり他所へ神參りなどに行つた人が歸つてからお別れにやる酒宴をいふらしい。大島ではどうぶれ地島ではどうぶろい志賀島では之を同行寄合といふ。面高では祭後の酒宴を云ふと聞いたが少し心元ない。鷹島では正月の某日（定つた日）に十軒位近隣が集つて飲食する事をどうぶりといふと聞いたが、之もあまりあてにはならぬ。

若衆寄合と婚儀の追加（櫻田）

ついでに前號に記した嵯峨島のはだえあはせに似た酒宴を記す。志賀島では他所人が町內の仲間に入れて貰ふ時には、正月に酒一升を買つて入れて貰ふ。一體何處へ一升德利をぶら下げて行くか尋ねなかつたが、何やら正月に寄合があるらしい。此酒を仲間入り酒といふ由である。江島では鰯網に乘組む人だけが腹合せの酒盛をするといふ。何しろ鰯網は今一番人手のいる大網だから、之から一つ大いにやりませうといふ酒盛をやる必要があるのだらう。之などから考へると昔の鯨組は面白いものだつたらうと思ふ。あれは大がゝりの漁の始まりであつたらうと思ふからだ。さて此江島では小學の先生などが新任すると、土地の人を呼んで、見知り越しの馳走をするといふ。私の所でも福岡市船町に來た當座、町會から見知茶金といふ金をとられた。之で仲間入りをさして貰へるかと思つたが、今以て出さぬも同じ樣な狀態にある。

西彼杵郡平島の神わたし神もどしは筑前蘆屋のそれによく似てゐる。神わたし即ち氏神が出雲に行かれるは九月二十九日で、之をおのぼりといふ。神もどし即ち氏神が出雲から歸られる日は一ケ月經た十月二十九日で、之をおくだりとも云ふ。此兩二十九日には若い男女が緣結びにお通夜をした。但し此籠りする者は不淨けのない者ばかりだといふ。島の人は年に一度神樣が出雲へ集られるのを、緣結びの御相談と解してゐるらしい。此夜は必ず風が荒す。これは神が行かれる音であると云ふ。江島でも之をおのぼりおくだりといふ。此地では緣結びの事を聞かなかつたが、此お神待の御籠りは若者の仕事である。面高では氏神が出雲に行かれるのは舊十月二十八日で、此御籠りを御神待といふ。志賀島でも十月に神渡しがあり、十一月に神戻しがあつた。此時の通夜は若衆には限らぬやうに聞いた。隣りの殘島《のこのしま》の神は此時出雲へ行かれぬ。それで殘島といふのだと志賀島では云つてゐた。

鷹島では若者數人が一宿で寢泊りする。此若者宿には正月盆に御禮をする。さて好きな娘があれば同宿の友達にその意を告げ、その友達から馴染になつてくれるやうに娘に頼んで貰ふ。娘がそれを承諾すれば、それから娘は若者宿に出入りする事になる。次に婚禮には仲人を頼む。仲人は通例二人で、媒介の咄をしに行くのは極つて夜である。此時仲人は必ず一人に一づつの提灯をさげてゆく。嫁の家では決して二つ返事では承諾せぬ。普通二度待つてくれと云ひ、異議のないものなれば三度目に承諾する。承諾すると聟の家では仲人と聟の親達が內祝の盃をする。之をすみ酒と呼んでゐる。それから吉日を撰んで聟入嫁入といふ事になる。小川島では若衆數人同宿の者を朋友と呼んでゐる。此仲間が嫁御の心配をしたり、又夫婦仲の惡い時には忠告したり、嫁入の際には聟の家の庭先で嫁の頭に鍋蓋被せの祝をしたりする。此地の足入れ或はかためと呼ぶものは鷹島のすみ酒に當るものであらうが、しかしかためが濟めば嫁は一年間位聟の家の手傳をするといふ。だがかためには本人同志の盃はないやうに聞いたと思ふ。五島有川で固めの酒と云へば、仲人と兩親達が貰ひが濟んだといふ意味で呑む祝酒で、此時親戚達をも招くといふ。かためもすみ酒もどうやら似たものらしい。

さて之がすんで嫁入りまでには大部時日があるやうだ。小川島では一年間も聟の家の手傳をするといふから大部長い。鷹島では大概三月に嫁入を行ふと云ふ。面高附近の大田和邊りでは嫁入りと誕生祝とがごつちやになつてゐるといふ。さうして此祝を嫁入りと云ひ此時酒が一石五斗も入用だといふ事だが、之は大田和のみに限らず西彼杵の半島では多くは此風を殘してゐたものらしい。

鷹島では三月になると吉日を撰んで、聟の家から嫁方へ普通二十圓を御茶銀として贈る。さうして聟方の者が嫁の家に行き、兩家の一族が此處に會して酒を飲む。之を聟入といふ。聟入がすむと一同は聟の家に集つて嫁入をする。此時始めて聟と嫁の盃を取交すといふ。大概の所は聟入と嫁入とは同日で、さうして聟入の方が先きの所が多いやうだ。鷹島ではどういふ拍子かまぎらかしの事を聞かなかつたが、此頃は面白がつて他の事をお留守にしまぎらかし許り聞いてゐた傾きさへあつた。まづ始め筑前の相島で嫁まぎらかしがないかと聞いた所、聟まぎらかしもあると云ふ。始めて聞いて驚いてゐると、嫁入當日に先づ聟が聟まぎらかしと一緒に嫁方へ行く。之を聟入といふ。まぎらかしは兩親そろつた者だといふ。それから新宮に渡つて嫁まぎらかしは無いかと尋ねると、聟まぎらかしならばある。聟まぎらかしは茶聟入の時聟と一緒に嫁の里によばれてゆく。聟まぎらかしは大抵聟と同年輩だ。しかし嫁まぎらかしといふものを聞かぬといふ。さあかうなると相島の嫁まぎらかしがどうだつたか判らなくなつてしまつた。それから神の湊で聟は聟入の時聟まぎらかしの一番下座に坐ると聞いて、かづめの大島即ち筑前大島に渡ると、聟入には聟まぎらかしが唯一人聟について嫁の里に行くさうして聟と同座して膳につくが、その膳の上に扇をのせて直ぐ歸るのが禮であるといふ。まぎらかしは必ず未婚者に限る。さて嫁まぎらかしといふ事を聞かぬが、嫁女おなごといふ者はある。之は嫁と同年輩の者で唯一人、嫁と一緒に嫁入りの式に同座するといふ。さあ今度は今までの所が數人であつたか一人であつたかそれが判らなくなつてしまつた。何しろ自分ではまぎらかしといふのだから、長門と同樣數人ゐるものと思ひ込んでゐたのであつた。それから地島へ行くと聟入より嫁入の方が先きだといふ。さうして嫁入に嫁と同年齡の者が一人ついてゆくが、その名は不明、つれ嫁女とも嫁女おなごとも云はぬらしい。嫁まぎらかしは一人であるといふ。志賀島では聟まぎらかし一人、嫁まぎらかしも一人但し之は嫁と同年齡の者ではなく小學校の少女だといふ。日の島のお茶持に似てゐる。嫁まぎらかしといふのもをかしいと思ふがさういふのだといふ。しかしやはり怪しい。崎戸では嫁まぎらかし一人、聟まぎらかしは養子を迎へる時のみのものだといふ。やはり一人。小川島では嫁まぎらかしとは云はず、單につけしといふ。つけしと云ふ言葉は鯨組などにも用ひたらしい。例へばおやぢのつけしなどといふ。つけしは助手か從者といふ意味のものらしい。嫁入につけしの人數が多ければ多い程自慢であつたといふ。聟まぎらかしの方はないらしい。平島では嫁入の方が先きでその晩に聟入をやるといふ。

此處では嫁入に嫁についてゆく嫁と同年齡の者をお茶持といふ。此者はお茶を包んで持つて行く由、此地は五島の傍だけに之は日の島のお茶持に似てゐる。聟まぎらかしは無い。五島有川では兩親のそろつた親戚の子供が、仲人が嫁を貰ひに行く時それについてゆき、嫁が嫁入にやつてくる時にもつき從ふ。之を樽持と云ひ角樽を持つてゆくと。日の島では樽持とお茶持と兩方ゐたが此處では片方だけであるらしい。まぎらかしは無い。

一體お茶銀と云ひお茶持と云ひ茶聟入と云ひ婚禮にはお茶がついて廻るとみえる。筑前相島では結納金はなく結納には茶色の帶茶色の着物を嫁に贈るといふ。茶色の帶といふと向津具大浦の蜑の晴の帶はもと茶か黑であつたといふ。北松浦の青島では嫁入の翌日、嫁と舅が連れ立つて握り飯などを土産に持つて禮に歩くといふ。之をお茶くばりと云ふ由である。

五島有川では嫁入がすんで新夫婦の床入りといふ事になるが、結婚當夜には交はりをせぬ。何故かといふと此夜は嫁を荒神樣にあげてゐるからだといふ。

かづめの大島で若者の仕事といふもをかしいが、嫁盗みと云へば必ず若者が行つた。之は親が許さぬとか緣談が進まぬといふやうな際に、若者に賴んで嫁を盗んで貰つた。若者が嫁を盗むと、之を土地の名望家か神官の家などに預けてをく。それから若者の主立つた者が嫁の家にことわりを云ひに行つた。此口上は中々六ケしいものであつたといふ。鷹島でも仲人が話しても一向埒のあかぬやうな時には、嫁の欲しい者は同宿の友達に賴んで、嫁とも喋し合せ嫁盗みをした。之を唯盗みと稱したといふ。盗んでしまふと仲人が嫁の家に行きことわりを云つた。さうすれば大概は承諾したといふ。

（十月五日）

ヂジンゴウとイボツチヤ

本山桂川

伊豆大島の所謂ヂジンゴウさまとイボツチヤに就ては從來旣に二三の記述があつた。

其の一は明治三十一年一月の「人類學雜誌」第三卷第二十三號、坪井正五郎氏の「伊豆諸島に於ける人類學上の取調、大島の部」の中に、

イボツチヤは地神《チガミ》とも云ふ、神體は幣束で之を覆ふに細竹で作つたイナムラ様のものを以てするのでござりまして、竹の長さは四五尺、下から三尺計の所で結び、一方を少し明け置くのでござります。之を鎭守社の境内に作るのでござります。毎年一月に作り代へる由に聞きました。

とこれ丈け書いてある。

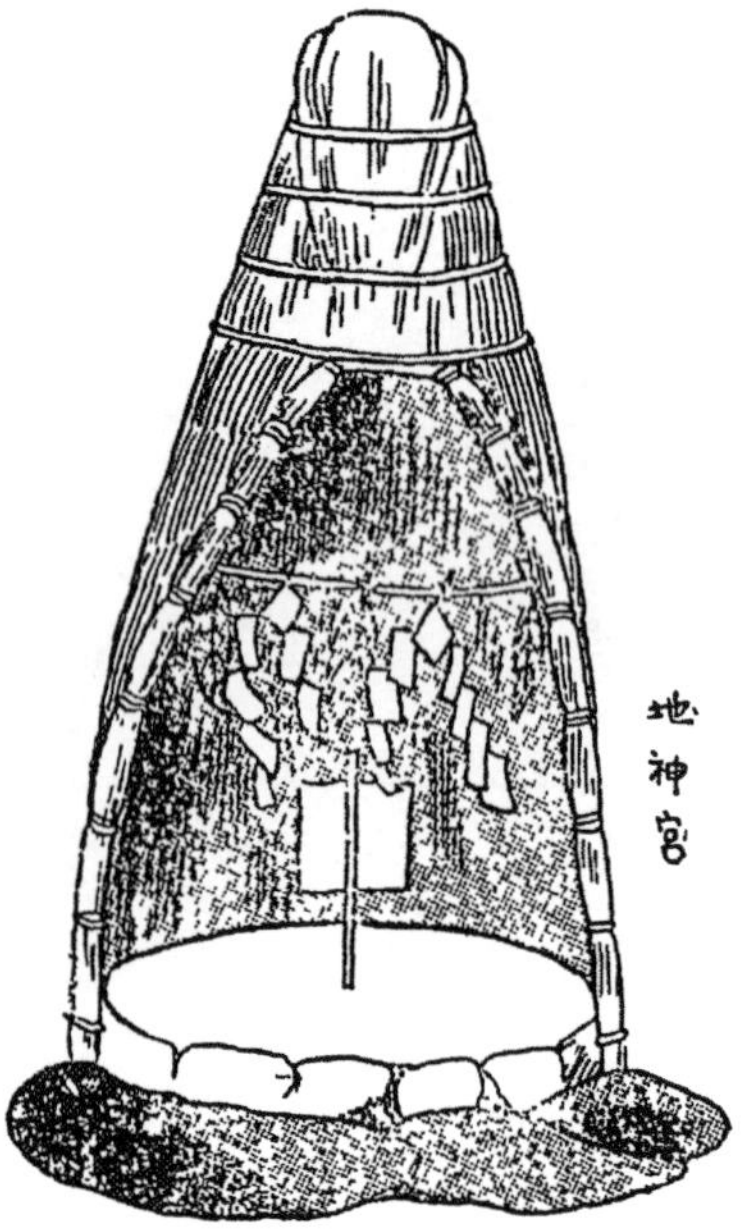

地神宮

其の二は明治三十五年八月五日發行の「風俗畫報」增刊「伊豆七島圖繪」に挿繪があつて（圖1）其本文「祭事」中の說明に、

イボツチヤ一名をチヾンゴウともいふもの、高さ四尺ばかり茅と細竹の覆ひの中に、自然石と幣束とを安置しあるを見る。こは地神宮にして、福祿を授け家内安全を守護する神なりといふ。

と見えてゐる。

其の三は小生編輯の「閑話叢書」の內、大正十五年六月刊行、谷川磐雄君著「民俗叢書」の中に「地神樣」の口繪があり、其四十九頁に元村の吉屋神社の石段の左右、小暗い木立の中にこのヂジン樣があり、又野增村の大宮神社の社屋の傍の木立の中にも數多あつた由が記してある。

最近では山本靖民君が「鄕土硏究」五ノ六（昭和六年十一月刊）に「地の神樣」を書き、元村三原神社のそれが、撮影掲出されてゐる。これを其の四と數へて、其の五には昭和七年六月刊「旅と鄕土」一ノ六の扉繪に「いぼつちや」が描かれ、本文中白井潮路といふ人の「村に於ける爲朝の傳說に就いて（二）」の記事中第三十頁に「いぼつちや」の事が書いてある。以上の五種が私の知れる限りに於て、ヂジンゴウとイボツチャに關する文獻の總てゞある。

×

山本君の報告によれば、ヂジンゴー又はイボッチャと呼ばれるものは、

一、每年末に新しく造りかへること。

二、其祭祀に與るのは或る特別の資格ある家に限られてゐること。

三、其最高資格者の家を土地で「ネギドン」と尊敬してゐること。

四、大島ではイボッチャが何の神樣であるか少しも考へてゐず、理由なしに敬してゐること。

五、イボッチャはその萱のさうした形を云ふのではないかといふこと。（柳田氏說）。

六、土地の人に聞けば火の神、水の神に對し地の神を祭つたもので「地神講」と云ふ講があつて年に二回赤飯等を供へて祭るとのこと。

以上の事項が擧げられてゐる。

現在島にヂジンゴウ又はイボッチャの祀られてある土地は、

(1) 大島岡田村八幡宮境内

(2)　同　元村三原神社境內

(3)　同　野増村大宮神社境內

この三ヶ所で、他村及び他島では見たことがない。私は昨夏右の內(1)と(2)に就いて其現狀を調査して見た。

×

岡田村八幡宮のは、これをイボッチャと稱し、拜殿に向つて左方籔中に約五十本が群立して居り、同じく右方石垣の上にも數本あつた。其中で代表的なものであらうと思はれたのは圖2のAに示すものであつた。高さ約六尺、萱を束ねて庵形とし、正面が明いてゐる。中には中央に三角形の自然石が据えてあり、其前に俗にアワンボ・ヒエンボといふものが樹てゝあつた。此のアワンボ・ヒエンボといふのは方言カマノキ及びアメンボ（アジサイとニハトコか）二種の植物を長さ三寸位に切り頭部及び下部を矢の根形に刻み、七八寸位の割竹の尖端に差したもので、他地方でいふアボ・ヘボ即ち粟穗・稗穗と同義のものである。

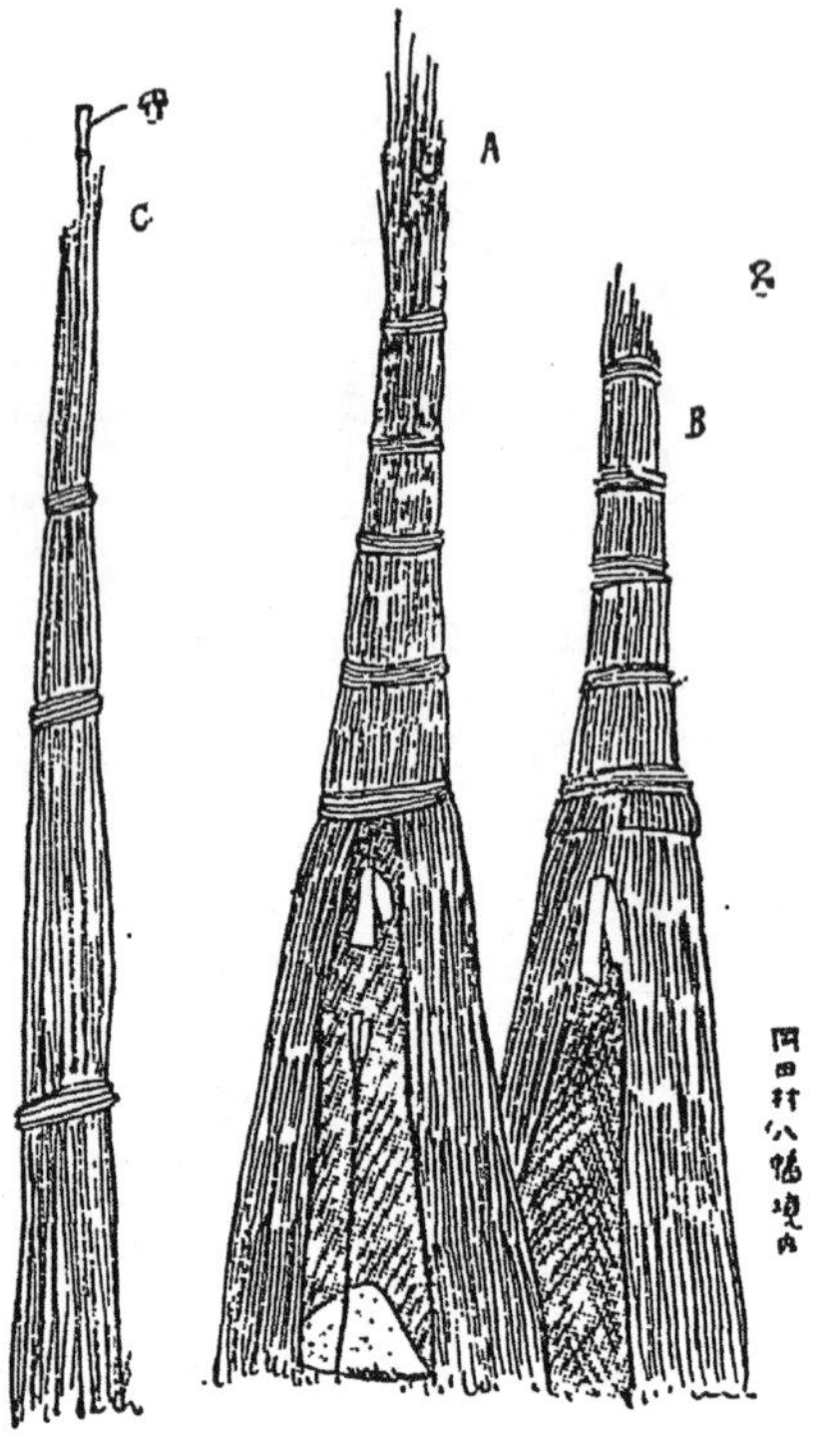

2圖Bの如きは同様の形式でありながら、內部にも何もなく、只單に正面に紙シデが申譯のやうに垂れ下げてあるばかりであつた。

2圖Cは倒れないやうに竹を心にして傘をつぼめたやうに萱が束ねてある切りで、A、Bの如き正面の明きもない、此處では凡そ此の三種の形式に盡きてゐた。

「イボッチャ」といふ名稱は、勿論これらの外形の稱呼であつて、中の祭祀の主體が何であるかは、吾々外來者には一寸

3

わからぬ。毎年正月新しく之を結び替へることとこれを祀る家柄には相當の資格がなければならないことは山本君も報じてゐる通りである。前に掲げた白井潮路といふ人は多分土地の人かと思ふが、其人の記述によれば、イボツチヤは氏子中でも本家の資格ある者のみが祀るもので、分家又は寄留者には其資格がなく、即ちイボツチヤを祀る家のみがこの村の古い家柄であることを明かにしてゐるさうである。又同社の一月十五、十六兩日の祭典である「テコ祭」にも、此の資格ある者のみが祭典の主役に參加することが出來、其他の者は雜役に服することを許されるに過ぎないさうである。して見ると、それらの有資格者は此村の草分百姓であらうことが推定され、イボツチヤも亦それらの人々によつて將來された彼等の家の神であつたことが知れる。然しそれは今少し村の最初の構成と其沿革とを調べて見なければわからない。

×

元村の三原神社の境内には拜殿の石段下向つて右側に十八本、左側に十二本あつた。これらのものを一々調べて分類して見ると3圖の如く、岡田村のと同一行き方のが數多い中に、左方のもの丶中には4圖の如く樹木其物を植木屋がする霜圍ひの如く取り圍んだもの三、5圖の如く木造の祠を中に入れたもの一、6圖の如く石造の碑を入れたもの一があつた。樹木は椿であつたが、根上りになつてゐて可なりの樹齡を示してゐる。そして岡田村では普通イボツチヤといふに對し

31

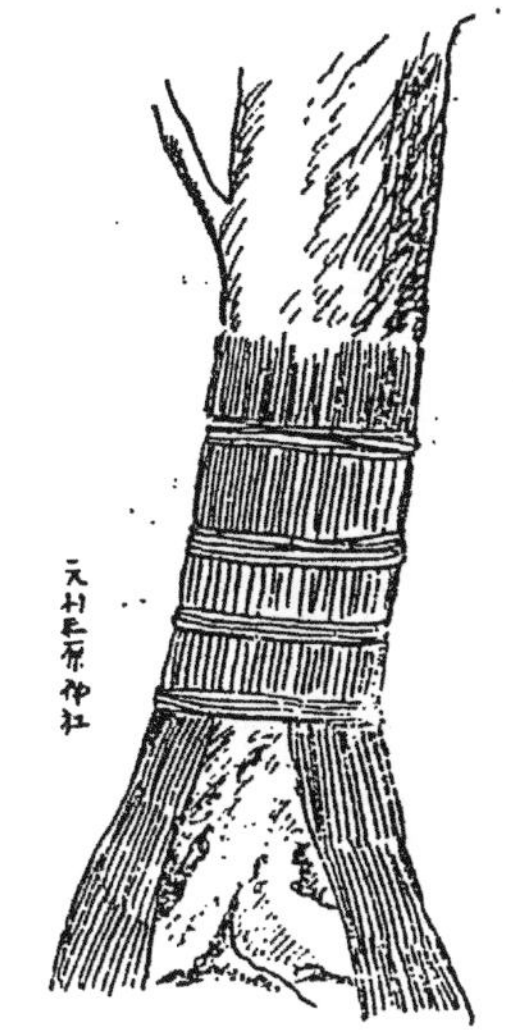

ヂジンゴウとイボツチヤ（本山）

5

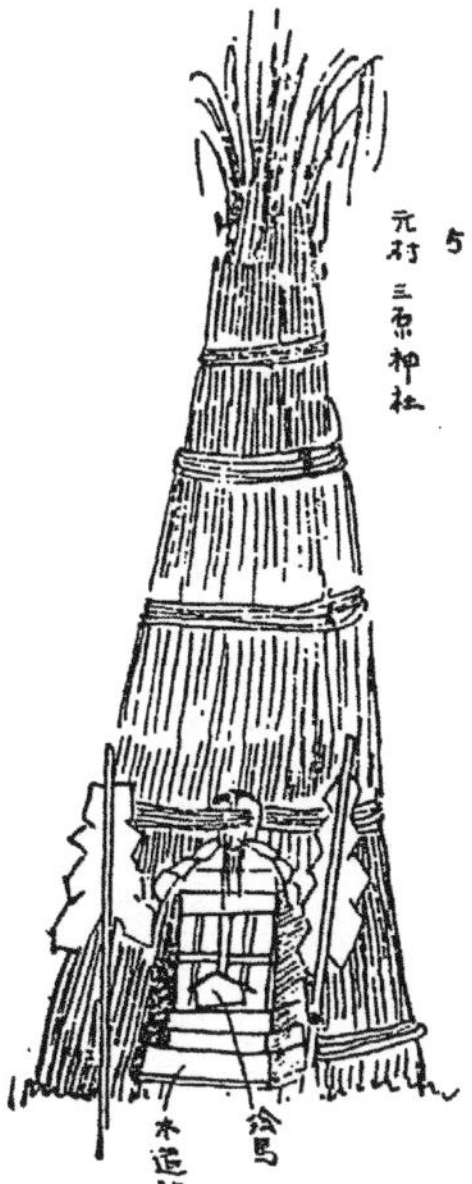

6

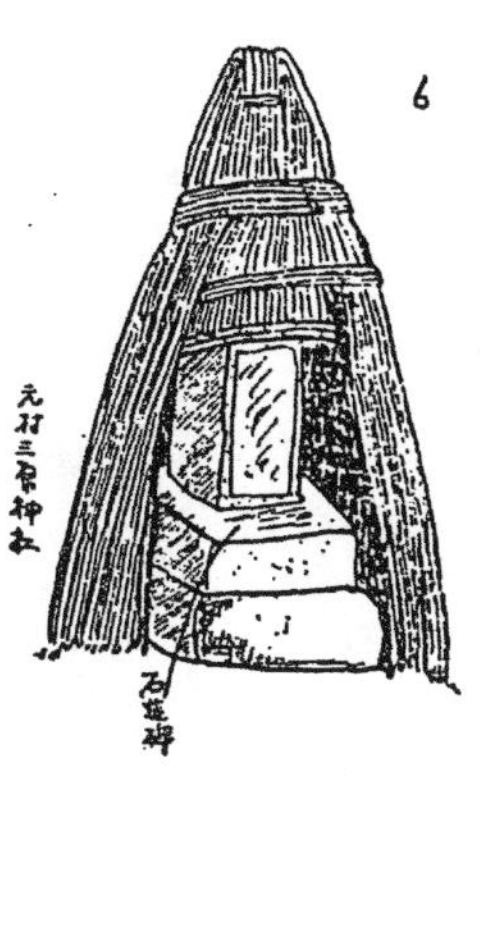

て、元村ではチジンゴウさまといふ。祭祀の資格は前者と同一らしいが、岡田村には五十數本あるのに、此處には三十本しかないのはどうしたわけであらうか。チジンゴウさまが「地神宮樣」だとすれば、之は彼等草分百姓の土着以降に於ける稱呼かとも考へて見たが、然しかうして、自然石や樹木が祭祀の中心をなしてゐるかとも思はれる實狀を見れば、土着者の其土地に對する自然崇拜の現はれであるやうにも推察される。

チジンゴウとイボツチヤ（本山）

5、圖の木造祠の前には一枚の禮拜圖の繪馬が納めてあつたが、祠の中に何が祀られてあるかはわからぬ。又6圖の碑も碑面が風化してゐて文字らしい形は見えぬ。土地の人に當つて見たが要領を得ず、要するに其の正體はとんとわからないのである。

7

高麗の祠にて

×

いつぞや尾佐竹博士に武藏の高麗村にも、これに似たやうなものがあつたと承つた、私の記憶が甦り、「武藏野」のバック・ナンバーを探したら其第三號（大正七年十二月）の裏表紙に圖の如きカットが一つあつた。しかし殘念ながら、何の說明もなく何の記事も見當らなかつた。これについては何等の知識を私はもたぬ。大方の御示教を仰ぎたいものである。

それと今一つ、玆に關係があるかどうかは知らぬが、先年偶然の矚目として寫眞にとつておいたものがある。それは8圖に示すものである。大正十三年五月末、茨城縣機初《はたそめ》村の熊野神社境內で見つけたもので、竹を心とし、藁を卷いた一對もので、小さな末社の横手に立てゝあつた。高さは一尺三寸位、名稱も目的も遂に聞出し得ないまゝに、足掛十年經過して了つた。

肥後國阿蘇郡勞働謠

八木三二
八木まさ子

前がき

先に本誌民俗學第四卷第五號に阿蘇郡さまやんの唄を採取發表したのであるが、此處に同じく本郡の勞働謠と特に記して錄するもの丶中には、このさまやんの唄は、これを除くのである。即ち比較的純粹にその勞働に直接關聯したることをうたひ、それをその勞働の時に唱和して、その韻律によりて勞働をより能率的に行ふものをば、主として錄そうと考へたのである。

即ちか丶る小生の採取した勞働謠を、此處では職業によつてこれを分類して錄するのである。

參照「民間傳承學的蒐集事項目安」岩波講座地理學、佐々木彦一郎村落調査方法の研究十四頁。

（一）農
- (I) 田植唄
- (II) 茶摘唄
- (III) 米搗唄
- (IV) 團子すり唄

（二）職人——土工——(V) 地搗唄

（三）勞役者――馬方――さんざ馬子唄

（二）

阿蘇郡に於ける、俚謠の歌曲に、その時々に流行する歌曲のものをのぞいて、在來の土地のものとして一般の歌謠にふしづけてうたふものに三種ばかりこれを認めるのである。勿論特殊な馬子唄地搗唄には、その勞働、特有の韻律の必要よりしてそれ獨特の歌曲が存するのであるが、田植、茶摘などに於ては、比較的かゝる制約がなき爲に、時折流行の歌曲又は、次にのべる三種のそれによつて唄ふのである。即ち

一、八　重　乃

二、切　　　節

三、だごすり

である。

この內八重野は、本歌として

八重野もがればもがればもがる
　とかく人目が忍ばれず

丈の短い文句をば非常に長く唄ふのが、正調なのである。現今に於ては、殆んど此の八重野をば、純粹に歌ひ切るものが尠くなつて來たのである。

筑後國矢部郡現今は八女郡は本阿蘇郡とその地形とが、盆地々形をなす爲他の地域と比較的隔離性を持つてゐる點で共通し、又その民俗にも相似のものを多く認めるが、此處に、（特に大淵村劍持）現今公卿歌として「一のへ節」と「やへ節」の二つ及びその「中間の節」との三つが殘存するのである。

その「やへ節」とは、

○こちの座敷はやーへ、祝ひの座敷鶴と龜との、舞ひ遊ぶ。

○鶴と龜とはやーへ、何して遊ぶ末は繁昌との、舞ひ遊ぶ。

その「のへ節」とは、

○さても見事なのーへお庭の松よ、枝も榮ゆる葉も茂る。

○さすは大黑のーへ召《あが》るは蛭子合にお酌は福の神

○君は高砂のへわたしやあなたの下に住む

その「中間の節」とは

○若松よやへ枝もやへだもナア榮ゆる葉も茂る。

○編笠樣よやへすこしャやへたもナアお顏が見とござる。（以上昭和六年九月八女郡にて採取）

であるが、本阿蘇郡の八重乃は、恐らく、その名の稱の同一の點に於てもその歌調に於ても、これの等公卿歌と同一の系統に屬するものと思はれるが、これが斷定は、音樂的の耳の所持者である、博雅の士の決定に待つのである。しかし何れにせよ、この兩地域は比較的相接近せし地方であり、且つ相互ともに、その隔離的なる、地理的環境のもとに或る時代に傳播されたものが、保存されて、これが傳承されたものと考へたいのである。

さて次に團子《ダゴ》すり調は長く相引いてうたふのではあるが、その引き方は八重乃ほどではなく、その調子も、發生的に考へて見る時、石臼にて小麥をする時の勞働に合致したる韻律で出來上つたものであらうと思はれる。

以上の八重野、切節、團子すり調ともに、現今次第に衰滅せんとはしてゐる。田植頃に新綠の外輪山でとりよろはれた濱邊に出て「川勢もとまるほどのよか聲で、その優長に朗詠的にうたふのをきゝ、そのうたひ主が齢の正にかたぶく老女であるのを見た時、古典的なこの歌調の次第に失はれつゝあるを思ふ時、愛惜の情が一入そゝられるのを感ずるのである。

肥後國阿蘇郡勞働謠（八木）

1 田植歌

今日の田植は親方なしに
　最早あげ頃　あがり頃

（註）黑川村坊中附近にては親方ないが、又下の句あげ頃をやめ頃とも唄ふ。

あがり頃にはも少し早い
　あがり頃には　鐘が鳴る

（註）前首と唱和する。

腰のいたさよせまちの長さ
　四月五月の　日の長さ

（註）又せまちの長さをば此の田の長さとも云ふ。猶俚言に「五月の月にや心なしから雇はるな」とも云ふものあり、又阿蘇郡南郷谷に於ては「腰のいたさよ、あぜたの長さ、四月五月のへの長さ」とも唄ふ、日と放屁とをかけて笑はしめるのである。

四月五月は寢てさよねむい
　さぞやかゝもちや　寢ぶたかろ

四月五月の日にやあかねども
　わたしやあなたの　氣にあいた

四月五月を待つときやよいが
　いやな五月を　待ちうけた

子持ちやよいもの子にかこつけて
　乳をのませて　腰をのす

（註）黑川村坊中にては下の句、長いせまちで腰をのすとも唄ふ。

五月田植にや乳飲子がほしゆや
　廣いせまちで　腰をのす

（註）乳飲子の代りやゝとも云ふ。

風の吹くときや泉醉山の
　つゝじの綠　そよ〳〵と

（註）以上宮地町にて採取、又黑川村坊中附近にて行はる。

五月ながせに絞らぬ袖に
　今朝の別れに　袖絞る

祝ひ目出度な植えたる稲は
　からだ五尺で　　穂が一丈
（註）採取同上。

歌へ歌へとつねかけられて
　歌ひかにょ）　かなこののろ田
（註）のろ田＝泥田の方言

すいてはまれば　　のろ田の水よ
　飲めば甘草《カンゾ》の味がする。
（註）以上二首、黒川村坊中にて採取。

いやな商賣百姓の番號
　晝は田植て夜苗取

祝めでたや　植えたる此の田
　からが一丈で　實《う》が五尺

田植小話べざしがきらふ
　歌で植えましょ）　　こまごまと。
（註）べざし＝主人。

肥後國阿蘇郡勞働謠（八木）

松に錢《ゼニ》花　お笹に　米《ヨネ》がなる。（上の句、逸失）
（註）以上宮地町採取。

新地下田の前田の早稲は
苗で三尺　穂に出て五尺
植えて見事な　球磨の早稲
（註）内牧町にて採取。新地下田の寒冷地に阿蘇郡久木野村大字下田（南郷谷）球磨の山地々方適種である早稲を同じく寒冷地である當阿蘇に栽植したる時、此の品種が當地方の風土に適合して、見事なる出來ぶりを見せたのをうたつたものであろうと思はれる。

2　茶摘歌

（一）茶山もどりは皆菅の笠
　どれが姉やら妹やら

（二）姉と妹を見分けぬ人は
　姉は白い齒を染めて居る

（三）緣がないなら　杖の山にいこい

肥後國阿蘇郡勞働謠（八木）

つえは茶所　緣所

（四）緣たしながら山坂こえて
　人の知らない苦勞する

（五）お茶はもめ〳〵もまねばならぬ
　もめば　あら茶も粉茶となる。

（註）以上五首・黑川村坊中にて採取
なほ筑後矢部郡は九州でも有名な茶所であるが、此所に錄せしものと殆んど同一の歌詞が行はれてゐる。

3　米搗歌

今夜《コンニャ》よなべづき　加勢《カセ》さす人は
　神か佛か　親樣かな―ショイ

黑川村坊中及び役犬原

（註）阿蘇郡役犬原にてはよなべづきを米つきと云ふ、又同所にては加勢させをかつせすろ、その否定形は次の歌のかつせぬとつまろのである。

今夜　米つき　かつせぬ人は
　人とは思はぬ　邪と思ふ

（註）役犬原にて採取。

今夜　米つきかせせん人は
　わしにぼんのゝない人かいな―ショイカ
（黑川村坊中にて）

4　團子すり唄

（一）小麥五升どま　歌でもするが
　あとの　かすずりゃ）　よめ戀し。

（二）此處の母樣　石よりゃ）　かたい
　小麥ぎゃ）すらせて　團子《ダゴ》食《クワ》せぬ。
　（又は飯食《イヨクワ》せぬとも云ふ）

（註）此の團子すり唄（dæg-csuri utæ）は五月頃春收納せし小麥をすつて團子を作る時の、小麥すりの勞働歌にして、可成りながく引きてうたふ。卽ち「小麥五升ドーマーヨー」と一人うたへばそれに掛け合ひて「歌でもするが」と唱和し、次いで前者が「後のかすずりやよーイヨー」と云ひ「ヨーめ戀イーシー」と答へてうたふ。斯かろうたひ方を當地では「かけ歌でうたふ」と云ふ。（一）の歌はしうとめが、（二）はよめがうたふものである。なほ

（三）　さまはお江戸の　日暮し御門
　　見上げ見下しゃ)　見たばかり。

も同樣にうたふ（以上阿蘇郡宮地町）
なほ黒川村坊中にては次の歌もよく此のだごすり唄として歌ふ

（四）　西のくらいのはヨー　雨ではないか
　　雨じやござらぬーヨーよなぐもり

（五）　ながいきせるにヨー　煙草をつめて
　　いこかとゞこかヨー　お江戸まで

5　地搗歌

（一）

祝めでたの若松樣よ
　　枝も榮ゆりゃ)　葉もしげる。
こなたの座敷ば祝の座敷
　　鶴と龜とが舞ひ廻る。
鬭にゃ)　千軒ならびやないよ
　　それに及んで越えなさる人よ。

肥後國阿蘇郡勞働謠（八木）

二番息子の電吉樣よ
　　それに及んで越えなさる人よ。
同じ町内えびすや樣よ
　　それに及んで越えなさる人よ。

（註）以上黒川村坊中にて六十九歳の男より採取せしもの。

（二）

じつき歌の囃子
こら　やーとこせの　よーいゃ)　な
はりわいせ　こりわいせ
さうなんでもしよう
こ《又ハよ》いさ　わいさ　よいさ　わいさ

（三）

くどき（口說）としての地搗歌、
本阿蘇郡には、くどき又は、くどき節の歌謠が殘存し、これが、地搗歌として、勞働しながら大衆に唱和されるのである。
元來くどき節は瞽女などが三味線に合せて歌ふ哀れなる歌節を稱するのであるが、何時の時代に又如何なる民間聲樂傳承者に依つて製作され又輸入されたのかは、未知の問題ではあるが、何れにせよ、斯かるものが勞働謠の一として本郡に殘存してゐるのは、注目すべきことである。

肥後國阿蘇郡勞働謠　（八木）

參照文獻、三省堂大日本百科大辭典、くどきぶし及くどきの項

此の次に記るすくどきのおきよ一代左京が橋は、前者は本郡古城村東平野宇古閑にて採取したるものであるが、此の叙事の形式は、その次に錄する本郡黑川村字西町で採取せしものよりも、三倍以上も長いのであるが、これは恐らく、その歌節の餘りにも長き爲に、傳承の際、適宜、その大意をつたへるべく取捨省略したるものであろうと考へる。

◎おきよ一代　左京が橋のくどき

（その一）

花の熊本ます屋が娘
（註）又一說に肥後の川尻（阿蘇郡宮地町百神）
ます屋娘におきよと御座る
阿蘇のお山に大願かけて
參ろまゐろと毎日よだつ
（註）よだつ＝せき立てる又あせる、よだつて來ましたけん。
今日は日もよい參りて來ましよ
とぎをさそへば七人御座る
我が身かつれば八人御座る
おきよ其の日の其のこしらへは
下にや白無垢《Siromoku》上着はりんず
帶ははやりの當世のどんす
三重に廻してきちやでとめて
足にや白足袋四つじのわらじ
三節こめたる青竹の杖
さらば母樣參りて來ませう
とぎの七人おきよをたのむ
さあさあ急いで枯木の町よ
（註）肥後國原水驛附近通稱新町
まだも急げば大津の町よ
（註）肥後國菊池郡大津町
まだも急げば坊中の町よ
（註）肥後國阿蘇郡黑川村字坊中
私しや坊さん物たづねます
阿蘇のお山はどれだけ御座る
登り三里に下りは一里
阿蘇のお山は荒神樣よ
爪もけるまい血もたらすまい
さらば坊さん參りて來ましよ

さあ〳〵急いでよこいの松よ
まだも急いで本堂に參いろ
まだも急いで左京が橋よ
まだも急いで御宮に參ろ
とぎの七人つらりと渡る
（註）つらり＝すらとならぶつゞいてならび渡る
おきよ一人が渡りが出來ぬ
とぎの七人參りて御座れ
下は大川大蛇と見える
私しや此の橋や渡りが出來ぬ
私しや本堂にまちます程に
風の吹ぬにかみ吹きちらし
人のとかぬにもとひがとけて
（註）もとひ＝元結
おきよ體にうろこが出來て
わたしが母樣兩升《フタマス》つかひ
親のむくゐが子にくるものか
そこでおきよは數鹿流にしづむ
（註）肥後國阿蘇郡菊池郡境にある有名なる瀧
（註）阿蘇郡古城村東手野字古閑八十三歲の母より採取

（その二）

肥後國阿蘇郡勞働謠　（八木）

肥後の熊本桝屋の娘
參ろ〳〵と毎日よだつ
今日は日も良い參ろぢやないか
供さ誘へば七人ござる
我が身かつれば八人ござる
登りつめたる左京が橋で
人の切らぬに髮吹き散らし
下は大河大蛇と見ゆる
我が身に曇りはなけれども
親は代々双桝使ひ
人にやる桝八合に足らぬ
我に取る桝は一升二合
親の報が子に來たものか
（註）阿蘇郡黑川村字西町五十歲頃の女より採取
元來、肥後國にては一般に毎年春秋の二期（特に春秋彼岸の中日）に阿蘇山に登り、太陽の西方に沈むのを拜し又山上の神社の作神樣に御參りをなすのであるが、或時代には、女子の登山は靈山をけがすとの意味のもとに之を禁示したこともあつた。
しかし又一般に肥後及び特に阿蘇に於ては娘が成年になつて結婚する以前には、必らず一度は阿蘇山に登山して

肥後國阿蘇郡勞働謠　（八木）

此の左京が楴を渡つて、その心の善惡をためして見るのが――その善惡は、もとゆひが切れるかどうかにあるのであるが――必要なことであり嫁入りの必要條件とされてゐたのである。卽ちこの日に月經のあつた處女の阿蘇山に登ることは或る時代に於ける女子の山ごもりの名殘であり、恐らくこれによつて成女戒をうけるのであつた樣に思はれる。（折口信夫、古代硏究、第一卷國文學篇六四五頁）なほ、同氏によれば、此の授戒の時期も四月上から中旬に亙つてとあるが、春の彼岸の中日は略此の時期に接近してゐるのである。卽ち肥後に於ける女子の結婚前の阿蘇登山はその成女の戒を意味するものでありこれが火山であるが靈山阿蘇に關聯して居るので、倫理化されたものゝ樣に思はれ、その表現されたものが、かゝるくどきにまであらわるゝに至つたのであらう。

なほ有名なる仙覺萬葉鈔所引の肥前風土記逸文、杵島郡縣南二里有二一孤山一。從レ坤指レ艮。三峰相連。是名曰二杵島一。坤者曰二比古神一。中者曰二比賣神一。艮者曰二御子神一。一名軍神動則兵興矣。闔士女提レ酒抱レ琴。每レ歲春秋携レ手登望。樂飮歌舞。曲盡而歸歌詞云。阪羅禮符綠耆資熊加多壇塢嵯峨紫瀰苫區縒刀理我泥底伊毋我提塢刀縷（日本古典全集本、採輯諸國風土記二〇四頁）の示す民俗とこの女子及び一般人の春秋二季の登山併せて成女戒とに多少の關聯がある樣に考へられる。

6　阿蘇さんざ馬子唄

（阿蘇郡黑川村坊中にて採取）

阿蘇はなよいとこ　何時來て見ても
　高根颪の　ありや　風が吹く
宮地《ミヤジ》や　よいとこ　阿蘇山の麓
　煙の出るのをね　ありや　見ちよつて
坂の峠でな提灯なげた
　蠟燭《ローソク》はけ上げて　ありや　眞の闇

（註）煙の出るのを、阿蘇の中岳は著名なる活火山にて、時々猛烈に噴煙を上げて火山活動の勇勢を示すがそれを云ふのである。

國本田獨步氏著「忘れ得ぬ人々」參照、同文に此の馬子唄の上の句を引用して馬子の薄暮、山より宮地に馬を引きて歸へる姿をば、達意の文章にて記述されてゐる。

西の暗いのは雨ではないか
　雨ぢやないわい　ありや　霾《ヨナ》曇り

（註）霾＝先に記せし火山の噴煙卽ち火山灰を稱す。

若狹の勞働歌

中平悅磨

一、苗取り歌

1、鶴の子や、そだちはお所《何カ》、げに、やわたやま
やはた山　やはたのお山の若松の枝。

2、北の田《ター》での　目につく御とのは、あのうまで
はがきうまぐわも　おたてしまも休ませ。

3、切れたやうでも　はなれたやうでも
水に浮草——根はきれぬ。

4、私が死んだとて　誰が泣いて呉れよ
山の烏と　親様よ。

5、死んで又來る御釋迦の身でも
死ぬる命は惜うござる。

6、私しや鳥羽谷　谷深ければ
棲めば都や　來ておくれ。

二、田植歌

1、音頭　田をよう植ゑんものは、一日水《みーづ》をたーたいたー
一同　おいや、たーたいたりや、一日水をたーたいたー、

2、音頭　植ゑたよさりは、ものせんものよの、みとぼれし
よう　ものしようやの——
一同　桃[註一]にさんがりいちご　さーては梅の折枝《オーリ》——。

3、音頭　つかのーひーかりこいわにのー、みがこーしをー
やーすめたー——。
一同　ヨイトーコロ　スーズミドーコロ、ナーツハ
チャーノミ　ドーコロヨー——。

4、天——じーくーあまのーかわらーに　さる——は　ざ
いもくひく——とのー、もとづなを——たぐ——りて
あわーせー　えんやらや　こゝらさーとひーくとさー。

5、今朝まで抱いて寢た子は、今宵は松原
雨降るな、風吹くなよ、此子に露かゝるな。

若狹の勞働歌（中平）

註一　國富村高塚の光岩は、北川沿ひの山鼻。地藏を祭り
　數百歳の巨樹の茂り立つた傳說地。

三、草刈り歌

1、盆にや踊ろし　正月にやねよし
なかの夏中　草刈しよう。
2、腰のいたさよー　北日のながさー
四月五月の　日の長さー―。

四、臼摺り歌

1、嫁と姑の問答を聞きやれー―
岩を袴にー―裁ちー―縫ー―へとー―。（國富村邊）
2、岩を袴に裁ちぬへー―ばー―
こじゆうと　小砂をー　糸にーよれー―。（右返し歌）
3、半日喰はいでもー―かた袖きてもー―
親と居りたやァ　ふた親とー―。
4、臼のかたさよ　相手の善さよー―
相手變るなー―　明日の夜も。
5、臼のーねとりーはーーあ、おぼ《目出たい》ーたーいーほどーにー
「イヤーサーノサーイ」
おしてござーれよ、しーもーく《撞木》ーからー―
「クカーラー、イヤー　ヲシテ　ゴザーレヨ、シー
モークカラー」「コラナー〳〵。」
6、ちゝも出てかち《搗》やれーエ　ばーばも出ーてーかちゃー
れー、かれー―木も山のーにぎわいやー
九九七
ヨイヤサー〳〵
7、臼[註二]のー元どー《取》りはー　しんく《辛苦》なーもーのーよー
「イヤーサーノサーイ」
おしておくーれよ　しーもーくーから
「クカーラー　イヤー　オシテノゴザーレヨ、シー
モークーカラ」「コラナー〳〵」
8、勢をーだーせー、せをーだーしーましよー―
「イヤーサーノサーイ」
しまやーそなたーのー、おしゆーのたーめー―
「シユーノターメー、イヤーソナータノ、オシユー
ノータメー―」「コラナー〳〵」

註二　7は5と大同小異。5、7、8が臼摺歌の普通の形らしい。1――4も多分この式に歌はれたものならん。

五、粉ひき歌

1、所ちがへば　うたの節や違ふ。
されど文句は　かはらやせぬ。
2、お伊勢まゐらば　おやからおがめ
親よりましたる　神はない。
3、いふておくれよ　何なりかなり
私や石川　濁りやせぬ。

4、音頭ものひきーするかとーおもてー
すきなーたばこものまずきたーーのまずきたーー
すきなーたばこものまずきたーー
一同しゆ〱きりつとまはつて　しやんとこい
あーきたいわいなーー。

5、音頭思ふて通へばア千里もいーちり
一同ヤレコラ、シヤウサア
音頭逢はず歸ればア、まあたんアーせんーー里
一同ヤレコラ、シヤウサア

註ニ曰ク、右は普通の粉ひき歌の節なれども、少し長くひきて唄ふ習慣にして、桑摘、茶摘等の時にも謠ふ。

6、高い山から　さんちよまちや見える
見えりや行きたし　ぜにはなし。

7、わたしも若いときや　ちりめんだすき
今は細帶　細だすき。

8、アーエ臼のやっからびーきゃーーかいなーのーーどー
くよナー、イレー　しないあーわーしーてーひーきや
ーしやーんせー「シヤンセーエ、シナイ　アーワーシ
ーテーヒーキヤーシヤーンーセー」

9、音頭うすはーさらーうーす、ひきーぎーはさーくらー
一同ヨイトセイ
音頭ひきゃるーあいーては　しのーびーづーまー
一同シノービーヅマー、ヒキヤル　アイテーワー　シ
ノビヅーマー。

10、音頭ちよいとはじめにやーコレワイナーとおーもーた
これーでー
一同オイヤレナー
音頭おしやげがおめーでーたやーー
一同オメーデーターヤ、コレーデー、オシヤゲカー、
オメデーータヤーー。

11、粉ひいてはつたいーかーめーやまどりやーー
うーとたよきじのめんどりーはーねーー
たーーたくよーー
ヤレハネータークヨー、キジノメンドリー
ハーネータークヨー。

12音頭惚れた〱ーー地がほーれーたーー
一同コレアネサン　ナンジヤイナー
音頭馬がしよんべんすりや　地ーがほーれるー
一同アーコレ　アネサン　ナンジヤイナー。

13、わしとあなたと　三年添へば
あとはごけでも、やまめでも。

14、わしとあなたは　蜜柑のつぎ木
今はならないでも　後にやなる。

若狹の勞働歌（中平）

六、酒屋の米洗歌

若狹の勞働歌 (中平)

1、甲一人 イヤー、ギヲン キヨミズナーア、ヤス井のコ
ンピラ チヨラクジー(休止) 乙一人 イヤーー
甲乙兩人 アヘニヤ ヤサカノ トーヲガアー ゴーヲ
ザアールー。

註ニ曰ク・印高聲 、印低聲

2、甲一人 イヤー、四條デ花ヤカナーア、ロクヂョ ーー
イナーァ スーヤーカ(休止) 乙一人 イヤー
甲乙兩人 カミテハサンジヨノヤーア、マアートヲヲーヤ
ーカー

3、甲一人 イヤーー、サカヤカドトウリヤナアー チィロッ
イガーアーマーネークー(休止) 乙一人 イヤー
甲乙兩人 チロリマネクナー ゼーニーーガーーナアアー
イーー。

4、イーヤー愛宕山からいなーあ、出て來るからすーうを
いやなーなーやな、そら、ぜにもないのに、かほかー
あほーーをーーと。

5、甲 イヤーア、ちごたまちごたいーなーァ まちご
たーちごたー 乙一人 ア、オイヤナー、オーーイ
ヤナー。
甲乙兩人 桃にうぐひす 木がちーごをーたー。

七、麥搗歌

1、『とん〱〱とー、つーきやーげーえーてえ、しーも
ーをて、おはなーしーにー、いーこー。しーたーのー
ちよーえー』『シーターノーチヨーへ オハナシーニー
イーコー シーターノーチヨーエー』

2、好きなあなたと コレアネサン ナンジヤイノー
米搗きすーれば 御手がすれ合うて おもーしろな、
ヤレコラ〱。

八、石搗歌

1、音頭アーエー 若狹の殿さん、ヤンハ、エー
一同ヤッコセー、ヨーイヤナ
音頭若狹の殿さん、小鯛に、お茶漬け、ヨーエトナー
一同ハーレワ、ハリヤリヤリヤリヤアー
ヨーイトコ、ヨーイトコ、セーー。

2、音頭アーエーー、松前殿さん、ヤンハ、エー
一同ヤッサコ、セー、ヨーイヤナ
音頭松前殿さん、鯡に、お茶漬 ヨーエイ、ナー
一同ハーレワ、ハリヤ、リヤ、リヤ リヤアーー
ヨーイトコ、ヨーイトコ、セーー。

間註 右を繰返し〱て唱へ、或は俗歌を右の節にて歌ひ、最後に三役と稱し、大黒柱の位置の礎をなす時の歌は左の如し。

3、音頭これのやかたに 池ほれば、水はきよみづ かね
がわく、

一同ノーオホキナ所帶ィナー　オホキナショータイナー|ー。

音頭愛宕まゐりのごりしよには、づまを得て來て　末代の

一同ノー、オホキナ所帶ィナー、オホキナショータイナー|ー。

音頭鶴や龜やは舞を舞ふ中には千鳥が酌をする――

一同ノー、オホキナ所帶ナー　オホキナショータイナ――。

註曰、右、ヤンハ、エー節は堤防工事等にも用ひらる。

4、音頭書いてやれ　書いてやれ

一同ヨーイ　サッサイ

音頭若い娘にや　文を書いてやれナーハ、ソレコーソー　ホン　アノコッチャーエーイヤー

一同エーイヤーエイーヤー　ハレハサノエー　コノサンサ　コーオノサーンー　サーノーエ――。

5、音頭長いのもあれば短いも

一同ヨーイ　サッサイ

あるのは五月のぼりのさをかえなナーハ、

ソレコーソーホンマノコッチャーエーイヤー

一同右同じはやし

6、音頭チリやカラリやカラクルリ――

47

一同ヨーイ　サッサイ

音頭鳴るのは鍛冶屋の鎚の音かえなハーハ

ソレコーソーホンマノコッチャエーイヤー――

一同右同囃。

註曰。右のヨーイサッサイ節は家屋組立の際重量の材木を引上ぐるに當り歌ふものなり。

九、木曳歌（掛聲）

1、音頭アー　ドットコセー

一同アー　ドットコセー（之れ繰返す）

2、音頭ヨイサーノエー

一同アーソーエ　（同上）

3、（ドットコセ急曳の場合）

音頭ドーツトコセイ　コライエー

一同エイヤー　エイヤー〳〵〳〵。

一〇、製絲工女の歌

1、諸國大名は、かたなーで、こーろーすーせいしー　こーじよはー　めーでころす　チョイ〳〵。

以上は、嘗て當地小濱中學校の某教諭が採集され、寫本として、大飯郡高濱小學校古谷訓導の所藏されしを借り受けて寫しながら、多少その順序をたゞして報告したものである。尚引續き鞠つき歌、其他遊戲歌、年中行事歌、童歌傳說等をも次々に報告することゝせむ。（七・八・二〇記）

肥後國阿蘇郡相撲取唄（八木）

肥後國阿蘇郡相撲取歌

〔一〇二〕

八木三二

「昔の舊板もんは、一つちよもうしたらん。今の新板もんは、みなすたるがな―。」と云つて皆つて、京大阪まで上つたと自慢する相撲取りであつた、坂梨村の馬場の田中嘉太郎（六十五歳）さんが、その頑丈な、昔をしのばす、體から出る美聲で、私達に次の諸々の相撲唄をうたつてくれたのですが、環座の老人達はみなこれを聽いて、むかし、田舍相撲道華かなりしことを、その過去の記憶の追想に思ひうかべて、此の田舍にも、近代文化の透潤によつて殆んど驅逐されようとする古典民俗藝術の、頽廢をばなげき顏の様でした。（採取期日、昭和七年七月二十四日）

（一）

娘よ―聽け、
今度の嫁《ヨーメ》入るに
長崎かもじも十二筋（或は簞笥、長持、鋏箱、）
これ程仕込んでやるからば、
二度と歸へるなその時は
つとさんかゝさんぞりゃ） 無理じや
聟のしうとの御亭次第
西が曇れば雨とやら
東が曇れば風とやら、
千石積んだる船さへも
追《ヲイ》手のわるい―が吹きかへるネ。
ノ―ホ、ホイ

（二）

わしのとなりの、又隣り
その先、隣りの先隣り、
夫婦喧嘩が出來まして、
そこでとゝめが腹を立て、
かゝめが頭にとゝめが火鉢をなげつけた、
そこでかゝめが云ふことにや
これこれ申しこちの人
それ程私がにくいなら
ひまん狀書いてやらしゃ）んせ
そこで、聟さん無筆のことなれば、

くどの前なる、火起し竹をうち割つて。
これかゝ半分持つて行け、
ヒイヒ、フーフの別れかな。

（三）

年は十三穴鉢娘《アナバチムースメ》
なんの氣もない私をば
お梅、お梅とよびよせて、
お前の前なる、お茶碗に
づゞとぬいたるその時は
目もとしよぼしよぼ、さんしよ花
口は水仙玉椿
お手《テ》をしつかと、だきゆうが、
腰はゆら〱百合の花
そこでお梅が物語
一升二升も三升
四升も五升もゆて、
緣の霧島ドンナ、ノーホーホイ、イーイ
そちが無理。

註　穴鉢娘＝未通女、「あやつは、まだ穴鉢破つとらんき」の如くに云用ふ。お茶碗については俚言に「唐津屋へ陶器商」の地震破れるのもあり、破れんのもある」と云ふのがある。

肥後國阿蘇郡相撲取唄　（八木）

（四）

餘りさむしさに濱に出て見ィたりゃ）ネー
十七八の姉《アネ》さんが、
左に擔桶《タゴ》持つ右に花、
姉《アネ》さん何處《ドツコ》に行かしやんす
今日は殿御の二七日《フタナヌカ》
お寺參詣、墓參り、
一段上《アガ》りて、ほろとなき
二段上りて、ほろとなき
三段四段の血の淚
上りつめたる御堂《ミド》の前
お手《テ》を掌《アハ》せて、腰もつき、
南無阿彌陀佛と彌陀佛と、
我がーつま戀しさノーホ、ホイ）、
イーイ、となへたネ。

註　濱＝方言にて、阿蘇谷及南鄕谷谷原の廣々たる、水田耕作景觀地域を云ふ。

（五）

うちの隣りの、その又隣にゃ）嫁が來た
飯《メシ》は喰《ク》はん〱云ふけれど
雜炊八杯　飯九杯
それでも、おなかゞたらんとて、

肥後國阿蘇郡相撲取唄（八木）

八反畑かにけつけて、
八反畑の大根を
根ながら葉ながら喰いつくし、
それでは鹽氣《シッケ》がしたいとて、
大津《オホノ》の鹽屋にかけつけて
なめるもなめんか鹽八俵
それでは咽喉《ノンド》が渇《カハ》くとて
數鹿流が瀧にかけつけて
數鹿流が瀧をのみほして
それでは小便したいとて
どんべん岳にかけ上り
小便だら〳〵まり込んだ、アー
牛馬千匹洗ひ流した、ヨーホ、ホイ
イーーイ、流したネ、　（又はアラ、エー流したヨ）
（はやし）ドスコイ　ドスコイ　（又はドッコイ　ドッコイ）

註　一、大津＝肥後國菊池郡大津町
二、數鹿鹿の瀧＝肥後國菊池郡瀨田村と阿蘇郡永水村界にある瀧。
三、どんべん岳＝阿蘇郡永水村黒川村に跨る阿蘇中央火口丘の一、五萬分の一地形圖に往生岳とあるもの、火山學にて云ふ幼年期のトロイデ（Tro'de）の形態をもち、その形容も、どんべん（陰嚢）をすえたるに似るより、どんべん岳となる、阿蘇大明神が此處に陰嚢をすえられ、小便されたる爲、現在では、その地表に十數條のガレ（地形圖には雨裂として示さる）あり、これ、その小便されし跡と俚俗つたふ。

四、本相撲唄は、經濟地理的に考察してみる時には、九州の殆んど中央に位する阿蘇カルデラ地域の經濟（特に鹽）が地形的に孤立經濟への傾向をとるにも拘らず、その位置的に見て隔海性を有するがために主として西方卽ち肥後平野地域に、二重峠の交通路により、依據してゐることを如實に談るものである。還言すれば、肥後平野の經濟圈が此處をも包持してゐたのであるが、現在に於ては、大分商圈と熊本商圈が此處に始て交錯してゐる、これは、豊肥線開通によつての大分商圈の前進に原因するのである。要するに本唄は、九州の鹽尻としての阿蘇の地域的特殊性を示すものである。

（十）　（鹿本郡稻田村字津袋にも行はる）

蜜柑、金柑、酒の燗　親は折檻、子は聽かん、
相撲取りや、裸で風邪引かん。

相撲歌の囃（一）

一相撲取りさん達チャ　女房《ニョンボ》はないか
女房はあれども、兄貴の女房で、
見ることばかーで、することならんぞ
することならんぞ

同じく（二）

相撲取りや十八家《ウチ》や、酒家　一家親類イャ）　皆質屋
いて見りゃ）　土瓶の盃もなし。

茨城縣新沼郡上大津村神立のお手玉唄其他

中川さだ子

（一）おがつけ歌　（お手玉）

（自分で歌つた數多くのもの丶中小さい妹相手に全部まとめ得たもの丶み。中に意味のわからぬ所あるもそのまゝかきつけた。）

△

一つえ、日頃戀しい初つぁんや
二つえ　二人兄弟お照樣
三つえ　みたかはえたかはけの花
四つえ　よしたのおしたのきりぎりす明日はすみやのおとさがし
五つえ　石川五衞門かまの中かまもではらもおそろしや
六つえ　娘つーけて井戸はらひ井戸もしんちよもたまりやせん
七つえ　南京芝屋はぢやら〳〵お竹はたけまつ芝太郎
八つえ　八五郎さんは女郎かひにあすも本所へ女郎かひに

茨城縣新沼郡上大津村神立より（中川）

九つえ　こうたんぼうずにやどかしな宿もしんちよもたまりやせん
十とえ　とんだりはねたりあまめらは裾端きらしに腹へらし
十一え　十一ゆばえの神樣は鼻をたらして糸をひく
十二え　十二を一ののをばたらは同じ産衣が十二枚
十三よ　つみはのりかへ三吉後鉢卷馬をひく
十四え　十四日頃嫁頃で山をおとして齒をそめる嫁に下んせ旦那樣春になつたらたる入れだ暮になつたら祝儀だ
十五とや　十五夜お月がでた晩にや何のばちやら雨が降る傘二本で袖しぼる
十六え　十六さゝぎがはちなればおちよにのまして機嫌よく
十七え　質に流したお梅さん明けておくれよきくささん
十八え　八幡樣へと願をかけお吉道樂なほるように

茨城縣新治郡上大津村神立より（中川）

十九え　くねん毎年あへますかあひさかづきでもいたしましよ

二十とや　二十の歌でもうたひませう、歌はこれぎり千びらきさゝがよいくないかで一ちよ

（二）　こもりうた。

△

やーい山根のをんつあんは
かゝほしかゝほしおかゝほし
おかゝをもらうてなんにする
せんたくさせたりまゝたかせ
よーるはぼちや〳〵だいてねる。

△

坊やのおもりはどこへ行つた
あの山こーえてさとこえて──
里のみやげになにかつて來たあ
でん〳〵たいこに笙の笛
たゝいてならしてあそばーせる

△

坊やはよい子だねんねしなあ
ねんねしておめゝがさめたなら
おちゝのでばなをあげませう
坊やが七つのおびときにや
千石萬石みなよんで
ちりめん小袖が七かさね
お宮まゐつときあなんてまゐる
まめでたつしやで早起きで
はあやくこの子がそだつよに。

△

もをりつちや樂なようでこわいもんだあ
あめかぜ嵐にや宿はなし
人ののきばにたちあかし

△

ねろつてばねない子はおらいやーだあ
なーくと長持しよはせるぞー
笑うとわらの中にたゝきこむぞ
ねむつとねずみにかじられる

紀北地方の童謠（三）

――（和歌山縣那賀郡田中村）――

與田左門

お手玉唄

　お手玉を此地方ではォイコと云ふ。

(1)
おさら
お一つ落して　おさら
お二つ落して　おさら
おー三つ落して　おさら
おー皆落して　おさら
お手ちやん　お手ちやん　お手ちやん　お手ちやん
落して　おさら
おはさみ　おはさみ　おはさみ　おはさみ
落して　おさら
おちりんこ　おちりんこ　おちりんこ　おちりんこ
落して　おさら
おーひーだーに　おーひーだーに　おーひーだーに
　おーひーだーに
さわりことん
中寄せ　つま寄せ　おさら
しづ　しづ　しづ　しづ　しーいず
でんでんむーし　でんでんむーし　でんでんむーし
　でんでんむーし
むーしむし
おー胸　おー胸　おー胸　おー胸
落して　おさら
おー袖　おー袖　おー袖　おー袖
落して　おさら
お袂　お袂　お袂　お袂
落して　おさら
お手の平　お手の平　お手の平　お手の平
落して　おさら
爪の先　爪の先　爪の先　爪の先
落して　おさら
小《ちい》さい橋越えよ　小さい橋越えよ

紀北地方の童謠（與田）

小さい橋越えよ　小さい橋越えよ　おさら
大《おつ》きい橋越えよ　大きい橋越えよ
大きい橋越えよ　大きい橋越えよ　おさら
一個《いっこ》ちゃんの　おいものき
二個ちゃんの　おいものき
三個ちゃんの　おいものき
四個ちゃんの　おいものき
おさら
お玉かくし　おさら

(2)
うちの裏やに　ねえさんござる
猫は飯たく　鼠は移す
こわい狸は、給仕する
ノー給仕する
鰯買つて來て　燒いてこがして
棚に載せときや
猫がひつかけて　スツテンドン

(3)
向《むか》への船は　誰が船
あれは子供の　遊び船
遊び船なら、遊ばんせ
沈み船なら　沈まんせ

こぎ出せこぎ出せ　こぎや町
こぎや町から　日が暮れて
提灯ともして　供つれて
裏やの障子も　ガラガラと
表の障子も　ガラガラと
中の襖は　ピツシヤンコン

（一）への補遺

○あの嫁さん　ええけども
帶の結びは　道樂で（だらしないの意）
去《い》んでお父《とう》つあんに　叱られて
おまん（饅頭）三つで泣き止んだ

○甲　子《こー》買《か》お　子《こ》買《か》お
乙　どの子《こー》ほしや
甲　〇〇さんほしや
乙　歸《い》んで何食わしや
甲　米の飯に鯛の魚
乙　大骨《おほね》が立つよ
甲　大骨も小骨も皆拔いて食わす
乙　婦《い》人で何穿《は》かしや
甲　草履《じようりこ》買て穿かす

乙　足かんで惡い
甲　雪駄《せきだ》買て穿かす
乙　すべつて惡い
甲　靴買て穿かす
乙　くつくつ云《ゆ》て惡い
甲　炬燵の上へ　毛氈敷《ひ》いて　座らひとく

甲乙二組に別れ、これだけの應酬をし乍らメンバーを交換して行く。別れ順序がある譯ではないから、人氣者は絕えず甲乙兩方を往復しなければならない。

55

○こーは粉河の　はつとんべー（法度場）
錢金《ぜにかね》持《も》て來にや　よー通さん

意地惡く他人の道を塞いでこう云ふ。方言で、道か塞ぐ事をハットンべすると云ふ。

○あがら二人は　仲よしよー
蓮根くわえて　引き引きよー

○コケコッコー
ちゃんちゃ（茶粥）たけよー
なんぽたこにー

紀北地方の童謠（與田）

五合《ごんご》たけよー
よー食《く》ふかー
くうくうくう

○えべつさん（惠比須）と大黑さんと　風呂いって
えべつさんが大黑さんの　おチヨ觸《ぢ》ろて
はてんご　さいなよ（冗談するなの意）
はてんご　さいなよ

○櫻散る散る　散つて來て
おば（婆）さんに貰ふた　水引は
箱へ入れといて　取つといて
ままはん御前に　探されて
腹立つ　腹立つ　腹立つよー
そなえ腹立ちや　紫川へ飛び込んで
引きあげてよー　引上《ひきあ》げてよー
引上げたちんに
白いもな（ものは）三つ
赤いもな三つ
それが嫌《いや》なら　北海道の通で
こけこっこーの　めんどりは
頭に毛や無て　お寒ぶしよー　お寒ぶしよー

紀北地方の童謡（輿田）

○ちんぼーに　春つかせ
足《あし》やない　足やない
おめこーに　豆かませ
歯《はー》ない　歯ない

○男はきもから　茶はかんす（茶釜）から
ぼた餅や棚から　芋餅や鍋から
お粥は底から、豆腐汁《じ》ら上から

「正月殿はござつた」の唄の後を發見した。あのまゝではお土産を忘れてゐる。忘れたのは正月さんではなく、筆者であつた。「鳥」の唄の後半も發見した。もう一ぺんこの二つの全部を紹介する。

○正月殿は　ござつた
何處まで　ござつた
園子山の　裾まで
杵振りかたげて
餅つきに　ござつた
土産は　何々
密柑柑子《こーじ》　立ちんぼ
立ちや栗の　枝折

○からすからす　何處行きよ
向の山《やーま》へ　麥ほしに
ちつこの山《やーま》へ　火がついて
もやそか消そか　青松葉
松屋の門《かーど》へ　松三本
竹屋の門へ　竹三本
いーよーよ　ひーばりこ
明日《あーす》はどんどの　婿入り
金らん緞子　ちりこの枕
なーかにちょんぼり　梅の花

○蓬《よごみ》つみに　行かんかえ
一本摘んでは　籠に入れ
二本摘んでは　籠に入れ
三本目に　日が暮れて
お爺《ぢ》とこい　泊ろか
お爺とか（とこは）　蚤の巣
お婆《は》とこい　泊ろか
お婆とか　虱の巣
姉とこい　泊つて
朝早《は》よ　起きて

北山　見れば　たらみで　掬《すく》て
さら（猿は）三匹　飛んで來て　緒幹《をがら》で　擔《い》のて
先《さき》のさら　もの知らず　線香《せんこ》の　杖で
後《あと》の猿も　もの知らず　丁の町へ　賣《う》んに行《い》て
中のさら　もの知つて　赤犬に　追わえらえて
なまづ川へ　飛び込んで　雪隱《せんち》へ　隱《かく》れて
なまづ一匹　べつさいで（壓へて）　びち糞で　滑《すべ》つて
手で取りや　すべるし　固糞で　鼻打つて
足で取りや　すべるし　落し藥で　目突いた

追ひ書き

唄の一つ一つが私にはたまらなく懷しい。こんな唄を謠つたり聞いたりした頃の自分の姿が、まざまざと浮んで來る。一緒に謠つた友の顏や、謠つた場所が、或はほつきりと或はぼんやりと思ひ出される。活字に現はされた以外のリズム等も、私には感じられて、何時までもそおつとしておいて、決して壞したくない氣持ちがする。冷い學問の資料等と呼びたくない樣なセンチメンタリズムにも襲はれる。

之等の唄の本當の採集者は、私ではなく私の父である。今の子供はこんな唄は殆ど知らない。今の大人も大方は忘れてしまつてゐる。父が折に觸れて書き止めておいたものがあつちこつちから發見された。尙もう一つ、和歌山縣が縣立の小學校を通じて、俚謠を集めた事があつた。それを整理し淸書したのが父で、その際の原稿（各小學校から集つたもの）は表面之はもう反古になつてしまつた筈なのだが、事實は、郡を分けて全九冊の『和歌山縣俚謠集』となつて、全部そのまま私の家に殘つてゐる、この二つがあつたからこそ、私の記憶を呼び起し、古い人にも忘れかけた唄を謠つて貰ふ事が出來たのだ。

——六、九、三——

菅公とお室《むろ》婆さんとのはなし

宮武省三

菅公が筑紫榎寺に謫居のとき、公の身まはりを能く世話した婆さんがゐた。本名をなんと呼んだか知らぬが、此婆さんの家に室《むろ》が在つたところから、今でも大宰府界隈では、お室《むろ》婆さんで其名が通り、「天神さんは、おむろ婆さんのへコで命拾ひした」などと、此婆さんの、かしつきぶりは老人連の語り草の一つとなつてゐる。

はなしの筋はかうである。菅公が刺客に襲はれ、此婆さんの家にかけこんだとき糀の室《ろ》に隠くれたが、公の身邊五色の雲が棚引き却て發覺のおそれあるので、婆さん即座に氣を利かし己の褌《へこ》を、そこらに吊るすと雲は忽ち退散し、刺客の眼にもとまらず、公は難を免かれたと言ふのである。事實はどうでも、お室婆さんのゐたことは確かと見え新編武藏風土記稿之二十四（大日本地誌大系第六巻）所載龜井戸天神境内に干する記事に「同《寛文》三年神殿以下反橋心字の池などに至るまで悉く大宰府の社に擬して作りなせり云々」同じく西法華堂蹟に就て「今の神厩の邊なり是も延享二年回祿の後東法華堂に合せり、本尊藥師を安す此堂中に老夫婦の像及び青赤鬼形の木像を置り老婆を淨妙尼と號す筑紫榎寺邊に住せし賤女にて菅神彼地へ左遷の時粟飯をさゝげて勞り奉りしものと云々」とある淨妙尼といふのが此お室婆さんのことであるらしひ。先年大宰府町の中村菊次郎さんから承るところに由れば此榎寺は其當時淨妙院といふ空《あ》き寺であつたといふ話もあるさうで、又今榎寺に堂守してゐる婆さんが、矢張お室婆さんの家筋の方ださうで、歴とした系圖もあり、お室婆さん自身も賤女ではなく、右の武藏風土記稿には老夫婦の像云々とあるが、婆さんは獨身であつたとも言ひ傳へられ、此堂守の家から緣結びの守護札を出すのも、獨身のお室婆さんが、男女の緣を世話してやらうと言はれたから起るものじやといふ。

ところで菅公が亡くなられたとき、かねて己が遺骸は牛に曳かし牛の立ち停まつたところに瘞めてくれと仰せられてゐたので、其お言葉通り牛に曳かせ歩むがまゝに聽て其佇立したところを埋玉の場所なれと地を穿つことゝした。ところが一方お室婆さんは菅公が生前お餅がすきであらせられたところから此日も供薦し奉らむと拵へ最中俄に出棺ときゝ、大いそぎで餅に餡をいれるまもなく携え追かけると、はや牛の佇立したところは相當堀られてゐたが、婆さんがくると牛は又動き出したので之を中止し、いよ〳〵本式に立どまつたところに葬たのが今まつられてゐるところであると言ふ。そして此最初に停つた窪地は後に井戸となつて今、來光寺のほとりに存し其井水は酒造用に供したこともあり、維新前迄は不淨の者は此前を通らず一切通行は裏通したとも言はれ、天神境内並に附近で名物として售られてゐる焼餅買ふと別に餡を添えてくれるのも、お室婆さんの右の來歷によるものと言はれてゐる。諸國から大宰府にお詣りする人も多いが、赤毛氈しきつめて、笑顏で招く焼餅屋に、こういふ謂れを唄き出す人も少く、私が豐前にゐた當時も、はなしどころか宰府と言へば焼餅屋お石といふ北九州一と呼ばる別嬪のみが噂に上て今様笠森お仙を見る心地…江南一枝、春ならで有象無象の者共、此尤物の紅艶に現《うつゝ》をぬかし、おぬさひき手數多《あまた》あれと、お石其名の如く道德堅固に、後に「とんだ茶がまが藥鑵に化けた」となつたか、どうかは知らぬけれど、焼餅は狼連にはどうでもよし、テな鹽梅であつたから、玆に右の一くさり吹聽して置く。

菅公とお室婆さんの話は只是だけであるが面白く感ぜらることは牛の佇立したところに公の尊骸を瘞めたといふことである。南方熊楠先生から頂戴した Popular Poetry of the Baloches. by M, Longworth Dames, 自一七八頁至一八〇頁 にベルヂスタンの山國にすむ名高い聖《ひじり》の一人パール。スリトといふ者、敵に首を切り落されながら己が手で首をさげて家に歸り己が息をひきとつたら駱駝に身を縛り其駱駝か地に伏して二度と起上らぬ所に墓をつくつて呉れと遺言したといふが見えてゐる。遺骸のあと始末ではないが羅馬神話にも、イニアスが、なんだか緣起のよくない事が起りさうじやと心配して父と一緒に妻やら多くの郎黨を引連れて都落ちするとき、ヘルメスといふ神さんが渡海用の船を造て東道してくれ、イザ、出帆となると、イニアスの母親である金星《ヴイーナス》が、よる晝《ひる》なしに頭上で輝てくれたので西方のある陸地に着船出來た。そして上陸すると間もなく星は消えたので、イニアスは自分等の住むべき國は、こゝであらうと考へ、トロイ人は擧て諸々《もろく》の神達を陸上に持運び、神さんには乳白色の今分娩に差逼てゐるといふ牝豚を犧牲にして捧げむとしたとき此牝豚は僧侶共の手から遁出したので、イニアスは、じつと、それに尾行した。と言ふのは神託《オレークル》に四足獸が爾を導くところ都をつくるべきなりとのお告げがあつたからであるが、隨て行くと海岸から二哩半ある小山であつた。そこで此牝豚をこゝで犧牲にせうとすると牝豚は仔豚三十を産んだが、イニアスは玆處も砂地、しかも荒蕪の地であつたから、多少遲疑してゐるとき天に聲あり、「仔豚三十頭は三十年である、三十過ぐれば爾の子達は是よりよき地に移るべし、その時は諸神の告ぐるまゝに都をつくれ」と聞えたのでトロイ人は牝豚が地に伏して分娩した此處を都とすることにした。（ヒストリアンス・ヒストリオブ、ザ、ウワールド五卷羅馬史六〇頁）このやうに移住地の選定を四足獸で卜する例は此他にも在て、エフィスス（Ephesus）では是が野猪となり或は牝牛が其役目をなしてゐるもあつたと本書六八頁に見えてゐる。人間の心理といふものは大體どこも似寄つたもので、昔も今も色々の方法で物を占卜して堪能する風があるから、菅公の右のはなしの如きも外國種を仕込んで言出したものでは無からう。嘉永四年版天滿宮御傳記略下には「御末期に葬車の重からん所に葬り奉るべきよし仰せ給ひき、時に御歲五十九歲にぞ座ましける、畧、大宰府に近き四堂のほとりに御墓所を定めて御尊骸を納め奉らんと御車を出しけるに御尊骸輕くして無がごとし、然れども御遺命のごとく御葬車たちまちに止まりて動かざれば其所をしめて御墓所とす、今の安樂寺これなり云々」とあり、本年四月廿七日大阪城見物に行いたとき新築天守閣に陳列せられたる大阪府土師神社出品、菅公扇面繪傳屛風六曲一雙の内扇面第廿一にも、葬車をひく牛の傍を堀る場面が在て、其上に「延喜三年二月廿五日菅神五十九歲而薨御子大宰府榎木寺欲葬筑前國四堂邊於途中肥特多力之牛挽不動以其處爲陵謂之安樂寺圖」とあり、今、大宰府町で傳へられてゐる咄と多少異ふところあるが、お墓所の占卜につき、なにかの話であつたことは以上で推察は出來るのである。

民俗學四卷二號に松村武雄氏が、北印度の或る士族たちは、おのれ等の住地としやうと欲するところに一頭の山羊を追立て山羊の體をふるはした地點々を選んで境界の標を立てたことを述べられ、日本に於ける類話をきゝたいと中山太郎氏に望んでゐられるが、是と此の大宰府町に於ける菅公尊骸の言傳へとは多少趣の異るところあるけれど似通ふ筋もあれば、お室婆さん紹介ついでに語り置くのである。

『毒を感知する鳥』に添へる

淺田　勇

中央公論社版の完譯アラビヤンナイト『千夜一夜』の五六頁以降を見ると「シンヂバード王とその鷹の話」が述べられてある。この話が『民俗學』第四卷第九號に掲載の石田幹之助氏『毒を感知する鳥』の研究に良い材料となるものだと氣付いたので、お知らせする。話の筋といふのは

ファールスの國王は、狩獵好きで、一羽の鷹を飼つてゐて、狩獵には必らず連れて行くことにしてゐた。ある狩りの日、羚羊る獲るのに疲れ、渇いた咽喉を、樹枝から滴り落ちる水で慰やそうとして、王は毒除けの手袋をはめた手で、鷹の頸から金の盃を外し、それに水を受けて鷹の前に置いたところ、鷹はなんと思つたのか、爪をか

けてその盃をひつくりかへし、王が水を汲みかへるとまたこぼして了ふ。もう一度、馬にやらうとて、盃に水を受けると、翼で强く打つて覆へしたので王は劍を拔いて鷹の翼を切り落した。ところが鷹が首をもたげて、さも樹の上を見ろと云はぬばかりの素振りをしたので、王が見上げると、そこには一群の毒蛇がまきつき、水はそこから滴る毒液だつたと判つた。王が悔いたときには、哀れにも鷹は死んで了つてゐた。

といふのである。石田氏が望んでゐられるのは、毒を感知する鳥の話が、日本や支那にあるかどうかであるらしいが、シンヂバード王の話もこれに就いての何かの參考にはなるであらう。日本でも、佐々木喜善氏の民譚集の一に、繼子說話型の一部分となつて蒐められてゐたやうにも覺えてゐたので、探して見たが見當らなかつたので殘念に思つてゐる。繼子が繼母から貰つた毒饅頭を食べようとすると何處からともなく飛んで來た鳥が、それを啄ばみ、毒に當てられてその場に死んで了ふといふ風だつたやうに覺えてゐる。或は他の民話集だつたかも知れないが、思ひ出せない。本誌第四卷第十號に佐々木精一氏がこの話に類似する傳說だとて揭げてゐられた、地藏が鳥になつて、旅人に鬼がゐるか居ないかを知らせる話は、毒を感知するのではなく、災害とか危害とかを豫告するのであつて、やゝその範圍が擴げられたやうで、斯うなるとその類話も割合に多く見出されると思ふ。鳥類ではないが、魚でその類話を擧げると、佐喜眞興英氏「南島說話」の「怪魚の話」（五八頁）がある。これは鹽焚に捕へられた魚が大津波を豫告するといふ話である。これが尙廣範圍になると、例の義犬塚說話なども、この中に含まれて了ふのではないかと思はれる。即ちチャーペンティール氏がこの食物の毒を警戒するといふ話の本となると述べてゐる毒蛇の存在を察知警告する話の圈內に入るのであつて、尙進んでは動物報恩說話圈をも侵して行くことにもならう。範圍の廣がるのに就いて考へ合せる必要があるのは、石田氏も注意してゐる例の盜まうとすると自づと聲を發して之を妨げたといふ石川五右衞門に附會されてゐる千鳥の香爐の話である。このモチーフは誰でも知つての通り、童話にしばしば現はれてゐるもので「ジャックと豆の木」でも見られるし、巨人或は魔神、怪物のところを訪れた少年が逃げ出すときに鷄が鳴くとか、寶物が音を立てるとかといふ風に語られてゐて、つまり、一種の危害を警告するといふのである。この點、石田氏の言の如く右の話と一脈の絲を引いてゐるものだと云つて差支へない譯だが、では、この双方の話がどんな關聯した經路を辿つて來たものであるかに就いては、私も、大方の敎示を望まねばならないものなのである。（昭七・一一・一五）

歴史と民族學（リヴーズ）（二）

米林富男

英國文化に於ける主なる三要素

かくて、三個の主要なる來住波動（immigrant waves）が大ブリテンとアイルランドに波及したのであり、そのうち最初の波動は自ら二重の性質を所有してゐたといふ一種の豫見的方式に、彼は到達するであらう。彼は三種の言語を話すそれぞれの人々に便宜上名稱を付するであらう。メラネジヤにおいては、既に述べたやうに、彼は常に民族自身の精神活動を刺戟するに足る物質を根據として名稱を與へることを習慣とした。即ち彼は彼自身の屬する種族の構成狀態へ侵入せる假想的民族について論述する際、常にカヴ民族、ベテル民族等の言葉を使用してゐる。それ故に、ブリテン人口の構成要素に賦與すべき名稱の根據として、自然彼は同樣の物體に着目する。かくて彼はあらゆる階級に廣く普及しかつ使用せられてゐる一個の飲料を發見するであらう。しかし乍ら、その飲料の名稱として知られてゐる言葉は、語源的にはゲルト語に屬し、しかして、その飲料における二種類の變種が各々スコツトランドとアイルランドに聯關を有するところから、彼はそれが同國人口の最初の層に結合すべきものと認めるに至るであらう。彼は分析の結果發見した最初の移住者に屬する一群の人々に對して「ウヰスキー人」なる名稱を與へることによつて、吾々がケルト族に關して論述する場合に屢々惱まされる凡ゆる混亂の源泉を回避するであらう。その後に渡來せる他の二種の移住民族に賦與すべき名稱を探求するうち、彼はビールの使用が一般に普及してゐるとはいへ、それは下層階級特に農民階級の主要なる、或ひは屢々唯一なる飲料物であるに拘はらず、葡萄酒の使用は決定的に支配階級に限られてゐるといふ事實に着目するであらう。何れにせよ、彼は言語學的分析を施すことによつて到達せる三個の主たる人口要素に對して、「ウヰスキー人」、「ビール人」及び「葡萄酒人」なる名稱を使用すべく決心するであらう。

親族名稱

私はわがメラネジャの民族學者が支配及び被支配階級に聯合せる諸多の文化要素を研究することによつて、大體、三種の民族間に存在する關係を發見しえたであらうと信ずるのである。私はメラネジャの民族學的分析を行ふ場合の手段の中でも最も重要なる意義を有つ題目に例證を求めるに止めておかう。ところで、英國における親族名稱を攻究するならば、わが黑人民族學者は恐らくそれらの親族名稱が明らかに二種類に區別しうることを發見するであらう。即ちある種の名稱たとへば父、母、兄弟、姉妹 (father, mother, brother, sister) の如きは明らかにビール民族に屬するにかかはらず、叔父、叔母、從兄弟 (uncle, aunt, cousin) の如き名稱は後の葡萄酒民族の言語から來てゐることは明瞭である。最初彼は二代を距てる親族に與へられたビール民族語系統の言葉に對して葡萄民族に屬すると思はれる祖=(grand-) なる接頭語の附加せられるのに當惑するであらう。これらの語は記述的部類に屬し、この重要は常に困難なる問題を提出するので、わがメラネジャ言語學者は當分この問題を取り扱ふことを見合すであらう。彼は觀察の範圍を他の種類の語に限定した結果、uncle, aunt, cousin の如き親族は葡萄酒民系統に屬する名稱によつて示されて居り、その理由は該民族が社會秩序の上にこれらの親族に新なる名稱を賦與すべき必要を生ぜしめたある種の變革をもたらせる結果であると結論するであらう。そこで彼は印刷物に對する嫌惡から、アングロ・サクソン語に依賴せず、別種の手がかりを探求するであらう。その場合彼はかつてビール民族が優勢を占めてゐる國即ち獨逸における親族名稱法から大なる印象をうけたことを想起するであらう。即ち彼は一般に叔父に對して二個の名稱即ち "Oheim" 及び "Onkel" が用ひられて居り、そのうち後者は幾分の變化を施されたフランス語であることを發見したのであつた。叔母に對しても同様に二個の名稱即ち "Tante" 及び "Base" なる語が存在し、しかしてこの後の語は屢々他の親族に對しても適用せられるのである。この場合においても亦一語は語原的に見て明らかにフランス語であり、しかして、ブリテン島における彼の經驗に徵して彼はかくの如きフランス語系統の名稱が特に支配階級または文化的により高級なる階級の言語の中に顯著であることを發見したのであつた。彼はまた獨逸のある老人達と會話する時、"Base" は特に父の姉妹に對して用ひられ、かくて父の姉妹は名稱法上の姉妹とは區別せられるのである。しかして母の姉妹に對しては別に "Muhme" なる名稱が存在する。同様にして彼は極めて稀であるとは云へある老人達が特に母の兄弟に對して "Olina" なる名稱を用ひ、父の兄弟に對しては、一般の人々が從兄弟を呼ぶために用ひてゐる "Vetter" なる名稱を以つてこれを呼稱してゐたことを發見したのである。[1] かくてわがメラネジヤ人類學者は、ドイツにおけるこれらの老人達の間において父の兄弟と母の兄弟、父の姉妹と母の姉妹とは互ひに名稱上區別せられてゐることを發見するであらう。しかもその事實は彼自身の血族組織における根本的特徵をなしてゐる。古き獨逸語が明らかに英國におけるビール民族の言語に關係を有するところから、彼はこの民族がある時期において父の兄弟姉妹と母の兄弟姉妹とを區別して考へたといふ事實に想到するであらう。彼はグレート・ブリテンに現在殘存してゐる言語においては、葡萄酒民族語系統に屬する名稱を用ひて叔父、叔母を云ひ表はしてゐるといふことを認めるであらう。なぜなら、昔かつて存在した區別は、これらの移住民の影響をうけて社會組織に變化が生じたためにその意義を喪失したからである。もしも葡萄酒民族の影響によつて發生した社會變化のために往時の區別が無意味になつたとすれば、以前は區別せられたが今や同一部類に數へられる親族に對して用ひらるべき新名稱は、當然その影響の下に變化を惹起せしめた移住民族の言語の中から採用せられなければならない。ところで、メラネジヤにおいては父の兄弟姉妹と、母の兄弟姉妹との區別は氏族組織に密接なる關係を有する以上、わがメラネジヤ民族學者は英國人の親族名稱法におけるこれらの特徵を、葡萄酒族移住民の影響の下に消滅せるビール民族の社會組織の一部たる氏族組織の名殘りと認めないわけにはゆかないのである。彼は往時氏族組織の存在せる證據として、それは極めて異例的な種類のものではあるが、しかし今なほスコットランドにおいてこの名稱にて通用する一種の社會組織の存在するのを發見するであらう。なほまた彼はアイルランドにおいても、"sept" と呼ばれてゐる類似の組織の存在する確證を見付けるであらう。更にまた彼は、氏族組織の顯著なる特徵をなすところの親族關係が廣く普及してゐたことを明瞭に示唆するが如くに使用せられて居り、しかしてそれは恐らくアイルランド語の "sept" に關係を有すると思はれる "sib" なる名稱がイングランドにおいて稀に見受けられることに氣付くであらう。

吾々自身の言語におけるある種の特徵を基礎として試みたこの簡單な說明は、私がメラネジヤ文化を分析する際に用ひた說明とまさに同一の方針によるものである。諸君はかのメラネジヤ民族學者が英國人口における三個の主要構成要素を時間的順序に配列することによつて推定せる諸道程と、吾々がそのことに關して吾々自身の記錄から學びえた事情とが全く同一であることに氣付くであらう。しかしてわが人種學者がやがて文學を根據とすることを敢へて怖れなくなつた曉には、アングロサクソン語の語彙が彼の假定と全く一致する如き血緣關係を示すことを發見するであらう。この國の言語に關する記錄を見るならば、明らかに彼は彼があたかも獨逸における言語學的變化に比較して推定するに至つたと同樣に、それらの言語を話す人達が父の兄弟姉妹と母の兄弟姉妹とを區別したと云ふことを知るであらう。彼はメラネジヤ民族學の方法に隨つて、三個の假定的民族のために撰定したウヰスキー、ビール、葡萄酒の如き名稱すら、吾々が普通ケルト人、アングロ・サクソン人及びノルマン人と呼稱してゐる諸民族の特徴的飲料であるといふ事實に相應することを發見するであらう。

（1）これらの名稱の使用に關して、私は Breul 教授から重要なる示教を賜つた。

宗教

右の如き民族學的分析法における比較的容易であり直接的である事例のみを提示するのは、あるひは公平だとは云へないかも知れない、私はある種の一層困難なる事例にして、それは恐らくメラネジヤ民族學者を當惑せしめる危險性の非常に多いものについて簡單に述べて見たいと思ふ。即ち、彼がその注意を宗教に轉換せしめるならば、彼はローマ・カトリツク教が特にアイルランドにおける古語の話される地方に盛んであり、しかしてこの宗教的形態は古語の中でも別個の變種が話されるスコツトランドの山岳地方においても亦普及されてゐることを發見するであらう。そこで彼は恐らくローマ・カトリツク教を初期の住民と認められる「q」分派に結合して考へるであらう。しかるに、ウエールズではローマ・カトリツク教が存在しないばかりでなく、人々の宗教的信念はローマ・カトリツクに對して最も猛烈に反對してゐるに拘はらず、一方イングランドにおいてはローマ・カトリツク教は、被支配階級よりもむしろ支配階級の間に普及してゐることを知つて、彼は途方に暮れるであらう。他面において、ブリタニヤ地方に普及してゐる強烈なるローマ・カトリツク教は再びこの宗教形式と原住民――但しこの場合には該民族の「P」分派――との結合を暗示するであらう。なほまだ彼は優勢をしめてゐる英國教會の一宗派にして特に支配階級と聯關を有するところのものが、ローマ・カトリツク教と殆んど異らない儀式を實行し、信仰を保持して居り、かくて一見したところ、既に蒐集された證據にして、この宗教形態と葡萄酒民族とを結合するらしく思はれるところのものを確證しつゝあることを知つてなほ一層當惑するであらう。これらの分布上におけるすべての變則的事例は、彼をして最初彼が採用せんとした、ローマカトリック敎が英國諸島の原住民に結合してゐるといふ結論を回避せしめ、しかして彼は分布の研究の途上に遭遇した困難を一掃するために有機的結合の原理に着目するであらう。彼はイタリヤ語の古代形式らしく思はれるある種の言語がグレート・ブリテン、及びアイルランドにおけるローマ・カトリック敎會の口頭儀禮に用ひられて居り、また宗敎建築を比較研究して見ても彼はこの種の宗敎形式を極めて早期のものと速斷しやうとした彼の最初の意向を訂正せねばならなくなるであらう。メラネジヤにおける經驗によつて、彼は宗敎的儀禮の消極主義に對し大なる意義を認めるに至り、しかしてローマ・カトリック的儀禮の媒體として彼がイタリヤ語と認めようとしたものを使用してゐる事實から見て、彼はこの宗敎形式を葡萄酒民族に結合せしめるであらう。かくの如き結論は、その宗敎の中心的儀式に葡萄酒を使用することによつて一層確認せられるであらう。更に深く研究を重ねるにつれて、彼は英國敎會の稱號儀禮が、媒體として古典的な伊太利語を用ひる代りに英語を使用する事實を除くほかは、多くの點においてローマ・カトリック敎の稱號儀禮と同一であることを發見するであらう。かくて研究の結果、

主要敎會の一宗派における行事、殊に法服における非常にまぎらはしき類似は、現在住民の記憶にまだ新たなるある種の運動の結果生じたものであることが會得されるであらう。かくて、彼は何等の躊躇なしに、彼の最初の印象を訂正し、しかしてローマ・カトリック敎はグレート・ブリテンに渡來せる三個の主要移住民族の中の最近のものに屬し、最初のものに屬するのではないと結論するであらう。

歷史の性質

私は何ら記錄を有たない民族の過去の歷史を構成することを可能ならしめるに相違ないと信じてゐる民族學的分析法に關しては、右にかゝげた諸例を以て滿足しなければならぬ。次に私はかくの如き「歷史」的見解が、普通歷史なる名稱を以て呼ばれてゐる學問と如何に相異するかを簡單に述べて置かう。私は文書的記錄を基礎とする歷史の具體性に比較して、先づそれが一般的であり非人格的であるばかりでなく、多くの場合抽象性質をすら有することを指摘しやう。メラネジヤ社會史の如き歷史は殆んど個人的姓名を含むことはなく、また何らかの歷史的價値が認めえられる人物の間に起つた事件に關する說明の如きも殆んど包含されてゐない。最近の研究によつて、かつては全く神祕的民族と想像せられたエジプト人及びクレート人の歷史性が分明せられた。しかして、メラネジヤにおける蕪雜な傳說

中の人物もかつて實在したといふことが分明せられ、また何時かは吾々が民族學的分析法によつて推定せる諸事件をそれらの人物に歸し得ないとは限らない。しかし乍ら、これは容易に實現されそうでないかもしれないが、全然最近の出來事以外は、吾々は常に姓名を以て表はしうる人々の間に生ずる出來事を含まないやうな種類の歴史に滿足しなければならなくなるであらうといふことは想像に難くない。

年代學

民族學と歴史との他の相異點はこれをその各々における年代學の性質に求めうるのである。私が絶對的または算數的年代學を區別して相對的年代學と呼ぶところのものに民族學的分析法が聯關を有することは既に明瞭であらう。私が右に掲げた諸例において、研究者が主要目的の一つとしてゐたのは諸多の事實を年代的順序に配列することであつた。しかしかくの如き研究において、もし彼が慣習または制度のある種の影響乃至形態が時間的順序から見て他の影響乃至形態に先行したか或ひは後續したかを言明しうるやうな結論にうまく到達したとすれば、彼はそれで滿足するのである。かくの如く文獻的遺物の補助を借りずして、ただ民族學的方法のみを以てしては、算數的年代表を作成する事業は甚だ覺束ない。すなはち、吾々の採用する年代的體系の中心點から一千年前または一千年後に、ある種の影響がメラネジヤに及んだが、或ひはその影響の結果としてある種の制度が發生したかどうか、といふことを言明するのは不可能である。しかし乍ら、吾々が何等他の補助的手段に依らずして、民族學的分析法のみによつて到達せる結果を、文獻研究によつてえた結果に照合聯關せしめるのは自ら別個の問題である。

死體の處置

左に私はメラネジヤにおける一例を掲げておかう。この地方における火葬實施の分布並びにそれに關聯する慣習の性質を見ると、吾々はそれらの事實が、吾々自身のその地への渡來以前に既に該地方へ傳播せる極めて最近の文化要素に屬するものと認めざるを得ないのである。もしも吾々がかくの如き傳來の時日を近似的に決定しうるとすれば、吾々は火葬法をもたらせる人口移動に先立つすべての移動に對して比較的最近の時間的限界を設定しうるわけである。そこで、メラネジヤに及んだすべての主要なる影響が、インドネジヤから渡來したか、或ひはこの地方を通じて傳播したといふことはほゞ確實である以上、吾々は年代學に關しても亦その地方に手がかりを求める必要がある。インドネジヤにおける確證は、火葬が文獻的資料から見てほゞわが五世紀から六世紀にかけて起つたと推定される民族移住の結果、印度から到來したに相異ないことを示してゐる。もしこの事實が承認せられるとすれば、吾々はメラネジャへ火葬が紹介されたのは紀元六世以後であつたと認定しうるのである。それ故に、坐つたまゝで埋葬すること、並びに屍體をミイラにすること——民族學的分析の結果によれば、それらの事實は早期における民族移住の影響に屬すべきものである——等は恐らくその時期より以前に發生したと考へられる。しかるに、次のやうに考へるならば、こゝに一種の疑問が起らざるをえない。即ち文獻的確證は極めて明瞭に何時火葬がイジドネジャに渡來したかをおしへるが、しかし乍らそれが何時火葬が更に移動をはじめてメラネジャへ傳來したかを吾々におしへることは不可能である。吾々は最初にメラネジャを知つた時に、諸々の文化移動がたえず進行しつゝあつたばかりでなく、實に現代に至るまでたえずその進歩を繼續しつゝある事の證據を握つてゐる。こゝに詳述しうる餘裕のないために、或ひは不思議に思はれるかもしれないが、火葬の實施は、それがインドネジャ文化の定着的樣相になり切つてから後、數世紀の間メラネジャへ渡らなかつたかも知れないといふことは想像しうるのである。なほ一層可能性の認められるのは、早期の文化移動の際に、ある種の文化要素が同樣の遲滯をなしたかもしれないと言ふことである。吾々は火葬に先立つてイ

ンドネジャに渡來せるすべての文化要素が、かくの如き屍體處置法のインドネジャへ導入せられる以前に既にメラネジャへ移行してゐたとは結論しえないのである。

前文獻歷史の不確實性

私は、文獻的記錄によらずして編成せる歷史が常に恐らく不正確であることの好適例として、遂ひに年代學の性質に言及した。かくの如き形式の歷史は常に大綱を辿る必要があり、もし歷史的研究に大なる興味と魅惑とを與へる個人的關係を取り扱ふならば、それは失敗に終るであらう。しかるに、歷史研究における最近の運動の一般的傾向がかうした方向に向いてゐることは明らかであらう。每年次第に制度史、思想史等に注意が拂はれるやうになり、一方において個人または國民間に起る人的關係や些細な事件はそれ自身では何等興味を惹かずより廣大なる、より一般的なる結論に到達するための材料と見られてゐる。私が左に說明を試みたやうな民族學的研究法が、もし歷史の研究法としての價値を認められ、しかしてその結論が史料としての價値を認められるならば、それはとりもなほさず、民俗學最近の進歩において、既に顯著なる一つの運動を是認强調するために役立つにすぎないのである。何ら文獻的記錄を有しない民族のもつ歷史の特徵として常に正確さが缺除して居らねばならぬと私は推定したのであるが、しかし現在

のところ全體的運動がはじめられて日尚淺く、即ち既に私が述べたやうに、原始文化の民族學的研究法が誕生して未だに十二の歳月をすら經過せず、しかもこの短い年月の間に起つた戰爭の損失と慘禍とはその發達を著しく阻害した、といふことはこれを記憶しておかねばならない。私が輕蔑したのは間違つてゐたかもしれず、またこの新運動が考古學及び舊き歷史研究法と相提携して進むならばあるひは私が想像したよりもはるかに大なる確實性を有しうることがわかるかもしれない。とにかく、その運動が過去に關する吾々の知識に如何に偉大なる貢獻を與へるかを直ちに評價するには、時期なほ早いことはたしかである。

メートランドの民族學

民族學的研究法の性質に關して右に提示したやうな見解が、故メートランド (maitland) 教授の見解、殊に氏の論文「政治體」("The Boby Politic") に窺知しうるそれと如何に密接に一致してゐるかに注意するならば甚だ興味が深いのである。メートランドは右の論文において自己の信念を次のやうに表現してゐる。「次第に人類學は、歷史となるかしからずんば無となるかの何れかの道を撰ぶであらう。(2)」そればかりでなく、かれは自己の問題を説明する上において私と同樣の實例を撰定し、しかしてまさに私が試みたと同樣に、母權から父權への發展順序は普遍的であると見る假説に反對してゐる。以上その研究態度を説明して來た私の屬する民族學派は、かつてメートランドが豫言した道を撰んだにすぎないのである。

（1） Collected Papers, Cambridge (1911), vol. III., p. 285.
（2） Op. cit., p. 295.

參考文獻

次の表は過去十二ヶ年の間に、エリオット・スミス (Elliot Smith) 教授、ペリー氏及びこの論稿の筆者等によつて主張された文化傳播説に關する見解を取り扱へる著書及び論文を含むにすぎない。即ちそれは文化傳播並びに民族接觸の問題全般に亘る參考書を盡く掲載しようとしたのではない。目錄中特に重要なる文献の頭には◎印を付しておいた。

Boas, Franz: The Methods of Ethnology, American Anthropologist, 1920, XXII., 311
Corkhill. W. H.: Manx Mines and megaliths, Mem. and Proc. Manchester Lit. and Phil. Soc., 1921, vol. XXV., No. 7.
Fox, C. E.: Social Organization in San Cristoval, Solomon Islands, Journ. Roy. Anthrop. Jnst., 1919, XLIX., 94.
Goldenweiser, A. A.: Diffusion versus Independent

Origin: A Rejoinder to Professor Elliot Smith, Science, 1916, N. S., XLIV., 531.

Hocart, A. M.: Polynesian Tombs, Amer. Anthrop., 1918, XX., 456; ibid., 1919, XXI., 335

Jackson, J. W.: The Money Cowry as a Sacred Object among North American Indians, Mem. and Proc. Manchester Lit. and Phil. Soc., 1916, vol. LX., No. 4.

The Aztec Moon-Cult and its Relation to the Chank-Cult of India, ibid., No 5.

Shells as Evidence of the Migrations of Early Culture. Manchester University Press, 1917.

Means, P. A.: Some Objections to Mr. Elliot Smith's Theory, Science, 1916, N. S., XLIV., 533

Munn, L.: Ancient Mines and megaliths in Hyderabod, Nature, 1918, e., 479; also Mem. and Proc. Manchester Lit. and Phil. Soc., 1921, vol. LXIV., No. 5.

Perry, W. I.: The Orientation of the Dead in Indonesia, Journ. Roy. Anthrop. Inst., 1914, XlIV., 281,

Myths of Origin and the Home of the Dead, Folk-Lore, 1915, XXVI., 138.

◎ The Relationship between the Geographical Distribution of Megalithic monuments and Ancient mines, Mem. and Proc. Nanchester Lit. and Phil. Soc., 1915, vol. IX., No. 1.

◎ The Geographical Distribution of Terraced Cultivation and Irrigation, ibid., 1916, vol. LX., No. 6.

An Ethnological Study of Warfare, ibid, 1917, vol. IXI., No. 6.

The Peaceable Habits of Primitive Communities, Hibbert Journal, 1917, XXI., 28.

◎ The Megalithic Culture of Indonesia. Manchester University Press, 1918.

War and Civilisation, Bulletin gohn Rylands Library, Manchester, 1918, IV., 411,

The Significance of the Search for Amber in Antiquity, Journ. Manchester Egyptian and Oriental Soc., 1918-1919, p. 71 et seq.

The Isles of the Blest, Folk-Lore, 1921, XXXII. 150.

The Development and Spread of Civilisation, Nature, 1921, CVII., 146.

The Problem of Megalithic Monuments and their Distribution in England and Wales. mem. and Pror. Manchester Lit. and Phil. Soc., 1921, vol. LXV., No. 13.

Rivers, W. H. R.: ◎ Presidential Address to Section H., Rep. Bsit. Assoc., 1911, p. 490: also Nature, 1911, IXXXVII., 356.

Conventionalism in Primitive Art, Rep. Brit. Assoc., 1912, p. 599.

◎ The Disappearance of Useful Arts, Festskrift t. Edward Westermarck, Hersingfors, 1912, p. 109; also Rep. Brit. Assoc., 1912, p. 598.

◎ The Contact of Peoples: Essays and Studies presented to William Ridgeway. Cambridge Ueiversity Press, 1913, p. 474.

Sun-Cult and Megaliths in Oceania, Rep. Brit. Assoc., 1913, p. 634; Amer. Anthrop., 1915, XVII., 3.

◎ The History of Melanesian Society. Cambridge University Press, 1914.

Is Australian Culture Simple or Complex? Rep. Brit. Assoc., 1914, p. 529.

Irrigation and the Cultivation ot Taro, Nature, 1916, XEVII., 514.

The Concept of "Soul-Substance" in New Guinea and Melanesia, Folk-Lore, 1920, XXXI., 48.

The Statues of Easter Island, Folk-Lore, 1920, XXXI., 294.

Conservatism and Plasticity, Folk-Lore, 1921, XXXII., 10.

The Origin of Hypergamy, Journ. Bihar and Orissa Research Soc., Patna, 1921, VII., 9.

The Symbolism of Rebirth, Folk-Lore, 1922, XXXIII., 14.

Smith, G. Elliot: A Contribution to the Study of Mummification in Egypt, Mémoires présentès a l'Inst. ègypt, v. Cairo, 1906.

The ient Egyptians and their Influence upon the Civilisation of Europe. Harper Bros., London and new york, 1911.

The Foreign Relations and Influence of the Egyptians under the Ancient Empire, Rep. Brit. Assoc.. 1911. p. 514; also Man. 1911. XI.. p. 176.

Megalithic Monuments and their Builders. Rep.

Brit. Assoc. 1912. p. 607 ; man. 1912. XII.. p. 173.
The Royal mummies. Catalogue gén. des Antiq. égyptiennes du musée du Caire. 1912.
The Origin of the Dolmen. Rep. Brit. Assoc. 1913. p. 646 ; Man. 1913. XIII.. p. 193.
◎ The Evolution of the Rock-cut Tomb and the Dolmen: Essays and Studies presented to William Ridgeway. Cambridge University Press. 1913. p. 493.
The Origin and Spread of certain Customs and Inventions. Rep. Brit. Assoc.. 1914. p. 524 ; Man. 1914. XIV. p. 173.
On the Significance of the Geographical Distribution of the Practice of Mummificaiion: A Study of the Migrations of Peoples and the Spread of Certain customs and Beliefs. Mom. and Proc. Manchester Lit. and Phil. Soe.. 1915. vol. IIX.. No. 10.
◎ The Migrations of Early Culture. Manchester University Press. 1915.
Pre-Columbian Representations of the Elephant in America. Nature. 1915. XCVI.. 340. 425. 501 ; 1916. 593. 612.
Ships as Evidence of the migrations of Early Culture. Journ. Manchester Egyptian and Oriental soc., 1915—1916. p. 63.
Primitive Man. Proc. Brit. Acad., 1915—1916. p. 455 (published 1917).
The Origin of the Pre-Columbian Civilisation of America. Science. 1916. N. S.. XIIV.. 290.
The Influence of Ancient Egyptian Civilisation in the East and in America. Bulletin John Rylands Library. Manchester. 1916—1917. 3. p. 48.
Ancient Mariners. Rep. and Troc. Belfast Nat. History and Phil. Soc.. 1916—1917. p. 46.
◎ The Evolution of the Dragon. Manchester. University Press. 1919.
Spinden. Herbert T.: Pre-Columbian Re-presentations of the Elephant in America. Nature, 1916. N. S.. XCVI.. 592.
Todd. T. W.: The Culture of Pre-Columbian America. Science. 1916. N. S.. XLIV.. 787.
Tozzer. A. M: Pre-Columbian Representations of the Elepalt in America. Nature. 1916. XCVI.. 592.

第七回民俗學大會公開講演會記事

前號豫報いたしました如く本學會第七回の大會を慶應義塾大學大ホールに於て開會いたしました。當日は講師金田一京助氏の時間の御都合があつた爲、プログラムの順を入替へまして、最初に松本信廣氏が開會の辭を述べられることになりました。同氏は特に折口氏のお勸めによりまして、辭中に、佛蘭西の民俗學界のお話をなさつて下さることになりました。氏は現在の佛蘭西民俗學界のことにはあまり詳しくはないが、自分が一九二四年から一九二八年まで佛蘭西にあつて極東研究の傍ら民俗學界の動勢をうかゞつてみたので、その頃の樣子を中心にお話しするといはれ、先づヴアンゲネツプのル・フォルクロ－ア、を紹介され、フォルクロ－アといへば通常農村の人々、もしくは都市のさうした人々を研究の對象とし、この國では一般にフォルクロ－アは文明民族、エスノグラフイは半開未開の民族を取扱つてゐることを述べられ、それよりゲネツプ氏の著書、Tabou et Totemisme dans Madagascar, La Formation des Legendes Question d'Homere, Rites de Passage, 其他の數種の著書を擧げてその學風特色をのべられ、それより Folk-lore de France の大著を物せられた故セビヨの研究、儀式と說話を結びつけて解釋するサンチーヴ、アルサスの說話を研究して說話の印度起源說派の重鎭をなしてゐた故コツカン氏等の學業を述べられそれより上記ゲネツプ氏はフレーザーの流れをくんだ人であるが、之に對立して純粹な佛蘭西風の學風を持す人々に、名前はフォルクロ－アとはいはず、對象も世界の凡ての社會を取扱つてゐるが、所謂フランス記述社會學派のモス・ユベール等がある意味でのフォルクロ－リストであるといはれ、ユベールの遺著で、祖先の宗教の歷史を研究するためにフォルクロ－アを利用した"Celtes"等をあげ、又モスの『多環節的社會に於ける結合力』等の論文を紹介された。

それより京大の新村博士が立たれて『地震落雷に關する俗信』といふ題目の下に地震、雷、火事、親爺といふ俗諺があるが、この中前二者の俗信について考察してみるといはれ地震の俗傳、鯰が地下に居て動くから地震が起るといふことをその起原に溯つて研究してみろが之に先立つて、先づ人種・國民には元來から持つてゐた筋の民間傳說と外國から入つて來たものとがあり、後者には文獻以外に文獻以前に入つたものが發展してある形式をとつたものと、もう一つ漢籍佛典によつてはいつたものとがあり、又比較民族學的にみる時は同じ者が他にあつた時は、偶合か同一起原か、もしも偶合なる時は共通したあるものから生れたか否か、とかいふ樣に民間傳承は流の種類と比較の立場から取扱ひが異つてくるが、如上の諸點から地震と鯰の俗傳は漢籍又は佛典から入つたもの、落雷の俗信は元來日本民族にある根本要素に支那の文獻によつて知的に得たものを倂せて發展させたものであること、フォルローアの方法には野外採訪と文獻涉獵をなすのとあり、兩者は實際に於ては互に扶助し合はねばならぬのであるが、中々それは困難なことだと前言され、書紀の卷の二十二推古天皇の條の七年には地震があつて、人々が神を祀つたとあるが、どんな神か分らない。平安朝の末期には陰陽寮で地震祭が行はれてゐる。しかし神代に於てはこの神が見えぬ。さて如上の鯰の俗信については西曆五世紀に武烈天皇が歌垣に立たせられて、『なゐゆりこば云々』のなゐをひき、是なは魚のなだといふ文化文政の頃の通俗語原說によつてなゐの語源をといて鯰の事をずつと古くまで溯らす人もある。これはさておき、今村明恒氏は天保十年の大震に賴山陽が賦した詩を研究され、その頃に云々の俗信がありし事を述べてゐられるが、是俗信はもつと溯り得るもので、寬永の頃の俳諧毛吹草の中の地震の項には既に、かしまの要石、なまづ、竹生島等が出てゐて、當時この俗信の存在せしことを裏書してゐる。更に應永二十一年の竹生島緣起には海龍が大きな龜となつて支へてゐるから地震がないといふ、神仙傳に佛說が混入した樣な記載がある。さて鎌倉時代の禪僧のかいたものには瓢簞鯰の圖があるからこの龍が鯰になつて、といふ考へには禪宗の人々との關係があつたのではないか。印度は地震の名所であるから、地震の分類も隨分ゆき渡つてゐる。知度論には金翅鳥、海龍王が世界を支へてゐて、この二匹が相爭ふ時に地震が起るとあり、足利時代には是知度論をひいて特別な祈禱を開いてゐるから、上記佛說に列子、楚辭莊子に見える世界を支へる龜なる神仙說が結合し、これに前記禪僧の參與があつて地震と鯰の俗信が生れた。從つてこれが民間傳說に入つたのは、鎌倉中期若くは末期に溯りうるだらうとのべられた。

次に落雷に桑原々々をとなふる俗信については、各地の雷と桑の民間傳承をあげられ、桑原は既に足利時代の文獻狂言の中に見うけられる、更に德川初期では天神記、西鶴の百韻、武道傳來記等にも見えてゐる。さて前揭の毛吹草には、かみなりの條に、桑原、節分の豆、中風等がある。これによつて見るに、鬼やらひ、或は中風除けの考へが桑に連想されてゐる。さて左傳、淮南子、禮記に桑の弓で惡魔を拂ふ事が見えてゐるが、この思想は既に源平盛衰記に見えてゐる。他方桑は蠶や其實からいつても多產豐富幸福をしめしてゐる。是桑の實から連想される物に桃があり、更に桃は古事記の黃泉比良坂の記事や桃太郎說話にもみえる樣、古くから邪鬼を拂うものとなつてゐる。さてこの桃は聽耳草紙の「雷神の手傳」即ち、ある男が桃の苗をうゑ育てそれによつて天までのぼり、雷神の手助をして水を撒き足をふみはづして桑の木の上に落ちた話等にみうけられる如く何時しか民間傳說に於ては桑と一緒に取扱はれてゐる。ひろがへつて鎌倉時代の榮西禪師の喫茶往生記に桑茶をすゝめることがあると、以上等の事を舉證せられ、桑は鎌倉時代より桃の民間信仰にアダプトして雷神よけとして民間に流布したのであらうと述べられた。引用の文獻は內外古今に及び、諄々として說き及んで說きさつてくめどもつきるところなき博士の識見に滿堂全く魅了せられた感があつた。

それよりアイヌのユーカラクル、オイナクルとして有名な日高の平賀の平賀エテノア老婆の朗誦するオイナの沼の神の話や、ユーカラの虎杖丸の一齣を聽き、之に對する久保寺逸彥氏の解說があつた。夫より金田一京助氏の『北海道のユーカラと樺太のユーカラ』は、ユーカラは純粹の詩ではなく信仰上のものであるが、北海道のは既に樺太にくらべて、信仰よりは聽いて樂むといふ要素が加つて來てゐるのでテンポもいくらか早くなり敍述も省略されて單長さがなくなさうとしてゐる傾きがあるが、樺太のものは之にくらべて一層表現が丹念であり、したがつて冗長である等プリミテーヴの文學の表現法について語られたのであつたが、時間が遲くなつて居たので主として結論だけを摘要されてお話をすまされなくてはならなかつたのは殘念でありました。折口信夫氏の閉會の辭があつて六時散會。

終りにのぞんでお多忙中を特にさかれて御講演下さいました新村博士、本大會に際しまして厚き御後援と種々なる御配慮を恭けなくしました慶應大學の地人會の方々に對しまして深く感謝いたします次第です。

學界消息

○京都民俗學研究會十一月例會　は十一月八日午後六時より京大學生集會所にて開催され次の如き講演があつた。

一、古代支那人の衣服に關する信仰　　森　鹿　三氏

一、南河内金剛山麓附近に於ける入會山の現狀に就て　　林部　與吉氏

一、琉球の旅に就て　　西田直二郎氏

他　數　氏

○東京人類學會十一月例會　は十一月二十六日土曜日午後一時三十分より東京帝國大學理學部人類學教室に於て

「方言のアクセントに就いて」

と題して服部四郎氏の講演がある筈。

○信州民俗講座　はさる九月中より長野放送局より放送されてゐるが、既に胡桃澤勘内氏の開講の挨拶、安間淸氏の龍ずり考、池上隆祐氏の民俗學上より見たる山ノ神と田ノ神、有賀喜左衞門氏の村の家、柳田國男氏の信濃柿其他、中村寅一氏のユイの話があり、其他、小池安右衛門氏の村の發生、小口伊乙氏のハンマの研究、野澤虎雄氏の婚姻とお産の外、折口信夫、早川孝太郎・小池直太郎、大池蠶雄、伊藤英一郎、岩崎淸美、矢ヶ崎榮次郎、小山眞夫、河原宏の諸氏の放送がある筈。

○京都言語學會　は十一月十八日午後六時より京都帝大樂友會館講堂にて開催され、大阪外國語學校淺井惠倫教授の講演「熟蕃の土俗と言語」と、同教授撮影の十六ミリ映畫「山の人々」幻燈の映寫、蕃曲レコードの解說、演奏、土俗品の展觀があつた。

○慶應大學地人會　の十二月例會は同月四日慶應萬來舍に於て開會され、北海道日高國平取村二風谷の酋長『アイヌの叫び』の著者貝澤藤藏氏の『アイヌの話』といふ談話があり同行の少女の方々のユーカラの語りがあつた。

○國學院大學鄕土研究會大會公開講演會　は同大學隣神職會々館講堂に於て十一月五日午後一時より開會された。當日は諏訪の御柱の行事に關する催しで、このために態々上京された諏訪神社宮司高階研一氏の『諏訪の信仰』といふ七年に一遍行はれる諏訪神社の御柱祭の意義沿革、實際等の一般についての說明があり、次で折口信夫氏は御柱行事の意義なる題下のもとに御柱行事の御柱が、やしろであるといふ、この行事の持つ意義や、種々のこの社の神事に殘る傳承を中心に諏訪の信仰の變遷について語られ、次に神社局考證課長宮地直一氏は『諏訪神社に就いて』といふ文獻の方面の考證に基き御柱神事に於て寶殿が重要位置をしめてゐることを話され、終つて諏訪神社體育會の撮影にかゝる長尺の御柱神事の映畫が映されて、多大の感興裡に閉會は六時半であつた。

○南島談話會　十二月例會は十二月五日午後六時より、明治神宮表參道尙志會館に於て開會さる。この夜の話題は『島と旅』といふのであつたが、格別最近島の旅行をした人もなさそうであるからといふので、柳田國男氏の指命で最近九州筑前豐後大隅薩摩紀伊の南端を旅行して歸つて來られた早川孝太郎氏より未だ印象の生々しい話を聞してもらふことになつた。氏は、大宰府の町で『しほゐ』といつて間口に砂を入れて吊してある籠を見たがこの砂は春秋の社日の日に筥崎の砂濱まで行つてとつてくるもので、東京地方の鹽花と同樣淨めのために使ふ。この籠を持つて薩南の地方を歩き乍ら土地の人々に問ふてみるに、誰もこの籠のことを熟知してゐたので、この邊でもこれが使はれてゐると思つたが、ひきかへして內地に入つて、紀州の串本邊でも籠ではなく桶で、砂ではなく海水を毎朝汲んでくるのであるが、とにかく鹽花といつてしほゐ同樣のもののあつたのには驚いた。しかし

考へてみれば三河の山間の淨め桶なども之と緣脈をひくものである。こんな風習は南島方面にあるだらうかしらと質問を發せられたが先づ柳田氏は出雲附近では砂ではなくほんだはらの様な海藻をしほゐに使つてゐる、又、筑前の筥崎八幡の境内にはおしほゐ石があつて海藻を之にのせることなどを話され、寶島の方からはおしほゐの風習、其外琉球のしよばなつかさなどの話も出で、さては遠州の山住の濱おりの行事なども出で、それよりつばたばこの話、佐々木彦一郎氏の伊豆七島の旅行談、内田武志氏の鹿角郡地方の方言集、川口孫三郎氏の見聞日記中の面白い話、其外山本靖民氏が新島から歸京される時の別宴の折に聽いた送別の即興詩から琉球のさかむけえの式の話などが出た。さてそれから柳田國男氏が雜誌『島』の發刊の計劃を發表されたこの『島』は南島談話會を延長して、朝鮮はいふに及ばず、日本全國の島々の問題を扱ふもので、單にフォルク・ローアのみではなく人文地理學、言語學、航海養殖とかいふ樣な經濟的な諸研究諸部面をも含むものであつて、月刊にして價三十錢位で、明春の一日あたりから刊行の豫定である。等色々細部にわたる話があり、來會者諸氏の讃助を願はれた。農山村に比して海村なり島なり海を生活の本據とする方の研究はどつちかといへば立遲れの氣味にある今日、かうして島といふ研究本位の雜誌が出てくれることは大いに有難いことである。

○東京方言學會　は十二月十四日、東京帝大山上合議所に於て催され、早川孝太郎氏の『物を運搬する器物の名稱』といふ物の名稱にはどうしても實物の知識觀察がなることを話されるものと、岩淵悅太郎氏が『「蹴る」の活用についての調査報告』といふ『方言』其他の人々に依頼して全國的にケルといふ動詞の活用と調査の報告を求められた其結果の公表がある筈。

○設樂　二ノ九

昔の補助食糧　山本　隆
でんだな淵　片桐勇太郎
村行事の一二　永江土岐次
明治初年の凶作を偲ぶ文書　山本　隆
神木の祟り、無慾に就て、錢値段　岡田松三郎
郷土詩人「行廣」　原田　淸
狸の話　片桐勇次郎
三ツ瀬村舊事　原田　淸
盆唄、飢饉の話樂一王樣の大木　西林喜久男
言ひ傳へ集　二　山本　隆

一〇二九

村社の棟札を見て　杉林巳六良
「下田」のこと　伊藤空之助
オージといふ地名　早川孝太郎
ゐのこもち　西林喜久男

○社會經濟史學　二ノ六（目次拔抄）

伊奈の被管に關する若干の研究　闘島　久雄

○奥南新報

村の話　九〇―九一
長者山の話　夏堀謹二郎
八皿濫觴記　夏堀謹二郎
俗信一束

○兵庫縣民俗資料　第六輯

多可郡重春村源三位賴政緣起
丹波黑井稻塚風流神事　石橋みゆき
淡波由良湊神社の鈴　太田　陸郎
神崎郡船津村八幡神社の鈴　同
印南郡平荘神社祭禮　平井　生
加東郡福田村上田大宰神社獅子舞　谷川　良順
神崎郡甘地村獅子舞　中野　孝一
但馬河すそ帯　太田　陸郎
小河の祭　高田　十郎
揖保郡津の宮お旅提灯　太田　陸郎
播磨の秋祭と屋臺　同
京阪神に散在するお祭のおもちや

神戸生田神社秋祭と出し店　横道 清鈴
○むさしの　六輯
「めだか」の方言埼玉縣　川田 賢武
土合村郷土誌記載方言及訛言　松山 正世
池ノ内好次郎
謄寫版半紙十六枚　一冊分金拾錢送料二錢
埼玉縣入間郡宗岡村池ノ内好次郎氏發行。
○集古　壬申第五號(目次拔抄)
品物配達ばなし　又 仙子
鈴石と烏石　淺田 澱措
おもひのまゝの日記補遺五
○播磨　一ノ一　創刊號
播磨正八幡三社の秋祭と神樂歌の二、三　鎌谷木三次
市川流域地方の民俗資料一　柏木 英彥
家島記一　玉岡松一郎
お手玉唄の音樂的考察　山本 愼一
第一回調査方言採集の一結果報告一　玉岡松一郎
菊版三十二頁、價四十錢、送料二錢、玉岡松一郎編、發行所兵庫縣加古川寺家町三三八　播磨郷土研究同〇會。
○厤尼亞　第一冊
民俗療病叢話　山本 定一
となりしらず考　山本 定一

近江民俗斷片
山の神　平井 蒼太
蒼太雜筆　平井 蒼太
四六版廿頁和紙和製六冊一圓、滋賀縣甲賀郡寺庄村寺庄　平井蒼太發行。
○郷土研究　六ノ三
口笛考　能田 太郎
酒顚童子傳說の大江山に就て　淺井 正男
太子明の巫稱に就て　孫 晋泰
蛙を神に供ふる事　南方 熊楠
首のすげ替と古寺の化物　長尾 豐
蓮臺野と馬捨場　山本 鹿洲
肥足病　櫻田 勝德
おやぢなかま(親爺仲間)　太田榮太郞
比伊勢信仰　今枝 清胤
裸體の行事二つ　武藤 鐵城
肥後天草の民譚　濱田 隆一
奈良市附近の傳承五つ　宮武 正道
河內野田村の民俗二三　岩本 彌橘
陸前氣仙沼地方の俚諺　千葉 桑園
廣島市のオジヤミ及手毬唄　磯貝 勇
子供名の呼び方　山口 伊乙
糸とりうた　松本 芳夫
地狂言の話　小松 三郞
○旅と傳說　五ノ十一　第五郷土玩具號
古玩雙六　田中 綠紅

郷土玩具の達磨を蒐める人々へ　木戸忠太郞
犬の玩具の傳說と信仰　高橋 狗佛
博多人形の胎生　佐々木滋寬
博多古型土偶の製作者　梅林 新市
「姉樣」諸相　鈴木 常雄
高松張子製作所を訪れて　荒井とみ三
「おもちや」のはなし　鷲見 東一
紙鳶雜話　加藤 武
御用馬の標旗と赤馬に就いて　高瀨 仙行
津輕の藁馬　木村 弦三
玩狐とところどころ　小谷 方明
飛驒松倉山の紙繪馬　日面八重子
伯耆の天神樣　板 龍齋
神戸附近の「おもちや」漫錄　横道 清鈴
越前廢絕玩具考　內島 玉峯
伊豫松山の喧嘩神輿　和田 義一
變つた福助の話　井上ふく助
玩具の思ひ出　宮本 常一
こしけ這子雜考　三原 良吉
驛傳東海道玩具案內
一郷土玩具は將來如何なり行くか
二進展するとしたら如何なる道を
求むべきか
(以上三項)　諸家

○寄稿のお願ひ

○種目略記 民俗學に關係のある題目を取扱つたものなら何んでもよいのです。長さも御自由です。

(1)論文。民俗學に關する比較研究的なもの、理論的なもの。方法論的なもの。

(2)民間傳承に關聯した、又は未開民族の傳說、呪文、歌曲、方言、謎諺、年中行事、生活樣式、習慣法、民間藝術、造形物等の記錄。

(3)民間採集旅行記、挿話。

(4)民俗に關する質問。

(5)各地方の民俗研究に關係ある集會及び出版物の記事又は豫告。

○規略

(1)原稿には必ず住所氏名を明記して下さい。

(2)原稿掲載に關することは一切編輯者にお任かせ下さい

(3)締切は每月二十日です。

編輯後記

昭和六年も愈々終りをつげることとなりました。

明年から本誌も愈々第五卷となる理です。皆樣の機關誌として層一層の立派な成長をとげて皆樣の期待にそふやう努めたいと存じます。一層皆樣の御聲援をこひねがふ次第です。

今月も發行日が遲れてしまひましたが、明年からはもとにかへしたいと存じて居ります。

尙近く九州の資料の特輯を出す計畫があります。同地方の方々、同地方の資料に詳しき方々の御投稿を切望いたします。

△原稿、寄贈及交換雜誌類の御送附、入會退會の御申込會費の御拂込、等は總て左記學會宛に御願ひしたし。

△會費の御拂込には振替口座を御利用ありたし。

△會員御轉居の節は新舊御住所を御通知相成たし。

△御照會は通信料御添付ありたし。

△領收證の御請求に對しても同樣の事。

昭和七年十二月一日印刷
昭和七年十二月十日發行

定價金六拾錢

編輯兼發行者　小山榮三
東京市神田區表猿樂町二番地

印刷者　中村修二
東京市神田區表猿樂町二番地

印刷所　株式會社開明堂支店
東京市神田區北甲賀町四番地

發行所　民俗學會
振替東京七二九九〇番
電話神田二七七五番

東京市神田區北甲賀町四番地
取扱所　岡書院
振替東京六七六一九番

MINZOKUGAKU

OR

THE JAPANESE JOURNAL

OF

FOLKLORE & ETHNOLOGY

Vol. IV. December 1932 No. 12

東亞民俗學稀見文獻彙編・第二輯

CONTENTS

PUBLISHED MONTHLY BY

MINZOKU-GAKKAI

4, Kita-Kōga-chō, Kanda, Tokyo, Japan.